法学教室 LIBRARY

Watching Labor and Employment Law :
Overviewing the Essence through Case Studies
Tsuchida Michio / Toyokawa Yoshiaki / Wada Hajime

ウォッチング労働法

第 4 版

土田道夫／豊川義明／和田　肇

編著

天野晋介／石田信平／金井幸子／坂井岳夫
篠原信貴／本庄淳志／山川和義／山本陽大

有斐閣

本書のコピー，スキャン，デジタル化等の無断複製は著作権法上での例外を除き禁じられています。本書を代行業者等の第三者に依頼してスキャンやデジタル化することは，たとえ個人や家庭内での利用でも著作権法違反です。

第4版　はしがき

　本書第3版を上梓してから，（早いもので）10年が経過した。著者の怠慢もあり，本書の改訂がこのように遅延したことについて読者にお詫びしたい。

　ところで，この間，雇用社会と労働法は大きく変化した。第3版公刊時は，リーマン・ショック後の時期に当たり，雇用不安問題や労働条件の不利益変更問題が社会を席巻していたが，その後，日本の経済状況は変化し，現在では人手不足もあり，「辞めさせる」問題（解雇・雇止め・退職強要）よりも，「辞めさせてくれない」問題（退職の妨害）の方が個別労働紛争の上位に位置するような状況が生じている。とはいえ，長時間労働，各種ハラスメント，非正規労働者の不安定雇用・労働条件格差問題等をはじめとして，雇用社会は依然として多くの課題を抱えている。また，転職・起業・副業の増加，AI・ICT等の先端技術の発展が雇用に及ぼす影響，フリーランスなど雇用によらない自営的就労の増加等，より大きな構造的変化も生じている。

　この間，こうした雇用社会の変化を背景に，多くの労働立法が整備された。そして，これを集大成するかのように，2018年，働き方改革推進法（働き方改革を推進するための関係法律の整備に関する法律）が成立した。この法律は，労基法改正，労働時間等設定改善法改正，労働安全衛生法改正，短時間・有期雇用労働法制定（パートタイム労働法改正），労働者派遣法改正など，主に7法の改正・制定を内容としており，日本の雇用社会・企業社会に大きな変革をもたらす可能性を有している。

　一方，この間，個別的労働関係法を中心に新たな重要論点が登場し，多数の裁判例が示され，重要な最高裁判例も登場している。パワー・ハラスメント，労働者の個人情報の保護，労働者の守秘義務・競業避止義務，休職復帰をめぐる紛争，労働災害における取締役の責任，労使間合意に基づく労働条件・就業規則の不利益変更，会社分割・事業譲渡に伴う労働契約承継・労働条件変更，能力不足を理由とする解雇の有効性，マタニティ・ハラスメント，有期雇用労働者の労働条件格差問題，国際的労働契約の規律など，枚挙に暇がない。集団的労働法の分野においても，労組法（不当労働行為法）上の使用者の範囲や労働組合の街宣活動の正当性など，新たな論点が生じている。

　そこで，新たな立法・紛争の登場や雇用社会の変化に応えるため，第4版を刊行することとした。編集方針としては，2点大きな変更を施した。

i

第1に，第3版までは，各項目冒頭に【設問】（事例問題）を掲載しつつも，【解説】はもっぱら教科書的な解説を行い，設問については解答のヒントを記載するにとどめたのに対し，今回の改訂では，【解説】に続けて【解答への道すじ】を設け，解答例を掲載することとした。併せて，【設問】についてもできるだけ事実関係を詳細に記載し，事例問題に相応しい内容とするよう努めた。【解答への道すじ】については，文字どおり，読者に「解答への道すじ・考え方」を提供しようとの趣旨に基づくものであり，解答例もあくまで1つの例にとどまることに留意されたい。また，項目によっては，複数の考え方を併記したものもある。その分，【解説】はよりコンパクトな内容とし，各項目の末尾に基本文献の参照箇所を記して読者の参考に供することとした。

　第2に，第3版までの著者（土田，豊川，和田）は編著者を務め，若手・中堅の研究者が著者として加わった。天野晋介（首都大学東京准教授），石田信平（専修大学教授），金井幸子（愛知大学准教授），坂井岳夫（同志社大学准教授），篠原信貴（駒澤大学教授），本庄淳志（静岡大学准教授），山川和義（広島大学教授），山本陽大（労働政策研究・研修機構副主任研究員）の各氏である。

　今回の改訂に際しては，早い段階で，弁護士の鎌田幸夫先生（北大阪総合法律事務所），河村学先生（関西合同法律事務所），木村一成先生（弁護士法人淀屋橋・山上合同）にお願いして著者の原稿に目を通していただき，貴重なコメントをいただいた。心よりお礼申し上げるとともに，コメントをいただいたにもかかわらず，刊行が遅延したことについてお詫び申し上げたい。

　今回の改訂に際しても，有斐閣の五島圭司氏には多大なご尽力をいただいた。また，高橋俊文氏にもサポートいただいた。記して感謝申し上げる。また，事項索引の作成について，関西外国語大学助教岡村優希氏，同志社大学大学院法学研究科前期課程松本恵里氏，美保拓也氏，阪悠歌氏，児嶋祐伎氏，西本拓充氏，野底渓氏，樽岡明咲氏の助力を得た。記して謝意を表したい。

　なお，土田が担当した項目については，この間の同志社大学法学部ゼミ・大学院法学研究科演習における議論によって改善された箇所が多々存在する。教育から研究に対していかに多くのことがフィードバックされるかを思い知った次第である。付言して謝意を表したい。

2019 年 8 月

編著者・著者一同

初版　はしがき

　本書は，労働法に関して，事例設問を主体にして，その解決のための理論的・実際的アプローチを学ぶというスタイルをとった書である。読者には，法学部の学生，大学院法学研究科の学生，法科大学院の学生，会社や労働組合で実務に従事している人，あるいは労働法の専門職に就いている人を対象としている。その意味で，本書は，学ぶ人の目的・関心によって多様な利用の仕方が可能なように設計されている。

　法学部の学生にとっては，まず【設問】で，労働法の世界で何が問題となっているかを知った上で，【論点】を読み，そして【解説】で問題解決のアプローチを学ぶという方法が考えられる。【Advanced Questions】は，試験問題の予行演習や，あるいはゼミナールでの素材に利用してもらえばよい。【参考文献】は，問題をより深く考えるための道案内として掲載したものである。本書は，通常の教科書に出てくるような労働法や制度の説明を省いたところが少なくない。しかし，通常の教科書にはない，事例に即して考える力を養う，そのためのサポートを提供することが，本書のねらいである。

　法科大学院の学生には，次のように思考過程を展開する，より実践的な勉強方法をお勧めしたい。【設問】を読んで，①原告（仮処分申立ての場合債権者）の主張を組み立て，次に②被告（同じく債務者）の主張＝原告の主張に対する反論を構成する。③場合によっては，原告の再反論を試み，④争点の抽出を行う。【論点】は，④の争点を考える際の参考になる。そして最後に【解説】を参考にして，⑤解答の論理展開を行う。【Advanced Questions】や【参考文献】は，さらに勉強を進める際に参考にしてもらいたい。

　社会人にとっては，自ら抱えている問題の解決の指針として，あるいは，労働法をもう一度勉強するための機会として利用してもらえるのではないだろうか。また，企業人事に携わる方や労働組合関係者にも，変転して止まない雇用社会の法的ルールを体系的に学ぶための書として活用していただければ幸いである。2005年度から発足する労働審判制度によって労働審判員の重責を担うことになった方々にとっては，現実に即した問題解決の方法を習得するための適切な教材になると思われる。

　本書の基になったのは，和田と土田が1999年から2003年にかけて法学教室に連載した「ウォッチング労働法─変化と展望─」である。当初は，新しい問題を取り上げ，それを独自の視点から解説するという手法をとっていたが，途中から具体的なケース問題を設定し，それを解説するという手法に変わった。本書にまとめるに

あたっては，後者の手法を全面的に採用し，全体を抜本的に見直して労働法の全分野を網羅するケース問題を設計した。そして，実務の視点を補強する必要から，弁護士として永年労働問題に関わってきた豊川が執筆に加わった。

本書を執筆する際に，いくつか注意した点がある。

第1に，【設問】はできるだけ現実に近く，また先端的なテーマを設定するように努めた。ただし，労働法の勉強にとって有意義と思われるものについては，古くて重要なテーマについても心配りをしている。

第2に，【解説】の中で，重要な判例・裁判例について解説するとともに，学説にも可能な限り言及している。判例だけでは，労働法の醍醐味，理論的な深みに欠ける嫌いがあるからである。

第3に，執筆に際しては，各人の原稿を持ち寄り，徹底的な議論を重ねた。すなわち，本書は3人の著者による共同作業の成果である。しかし，最終的には各人が責任を持つということにして，執筆者名を明示している。

読者諸氏には，こうした著者の意図を読み取っていただければ，幸いである。

本書に関しては，校正や索引の作成などについて，同志社大学大学院法学研究科博士後期課程の天野晋介君，石田信平君，篠原信貴君，坂井岳夫君，名古屋大学大学院法学研究科博士後期課程の金井幸子さん，同前期課程の古田幸さんに大変お世話になった。記して謝意を表したい。

最後に，法学教室連載中にお世話になった有斐閣の伊丹亜紀氏と渡辺真紀氏，本書出版に当たってご尽力いただいた大橋將氏と渡辺氏に，心より感謝申し上げたい。

2005年5月

著者一同

【執筆者紹介】（＊は編者）

土田道夫（つちだ　みちお）＊
同志社大学法学部・法学研究科教授

豊川義明（とよかわ　よしあき）＊
弁護士・関西学院大学大学院司法研究科教授

和田　肇（わだ　はじめ）＊
名古屋大学名誉教授

天野晋介（あまの　しんすけ）
首都大学東京法学部准教授

石田信平（いしだ　しんぺい）
専修大学法科大学院教授

金井幸子（かない　さちこ）
愛知大学法学部准教授

坂井岳夫（さかい　たけお）
同志社大学法学部准教授

篠原信貴（しのはら　のぶたか）
駒澤大学法学部教授

本庄淳志（ほんじょう　あつし）
静岡大学人文社会科学部准教授

山川和義（やまかわ　かずよし）
広島大学大学院法務研究科教授

山本陽大（やまもと　ようた）
労働政策研究・研修機構副主任研究員

目 次

1	**労働契約**	〔石田信平〕	1
2	**就業規則**	〔土田道夫〕	12
3	**労働条件の決定システム**	〔土田道夫＝本庄淳志〕	23
4	**労働者の範囲**	〔和田 肇〕	36
5	**使用者の範囲**	〔土田道夫＝豊川義明〕	47
6	**採用，採用内定，試用**	〔篠原信貴〕	60

7 **賃金**(1) ··〔土田道夫〕 74
　　──賃金請求権・賃金の変動・賃金支払の法的保護・退職金

8 **賃金**(2) ··〔天野晋介〕 88
　　──賞与・人事考課

9 **労働時間**(1) ··〔山川和義〕 102
　　──労働時間，休憩，休日，時間外労働

10 **労働時間**(2) ·······························〔土田道夫＝本庄淳志〕 116
　　──弾力的労働時間制

11 **休暇，休業** ···〔金井幸子〕 129

12 **労働災害の補償** ·····································〔天野晋介〕 143

13 **人事**(1) ··〔和田 肇〕 157
　　──配転・出向・転籍

14 **人事**(2) ··〔石田信平〕 171
　　──昇格・昇給，降格・降給，休職

15 **労働者のプライバシー・個人情報・人格の保護**
　　……………………………………………〔坂井岳夫〕185

16 **労働条件の不利益変更⑴** ……………………〔土田道夫〕198
　　──就業規則による変更

17 **労働条件の不利益変更⑵** ……………………〔金井幸子〕212
　　──個別合意による変更・変更解約告知

18 **企業組織の変動と労働法** ……………………〔土田道夫〕221

19 **懲　戒** ……………………………………………〔土田道夫〕233

20 **解雇⑴** …………………………………………〔和田　肇〕247
　　──普通解雇

21 **解雇⑵** …………………………………………〔山本陽大〕260
　　──整理解雇

22 **退職勧奨・定年制・再雇用** …………………〔山川和義〕271

23 **雇用平等⑴** ……………………………………〔和田　肇〕283
　　──男女平等

24 **雇用平等⑵** ……………………………………〔篠原信貴〕293
　　──労基法 3 条・労契法 20 条等

25 **知的財産法と労働法** …………………………〔土田道夫〕308
　　──守秘義務・競業避止義務・職務発明

26 **管理職の法的地位** ……………………………〔金井幸子〕321

27 **有期雇用** ………………………………………〔篠原信貴〕332

28 **労働者派遣** …………………………〔土田道夫＝本庄淳志〕345

29 **雇用関係の国際的展開と法** …………………〔土田道夫〕360

30 **労働基本権** ……………………………〔土田道夫〕 372
──憲法 28 条・労働組合法・集団的労使自治

31 **労働組合** ………………………………………〔山本陽大〕 383

32 **団体交渉** ………………………………………〔豊川義明〕 394

33 **労働協約の締結と効力** …………………………〔天野晋介〕 403

34 **労働協約の変更と終了** …………………………〔山本陽大〕 414

35 **組合活動の正当性** ………………………………〔石田信平〕 425

36 **争議行為とロックアウト** ……………〔和田　肇＝坂井岳夫〕 435

37 **不当労働行為(1)** …………………………………〔豊川義明〕 448
──総論・不利益取扱い

38 **不当労働行為(2)** ……………………〔豊川義明＝山川和義〕 461
──支配介入

39 **不当労働行為(3)** …………………………………〔豊川義明〕 470
──救済制度

40 **個別労働紛争の解決** ……………………………〔豊川義明〕 482
──個別的紛争を中心に

事項索引（501）　／　判例索引（507）

凡　　例

【法令名略語について】

法令名は原則として，有斐閣六法全書の法令名略語を用いた。

【判例集・法律雑誌等の略語について】

民(刑)集	最高裁判所民事(刑事)判例集
高民集	高等裁判所民事判例集
労民集	労働関係民事裁判例集
知的裁集	知的財産権関係民事・行政裁判例集
労　判	労働判例
労経速	労働経済判例速報
ジャーナル	労働判例ジャーナル
判　時	判例時報
判　タ	判例タイムズ
季　労	季刊労働法
ジュリ	ジュリスト
法　時	法律時報
労　旬	労働法律旬報
労働法	日本労働法学会誌

最判解民事篇昭和○○年度	最高裁判所判例解説民事篇昭和○○年度
百選〔第○版〕	労働判例百選〔第○版〕 ＊版数表記のないものはすべて〔第9版〕
平成○○年度重判解(ジュリ○○号)	平成○○年度重要判例解説(ジュリスト○○号)

【教科書・注釈等の略語について】（＊は【基本文献】掲載のもの）

荒木＊	荒木尚志『労働法〔第3版〕』（有斐閣，2016年）
荒木＝菅野＝山川	荒木尚志＝菅野和夫＝山川隆一『詳説労働契約法〔第2版〕』（弘文堂，2014年）
石川	石川吉右衛門『労働組合法』（有斐閣，1978年）
菅野＊	菅野和夫『労働法〔第11版補正版〕』（弘文堂，2017年）
世界	中窪裕也＝野田進『労働法の世界〔第13版〕』（有斐閣，2019年）
土田・概説＊	土田道夫『労働法概説〔第4版〕』（弘文堂，2019年）
土田・労契法＊	土田道夫『労働契約法〔第2版〕』（有斐閣，2016年）
西谷・労働法＊	西谷　敏『労働法〔第2版〕』（日本評論社，2013年）
西谷・労組法＊	西谷　敏『労働組合法〔第3版〕』（有斐閣，2012年）
野川＊	野川忍『労働法』（日本評論社，2018年）
水町＊	水町勇一郎『労働法〔第7版〕』（有斐閣，2018年）

盛	盛　誠吾『労働法総論・労使関係法』（新世社，2000 年）
山川・雇用関係	山川隆一『雇用関係法〔第 4 版〕』（新世社，2008 年）
山川・労働紛争	山川隆一『労働紛争処理法』（弘文堂，2012 年）
山口	山口浩一郎『労働組合法〔第 2 版〕』（有斐閣，1996 年）
渡辺・労働法(上)	渡辺章『労働法講義(上)総論・雇用関係法 I 』（信山社出版，2009 年）
コンメ労基法・労契法	西谷敏＝野田進＝和田肇編『新基本法コンメンタール労働基準法・労働契約法』（日本評論社，2012 年）
コンメ労組法	西谷敏＝道幸哲也＝中窪裕也編『新基本法コンメンタール労働組合法』（日本評論社，2011 年）
東大・注釈労基法(下)	東京大学労働法研究会編『注釈労働基準法(下)』（有斐閣，2004 年）
東大・注釈労組法(上)	東京大学労働法研究会『注釈労働組合法(上)』（有斐閣，1980 年）
争点	土田道夫＝山川隆一編『労働法の争点〔新・法律学の争点シリーズ 7〕』（有斐閣，2014 年）

① 労働契約

【設問】

1 (1) 従業員40名のIT企業Y社に総合職として入社し，現在，経理課に勤務しているXは，上司の経理課長Aから，サービス残業を命じられるたびにこれを拒否して帰宅していたが，これに対して，Y社は，経理課内に，1日中立ちっぱなしで書類をシュレッダーにかけるシュレッダー係を新たに設け，サービス残業を拒否してきたことを理由に，Xに，このシュレッダー係を担当するよう命じた（Xの賃金や労働時間などその他の労働条件は変更されない）。Xは，この会社の業務命令を拒否したいと考えているが，可能か。

なお，Y社では，労働条件を記した就業規則は作成されず，採用した従業員には，賃金や労働時間（時間外労働〔残業〕義務の記載はなかった），採用後に従事する職務などの基本的な労働条件を記載した労働契約書だけが交付されていた。セクハラはもちろん，配置転換，服務規律，懲戒処分などについて定めた文書はY社にはなく，従業員にも交付されていなかった。

(2) 上記Y社の営業課長として勤務しているZは，勤務時間後の営業課の飲み会で，同課の女性従業員Bに対して，「いくつになったん」，「もうそんな歳になったん。結婚もせんでこんなところで何してんの。親泣くで」，「お給料全部使うやろ。足りんやろ。夜の仕事とかせえへんのか。時給いいで。したらええやん」，「この中で誰か1人と絶対結婚しなあかんとしたら，誰を選ぶ」などと発言した。BはZのこうした発言に腹を立てて，Y社の人事部長CにZの発言はセクハラであると告発したところ，人事部長Cは，管理職としての自覚を促す教育的配慮に基づいて，管理職としての職責を果たして職場環境の改善に努める旨の反省文の提出をZに求めた。Zは，反省文の提出を拒否したいと考えている。法的に可能といえるか。

2 (1) T社は，ポータルサイトの運営，IT関連事業，情報システムの開発およびコンサルティングを業とする，従業員約100名の株式会社である。2018年10月頃，Y社の営業部長であるXは，黙ってT社を退職してT社と同種の事業を立ち上げることを計画し，11月頃から有給休暇を取得して，有休期間中に新たに設立する会社のホームページ作成などの開業準備を始めた。また，2019年1月頃の退職の挨拶回りの際に，自らが長年担当してきたT社の取引先4社に，T社を退職してT社と同種の事業を営むので受注を希望する旨を伝えた。Xは，

同年2月頃にT社を退職した後に，T社と同業のM社を設立し，同年3月以降，上記取引先の4社から継続的に仕事を受注するようになった。T社は，こうしたXの行動により売上げの2割が減少するという損害を被ったため，在職中の競業避止義務違反を根拠として，Xにその損害を賠償するよう主張している。T社は，就業規則において従業員の兼職，競業や企業秘密の漏洩を禁止する規定を置いているわけではなく，また，従業員との間でこれらの行為を禁止する契約を特に締結していたわけではない。上記のようなT社の主張は，認められるか。

(2)　T社の営業部に勤務している従業員Aは，営業課長Bとの軋轢から不満が高じ，2019年12月頃から，Xが設立した上記競業他社M社への転職を考えるようになっていた。そこでAは，できるだけ有利な条件でM社に転職したいと思い，T社の元営業部長で，M社の代表取締役であるXと意を通じた上，自身の営業活動を通じてY社との継続的な取引関係に繋げることができていたT社の大口取引先であるN社の取引情報をXに交付した。その結果，M社は，T社より安価な価格を提示してN社との取引を成立させ，T社は約1000万円の損害を被った。その後，Aは退職願を提出して退職の意向を示したため，T社は退職願を保留して対応を検討中である。T社は，就業規則において従業員の守秘義務を規定しておらず，また，N社との取引情報を含め，情報管理について何らかの措置をとっていたわけではないが，Aに対して，労働契約上の債務不履行に基づいて，その被った損害の賠償を求めたいと考えている。可能か。

(3)　Aの上記のような競業他社への転職活動を受けて，T社は，他の従業員の勤務時間中の行動を把握する必要があると考え，それぞれの従業員のEメールファイルをチェックすることとした。T社は，全社員に対して貸与していたモバイル用のノートパソコンの提出を命じて，これをチェックしたところ，営業部のCが勤務時間の内外を問わず，上司のBを誹謗中傷するメールをM社の代表取締役であるXに発信していたことを発見した。T社は，貸与しているノートパソコンの利用規則を整備していなかったが，Cに何らかの責任を問いたいと考えている。T社は，具体的にどのような法的根拠に基づいて，Cに法的責任を問うことができるか。

【解　説】

1　はじめに——労働契約の意義

労働者と使用者の労働契約の締結によってはじめて，労働関係は法的に基礎付けられる。契約なき労働関係が全く観念できないわけではないが（例えば，

採用過程における使用者と応募者の労働関係，あるいは派遣先会社と派遣労働者の労働関係），それは例外的であり，労働契約は労働関係を法的に基礎付ける重要な意義を担っているといってよい。

2　労働契約の特徴

労契法6条では，労働契約は，労働者が使用されて労働し，これに対して使用者が賃金を支払うことについて合意することによって成立する，と規定され，労働契約の定義が端的に示されているが，労働契約という文言は，労契法だけではなく，労基法や労組法でも用いられていることにも注意を向けなければならない。厳密にいえば，労働契約とは，労契法，労組法あるいは労基法が適用される契約であり，各法規制の労働者概念に該当する者と使用者との間で締結されるものである，ということになる。したがって労働契約の定義は，上記各法規制の労働者概念の理解に左右されるが，それについては④に委ね，ここでは，労働契約が次のような特徴を有していることを，まず確認しておきたい。

第1に，使用者の労働者に対する労務指揮権の存在が，まず指摘されなければならない。労働契約は，労働者が使用者に使用されながら（指揮命令を受けながら）展開される契約であって，労働者の労働義務の具体的な内容は契約締結時に全て明らかにされるわけではない（労働契約の不完備性）。また，こうした労務指揮権の存在は，生活のために働かなければならない労働者にとって，労働関係を権力関係へと転化させる契機として機能する。

第2に，労働契約の多くが，長期継続的関係であることも念頭に置く必要がある。短期の労働契約も存在しているものの，労働契約は，特に期間の定めを置かない限り，期間の定めのない契約となり，長期的な継続関係が前提とされている。

第3に，労働契約は，多数の協働する労働者を前提として締結されることが多く，いわば組織的な性格を備えているということができる。労働契約は，使用者と労働者の法的地位を設定する役割は果たすものの，労働者と使用者との間の個別的な合意が労働条件規制に与える影響はむしろ小さく，10人以上の労働者のいる事業場で作成義務が課されている就業規則，あるいは労働組合と使用者との間で締結される労働協約が，労働条件規制の主たる役割を果たしている。また，使用者の人事権，懲戒権，労働者の企業秩序遵守義務もこうした労働契約の組織的な性質と関係している。

第4に，相互の信頼関係に基づいて展開される契約である点にも，労働契約の特徴を求めることができる。こうした特徴は，様々な観点から説明が可能で

あるが，例えば，①長期継続的関係である労働契約では採用時に契約内容を具体的に決定することができないこと，②物ではなく労働者による労働という人を対象とした契約であること，あるいは③労働契約には契約としての側面だけでなく，使用者と労働者の人的結合の側面があること，上記のとおり労働契約は組織的性格を帯びており，いわば企業共同体の実態を備えていること，などによる説明が考えられる。使用者の安全配慮義務，職場環境配慮義務，労働者の兼業避止義務，競業避止義務など，信義誠実に基づく義務が数多く労働契約に認められるのは，労働契約のこうした性質に基づいているところがある。

　第5に，労働契約は，契約であるがゆえに当事者合意が尊重されるべきものである一方，上記のような労働契約の性質が当事者合意の尊重と対立する要請を生み出していることも，労働契約の重要な特質として看過されてはならない。例えば，労使における権力関係の存在は，当事者合意の尊重を背面に退け，契約内容の正当性を確保するための立法規制や裁判所による審査を要求する。また，労働条件の統一的かつ画一的決定などから正当化される労契法10条の就業規則の不利益変更効は，労働者の同意に関係なく契約内容を規律するものであり，労働者の同意に対して優越する地位に立っている。

　以上のほかに考慮されるべき労働契約の特徴がないわけではないけれども，上記の点は，本書の各章で展開される個別具体的な論点と密接に関わっている（例えば，就業規則については[2]，労働協約については[33]，使用者の安全配慮義務については[12]，労働者と使用者の個別合意については[3]参照）重要な労働契約の性質であるということができよう。ここでは，各章で中心的な論点として取り上げられないもののうち，①使用者の労務指揮権，②労働者の労働義務，③労働者の誠実義務について，詳しくみていくことにしたい。

3　使用者の労務指揮権

　前述のとおり，労働者に対する使用者の労務指揮権の存在は，労働契約の特徴として第1に指摘されるべき点である。労契法6条の労働契約の成立要件，労契法2条の労働者概念および労基法9条の労働者概念の定義には，使用者に使用されること，が重要なメルクマールであることが示されている。労働契約の基本的給付の1つである労働者による労働義務は，労働者が労働契約において許諾した範囲内において，使用者の労務指揮権に従う義務であると言い換えることもできる。最高裁判決（電電公社帯広局事件・最一小判昭和61・3・13労判470号6頁）の説くように，「労働者は，使用者に対して一定の範囲での労働力の自由な処分を許諾して労働契約を締結するものであるから，その一定の範

囲での労働力の処分に関する使用者の指示，命令としての業務命令に従う義務がある」のである。

そのため，労働者は，労働契約において許諾した範囲を超えるような使用者の労務指揮に従う義務はない。また，安全配慮義務や職場環境整備義務と衝突するような労務指揮権の行使に従う必要もないといえよう（例えば，電電公社千代田丸事件・最三小判昭和 43・12・24 民集 22 巻 13 号 3050 頁）。さらに，労務指揮権の及ぶ範囲は，労働契約に明記された本来的業務に限定されるわけではなく，労働者の労務提供が円滑かつ効率的に行われるために必要な付随的業務にも及びうるが，「使用者はこれを無制限に労働者に命じうるものではなく，労働者の人格，権利を不当に侵害することのない合理的と認められる範囲のものでなければならない」（国鉄鹿児島自動車営業所事件・鹿児島地判昭和 63・6・27 労民集 39 巻 2・3 号 216 頁）。

4　労働者の労働義務

以上でみてきたような使用者の労務指揮に則して履行される労働者の労働義務は，身体的な意味だけではなく精神的な意味においても「勤務時間及び職務上の注意力のすべてをその職務遂行のために用い職務にのみ従事しなければならないという職務専念義務」を含むものとして理解されるべきであろう（JR東海〔新幹線支部〕事件・東京高判平成 9・10・30 高民集 50 巻 3 号 391 頁）。もっとも，労働者は人である。生理現象のための職場離脱が職務専念義務に反するということはできない。また，「労働者といえども個人として社会生活を送っている以上，就業時間中に外部と連絡をとることが一切許されないわけではな」く，「就業規則等に特段の定めがない限り，職務遂行の支障とならず，使用者に過度の経済的負担をかけないなど社会通念上相当と認められる限度で使用者のパソコン等を利用して私用メールを送受信しても職務専念義務に違反するものではない」（グレイワールドワイド事件・東京地判平成 15・9・22 労判 870 号 83 頁）。

5　労働者の誠実義務

こうした労働者の労働義務は，さらに，それに付随するものとして，あるいは内在するものとして，使用者の利益を害さない義務（誠実義務）を要請する。例えば，労働者が就業時間後に他企業で就労すること（兼業あるいは競業）は，職務専念義務違反であるということはできないものの，これにより，労働者の本来の就業に支障が生じる可能性がある。また，労働契約が，単に賃金と労務

提供の交換関係としてだけではなく，当事者間の信頼関係も重視されるものであることは前述のとおりであり，こうした当事者間における信頼関係の要請として，労働者に誠実義務が要請される側面もある。

労働者の誠実義務には，守秘義務，競業避止義務，兼業避止義務，名誉や信用を毀損しない義務などがあるが，それらは，労働義務に付随あるいは内在する義務であるため，労働者の職務や地位に応じてその程度や範囲が異なるものの，就業規則や契約上の特別な根拠がなくても認められる。同時に，労働者の誠実義務は，上記のとおり，当事者間の信頼関係に基づいて発生するところがあり，労働契約の終了後にも一定の範囲で肯定されることがある。こうした労働者の誠実義務に関する論点は多岐にわたるため，使用者の名誉や信用を毀損しない義務および契約終了後の誠実義務（競業避止義務や守秘義務）については，それぞれ19と25に譲り，ここでは，契約関係存続中の誠実義務のうち，守秘義務，兼職避止義務，競業避止義務について簡単に概観しておくことにしたい。

まず，労働者の誠実義務の1つに含まれる守秘義務とは，使用者の業務上の秘密を漏らさない義務をいう。こうした労働者の守秘義務の範囲は，労働者の職務内容や地位，あるいは就業規則の規定内容や守秘契約締結の有無によって異なりうるものの，これを過度に広範囲に設定することは，労働者の自由に対する著しい制限につながる。労働者が負う守秘義務の範囲は，不正競争防止法上の営業秘密に限定される必要はないものの，同法上の営業秘密の要件に準じた限定が付されるべきであろう。

次に，勤務時間後における他会社での就労を避けるべきこと（兼業避止）も，労働者の誠実義務から導かれる義務の1つである。もちろん，こうした兼職避止義務については，勤務時間後の時間は労働から解放された自由な時間であること，誠実義務は労働義務に付随する義務であって，労働義務の適切な履行確保のために必要な限度で認められるものであること，が考慮されなければならない。裁判例の多くが，就業規則上の兼業禁止規定について，本来の業務に支障が生じる場合や企業秘密が漏洩されるなどの場合に限定してその効力を認めている（マンナ運輸事件・京都地判平成24・7・13労判1058号21頁など参照）のも，こうした考慮の表れである。厚生労働省のモデル就業規則も，こうした裁判例の傾向を踏まえて，兼業を原則として許容するとする規定を設けている。

以上に加えて，労働者が在職中に競業会社設立のための準備活動を行うことや，競争関係に立つ会社に対して労務を提供することを避けるべき義務（競業避止義務）も，労働者が負っている誠実義務から生じる。在職中における労働者の競業活動は，単なる兼職よりもいっそう，当該労働者と契約関係にある使

用者の正当な利益を侵害しうる側面があるといえよう。

6 義務違反の効果

労働者が上述してきたような義務に違反した場合，あるいは使用者が賃金支払義務や安全配慮義務，職場環境整備義務などに違反した場合に履行請求が可能であるかは，問題となっている義務違反の内容によって結論が異なる。しかし，債務者に帰責事由があること，当該義務違反と損害との間に因果関係があることを条件として，労働者または使用者は損害賠償を求めることが可能である。

もっとも，以上のうち，労働者の義務違反に対する制裁として損害賠償を求めるのは一般的ではなく，使用者による懲戒処分による対応が予定されているケースがほとんどである。

また，労働者保護の視点から，労基法 16 条では，労働者が負うべき損害賠償額や違約金を「予め」契約で定めることが禁止されている。さらに，最高裁判決（茨城石炭商事事件・最一小判昭和 51・7・8 民集 30 巻 7 号 689 頁＝百選 26 事件）では，労働者に対する損害賠償および求償につき，「使用者は，その事業の性格，規模，施設の状況，被用者の業務の内容，労働条件，勤務態度，加害行為の態様，加害行為の予防若しくは損失の分散についての使用者の配慮の程度その他諸般の事情に照らし，損害の公平な分担という見地から信義則上相当と認められる限度において，被用者に対し右損害の賠償又は求償の請求をすることができるものと解すべきである」と説示されており，労働者の責任を制限する考え方が採られている。

【解答への道すじ】

1 【設問】1 について

【設問】1 は，使用者の労務指揮権（業務命令権）の射程と限界を中心に問う問題である。違法行為を命じる業務命令に従う義務はあるのか，労働者の人格を傷付けるような態様の業務命令に従う必要はあるのか，といった点が問題となる。

⑴ 【設問】1⑴

労働者は，自身が労働契約において許諾した範囲内において，使用者の業務命令に従う義務を負う。しかし，労働者は，法令に違反する使用者の業務命令に従う義務を負っているわけではない。そのため【設問】1⑴において，違法

7

なサービス残業を命じる Y 社の業務命令に，X は従う義務はないといえよう。

　では，シュレッダー係に就くよう命じた Y 社の業務命令に X は従う必要はあるのか。上記のとおり，X は，労働契約において許諾した範囲内において，Y 社の業務命令に従う必要がある。しかし，業務命令に合理的理由がなく，当該業務命令により X の人格が傷付けられるなどの不利益が生じる場合には，当該業務命令権は，権利の濫用として無効になるというべきであろう。シュレッダー係に就くことを命じる本件事案の業務命令は，サービス残業を拒否したことを理由とするものである上に，1 日中立ちっぱなしで書類をシュレッダーに掛けることのみを目的とするものであり，X の人格を不当に傷付ける業務命令であるということができる。したがって，シュレッダー係に就くことを命じる Y 社の業務命令は権利の濫用として無効であり，X は，Y 社の業務命令に従う義務はないというべきである。

　なお，シュレッダー係に就くことを命じる Y 社の業務命令が配転命令に該当するとみることもできるが，配転命令に関する就業規則上の規定や採用の際に配転命令について労使合意がなされた事実もない本件では，Y 社に配転命令をなしうる法的根拠はなく，X は適法にこれを拒否することができることになる。

(2) 【設問】1(2)

　【設問】1(2)については，まず，Z に対する反省文の提出命令が，Y 社の Z に対する業務命令権に含まれるか否かが問題となろう。この点については，使用者の労務指揮権の及ぶ範囲は，労働契約に明記された本来的業務に限定されるわけではなく，労働者の労務提供が円滑かつ効率的に行われるために必要な付随的業務にも及びうると解することができるのであって，こうした観点からすると，Z に対する反省文の提出命令は，Y 社の業務命令権の範囲内にあるというべきである。(2)の事案では，職場の環境や企業の秩序を維持すべき義務を負っている営業課長である Z が，部下 B の職場環境を悪化させ，かつ営業課の企業秩序を乱したと評価することができるのであり，Z の Y 社に対する反省文の提出は，営業課長としての Z の業務に付随するものとみることができるからである。

　もっとも，第 1 に，Y 社の反省文提出命令が，Z の人格を傷付け，あるいは良心の自由（憲 19 条）を不当に制限する場合には，当該業務命令は権利の濫用として無効となる。第 2 に，反省文の提出命令が教育的措置を超えて懲罰的措置の機能を持つようなものである場合には，懲戒処分権行使の有効要件を満たさなければならない。

以上のうち，第1の点については，Y社による反省文の提出は，特にZの人格を傷付け，良心の自由を不当に制限するものとは認められない。ZがY社に対して負っている誠実義務の履行を確保するためのものであると解されよう。また，第2の点については，Y社による反省文の提出命令は，教育的配慮に基づいており，懲罰的色彩をうかがわせる事実も認められない。そのため，Zは，Y社の反省文提出の業務命令を拒否することはできないということになる。

2 【設問】2について

　【設問】2は，労働者が使用者に対して負っている多様な義務に関する問題であり，労働者の誠実義務違反や職務専念義務違反，使用者の労働者に対する損害賠償請求の可否などが中心的論点である。

⑴ 【設問】2⑴

　【設問】2⑴では，Y社の従業員XのY社に対する競業避止義務違反の有無，およびそれを理由とする損害賠償請求の可否が問題となる。

　まず，XのY社に対する競業避止義務の有無に関しては，労働者が負っている労働契約上の誠実義務に基づいて，就業規則上の規定の有無を問わず，XはY社に対して競業避止義務を負っているというべきである。

　次に，退職の挨拶回りの際の受注要請が，上記競業避止義務に違反するか否かが問題となる。この点については，会社のホームページ作成や退職の際の挨拶回りの際の受注要請等の開業準備行為の事実のみをもって競業避止義務違反を認定する見方も可能であるが，むしろ職業選択の自由や自由競争の促進という視点も考慮して義務違反の成立範囲を限定する見方が採られるべきであろう。当該競業活動が，勤務時間中に行われたか，在職会社の信用を貶めたり，あるいは営業秘密を用いたりするなどの不当な方法で行われたか，さらには労働者がどのような職務上の地位にあったか，という点を考慮すべきである。【設問】2⑴の事案ではXは営業部長の地位にあったこと，有給期間中に設立会社のホームページ作成作業を行ったこと，退職の際の挨拶回りというY社における業務遂行行為の際に受注要請を行ったことが認められる一方，取引先4社の営業担当であったことに基づく人的関係等を利用することを超えて，Y社の営業秘密を用いたり，Y社の信用を傷付けるような不当な行為はみられないのであって，Xは，競業避止義務に違反していないと評価することができる。

　仮に，Xが競業避止義務に違反していると評価する場合，Y社はその被った損害についてXに損害賠償を求めることはできるか。債務不履行（競業避止

義務違反）に基づく損害賠償を請求するには，債務不履行（競業避止義務違反）の事実に加えて，②債務者（X）の帰責事由，③損害の発生，④損害と債務不履行の間の因果関係が必要になるところ（民415条），まず②については，Xの過失を認めることができよう。Xは，義務違反であることを知りながら取引先に受注要請をしたわけではないものの，営業部長としてのXは，義務違反であると評価される活動であると認識すべきであったということができる。また，③と④についても，【設問】2(1)の事案では肯定されると解される。

　もっとも，事業経営上生じる通常のリスクは使用者が負担すべきであって，労働者の使用者に対する損害賠償責任は限定されるべきである，という見方もできる（労働者の責任制限の法理）。しかし，競業避止義務に違反する活動については，使用者の事業活動の遂行過程における活動という評価が困難な側面もある。そのため，Xの競業活動が競業避止義務に違反していると評価される場合には，Y社は，当該競業活動と因果関係にある損害について，Xに損害賠償を求めることが可能であると解される。

(2) 【設問】2(2)

　以上の競業避止義務に対して，【設問】2(2)では，労働者の守秘義務違反が問題となる。労働者は労働契約上の誠実義務に基づいて使用者の業務上の秘密を漏洩しない義務を負うところ，【設問】2(2)のAは，大口取引先の取引情報を競争会社のM社に漏洩したのであって，これが上記の守秘義務に違反するかが問われる。この点については，問題となっている取引情報の重要性に鑑み，Aの守秘義務違反を肯定することもできよう。しかし，ここでは，使用者が秘密管理をしていない情報についても労働者が守秘義務を負うとすると，労働者の職業活動の自由に対する萎縮効果が大きいこと，問題となっている取引先の情報は，A自身が担当していたことから取得した情報であって，いわばA自身の人的資本に含まれうる情報であるという評価も可能であることを考慮すべきであり，したがって，【設問】2(2)におけるN社との取引情報は，Aが負うべき守秘義務の範囲に含まれないと解すべきであろう（レガシィ事件・東京地判平成27・3・27労経速2246号3頁，アールエスイー事件・大阪地判平成19・5・24判時1999号129頁参照）。

　なお，仮にAのM社に対する秘密漏洩が守秘義務違反に該当するとした場合のAの損害賠償責任については，上記(1)を参照されたい。

(3) 【設問】2(3)

　【設問】2(3)では，勤務時間中における上司Bを誹謗中傷するCのEメールの送信行為が，労働契約上の職務専念義務や会社の名誉や信用を毀損しない義

10　　1　労働契約

務に違反するかが問題となる。

　労働者は，勤務時間中は，職務に専念する義務を負うため，勤務時間中に業務と関係のない私用メールを送信することは，こうした職務専念義務に違反すると解される一方，労働者は人であるため，私用メールを通じて勤務時間中に外部と連絡を取ることが一切許されないということもできない。特に使用者がEメールの私的利用に関する規程を整備していない場合は，職務遂行に支障がなく社会通念上相当と認められる範囲の私用メールは職務専念義務に違反しないというべきであろう。

　もっとも，以上のように解したとしても，上司Bを中傷するCのEメール送信行為が職務専念義務に違反しないと評価することはできない。上司を誹謗中傷する外部へのEメール送信行為は，企業の名誉や信用を毀損する行為であって，「職務遂行に支障がなく社会通念上相当と認められる範囲」ということはできないからである。CのEメール送信行為は，職務専念義務に違反すると同時に，企業の名誉や信用を毀損しない義務にも違反するというべきである。そこで，Y社は，職務専念義務あるいは誠実義務違反に基づいて，Cの責任を問うことが可能である。

　ただし，以上に対して，Cは，Y社による従業員のEメールのチェックが従業員のプライバシー権を侵害する態様でなされたものである，と主張することが可能である。チェックの対象となったノートパソコンが会社所有であったとしても，とりわけ会社によるチェックがあらかじめ明示されていない場合には，当該パソコンの利用に関する従業員のプライバシー権保障が問題となるからである（⑮参照）。そこで，職務専念義務違反あるいは誠実義務違反に基づく使用者の解雇権の行使については権利濫用判断において，また，労働者に対する使用者の損害賠償請求については信義則に基づく労働者の責任制限法理の適用を通じて，労働者の契約責任が否定ないし軽減されるべきであるといえよう（もっとも，Cによるメール送信よって損害が生じたことを，Y社が証明することは困難な面がある）。

【基本文献】

荒木271頁以下／菅野148頁以下／土田・概説51頁以下／土田・労契法99頁以下／西谷・労働法12頁以下，178頁以下／野川246頁以下／水町113頁以下

（石田信平）

② 就業規則

【設問】

1 (1) Bデパートの商品管理部門で働くAは，髪をメッシュ風に茶髪に染め，口ひげ（普通の口ひげであり，手入れを怠っていない）を生やしている。ところが，B社は，2019年5月15日，「①清潔感のある髪型を心がけ，奇抜な髪型は避ける。②ひげはきちんと剃る」との身だしなみ基準に違反しているとして，Aに対し，髪を黒くし，口ひげを剃るよう命じた。この身だしなみ基準は，B社従業員の過半数を組織するK労働組合の意見聴取を経て作成され，労働基準監督署への届出も行われており，Aを含む従業員に周知されている。Aは，口ひげと茶髪が不可という理由が納得できなかったので従わなかったところ，同年8月10日，再度ひげを剃り，髪を染め直せという指示を受けた。Aは内勤業務のため，日常的に顧客に接する機会はなく，また，取引先や同僚等からのクレームは生じていない。

　Aは，B社の業務命令に従う義務を負うか。

(2) Aが一向に業務命令に従わないため，B社は，Aを関連会社のD社（口ひげや茶髪が問題とされないデザイン事業を営む会社）に出向させることとし，「会社は，業務上の都合により，社員に出向を命ずることがある」との就業規則（出向条項）に基づき，2019年9月30日付でD社への出向を命じた。

　①Aは，この出向命令に応ずる義務を負うか。

　②出向条項において，D社出向中の賃金・昇給，出向手当，昇給昇格査定，賞与，労働時間・休日・休暇，出向期間の労働条件が労働者に不利益のないよう規定されている場合はどうか。

　③AがB社に採用される際，「職種・勤務地限定正社員としての採用のため，配転・出向はない」ことを合意していた場合はどうか。

2 N社の従業員Jは，2010年頃から，1週間に2日程度，勤務時間終了後，会社の許可を得ないまま，別会社で2時間アルバイトとして働いてきた。N社の業務やN社におけるJの就労に支障はなかったが，N社は，就業規則所定の「従業員は，会社の許可を得ることなく他社で就業してはならない」との兼職許可規定に違反すると判断し，2019年9月14日，Jに対して，「会社の許可なく在籍のまま他社で就業したとき」との就業規則（懲戒規定）に基づき，出勤停止2週間の懲戒処分を行った（懲戒手続に問題はないものとする）。

この出勤停止処分は有効か。

3　⑲【設問】1において，Y社は，電車内で痴漢行為を行ったXを懲戒解雇した上，就業規則の退職金不支給規定に基づいて退職金を不支給としているが，この規定は，「懲戒解雇者に対しては，退職金を支給しない」というものである。この退職金不支給規定は，合理性を認められるか。

4　電器部品メーカーN社は，設立時の2000年5月1日，退職金規程を設け，退職金の基本支給率を「基本給月額×在職月×0.8」と定めた（退職金規程①）。その際，N社は，退職金規程を人事部に保管して公開せず，過半数代表者の意見聴取や労働基準監督署への届出も行わず，社員の採用時にも明示してこなかった。しかし，N社は，2004年〜2013年に退職した社員に対しては，上記の支給率によって退職金を支給し，退職社員も異議を述べなかった。

　その後，業績が悪化したN社は，2014年4月4日，退職金規程において，退職金の基本支給率を「基本給月額×在職月×0.4」と規定し，過半数代表者の意見聴取と労働基準監督署への届出を経て，会社のイントラネット上に公開した（退職金規程②）。Cら3名は，N社設立時に採用され，2019年3月31日付で退職したが，N社は，退職金規程②に従って退職金支給率を算定し，支給した。これに対してCらは，人事部に勤務していたCが入手した退職金規程①が適用されるべきだと主張し，「基本給月額×在職月×0.8」の退職金を請求した。

　⑴　Cらの退職金は，どちらの退職金規程によって支給されるべきか。

　⑵　N社が，退職金規程②において，退職金の基本支給率を「基本給月額×在職月×別紙に定める支給率」と規定しながら，「別紙」を公開せず，Cら従業員に対する説明もしていなかった場合，その拘束力は認められるか。

【解　説】

1　就業規則の意義・作成と周知

　就業規則は，労働条件を現実に決定するためのルールとして極めて重要な制度である。就業規則の記載事項は労働条件のほとんど全てをカバーしており，労働契約の内容を決定する役割を与えられている。

　しかし一方，就業規則は，労使間の合意に基づいて作成されるものではなく，使用者の一方的作成に委ねられているため，労働者に不利な規定が設けられることもある。そこで，労基法は，労働者保護のための規制を設け，労契法は，労働契約と就業規則の関係について詳細な規定を設けている。

　常時10人以上の労働者を使用する使用者は，就業規則を作成し，行政官庁

（労働基準監督署）に届け出なければならない（労基89条）。就業規則を変更した場合も同様である。就業規則の記載事項は，絶対的必要記載事項（必ず記載すべき事項——労働時間・休日・休暇に関する事項〔労基89条1号〕，賃金に関する事項〔同条2号〕，退職・解雇・定年制に関する事項〔同条3号〕）と，任意的必要記載事項（規定するかどうかは自由だが，規定する場合は「定めをする」ことを要する事項〔同条3号の2〜10号〕）に分かれる。【設問】1の身だしなみ基準および【設問】2の兼職許可規定は，事業場の全労働者に適用される事項（10号）に該当し，【設問】2の懲戒規定は表彰・制裁（9号）に該当し，【設問】3・4の退職金規程は退職金（3号の2）に該当する。

　使用者は，就業規則の作成・変更に際して，事業場の過半数組合または過半数代表者の意見を聴かなければならない（労基90条1項）。また使用者は，就業規則の届出に際して，労働者の意見を添付しなければならない（同条2項）。就業規則の内容に労働者の意見を反映させることを趣旨とする規定であるが，意見聴取とは「諮問」を意味し，労働者の同意を得たり，協議を義務付けるものではない。つまり，就業規則は，使用者の一方的作成に委ねられている。

2　就業規則の効力

(1)　法令・労働協約との関係

　就業規則は，法令または当該事業場に適用される労働協約に反してはならない。行政官庁（労働基準監督署）は，法令・労働協約に抵触する就業規則の変更を命ずることができる（労基92条。労契13条も参照）。法令は，法律・命令等のうち強行法規たる性質を持つものをいう。労基法の強行規定が典型であるが，公序良俗（民90条）に反することも許されない。労働協約に優越的地位を認めたのは，使用者が一方的に作成する就業規則に対して，団体交渉の成果である労働協約（労組14条・16条）を優先させようという考え方に基づく。

(2)　労働契約との関係（最低基準効）

　就業規則で定める基準に達しない労働条件を定める労働契約は，その部分については無効となり，無効となった部分は就業規則で定める基準による（労契12条）。労基法自体の私法的効力（13条）と同じ文言で就業規則の最低基準としての効力を認めたものであり，就業規則はそれを下回る労働契約に優越し，排除する強い効力を認められるのである（以上，③参照）。

3　就業規則の法的性質と拘束力

　以上のように，就業規則は法令・労働協約によって内容を規制され，それを

下回る労働契約を排斥しつつ，労働条件（権利義務）を設定する。例えば，就業規則で基本給を定め，それに対応する定めが労働契約になければ，労働者は所定の賃金請求権を取得し，就業規則で所定労働時間を7時間と定めていれば，労働者は7時間労働する義務を負う。では，就業規則がこのように労働条件を設定し，当事者を拘束する根拠は何か——この肝心の問題について，労基法は何も定めていない。そこで，この問題は学説・裁判例に委ねられ，就業規則の法的性質論として盛んに議論されてきた。学説は，法規範説（就業規則はそれ自体として法規範としての性質を有し，労働者の同意を要することなく拘束すると解する見解）と，契約説（就業規則はそれ自体としては事実上の規範にすぎず，労働者の同意により労働契約内容となることによって拘束力を生ずると解する見解）に分かれて議論を展開してきた（土田・労契法159頁参照）。

これに対して判例は，秋北バス事件（最大判昭和43・12・25民集22巻13号3459頁＝百選18事件）において，規定内容の合理性を要件に就業規則の法的規範性を肯定する独自の見解を示した。すなわち，就業規則は，「それが合理的な労働条件を定めているものであるかぎり，経営主体と労働者との間の労働条件は，その就業規則によるという事実たる慣習が成立しているものとして，その法的規範性が認められるに至っている（民法92条参照）」のであり，「労働者は，就業規則の存在および内容を現実に知っていると否とにかかわらず，また，これに対して個別的に同意を与えたかどうかを問わず，当然に，その適用を受けるものというべきである」と。その後の判例は，労働者の義務や使用者の業務命令権を定めた就業規則の拘束力について，「就業規則の規定の内容が合理的なものである限り，それが具体的労働契約の内容をなす」と判示し，契約説に近い立場を採っている（電電公社帯広局事件・最一小判昭和61・3・13労判470号6頁〔健康診断の受診義務を定めた規定〕，日立製作所武蔵工場事件・最一小判平成3・11・28民集45巻8号1270頁＝百選36事件〔時間外労働義務規定〕）。定型契約説とも呼ばれる（土田・概説72頁，土田・労契法160頁参照）。

4　労働契約法7条の規律

(1)　就業規則の契約内容補充効——要件・効果

以上の学説・判例の展開を踏まえて，労契法7条は，「労働者及び使用者が労働契約を締結する場合において，使用者が合理的な労働条件が定められている就業規則を労働者に周知させていた場合には，労働契約の内容は，その就業規則で定める労働条件によるものとする。ただし，労働契約において，労働者及び使用者が就業規則の内容と異なる労働条件を合意していた部分については，

第12条に該当する場合を除き，この限りでない」と規定する。

労契法7条は，使用者が労働契約締結時に合理的な労働条件を定めた就業規則を労働者に周知させていたという要件を満たした場合は，労働契約を補充し，契約内容となるという効果（契約内容補充効）が発生することを規定したものである。理論的には，判例の定型契約説（前掲日立製作所武蔵工場事件）を採用しつつ，別の判例（フジ興産事件・最二小判平成15・10・10労判861号5頁＝百選19事件）が掲げていた周知の要件（「就業規則が法的規範としての性質を有する……ものとして，拘束力を生ずるためには，その内容を適用を受ける事業場の労働者に周知させる手続が採られていることを要する」）を付加したものと解される。

労契法7条の「周知」は，必ずしも労基法上の周知義務（106条）による必要はなく，何らかの形で実質的に周知させればよいと解されている。「実質的周知」とは，労働者が知ろうと思えば知りうる状態にしておくことをいう（荒木＝菅野＝山川113頁。河口湖チーズケーキガーデン事件・甲府地判平成29・3・14ジャーナル65号47頁も参照）。そして，このような実質的周知が行われれば，労働者が就業規則に同意したか否かを問わず，また，現実に就業規則内容を知ったか否かにかかわらず，契約内容補充効が及ぶことになる。

もっとも，就業規則の周知が契約内容補充効の基本的要件であることを考えると，使用者は，労働者が就業規則の内容を理解できるよう配慮を行う必要があると解される。すなわち，使用者は，労働者が就業規則内容を認識するのに必要な全ての情報を公開するとともに，就業規則内容が複雑多岐にわたり，労働者が容易に理解できないような場合は，就業規則に関する適切な説明・情報提供を行い，労働者が規則内容を理解できる状況を提供する必要がある（同旨裁判例として，中部カラー事件・東京高判平成19・10・30労判964号72頁）。

使用者が労働契約締結時に就業規則の周知を怠った場合，就業規則の契約内容補充効（労契7条）は発生しないが，就業規則に即した労働条件が実際に展開されている場合は，黙示の合意または労使慣行によって当該労働条件が労働契約内容を補充するものと解される。その後，使用者が就業規則を周知させ，それが従来の労働条件より不利な場合は，就業規則による労働条件の変更に関する労契法10条が類推適用される（荒木＝菅野＝山川116頁参照）。

(2) 「合理的な労働条件」の意義

労契法7条が定める「合理的な労働条件」は，抽象的な一般条項であるため，その具体的解釈基準を設定する必要がある。この点は，労働者・使用者がそれぞれ有する利益の比較衡量に求められるが，憲法や法令の趣旨も組み入れるべきである。使用者側の利益としては，業務運営の必要性や企業施設の管理保全

の必要性が挙げられ，労働者側の利益としては，既得の労働条件の下で就労する利益，憲法・法令が保障する権利，私生活・行動の自由が挙げられる（同旨，全日本手をつなぐ育成会事件・東京地判平成 23・7・15 労判 1035 号 105 頁）。

裁判例では，時間外労働義務を定めた就業規則（36 協定を引用した就業規則）につき，時間外労働の上限を規定し（1 ヵ月 40 時間），かつ，一定の事由を規定していることに着目して合理性を肯定する例（前掲日立製作所事件。⑨参照），労働者の出向義務を定めた就業規則につき，出向期間や出向中の労働条件等が労働者の利益に配慮して具体的に規定されている場合に合理性を肯定する例（JR 東日本事件・東京地判平成 29・10・10 労経速 2330 号 3 頁。新日本製鐵〔日鐵運輸第 2〕事件・最二小判平成 15・4・18 労判 847 号 14 頁＝百選 62 事件参照。⑬参照），「懲戒解雇者には退職金を支給しない」旨の就業規則につき，労働者の長年の労働の価値を抹消するほどの著しい背信行為がある場合にのみ適用される限りで合理性を有すると判断する例（小田急電鉄事件・東京高判平成 15・12・11 労判 867 号 5 頁＝百選 31 事件。⑦参照），期間雇用社員の有期労働契約の更新限度を 65 歳に制限する就業規則（更新限度条項）につき，屋外業務に従事する高齢の期間雇用社員に係る事故の可能性を考慮して更新限度条項を就業規則に定めることには合理性があると判断する例（日本郵便事件・最二小判平成 30・9・14 労経速 2361 号 3 頁）等がみられる。加えて，日常的な労働義務や服務規律を規定した就業規則に関して，労働者の人格的利益を考慮して合理的に限定解釈することは頻繁に行われる。

次に，「労働条件」は，広く「労働契約関係における労働者の待遇の一切」を意味する。もっとも，労契法 7 条は，就業規則所定の労働条件が労働契約内容を補充すること（契約内容補充効）を定めた規定であるため，労働契約とは別に設定される権利義務（退職後〔労働契約終了後〕の競業避止義務等）は，「労働契約の内容」となる「労働条件」たりえないのではないかが問題となる。この点については，こうした権利義務の「労働条件」該当性を認めつつ，合理性判断を厳しく行うことが妥当と説く見解が有力であるが（荒木＝菅野＝山川 111 頁），引き続き検討すべきであろう。

(3) 特約優先規定

労契法 7 条ただし書は，労働者・使用者が就業規則内容と異なる労働条件を合意していた場合は，当該合意が優先し，本文の契約内容補充効が生じないことを定めたものである。例えば，就業規則に包括的な配転条項（「業務上の必要性がある場合は，配転を命ずることがある」）がある一方，労使が労働契約締結時に職種・勤務地限定の合意を取り決めた場合や，就業規則上の賃金体系に対し

て，中途採用者が高額の年俸を合意した場合が典型である。ただし，労働契約上の労働条件が就業規則上の労働条件に達しない場合は，就業規則の最低基準効（労契12条）が及ぶので，就業規則に優先する特約は，労働者に有利な労働条件を定めたものに限られる。

【解答への道すじ】

【設問】1・2・3は，いずれも労契法7条所定の就業規則の合理性（「合理的な労働条件」該当性）の有無を問う問題である。また，【設問】4は，就業規則の「周知」要件（労契7条）に関する設問である。

1　【設問】1について

⑴　【設問】1⑴──身だしなみ基準の合理性

【設問】1⑴では，AがB社の2019年5月15日付業務命令に従う義務を負うか否かを判断する前提として，①B社の身だしなみ基準の法的性格，②Aの口ひげと髪の色の「労働条件」該当性および③身だしなみ基準の合理性が問題となる。

まず，①については，B社の身だしなみ基準は，過半数組合（K組合）の意見聴取，労基署への届出および周知という手続を経て作成されているので，就業規則としての性格を有するものと解される。また，②については，Aの口ひげと髪の色は，典型的な労働条件ではないが，広く「労働契約関係における労働者の待遇」を意味するものとして労働条件に該当するものと解される。

そこで，②B社の身だしなみ基準の合理性（「合理的な労働条件」該当性）が問題となるが，ここでは特に，労働者の人格的利益との関係が論点となる。B社の身だしなみ基準は，B社にとっては，業務上の必要性（顧客・取引先の満足度向上，同僚・部下への悪影響の防止）から規定したものであるが，他方，Aからみれば，その容貌・服装という核心的自由を制限する規律を意味する。そこで，こうした就業規則については，合理性審査（労契7条）の一環として合理的限定解釈が行われる（【解説】4⑵参照）。

典型的裁判例として，人の容姿・服装といった人格・自由に関する事項を制限する措置は，企業の円滑な運営上必要かつ合理的範囲にとどまるべきとの一般論を述べた上，トラック運転手が黄髪の染直し命令に従わなかったことを理由とする諭旨解雇を無効とした例（東谷山家事件・福岡地小倉支決平成9・12・25労判732号53頁）や，郵便職員のひげや長髪を禁止する「身だしなみ基準」につき，同基準は「顧客に不快感を与えるようなひげ及び長髪は不可とする」

との内容に限定して適用されるべきものと解した上，当該職員のひげおよび長髪はこれに該当しないと判断し，職員に対する夜勤配置等を違法と判断した例がある（郵便事業事件・大阪高判平成 22・10・27 労判 1020 号 87 頁）。ともに，労働者のプライバシー・人格的利益を重視して就業規則の合理性審査（合理的限定解釈）を行った例である。

【設問】1のポイントは，A が内勤（商品管理部門）で顧客と接触する機会がなく，顧客との関係では基本的に問題がないということである。もっとも，A の口ひげと茶髪によって取引先との関係が悪化したり，同僚に悪影響が生じていれば，A は B 社に対する誠実義務違反を問われる可能性があるため，身だしなみ基準には必要性・合理性が認められうるが，取引先や同僚からのクレームが生じていない本【設問】についてはこの評価は妥当しない。したがって，B 社の身だしなみ基準が A の容貌・外観の自由を一律に規制するものである限り，労働者の自由を過度に制限する規定として合理性を認めることは困難である。むしろそれは，「顧客・取引先・同僚に不快感を与えるようなひげおよび髪の色は不可」との内容に限定される限りで合理性を有するものと解すべきであろう（前掲郵便事業事件参照）。A の口ひげ・茶髪がそのようなものでなければ，身だしなみ基準に合理性は認められず，A への拘束力は生じないものと解される。したがって，A は，B 社の業務命令に従う義務を負わない。

⑵ 【設問】1⑵——出向条項の合理性

【設問】1⑵については，A が B 社の 2019 年 9 月 30 日付出向命令に応ずる義務を負うか否かを判断する前提として，出向条項の合理性と拘束力（契約内容補充効。労契 7 条）の有無が論点となる。

まず，①のような包括的出向条項は，就業規則としての合理性および契約内容補充効を認められない。そうした条項は，出向が労働者・出向元・出向先という三者間の複雑な雇用関係を成立させるためには簡潔に過ぎ，労働契約の一身専属性の原則（民 625 条 1 項）に反する結果となるからである。したがって，A は出向命令に応ずる義務を負わない（土田・概説 74 頁参照）。

これに対し，②のように，出向中の労働条件が労働者の利益に配慮して具体的に規定されている場合は，出向条項は合理性を認められ，契約内容補充効を肯定されるものと解される。こうした具体的出向条項は，出向において発生する労働条件・法律関係の複雑化の問題を解決するとともに，労働者の利益にも寄与するからである（【解説】4⑵，土田・概説 182 頁参照。前掲 JR 東日本事件，新日本製鐵〔日鐵運輸第2〕事件参照）。したがって，A は，この出向条項に拘束され，B 社の出向命令に応ずる義務を負う。ただし，出向命令権濫用規制（労

契14条）が別途及ぶことに注意する必要がある。本件出向命令は，口ひげや茶髪が問題とされないD社を出向先としている点では合理性が認められるが，前記のとおり，B社の身だしなみ基準に拘束力がないにもかかわらず，Aが同基準に従わないことを理由に行われたとすれば，不当な動機・目的に基づく出向命令として出向命令権濫用が成立する可能性がある。

【設問】1(2)③は，特約優先規定（労契7条ただし書）が適用される典型例である。労働者・使用者が労働契約の締結に際して，各々の利害得失を考慮した結果，③のような特約（職種・勤務地限定特約）を締結することには合理的理由があるから，当該特約が優先されるのは当然である。この場合，B社がAを出向させるためには，本人同意が必要となる（労契8条）。

2　【設問】2について——兼職許可制の合理性

【設問】2については，N社が2019年9月14日付で行った出勤停止処分の効力（労契15条）を判断する前提として，①「従業員は，会社の許可を得ることなく他社で就業してはならない」との兼職許可規定および②「会社の許可なく在籍のまま他社で就業したとき」との懲戒規定（懲戒事由規定）の合理性（労契7条）が問題となる。

まず，①については，兼職許可規定は，労働者の健康確保や競業他社での就労の防止という使用者の利益を確保する上で有益な規定であるため，直ちにその合理性（労契7条）を否定し，契約内容補充効を否定すべきではない。しかし他方，労働時間以外の時間をどのように利用するかは労働者の自由であるし，その時間に自分の労働力を利用する自由も職業選択の自由（憲22条1項）によって保障されていることから，兼職許可規定は合理的限定解釈（【解説】4(2)）の適用を受ける。具体的には，兼職の目的（競業他社での就労か否か等），期間（継続的雇用かアルバイトか等），内容・態様（本来の業務に支障を生じさせるおそれがないか等）に即して，本来の業務を不能または困難としたり（深夜の長時間アルバイト等），企業秩序を著しく乱すような兼職（競業他社での就労等）のみが兼職許可規定違反に該当するものと解される（土田・概説56頁，土田・労契法116頁）。一方，②については，懲戒権は就業規則上の明示の規定を根拠とするため，懲戒規定の合理性が問題となるところ，合理性の有無は，個々の懲戒事由を設ける必要性（企業秩序規律の必要性），懲戒手段の内容，懲戒手続の整備等に即して判断される（⑲参照）。

【設問】2の場合，①の兼職許可規定については，上述した使用者の利益を考慮すれば，その合理性を直ちに否定することは困難であり，②についても，

兼職許可規定自体が合理性を肯定される以上，その違反を懲戒事由として規定することの合理性を否定することはできない。しかし，①については，労働者の利益を考慮した合理的限定解釈が行われる。【設問】の場合，Jの兼職は1週間に2日程度，2時間のアルバイト就労であり，N社の業務やN社におけるJの就労にも支障はなかったとあるので，兼職許可規定違反に該当する余地はないものと解される。したがって，N社が行った出勤停止処分は，そもそも懲戒事由該当性を欠く処分であり，無効と解すべきである。

なお，厚生労働省は2017年，「働き方実行計画」（同年）を受けて，労働者の健康確保に留意しつつ，原則として副業・兼業を認める方向で普及促進を図るとの方針を打ち出し（「柔軟な働き方に関する検討会報告」），2018年，兼職許可制を定めた従来のモデル就業規則を改め，会社への届出によって原則として兼職を営みうる内容に改訂した。もっとも，この改訂が兼職許可制に係る判断にどのように影響するかは未知数の点が多い（土田道夫「副業・兼業解禁の意義と課題——労働法の観点から」ビジネス法務2019年1月号55頁参照）。

3 【設問】3について——退職金不支給規定の合理性

前記のとおり（【解説】4⑵），【設問】3のような退職金不支給規定は，労働者の在職中の労働の価値を抹消するほどの著しい背信行為があった場合にのみ適用される規定として限定解釈される（合理的限定解釈）。この点，⑲【設問】1に類似する事案について，裁判所は，【設問】3と同様の「懲戒解雇者には退職金を原則として支給しない」旨の就業規則につき，労働者の非違行為の内容や長年の勤続の功等の個別事情に応じて一定割合を支給すべきことを定めた規定と解しうる限りで合理性を有すると判断した上，労働者の行為が私生活上の行為であることや，同人の勤務態度が真面目であったこと等を考慮して全額不支給は行き過ぎと判断し，3割の支払を命じている（前掲小田急電鉄事件）。

【設問】3についても同様であり，Y社の退職金不支給規定に全面的合理性を認めることは困難である。Xの痴漢行為の態様・Y社の社会的評価に及ぼした影響や，Xの勤務態度・成績等の事情に照らして一定割合を支給する趣旨の規定と限定解釈した上で合理性および契約内容補充効（労契7条）を肯定すべきであろう。その結果，Y社が退職金不支給規定に基づいて行った退職金不支給措置は違法と解される可能性がある。

4 【設問】4について——就業規則の周知

⑴ 【設問】4⑴では，2019年3月31日付で退職したCらの退職金につい

て，2000年の退職金規程①が適用されるのか，それとも，2014年の退職金規程②が適用されるのかが問題となる。この点，労契法7条が就業規則の周知を契約内容補充効の要件と定めている以上，使用者が労働契約締結時に就業規則の周知を怠った場合，就業規則の契約内容補充効は発生しない（【解説】4(1)）。【設問】4の場合，N社は退職金規程①を公開せず，社員の採用時にも明示しなかったというのであるから，7条の周知要件を充足せず，契約内容とならないことになりそうである（この場合，Cらの退職金は退職金規程②によって支給されることになる）。

　しかし，これも【解説】4(1)で述べたとおり，労働者に周知されていない就業規則に即した労働条件が実際に展開されている場合は，労使間の黙示の合意または労使慣行によって当該労働条件が労働契約内容を補充するものと解することが可能である。【設問】4の場合，N社は，2004年～2013年に退職した社員には退職金規程①によって退職金を支給し，退職社員も異議を述べなかったとあるので，退職金規程①が黙示の合意または労使慣行によってN社・N社従業員間の労働契約内容となっていたものと解される。そうだとすれば，Cらの退職金は退職金規程②ではなく，退職金規程①によって支給されるべきことになる。この結果，N社が退職金規程②を新たに作成し，退職金の基本支給率を「基本給月額×在職月×0.4」と規定したことは，従来の労働条件（退職金）を不利益に変更したことを意味するため，就業規則による労働条件の変更に関する合理性審査（労契10条）が類推適用される（【解説】4(1)）。

　(2)　【設問】4(2)は，就業規則の周知の程度が不十分なケースである。N社は，労働者が退職金規程②の内容を知るために必須の情報である「別紙」を公開せず，労働者に対する説明もしていないのであるから，就業規則に関する全ての情報を公開し，必要な説明・情報提供を行うという実質的周知の要件（【解説】4(1)）を充足していないことに帰着する。上記のとおり，N社が退職金規程②を作成したことは労働条件の不利益変更を意味し，労契法10条を類推適用されるところ，同条も，7条と同様，就業規則の周知（実質的周知）を要件としているため（⑯参照），退職金規程②は，この要件を充足せず，契約内容変更効を否定されるものと解される（同旨，前掲中部カラー事件）。

【基本文献】
荒木341-374頁／菅野187-201頁／土田・概説68-77頁／土田・労契法154-172頁／西谷・労働法160-166頁／野川174-215頁／水町87-97頁

（土田道夫）

③ 労働条件の決定システム

【設　問】

　Y社は，総合ショッピングモールを営む企業であり，国内に202の店舗を展開している。Y社の正社員は，期間の定めのない労働契約で雇用され，総合職正社員（約1300人）およびエリア正社員（約2100人）に分かれる。また，労働契約の期間を6ヵ月とする契約社員（約5000人）およびアルバイト（約1万人）が各店舗で勤務している。総合職正社員の場合，職種・勤務地に限定はなく，多様な職種で勤務し，全国転勤を予定する。一方，エリア正社員の場合は，地域ブロック単位（都道府県単位）で採用され，当該ブロック内で転勤を発令される。正社員および契約社員の所定労働時間は8時間，週休2日制であり，加えて16日の休日が設定され，年間の休日数は120日である。契約社員・アルバイトは，店舗単位で採用され，店舗を超えた人事異動は行われない。

　Y社の就業規則は，雇用管理区分ごとに作成されており，エリア正社員就業規則23条には，「会社は，業務上の必要がある場合には，エリア正社員に職務内容および勤務地の変更を命じることがある。エリア正社員は，正当な理由なくこれを拒んではならない」（1項），「第1項による配置の変更は，同一の地域ブロック内で行うものとする」（2項）と規定され，エリア正社員に周知されている。地域ブロックでのエリア正社員の転勤は，新店舗の開設のほか，モール全体の特性を知り他店舗での経験を積むことを目的に広く行われてきた。

　Y社は，新卒採用を中心に正社員を採用しているが，2010年以降，契約社員のうち労働契約の通算期間が5年を超える者を対象に，エリア正社員への転換を進めている。転換に際しては，各店の責任者から高く評価されている契約社員を対象に選抜を行い，各地域ブロックを管轄する人事担当者が対象者と面接し，エリア正社員就業規則を配布して，契約社員とエリア正社員間の主な労働条件の違いを説明している。正社員転換を希望する契約社員は，いったんY社を退職した上，新たな労働条件に同意する旨の誓約書を提出して転換が実現する。F・G・Hは，いずれもY社のS店で契約社員として5年間勤務した後，2012年4月1日付でエリア正社員に転換し，引き続きS店で就労してきた。

1　Fは，エリア正社員への転換に際して，老親の介護の都合上，公共交通機関による最短経路で，自宅から1時間以内に通勤できる店舗でなければ応じられない旨申し出ており，Y社も上司を通じてこれに同意していた。ところが，Y社

がS店と同じ地域ブロック内で新たにT店を出店するのに伴い，Y社はFに対し，エリア正社員就業規則23条1項に基づき，2015年4月1日付でT店への転勤を発令した。T店は，S店と同一県内にあるが，Fの自宅からの通勤には最短経路でも90分は必要となり，介護に支障を来す蓋然性が高い。

Fは，Y社が行った転勤命令を拒否することができるか。

2 Gは，エリア正社員への転換を足がかりに，将来は総合職正社員となることを希望している。Y社では総合職への転換制度は設けられていないものの，エリア正社員からの転換が個別に認められた例がある。そこで，Gは，エリア正社員転換に際して，人事担当者と面談を行った際，エリア正社員であっても，地域ブロックを超えて全国どこでも転勤が可能であることを申し出ており，人事担当者も了承の上，エリア正社員転換時の誓約書に明記した。

Y社は，Gがエリア正社員に転換後，上記誓約書に基づき，2016年4月1日付で，S店とは異なる地域ブロックに属するU店への配転を発令した。しかし，U店がある地域は冬の寒さが厳しく，Gは転勤を拒否したいと考えている。

Gは，Y社が行った転勤命令を拒否することができるか。

3 Y社には，正社員の65％で組織するA労働組合が存在する。A組合は，Y社との団体交渉に基づき，各店舗のセール期間を中心に，所定休日にも積極的に出勤することと引き替えに，年2回の賞与について非組合員よりも5％の上乗せを支給する旨の労働協約を長年締結・更新してきた。Y社とA組合が締結した労働協約27条では，各店舗のセール期間における年間10日間の出勤義務が規定され，年間休日は110日とされている。

Hは，契約社員の時期から休日を重視しており，エリア正社員転換に際しても，Y社人事担当者との間で，従来どおり年間休日を120日とすることを確認し，誓約書に明記した。また，Y社のエリア正社員就業規則31条も，年間休日数を120日と規定している。しかし，Hは同僚の勧めもあり，エリア正社員への転換を機に組合に加入したところ，Y社は，転換後の2012年度以降，労働協約27条に基づき，年間10日間は所定休日に出勤するよう業務命令を発した。

Hは，Y社が行った出勤命令を拒否することができるか。

4 Iは，Y社東京統括本部企画部に所属し，総合職正社員として勤務する従業員である。Y社は，総合職正社員については，地域ブロックを超えた全国レベルの広域転勤を行っており，総合職正社員就業規則26条には，「会社は，業務上の必要がある場合には，従業員に転勤を命じることがある。従業員は，正当な理由なくこれを拒んではならない」との規定があり，総合職正社員に周知されている。一方，Y社は，転勤を行う場合，事前に総合職正社員に打診を行い，その意

24　③　労働条件の決定システム

向をできるだけ尊重する取扱いを過去20年行ってきた（就業規則に定めはない）。その結果，Y社が総合職正社員の意向を尊重して転勤を取り止めることや，総合職正社員の意向を考慮して転勤先を変更することがあった。

Iは，成績優秀な社員であり，過去にも2回，職種変更や転勤を経験してきたが（1997年・2008年），その際には，事前の意向打診が行われ，転勤先についてもIの意向が反映されてきた。Y社は，2018年12月，関西ブロックにおける新たなショッピングモール展開プロジェクトを立ち上げるに伴い，2019年4月1日付でIに対し，関西統括本部企画部への異動を命じたが，今回は，事前の意向打診を一切行うことなく転勤を発令した。

Iは，Y社が行った転勤命令を拒否することができるか。

【解　説】

1　労働条件と労働契約

労働条件とは，労働契約における労働者の待遇全般をいう（菅野229頁）。換言すれば，労働条件は，労働契約当事者（労働者・使用者）が契約上有する権利義務全般を意味する概念であり，それを決定する法的根拠は労働契約にある。労契法は，随所で，「労働契約の内容である労働条件」という表現を用いている（8条〜10条。7条も参照）。

もっとも，労働契約は，労使間の交渉力・情報格差の存在を特質とする契約であるので，労働条件の決定に関しては，上記格差を是正する観点から，各種法令による規律が行われる（【解説】2）。また，労使の自主的規範として，労働協約および就業規則が重要な機能を営む（同3(1)(2)）。労基法上の労使協定も，労働条件決定システムとして機能しうる（同3(4)）。さらに，労使慣行という不文のルールが労働条件を決定することがある（同3(5)）。以下，こうした規範・ルールから形成される労働条件の決定システムを概観しよう。

2　法　令

(1)　労働保護法——最低労働条件の法定

憲法27条2項は，「賃金，就業時間，休息その他の勤労条件に関する基準は，法律でこれを定める」と規定する。これを受けて，労基法・最低賃金法・労働安全衛生法等の労働保護法は，労働条件の最低基準を定め，行政監督や違反に対する罰則を規定している。その上で，労働保護法の中核を成す労基法は，私法的規律として13条を設け，「この法律で定める基準に達しない労働条件を定

める労働契約は，その部分については無効とする。この場合において，無効となった部分は，この法律で定める基準による」と規定している。前段を強行的効力，後段を直律的効力という。例えば，労働契約において，「①1日10時間労働・②賃金1万円」という合意がある場合，①部分は労基法32条2項（1日8時間労働制）の定める基準に達しておらず，労働者に不利である。そこで，①部分は同法13条によって無効となり（強行的効力），無効となった部分は，同法32条2項によって直接規律され，1日8時間労働に修正される（直律的効力）。ただし，13条によって修正されるのは，労働契約のうち労働保護法の規定に違反する部分に限られる。この点，上記労働契約の②部分は，最低賃金法所定の最低賃金に違反していないため，合意内容がそのまま維持され，上記労働契約は「①1日8時間労働・②賃金1万円」に修正される。最低賃金法も，同様に強行的効力と直律的効力を規定している（4条2項）。

以上に対し，労働契約において，労基法等の法令の最低基準を上回る（労働者に有利な）労働条件を定めることは自由である。例えば，1日の労働時間を労働契約で6時間と定めることは何ら差し支えない。

(2) その他の労働法令

労契法（労働契約法）は，労働契約に関する原則規定（合意原則〔3条1項〕，均衡考慮の原則〔同条2項〕，仕事と生活への配慮の原則〔同条3項〕，信義誠実の原則〔同条4項〕）を定めるとともに，使用者の安全配慮義務（5条）という基本的労働条件を規定している。また，労契法は，解雇権濫用規制（16条）をはじめとする各種権利濫用規制（権利濫用の禁止〔3条5項〕，出向命令権濫用規制〔14条〕，⑫懲戒権濫用規制〔15条〕）を規定し，次項のとおり，就業規則に関する基本規定を設けるほか，有期労働契約に関する基本規定（期間途中の解雇の規制〔17条1項〕，雇止めの規律〔19条〕，有期契約労働者の不合理な労働条件の禁止〔20条。ただし，短時間・有期雇用労働法への移行により，2020年4月1日をもって削除〕等）を設けるなど，労基法とともに，労働条件に関する基本法としてきわめて重要な意義を有する。

このほか，男女間の雇用・労働条件差別等を規律する雇用機会均等法，会社分割に伴う労働契約・労働条件の承継ルールを定める労働契約承継法，育児・介護休業に関する基本法である育児・介護休業法，高年齢者雇用に関する基本法である高年齢者雇用安定法，パートタイマー・有期雇用労働者の雇用・労働条件に関する基本法である短時間・有期雇用労働法，派遣労働者の雇用・労働条件に関する基本法である労働者派遣法，障害者の労働条件等に関する企業の合理的配慮義務を定める障害者雇用促進法なども，労働条件に関する基本法令

として重要である。

3　労使の自主的規範

　労働法は，労基法等の労働保護法において労働条件の最低基準を定めつつ，それを上回る労働条件については，労働契約・労働協約・就業規則によって当事者が自由に決定するシステムを採用している。そこで次に，労使のこれら自主的ルールについて概観しよう。

(1)　就業規則

　(ア)　就業規則は，労働条件を決定する上できわめて重要な制度である。就業規則の記載事項は，労働条件のほとんどすべてをカバーしており，労働契約の内容を決定する役割を与えられている。その理由の一つは，労働条件の統一的かつ画一的決定の要請に求められる。労働条件が個人ごとに異なってしまうと，組織は円滑に機能せず，労働者間の公正を欠く結果ともなる。そこで，就業規則という統一的なルールで労働条件を決定する方法が普及したのである。

　また，就業規則は，労働者と労働条件を保護する役割を営む。労働者個人の交渉力は弱いため，労働条件を個々の交渉で決定する場合，使用者に押し切られやすいが，就業規則という統一的なルールで決定すれば，多数の労働者が当事者となるため，使用者も恣意的な決定はできない。つまり，それなりの合理的な相場で労働条件が決まることになるのである。

　(イ)　労基法および労契法は，就業規則のこのような機能に着目して法規定を設けている。まず，労基法は，常時10人以上の労働者を使用する使用者に対して就業規則の作成と届出を義務づけており，その記載事項は労働条件の全般にわたっている（89条）。具体的には，労働時間や賃金，退職に関する事項等の絶対的必要記載事項（1号～3号）と，当該事業場に制度を導入する場合に記載すべき事項（相対的必要記載事項〔3号の2以下〕）に分かれる。

　就業規則を作成または変更する際，使用者は，事業場の過半数労働組合（事業場の労働者の過半数で組織する労働組合），過半数労働組合がなければ，過半数代表者（事業場の労働者によって選出された代表者）の意見を聴かなければならない（労基90条，労基則6条の2）。もっとも，意見聴取とは「諮問」を意味し，労働者の同意を得たり，協議を義務づけるものではない。すなわち，就業規則は，使用者の一方的作成に委ねられている（以上，②参照）。

　(ウ)　次に，労契法は，就業規則と労働契約の関係について規定を設け，就業規則の規定内容の合理性と労働者への周知を要件に，就業規則が労働契約内容となると定めている（7条。就業規則の契約内容補充効）。すなわち，労働者およ

び使用者が労働契約を締結する場合において，使用者が合理的な労働条件を定める就業規則を労働者に周知させていた場合は，労働契約の内容は，その就業規則で定める労働条件による（詳細は②参照）。また，労契法 10 条は，就業規則による労働条件の不利益変更につき，就業規則内容の合理性および労働者への周知を要件に，労働契約内容である労働条件が変更後の就業規則によると規定する（就業規則の契約内容変更効。詳細は⑯参照）。こうして，労働条件は，労働契約内容を成す権利義務として労働契約によって決定されるが，実際には，就業規則が労働契約内容を決定する役割を果たしている。

また，就業規則は，労働契約による労働条件の切下げを防ぐ役割も付与されている。すなわち，労契法 12 条によれば，就業規則を下回る（労働者に不利な）労働条件を定める労働契約は無効となり，無効となった部分は就業規則の定めによる。つまり就業規則は，労基法と同様，労働条件の最低基準を保障する効力（最低基準効）を認められている。ただし，就業規則の最低基準効は，労基法と同様，それを下回る労働契約を排除する効果であるから，労使がそれを上回る（労働者に有利な）労働条件を労働契約で定めることは自由である。

就業規則は，使用者が一方的に作成する規則であるから，法令および労働協約に反することはできない（労基 92 条，労契 13 条）。ただし，労基法は最低基準立法であるため，就業規則で労基法を上回る労働条件を定めることは許される。労働協約との関係については，【解答への道すじ】3(1)で述べる。

(2)　労働協約

労働協約とは，労働条件その他の労働者の待遇に関して，労働組合と使用者が団体交渉を行い，締結した協定をいう（労組 14 条）。労働組合が存在する企業では，賃金体系や労働時間といった基本的労働条件は，団体交渉と労働協約で定められるのが一般的である。

労働協約は，規範的効力という強い効力を認められている。すなわち，労働協約に定める労働条件その他の労働者の待遇に関する基準に違反する労働契約は無効となり，無効となった部分は協約の定める基準によって補充されるほか，労働契約に定めがない部分についても同様とされる（労組 16 条）。賃金体系・労働時間といった労働条件を個々の労働契約で定めることは少なく，「労働契約に定めがない部分」に当たるので，労働協約で労働条件を定めれば，それが労働契約の内容となる。つまりここでも，労働契約に代わって，労働協約という集団的ルールが労働条件を決定しているのである。

労働協約は，就業規則と異なり，労使の集団的合意であるから，労働条件の決定システムの中では，法令に次ぐ高い地位を与えられている。つまり，労働

協約は，労基法等の強行法規に反することはできないが，就業規則に優先する効力を有し（労基92条，労契13条），労働契約の内容を規律する効果（規範的効力）を付与されている。加えて，労働協約の規範的効力は，協約を下回る（労働者に不利な）労働条件を定める労働契約・就業規則のみならず，協約を上回る（労働者に有利な）労働条件を定める労働契約・就業規則にも及びうると解されている。詳細は，【解答への道すじ】3で述べる。

(3) 労働契約の存在意義

　以上のとおり，労働条件システムにおいては，労働条件の多くは労働協約・就業規則によって決定される。この結果，労働契約はいわば観念的な存在と化しているように見える。

　しかし，このことから直ちに労働契約の意義を否定したり，過小評価することは正しくない。就業規則にせよ労働協約にせよ，それが労働者・使用者を法的に拘束するためには，いったん労働契約上の権利義務の内容となることを必要とする（労契7条，労組16条）。その意味では，労働条件を決定する根拠は依然として労働契約にある。また，職種や勤務場所のように個人ごとに決定される労働条件の内容については，労働契約上の合意が重要な意味を有しており，例えば，労働契約上，全国勤務を合意するか，勤務地限定の合意を行うかによって，配転（転勤）命令権の範囲が異なってくる。また最近では，成果主義人事や個別の雇用管理の進展（職種・勤務地限定制度，社内FA制，守秘義務・競業避止義務，海外研修制度等）に伴い，個別労働契約の重要性が増加している。例えば，基本給中，年齢・勤続年数に対応する部分（年齢給等）は一律に決定されるが，個々の労働者の職務内容・能力・成果に応じた部分は，人事考課に即して個人ごとに決定されるところ，これは，法的には個別労働契約による決定にほかならない。こうして，労働契約は徐々に復権しつつある。それを支えるのが，労基法上の労働条件対等決定の原則（2条1項）および労契法上の合意原則（3条1項）である（土田・概説22頁参照）。

(4) 労使協定

　労使協定とは，労基法の規制を修正・緩和するための要件として，過半数組合・過半数労働者代表との間で締結される協定をいう（労基24条ただし書・36条1項等）。労使協定の機能と効力については，一般的には以下のように解される。

　例えば，時間外・休日労働は，労使協定の締結によって導入することが可能であり（労基36条1項〔三六協定〕），この労使協定によって労基法32条の労働時間規制の適用が排除され，時間外・休日労働が適法となる（違法性阻却効果）。

しかし，この労使協定からは直ちに労働契約上の労働義務は発生せず，三六協定の内容を労働契約内容に取り込むためには，労働契約，労働協約または就業規則の定めが必要となる。労使協定の多くは，こうした機能をもって労働条件決定システムに加えられる（⑨の解説，⑪の解説も参照）。

(5) 労使慣行

企業においては，労働条件や職場規律に関して，労働協約や就業規則に基づかない取扱いが長期にわたって反復・継続され，労働契約を規律することがある。法的には，当事者間の黙示の合意を介して，または事実たる慣習（民92条）として労働契約を規律することになる。

労使慣行の成立要件としては，①強行法規や公序（民90条）に反しないこと，②同種の事実が長年にわたり反復・継続されてきたこと，③労使双方が慣行によることを明示的に排斥していないこと，④当該労働条件について決定権を有する者が慣行に依拠する意思を有していることが挙げられる（菅野161頁参照）。そこで例えば，配転に関して，事前に労働者に打診し，その同意を得て配転を命ずる取扱いが長年にわたって継続している場合は，労使慣行と認められ，それに反する配転命令は権利濫用（労契3条5項）と評価されうる。

【解答への道すじ】

1 【設問】1について

(1) 問題の所在

【設問】1については，Y社のエリア正社員就業規則23条の配転条項と，Fがエリア正社員に転換した際にY社との間で合意した転勤範囲の限定特約との関係が問題となる。

労契法7条によれば，労働者および使用者が労働契約を締結する場合において，使用者が合理的な労働条件が定められている就業規則を労働者に周知させていた場合は，労働契約の内容は，その就業規則で定める労働条件によるものとされる。一方，同条ただし書によれば，労働契約において，労働者および使用者が就業規則の内容と異なる労働条件を合意していた部分については，就業規則で定める基準を下回る場合（労契12条参照）を除いて，当該合意（特約）が優先される（特約優先規定）。

(2) 検討

【設問】1について考えると，まず，Y社がFに対して発令した転勤命令は，同一県内のT店への転勤命令であるから，エリア正社員の転勤の範囲を同一

地域ブロック内に限定しているエリア正社員就業規則23条2項に即したもの
である。この条項の合理性については，エリア正社員制度の趣旨から見て疑問
の余地はない。また，Y社の配転命令権を定めた同就業規則23条1項（配転
条項）も，配転が長期雇用制度下の企業人事において重要な機能を営むことに
鑑み，合理性を認められる（土田・労契法416頁参照）とともに，FらエリアF
社員に周知されている。そうすると，Y社は，就業規則23条1項の配転条項
に基づいて転勤を発令でき，Fはこれに応ずる義務を負うことになりそうであ
る。

　しかし一方，Fがエリア正社員への転換に際してY社との間で締結した特
約は，老親の介護の都合上，転勤先を自宅から1時間以内に通勤できる店舗に
限定するという内容のものであり，Fにとって就業規則23条1項より有利な
ものである。実際，Y社が就業規則23条1項に基づいてFに命じたT店への
転勤は，S店と同一県内にあるものの，Fの自宅からの通勤には最短でも90
分は必要となるため，Fにとって不利な異動である。そうすると，Fは，労契
法7条ただし書（特約優先規定）に基づき，就業規則23条1項に拘束されない
ものと解される。したがって，Fは，Y社が2015年4月1日付で行ったT店
への転勤命令を拒否することができる。

2　【設問】2について

　【設問】2については，Y社のエリア正社員就業規則23条の配転条項と，G
がエリア正社員に転換した際にY社との間で合意した転勤範囲の拡大特約と
の関係が問題となる。

　前記のとおり，Y社のエリア正社員就業規則23条1項（配転条項）および2
項は合理性を認められ，Gらエリア正社員に周知されている。一方，Gは，エ
リア正社員転換に際して，地域ブロックを超えて全国どこでも転勤が可能であ
ることを申し出ており，その点が誓約書に明記されている。そこで，この特約
と就業規則23条の優先関係が問題となるが，前記のとおり（【解答への道すじ】
2(1)），労契法7条ただし書（特約優先規定）は，労働者・使用者が労働契約に
おいて就業規則と異なる労働条件を合意した場合は，就業規則で定める基準を
下回る場合（労契12条）を除いて当該合意（特約）が優先されることを規定し
ており，7条ただし書によって，就業規則に優先する特約は，労働者に有利な
労働条件を定めたものに限られる（土田・概説77頁参照）。

　【設問】2についてみると，GがY社との間で交わした特約は，Y社の配転
命令権の範囲を拡大する（地域ブロックを超えて全国転勤を可能とする）点でG

にとって不利な内容である。したがって，この特約は，労契法7条ただし書の適用を受けず，Gは，合理的労働条件を定めた就業規則23条1項・2項の範囲内でのみ労働義務を負うことになる。したがって，Gは，Y社が2016年4月1日付で行ったU店への転勤命令を拒否できるものと解される。併せて，上記特約は，就業規則23条2項で定める基準を下回るものとして無効となり，同条同項によって補充される（労契12条）ものと考えられる。

3 【設問】3について

【設問】3については，①Y社がA労働組合との間で締結した労働協約27条と，Hがエリア正社員に転換した際にY社との間で合意した休日日数120日の確保に係る労働契約上の特約との間の適用関係および，②労働協約27条と，上記特約と同一内容を定めるエリア正社員就業規則31条との間の適用関係が問題となる。

(1) 労働協約・就業規則間の適用関係

まず，②労働協約と就業規則の適用関係については，労基法92条が，「就業規則は，法令又は当該事業場について適用される労働協約に反してはならない」と規定し，労契法13条も，就業規則が法令または労働協約に反する場合は，当該反する部分については，同法7条（契約内容補充効），第10条（契約内容変更効）および第12条（最低基準効）の規定は，当該労働協約の適用を受ける労働者との労働契約に適用しないことを規定している。これは，使用者が一方的に作成する就業規則に対して，団体交渉（集団的労使自治）の成果である労働協約（労組14条・16条）を優先させようとの考慮に基づく規律である。

労基法92条および労契法13条が定める労働協約の優越的地位は，労働協約所定の基準が就業規則の基準を上回る場合（労働者に有利な場合）については疑いなく肯定される。問題は，この優越的地位が，協約所定の基準が就業規則の基準を下回る（労働者に不利な）場合にも妥当するのか否かである。この点は，特に，就業規則が労働条件を設定し，労働契約内容となる効力（契約内容補充効〔労契7条〕）について問題となるところ，その解答は，労働協約と労働契約の関係において問題となる協約の有利原則（後述3(2)）を肯定するか否かで異なってくる。この点については，同箇所で述べるとおり，日本では，有利原則を原則として否定する見解が採用されているので，労働協約（の規範的効力）と就業規則（の契約内容補充効）の関係についても，協約所定の基準が就業規則所定の基準を上回る場合はもとより，下回る場合も協約が優先すると解すべきである（土田・労契法157頁，注釈労基(下)1017頁〔王能君〕，コンメ労基

法・労契法 265 頁〔中内哲〕）。

【設問】3 でも，労働協約 27 条が定める休日日数（110 日）は，エリア正社員就業規則 31 条が定める休日日数（120 日）に比べて労働者に不利である（下回る）が，A 労働組合の組合員である H については，就業規則 31 条の適用はなく，労働協約 27 条が適用される。ただし，【設問】3 では，エリア正社員就業規則 31 条と同一内容を定める労働契約上の特約が H・Y 社間で締結されているという事情が存在し，同特約との関係では労働協約の有利原則が肯定されるため，結論としては，労働協約 27 条の適用が否定され，H は上記特約に基づき，Y 社による休日出勤命令を拒否できるものと解される（後述 3(2)）。

(2) 労働協約・労働契約上の特約間の適用関係

一方，①労働協約と労働契約の適用関係については，個々の労働者（組合員）が使用者との間で労働条件に関する特約を締結し，かつ，その内容が労働協約と抵触する場合に，協約の規範的効力（労組 16 条）が及ぶか否かが問題となる。前記のとおり（【解説】3(2)），16 条は，協約の規範的効力を規定しており，労働協約に定める労働条件その他の労働者の待遇に関する基準に違反する労働契約の部分は無効となり（強行的効力），無効となった部分は，協約所定の基準によって補充される（直律的効力）。

問題は，組合員が労働契約において労働協約より有利な労働条件を得ている場合も，協約の規範的効力は及ぶか否かである。規範的効力は及ばないとする考え方を有利原則といい，これによれば，協約の規範的効力は最低基準を設定する意味しかなく，労働契約が優先されるのに対し，有利原則を否定すれば，労働協約はその基準を下回る（労働者に不利な）労働契約のみならず，上回る（労働者に有利な）労働契約を規律する効力（両面的効力）を有することになる。通説は，労組法 16 条は協約基準に「違反する」労働契約への強行的・直律的効力を定めていること，労組法が労働組合による労働条件の集団的規制の尊重を基本趣旨とすること，企業別協約が主流の日本では，協約基準を当該企業に妥当する「標準」と解する方が自然であること等を理由に，有利原則を否定している（菅野 877 頁，荒木 616 頁，土田・概説 394 頁）。

もっとも，労働協約が自ら労働契約上のより有利な労働条件を許容している場合にまで有利原則を否定する必要はない。ⓐ協約当事者が協約基準を明確に最低基準として定めたり，ⓑ標準であっても，一部労働者への適用を除外している場合がこれに当たる。協約の趣旨がこのようなものであれば，規範的効力が適用除外され，有利原則が肯定されることがある（土田・概説 394 頁）。上記通説の立場も，有利原則の有無について，個々の労働協約の解釈の問題とした

上で，解釈原則として否定説を採用するというものである。

【設問】3について考えると，Y社とA組合が締結した労働協約の解釈の結果，有利原則が否定されれば，労働協約27条（休日110日）の規範的効力がHとY社間の労働契約に及ぶことになる。この場合，Hは，Y社が行った休日出勤命令を原則として拒否できない。しかし一方，Hは，エリア正社員転換に際して，Y社人事担当者との間で，従来どおり休日を年間120日とすることを確認し，誓約書に明記しており，これは，有利原則を肯定すべき場合に当たる上記ⓑ（協約基準が標準であっても，一部労働者への適用を除外している場合）に該当するものと解される。そうすると，【設問】3については，有利原則を肯定し，労働協約27条の適用を否定すべきであろう。したがって，結論としては，HはY社が行った休日出勤命令を拒否できるものと解される。

4 【設問】4について

【設問】4については，Y社が有する配転命令権と，20年にわたって継続されてきた事前意向打診の取扱いとの関係が問題となる。

まず，Y社の総合職正社員就業規則26条は配転条項を規定しているところ，同条項は合理性を認められ，Iら総合職正社員に周知されている（【解答への道すじ】1(2)）。したがって，この就業規則により，Y社はIに対する配転命令権を有していると解される（東亜ペイント事件・最二小判昭和61・7・14労判477号6頁＝百選61事件参照）。しかし一方，Y社は，就業規則に規定はないものの，転勤の発令に際して事前に総合職正社員に打診を行い，その意向をできるだけ尊重する取扱いを20年間継続しているので，この取扱い（慣行）が労使慣行としてY社の転勤命令権を制約する根拠となるか否かが問題となる。

前記のとおり（【解説】3(5)），労使慣行の成立要件は，①強行法規に反しないこと，②同種の事実が長年にわたり反復・継続されてきたこと，③労使双方が慣行によることを明示的に排斥していないこと，④当該労働条件について決定権を有する者が慣行に依拠する意思を有していることの4点である。【設問】の場合，事前打診慣行が強行法規に反するものでないことは明らかであるから，要件①を充足する。また，事前打診慣行は20年間にわたって行われており，労使双方から異議が唱えられた事実も窺われないので，要件②③を充足する。さらに，事前打診慣行の結果，Y社が総合職正社員の意向を尊重して転勤を中止したり，転勤先を変更することがあったとあるので，転勤について決定権を有する使用者（Y社）自身が事前打診慣行に依拠する意思を有しているものと考えられ，要件④を充足する。したがって，Y社における事前打診慣行は，

労使慣行を形成しており，黙示の合意または事実たる慣習（民92条）として
I・Y社間の労働契約を規律しているものと解される。この結果，Y社がIに
対して転勤命令を行う際には，Iの意向を打診し，尊重する必要があり，それ
を欠く場合は，権利濫用（労契3条5項）として無効となるものと考えられる。
そうすると，Y社が2019年4月1日付でIに対して行った関西統括本部企画
部への転勤命令は，事前打診慣行に反して事前の意向打診を一切行うことなく
発令したものであるから，転勤命令権の濫用として無効となるものと解される。
　以上から，Iは，Y社が行った転勤命令を拒否できるものと解される。

【基本文献】
荒木33-37頁／菅野157-165頁／土田・概説15-22頁，75-79頁／土田・労契法
187-192頁／西谷・労働法63頁，153-154頁／野川59-62頁／水町81-84頁，111
-112頁

（土田道夫＝本庄敦志）

④ 労働者の範囲

【設 問】

1　Aは，大学卒業後IT企業で15年間ソフト開発の業務に従事した後，独立してフリーで働くシステム・エンジニアである。2016年2月にAは，L病院に勤務している友人から紹介を受け，同病院と期間4ヵ月の契約で，医療会計・患者のカルテ管理ソフトの開発等に関する委託契約を締結し，業務に従事していた。

　仕事場所は，患者等の個人情報に接することもあるため同病院内とされ，出勤表への記入を義務付けられ，週1回業務の進捗状況について同病院に連絡することになっていた。しかし，仕事内容について同病院から逐一細かな指示を受けることはなく，受け取る仕事の対価も同年齢の事務職員の給与よりかなり高額であった。

　ところが，2ヵ月経過したところで，仕事にミスが多く，開発の進捗状況もかなり遅れがちであるとの理由で，同病院から契約の解約を言い渡された。AはL病院に対してどういう請求ができるか。

2　Bは，2001年よりタクシー会社に数年勤務した後に，建設資材運搬の請負会社であるM運輸にトラック運転手として転職し，約10年勤務してきた。その後，会社から，より自由がきき，かつ収入も増加が見込めると言われ，2018年4月にトラックを同社から買い取り独立した。Bの就業状況は次のようである。

　他の会社からの依頼に応じて時々運送業務に従事することもあるが，仕事はほとんどがM社からの委託である。運送業務の遂行（運送品，輸送先，出発時間と納入時間等）はM社の指示によっている。報酬は，輸送回数，輸送時間，輸送距離によって決められており，あらかじめ連絡すると休むことも可能である。トラックの購入代金，ガソリン代，運転に掛かる保険は全てBが負担し，各種社会保険や雇用保険もBが加入し，保険料を支払っている。

　ある日，Bは，建築現場への資材の運搬中に交通事故に巻き込まれ，1ヵ月間入院する羽目になった。Bは労働基準監督署に，労災保険法による療養補償給付や休業補償給付を申請することができるか。

3　N社は，コンピュータ等のIT機器の販売と補修を行う会社で，2019年4月時点で20営業所を有している。従業員数は，一般事務部門が約50名，営業部門が約100名，修理・補修部門が約50名である。N社は，これ以外に修理や

補修を担当するＣら約200名のフリーのエンジニアと契約を締結している。

　Ｃらは，個人営業主で，中にはいくつかの会社と業務請負契約を結んでいる者がいるが，長い者で10年，短い者で5年，多くは専らＮ社の委託で業務に従事している。こうした関係で，月に1，2回は他社の依頼で働く者もいたが，Ｎ社は特にそのことを問題にしていない。Ｎ社の修理・補修業務は，正社員だけでは足りず，Ｃらフリーのエンジニアは業務遂行に不可欠の存在である。

　Ｃらの就業状態は，不安定で，繁忙期には毎日10時間以上働くこともまれでなく，逆に一週間のうち数日しか仕事の依頼がないこともある。しかし，いつ依頼がくるかは，直前にならないと分からず，そのために他社での仕事も受けづらい状況である。報酬は，1件の修理・補修ごとに業務内容に応じて金額が決まっている。

　こうした就業実態に不満を持ったＣら約50名は，Ｎ社に労働組合が存在しないこともあり，地域で多くのパートタイム労働者や派遣労働者を組織しているＰ労働組合に相談したところ，2018年4月に同組合に加入することにした。そして，同組合はＮ社に対して，Ｃらの業務遂行方法や報酬について団体交渉の開催を求めたところ，Ｎ社は，Ｃらが同社の労働者ではないことを理由に交渉の開催を拒否した。

　この場合に，Ｐ組合は労働委員会に対して不当労働行為の救済を申し立てることができるか。

【解　説】

1　労働法の適用を受ける労働者とは

⑴　労働法の適用を受けるとは

　【設問】では，いずれも当該労働者が，労働法上の「労働者」に当たるかが問題となっている。これらの者が労働者に当たると，雇用の一般法である民法だけでなく，特別法である次のような労働法規の適用を受けることになる。

　①使用者による契約の解約について，解雇権濫用法理（労契16条），雇止め法理（同19条），解雇予告制度（労基20条）等の適用を受ける。前2者によると，客観的に合理的な理由を欠いたり，社会的相当性の認められない解雇や雇止め（更新拒否）は，無効となる。

　②職務遂行中に被った災害について，労基法75条以下あるいは労働者災害補償保険法（労災保険法）による災害補償が受けられる。安全配慮義務違反に基づく民事上の損害賠償責任は，加害者の故意過失が前提となっているが，労

災補償責任は加害者（使用者）の無過失責任である。

③最低賃金法の適用を受ける。

④その者らが結成した労働組合は，労組法上の労働組合となり，例えば使用者による団体交渉の拒否に対しては，不当労働行為の救済を求めることが可能となる（労組7条2号・27条）。

①ないし③が，労基法を中心とした労働者保護法および労契法の問題であり，④が労組法の問題である。同じ労働者という概念を用いているが，各法律の趣旨の違いから，労働者の範囲が異なりうる。これを労働者概念の相対性という。

(2) 法律の定義

労働関連法規では，「労働者」について異なった定義が与えられている。

労基法9条は，同法の適用を受ける「労働者」について，「職業の種類を問わず，事業又は事務所……に使用される者で，賃金を支払われる者をいう」とする。この定義は，労基法から派生した最低賃金法（2条1号参照），労働安全衛生法（2条2号参照），労働者災害補償保険法（労災保険法）についても適用される（労災保険法は，労基法第8章「災害補償」に定める使用者の労働者に対する災害補償責任を塡補する責任保険に関する法律として制定されていることから，労災保険法にいう労働者は，労基法にいう労働者と同一であると解されている。横浜南労基署長〔旭紙業〕事件・横浜地判平成5・6・17労判643号71頁）。

次に，労契法2条1項は，同法の労働者を「使用者に使用されて労働し，賃金を支払われる者」をいうとしている。労基法9条とほぼ同じ定義である。

さらに，労組法3条は，同法の適用を受ける「労働者」について，「職業の種類を問わず，賃金，給料その他これに準ずる収入によって生活する者をいう」とする。この定義は，労組法の関連法規である労働関係調整法や労働委員会規則の適用においても妥当する。例えば労組法の労働者とみなされる者が結成した労働組合は，同法2条ただし書の自主性の要件と同法5条の民主性の要件を満たすことによって，使用者の団交拒否を不当労働行為として（労組7条2号），労働委員会に対し救済申立てができる（同27条）。

(3) それぞれの関係

これら法律の労働者の範囲については，多数学説は，労基法と労契法ではほとんどオーバーラップしていると解している（菅野170頁，土田・労契法53頁）。これに対して少数説ながら，罰則を伴う労基法とそれを伴わない労契法とでは，労働者概念を異にすると解してもよいという見解がある（西谷・労働法47頁）。労契法5条に規定されている安全配慮義務の適用は必ずしも労働契約関係に限られないし，同法16条の解雇権濫用法理については，経済的な従属性が強く，

したがって労基法上の労働者に類似した者に拡張することが望ましい場合もあるので，私見では後者が妥当と考えている。

　これに対して労組法上の労働者については，他と大きく異なる点がある。すなわち，そこでの労働者は，賃金等によって生活する者をいい，現に使用されていなくても生活のために賃金等を得ようとしている者であればよいから，失業者もこれに含まれる。また，労基法や税法等で自営業者とされている者でも，労組法上の労働者に当たるとされる場合が少なくない。

2　労基法上の労働者

(1)　各種の労務供給契約と労働者性の判断基準

　当該労務給付者が労基法の適用を受ける労働者かどうかは，労務供給契約の名称・形式（雇用，請負，委任等）ではなく，労務給付の実態に即して当事者間に「使用従属関係」が成立しているかによって判断する，というのが判例法理である（この点については，労働基準法研究会報告「労働基準法の『労働者』の判断基準について」〔1985年〕参照）。具体的には，①仕事の依頼に対して法的な諾否の自由があるか，②業務遂行過程について使用者の指揮命令に服するか，③業務が他の者によって代替可能か，④勤務時間や勤務場所について拘束されるか，⑤会社の服務規律が適用されるか，⑥仕事の用具等を使用者が提供するか，⑦報酬の性格が給与制か出来高制か，などの点から総合的に判断される。

　労働者かどうか（労働者性）が争われた裁判例では，実際には，どの基準を重視するかによって判断は微妙とならざるをえない。

　なお，従業員が役員に就任しても従業員たる地位を失わない場合には，従業員に適用される退職金規定に基づき退職金請求ができる（黒川建設事件・東京地判平成13・7・25労判813号15頁＝百選2事件等）。

(2)　具体例

(ア)　外勤勤務者

　電力，ガス，水道料金の検針員，NHKの受信料の集金人等の外勤勤務者は，請負や業務委託契約を締結するのが通例で，勤務条件についても，時間や場所，遂行方法について裁量が働き，報酬も出来高給のことが多い。この場合には，労基法等の労働者とは解されない。

　しかし，契約の最も重要な内容である検針日，検針地区，検針枚数，検針手順，手数料額等が，会社の一方的な決定事項であって，検針員がこれを変更できず，業務に代替性がなく，勤務時間も一般従業員と同じ程度に拘束され，報酬もほとんど定額化されているような場合には，当該検針員は労働者とされ，

解雇権濫用法理が適用されている（九州電力事件・福岡地小倉支判昭和50・2・25判時777号93頁。ただし，同判決は解雇を有効と判断している）。

(イ)　大学病院の研修医等専門職従事者

大学病院の研修医について，研修期間には教育目的も入るが，研修の内容，時間，場所等について病院との間に指揮監督関係があり，他病院での業務従事が事実上制限されていること等から，医療労務を提供する労働者とされた事例がある。その結果，この者には私立学校教職員共済の加入資格があるとされ（関西医科大学第1事件・大阪高判平成14・5・9民集59巻5号967頁），また最賃法の適用が認られ，実際の支給額との差額請求が肯定されている（関西医科大学第2事件・最二小判平成17・6・3民集59巻5号938頁）。

なお逆に，専門職従事者で労働者性を否定された者として，業務について専門的知見に基づく裁量性が高い中小企業診断士（名古屋商工会議所事件・名古屋地判平成24・8・21労経速2159号27頁），セラピスト（リバース東京事件・東京地判平成27・1・16労経速2237号11頁）などがいる。

(ウ)　芸能従事者，フリー・カメラマン等

1年間の有期の出演委託契約で演奏している楽団員について，有給休暇制度や形式的な拘束時間あるいは社会保険の使用者負担はないが，演奏回数，日程，場所，曲目等が会社によって決定され，欠勤等の場合にはその回数に応じて違約金が徴収され，他での演奏の可能性もないという実態から，楽団員の契約は労働契約と判断される。そして，契約が反復更新を繰り返した後の雇止めについて，特段の事情がなく無効とされている（チボリ・ジャパン事件・岡山地判平成13・5・16労判821号54頁）。

映画製作プロダクションと契約を結んで映画撮影を行うカメラマンのケースについては，50日間の撮影期間中の時間や場所あるいは業務遂行の拘束性の程度，報酬の性格，仕事の依頼に対する拒否の自由の有無，作業用の機械の負担関係等に関する評価が分かれる。1審判決は，こうした点を総合的に判断して，当該カメラマンを「自己の危険と計算で本件映画の撮影業務に従事していた」，つまり請負で業務に従事する自営業者と判断した（新宿労基署長事件・東京地判平成13・1・25労判802号10頁）。これに対して高裁判決は，仕事の内容や場所等に関する拘束性が強いこと，仕事の代替性がないこと，報酬が日給制に近いこと等を重視して，労働者性を肯定している。その結果，遺族の労災保険給付（遺族補償給付等）が認められている（同事件・東京高判平成14・7・11労判832号13頁）。

その他の肯定例としては，テレビ局で専属で働くタイトルデザイナー（東京

12チャンネル事件・東京地判昭和43・10・25判タ228号214頁）などがある。逆に否定例として，劇場を運営する財団との間に出演契約を締結してオペラ公演に出演している歌手の事案がある（新国立劇場運営財団事件・東京高判平成19・5・16労判944号52頁）。

　　㈎　個人請負事業者

　自己所有のトラックを持ち込んで運送業務に従事している運転手（傭車運転手）が，商品の積込み作業中に転倒して負傷し，労災法の療養補償と休業補償を請求した事案がある。最高裁判決（横浜南労基署長〔旭紙業〕事件・最一小判平成8・11・28労判714号14頁＝百選1事件）は，運転手が会社に専属して運送業務に従事し，その指示を拒否する自由はなく，始終業時刻も会社の指示如何で事実上決定され，運送料も会社の運転手より高くない点は認めながら，会社の業務遂行の指示は，運送業務に必要な運送商品，運送先あるいは納入時刻に限られ，通常の業務上の指揮命令に当たる運転経路や運転方法には及んでいなかったこと，始業時刻や終業時刻の定めがなかったこと，報酬は積載可能量と運送距離によって定まる出来高制であったこと，トラック購入代金その他の経費は運転手が負担していたこと，源泉徴収や社会保険料等の控除が行われていなかったことから，この者は労基法および労災法上の労働者には当たらないと判断している（原審判決・東京高判平成6・11・24労判714号16頁もほぼ同旨）。

　なお，これに対し同事件の1審判決（前掲横浜地判平成5・6・17）では，会社の業務依頼に対して運転手に拒否の自由がないこと，業務に代替性がないこと，業務内容や勤務時間あるいは場所について会社に拘束されていること，報酬に勤務時間の要素が加味されていること，報酬が事業主といえるほど高くないこと等を重視して，労働者性が肯定された。最高裁判決が，総合的な判断要素と考えられてきたもののうちで事業者性に関する要素を特に重視しているといえるのに対して，1審判決では，前述の諸要素を総合的に判断して労働者性が肯定されている。

　自ら自動車を所有している傭車運転手のような事例で，自己の危険と計算の下に運送業務に従事している以上，業務内容や時間等に対する拘束の程度はこれを否定するほどに強度でなければならないとすると，総合的判断という枠組みは崩れてしまい，結局，この問題に関するほとんどの事例で労働者性は否定されてしまうのではないか，という疑問が出てくる。

　　㈏　在宅勤務者

　自宅でIT機器を利用してソフト開発に従事したり，取引をしたりする在宅勤務者や，住居の近くのサテライトオフィスで勤務する者も，多くは労働契約

で勤務しており，労基法等の労働者といえる。しかし，請負契約で，勤務場所や勤務時間の拘束も弱く，他人と業務遂行を代わってもらえる業務に従事している者については，労働者性が否定される（印刷会社で筆耕業務に従事している者について，大塚印刷事件・東京地判昭和48・2・6労判179号74頁）。

㈍　労災保険の特別加入制度について

傭車運転手やフリーのカメラマン等の問題に関連して，労災保険の加入について補足しておきたい。

労災法では，労働者を使用しないで1人で事業を行う者（1人親方という）その他の自営業者についても，特別加入の制度を設けている（33条以下参照）。業務の実情や災害の発生状況等に照らして，実質的には労基法の適用を受ける労働者と類似の者について労災法の適用を拡大しようとするのが，その趣旨である。しかし，傭車運転手でこの制度が活用できるのは，道路運送法上の一般自動車運送業の免許を受けた者か，土砂運搬をする者に限定されている（昭和40・11・1基発1454号等）。そのためにこの要件を満たさない傭車運転手には，労災保険よりも補償等が劣る国民健康保険に加入する途しかない。フリーのカメラマン等についても同様である。そこで，労災法上の労働者性を争う方法を採ることになるが，前掲横浜南労基署長（旭紙業）事件最高裁判決の立場では，この者に労災法を適用することはほとんど不可能となる。

この問題については，立法的な解決が必要で，1人親方にも広く特別加入の途を開いたり，運送契約のユーザー企業の責任を強調して労基法上の労働者に類似した者にも労災保険の加入を認めるというような立法的な解決を図ることを考えてもよい（鎌田耕一編著『契約労働の研究』〔多賀出版，2001年〕57頁以下，131頁以下参照）。

こうした解決方法は，労基法（労災法も含む）上の労働者については，法律の趣旨ごとに労働者の概念を相対的に考えることを意味している。

3　労契法上の労働者

労基法上の労働者と労契法上の労働者とは，同じ概念であるとの見解を採らない場合，その違いはどこにあるかが問題となる。現行労契法で労働者概念が問題となるのは，同法16条以下の解雇権濫用法理や雇い止め法理であるから，同条の趣旨が他の労働者保護法と同じといえるかが検討されなければならない。

先の使用従属関係とは，その判断基準から分かるように，労働者が使用者に強く経済的に依存していること（経済的従属性），労務遂行過程で使用者の指揮命令に服さざるをえないこと（人的従属性），使用者の企業組織に組み込まれて

勤務すること（組織的従属性）が複合したものである。しかし，労働者の実態は多様で，その全てが備わっている場合もあれば，ある要素は弱いが他の要素が非常に強い場合もある。そして，労働者保護法は，こうした要素の全て，あるいは一部に着目して制定されている。

解雇権濫用法理は，使用従属関係の中でも経済的従属性に着目した法理であり，他の要素が弱くても，こうした属性が特に強い労務給付者であれば，適用が可能である。かくして，私見によれば，労契法上の労働者は，労基法上の労働者よりも範囲が広くなる。

なお，NHK の受信料集金員の有期委託契約が中途解約された事案であるが，勤務時間や場所の拘束性が緩やかで，業務に代替性があることなどから労働者性を否定しながら，他方で会社からの業務指示に対する諾否の自由がないこと，報酬も労務給付の対価性が強いこと，当該人の独立事業者性が低いことなどから，会社に対して労契法の労働者に準じる従属性が認められるとして，労契法 17 条 1 項の類推適用を肯定した事案として，NHK 堺営業センター事件・大阪地判平成 27・11・30 労判 1137 号 61 頁がある。

4　労組法上の労働者

(1)　労基法上の労働者との違い

労組法上の労働者かどうかも，使用従属関係の有無によって判断されると解されているが，ここでの使用従属関係は労基法の場合と異なる。労基法は，同法の適用を受ける労働者とは誰かという視点から労働者の範囲を定めているのに対して，労組法は，憲法 28 条の労働基本権保障を受けて制定された同法の趣旨・目的，つまり団結活動の保護や団体交渉の促進助成という視点から，こうした保護を受けられる労働者の範囲を定めているからである。

(2)　自営業者等と労組法上の労働者

労基法では自営業者として扱われる者も，労組法上では労働者として扱われる場合がある。労組法上の労働者については，労務提供契約の相手方の事業組織の中に組み込まれているか，業務依頼に対して事実上の諾否の自由があるか，広い意味での労務指揮権に服しているか，報酬が労務遂行に対する対価性を有しているか等を評価して，総合的に判断される。その結果，当該労務提供者が労組法上の労働者に当たると，これらの者が結成した労働組合が団体交渉を申し入れた際に，当該組合が労働組合でないとして会社がそれを拒否した場合には，団交拒否は不当労働行為となる（労組 7 条 2 号）。

テレビ局と自由出演契約（出演発注に対して諾否の自由があり，他社出演も自

由とされている契約）を締結している楽団員について，出演依頼に対して原則として応ずる義務があり，楽団員をあらかじめ会社組織に組み入れており，会社が楽団員に対して指揮命令権能を有していないとはいえず，報酬が芸術的価値を評価するというよりは演奏という労務給付の対価とみなしうるとして，労組法上の労働者とされた事例がある（CBC 管弦楽団労組事件・最一小判昭和 51・5・6 民集 30 巻 4 号 437 頁）。

　劇場と出演基本契約を締結していた合唱団員について，公演への出演を辞退した例は，出産，育児や他の公演への出演等を理由とする僅少なものにとどまっており，公演の件数，演目，各公演の日程，上演回数，これに要する稽古の日程等は，劇場が一方的に決定しており，公演と稽古に参加し歌唱の労務提供に対して定められた計算方法に基づいて算定された報酬の支払を受け，予定された時間を超えて稽古に参加した場合には超過稽古手当の支払を受けていたとして，労組法上の労働者性が肯定されている（新国立劇場運営財団事件・最三小判平成 23・4・12 民集 65 巻 3 号 943 頁）。

　業務委託契約を締結し，会社が行う住宅設備機器の修理補修等の業務に従事するカスタマーエンジニアについて，当該業務が能力，実績，経験等を基準に資格を定める制度等の下で管理され全国の担当地域に配置された受託者によって担われており，業務委託契約の内容，業務遂行時間，作業手順等は会社が定め，受託者側でその内容を変更する余地はなく，受託者が会社からの修理補修等の依頼を拒否する割合は僅少で，報酬は業務に応じて計算されたものに時間外手当等を加算した額であることから，労組法上の労働者に当たるとされる（INAX メンテナンス事件・最三小判平成 23・4・12 労判 1026 号 27 頁＝百選 3 事件）。

　また，プロ野球選手は，税制上では独立の事業者として扱われ，所得税について源泉徴収ではなく，自己申告を行う。また，グローブ等の用具も自ら調達し，給与の決定方法も労働者とはいえない面がある。しかし，プロ野球の選手会は，1985 年に東京都労働委員会より労働組合の資格認定を受けている。プロ野球選手も，最低年俸，年金，障害の補償，トレード制等の待遇について，選手会を通じて使用者団体としてのプロ野球機構との間で交渉することが有意義であり，この点で通常の労働組合の団体交渉と異ならないと考えられるからである（川井圭司『プロスポーツ選手の法的地位』〔成文堂，2003 年〕410 頁以下，415 頁以下参照）。

【解答への道すじ】

(1) 【設問】1のAについては，4ヵ月の有期の労務提供契約（業務の外注契約）の中途解約が問題となっており，労契法17条1項が適用されるか，その前提としてAは労契法上の労働者といえるかが問題となる。その際には，①仕事の依頼に対して法的な諾否の自由があるか，②業務遂行過程について使用者の指揮命令に服するか，③業務が他の者によって代替可能か，④勤務時間や勤務場所について拘束されるか，⑤会社の服務規律が適用されるか，⑥仕事の用具等を使用者が提供するか，⑦報酬の性格が給与制か出来高制か，などの点から総合的に判断される。もし，この点でAの労働者性が肯定されると，次に労契法17条1項に従い中途解約の有効性が検討される。

Aについて，業務遂行について裁量性があることや，報酬の多さから労働者性が否定されたとしても，他方で会社からの業務指示に対する諾否の自由がないこと，勤務場所や時間についての拘束性が強いことなどから，L病院に対して労契法の労働者に準じる従属性が認められるかどうかを判断し，これが肯定されたら労契法17条1項の類推適用を検討するという判断手法についても検討してみる必要がある。

なお，以上とは別に，Aについては請負契約の途中解約に伴う損害賠償請求の問題も生じうる。

(2) 【設問】2のBについては，前掲横浜南労基署長（旭紙業）事件・最一小判平成8・11・28を参考にして検討することになる。BはM運輸会社に専属して運送業務に従事し，その指示を拒否する自由はないが，そのことが法的なものなのか，事実上のものにすぎないのか。始終業時刻もM社の指示で事実上決定され，会社の業務遂行の指示も運送業務に必要な運送商品，運送先あるいは納入時刻に及んでいるが，それが請負契約に通例の程度のものか，それともかなり細部にわたってまで及んでいたのか。報酬は定額制に近いのか，それとも積載可能量と運送距離によって定まる出来高制であったのか，トラック購入代金その他の経費は運転手が負担していたのか，源泉徴収や社会保険料等の控除が行われていなかったのか。最後の点は，独立事業者性と判断される可能性が高い要素である。

以上の点について総合的に判断され，その結果，Bが労基法および労災法上の労働者に当たるとされると，運送中の事故は労災と認定されることになる。

(3) 【設問】3のCについては，ビクターサービスエンジニアリング事件（最三小判平成24・2・21労判1043号5頁）が参考になる。事案は次のとおりである。

当該勤務者（Dら）は，音響製品等の設置，修理等を業とするQ社で，業務委託契約に基づき個人代行店として出張修理業務に従事している者らである。これらの者が，R労働組合を結成している。

　出張業務に従事するQ社の従業員はわずか6名で，ほとんどはDら業務委託を受けている個人代行店等である。したがって，Dらは，Q社の事業遂行に不可欠な労働力として，業務組織に組み込まれて業務を行っていた。Dらには，基本的にQ社からの業務に応ずべき立場にあった。

　Dらの報酬は，業務内容に応じて支払われる出来高給のような形態をとっていたが，実際には業務の時間がほぼ共通で，業務内容で差が出ることがなく，労務提供に対価とみなせる性質のものであった。

　Dらの業務内容は，Q社と締結している契約書によって統一的に決められており，Dらには個別交渉の余地がなかった。また，Dらは，毎朝Q社に赴き担当地域や業務内容の指示を受け，それに従って仕事をしており，業務遂行方法についてもQ社の指揮監督の下にあった。

　判決は，以上のことから，「他社製品の修理業務の受注割合，修理業務における従業員の関与の態様，法人等代行店の業務やその契約内容との等質性などにおいて，なお独立の事業者としての実態を備えていると認めるべき特段の事情がない限り，労働組合法上の労働者としての性質を肯定すべきものと解するのが相当であ」ると判示している。差戻審（東京高判平成25・1・23労判1070号87頁）では，Q社とDら個人代行店との業務委託契約の内容から，自らの独立した経営判断に基づいてその業務内容を差配して収益管理を行う機会が確保されているとは認め難いこと，Dらは独自の店舗を構え，従業員を雇用し，他社からの業務受託とともに一般からの家電修理その他の業務を受けているなどといった事情がなく，独立の事業者としての実態を備えていると認めるべき特段の事情があるとは認められないと判断されている。

　【設問】3のCについても，以上を参考にして労組法上の労働者に当たるかが判断される。それが肯定されたら，P労働組合は団体交渉権を有する労働組合となり，本件での団交事項である業務遂行方法や報酬は義務的団交事項であるから，N社はP組合からの団交申入れに応ずべきことになる（32も参照）。

【基本文献】
荒木53頁，572頁／菅野170頁，781頁／土田・概説27頁／土田・労契法52頁／西谷・労働法41頁，531頁／西谷・労組法75頁／野川157頁／水町64頁

（和田　肇）

5 使用者の範囲

【設　問】

1　L社は，テレビ放送事業を営む会社である。L社は，放送番組制作に際して，85％出資子会社であるM社との間で業務処理請負契約を締結して労働者を受け入れ，業務に従事させてきた。L社は，番組制作日程表を1ヵ月単位で作成してM社に交付し，M社従業員は，番組制作業務について上記編成日程表に従うほか，L社が作成する制作進行表による作業内容・作業手順等に従い，L社から支給される器材等を使用して就労し，L社社員とともに番組制作業務に従事している。M社従業員の業務の遂行は，全てL社（同社従業員であるディレクター）の指揮監督の下に行われ，ディレクターは，業務時間帯を変更する必要がある場合はM社従業員に指示し，休憩時間の長さや配置についても指示を行っている。M社従業員の賃金は，L社における勤務時間に応じてM社が決定し，支給している。M社の従業員であるAは，2002年の入社以降一貫して，照明技術者としてL社に赴き，番組制作業務に従事してきた。

　(1)　①AらM社従業員は，L社から指揮命令を受け，L社で就労し，労働時間等もL社が決定していることから，労働契約上の使用者はL社であると考え，2019年6月5日，L社との間で労働契約上の地位にあることの確認を求めて訴えを提起した。この訴えは認められるか。

　　②①の事情に加えて，L社が番組制作上の必要性から，M社従業員の採用面談に同席して経歴・職務適性・残業の可否等に関する質疑応答を行った上，採用に関する意見を述べるなど採用に関与するとともに，M社従業員の勤務状況について人事考課を行ってM社に報告し，M社がそれを参考に賃金（成果給）を支給している場合，①の結論は変わるか。

　(2)　AらM社従業員は，L社において時間外勤務が多く，十分休憩をとれないことや作業環境が十分でないことに不満を抱いている。そこで，M社の従業員で組織するN労働組合は，上記(1)のAらによる地位確認訴訟とは別に，2019年5月2日，L社に対して労働条件の改善を議題とする団体交渉を申し入れた。しかし，L社は，「当社は使用者ではない」としてこの申入れを拒否した。L社は，N組合の団体交渉申入れに応ずる義務を負うか。

2　O社は，広告代理店業を営む会社であり，L社の100％出資子会社である。

　①2012年，O社は経営状況が悪化して倒産の危機に瀕したため，L社は第三

者割当増資を行い，O社の倒産を回避した。L社は，従前はO社の経営にノータッチであったが，上記増資を契機にO社の経営への関与を強化する方針に転じ，2015年11月，O社取締役12名中9名を送り込むとともに，人事部長・企画部長を派遣し，新経営体制を敷いた。O社取締役会は，2016年11月，経営再建策および従業員の意欲向上策として，①完全週休2日制を実施しつつ，1日の所定労働時間を従来の7時間から8時間に改めるとともに，⑪賞与について，従来の年2回支給を年1回支給に改める方針を決定した。そして，O社は，同社従業員の65％を組織するP労働組合に対し，上記制度を内容とする労働協約改訂を提案し，5回にわたって団体交渉を行ったところ，P組合は①については同意したが，⑪については，賞与が削減されるとして強く反対し，合意に至らなかったため，O社は，労働協約の有効期間（2016年4月1日〜2017年3月31日）の満了を待って労働協約を解約した上，2017年4月1日付で，旧労働協約と同一内容を定める就業規則の労働時間規定および賞与支給規定を改訂し，P組合から意見を聴取した上で所轄労働基準監督署に届け出るとともに，全従業員に周知させた。

　以上の状況を踏まえて，P組合は，2017年4月10日，L社に対しても，労働条件変更問題について団体交渉を求めたが，L社は，「当社は使用者ではない」として拒否した。

　②その後，L社は，O社の積極的な経営改革を試みたが，P組合は，新経営陣の経営方針に強く反発し，労使関係が悪化するとともに，経営状況が著しく悪化した。そこで，L社は，2019年2月，O社の経営再建を断念し，解散させる方針に転じた。L社の意向を受けたO社取締役会は，会社解散を決定するとともに，2019年6月30日付でP組合員を含む全従業員を解雇した。この動きを察知していたP組合は，L社に対し，O社の事業の継続と雇用の確保等を求めて団体交渉を申し入れたが，L社は，再び「当社は使用者ではない」として拒否した。

　(1)　L社は，本件労働条件変更問題およびP組合員の雇用確保の問題について，P組合の団体交渉申入れに応ずる義務を負うか。

　(2)　①O社解散に伴い解雇されたP組合員らO社従業員は，L社に対して，労働契約上の地位にあることの確認を求めることができるか。

　②O社の解散が偽装のもので，L社・O社と対立関係にあるP組合を壊滅させる目的で行われたものであり，実際には新たに設立されたQ社によって同一事業が承継される場合はどうか。

【解　説】

1　労働契約法上の使用者

　労働者との間で労働契約を締結する相手方となるのが使用者である。使用者は，個人企業の場合は企業主自身，法人企業の場合は法人それ自体をいう。この「使用者」について，労契法2条2項は，労働者の定義（④参照）と相関的に，「その使用する労働者に対して賃金を支払う者をいう」と定義している。近年における雇用形態・就労形態の多様化や企業組織の再編に伴い，労働契約上の使用者概念の拡張が問題となるケースが増加している（労基法上の使用者〔10条〕については，土田・労契法64頁参照）。

2　使用者概念の拡張

(1)　社外労働者受入れのケース

　以上のとおり，労契法上の使用者は労働契約の一方当事者をいうが，例外的にそれ以外の者が使用者（労契2条2項）とされることがある（使用者概念の拡張）。その第1の例は，【設問】1のように，企業が請負企業と業務処理請負契約を締結して労働者を受け入れるケースである（図1参照）。この場合，労働者は受入企業の間の労働契約を主張できるかが問題となるが，業務処理請負の形式をみる限り，原則として否定される。業務処理請負においては，労働者が明示的に労働契約を締結している相手方は請負企業であるし，指揮命令を行う主体についても，これを請負企業とすることが要件とされているからである。ただし実際には，この建前が形骸化し，受入企業が作業上の指揮命令を行う場合がある。そこで学説では，このような事実上の使用従属関係（指揮命令関係）を根拠に，注文企業との労働契約を認める見解がみられる。

　しかし，裁判例は，こうした立場を斥け，労働契約も契約である以上，その成立には当事者間の合意（意思の合致）を要するものと解し，事実上の使用従属関係を労働契約に直結させることを否定している。まず，労働契約は諾成・不要式の契約であるから，当事者間の明示の合意のみならず，黙示の合意によっても成立することは異論なく肯定される。しかし同時に，労働契約は，労働の提供と賃金支払の対価関係を内容とする契約であるから（労契6条），そのような対価関係が整ったと認められることが要件となる。具体的には，受入企業が指揮命令以外に採用・人事管理や配置の権限を保有して人事管理を行う一方，受入企業が下請企業に支払う業務委託料を事実上一方的に決定し，それが賃金と自動的に連動するなど，受入企業が賃金を支払っていると認められるこ

図1　業務処理請負

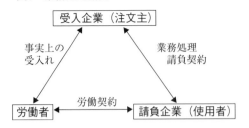

図2　使用者概念の拡張

とが要件となる（サガテレビ事件・福岡高判昭和58・6・7労判410号29頁）。

この結果，多くの裁判例は，受入企業・労働者間の指揮命令関係を認めつつも，請負企業が賃金を独自に決定していること（前掲サガテレビ事件）や，請負企業が独自に人事管理を行っていること（大阪空港事業事件・大阪高判平成15・1・30労判845号5頁）から，黙示の労働契約を否定している。判例も，いわゆる偽装請負（実態は労働者派遣だが，業務処理請負・委託を偽装して行われる就労）に関して，派遣先会社と派遣労働者との間の黙示の労働契約の成否が争われたケースにつき，上記の要件が満たされていないとして否定している（パナソニックプラズマディスプレイ〔パスコ〕事件・最二小判平成21・12・18民集63巻10号2754頁＝百選81事件。労働者派遣法の規律については，28参照）。

(2) **親子会社のケース**

使用者概念の拡張が問題となる第2のケースは，【設問】2のように，ある企業が他の企業を実質的に支配し，それを通して他企業労働者の雇用や労働条件に決定力を及ぼす場合である（図2参照）。

【設問】2では，【設問】1と異なり，L社・O社従業員の間に直接の使用関係がない。そのような関係がない以上，【設問】1のような黙示の労働契約の成立を考えることはできない。しかし，この場合も，例外的に法人格否認の法理によって両者間の契約関係を認める余地がある。

(ｱ) **概　説**

法人格否認の法理とは，ある会社の独立の法人格を認めることが法人制度の目的に照らして著しく正義・衡平に反する場合に，特定の法律関係における法人格を否定し，その背後にある親会社の法的責任を追及するための理論である。近年，企業解散に伴う解雇の事案について，子会社従業員が法人格否認の法理を用いて解雇の効力を争う事例が増えている。法人格否認の法理は，「法人格の形骸化」と「法人格の濫用」に分かれる（土田・労契法69頁参照）。

まず，法人格の形骸化とは，実態が支配会社の一部門にすぎないような従属

会社について，その事実を根拠に法人格を否認し，支配会社に雇用責任を帰責する理論である。したがって，法人格の形骸化の要件は厳しく判断される。親子会社間の財産の混同，取引・業務活動の混同の反復継続，株主総会・取締役会の不開催などの事情を要するとされており，否定例が大半を占める。

　(イ)　「法人格の濫用」の要件・効果

　より重要な問題は，法人格の濫用である。まず，法人格の濫用を認めるための要件は，親会社が子会社を自己の意のままに道具として支配・利用していること（支配の要件）と，それについて違法・不当な目的を有していること（目的の要件）である。目的の不当性としては，不当労働行為の禁止（労組7条）の脱法目的のほか，解雇権濫用規制（労契16条）や就業規則の不利益変更規制（労契10条）の回避目的が含まれる。

　そこで例えば，子会社の役員・従業員の人事，財政経理，営業方針等企業活動全般にわたって親会社が子会社を支配管理している場合に，親会社が子会社の組合を壊滅させる目的で子会社を解散させ，労働者を解雇させた場合は，法人格の濫用が肯定される（中本商事事件・神戸地判昭和54・9・21労判328号47頁）。これに対し，子会社に対する親会社の支配が通常の親子会社にみられる程度の株式所有・人事交流等による支配を超えるものでない場合は，支配の要件を欠くものとして法人格濫用が否定される（ワイケーサービス事件・福岡地小倉支判平成21・6・11労判989号20頁）。また，子会社解散の理由が真に経営状況の悪化にあるなど，目的の不当性が認められない場合は，目的の要件を欠くものとして法人格の濫用が否定される（大阪証券取引所事件・大阪高判平成15・6・26労判858号69頁）。

　法人格の濫用が肯定された場合，子会社の法人格否認の効果として，解雇された労働者が未払賃金の支払を請求できることに異論はない。問題は，これに加えて，労働者が親会社との間で包括的な労働契約関係の存在（親会社の従業員たる地位）を主張できるか否かである。多数説は肯定説に立つが，子会社の解散が真実解散である限り解雇も有効と説く見解（雇用責任否定説）もある。いわく，会社解散が真実解散である限り，たとえ反組合的動機など不当目的からなされたとしても，営業廃止の自由（憲22条）の観点から有効であり，それに伴う解雇も有効と解されている。そうだとすれば，子会社とは別法人である親会社については，その影響力行使の点を考慮しても，労働契約承継という包括的責任を肯定することはできない，と。これによれば，法人格否認の法理の効果は，未払賃金請求権のほか，解雇規制回避や不当労働行為による不法行為責任（損害賠償責任＝民709条）に求められ，労働者保護の面では肯定説より

後退することになる。最近の裁判例は，否定説に立つものが多い（第一交通産業事件・大阪高決平成17・3・30労判896号64頁，前掲ワイケーサービス事件等）。

(ウ) 偽装解散

以上の真実解散に対し，【設問】2(2)②のように，会社が解散して労働者を解雇後，別会社により事業を承継することを偽装解散という。支配会社が従属会社を解散後，別会社により事業を承継させる場合も同じである。これらの場合は，会社または支配会社が不当な目的（労働組合の壊滅，解雇回避目的等）をもって自社または従属会社を解散し（目的の不当性＝主観的要件），実質的に同一事業を承継している（新旧会社の実質的同一性＝客観的要件）ため，法人格の濫用が認められる。法人格濫用の効果としても，解散会社の事業を承継する別法人が存在するため，解散会社による解雇が無効とされれば（通常は，会社解散の必要性・人員削減の必要性を欠くことから無効とされる），承継会社による労働契約承継が肯定される。裁判例では，親会社が賃金体系の変更に頑強に抵抗する労働組合を排除し，新賃金体系を導入するという不当な目的で子会社を解散したケースにつき，親会社の労働契約承継責任を肯定した例がある（第一交通産業事件・大阪高判平成19・10・26労判975号50頁＝百選65事件）。

3　労働組合法上の使用者

(1)　労組法7条の使用者

(ア)　概　説

【設問】1(2)では，L社の団交応諾義務（N組合の団体交渉権）の有無が論点となるが，その前提として，L社が団体交渉当事者としての使用者に当たるか否かが問題となる。この点，労組法7条2号は，「使用者が雇用する労働者の代表者と団体交渉をすることを正当な理由がなくて拒むこと」を不当労働行為として禁止しているので，同条所定の「使用者」の意義が「労組法上の使用者」として問題となる。この点について，通説・判例は，労契法上の使用者（2条2項）に限られず，それ以外の者を含む広い概念と解している（朝日放送事件・最三小判平成7・2・28民集49巻2号559頁＝百選4事件）。不当労働行為制度は，使用者の契約責任を追及するための制度ではなく，使用者による団結権侵害行為を排除・是正して正常な労使関係を回復させることを目的とする制度であるため，契約当事者としての使用者に限定する必要はないからである。

もっとも，使用者概念をどこまで拡張できるかについては見解が分かれている。学説では，「労働関係に対して，不当労働行為法の適用を必要とするほどの実質的な支配力ないし影響力を及ぼす地位にある者」（支配力説＝西谷・労組

法 150 頁）として広く解する見解が有力であるが，労働契約を基本に考え，
「労働契約関係ないしはそれに近似ないし隣接した関係を基盤として成立する
団体的労使関係の一方当事者」と解する見解（労働契約基本説＝菅野 954 頁）も
みられる（本項の著者間でも，見解は一致していない〔豊川は支配力説を支持し，
土田は労働契約基本説を支持する〕）。

　㈠　労働契約に隣接する関係

　「労働契約に隣接する関係」としては，①近い過去において労働契約があっ
た者との関係（例えば，被害解雇者やその所属労働組合と使用者の関係）や，近い
将来において労働契約に立つ可能性がある者との関係（例えば，合併・事業譲
渡における存続会社・譲受会社と，被吸収会社・譲渡会社の労働者の関係）が挙げ
られる（菅野 960 頁参照）。

　㈢　労働契約に近似する関係

　「労働契約に近似する関係」の典型は，前述した社外労働者受入れのケース
である（図 3 参照）。この点について，判例は，受入企業のいわば「部分的使
用者性」を肯定する判断を示している（前掲朝日放送事件）。事案は，請負企業
の労働者を受け入れて番組制作業務に従事させていた放送会社の団交応諾義務
が争われたものであるが，最高裁は，不当労働行為制度の目的を前記のように
解した上，雇用主（労働契約上の使用者）以外の事業主であっても，「雇用主か
ら労働者の派遣を受けて自己の業務に従事させ，その労働者の基本的な労働条
件等について，雇用主と部分的とはいえ同視できる程度に現実的かつ具体的に
支配，決定することができる地位にある場合には，その限りにおいて，右事業
主は同条〔注・労組 7 条〕の『使用者』に当たる」と判断する。そして，受入
企業が労働者の作業日時・時間，作業場所，作業内容等細部に至るまで決定し，
労働者は受入企業の決定に従い，受入企業の器材等を使用して受入企業社員と
ともに番組制作業務に従事し，従業員の業務の遂行は，全て受入企業従業員で
あるディレクターの指揮監督の下に行われているとの事実関係を基礎に，受入
企業は，勤務時間の割振り・労務提供の態様・作業環境に関する限りで労組法
上の使用者に当たると判断している。

　⑵　**親子会社のケース**

　以上に対し，【設問】2 は，L 社（親会社）と O 社（子会社）従業員である P
組合員との間に直接的使用関係がない点が【設問】1 と異なる（親子会社のケ
ース―図 3 参照）。【設問】1 のような直接的使用関係があれば，労働時間・休
憩・作業環境は，「雇用主と部分的とはいえ同視できる程度に現実的かつ具体
的に支配，決定する」（前掲朝日放送事件）労働条件といえるため，不当労働行

図3 労組法上の使用者

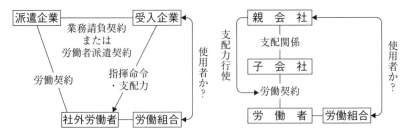

為法上の使用者性を肯定しやすい。これに対し、親子会社のケースでは、親会社がこのような直接的支配を避けつつ、経営上の指示を通して労働条件を間接的に支配するケースが多いため、その使用者性を認めることは困難を伴う。

しかし、親子会社間の間接的支配の特質を踏まえれば、親会社がその地位を逸脱して人件費削減等の経営上の指示を行い、子会社がそれに従って労働条件を決定している場合は、親会社の労組法上の使用者性を肯定すべきであろう。裁判例でも、同種事案について朝日放送事件に依拠しつつ、労働関係上の支配力とは別に、間接的支配の特質である資本関係や人事面の支配力の有無を判断して使用者性を判断する例が登場している（シマダヤ事件・東京地判平成18・3・27 労判 917 号 67 頁）。

もっとも、こうした判断はごく少数にとどまり、多数の命令例・裁判例は、朝日放送事件の判断を適用した上、親会社の労組法上の使用者性の要件として、雇用主である子会社が労働条件について直接決定するのと同視できる程度の支配・決定力を有していることを求め、その結果、労組法上の使用者性を否定する判断を示している。例えば、ある裁判例は、持株会社がグループ全体の事業計画・賃金計画の策定や子会社による賃金方針の承認手続を通して、子会社の基本的労働条件（賃金・人事）に対して重大な影響力を有している事実を認定しながら、子会社が団体交渉において賃金に関する提案を自ら行ったことを理由に、持株会社がグループの経営戦略的観点から子会社に対して行う管理・監督の域を超えるものではなく、雇用主が労働条件について直接決定するのと同視できる程度に現実的かつ具体的な支配力を有していたとは認められないと判断し、持株会社の使用者性を否定している（ブライト証券ほか事件・東京地判平成 17・12・7 労経速 1929 号 3 頁。中労委命令としては、髙見澤電機製作所事件・中労委命令平成 20・11・20 別冊中労時 1376 号 1 頁）。朝日放送事件の判断枠組みの適用の在り方について再検討すべき時機が到来していると思われる（土田道夫

「M&A と労働法の課題——株式取得型 M&A を中心に」野川忍＝土田道夫＝水島郁子編著『企業変動における労働法の課題』〔有斐閣，2016 年〕280 頁以下参照）。

【解答への道すじ】

1 【設問】1 について

⑴ 【設問】1⑴——労働契約上の使用者：黙示の労働契約の成否

㋐ 【設問】1⑴①については，A ら M 社従業員が 2019 年 6 月 5 日に提起した地位確認訴訟の帰趨を判断する前提として，L 社・M 社従業員間の黙示の労働契約の成否が問題となる。この点，【設問】1 では，L 社は M 社との間で業務処理請負契約を締結して従業員を受け入れているにもかかわらず，請負企業（M 社）が指揮命令を行うという業務処理請負の建前が崩れ，L 社が指揮命令を行っているが（前述した偽装請負に当たる），ここから直ちに黙示の労働契約を肯定できないことは前述したとおりである（【解説】2⑴）。すなわち，両者間の黙示の労働契約を認めるためには，ⅰ L 社（受入企業）が指揮命令以外に採用・人事管理や人員配置の権限を保有して人事管理を行う一方，ⅱ L 社が M 社に支払う業務委託料を一方的に決定し，それが賃金と自動的に連動するなど，L 社が賃金を決定していると認められることが要件となる。

この点，【解説】2⑴で紹介した判例（前掲パナソニックプラズマディスプレイ〔パスコ〕事件）は，【設問】1 に類似する偽装請負事例について，注文企業による請負企業労働者への指揮命令の事実を認定しつつも，請負企業による労働者の採用に関与していたとは認められず，労働者が請負企業から支給されていた給与額を注文企業が決定していたともいえず，むしろ，請負企業は労働者の配置を含む具体的な就業態様を決定しうる地位にあったと述べ，黙示の労働契約の成立を否定している。その後の裁判例も，同事件を踏襲して黙示の労働契約を否定する例が多い（日本精工事件・東京高判平成 25・10・24 労判 1116 号 76 頁など）。この判例法理によれば，【設問】1⑴①でも，A ら M 社従業員が L 社から指揮命令を受けている事実のみから L 社との間の黙示の労働契約の成立を肯定することは困難である。したがって，A らが M 社に対して提起した労働契約上の地位確認請求は認められない。

㋑ 以上に対し，【設問】1⑴②では，L 社が M 社従業員の採用面談に同席し，質疑応答を行うなど採用に関与するとともに，M 社従業員の仕事振りについて人事考課を行い，M 社がそれを参考として給与（成果給）を支払っているというのであるから，黙示の労働契約の認定要件である上記ⅰ（人事管

理）・ⅱ（賃金決定）を相当程度充足するものと解される。

　もっとも，この点については，上記2要件の充足度について更に精査する必要がある。この点，裁判例では，労働者派遣における派遣労働者・派遣先企業間の黙示の労働契約の成否につき，【設問】と同様，ⅰ派遣労働者の採用面談に派遣先企業が同席し，採用面談に類した質疑応答をした上でその受入れが可能であることを派遣元に伝えるなど，派遣労働者の採用に少なからぬ影響を与えた事実を認定しつつも，なお派遣元企業による独自の採用であるとして派遣先企業による採用行為性を否定するとともに，ⅱ派遣労働者の賃金決定につき，労働者が派遣元企業に賃金増額を要請し，派遣元企業が派遣先企業にこれを伝え，派遣先が同労働者の業務の見直しを行った結果，派遣先が派遣元に支払う派遣料金が増額され，賃金も増額されたとの事実を認定しながら，派遣元企業が利益率を増減させるなど独自の判断で賃金を決定していたと判断して派遣先企業による賃金決定への関与を否定し，黙示の労働契約の成立を否定した例がある（日産自動車ほか事件・東京高判平成27・9・10労判1135号68頁）。

　【設問】1(1)②についても，ⅰ（人事管理）については，上記裁判例と同様に解される可能性がある（もとより，この裁判例の判断の当否自体も検討する必要がある）。また，ⅱ（賃金決定）については，ⓐM社がL社の人事考課に全面的に従って成果給を決定しているのか，それともⓑL社の人事考課を参考としつつも，独自の判断によって決定しているのかがポイントとなるため，成果給以外の賃金の決定状況と併せて慎重に検討する必要がある。仮にⓑだとすれば，少なくともⅱ（賃金決定）の面では，黙示の労働契約の成立を認定できる可能性が高まることになる。

⑵　【設問】1⑵──労組法上の使用者

　【設問】1⑵は，労組法上の使用者に関する判例（前掲朝日放送事件。【解説】3(1)(ウ)参照）をモデルに作成した設問であり，この判例法理が妥当するケースである。すなわち，【設問】1の事実関係によれば，L社は，労働時間の決定・休憩・作業環境という基本的労働条件について，雇用主であるM社と部分的とはいえ同視できる程度に現実的かつ具体的に支配・決定できる地位にあるといえるため，その限りで労組法7条の「使用者」に当たるものと解される。したがって，N組合は，L社に対し，これら労働条件の改善について団体交渉を求めることができる。すなわち，L社は，N組合が2019年5月2日付で行ったN組合の団体交渉申入れに応ずる義務を負う。

　もっとも，以上のように，労働時間の決定・作業環境等の労働条件についてL社の労組法上の使用者性を認めたとしても，L社・M社従業員間には労働契

約が存在しないので，仮にN組合がL社との団体交渉を行い，労働協約を締結しても，規範的効力（労組16条）が発生しないという問題が生ずる。しかし，だからといって，「部分的使用者」概念が無意味となるわけではない。すなわち，そうした労働協約も債務的効力を発生させるため，使用者が当該協約を遵守しない場合は，労働組合は履行義務違反として損害賠償を請求できるので，労働協約を締結すること自体に意味があると解される。また，仮に協約締結に至らないとしても，これら労働者・労働組合と使用者間の団体交渉関係を形成させること自体が有意義と考えられる（同旨，荒木676頁）。

なお，朝日放送事件（「部分的使用者」論）によれば，一定の労働条件限りで受入企業の労組法上の使用者性が肯定される。したがって，賃金のように，請負企業（M社）が決定権限を有する労働条件については，N組合は，L社に対して団体交渉を求めることはできず，M社に申し入れるべきことになる。

2 【設問】2について

順序を変えて，【設問】2(2)から検討する。

(1) 【設問】2(2)——労働契約上の使用者：法人格否認の法理

(ア) 【設問】2(2)①については，O社が2019年6月30日付で行った会社解散に伴う解雇の効力につき，法人格否認の法理（【解説】2(2)）の適用が問題となる。この点，【設問】2は，親会社（L社）が子会社（O社）の経営に深く関与し，雇用・労働条件の決定に影響力を行使している事例であり，事実関係によっては，法人格否認の法理（法人格濫用の法理）によってL社の労契法上の使用者性（2条2項）を肯定する余地がある。すなわち，【設問】では，①L社はO社の株式の100％を保有し，②O社取締役会に過半数を送り込むとともに，人事部長・企画部長を派遣しており，経営方針・人事方針の決定に深く関与していること，③O社従業員の労働条件の不利益変更に関しても，L社派遣者が過半数を占めるO社取締役会で検討され，L社の意向が反映されていると考えられること，④O社の解散と全従業員の解雇も，L社の意向を受けてO社取締役会が決定していること等から，L社は，O社の事業運営を支配し，O社解散についても一定の支配力を有していると評価されるため，支配の要件を充足するものと解される。一方，目的の要件に関しては，L社による経営改革にもかかわらずO社の経営不振が続いたために解散に至ったとみられることと，L社はP組合員のみを解雇したわけではなく，全従業員を解雇しているため，不利益取扱いの意思（労組7条1号）を認定することは困難であることの2点から，目的の不当性を認めることは困難と解される。

もっとも，O社経営陣とP組合の関係が悪化していたことを考えると，O社の経営権を握ったL社が，O社の経営悪化とともにP組合を排斥する目的で解散を決定し，その意向を受けてO社が解散に至った可能性もある。このように，子会社の解散について正当な目的と不当な目的が併存している場合は，目的の不当性を認め，法人格の濫用を肯定すべきであろう。この場合，通説的見解（【解説】2(2)(イ)）によれば，O社従業員は，O社法人格の否認の効果として，L社に対して労働契約上の地位の確認を求めることができる（これに対し，雇用責任否定説によれば，O社従業員は損害賠償請求で満足すべきことになる）。

　(イ)　【設問】2(2)②は，前述した偽装解散法理（【解説】2(2)(ウ)）が妥当するケースである。すなわち，【設問】では，L社がP組合の壊滅という不当な目的をもってO社を解散させた後，Q社において実質的に同一事業を承継させており，偽装解散に該当するため，法人格否認の法理によって，承継会社（Q社）によるP組合員の労働契約の承継を肯定することができる。したがって，O社従業員は，L社に対して労働契約上の地位の確認を求めることができる。

　なお，親会社が子会社の偽装解散を誘導したケースにおける労働契約の承継責任については議論があり，裁判例の中には，解散会社の法人格否認の責任を負うべき主体は承継会社ではなく親会社であるとして，子会社の法人格否認による雇用責任および不法行為責任を親会社に認めた例がある（前掲第一交通産業事件・大阪高判平成19・10・26）。帰責の面からは一理あるが，労働契約承継の解釈としては，支配会社による法人格の濫用がなければ，労働契約が承継されるべき先は承継会社であるから，承継会社に雇用責任を課す方が自然と解される（支配会社は別途，不法行為責任を負う〔土田・労契法73頁，荒木66頁参照〕。なお豊川は法理上から前掲大阪高判平成19・10・26を支持する）。

(2)　【設問】2(1)——親会社の労組法上の使用者性

　【設問】2(1)では，子会社であるO社の労働組合（P組合）が2017年4月10日付で親会社であるL社に対して団体交渉申入れを行っているので，子会社労働組合に対する親会社の団体交渉上の使用者性（労組法上の使用者性）が問題となる。【設問】2の場合，①L社はO社の株式の100%を保有し，O社取締役会に過半数を派遣した後，②O社の経営再建計画の策定を受けて，L社出身者が過半数を占めるO社取締役会が労働条件の変更（労働時間規定・賞与支給規定の変更）を決定した可能性があり，また，③L社がO社の経営再建を断念して解散の方針に転じた後は，O社取締役会がL社の意向を受けて会社解散と全従業員解雇を決定した可能性がある。こうした事実関係を踏まえると，B社の労組法上の使用者性が肯定される余地が生じてくる。

もっとも，このようなケースでも，【解説】3(2)で紹介した裁判例・中労委命令の立場に立てば，Ｌ社の労組法上の使用者性を肯定することは困難と解される。裁判例・中労委命令は，この種の事案における親会社の労組法上の使用者性について，雇用主（労働契約上の使用者）である子会社が労働条件について直接決定するのと同視できる程度の支配・決定力を有していることを求めているからである（前掲ブライト証券ほか事件，高見澤電機製作所事件。学説では菅野959頁）。これによれば，【設問】2の場合，Ｏ社取締役会が労働条件の変更を決定し（ⅱ），その後，会社解散と全従業員解雇を決定したこと（ⅲ）の背景にＬ社の経営判断と強い圧力があったとしても，これら決定を行ったのはあくまでＯ社自身であるから，Ｌ社について，雇用主である子会社（Ｏ社）が労働条件について直接決定するのと同視できる程度の支配・決定力を有しているとは認められず，その労組法上の使用者性は否定されることになろう。

　一方，これに対しては，親子会社のような間接支配類型の特質に鑑み，親会社の労組法上の使用者性についてより柔軟に解釈すべきことを説く見解が見られる。この見解は，間接支配類型については，親会社が労働条件の直接的決定を避けつつ支配するという特質に鑑み，親会社がその地位を逸脱して経営上の計画策定や意思決定を行い，子会社がそれに従って労働条件を決定している場合は，「雇用主と同視できる程度の現実的かつ具体的な支配・決定」（前掲朝日放送事件＝労働契約に近似する関係）を肯定し，労組法上の使用者性を肯定することが適切であると説く（土田・前掲論文280頁以下参照）。

　この見解によれば，Ｌ社の労組法上の使用者性が肯定される可能性がある。もとよりこの見解に立つ場合も，ⅰについては，株主としての行動を逸脱するものではなく，Ｌ社の労組法上の使用者性を基礎づける事実たりえない。しかし，ⅱⅲに窺われるように，Ｌ社が親会社・支配株主としての地位を超えて労働条件や雇用問題を実質的に決定していると評価できる場合は別論であり，この場合は，上記のとおり，「雇用主と同視できる程度の現実的かつ具体的な支配・決定」を肯定し，労組法上の使用者性を肯定することが可能である。いずれの見解が妥当かについては，各自検討されたい。

【基本文献】
荒木60-68頁，672-679頁／菅野178-182頁，952-964頁／土田・概説31-35頁，425-429頁／土田・労契法63-73頁／西谷・労働法29-31頁，561-570頁／西谷・労組法149-158頁／野川167-173頁，971-979頁／水町73-79頁，418-423頁

（土田道夫＝豊川義明）

6 採用，採用内定，試用

【設 問】

1 2020年3月に大学卒業を控えているX₁，X₂の両名は，民間企業への就職を希望して就職活動を行っていたが，2019年5月末，住宅等の建設及び不動産売買を業とするY社から「採用内々定通知書」と題する書面の送付を受けた。同書面には，正式な内定通知授与は2019年10月1日を予定する旨の記載があり，同書面とともに，期限付きで健康診断書及び入社承諾書の提出を求める書面が同封されていた。入社承諾書は，入社を承諾すること，会社の服務規律等を遵守すること，大学を卒業しなかった場合，履歴書等に虚偽の記載がある場合，経済状況の変動により剰員が生じた場合には，入社を認めないことがあるので，これを了承することがその内容となっており，Xらはこれに署名押印して期限内に健康診断書と共に提出した。また，6月上旬に社内見学会が開催される旨の通知もなされた。社内見学会は所要時間6時間程度であったが，Xら内々定者全員が参加し，そこでY社から入社後の業務内容についての説明があった。

同年7月頃，A社が建設した集合住宅で手抜き工事があり，一部マンションに倒壊の恐れがあるとの報道がなされ，そこで関係会社としてY社の社名も報道された。その内容に不安を覚えたX₁は，報道があった直後にY社に対し，採用予定の動向について問い合わせを行った。当時Y社経営陣の間では相当額の損害が発生することを確実視し，2020年度の新卒採用数の縮小が検討課題に挙がってはいたが，未だどの程度の規模で採用計画の縮小を行うかについて方針が定まっていなかった。そこで，X₁の問い合わせには「採用は予定通り行うので，心配は無用である」旨回答していた。

2019年9月25日，Y社はX₁を含む内々定者約3割について内々定の取消を決定し，直ちに書面にて内々定取消となる旨通知した。

Y社はその余の内々定者を対象に2019年10月1日に予定通り内定式を執り行い，内定通知書を交付した。しかし，想定より業績の回復が遅かったことなどから，Y社はさらなる経費削減を意図して採用計画の全面的見直しを行うこととし，2020年2月1日，X₂を含めた同年度の内定者全員に対し，内定の取消を通知した。

(1) Y社の措置に不満のあるX₁は，Y社に対して地位確認請求を，それがかなわなければ，不法行為に基づく損害賠償請求を考えている。これらの請求は認

められるか。

(2) 同じく内定取消に不満のある X₂ は，Y 社に対し地位確認請求を行うことを考えている。この請求は認められるか。

2 A 社で営業部に勤務して 3 年目となる X は，かねてより関心のあった Y 社が即戦力として中途採用の募集をしていることを Y 社のホームページを見て知り，これに応募した。ホームページには労働条件について詳しい記載はなかったので，Y 社の面接時に労働条件について尋ねたところ，人事担当者から「中途採用であるからといって同期新卒の者に比べて不利益になるようなことはないし，当社の労働条件は他社と比べても遜色はないから，現在 X が勤務している会社の労働条件を下回ることにはならないだろう」と説明を受けた。そうした説明に納得した X は，Y 社からの採用内定を得て A 社を退職し，ほどなく Y 社に入社した。

入社後 3 ヵ月の試用期間中は A 社に比べて賃金が低い状況にあった。しかし，人事担当者の面接時の説明から試用期間が終了すれば A 社と同程度の給与になると考え，特に不満を述べることなく勤務を続けた。ところが，試用期間終了の 1 ヵ月前になって，X は，Y 社から試用期間の終了後も賃金は変わらないと知らされた。そこで，X が同僚に確認してみたところ，X は同期新卒採用者の下限に格付けされていることが判明した。X は「約束が違う」と人事担当者に掛け合ったが，「当社の規定にしたがって支払いがなされている」としか返答はなかった。このままでは到底働けないと社長含め経営陣数名に直訴したところ，試用期間終了時に，当社の採用方針にそぐわないとして本採用を行わない旨通告を受け，そのまま就労を拒絶された。

(1) X による地位確認請求は認められるか。

(2) X による未払賃金請求ないし不法行為に基づく損害賠償請求は認められるか。

【解 説】

1 採用の自由とその制約

労働契約につき，労働契約法 6 条は，「労働者が使用者に使用されて労働し，使用者がこれに対して賃金を支払うことについて，労働者及び使用者が合意することによって成立する」と定めている。労働契約は，諾成・不要式の契約であり，この合意は民法上の契約成立の一般原則に従い，申込みと承諾によって成立する。民法における基本原則となる契約締結の自由を確認した規定であり，これを使用者の側から見たものが採用の自由となる。

採用の自由に対する法令による制限としては，性別（雇均5条），障害（障害雇用34条・36条の2〜36条の4），年齢（労働施策推進9条）についての差別の禁止や黄犬契約の禁止（労組7条1号）がある。ただし，これらの法規に違反した場合，労働者からの不法行為責任を追求しうるとしても，地位確認請求は認められていない。原則として契約の成立にはあくまで意思の合致が必要であって，採用差別の事案ではこれが認められないと考えられるからである。この観点からは有期労働契約の無期転換の申込みと更新申込みに対する承諾みなし（労契18条・19条）や，違法派遣の場合の派遣労働者に対する直接雇用申込みみなし（労派遣40条の6第1項）はともに法で定められた例外として位置づけられることになる。

最高裁も，労働者の思想信条に基づく採用差別について，憲法が定める平等や思想信条の自由（憲14条・19条），労基法の均等待遇の原則（労基3条）との関係が問題となった事案において，憲法の私人間効力を否定し，労基法3条は雇入れ後の労働条件に関する制限であるなどとして，「企業者は，……契約締結の自由を有し，自己の営業のために労働者を雇傭するにあたり，いかなる者を雇い入れるか，いかなる条件でこれを雇うかについて，法律その他による特別の制限がない限り，原則として自由にこれを決定することができる」と述べて，広く使用者の採用の自由を認めている（三菱樹脂事件・最大判昭和48・12・12民集27巻11号1536頁＝百選8事件）。さらに，「企業者が，労働者の採否決定にあたり，労働者の思想，信条を調査し，そのためその者からこれに関連する事項についての申告を求めることも…違法行為とすべき理由はない」として，思想信条に対する調査の自由までも広範に認めている。

これに対して，学説からは，一定の理念の下に結成された企業（傾向企業）のような極めて例外的なケースを除いては，労働者の思想・信条を理由とする採用拒否は合理的な理由を欠くものであるとして，憲法14条または19条の間接適用を認め，公序違反として違法と評価すべきとの批判が強い。また，調査の自由については特にプライバシー保護の観点からも批判され，裁判例では，本人の同意を得ないで行ったHIV抗体検査（東京都〔警察学校・警察病院HIV検査〕事件・東京地判平成15・5・28労判852号11頁），B型肝炎ウイルス感染検査（B金融公庫〔B型肝炎ウイルス感染検査〕事件・東京地判平成15・6・20労判854号5頁）について企業の不法行為責任が認められている。

2 契約の成立と採用内定

上述のように，労働契約の成立には，労働者が使用されて労働すること，こ

れに対して使用者が賃金を支払うことについての意思の合致が必要である（労契6条）。アルバイトやパートの採用等，募集から採用まで期間が短い場合には，この意思の合致が生じた時点が比較的容易に認定できる。しかし，新規学卒者の定期採用の場合には，労働者の募集に応じる学生が複数回の試験，面接等を受けて内定通知が出され，場合によっては内定期間中に研修等に参加し，就労開始後にも数か月の試用期間を設定された上，本採用されるという長期にわたる採用手続きがあり，契約成立時期の特定が難しい。他方で本採用に至らなかった場合には，学生にとってのダメージは少なくない。そのため，新卒者の契約成立時期については紛争が生じやすかった。特に争われてきたのは採用内定取消の違法性である。

採用内定の法的性質につき，かつてはこれを契約締結に向けた過程と捉える説や，後に労働契約を締結することの予約であるとする説等が唱えられてきた。これらの見解によると，内定取消は契約成立前における使用者の事実行為あるいは予約の破棄ということになる。よって，内定取消は期待権侵害ないし予約の不履行として損害賠償の対象になりえても，労働契約が未だ成立していない以上，地位確認請求は認められない。これに対して，内定時点で契約が成立していると捉えれば，採用内定取消は労働契約の一方的解約（解雇）と構成することが可能になり，地位確認への道が開かれる。この点，最高裁は，事例判断としてではあるものの，採用内定による労働契約の成立を肯定した。すなわち，通常の採用プロセスにおいては，内定通知のほかには労働契約締結のための特段の意思表示が予定されていないことから，企業による募集が労働契約の申込みの誘引，労働者からの応募が申込み，これに対する使用者の採用内定通知が承諾であり，誓約書の提出と相俟って労働契約が成立する。また，就労の開始は内定後となるから，この労働契約には始期が付されており，内定期間中は入社承諾書等に記載されている内定取消事由に基づく解約権が使用者に留保されていると解される（大日本印刷事件・最二小判昭和54・7・20民集33巻5号582頁＝百選9事件，電電公社近畿電通局事件・最二小判昭和55・5・30民集34巻3号464頁）。なお，中途採用者の場合でも，内定をもって契約の成立が認められることが多いだろう（インフォミックス事件・東京地決平成9・10・31労判726号37頁）。

3　内定中の法律関係

内定によって締結される労働契約の始期について，これを効力の始期とみる立場（前掲電電公社近畿電通局事件）と就労の始期とみる立場（前掲大日本印刷

事件）とが存在する。就労の始期と捉えれば，労働契約の効力自体は発生していることになるから，現実の就労を前提としていない就業規則の規定（会社の名誉・信用の保持，企業秘密の保持など）は内定者にも適用される。他方，効力の始期と捉えれば，内定者に対しては就業規則の規定の適用が否定されることになる。

契約解釈であるからケースバイケースの判断となろうが，新規学卒者の場合には，学生の本分は学業であり，そのことは契約当事者も認識して内定関係に入ったものと考えられるから，通常は効力始期付と解すべきである（土田・労契法 216 頁）。裁判例では，効力始期付きと解した上で，入社前研修を業務命令に基づくものではなく，内定者の任意の同意によるものし，当該同意には内定者の学業と入社前研修の両立が困難になった場合には学業を優先するとの留保が付されていると解した例がある（宣伝会議事件・東京地判平成 17・1・28 労判 890 号 5 頁）。

4 採用内定の取消

採用内定を始期付解約権留保付の労働契約の成立であると解すると，内定取消は，使用者にとって留保した解約権の行使となる。最高裁は，この留保解約権の行使において求められる解約事由は，採用内定当時知ることができず，また知ることが期待できないような事実であって，これを理由として採用内定を取り消すことが解約権留保の趣旨，目的に照らして客観的に合理的と認められ社会通念上相当として是認することができるものに限られるとしている（前掲大日本印刷事件）。当時明文化されていなかった解雇権濫用法理を，民法 627 条による労働契約の一般的解約権とは別枠の採用内定関係独自の（留保）解約権の行使にも用いたもので，今日では労働契約法 16 条の適用ないし類推適用ということになるだろう。具体的には学校を卒業できない場合が内定当時知ることのできない事実の典型例であり，内定取消の合理性・相当性が認められる。健康状態の悪化，提出書類の虚偽記載，私生活上の非違行為なども同様に，その程度によっては合理的な内定取消事由となりうる。

これに対し，経営状況の悪化等を理由とする内定取消は，使用者の責めに帰すべき事由であり，解約権留保の趣旨，目的に照らして是認できる範囲は限定されなければならない。したがって，こうした理由の内定取消に対しては，整理解雇法理に準じて，厳格な審査が必要となる。内定者を優先的に整理解雇（内定取消）の対象とすることは不合理といえないにしても，内定取消の必要性，回避努力，選定の相当性，説明・協議義務が判断要素となる（前掲インフ

ォミックス事件）。

　なお，労働契約が成立している以上は，この留保解約権とは別途，民法627条による労働契約の一般的解約権も観念できるが，これに基づく普通解雇にも労働契約法16条は適用されるから，いずれにせよ内定取消には合理性・相当性が求められる。

5　採用内々定

　使用者が内定を通知する以前に，何らかの形で採用の意向を労働者に伝えることがあり，内々定と呼ばれる。この内々定の取消についてはどのように考えるべきだろうか。契約の成立は当事者の意思解釈によるのだから，内定か内々定かという企業実務上の区別によるのではなく，実態を考慮して判断することが必要になる。

　労働者の募集を申込みの誘引，応募を契約の申込みと捉えれば，使用者がいつ承諾をしたのかが焦点となる。内々定通知は，あくまで後に採用内定という手続きがあることを前提に，使用者の最終的な意思表示たる内定通知が後になされることを示したものであると捉えれば，内々定による契約成立は認められないことになる（新日本製鐵事件・東京高判平成16・1・22労経速1876号24頁）。これに対し，試験や面接の結果によって使用者が採用を決し，その意を当該学生に伝えたものが内々定で，その後に予定されている内定通知（内定式）は単に労働契約の存在を確認しているものと捉えれば，内々定時点で契約の成立を認めることができる。

　契約解釈の問題であるが，内々定は字義通りにみれば後に内定があることを前提にしているので，使用者による採否の最終決定とは解しにくい。内々定で契約成立を認めるためには，そこで使用者の最終的な意思決定は終わっており，後の内定式は単なる儀式であるといえるような事情が必要である。そのような事情としては，内々定が後の内定を暗示するような形態ではなく，書面等で明確に提示されていることや，使用者が当該内々定者と一定の拘束関係に入ることを前提とした行動（他社との接触を禁じる，研修等を命じる，入社を誓約させる書面の提出を求める等）をとっていることなどが考えられる。裁判例では，内々定時点で具体的労働条件の提示がない，入社誓約書の提出が求められていない，内々定通知を発した担当者に採用権限がない，内々定を受けながら就職活動を継続している者が多数存在するといった事情の下で，内々定は正式な内定までの労働者の囲い込みという事実上の活動の域をでるものではなく，そのことは内々定者も認識していたとして内々定による契約成立を否定した例があ

る（ただし損害賠償請求は認容された。コーセーアールイー〔第二〕事件・福岡高判平成23・3・10労判1020号82頁）。使用者による拘束の程度が弱く，契約締結の確定的意思表示が確認できなかった例として参考になろう。

6　試用期間

　就労の開始後に設定されることのある試用期間の法的性質についてはどうか。試用期間も内定と同様，法的に定められた制度ではないので，個々の契約解釈の問題となる。一般的な新規学卒者の定期採用を想定すると，内定によって契約の成立が認められるケースが多いと考えられるから，「試用期間」後に採用する趣旨での合意であると捉えることはできない。そこで最高裁は，内定の場合と同様に，現実に就労することによって雇用を継続できない事情が判明した場合に対応する解約権を留保した期間であると解し，留保された解約権に求められる合理性・相当性は，通常の解雇よりも緩やかに解すべきものとした（前掲三菱樹脂事件）。ここでも，それまでに判明しなかった事情のための解約権留保と考えられているから，それ以前から判明していた労働者の印象・態度が改善しなかったといった理由では合理性・相当性は認められない。なお，試用期間の意味は契約解釈の問題であるから，例えばアルバイト等で試用期間が設定され，その間の賃金について通常と異なる定めがあれば，当該期間に解約権が留保されているか否かという解釈とは別途，労働条件が異なる期間としての法的意味を見いだすことができる。

7　試用期間と有期労働契約の関係

　ところで，有期労働契約の締結目的には法的制限がないから，試用目的での有期労働契約の締結それ自体が違法になることはない。そこで，労働契約に労働者の適性を確認するための期間が設定された場合，当該期間が解約権を留保した期間であるのか，試用目的で設定された契約の存続期間であるのか判然としない場合が生じうる。仮に設定された期間が有期労働契約における契約の存続期間であると解すると，当該期間後になされる本採用拒否は留保解約権の行使ではなく雇止め（有期労働契約の満了後に無期労働契約の締結が想定されていたが，その契約締結に至らず，有期労働契約の契約期間が満了して契約が終了した）ということになり，その適法性は留保解約権行使の問題ではなく，労契法19条（更新の事実がなければ2号該当性及び本文における合理性・相当性）の問題となる。この点，最高裁は，使用者が期間を設定した趣旨・目的が労働者の適性を評価するためのものであるときは，期間満了によって契約が終了する旨の明

確な合意がある等の特段の事情が認められる場合を除き，当該期間は契約の存続期間ではなく，試用期間であると判断している（神戸弘陵学園事件・最三小判平成2・6・5民集44巻4号668頁＝百選80事件）。したがって，当該期間が契約の存続期間であることが明らかな場合を除いては，原則として試用期間，すなわち解約権留保付の無期労働契約が締結されていると解されることになる。他方，当該期間が明確に契約の存続期間である旨の合意があれば，当該期間が労働者の適性を評価する期間としての意義を有していても，期間満了により契約は終了しうる（福原学園〔九州女子短期大学〕事件・最一小判平成28・12・1労判1156号5頁）。

8　労働条件の明示義務と契約締結上の過失

使用者は，労働契約を締結する際に，賃金，労働時間その他の労働条件を明示しなければならない（労基15条1項）。明示すべき労働条件については施行規則5条に列挙されている。これに違反すると労働者は直ちに契約を解除することが可能であり，使用者は帰郷の旅費を負担しなければならず（労基15条2項・3項），一定の罰則がある（労基120条）。また，使用者は労働者に提示する労働条件および労働契約の内容について，労働者の理解を深めるようにし，できる限り書面により確認するものとされている（労契4条）。

このように，使用者には労働契約の締結において労働者に対する適切な説明・情報提供が求められており，これが不十分である場合には，損害賠償の対象になりうる。契約締結に向けた準備段階において，緊密な関係に入った当事者間には相手方に損害を生じさせないようにする信義則上の義務が生じ，この義務を尽くさない場合には損害賠償責任が生じるとする「契約締結上の過失」の一場面である。

労働契約の成立について使用者が労働者の誤信を惹起したり，契約締結が確実であると信頼させながら，後に交渉を破棄する際に，使用者に帰責性が認められれば，損害賠償責任が肯定される。その責任が肯定された例として，中途採用手続きにおいて，労働者が従前の勤務先を退職した後の採用拒否（かなざわ総本舗事件・東京高判昭和61・10・14金判767号21頁，ユタカ精工事件・大阪地判平成17・9・9労判906号60頁），企業業績の悪化によりなされた内定式直前の内々定取消（コーセーアールイー〔第一〕事件・福岡高判平成23・2・16労判1023号82頁，前掲コーセーアールイー〔第二〕事件）がある。また，契約締結は認められても，労働者が期待する労働条件で労働契約の締結ができなかった場合にも，使用者の責任が認められることがある。求人票記載の賃金の見込み額

と確定額に著しい乖離がある（八州事件・東京高判昭和58・12・19労民集34巻5＝6号924頁〔結論否定〕），中途採用において新卒同年次定期採用者と同等の賃金額が得られると誤信させた（日新火災海上保険事件・東京高判平成12・4・19労判787号35頁＝百選7事件）ケースなどで，損害賠償が認められうる。認められる損害は信頼利益がその対象であり，信義則上の義務違反と相当因果関係が認められる範囲内となる。中途採用で契約締結に至らなかったケースでは，慰謝料のみが認められた事案（前掲ユタカ精工事件）もあるが，慰謝料に加えて得られなかった賃金（わいわいランド事件・大阪高判平成13・3・6労判818号73頁），前職を辞したことによって失った逸失利益（前掲かなざわ総本舗事件）についてそれぞれ一定期間分が認められた事案もある。また契約は成立したものの労働者が労働条件を誤信したことにつき使用者の責任が認められたものの，慰謝料のみにとどまっている事案がある（前掲日新火災海上保険事件）。新規学卒者の内々定取消の事案（前掲コーセーアールイー〔第二〕事件）でも同じく認められたのは慰謝料のみであった。なお，損害の発生につき労働者側に過失が認められれば，過失相殺がなされる。

【解答への道すじ】

【設問】1では契約の成立時期と損害賠償請求の可否が，【設問】2では契約の成否と成立した契約の内容が問題となる。

1 【設問】1(1)について

X_1はY社に対し，内々定取消が違法無効であると主張して地位確認請求を，予備的に不法行為に基づく損害賠償請求を行いたいと考えている。地位確認請求のためには，すでに契約が成立していることを示す必要がある。

契約の成立については，Y社の労働者募集に対してX_1が応募しているので，X_1による契約締結の意思は明らかである。これに対して，Y社の内々定通知がX_1の申込みに対する承諾の意思表示といえるか否かが問題になる。事後に正式な内定手続があることを前提とする内々定において，使用者の承諾がなされたと解するためには，事後の内定手続は単なるセレモニーにすぎないと評価できる事情が必要であり，具体的には内々定が書面等で明確に提示されていること，使用者が当該内々定者と一定の拘束関係に入ることを前提とした行動をとっていることを必要とすると解される。

設問では，Y社から「採用内々定通知」と題する文書が書面にて通知されており，Y社における試験・面接等の採用過程が終了している。また，内々

定に過ぎないのに，入社を承諾する旨の入社承諾書の提出が求められて，X_1はこれに署名押印していること，内々定後に社内見学会が開かれ，これに内々定者全員が参加していることは，採用内々定の段階で，それぞれY社がX_1と契約を締結する意向であること，あるいはすでに拘束関係に入っていると評価することもできる。したがって，内々定通知により入社承諾書に記載の項目を解約事由として留保した解約権留保付労働契約が成立したと考える余地もあろう。

　しかし，設問においては，内々定通知書において正式な内定通知が後にあることが記されており，Y社の承諾は正式な内定通知の授与をもって行うことが内々定通知の前提であることを示している。入社承諾書も，通常学生が数社の就職試験に挑むことを念頭に，なお入社する意思があることを確認したものであって，実質的に内々定辞退を困難とするようなものと評価できる事情も見当たらず，Y社がX_1と拘束関係に入っているとの認識を示すものとまではいえない。社内見学会もその趣旨はY社の業務内容を内々定者に認識してもらうことにあると考えられ，参加を見送った者につき内々定を取り消す等の措置を予定していたという事情もない。以上により，本件内々定は使用者による承諾の意思表示とは解し難く，本件内々定通知による契約の成立は否定されると解される。したがって，X_1の地位確認請求は認められない。

　次いで，損害賠償請求の可能性について検討する。

　契約締結のための交渉を行い，緊密な関係に入った当事者は，相手方に損害を被らせないように配慮すべき信義則上の義務を負うと解される（契約締結上の過失）。したがって，本件においては両者が緊密な関係に入ったといえるかどうか，そうした関係に入っているとすれば，内々定取消が信義則上の義務に違反する態様で行われたかどうかが問題となる（前掲コーセーアールイー〔第二〕事件）。

　本件においては，Y社が内々定通知を発し，X_1は入社承諾書を提出し，内定予定日も確定しているというのであるから，X_1が契約の締結が確実であると期待しても無理からぬものがあり，遅くとも本件内々定取消がなされた内定予定日の直前までには，両者が緊密な関係に入っていたものと解される。

　次に，内々定取消の態様については，Y社は既に7月には内々定取消を行う可能性を認識していたが，これをX_1ら内々定者に伝えていないこと，それぱかりか，内々定取消の可能性をX_1が問うた7月時点では「心配は無用である」と返答していることが確認できる。確かにその時点では，X_1に対する内々定取消を決定していたわけではないから，意図的に隠蔽していたとまでは

いえない。しかし，内々定取消の規模が未定であったのみで，内々定取消それ自体は避け難いとの認識があったことが伺える上，内々定取消をX₁に通知したのは9月25日と，内定式の直前となったことに鑑みれば，Y社は信義則上求められるX₁の損害の拡大を防ぐ努力を怠っていた，すなわち可能な限り早期に内々定取消を行うか，内々定取消がありうることを告げる必要があったがこれを怠ったと考えることも可能であり，不法行為に基づく損害賠償請求が考えられる。他方，手抜き工事の問題が生じてから，内々定取消を現実に決定するまでにはある程度時間がかかってもやむを得ないし，実際にY社は内々定取消を決定してからはすみやかにその通知を発し，X₁の損害の拡大を防ぐべく努力していると評価するなら，契約締結上の過失に基づく責任は否定されることになろう。どの時点で内々定取消が確定的であると認識されていたのか，内々定取消が直前になったことについて合理的な理由を見出せるかがポイントになる。

2 【設問】1(2)について

　X₂も内定取消を違法無効として地位確認請求を行うことが考えられる。そこで，まず採用内定による契約成立の成否が問題となる。採用内定の法的性質は，個々の事実関係に即して判断する必要があるが，本件においては内定通知の他に労働契約の成立に関する特段の意思表示は予定されていないこと，健康診断書，入社承諾書等のY社の求める書類の提出は終わっていることから，Y社の募集に対するXの応募を申込み，採用内定通知を承諾として，内定時点で入社誓約書に記載されている採用内定取消事由に基づく解約権が留保された労働契約が成立したものと解される。

　次に，内定取消はこの留保解約権の行使に当たるが，すでに成立した労働契約の使用者による一方的解約であるから，合理性・相当性が必要となる（労契16条）。具体的に適法な内定取消事由として認められるのは，採用内定当時知ることができず，また知ることが期待できないような事実であって，これを理由として採用内定を取り消すことが解約権留保の趣旨，目的に照らして客観的に合理的と認められ社会通念上相当として是認することができるものに限られる。本件では，採用計画の見直しが理由となっているが，留保解約権としては剰員が生じた場合に該当する。ただし，この事由は使用者の責めに帰すべき事由であり，通常の整理解雇に準じて，4要件ないし4要素をもって厳格に合理性・相当性を審査する必要がある（前掲インフォミックス事件）。

　これを本件についてみると，A社の手抜き工事に端を発した業績の不振で

あり，人員削減の必要性はある程度認められよう。解雇（内定取消）回避努力義務の履行としては，内定取消に至る前に昇給の停止や役員報酬のカット等，様々な措置が求められるが，これらの措置がなされていない。もっとも，新規採用の停止等も解雇回避努力となる。設問では内定取消に先行して一部の内々定取消を実行しており，これが解雇回避努力の一環として評価されよう。被解雇者選定の相当性についてみると，すでに就労を開始している労働者よりも内定者を優先的に解雇しているようであるが，未だ就労を開始していない内定者は当該会社と結びつきが弱く，他の労働者より先に解雇することにもある程度の妥当性は見いだせる。手続については上記の事情も含めて内定者に真摯に説明し，協議する必要がある。ところが，設問ではそのような協議を行った形跡がない。

　これらの点を総合考慮すれば，解雇回避努力が不十分であること，説明・協議義務が履行されていないことから，内定取消を無効と評価することもできよう。これに対して，説明・協議義務については，2月になってからの内定取消という事情から，説明や協議よりも内定取消決定後直ちにその事実を伝えることが優先される状況であり，説明・協議が不十分となってもやむを得ないとの事情を酌んだ上で，4要素説に立ち総合考慮の上で本件内定取消は合理性・相当性を有すると評価することも考えられる。

　整理解雇法理を用いる上で，内定取消という事案の特殊性をどのように考えるかがポイントである。

3　【設問】2(1)について

　設問では，試用期間と本採用拒否の法的性質が問題となる。まず当事者が「試用期間」と名づけた期間の法的性質は個別の事案ごとの契約解釈となるが，当該期間によって労働者の能力・適性を図り，後に本採用を想定しているのであれば，当該試用期間の当初から期間の定めのない労働契約が成立しており，ただ当該期間においては試用目的に基づく解約権が留保されていると解される。したがって，本採用拒否は期間の定めのない労働契約の一方的解約であり，解雇であるから労働契約法16条が適用される。これに対し，当該期間を契約の存続期間であると明確に合意しているような事情があれば，当該期間が有期労働契約の存続期間であると解される。そうすると本採用拒否は期間満了による雇止めであり，労働契約法19条の問題となる。

　これを本件についてみると，特段当該期間が契約の存続期間であると合意したような事情は見当たらない。よって，試用期間当初から労働契約は成立して

おり，本採用拒否は留保された解約権の行使となるから，当該解約権の行使に労働契約法 16 条の求める客観的合理性，社会通念上相当性が認められるか否かが問題となる。

本件においては，Y 社は本採用拒否の理由を採用方針にそぐわないと告げるのみで，それ以上の説明を行っていないが，それは解雇の際に求められる適正手続きに反する。本採用拒否が X の経営陣への直訴直後であることも合わせ考えると，労働条件をめぐるトラブルが本採用拒否の理由であると考えられるが，そのような理由に客観的合理性があるとは評価できない。よって，本採用拒否は違法無効であり，X による地位確認請求は認められるものと解される。

4 【設問】2 (2)について

地位確認請求が認められる場合，X が求めることのできる未払賃金請求額はどのように考えるべきか。少なくとも，現実に就労していた試用期間中の賃金額については請求が認められよう。そこで，問題はこれを上回る額の請求の可否である。

Y 社は遅くとも確実に労働契約が締結されたと考えられる X 就労開始時点でその賃金額について具体的に明らかにせず，労基法 15 条 1 項に違反している。しかし，同条違反による罰則の問題はさておき，労働契約それ自体は合意により成立しうる。まず，Y 社の人事担当者は X に対し，「従前に勤務していた会社〔A 社〕の労働条件を下回ることはないだろう」と告げているため，その額について検討するに，X の元の勤務先の賃金を Y 社が正確に認識していたといえるような事情は存在せず，「当社の労働条件は他社と比べて遜色ない」という表現も，賃金額の合意と見るには抽象的である。したがって，A 社において X が受け取っていた賃金額での合意は認められないから，X が A 社で得ていた額を基準とする未払賃金の支払請求は認められない。

それでは，人事担当者による「同期新卒者に比べて不利益に扱わない」との発言から，同期新卒者の平均的給与を支払うという合意は成立していると考えられるだろうか。このような説明では具体的給与額を確定する意思表示には足りないと考えるなら，賃金額としては試用期間中に得ていた額と考えざるをえない（前掲日新火災海上保険事件）。これに対して，Y 社が面接時の説明の他になんら新たな労働条件を提示していない以上，説明した労働条件で契約を成立させる意思であると捉えられることや，その説明から具体的に少なくとも同期新卒採用者の平均給与を支払うとの意思表示と認めることも可能であることを重視すれば，同期新卒採用者の平均給与額での契約成立を認め，試用期間中に

得ていた額との差額賃金の支払い請求が認められると解する余地も生じうる。

　最後に，Ｘが試用期間中に得ていた額を基準とした未払賃金の支払請求のみが許容されると考える場合，さらに不法行為に基づく損害賠償請求が認められるか否か（契約上の過失）について検討する。Ｙ社の人事担当者による説明では，「同期新卒者に比べて不利益に扱わない」としつつ実際には同期新卒者の下限に格付けしているのであるが，そのような説明はＸが労働条件について誤信する恐れがあり，そのことをＹ社は十分に認識しうるし，Ｘが労働条件について誤信していれば，これを是正する努力をすべきであるが，そうした努力が見受けられない。それらは契約当事者に求められる信義則に反し，不法行為を構成する（前掲日新火災海上保険事件）。それではこの場合の損害額はどのように考えるべきか。労働条件は契約締結時に明示される必要があり（労基15条１項），これを労働者は合理的に期待しうるが，Ｙ社は適切な説明をなさず，当該権利を侵害している。よって，Ｘの精神的損害が認められ，慰謝料請求は許容されよう。この慰謝料請求を超えて，Ａ社で得ていた賃金とＹ社で得ていた賃金の差額や同期新卒者の平均的格付けによる賃金額との差額につき，試用期間中ないし職場復帰するまでの間を損害として認定しうるか否かが問題となる。まずＡ社で得られた賃金については，ＸはＹ社と雇用関係に入るためにＡ社を退職しており，その限りで関連性はあるが，Ｙ社担当者がＡ社の具体的な賃金を把握していたとは考えにくく，一般的な業界内での賃金水準について言及したに過ぎないと考えられること，Ｘも具体的な額を提示して交渉すべきであったのにこれを怠ったことから，差額を損害として算定することは困難であろう。同期新卒者の平均的格付けによる賃金額の差額については，継続的契約関係において慰謝料のみでは救済として十分ではなく，労働者の期待利益の侵害として差額請求を認めることも考えられる。これに対してあくまで抽象的な説明な説明にすぎないことから，かような期待利益が法的保護に値しないとすれば，差額を損害として認定すべきではなく，慰謝料の範囲内で考慮すべきだとの立場もありえよう。なお，額の算定にはＸに過失が認められれば，過失相殺がなされうる。Ｘが人事担当者の説明のみを信じ，社内規定の確認を怠った点に過失を認めれば，損害額は相殺される。

【基本文献】
荒木324頁／菅野213頁／土田・概説36頁／土田・労契法204頁／西谷・労働法134頁／野川276頁／水町129頁

（篠原信貴）

７ 賃金(1)
──賃金請求権・賃金の変動・賃金支払の法的保護・退職金

【設　問】

1　Ｋ社は，土木建築の設計・施工を事業とし，従業員約200名を擁する中堅企業であり，Ｊは，建築工事現場監督業務に従事してきた。Ｊは，2018年夏，メニエル病に罹患し，現場で働くことが不可能となったため，Ｋ社は同年９月20日，Ｊに対して自宅療養を命じた。これに対してＪは，二級建築士の資格を有していることから，同月22日，「重労働は無理だが，デスクワークは可能である」旨の主治医の診断書を提出して，図面作成の内勤業務への従事を申し出た（過去に従事した経験はない）。しかし，Ｋ社はこれを拒否し，自宅療養命令を継続するとともに，療養期間中は欠勤扱いとし，賃金を支給しなかった。その後，Ｊのメニエル病は完治したため，Ｋ社は2019年１月14日付で自宅療養命令を解いて現場監督業務に復帰させたが，Ｊは，自宅療養期間中の賃金不支給は違法であるとして支払を求めた。なお，Ｋ社は，現場監督業務に従事する労働者が病気によって従事できなくなったときに内勤業務に配置換えしたことがある。

　(1)　Ｊが建築工事現場監督者という職種を特定せずに雇用されている場合，その賃金請求権は認められるか。

　(2)　Ｊが職種を建築工事現場監督者に特定して雇用されている場合はどうか。

2　中堅流通企業Ｔ社は，経営多角化に失敗して経営不振に陥ったため，事業再建の一環として，中間管理職の人件費見直しに着手した。Ｔ社は，2019年３月20日，企画部課長のＵを含む中間管理職25名を集めて，同年４月以降の基本給中，年齢給に当たる部分を20％引き下げることを通告した。その際，Ｔ社は，業績悪化状況を抽象的に説明するにとどまり，具体的な理由を説明せず，激変緩和措置の有無や賞与・退職金への影響についても説明せず，Ｕらの意思確認も行わなかったが，Ｕらは，反対すると解雇されると思ったので明確に反対しなかった。また，Ｕは，その後の賃金減額についても異議を唱えることなく２年にわたって賃金を受領した。

　(1)　Ｕが減額前の賃金を請求した場合，認められるか。

　(2)　Ｕが賃金減額の書面にサインした場合はどうか。

　(3)　賃金減額が2019年３月半ばで通告され，当月１日に遡って行われた場合はどうか。

(4) 上記の各措置は，賃金全額払の原則に違反しないか。

3 Cは，医療機器販売会社B社に雇用され，医療機器のネットワーク構築作業に従事する社員である。B社は，2018年5月，Cが下請業者を利用して架空取引および水増し取引を行い，約4000万円の資金を流出させたとして，就業規則所定の懲戒事由（「職務を利用して不当に私利もしくは他人の利益を図ったとき」）に基づいて退職を勧告し，応じない場合は懲戒解雇する旨の意思表示（諭旨解雇）を行った。Cに係る上記疑惑は事実無根であったが，会社に不信感を抱いたCは転職を決意し，退職勧告に応じることにした。ところが，Cが退職時に退職金2500万円の支払を求めたところ，B社は，上記資金流出に係る損害賠償請求額と，Cの退職金を相殺するとして支払わない。

(1) Cが退職金を請求した場合，認められるか。

(2) 仮に，Cによる資金流出が事実だとした場合，(1)の結論は変わるか。結論が変わらない場合，B社としてはいかなる対抗手段が可能か。

(3) 仮に，Cが(2)においてB社に対する損害賠償責任を負う場合，弁済事務を簡素化するため，自ら望んでB社による相殺に同意したとする。この場合，(1)の結論は変わるか。

(4) Cによる資金流出が事実であり，B社がCを懲戒解雇した上，「懲戒解雇により退職した者には，原則として退職金を支給しない」との就業規則に基づき，退職金を不支給としたとする。Cが退職金を請求した場合，認められるか。

4 Dは，製薬会社O社に勤務する優秀な新薬開発研究者であり，新薬α研究開発チームのリーダーの地位にあった者である。Dは，ライバル会社P社から高年俸で転職を勧誘されたため，2016年6月30日付でO社を退職し，その2ヵ月後である同年9月1日付でP社に入社して勤務を開始した。O社退職当時，Dは上記チームリーダーとして，厳格に管理された実験データへのアクセス権限を与えられ，O社はP社と先後を争いながら新薬開発を進めているところであった。また，Dは，O社退職時に，「新薬α開発業務に際して知りえた一切の秘密・情報を漏洩しない」との守秘義務契約を締結した。

O社は，就業規則において退職金制度を規定しており，Dの退職金は1600万円支給される予定であった。しかし，就業規則には，「退職後1年以内に同業他社に就職した者には，退職金を全部または一部支払わないことがある」との規定があり，O社は，この規定を根拠に退職金を支払わない。なお，P社におけるDの職種は，O社の新薬αと競合する新薬βの開発研究職であるが，Dは，O社との間で締結した守秘義務契約を遵守しており，O社の営業秘密をP社に不正に開示した事実はない。また，P社は2018年，O社に先んじて新薬βを開

発・販売し，同年年間粗利益 2 億円を上げたが，その製法等に関して O 社の新
薬 α の製法等を模倣したとの事実も存在しない。

 (1) D が退職金を請求した場合，認められるか。

 (2) O 社が退職金を半額（800 万円）支給した場合はどうか。

【解　説】

1　賃金の意義・定義

 労働契約は，労働の提供と賃金支払の関係を基本とする契約関係であり，賃
金支払義務は，使用者の基本的義務を意味する。また賃金は，労働者の生活の
基盤を成す労働条件であるため，確実に支給することが要請される（賃金の安
定性・確定性の保護＝所得保障）。そこで，労働法は，最低賃金の保障（最低賃金
法），賃金支払の 4 原則（労基 24 条），休業手当（労基 26 条），企業倒産時の賃
金債権の確保（賃金支払確保法）等の規制を設けている。とはいえ，最低賃金
を上回る賃金額の決定や，賃金・退職金制度の設計は労使自治に委ねられ，労
使間の団体交渉・労働協約，就業規則，個別的合意によって決定される。

 賃金については，労基法 11 条に定義規定があり，「賃金とは，賃金，給料，
手当，賞与その他名称の如何を問わず，労働の対償として使用者が労働者に支
払うすべてのものをいう」と規定する。つまり，賃金は，①名称を問わないが，
②「労働の対償」でなければならず，③使用者が労働者に支払うものでなけれ
ばならない。特にポイントとなるのは「労働の対償」の意義であるが，その内
容は広範に解されており，具体的な労働の対価（基本給・所定外労働手当等）は
もとより，具体的労働に対応しない生活手当（住宅手当・扶養手当等）や賞
与・退職金も，労働協約や就業規則において規定（制度化）されれば「労働の
対償」に当たると解されている（昭和 22・9・13 発基 17 号）。

2　賃金額の決定

(1)　賃金請求権の発生

 労働契約は，労働と賃金の対価関係を内容とする契約であるから，賃金請求
権は，労働契約の締結に基づいて発生する。もっとも，これは抽象的な基本債
権にとどまり，具体的な賃金請求権は，労働者が労働義務を現実に履行するこ
とによって発生する。これがノーワーク・ノーペイの原則であり，その法的根
拠は，賃金の支払時期を「約した労働を終わった後」と定める民法 624 条 1 項
にある。労働者が欠勤・遅刻・早退したり，ストライキを行った場合に賃金請

求権が発生しないことは，この原則に基づく（菅野 407 頁。宝運輸事件・最三小判昭和 63・3・15 民集 42 巻 3 号 170 頁参照）。

(2) 不就労と賃金・休業手当

　(ア)　では，労働者が何らかの理由によって就労したくても現実に就労できなかった場合はどうか。この問題は，法的には，民法 536 条の危険負担の問題，すなわち，債務（労働義務）の履行が不能となった場合の反対給付請求権（賃金請求権）の存否の問題となる。

　まず，労働義務が使用者（債権者）の帰責事由によって履行不能となった場合は，債権者（使用者）は反対給付（賃金支払）の履行を拒むことができない（民 536 条 2 項）。使用者が正当な理由もなく労働者を解雇したり，違法な休職命令によって労務の受領を拒絶する場合が典型である。

　もっとも，賃金請求権を認めるためには，労働者が債務の本旨に従った労務の提供をしていることが前提となる。この点，判例は，バセドウ病にり患した労働者が建築工事現場監督の外勤勤務は困難として内勤業務への従事を求めたのに対し，会社がこれを拒否して自宅療養を命じ，賃金を支給しなかったケースにつき，労働者が職種を限定せずに労働契約を締結している場合は，私傷病等のために現に就労している業務に就けない場合も，他に配置される現実的可能性がある業務が存在し，かつ，労働者がその業務への就労を申し出ていれば，債務の本旨に従った労務の提供があると判断し，賃金請求権を肯定している（片山組事件・最一小判平成 10・4・9 労判 736 頁 15 頁＝百選 24 事件）。その上で，判旨は，他に配置される現実的可能性がある業務の存否について，①労働者の能力・経験・地位，②当該企業の規模・業種，③当該企業における労働者の配置・異動の実情および難易等に照らして判断すべきであると判示する。

　(イ)　これに対し，当事者双方の責めに帰すことのできない事由に基づく労務の履行不能については，民法 536 条 1 項により，使用者は賃金の支払を拒むことができる。この種の履行不能にも，使用者側に起因する外部的事情に基づく履行不能（経営障害＝火事延焼による事業所の焼失等）と，労働組合の部分ストのように，労働者側に起因する事情に基づく履行不能（労働障害）があるが，判例は，双方について賃金請求権を否定している（ノース・ウエスト航空〔休業手当請求〕事件・最二小判昭和 62・7・17 民集 41 巻 5 号 1283 頁＝百選 97 事件。36 参照）。一方，労基法 26 条は，労働者の所得保障という観点から民法の上記原則を修正し，平均賃金の 60％以上の休業手当の支払義務を使用者に課している。「使用者の責に帰すべき事由」は，民法 536 条 2 項の「債権者の責めに帰すべき事由」よりも広く，経営者として不可抗力を主張できない全ての事由を

含む（上記の経営障害も含む）ものとされ，労働者保護が強化されている。

(3) 賃金の変動（引上げ・引下げ）

賃金の引上げ・引下げは，労働協約・就業規則・労働契約によって行われる。

賃金の引上げ（昇給）としては，定期昇給（毎年の基本給の引上げ）と，ベース・アップ（基本給額そのものの引上げ）が重要である。一方，賃金の引下げとして重要なのは，労働協約・就業規則による賃金体系の変更であり，就業規則は労働契約内容となることにより（労契10条），労働協約は規範的効力（労組16条）によって賃金額を決定する効果を持つ（16 34参照）。

しかし，賃金の引下げ（減額）は，個々の労使間の合意によって行われることもある。この点については，賃金は最も重要な労働条件（労働契約の要素）であるから，使用者による一方的引下げは許されず，労働者の同意を得る必要がある（合意原則〔労契8条〕）。また，単に労働者の同意を得ればよいというものではなく，合意原則の趣旨や，賃金引下げが労働者の生活に及ぼす影響の重大さを考えると，労働者の同意は，その自由意思に基づいて行われたものと認めるに足りる合理的理由が客観的に存在することを要し，その点が否定されれば，合意の成立は否定される。具体的には，使用者は，信義則（労契3条4項）および労働契約内容の理解促進の責務（労契4条1項）に基づき，賃金引下げの必要性，変更後の内容，代償措置の有無等について十分な説明・情報提供を行い，労働者が，変更の必要性や内容を正確に理解した上で同意したものと認められなければならない。労働者の同意は，明示のみならず，黙示の同意でもよいが，自由意思に基づく実質的同意として行われることを要するのである。また，労働者が減額後の賃金を異議なく受領したとしても，使用者による説明・情報提供が不十分である限り，自由意思に基づく同意は認められない。

裁判例も同様に解しており，特に最近の判例（山梨県民信用組合事件・最二小判平成28・2・19民集70巻2号123頁＝百選21事件）は，退職金を0円または不支給とする帰結をもたらす労働契約の変更および就業規則の変更に労働者が書面により同意したケースにつき，当該変更によって労働者が被る不利益の内容，労働者が同意に至った経緯，労働者への情報提供・説明の内容等に照らして労働者の自由な意思に基づく同意の有無を慎重に判断すべきものと述べた上，具体的判断としても，自由意思に基づく同意の存在を否定し，退職金減額合意の成立を認めた原審（東京高判平成25・8・29労判1136号15頁）を破棄し差し戻している（16参照）。

次に，このように解すると，既に働いて発生した賃金の減額（既発生の賃金請求権を放棄させること）については，なおさら厳格に解すべきことになる。

裁判例では，会社が管理職に対し，月の半ばで同月1日に遡って賃金を20％減額する旨通告したのに対し，管理職が，既に働いた分の賃金の減額は許されないとの反論を行っていたケースにつき，「既発生の賃金債権を放棄する意思表示の効力を肯定するには，それが労働者の自由な意思に基づいてされたものであることが明確でなければならない」と述べた上，上記のやりとりからみて，管理職が後に減額された当月分賃金を異議なく受領していたとしても，その同意は自由意思に基づくものとはいえないと判断し，放棄の効力を否定した例がある（北海道国際航空事件・最一小判平成15・12・18労判866号14頁）。

3 賃金支払の法規制──賃金全額払の原則

賃金は，労働者が生活を営む上で必要不可欠の原資であるので，労基法は，賃金の全額が確実に労働者自身の手に渡るよう，賃金支払の4原則を定めている。賃金の通貨払，直接払，全額払（労基24条1項）および毎月1回以上定期払の原則（同条2項）である。ここでは，特に問題となることが多い全額払の原則について解説する（4原則全体については，土田・概説96頁以下参照）。

賃金全額払の原則は，使用者による賃金の控除（カット）を禁止し，労働者に賃金全額を確実に受領させることによってその経済生活を安定させることを目的とする（日新製鋼事件・最二小判平成2・11・26民集44巻8号1085頁＝百選29事件）。使用者が任意に賃金を控除できるとすれば，労働者の生活は極めて不安定なものとなるから，この原則の重要性は明らかである。ただし注意を要するのは，全額払の原則は，賃金請求権が発生していることを前提に，賃金全額を支払うことを命ずる原則だということである。したがって，ノーワーク・ノーペイの原則によって賃金請求権が発生しないケース（欠勤・ストライキ等）において賃金を支払わない（カットする）ことは，何ら同原則に違反しない。

問題となるのは，使用者が労働者に対して有する債権（貸付金債権，労働者の債務不履行や不法行為を理由とする損害賠償債権）を賃金債権と相殺することが許されるか否かである。民法によれば，このような一方的相殺も適法であるが（民505条），通説・判例は，賃金全額払原則の前記趣旨を重視して，労基法24条1項の「控除」禁止は「相殺」禁止を含むものと解し，一方的相殺を同条違反と解している（日本勧業経済会事件・最大判昭和36・5・31民集15巻5号1482頁）。

これに対して，使用者が労働者との合意によって賃金を相殺すること（合意相殺）については，賃金全額払の原則は，労働者が自由意思によって相殺に同意した場合にまで相殺を禁止する趣旨ではないとして適法と解されている（前

掲日新製鋼事件）。ただし，労働者の自由意思は厳格に判定され，労働者が同意に至った経緯や同意の態様（使用者による強要の有無），相殺が労働者の利益になるか等を総合して自由意思の有無が判定される（土田・概説 99 頁参照）。

4 退職金

退職金は，労働契約の終了時に支払われる金員をいい，生涯収入の相当部分を占めている。この退職金に関して最も問題となるのは，退職金の不支給・減額の適法性である。すなわち，使用者は，就業規則（退職金規程）を根拠に，懲戒解雇者や退職後，競業を営んだ者に対し，退職金を不支給または減額支給とすることが多い。このような措置は適法だろうか。

この点については，退職金の法的性格を考える必要がある。まず，退職金は，その支給基準が労働協約や就業規則に規定されれば，「労働の対償」（労基 11 条）として賃金と認められる。退職金は，何よりも在職中の労働の対価であり，賃金の後払としての性格を有する。しかし同時に，退職金支給率が勤続年数に応じて上昇するなど，労働者の長年の貢献に報いるという性格（功労報償的性格）も有している。さらに重要なことは，退職金は，必ず支払わなければならないものではなく，労働協約や就業規則上の規定を根拠に発生する賃金だということである。その意味で，退職金は任意的性格を有している。

退職金のこのような任意的性格を踏まえれば，その支給要件をどう定めるかは本来，当事者の自由である。そして，退職金が功労報償的性格を持つ以上，その支給要件について懲戒解雇者等を不利益に取り扱うことを直ちに不合理と解し，公序（民 90 条）違反として無効と解することはできない。賃金全額払の原則（労基 24 条 1 項）との関係でも，同原則は賃金請求権の発生を前提とする原則であるところ，支給要件を満たさない場合はそもそも請求権が発生しないので，退職金の不支給・減額は原則として適法と解される。

しかし同時に，退職金の本来の性格が在職中の労働の対価であることを考えると，それを不当に剥奪するような取扱いが許されないことも当然である。したがって，使用者は，常に退職金の不支給・減額をなしうるわけではなく，それが許されるのは，労働者の在職中の労働の価値（功労）を抹消（全額不支給の場合）または減殺（減額支給の場合）してしまうほどの著しい背信行為があった場合に限られると解される。そこで，労働者の行為がこのような背信的行為に当たらない限り，不支給・減額条項の適用はなく，労働者は退職金を請求することができる。また，全額不支給か減額支給かも，労働者の不利益を左右するポイントとなる（土田・概説 105 頁，土田・労契法 281 頁）。

この結果，重大な非違行為を理由とする懲戒解雇者に対する退職金の不支給・減額は，原則として適法とされるが（日音事件・東京地判平成18・1・25労判912号63頁），非違行為の程度によっては，懲戒解雇が有効とされても，退職金請求が認められることがある。裁判例では，鉄道会社社員が他社電車内で行った4回目の痴漢行為について懲戒解雇を有効としつつ，退職金不支給については，その賃金後払および生活保障的性格を考慮すると，私生活上の行為に対する全額不支給は行き過ぎとして3割分の支払を命じた例がある（小田急電鉄事件・東京高判平成15・12・11労判867号5頁＝百選31事件）。一方，行為の背信性によっては，懲戒解雇前に任意退職した労働者による退職金請求が権利の濫用（労契3条5項）と評価されることもある。

また，退職後の競業を理由とする退職金の不支給・減額については，職業選択の自由（憲22条1項）の観点を踏まえたより厳しい審査が行われる。上記のとおり，退職金が在職中の労働の対価（賃金の後払）であるのに対し，退職後の競業は文字どおり退職後の行為であり，退職金の不支給・減額事由とすること自体に問題がある。したがって，ここでは，退職金の不支給・減額は，その必要性，競業の態様，競業によって使用者に生じた損害などを総合して厳しく判断される（中部日本広告社事件・名古屋高判平成2・8・31労判569号37頁）。

【解答への道すじ】

1 【設問】1について──賃金請求権の発生

(1) 【設問】1(1)については，JがK社に対して賃金請求権を有するか否かの判断の前提として，Jが2018年9月22日付で図面作成の内勤業務への従事を申し出たことが債務の本旨に従った労務の提供に当たるか否かが問題となる。本設問は，前掲片山組事件をモデルとしているので，同事件に即して検討することが適切である。前記のとおり（【解説】2(2)），片山組事件は，労働者が現に就労している業務に従事できない場合も，他に配置可能性のある業務への就労を申し出ていれば債務の本旨に従った労務の提供を認めうると判断した上，配置可能な業務の存否に関する判断基準を①労働者の能力・経験・地位，②当該企業の規模・業種，③労働者の配置・異動の実情および難易等に求めており，本問についても，これらの基準によって判断すべきことになる。

以上の判断基準を踏まえて検討すると，Jは，建築工事現場監督業務という職種を特定せずにK社に雇用されているところ，Jは二級建築士の資格を有しているため，図面作成の内勤業務への従事は可能と考えられ，また，主治医の

診断によっても「重労働は無理だがデスクワークは可能」とされている。また，K社は，土木建築の設計・施工等を営み，従業員約200名を擁する中堅企業であるから，Jを内勤業務に従事させることは必ずしも困難とは考えられず，現に，現場監督業務労働者が病気によって同業務に従事できなくなったときに内勤業務に配置換えした実績がある。もっとも，Jは，過去に実際に図面作成業務に従事した経験はないが，Jが二級建築士の資格を有している以上，メニエル病が完治するまでの期間中，図面作成業務に従事させることは，企業における配置・異動の実情および難易等に照らして可能と考えるべきであろう（傷病休職終了後の復職に関する使用者の配慮義務については，⑭参照）。

　以上の点を踏まえれば，JがK社に対して図面作成の内勤業務への従事を申し出たことは債務の本旨に従った労務の提供に当たり，K社がこれを拒否して自宅療養命令を発し，欠勤扱いしたことは，K社の帰責事由に基づく労務の履行不能であって，K社は賃金支払義務を免れないと考えるべきである（民536条2項）。したがって，Jは，K社に対して賃金を請求することができる。

　(2)　以上に対し，【設問】1(2)のように，労働者が職種を特定して労働契約を締結している場合において，労働者が当該業務を通常の程度に遂行できなくなった場合は，原則として債務の本旨に従った履行の提供はなされていないものと解される。ただしこの場合も，業務を制限した上で遂行可能な業務が存在し，労働者が当該業務への就労を申し出ていれば，債務の本旨に従った労務の提供を認めることに妨げはない（カントラ事件・大阪高判平成14・6・19労判839号47頁は，大型貨物運転手の傷病休職終了後の復職に関してであるが，一定時期以降は比較的軽度の運転手としての業務は可能であったとして，それ以降の期間について債務の本旨に従った労務の提供を認めている）。

　【設問】1(2)の場合，Jは職種を建築工事現場監督者に特定して雇用されているため，原則として債務の本旨に従った履行の提供は認められないが，K社としては，Jがメニエル病であってもなお建築工事現場監督補助業務等の制限された業務への従事が可能かどうかを検討すべきことになろう。その上で，Jがメニエル病ゆえに現場監督業務が全く不可能というのであれば，K社の自宅療養命令には理由があり，Jの労務の履行不能はK社の帰責事由に基づくものとはいえず，賃金請求権は発生しない。

2　【設問】2について──賃金減額合意の成否

　【設問】2については，T社が2019年3月20日付でUとの間で行った賃金引下げ（減額）に係る合意の成否が問題となる。前記のとおり（【解説】2(3)），

賃金引下げに関する労使間合意については，労働者の同意がその自由意思に基づいて行われたものと認めるに足りる合理的理由が客観的に存在することが必要である。

　(1)　まず，【設問】2(1)の場合は，Ｔ社が賃金減額の理由について業績悪化状況を抽象的に説明するにとどまり，具体的な理由を説明せず，Ｕら管理職の意思確認も行わなかったというのであるから，Ｕ・Ｔ社間の合意について，Ｕの自由意思に基づいて行われたものと認めることは困難であり，賃金減額の合意は成立しないと考えるべきである。もっとも，Ｕは，Ｔ社の提案に明確に反対していないので，黙示の同意が成立する余地があるが，Ｕは反対すると解雇されると考えたため明確に反対しなかったとあるので，やはり自由意思に基づく同意を肯定することは困難と解される。また，Ｕは，その後の賃金減額に異議を唱えることなく２年にわたって賃金を受領したともあるが，使用者による説明・情報提供が不十分である以上，労働者が減額後の賃金を異議なく受領したことは上記の評価を左右しないものと解される。したがって，Ｕは，減額前の賃金を請求することができる。

　この点，裁判例では，【設問】2(1)と同様，使用者が基本給を20％減額した後，労働者が３年間減額賃金を受領し続けたケースにつき，従業員数が少なく，賃金減額に反対することが困難であったこと，賃金減額が大幅であるにもかかわらず，激変緩和措置が盛り込まれていないこと，会社が財務諸表等の客観的資料を提示して大幅減額に関する具体的説明を行っていないことから，労働者が真意に基づき同意したと認めるに足りる合理的理由は存在しないとして黙示の合意を否定した例があり（NEXX事件・東京地判平成24・2・27労判1048号72頁），参考となる（前掲・山梨県民信用組合事件も参照）。

　(2)　【設問】2(2)については，Ｕが賃金減額の書面にサインしたことから明示の同意が認められる。しかし，この場合も，Ｔ社が賃金減額の理由について説明・情報提供を尽くしていないのであれば，自由意思に基づく同意を認めることはできず，合意の成立は認められない。したがって，【設問】2(1)と同様，Ｕは減額前の賃金を請求することができる。

　この点，裁判例では，賃金減額合意について書面に基づく明示の合意を重視し，その欠如を理由に合意の成立を否定する例があり（日本構造技術事件・東京地判平成20・1・25労判961号56頁，技術翻訳事件・東京地判平成23・5・17労判1033号42頁），それ自体は妥当な判断であるが，他方，合意の書面性を過度に重視すべきではない。さもないと，使用者が賃金引下げについて十分な説明・情報提供を怠ったにもかかわらず，合意の書面化という形式的要因によっ

て合意の成立を安易に認定する帰結をもたらすからである。なお，【設問】2
(1)(2)を通して，Uが賃金減額に応じなければ退職せざるをえないと誤信して
同意したのであれば，錯誤として取消が可能である（民95条）。

(3)　【設問】2(3)は，既に発生した賃金請求権の放棄を意味するが，そうで
ある以上，労働者の自由意思に基づく同意については，将来に向けた賃金引下
げ以上に厳格に判断する必要がある。裁判例も，【設問】2(3)と同様の事案に
ついて労働者の自由意思に基づく同意を否定し，放棄の効力を否定しており
（前掲北海道国際航空事件），本問でも同様に考えるべきであろう。もっとも，U
は，上記裁判例と異なり，既発生の賃金の減額は許されないとの反論を行って
いるわけではないが，労働者の自由意思を厳格に判断する立場からは，【設問】
2(1)(2)と同様の理由から自由意思に基づく同意を否定すべきである。なお，
【設問】2(4)については，3で解説する。

3　【設問】3について——賃金全額払の原則・退職金不支給措置の適法性

(1)　【設問】3(1)(2)(3)では，B社による賃金（退職金）の相殺が賃金全額払の
原則（労基24条1項）に違反するか否かが論点となる。

【設問】3(1)は，使用者が労働者に対して有する債権（労働者の不法行為を理
由とする損害賠償債権）を自働債権とし，退職金債権を受働債権として相殺を
行った場合に該当するが，判例は，こうした一方的相殺を全額払原則違反とし
て違法と判断している（【解説】3）。本問でも，B社による退職金の相殺が全
額払原則に違反することは明らかであり，Cは，B社に対して，労基法24条
1項違反を主張して退職金を請求することができる。なお本問では，Cの不正
行為疑惑は事実無根とされているので，そもそも債権（自働債権）の存在とい
う相殺適状の要件（民505条）を充足せず，民法上も相殺を実行できない状況
にあるが，この場合も，B社が相殺を強行すれば，Cは改めて退職金請求訴訟
を起こさなければならなくなるので，端的に賃金全額払原則として違法と解す
ることが，労働者の所得保障という労基法の趣旨に適合する解釈といえよう。

(2)　【設問】3(2)は，Cによる資金流出が事実であり，B社がCに対して不
法行為に基づく損害賠償請求権を有しているという状況である。しかし，この
場合も，使用者による賃金の一方的相殺を賃金全額払原則（労基24条1項）違
反と解する判例法理が適用されるので，B社による相殺は違法と評価される。
すなわち，Cは，B社に対して退職金を請求することができる。もっとも，こ
のように解すると，B社は，Cに対して退職金を支払った上，次に述べる法的
手段（不法行為に基づく損害賠償請求，退職金請求権濫用の主張）を行使しなけれ

ばならない可能性が高まるが，そうした帰結も，労働者の所得保障という観点からはやむをえないと解するのが通説である。

　このように，Cによる退職金請求が可能という結論が変わらない場合，B社としては，以下のような対抗手段が可能と解される。まず，Cに対して退職金を支払った上，Cによる資金流出を不法行為として損害賠償を請求すること（民709条）が考えられる（Cによる退職金受給は不当利得とまではいえないので，不当利得返還請求〔民703条〕は困難であろう）。また，B社が退職金の支払を回避したいのであれば，Cによる退職金請求が権利の濫用（労契3条5項）に該当するとの抗弁も可能である。すなわち，Cが行った資金流出行為は本来，懲戒解雇事由該当行為であり，退職金不支給の正当化事由に該当する（【解説】4）ところ，Cが退職金不支給を避けるため，B社が諭旨解雇の意思表示を行ったことを奇貨として任意退職した（退職勧告に応じた）のであれば，退職金請求権の濫用と評価する余地がある（退職金請求権濫用を肯定する裁判例として，ピアス事件・大阪地判平成21・3・30労判987号60頁。土田・労契法282頁参照）。さらに，仮にB社の就業規則上，「懲戒解雇者および懲戒解雇相当行為を行った者には退職金を支給しない」旨の規定があれば，同規定後半部分を適用して退職金を不支給とすることも可能である。

　(3)　【設問】3(3)では，退職金の合意相殺の適法性が論点となる。この点，判例は，労働者の自由意思に基づく合意相殺を肯定しつつ，労働者の自由意思を厳格に判定する法理を確立しているが（前掲日新製鋼事件），その際，重視されているのは，労働者の同意の任意性および利益性である（【解説】3参照）。この判例を踏まえると，本問のように，CがB社に対する損害賠償責任を負うことを前提に，弁済事務を簡素化するため自ら望んで退職金の相殺に同意したのであれば，Cの同意の任意性および利益性が肯定され，合意相殺は，全額払原則違反の違法性を阻却され，適法と解される可能性が高い。すなわち，Cは，B社に対して退職金を請求することができない。

　(4)　【設問】3(4)については，懲戒解雇された労働者に対する退職金の不支給措置の適法性が問題となる。この点，退職金の不支給が適法とされるのは，労働者の在職中の労働の価値（功労）を抹消（全額不支給の場合）してしまうほどの著しい背信行為があった場合に限られるが（【解説】4），設問と同様の業務上の重大な非違行為を理由とする懲戒解雇者に対する退職金の不支給・減額は，長年の労働の価値を抹消・減殺するほどの背信行為が存在することから，原則として適法と解される（トヨタ車体事件・名古屋地判平成15・9・30労判871号168頁〔幹部社員としての発注権限を濫用して取引先にバックマージンを要求す

るなどの不正行為を繰り返して懲戒解雇されたケース］，前掲日音事件〔事前連絡なく一斉に退職した上，顧客データや在庫商品を持ち出すなどして多大な損害を与えて懲戒解雇されたケース］）。また，前掲小田急電鉄事件は，私生活上の痴漢行為を理由とする懲戒解雇に伴う退職金全額不支給を違法と解する理由として，「業務上の横領や背任など，会社に対する直接の背信行為とはいえない職務外の行為」であることを重視しており，この点も考慮すべきであろう。

　以上の検討を踏まえると，Ｃは，下請業者を利用して架空取引および水増し取引を行い，約 4000 万円の資金を流出させたというのであるから，文字どおり業務上の重大かつ悪質な非違行為に該当し，就業規則所定の懲戒事由（「職務を利用して不当に私利もしくは他人の利益を図ったとき」）に該当するとともに，行為の悪質性も肯定されるため，懲戒権濫用は否定され，懲戒解雇は有効と解される（労契 15 条）。また，退職金の全額不支給についても，Ｃの行為態様によれば，在職中の労働の価値を抹消するほどの著しい背信行為と評価できるため，「懲戒解雇により退職した者には，原則として退職金を支給しない」との就業規則に基づく退職金不支給も適法と評価される。したがって，Ｃによる退職金請求は認められない。

　(5)　解答を留保した【設問】2 (4)については，賃金請求権と賃金全額払の原則との関係がポイントとなる。まず，【設問】2 (1)(2)のＵ・Ｔ社間の合意は，将来に向けた賃金減額の合意を意味するところ，当該合意が成立していなければ，Ｕは減額前賃金を求める請求権を有しているため，Ｔ社が当該賃金を支払わないことは賃金全額払原則違反となる（本問についてはこのように解される）。これに対し，賃金減額の合意が成立していれば，賃金請求権自体が発生しないため，全額払原則違反の問題は生じない。

　一方，【設問】2 (3)の賃金請求権放棄の合意については，その効力が否定されれば，賃金の一方的・遡及的減額となるため，当然に賃金全額払原則違反と評価される。これに対し，賃金請求権放棄の合意の効力が肯定される場合は，労働者の自由意思に基づく賃金請求権の放棄と評価されるところ，賃金請求権の放棄も，労働者の自由意思に基づくものであれば全額払原則違反を否定されるので（シンガー・ソーイング・メシーン事件・最二小判昭和 48・1・19 民集 27 巻 1 号 27 頁），本問の合意に基づく放棄についても同様に解されることになる。

4　【設問】4 について——退職金不支給措置の適法性

　【設問】4 については，退職後の競業を理由とする退職金不支給・減額の適法性が問題となる。前記のとおり（【解説】4），この点については，退職金の

不支給・減額の原則的適法性を認めつつも，退職金が在職中の労働の対価であることを考慮して，不支給・減額の要件を，労働者の在職中の労働の価値を抹消（全額不支給の場合）または減殺（減額支給の場合）するほどの背信行為の存在に求めた上，退職後の競業を理由とする退職金の不支給・減額についてより厳しい審査を行う判例法理が確立されている（【解説】4）。【設問】4についても，Dの競業行為が退職金の不支給（(1)）または半額支給（(2)）を正当化するほどの背信行為に該当するか否かを，Dの地位・職責，退職の経緯，Dの競業の態様，競業がO社に及ぼす影響などを勘案して判断すべきである。

　【設問】4(1)の場合，①Dは，O社の新薬α研究開発チームリーダーであり，O社の営業秘密を把握する地位にありながら，P社から転職の勧誘を受け，2016年6月30日のO社退職からわずか2ヵ月後にP社に入社し，新薬αと競合する新薬βの開発研究職として勤務しており，O社に対する背信性は相当高いようにもみえる。しかし一方，②Dは，O社と締結した守秘義務契約を遵守して勤務しており，O社の営業秘密をP社に開示した事実はなく，また，P社はO社に先んじて新薬βを開発・販売し，年間粗利益2億円を上げたものの，新薬βについてO社の新薬αの製法等を模倣したとの事実も存在しない。加えて，③Dは，O社在職中は，研究チームリーダーとして新薬αの研究開発に大きく貢献していたものと推測される。そうだとすれば，①の事実があるからといって，Dの競業について在職中の労働の対価である退職金の不支給を正当化するほどの背信行為と評価することは困難である。したがって，O社は，退職金不支給条項をDに適用して不支給とすることはできず，Dは，退職金を請求することができる。

　では，【設問】4(2)の半額支給であればどうか。確かに，半額支給であれば，Dの職業選択の自由（憲22条1項）に対する萎縮効果は後退するが，この場合も，Dの競業行為に関する上記の法的評価を踏まえれば，半額支給といえどもDに適用することは許されず，O社は退職金支払義務を免れないものと解される（退職後の守秘義務・競業避止義務については，⑤参照）。

　【基本文献】
荒木118-143頁／菅野405-410頁，422-441頁／土田・概説90-107頁／土田・労契法239-269頁，278-285頁／西谷・労働法246-260頁，262-268頁，271-276頁／野川583-590頁，597-621頁／水町239-242頁，245-258頁

（土田道夫）

8 賃金(2)
──賞与・人事考課

【設問】

1　A，B，C は，旅行代理店 Y 社で働く労働者である。Y 社就業規則には，「第○○条　賞与は，支給日に在籍するものに対して支給する」，「前項の賞与の額は，会社の業績及び従業員の勤務成績などを考慮して各人ごとに決定する。会社業績によっては，賞与を支給しないことがある」という規定が存在する（同様の内容が Y 社における唯一の労働組合である Q 労働組合との労働協約にも規定されている）。2018 年冬期の賞与支給日は，2018 年 12 月 10 日で，算定対象期間は，2018 年 4 月 1 日から 9 月 30 日であった。Y 社は，会社業績が平年並みであり，賞与を支給する余裕もあることから，2018 年 11 月 1 日，Q 労働組合と団体交渉を行い，2018 年 12 月 10 日時点で Y 社に在籍する者について，各人の人事考課を踏まえた上で賞与を支給することについて合意に至った。

　①A は，実家のリンゴ農家を継ぐために，2018 年 11 月 20 日に辞表を提出し，12 月 5 日付で自主退職した。しかし，A は，賞与の算定対象期間には在籍していたことから，賞与の支給を求めている。

　②B は，2018 年 11 月 20 日に 60 歳になった労働者である。Y 社就業規則には，「第△△条　従業員の定年は，満 60 歳とし，定年に達した日の属する月の末日をもって退職とする」との規定が存在する。そのため，B は，11 月末日をもって，Y 社を定年退職した。しかし，B は，賞与の算定対象期間には在籍していたことから，賞与の支給を求めている。

　③C は，Y 社の希望退職優遇制度に応募し，退職金の割増しを受けた上で，Y 社を退職することにした。Y 社希望退職規程には，「第○条　希望退職制度に基づく退職者の退職日は，別途付属規程において毎年定める」となっており，付属規程においては，「2018 年 12 月 9 日」が退職日として規定されていた。Y 社は，Q 労働組合からの強い反対があったものの，賞与を支給したくないという意図から，敢えて希望退職者の退職日を賞与支給日前に設定した。C は，賞与の算定対象期間には在籍していたことから，賞与の支給を求めている。

　労働者 A ～ C による賞与支給の請求は認められるか。なお，A ～ C についての人事考課はなされているものとする。

2　X は Y₂ 社のシステムエンジニア（以下，「SE」という）として働く労働者で

ある。Y₂社のSEには，年俸制が採用されている。年俸は，基本年俸と業績年俸（いわゆる賞与）で構成されており，基本年俸は，勤続年数等に応じて上昇する等級によって決まっており，一方，業績年俸については，労働者の業績・評価に応じてY₂社の人事考課によって決定される。

　Y₂社では，次のような人事考課制度が採用されている（この内容については，就業規則で定められている）。

　①年度初め（4月）に労働者は自らの年度計画を立て，その内容を上司に報告する（目標管理制度）。そして，上司との面談を通じて，達成すべき目標などを明確にする。

　②労働者は10月に，再び上司と面談を行い，年度計画の進捗状況，現時点での目標の達成度等を報告する。上司は，現時点での労働者の一応の評価を伝え，改善すべき点について伝える。

　③年度末（3月）の成果報告面談において，労働者の実際の評価が確定する。上司は，成果（職務の達成度），能力（知識・技能などの保有能力），情意（勤務態度，協調性，積極性）に基づきS，A，B，C，Dの5段階評価を行い，その評価に至った理由を労働者に説明する。そして，原則として，面談の場で，次年度の年俸額を労働者との合意の下に決定する。評価は相対評価で行われ，S〜Dそれぞれの評価に20%の労働者があてがわれる。

　④Y₂社の人事考課に納得できない場合は，社内の苦情処理機関への申立てが可能である。苦情処理機関への申立てがあった場合は，評価者である上司はその評価が公正であることの説明を機関担当者に行い，その場で評価の公正性が疑われた場合は，評価のやり直しが認められる。

　⑤業績年俸は，評価によって決定されるところ，その賃金割合は，S評価＝500万円，A評価＝400万円，B評価＝350万円，C評価＝300万円，D評価＝200万円である。

　⑥就業規則には，「年俸額は労働者の合意の下に決定する。ただし，合意に至らなかった場合は，使用者がその額を一方的に決定できるものとする」との規定がある。

　Xは，2017年度は，S評価に基づく年俸を得ていた。2017年度も当初定めた目標を順調に達成し，成果を挙げていたXではあったが，年度後半に会社のシステムに大きな影響を与えるミスをしてしまった。Xは，自身の評価に響くのを恐れ，当初は，そのミスの責任をXの人事考課者でもある上司Eに押し付けた。しかし，その後の調査の結果，上司Eには問題はなく，ミスの責任は全てXにあることが判明した。このようなことから，XとEの関係性は悪化していっ

た。

2017 年度末の成果報告面談において，上司 E は，X に対して，「来年度のあなたの評価は D 評価です」とだけ伝えた。X は，大きなミスはあったものの，他の目標は達成して十分な成果を挙げていたことから，この最低評価に納得できず，E に理由を問いただした。しかしながら，E は，「ミスの責任を押し付けたあなたにはふさわしい評価です」としか回答しなかった。X は，この評価に納得できず，この面談では年俸額についての合意は成立しなかった。

不満が募る X は，苦情処理機関へ申立てを行った。苦情処理機関の担当者であった F は，人事考課制度に基づき，評価者である E に評価の公正さについての説明を求めた。E は，ミスを押し付けた X に対する腹いせで最低評価にしたことを認めたが，評価のやり直しには応じない，X の苦情など無視すればよいと伝えた。F は，大学の先輩にも当たる E の気持ちを汲み取り，苦情処理機関として問題なしとの結論を下し，X に通知した。E はその後も X との面談の場を設け，2018 年度の年俸額について合意するよう説得したが，X が合意することはなかった。そのため，Y2 社は，D 評価に基づく年俸額を 2018 年度から支給することとした。X は，本件評価は公正さを欠き，合意がないにもかかわらず，年俸額が一方的に引き下げられたことに納得できない。

X が，年俸額の一方的引下げは無効と主張して差額賃金（年俸）の支払を請求した場合，認められるか。

【解　説】

1　賞　与

(1)　賞与の法的性格

賞与（ボーナス，一時金とも呼ばれる）は，月例給とは別に支払われる賃金として，年間賃金において大きな比重を占めるものである。年 2 回（夏季，年末）支給されるのが一般的である。賞与は一般的に，「基本給（基礎額）×支給率」によって計算される定額部分と，企業業績や部署業績，あるいは個人業績によって変動する査定部分から構成される。近年は，査定部分の比重を拡大する企業が増加している。査定部分の対象となるのは，賞与支給日以前の算定対象期間における業績であり，例えば，年末（例えば 12 月 10 日）に支給される賞与に対する算定対象期間は，同年の 4 月〜9 月とされる場合が多い。

賞与は，労基法 89 条 4 号の「臨時の賃金」に該当することから，使用者が，賞与を制度として設けるのであれば，就業規則に規定しなければならない（就

業規則の相対的必要記載事項）。つまり，法的には，使用者に賞与の支給を義務付ける規定は存在しないことから，賞与制度を設けないことも，使用者の自由である。とはいえ実際には，多くの企業が賞与制度を設定して賞与を支給している。

賞与は，算定対象期間の業績を対象とすることから，①賃金の後払的性格を有する。また，使用者の任意的制度であるという点から，②企業の成果・利益配分，③功労報償，④将来の勤務へのインセンティブの付与，⑤生計費補塡という性格も含まれている。賞与制度自体にその法的性格を限定するような特段の事情が存在しない限り，賞与の法的性格としては，これら多様な性格が混在していると解すべきである。裁判例も，一般的に同様に解している（コープこうべ事件・神戸地判平成 15・2・12 労判 853 号 80 頁）。

(2) 賞与の具体的請求権

賞与は，就業規則や労働協約において，支給基準や支払時期等が明確に規定されれば，労基法 11 条の「労働の対償」に該当し，賃金と解される。もっとも，賞与についての抽象的規定から直ちに賞与の具体的請求権が発生するわけではない。【設問】1 にあるように，算定対象期間中の企業業績や労働者の勤務成績等の事情を踏まえて，賞与の支給・不支給，あるいはその額が決定されるからである。そのため具体的な賞与請求権は，労働組合がある場合は，組合との交渉・合意（労働協約）によって，また労働組合がない場合は，使用者の決定（使用者の賞与査定および支給決定）があって，はじめて発生するものと解すべきである。裁判例も，就業規則等において賞与の具体的支給額が定められているような特段の事情がない限り，労使双方の合意，あるいは使用者の決定によってはじめて具体的請求権が発生するという立場を採っている（前者の立場として，小暮釦製作所事件・東京地判平成 6・11・15 労判 666 号 32 頁。後者の立場として，日本ボクシングコミッション事件・東京地判平成 27・1・23 労判 1117 号 50 頁）。一方，賞与の不支給が従来の労使関係に照らして合理性を欠くことを理由に，賞与の支給に関する労使合意（労使協定）が成立していないにもかかわらず，無条件支給に関する組合の合意を擬制して賞与請求権を認めた例もあるが（ノース・ウエスト航空事件・千葉地決平成 14・11・19 労判 841 号 15 頁），適切ではない。

また，仮に使用者が賞与査定を行わなかったことから，賞与の額が確定しないようなケースにおいては，賞与査定がない以上，具体的な賞与請求権は発生しないものの，正当な事由のない査定不実施については，期待権の侵害として損害賠償が認められるべきである（医療法人直源会相模原南病院事件・東京高判

平成 10・12・10 労判 761 号 118 頁)。

(3) 支給日在籍要件

多くの企業では，労働者が賞与の支給日に在籍していることを支給要件として定めている。これを「支給日在籍要件」という。この要件の下では，算定対象期間において勤務していたにもかかわらず，賞与の支給日前に退職した労働者には，賞与が支給されないこととなる。そのため，賃金の後払的性格を重視し，算定対象期間の勤務によって賞与請求権が発生しているとして，同要件を公序（民 90 条）あるいは賃金全額払の原則（労基 24 条 1 項）に反するとする見解がある。一方，判例は，労働者が退職時期を任意に選択できること，また組合の要請があったことから同要件を明文化したという事情から，合理的な要件として適法であると解している（大和銀行事件・最一小判昭和 57・10・7 労判 399 号 11 頁)。賞与が就業規則の相対的必要記載事項であることからすると，支給要件を定めることは労使の自由であるし，退職日を労働者が任意に選択できる限り，同要件が労働者に与える不利益も少ない（仮に労働者が，賞与の支給を望むのであれば，賞与の支給日以降に退職すればよいだけである〔【設問】1 ①〕）ことからすると，支給日在籍要件は，一般的には合理的な要件であると解すべきである。

一方，労働者が退職日を任意に選択できない場合（【設問】1 ②③）は，どのように解すべきか。裁判例の多くは，このようなケースでも賞与の任意的性格を重視し，支給日在籍要件を適法と解している（京都新聞社事件・最一小判昭和 60・11・28 労判 469 号 6 頁〔嘱託契約の期間満了により支給日直前に退職した事案〕，前掲コープこうべ事件〔支給日在籍要件を満たさないまま早期退職者優遇制度により退職した事案〕，JR 東日本事件・東京地判平成 29・6・29 労判 1164 号 36 頁〔支給日在籍要件を満たさないまま定年退職した事案〕)。このような裁判所のスタンスに対しては，賞与の賃金の後払的性格を軽視しているとして，退職時期の選択が困難な労働者については，賞与の比例的支給を定める等の措置が必要であり，そのような措置が採られていない場合は，支給日在籍要件を公序違反により無効と解すべきであるという見解がある（土田・労契法 276 頁)。しかしながら，合理的な定年制度，あるいは労働組合との合意に至った早期退職者優遇制度の下，やむをえず支給日前に退職せざるをえないケースについては，制度の合理性，あるいは労使合意を重視すべきであり，支給日在籍要件を適法と解すべきであろう。一方，使用者が不当な動機・目的の下，労働者への賞与支給を逃れようと退職日を一方的に設定した場合（賞与支給日前に行われる整理解雇等）については，支給日在籍要件を公序違反により無効と解すべきであろう（野川

613 頁参照）。その結果，仮に使用者による具体的な賞与査定が行われている場合は，賞与請求権に基づき賞与が支給されることとなり，一方，具体的な賞与査定が行われていない場合は，賞与請求権は否定されるものの，期待権の侵害として損害賠償が認められることとなろう。

(4) 出勤率条項

支給日在籍要件同様，多くの企業で採用されているのが，出勤率条項である。すなわち，算定対象期間内における一定の出勤率を，賞与の支給要件とするものである。賞与の功労報償的性格（上記(1)③），将来の勤務へのインセンティブという性格（同④）からすると，出勤率条項は，労働者の精勤を促す機能を有しており，合理的なものと評価できる。判例も，同様の立場を採る（東朋学園事件・最一小判平成 15・12・4 労判 862 号 14 頁）。

しかしながら，出勤率の算定方法においては，注意が必要である。この点について，前掲東朋学園事件が重要な判断を行っている。この事案は，算定対象期間中における 90％以上の出勤率を賞与支給の条件としていた企業において，産前産後休業に基づく休業を欠勤扱いとした結果，出勤率を満たさず，賞与が不支給となったものである。判決は，賞与の算定方法が，法律上保障されている休業取得の権利行使を抑制する場合は，公序（民 90 条）に反して無効となり，法律上保障された休業の取得については，①その休業日数を欠勤扱いとするのであれば，休業日数を算定式の分母となる出勤日数からも除外すること，あるいは，②その休業日数を出勤扱いとすることが求められるとし，産前産後休業に基づく休業を単に欠勤扱いとした出勤率の計算式を無効と解した。

同判決は，不就労期間中についても賃金を支給する旨が労使間で合意されているような場合を除いて，支給される賞与の額から，休業日数に比例する部分についての減額を行うことは許容している。すなわち，不就労期間について労使間で賃金を支払う旨の合意がない場合については，産前産後休業（労基 65 条）や育児介護休業については，健康保険（産休手当金）・雇用保険（育児・介護休業給付）による収入保障が定められていることから，同休業に対する使用者の賃金支払義務を否定しているからである。

2　成果主義人事・賃金と法

(1) 成果主義人事とは

近年，学歴・勤続年数に比重を置く伝統的な年功システムから，能力・成果に比重を置く成果主義型への移行が進んでいる。基本給の決定要素として「仕事の内容」，「職務遂行能力」が学歴・勤続年数を上回っており，また業績・成

果に比重を置く割合は大企業において高くなっている（厚生労働省「平成29年就労条件総合調査の概況」第20表）。また，業績・成果の主な内容としては，短期・長期の個人業績・成果が中心とされ，加えて所属する課や部門，そして会社の業績・成果が考慮要素となっている（同第21表）。

成果主義型賃金システムは，高い能力・仕事に対する意欲を持ち，十分な成果を上げた者を優遇する反面，能力・意欲が乏しく，成果も不十分な労働者については，賃金が抑えられることとなる。もっとも，労働者の労働力の質に対して適正な賃金が払われるという点からすると，「公正」なものと評価できる。そして，この公正さを担保するために必要なのが労働者の能力・意欲・成果を適正に評価する制度（人事考課制度）である。

(2) 人事考課制度とは

人事考課は，労働者の能力・意欲・成果を評価して賃金を決定するための制度である。一般的に，年度当初に評価基準と達成目標が設定され，中間レビューを経て，年度末の評価が行われる。ここで評価の対象となるのが，①成果（アウトプット＝職務の達成度等），②能力（インプット＝知識・技能等），③意欲・職務行動（スループット＝勤務態度・協調性等）等である。人事考課は，人事考課者である上司による恣意的評価が介在する危険性がある。そのため，そのような恣意的評価が介在しないよう，多くの企業では，人事考課者に対する教育訓練が行われている。また，労働者の評価に対する納得性を確保するために，評価項目の透明化，複数評価者による多面評価，結果の開示・説明，結果に納得できない場合の救済手続の構築（不服申立手続の構築，苦情処理機関の創設）を行う企業も多い。

裁判例は人事考課について，労働契約に伴い使用者が有する人事権の一部と捉え，恣意的な判断が行われない限りは，使用者の広範な裁量を認めるという立場を採っている（光洋精工事件・大阪高判平成9・11・25労判729号39頁）。しかしながら，成果主義型賃金システムにおいては，人事考課が労働者の生活を支える最も重要な労働条件である賃金を決定する役割を担う。そうすると，人事考課について広範な裁量を認めるべきではなく，使用者には「公正」な人事考課を行う責務（注意義務）が課せられると解すべきである。そうすると，公正とは言い難い人事考課については，人事権の濫用（労契3条5項）となり，労働者に経済的損害が生じた場合は，不法行為（民709条）が成立することとなる。損害額については，標準的評価を受けた場合（者）との差額賃金相当分となろう（土田・労契法293頁。山川隆一＝渡辺弘編著『労働関係訴訟Ⅰ』〔青林書院，2018年〕143頁〔白石史子〕も参照）。

⑶　**人事考課における公正な評価**

　それでは，人事考課において求められる「公正」さとはいかなるものであろうか。まず，人事考課制度自体の公正さが必要となる。具体的には，①公正・客観的な評価制度を整備・開示すること，②その制度に基づいて公正な評価を行うこと，③評価結果を開示・説明することが求められる（土田・労契法294頁）。

　公正・客観的な評価制度（①）とは，労働者の納得性が高く，評価者の恣意的評価の介在する余地が少ないものである必要がある。そのため，⑴透明性・具体性のある評価項目・基準が整備・開示されていること，⑵評価の納得性・客観性を担保するような評価方法が導入されていること（多面的評価等），⑶人事考課の結果が処遇にどう反映するのか（昇進・昇給，降格・降給，異動等）という点についてのルールの整備・開示，⑷評価結果に不満がある労働者への救済策（紛争処理制度の整備），という点が「公正」か否かを判断する際の重要な考慮要素となる（就業規則を変更して成果主義型賃金システムを導入する際には，人事考課の公正さが，合理性判断の際の重要な考慮要素となる〔16を参照〕）。

　このような公正・客観的な評価制度が整備・開示されている場合（①）は，基本的には人事考課の結果が尊重されることとなる。しかしながら，差別禁止規定に反する評価がなされた場合や，評価者が恣意的評価（主観的・感情的評価）を行った場合等，その運用において不合理な点が存在する場合は，不公正なものと解される（②）。また，評価結果を労働者に開示・説明しない等（③），人事考課制度において定められている手続を適正に履行しないような場合も違法な人事考課と判断される（金融経済新聞社事件・東京地判平成15・5・9労判858号117頁）。つまり，これら3つの要件から人事考課（人事権）の公正さを判断することとなる。

3　年俸制

⑴　**年俸制の意義**

　年俸制とは，労働者の成果・能力に応じて，年単位の賃金を決定する制度である。多くの企業では，年俸額を「基本年俸＋業績年俸（業績賞与）」として，一定額については，基本年俸で保障しつつ，業績年俸の部分で賃金を変動させる制度を採用している。年俸制とはあくまでも賃金を年単位で決定するものである。そのため，賃金の支払については，労基法24条2項に従い，毎月1回以上，定期的に支払われなければならない（一般的には，年俸額を16分割し，毎月そのうちの1を支払い，夏季・冬季賞与において，それぞれ2ずつを支払うと

いう手法が採られている）。

年俸制は，労働時間規制を受けない管理監督者（労基41条2号）や，裁量労働制の適用者（労基38条の3・38条の4）を中心に導入されている。このような労働者に対しては，基本的に時間外労働に対する割増賃金規制が及ばないため，年俸額をあらかじめ決定しやすい。一方，上記以外の一般労働者についても年俸制を導入することは可能であるが，そのような労働者の場合は，割増賃金規制が及ぶことから，仮にあらかじめ年俸額を決定したとしても，時間外労働があった場合は，割増賃金を別途支払わなければならない（年俸額にあらかじめ割増賃金相当分として手当を含め〔例えば，月40時間相当分の割増手当〕，支払うことも可能ではあるが，この点については，⑨を参照）。

(2)　年俸額の決定

年俸制における年俸額はどの時点で確定するのであろうか。まず，年俸額は，労使の合意によってその額が決定されるべきである。そのため，合意が成立しなかった場合は，前年度の年俸額が維持されるとの見解がある。一方，裁判例は，「年俸額決定のための成果・業績評価基準，年俸額決定手続，減額の限界の有無，不服申立手続等が制度化されて就業規則等に明示され，かつ，その内容が公正な場合」には使用者に評価決定権があると解するものがある（日本システム開発研究所事件・東京高判平成20・4・9労判959号6頁＝百選30事件）。人事考課が使用者の人事権の一部であるという点からすると，合意が成立しない場合の最終的決定権を使用者に与えることが望ましい。一方で，人事考課が最も重要な労働条件である賃金を決定するものであるという点からすると，無条件に最終的決定権を使用者に付与するのではなく，一定の要件を課す必要がある。以上の点からすると，裁判所の判断は妥当なものと解することができる。つまり，人事考課制度の公正さは，年俸額の決定権限を使用者に付与するか否かの重要な要件となるのである。

【解答への道すじ】

1　【設問】1について

本件において，労働者A，B，Cは，Y社に対して，賞与の支給を請求している。この点について検討する上で，まず，①賞与についての具体的請求権が発生しているか否か，②支給日在籍要件は有効か否か，③本件支給日在籍要件に基づくA，B，Cに対する賞与不支給は適法か否かについて検討する必要がある。

(1) **賞与についての具体的請求権は発生しているか**

労働者A～Cは，賞与の支給を請求しているが，まず，そもそも賞与についての具体的請求権が発生しているか否かについて検討する必要がある。本件就業規則には，「前項の賞与の額は，会社の業績及び従業員の勤務成績などを考慮して各人ごとに決定する。会社業績によっては，賞与を支給しないことがある」と規定しており，賞与の具体的な額については，定かではない。そのため，労働組合がある場合は，組合との交渉・合意（労働協約）によって，また労働組合がない場合は，使用者の決定があって，はじめて賞与の具体的請求権が発生するものと解すべきである。

本件では，2017年11月1日に行われたY社とQ労働組合との団体交渉において，各人の人事考課を踏まえた上で支給日に賞与を支給することについて合意に至っている。また，本文にはA～Cについての人事考課がなされているとの記載もあることから，賞与の具体的請求権は発生しているものと解するのが妥当である。

(2) **支給日在籍条項，出勤率条項の適法性について**

上記のように，賞与についての具体的請求権は発生しているものの，就業規則に，「賞与は，支給日に在籍するものに対して支給する」と規定していることから，賞与が支給されるためには，賞与支給日である12月10日時点でY社に在籍する必要がある（賞与の支給日在籍要件）。そこで，賞与の法的性格を踏まえて，そもそもY社が賞与支給に際して，このような条件を付すことができるか否かについて検討する必要がある。

支給日在籍要件の下では，算定対象期間において勤務していたにもかかわらず，賞与の支給日前に退職した労働者には，賞与が支給されないこととなる。仮に，賞与の法的性格について，純粋な賃金の後払と解するのであれば，支給日在籍要件は公序（民90条）あるいは賃金全額払の原則（労基24条1項）に反して無効と解することも可能である。しかしながら，賞与は，使用者の任意的制度（労基法89条4号の相対的必要記載事項）であるという点からすると，賞与制度には，企業の成果・利益配分，功労報償等の性格も含まれていると解すべきである。そうすると，賞与制度の実態から，純粋な賃金の後払的性格と判断できるような特殊な場合を除き，賞与の法的性格としては，多様な性格が混在しているものと解するのが相当である。

そこで，本件賞与制度の実態について検討する。Y社就業規則には，「前項の賞与の額は，会社の業績及び従業員の勤務成績などを考慮して各人ごとに決定する。会社業績によっては，賞与を支給しないこともあり得る」との規定が

あり，算定対象期間の勤務によって当然に賞与が発生するものではないこと，会社業績や従業員の勤務成績によって賞与の増減がありうる旨を読み取ることができる。そうすると，本件賞与においては，賃金の後払的性格のみならず，企業の成果・利益配分，功労報償という性格も含まれていると解するのが適当である。以上の点を踏まえると，支給日に在籍する労働者にのみ賞与を支給することについて合理性があり，また，同要件が，Ｑ労働組合との労働協約においても規定されていることからすると，支給日在籍要件は合理的なものであるといえる（労契7条）。以上の点から，本件支給日在籍要件は有効と解すべきである。

(3) **本件支給日在籍要件に基づくＡ，Ｂ，Ｃに対する賞与不支給の適法性**

　それでは，本件支給日在籍要件に基づいて，Ａ，Ｂ，Ｃに対する賞与不支給は適法であるか否かを検討する。

(ア)　Ａに対する賞与の不支給について

　前述したように，本件支給日在籍要件については合理性があり，また，本件Ａは，自らの意思で支給日前に退職したのであり，仮に賞与の支給を求めるのであれば，賞与支給日以降に退職をすればよい。そうすると，同要件は，特段Ａの退職の自由を制限するものでもなく，またＡに不測の不利益を課すものとは評価できない。このような点からすると，本件Ａに対する賞与の不支給は適法であるといえる。

(イ)　Ｂに対する賞与の不支給について

　Ａに対する不支給とは異なり，Ｂは，定年制の下，退職時期を自ら選択できずに賞与の支給日以前に退職せざるをえなかったのである。このように，退職の時期を自ら選択できない場合にまで，支給日在籍要件を有効と解し，賞与の不支給を適法と解することは妥当であろうか。この点，賃金の後払的性格を軽視するという理由から，賞与の比例的付与や，労働者の不利益に配慮した措置がない場合は，支給日在籍要件を公序違反で無効と解すべきという見解もある。もっとも，定年制は，我が国において，解雇規制との関係からも合理的なものと解されている点，さらに，定年退職日について，定年年齢に達した日とするものや，定年年齢に達した年度とするものなど，その制度設計については使用者に委ねられているという点からすると，その退職日が合理的な制度の下，設定されているような場合については，公序に反しているとまでは評価できないと考える。そのため，本件Ｂについても，支給日在籍要件を満たさないものとして，賞与の不支給は適法であると解すべきである（なお，賃金の後払的性格を重視し，労働者が自ら退職の時期を選択できない場合で，かつ，賞与を全額不

支給としている場合に，支給日在籍要件を公序違反で無効とし，Ｂについての賞与
請求権を肯定する，という結論を採ることも有力な考え方であるといえる。この点
は，議論が分かれるところであろう）。

　㈠　Ｃに対する賞与の不支給について

　前述したＢの場合とは異なり，Ｃは，希望退職規程に基づき，賞与支給日
前に退職せざるをえなかったが，この規程に合理性があるか否かを検討する。
本規程は，Ｑ労働組合の反対にもかかわらず，Ｙ社が一方的に定めたもので
あるという点，また，Ｙ社は，賞与の支給を逃れるために敢えて支給日前に
退職日を設定したという事情が存在する。このように，Ｙ社が不当な動機・
目的の下，支給日在籍要件を満たさないように設定した本件希望退職規程は，
その限りにおいて，合理的なものと解することはできない（労契 7 条参照）。そ
うすると，賞与の比例的支給を定める等，特段の事情がない限りは，Ｃに対す
る支給日在籍要件は，公序に反して無効と解すべきである。したがって，Ｃに
対する賞与の支給は肯定されるべきである。

2　【設問】2 について

　労働者 X は，合意が成立していないにもかかわらず Y$_2$ 社が一方的に年俸額
を減額したことについて争う姿勢をみせている。ここで問題となるのは，X
の合意なく年俸額を減額することの可否である。

⑴　合意が成立しない場合の年俸額の決定方法

　年俸額は，基本的には，労使の合意によって決定されるべきものである。そ
れでは本件のように合意が成立していない場合は，どのように解すべきであろ
うか。この点，合意が成立していない以上，前年度の年俸額が支払われるべき
との見解もあるが，本件では，「年俸額は労働者の合意の下に決定する。ただ
し，合意に至らなかった場合は，使用者がその額を一方的に決定できるものと
する」との規定があることから，合意不成立の場合の最終的決定権は，使用者
に属するものと解することができる。

　しかしながら，年俸額の決定とは，労働者にとって最も重要な労働条件であ
る賃金についての決定であり，そのような決定権を無制限に使用者に付与する
ことは妥当ではない。そのため，年俸額決定のための成果・業績評価基準，年
俸額決定手続，減額の限界の有無，不服申立手続等が制度化されて就業規則等
に明示され，かつ，その内容が公正な場合に限って，使用者に年俸額の決定権
を付与すべきである（前掲日本システム開発研究所事件）。そして，公正な人事
考課制度が存在しない場合は，合意不成立である以上，前年度の年俸額を支給

すべきであると考える。したがって，①人事考課制度が就業規則において明示されているか，そして，②その内容の公正さが担保されているかについて検討を行う。

(2) 人事考課の公正さ

本件事案からすると，Y_2社の人事考課制度は，就業規則にその詳細が規定されている（上記(1)①）。したがって，人事考課制度が内容において公正か否か（同②）について検討する。

公正な人事考課制度が整備されているか否については，(i)透明性・具体性のある評価項目・基準が整備・開示されていること，(ii)評価の納得性・客観性を担保するような評価方法が導入されていること（多面的評価等），(iii)人事考課の結果が処遇にどう反映するのか（昇進・昇給，降格・降給，異動等）という点についてのルールの整備・開示，(iv)評価結果に不満がある労働者への救済策（紛争処理制度の整備）の有無，という点を総合考慮して検討することとなる。

本件では，成果・能力・情意に基づいた5段階評価が行われること，またそれぞれの評価における業績年俸額が示されていること（(i)(iii)），人事考課が確定するまでに，数回にわたる上司との面談が用意されており，面談の場で上司から現時点の評価・改善すべき点が示されている等，労働者の納得性を担保するような手続が採られており，また，成果報告面談においても，その評価に至った理由が労働者に示されること，また評価は相対評価で行われていることから，客観性が担保されていることが指摘できる（(ii)），さらに労働者が人事考課に納得できない場合は，社内の苦情処理機関への申立てが可能であり，苦情処理機関への申立てがあった場合は，評価者である上司はその評価が公正であることの説明を機関担当者に行い，その場で評価の公正性が疑われた場合は，評価のやり直しが認められるという，苦情処理システムが確立していること（(iv)）からすると，Y_2社の人事考課制度は，全体として公正なものと評価できる。

(3) 本件における人事考課制度の運用実態

もっとも，公正な人事考課制度が確立していたとしても，③その制度に基づいて公正な評価が行われているか，また，④評価結果を開示・説明しているかという点を審査すべきである。すなわち，人事考課制度の運用・手続が適切に履行されていない場合は，その公正さを否定すべきである。この点，Eによる評価，ならびに苦情処理機関の対応は，公正なものとは評価できない。まず，成果報告面談の場において，EはD評価という結果を述べるだけで，その評価に至った理由等について，十分な説明を行っていない。またXから理由の

説明を求められた後も，Eの発言からは，ミスが原因で低評価になったと読み取ることのできる内容ではあるが，Xに対して公正な評価がなされたと納得できるだけの説明にはなっていない（④）。また，Xによる苦情に対して，苦情処理機関の担当者であるFは，人事考課制度の規定に則り，説明を受け，Eによる評価が公正なものではなく，私情を含んだものと判明したにもかかわらず，評価のやり直しを求めず，むしろEの不公正な評価を黙認するような態度をとっている（③）。以上の点からすると，その運用・手続において大きな不備があり，結果として，本件Xに対する人事考課は，公正なものとは評価できない。

(4) 結　論

　以上の点から，Y_2社の人事考課制度は，制度自体は公正なものと評価できるものの，その運用・手続の面で問題があり，そのためXの評価結果を公正なものと認めることはできない。したがって，公正な人事考課と評価できない以上，年俸額についての合意が成立していない本件については，Y_2社に最終決定権が付与されているとは解することはできず，Xに対して，前年度の年俸額を支給すべきである（前掲日本システム開発研究所事件）。以上より，Xによる差額賃金（年俸）請求は認められるものと解される。

【基本文献】
荒木 129 頁／菅野 421 頁／土田・概説 102 頁／土田・労契法 272 頁／西谷・労働法 268 頁／野川 611 頁／水町 243 頁

（天野晋介）

9 労働時間(1)
──労働時間，休憩，休日，時間外労働

【設　問】

1　電機部品メーカーである N 社の就業規則では，「1 日の労働時間 8 時間，始業時刻 8 時 30 分，終業時刻 17 時 30 分，休憩時間 1 時間」と定められている。N 社の従業員 A らは，始業時刻前に作業着に更衣し，作業前の準備体操に参加すること（以下，「本件準備行為」という）が義務付けられていた。A らがこれを怠った場合，就業規則に定められた懲戒処分を受けたり，成績考課に反映されて賃金の減収につながる場合があった。

　N 社の就業規則では，本件準備行為は実作業とは異なるものとされており，本件準備行為は所定労働時間に行うことが義務付けられていた。そのため，本件準備行為に対する賃金は支払われていなかった。

　A らは，遅くとも始業時刻の 30 分前である午前 8 時までには出社し，作業着への更衣を始めなければならない状況にあった。毎日 30 分も早く出社しなければならない状況に不満を持った A らは，N 社に対し，法的にどのような請求をしうるか。

2　労働者 B は，L ビル管理会社に雇用され，委託先である M 証券において夜間のビル管理の業務に従事している。労働契約書によれば，勤務時間は，午後 8 時から翌朝午前 8 時まで，午後 11 時 30 分と午前 6 時に各 30 分見回りを行うこと，午前 0 時から午前 6 時までの間は仮眠時間，休憩時間は仮眠時間以外の時間に 1 時間とされていた。仮眠時間中は，睡眠をとることができるが，その間の電話や従業員の退出・出勤には適宜応じなければならないとされていた。

　L 社の就業規則によれば，仮眠時間は所定労働時間に含まれず，仮眠時間に対しては泊まり勤務手当（3000 円）が支給される。なお，仮眠時間中に実作業に従事した場合には 1 時間あたり 1000 円と時間外手当が支給される。

　なお，B がビル管理業務に従事して以降，仮眠時間中に何らかの業務が発生したことがあった。それは，過去 1 年半の間で，仮眠時間中に実作業に従事した回数は 12 回であり，実作業時間はおおむね 2 時間程度であった。

　L 社による労働時間に関するこうした扱いは，適法か。もし違法だとしたら，B は L 社にどのような請求ができるか。

3　労働者 C は，従業員数約 20 名の P 印刷に雇用され，経理事務を行っている。

業務の関係で月末には残業が多いが，休日出勤（P社は土日の週休2日制をとっている）はこれまでなかった。しかし，2019年3月，税金の申告に手間取ってしまったために，同年3月15日までに2日間の休日出勤を行った。会社の就業規則には，三六協定に基づき時間外・休日労働を命じることがある旨の規定があり，休日労働に関しては，事前の休日振替の規定（「業務の都合により会社が必要と認める場合は，あらかじめ休日を他の日と振り替えることがある」）はあるが，事後の振替については何も定めはない。なお，時間外労働に対する賃金の割増率は25％，休日労働の割増率は35％となっている。

　Cは，社長から3月25日に，休日出勤した2日分に代休を与えるので，休んで欲しい，代休であるため，その2日分は完全に無給である，との提案を受けた。Cは，この提案に応じる義務があるか。また，もし応じたとしたら，何も請求することはできなくなるか。

4　Q製パン会社は，パートも含めて従業員約20名を雇用している。同社では三六協定を締結することなく，長年にわたって残業が行われてきた。2020年4月5日，労働者Dは，こうした状態が労基法違反だとして労基署に相談したところ，同月23日，会社は三六協定を締結するよう指導を受けた。そこで会社ではその翌日の同月24日，急遽，人事担当R課長を指名して，この者との間で三六協定を締結して労基署長に届け出た。この三六協定には残業を命じる事由として「臨時の注文に対する対応」，「その他，業務の必要上やむを得ない場合」などがあった。また，延長は，1ヵ月45時間が限度とされていた。Q社は三六協定の範囲内で，就業規則に「会社は業務の都合により，所定労働時間を超え，又は所定休日に労働させることがある」旨の規定を新設し，法定の手続を踏んだ上で，同年5月29日，労基署長に届け出た。また，Q社はこれに併せて，賃金規程の基本給を従前の25万円から「基本給30万円（残業代を含む。）」と改定している。

　⑴　この三六協定は適法か。

　⑵　三六協定が適法に締結されている場合，そのことから直ちにQ社は従業員に残業を命じることができるか。

　⑶　就業規則改定後，時間外労働を行った場合もDには基本給の他に時間外割増賃金は支払われていない。これは適法か。

【解　説】

1　労基法上の労働時間

(1)　労基法上の労働時間の概念と判断枠組み

労基法が規制する労働時間とは，労働者が使用者の拘束下にある時間（拘束時間）ではなく，休憩時間（労基 34 条）を除く，実際に「労働させ」られている時間（実労働時間。労基 32 条）をいう。労基法上の実労働時間をどう捉えるかについて，労基法上の労働時間は就業規則などにより労働契約当事者が自由に決定できるとする説（約定基準説）がある。他方，通説・判例は，労働時間は当事者の意思によらず，客観的に定められるべきとの説（客観説）を採る（三菱重工長崎造船所事件・最一小判平成 12・3・9 民集 54 巻 3 号 801 頁＝百選 33事件）。この説は，労働時間規制が労働者の健康と安全の保持や使用者への従属からの解放を目的とすることに沿うものである（西谷・労働法 289 頁）。

次に，客観説に立った上で，どのような枠組みで実労働時間を判断するかが問題となる。最高裁は，労働時間を「労働者が使用者の指揮命令下に置かれている時間」と示す（指揮命令下説。前掲三菱重工長崎造船所事件）。指揮命令下説に対しては，労働者は，使用者の指揮命令下にあるといえるかどうかが明確でない状況下でも使用者の業務に従事する場合があることから（例えば，企業外研修や小集団活動への参加），労働時間か否かは，指揮命令下の有無という基準に，使用者による明示・黙示の指示下での「当該活動の業務性」を補充的基準に加えて判断すべきとする有力説がある（部分的二要件説。菅野 477-478 頁。また，労働時間は使用者の関与と職務性の二要件から相補的に判断すべきとする説として，荒木 181 頁）。

他方，判例（前掲三菱重工長崎造船所事件）は指揮命令下説に立つものの，その具体的判断の中で，当該行為の業務性と当該行為に対する使用者の関与につき考慮しているとみられ，有力説の批判を踏まえた修正指揮命令下説を採っている（土田・労契法 312-314 頁参照）。

(2)　具体的事例の判断

(ア)　作業前後の行為

最高裁は，作業前後の行為につき，事業所内で行われる作業服や作業用保護具の着脱などは，それが義務付けられている場合には，労基法上の労働時間に含まれるとする（前掲三菱重工長崎造船所事件。なお，部分的二要件説によれば，これらの行為は，義務的で，しかもこれらの行為自体が入念な作業を要する場合を除き，業務従事の準備にすぎず，労働時間とならない〔菅野 480 頁〕）。他方，作業後の事業所内での洗身について，これをしなければ通勤が著しく困難であると

まではいえず，労基法上の労働時間に該当しないとした事例がある（三菱重工長崎造船所〔一次訴訟・組合側上告〕事件・最一小判平成12・3・9労判778号8頁）。

(イ) 手待時間，不活動仮眠時間

次に，客待ちなど作業中の待ち時間（手待時間）も，労基法上の労働時間に当たる。手待時間は，具体的作業を行っていなくても必要が生じたら直ちに業務を行わなければならない時間であるため，使用者の指揮監督下にあるといえるからである（適宜休憩が許されていても，手待時間であれば労働時間となる。すし処「杉」事件・大阪地判昭和56・3・24労経速1091号3頁）。

また，ビルの管理，警備などの業務の夜勤中の事業場内での仮眠など，実作業に従事していない時間（不活動仮眠時間）の労働時間性が問題となる。この点，最高裁は，労働者に労働からの解放が保障されていない場合には，不活動仮眠時間は使用者の指揮命令下にある労基法上の労働時間に当たるとし，当該時間に労働契約上の役務の提供が義務付けられていると評価される場合には，労働からの解放が保障されているとはいえないとした（大星ビル管理事件・最一小判平成14・2・28民集56巻2号361頁＝百選34事件）。他方，実作業に従事する必要が生じることが皆無に等しいなど，上記のような義務付けがされていないと認めることができる事情がある場合には，不活動仮眠時間は労基法上の労働時間とはいえない（この事情の肯定例として，ビル代行管理事件・東京高判平成17・7・20労判899号13頁，ビソー工業事件・仙台高判平成25・2・13労判1113号57頁）。

不活動仮眠時間が労基法上の労働時間に該当すると，それを合算した結果，実労働時間が法定労働時間を超える部分が生じたり，当該不活動仮眠時間が深夜労働をさせた時間に当たることがある。この場合，使用者はこれらの時間について割増賃金の支払義務を負う（労基37条）。他方，当該不活動仮眠時間に対する賃金額は労働契約で定められるべきものであるため，常に所定労働時間に対応する金額の賃金請求権が発生するものではない。ただし，労働契約の合理的解釈としては，通常は労働契約上の賃金支払の対象となる時間とするのが妥当であろう（前掲大星ビル管理事件参照。この事件では，不活動仮眠時間に対し，定額の手当のみ支給する合意が認定された）。

2 休 日

(1) 法定休日

使用者は労働者に毎週少なくとも1日の休日（原則として暦日）を付与しなければならない（週休1日の原則。労基35条1項。なお，4週4休制も許される〔同条2項〕）。したがって，週休2日制の場合，1日は法定休日で，他方は法定

外休日となる。法定休日に労働させる場合には，労基法上の休日労働に関する規制（労基36条・37条）が及ぶ。

(2) 休日の特定と振替

労基法上，法定休日の特定は要求されていないが，特定されることが望ましい。使用者は特定された休日に労働させ，他の労働義務のある日に休日を与えることがある（休日振替）。休日振替には，当該休日までにあらかじめ休日の変更を行う事前振替と，当該休日に労働させた後に代休を付与する事後振替とがあるが，これらは労基法上の扱いが異なる。

事前振替は特定された休日の変更であるため，これをするには労働契約上の根拠が必要となる。就業規則等に事前振替の定めがあり，かつ振り替えられた休日が法定休日に反しない場合には，事前振替は可能となる（三菱重工横浜造船所事件・横浜地判昭和55・3・28労判339号20頁＝百選〔第7版〕57事件）。就業規則等の規定がない場合には，事前振替には労働者の個別同意を要する。事前振替が行われた場合，元の休日は労働義務のある日となり法定休日ではなくなるため，休日労働に関する規制は及ばなくなる。

他方，事後振替については，使用者は法定休日のまま労働させているため，代休を付与したとしても，これは休日労働となる。よって，使用者は三六協定の締結・届出と当該休日労働に対する割増賃金の支払が必要となる。

3 時間外・休日労働

(1) 時間外労働の定義

時間外労働とは法定労働時間を超える労働をいい，休日労働とは法定休日に労働させることをいう。一般に所定労働時間を超えて労働することを残業というが，残業には労基法上の時間外労働に当たる部分と，そうでない部分（所定労働時間を超えるが法定労働時間を超えていない部分，いわゆる法内超勤）とがある。前者についてのみ，三六協定の締結・届出や割増賃金の支払が使用者に義務付けられる。また，休日の労働の場合も法定休日労働とそうでないものとで同様の違いが生じる。

(2) 三六協定の締結，内容

使用者が，労基法33条にいう災害等の臨時の必要がないときに労働者に時間外・休日労働をさせようとする場合，使用者は，事業場ごとに，その過半数組合，これがない場合は過半数代表者との間で書面による労使協定を締結し，労基署長に届け出なければならない（三六協定。労基36条1項）。ここにいう過半数代表者は事業場の全労働者から選出されるが，労基法41条2号の管理監

督者でない者で，直接選挙などの民主的な手続を経て選出されなければならない（労基則6条の2）。これによらずに選出された過半数代表者との三六協定の効力は否定される（トーコロ事件・最二小判平成13・6・22労判808号11頁＝百選37事件）。

2018年の労基法改正により，三六協定に基づく時間外労働時間は限度時間を超えない時間に限られることなった（労基36条3項）。限度時間は1か月につき45時間，1年につき360時間（いずれも休日労働は含まれない）と明文化された（同条4項）。また，臨時的な特別な事情がある場合に限度時間を超えて労働させることもできるが，その場合にはこの限度時間を超えて時間外・休日労働させることができる時間を定めなければならない（特別条項付き三六協定。同条5項）。ここで定められる時間にも制限があり，これは1か月につき100時間未満（休日労働含む），1年につき720時間を超えないものとされ，かつ，1か月の限度時間を超えることのできる月数は1年につき6か月以内に限られる（同項）。2018年改正により，限度時間を超える延長時間を定める三六協定は労基法36条の要件を満たさず，無効となると解される（なお，研究開発業務は限度時間の規制が適用除外とされている〔同条11項〕。そのほか建設事業等に適用猶予がある。同139条以下）。

三六協定に定める事項には時間外労働時間数・休日労働日数等のほかに，限度時間を超えて労働させることができる場合や限度時間を超えて労働させる労働者に対する健康および福祉を確保する措置等がある（労基36条2項5号，労基則17条。健康福祉確保措置の具体的内容は指針8条参照）。

(3) 時間外・休日労働義務の発生

使用者は三六協定の締結・届出により，労働者に時間外・休日労働を命ずることが許されるが，これは労基法上の罰則の適用がなくなるという意味にすぎない（免罰的効果）。使用者が労働者に時間外・休日労働を命じるには，何らかの労働契約上の根拠が必要となる。

時間外・休日労働義務発生の要件について（学説の詳細は，東大・注釈労基法（下）623頁［中窪裕也］），まず，同義務は労働者の個別的な同意がなければ発生しないとする説（個別的同意説）がある。個別的同意説には，その都度の同意を必要とする説と，日時・業務内容等が具体的に明示された場合には事前の同意で足りるとする説がある（個別的事前同意説）。個別的同意説は，労働者の私的自由時間の確保に資する（西谷・労働法307頁参照）。他方，就業規則や労働協約で包括的に時間外・休日労働義務を負わせることも可能であるとする説がある（包括的同意説）。

この点，判例は，個別的同意説を採らず，使用者が就業規則に三六協定の範囲内で一定の業務上の事由があれば時間外・休日労働を命じる旨を定めているときは，その規定の内容が合理的なものである限り，労働者は時間外・休日労働義務を負うとしている（日立製作所武蔵工場事件・最一小判平成3・11・28民集45巻8号1270頁＝百選36事件。この事案では「生産目標達成のため必要ある場合」，「業務の内容によりやむを得ない場合」など，いささか概括的・網羅的なものもみられたが，これらの事由を労基法36条が予定するところと解されることや時間外労働時間を限定していたこと等から，当該三六協定により時間外労働を命ずる就業規則規定を合理的なものとした）。2018年労基法改正により，限度時間を超える延長時間を定める三六協定は労基法36条の要件を満たさず無効となる。したがって，限度時間に適合する三六協定を前提とする就業規則のみが合理性を肯定され，労働契約の内容となって時間外・休日労働義務の根拠となると解される（労契7条）。

使用者による時間外・休日労働命令権の行使は，適法な三六協定を前提とする場合であっても1か月につき100時間未満かつ複数月平均80時間を超えてはならない（いずれも休日労働含む。労基36条6項2号および3号）。これに反する使用者は罰せられる（労基119条1項）。また，これに反する時間外・休日労働命令は労基法36条6項違反として無効である。他方，限度時間を超える時間外労働命令はそれに対する労働義務が発生していないと解されることから，これを拒否したことを理由とする懲戒処分は無効となる（労契15条）。

(4) 割増賃金

使用者は，時間外・休日労働をさせた場合，通常の労働時間または労働日の賃金の計算額の2割5分以上5割以下の範囲で，それぞれ政令で定める率（時間外2割5分，休日3割5分）以上の割増賃金を支払わなければならない（労基37条1項）。なお，月60時間を超えた部分は5割以上（同項ただし書。中小企業は2023年4月1日から適用される。整備法附則1条3号）とされるが，労使協定により割増賃金に代えて休暇の付与も可能である（労基37条3項）。割増賃金は，違法な時間外・休日労働の場合でも支払わなければならない（小島撚糸事件・最一小判昭和35・7・14刑集14巻9号1139頁）。

割増賃金の計算の基礎となる「通常の労働時間又は労働日の賃金」の額は，月給制の場合はそれを月の所定労働時間数で割った額となる（労基則19条1項4号）。割増賃金の計算の基礎となる賃金からは，家族手当，通勤手当，別居手当，子女教育手当，住宅手当，臨時に支払われた賃金，1ヵ月を超える期間ごとに支払われる賃金は除外される（労基37条5項，労基則21条）。手当がこ

れらに該当するかは名称ではなくその実質によって判断される。これは限定列挙である（小里機材事件・最一小判昭和63・7・14労判523号6頁）。

　時間外割増賃金が諸手当（営業手当など名称は多様）として，その月の時間外労働の実績にかかわらず毎月一定額支払われることがある。これは当該手当の額が労基法所定の方法で計算した額より高額であれば適法だが，下回る場合，労働者はその差額分の支払を請求できる（日本アイティーアイ事件・東京地判平成9・7・28労判724号30頁）。

　また，割増賃金を基本給に含めて定額払をすることもあるが（定額給制），基本給のうち割増賃金に当たる部分が明確に判別できなければ，使用者は基本給とは別に労基法上の割増賃金を支払わなければならない（高知県観光事件・最二小判平成6・6・13労判653号12頁＝百選38事件，テックジャパン事件・最一小判平成24・3・8労判1060号5頁。基本給が高額であったとしても同様である。医療法人康心会事件・最二小判平成29・7・7労判1168号49頁参照）。両者を判別できたとしても，割増賃金部分が労基法所定の方法で計算した額を下回ってはならない（国際自動車事件・最三小判平成29・2・28労判1152号5頁）。この判断枠組みは労基法所定の支払いが実際に行われたかをチェックするものだが，こう解さなければ，割増賃金制度により時間外労働を抑制しようとする労基法の趣旨（前掲医療法人康心会事件）が没却される結果となり妥当でない（土田・労契法332頁）。よって，基本給と割増賃金部分とを明確に分け，実際に労基法所定の方法により算出した割増賃金が定額給の割増賃金部分を上回る場合は，その差額を別途支払う旨を就業規則等に明記しなければ，定額払は違法となると解される（前掲テックジャパン事件〔櫻井龍子裁判官の補足意見参照〕）。なお，定額払において基本給と割増賃金とが明確に判別できない場合でも，賃金債権の放棄は賃金の全額払の原則により禁止されないとする判例（シンガー・ソーイング・メシーン事件・最二小判昭和48・1・19民集27巻1号27頁）を参照し，労働者が割増賃金を放棄する意思表示をし，それが労働者の自由な意思に基づくものであれば明確であると認められる場合には，割増賃金の放棄を認める余地がある旨を示した例がある（月額41万円の基本給に月間総労働時間が180時間を超えるまでは時間外割増賃金を支払わない旨の約定につき，労働者が自由な意思によりに放棄の意思表示をしたとは認められないことから，180時間以内の割増賃金を支払う義務を肯定した例として，前掲テックジャパン事件）。放棄が認められた場合，定額払の賃金とは別に割増賃金を支払う義務は生じないことになる。

【解答への道すじ】

1 【設問】1について

【設問】1は，作業着の更衣と作業前の準備体操の時間（以下，「本件準備時間」という）が労基法上の労働時間に該当する場合には，Aらの1日の労働時間が8時間を超えることとなり，N社就業規則の本件準備時間を所定労働時間から除外する定めは，労基法32条に違反し無効となる。この場合，Aらは本件準備時間に対する未払の賃金および時間外割増賃金の支払を請求しうる。そこで，本件準備時間の労働時間該当性が問題となる。

労基法上の労働時間とは休憩時間を除き実際に労働者を「労働させ」ている時間（実労働時間。労基32条）であるが，労基法上その定義がないため，これをどのように把握し，どのような枠組みで判断するかが問題となる。この点，実労働時間を就業規則等で労働契約当事者が決定するという説がある（約定基準説）。しかし，この説は，労基法が労働者の生存権保障のために強行的に労働条件の最低基準を定めているにもかかわらず，労働契約当事者によってその最低基準が変わりうることを認めるものとなり，妥当でない。そこでこのようなおそれのないよう，実労働時間は客観的に決定されると解するべきである（客観説。【解説】1(1)参照）。

次に，本件準備時間の労働時間該当性につき，その判断枠組みが問題となる。労基法上の労働時間が「労働させ」ている時間であること，労基法は労使が対等の立場にないことを想定していること等から，これを労働者が使用者の指揮命令下に置かれている時間と解すべきである。また，業務の準備行為が指揮命令下に置かれているかどうかは，それが使用者によって義務付けられていたか，またはこれを余儀なくされていたかによって判断すべきであると考える。そこで本件準備時間についてみると，作業着への更衣および作業前の準備体操への参加はいずれも労働者に義務付けられており，それを怠ると懲戒処分を受けたり，成績考課に反映され賃金の減収につながる場合があると認められるため，本件準備時間は，使用者の指揮命令下に置かれた時間といえ，労基法上の労働時間に当たると解される。

したがって，本件準備時間を加えると，N社におけるAらの所定労働時間は1日8時間を超えるから，本件準備時間を所定労働時間外に行うことを義務付ける就業規則の定めは労基法32条に違反し無効となり，Aらは所定の始業時刻から本件準備行為を行えばよいものに就業規則の内容が修正されると解される（労基13条）。

なお，N社は本件準備時間に応じて何ら賃金を支払っていない。そこで，A らはN社に対して，本件労働契約上の取決めに従って本件準備時間に応じた賃金の支払を請求しうる。また，本件準備時間は8時間を超えて労働した時間であり，これは労基法上の時間外労働に該当するから，AらはN社に対して，本件準備時間に応じた時間外割増賃金の支払を請求することができる（労基37条）。

2 【設問】2について

【設問】2では，L社は午前0時から午前6時までの仮眠時間（以下，「本件仮眠時間」という）については，Bが実際に業務に従事した時間を除き，賃金を支払っていない。そこで，Bが実際に業務に従事した時間を除く仮眠時間（以下，「不活動仮眠時間」という）が労基法上の労働時間に該当するかどうかが問題となる。なぜなら，本件不活動仮眠時間が労基法上の労働時間に該当する場合には，L社がBに対して，本件不活動仮眠時間に応じた賃金を支払っていない場合が生じうるし，また，L社が時間外および深夜割増賃金の支払義務（労基37条）を負うにもかかわらず，それを怠っていることになるからである。そこで，①本件不活動仮眠時間の労働時間該当性と，②これが労働時間に該当する場合に支払うべき未払賃金の算定方法が問題となる（労基法上の労働時間該当性の判断枠組みについては，前記1に従い，ここでは改めて検討しない）。

(1) 不活動仮眠時間の労働時間性について

労基法上の労働時間該当性判断につき，指揮命令下説に立ち，以下検討する。

実際に作業に従事していない不活動仮眠時間中であっても，労働者に労働からの解放が保障されていない場合には労働者は使用者の指揮命令下に置かれていると評価できるため，この場合，不活動仮眠時間は労基法上の労働時間に該当すると考えられる。労働者に労働からの解放が保障されているかどうかは，当該時間に労働契約上の役務の提供が義務付けられていると評価されるかどうかによって判断されるべきと考える。L社とBの労働契約書によれば，本件仮眠時間中も，電話や従業員の退出・出勤に応じなければならないこととされているから，本件不活動仮眠時間中も労働契約上の役務の提供が義務付けられていることは明らかである。よって，本件不活動仮眠時間は労基法上の労働時間に該当すると解すべきである。

もっとも，不活動仮眠時間中に役務の提供が義務付けられていたとしても，実作業に従事する必要が生じることが皆無に等しいなど，この義務付けがされていないと認められる事情がある場合には，これは労基法上の労働時間に該当しないと考えられる。この点，Bが過去1年半の間に，実作業に従事した回数

は 12 回，またその時間は 2 時間であった。これは，B が本件仮眠時間中に実作業に従事する必要が皆無に等しいとまではいえないと思われる。そうすると，B について，この事情があるとは認められないから，本件不活動仮眠時間は労基法上の労働時間に該当すると解すべきである。

(2) **不活動仮眠時間に対して支払うべき未払賃金について**

本件不活動仮眠時間が労基法上の労働時間に該当する場合，本件仮眠時間には泊まり勤務手当が支払われていたが，これが同時間について労働契約上支払われるべき賃金に満たない場合には，B は L 社に対して，その部分につき未払賃金の支払を請求しうる。また，B の労働時間は休憩時間 1 時間を除き 1 日 11 時間となる。そのため，時間外労働は午前 5 時から午前 8 時の 4 時間，また，午前 0 時から午前 5 時までの 5 時間は深夜労働となり，それぞれについて割増賃金の支払義務が L 社に生じる。

本件不活動仮眠時間に応じた労働契約上の賃金請求権の有無については，本件不活動仮眠時間が労基法上の労働時間に当たるからといって，当然に労働契約所定の賃金請求権が発生するものではなく，当該労働契約において不活動仮眠時間に対していかなる賃金を支払うかの合意によって定まると解される。そこで労働契約上の取決めを基に，これを検討する。本件では，午前 0 時から午前 6 時までの仮眠時間中の実作業に対しては，労働契約上，1 時間につき 1000 円とされており，他方で泊まり勤務手当 3000 円が別途支給されている。このことは，仮眠時間の対価として泊まり勤務手当を支給し，実作業に従事した場合は別途賃金を支給するとするもので，不活動仮眠時間に対しては泊まり勤務手当以外に賃金を支給しないとの合意があったと解すべきである。したがって，B は L 社に対し，泊まり勤務手当以上の賃金請求をすることはできない。

他方，L 社と B の間に，不活動仮眠時間に対しては泊まり勤務手当以上の賃金の支払をしない旨の合意が認められた場合，これは，本件不活動仮眠時間に応じた時間外および深夜割増賃金を支払わない合意ということとなる。これは，労基法 37 条に違反し無効であり，B には同条に基づく割増賃金請求権が発生すると解される（労基 13 条）。

3 【設問】3 について

【設問】3 は，休日の事後振替の際，当該休日を無給にすることが労基法に違反するかどうかが問題となる。まず，事後振替は特定された休日の変更であるため，就業規則等労働契約上の根拠が必要であると解される。P 社ではそれがないため，C は本件提案に応じる義務はない。そうすると，P 社が C に代休

を与えたとしても，本件休日労働が法定休日に行われた場合は，労基法 37 条
1 項に基づき，また，本件休日労働が法定外休日に行われた場合は，休日割増
率が 35％とする就業規則の定めに基づき，P 社は C に対して所定の休日割増
賃金の支払義務を負う。

　他方，C が本件提案に同意した場合は，それが休日労働に対する割増賃金請
求権の放棄となるが，それが許されるかが問題となる。まず，休日労働に対す
る割増賃金は労基法上の賃金（労基 11 条）に当たり，使用者はその全額を支払
わなければならない（全額払の原則，同 24 条 1 項）から，賃金債権の放棄が全
額払の原則の下で許されるかが問題となる。全額払の原則は使用者が一方的に
賃金を控除することを禁止し労働者の賃金を確保することを趣旨とするもので
あるから，労働者が自ら賃金債権を放棄することまでも禁止するものではない
と解される。もっとも，労働者による賃金債権の放棄は労働者の経済生活に大
きな影響があるため，放棄の意思表示が労働者の自由な意思によると認められ
る合理的理由が客観的に存在していなければならないと解すべきである（前掲
シンガー・ソーイング・メシーン事件，前掲テックジャパン事件）。

　そうすると，C は自ら休日労働に対する割増賃金請求権を放棄する意思表示
をしているわけではなく，単に代休を付与したというだけでは，労働者の自由
な意思によると認められる合理的理由が客観的に存在したとはいえないと解す
べきである。したがって，たとえ P 社の社長からの提案に応じたとしても，C
は P 社に対する休日割増賃金の請求権を失わないと解される。

　他方，本件休日労働が法定外休日に行われた場合でも，P 社就業規則に基づ
けば，P 社就業規則所定の休日労働割増賃金の請求権が発生する。この場合も
休日割増賃金請求権放棄の効力が問題となるが，法定休日の場合と同様に解す
べきである。また，P 社就業規則の休日労働に対する割増率が法定休日のみを
対象とする場合には，労基法に基づく休日労働に対する割増賃金請求権は発生
しないものの，それが法定労働時間を超えれば，時間外労働に対する割増賃金
請求権が発生することになり（労基 37 条），この場合も割増賃金請求権の放棄
の効力が問題となるが，これも法定休日の場合と同様に解すべきである。

4　【設問】4 について

　【設問】4 では，①三六協定の締結主体の適法性，②時間外労働義務の発生
要件，③時間外割増賃金を基本給に含む定額給制の適法性が問題となる。

(1)　三六協定の締結主体について

　三六協定の締結主体である過半数代表者は，労基法 41 条 2 号の管理監督者

でなく，民主的な手続により選任されたものでなければならない（労基則6条の2）が，R課長は，会社が一方的に指名した人物であってこのような民主的な手続により選任されていないから，適法な三六協定の締結主体とは認められない。よって，本件三六協定は労基法36条の要件を満たしておらず，違法，無効となる。

(2) 時間外労働義務の発生要件

三六協定には免罰的効果しかないため，これが適法に締結されても，使用者が労働者に時間外労働を命じるには別途労働契約上の根拠が必要となる。この点，時間外労働義務は労働者の個別の同意によってのみ発生するとする説（個別的同意説）があるが，時間外労働に常に個別同意を要求すると業務上必要な時間外労働をさせることができないおそれが生じるため，就業規則や労働協約において業務上の必要性がある場合に時間外労働を命ずる旨を定めれば，時間外労働義務が発生すると解すべきである（包括的同意説）。もっとも，労基法が三六協定の締結・届出により三六協定の範囲内での時間外労働を私法上許容していることを踏まえると，時間外労働義務を設定する就業規則は，適法な三六協定の範囲内で時間外労働を命じるものである限りで，その合理性が肯定され，労働契約の内容となると解すべきである（労契7条）。他方，労基法36条所定の限度時間を超える延長時間を定める三六協定は同法違反を理由に無効となり，当該三六協定を前提とする就業規則の合理性はただちに否定されると解される。この場合，改めて適法な三六協定の締結・届出がなされない限り，時間外労働義務は発生しないと解すべきである。

この点，Q社では，三六協定に時間外労働を命じる事由が概括的な側面はあるものの一応記載されており，その内容も不合理ではないと考えられること，また，延長時間が労基法36条4項の限度時間を超えるものではないこと等から，三六協定の範囲内で時間外労働を義務付ける就業規則の規定も合理的なものであるといえる。したがって，Q社は従業員に対して時間外労働を命じることができるといえる。もっとも，この規定の範囲内の時間外労働命令も，時間外労働命令権の行使が濫用に当たるときは，Q社の時間外労働命令は無効となる（労契3条5項）。

(3) 定額給制の適法性

時間外割増賃金の支払を義務付ける労基法37条は，時間外割増賃金の支払方法については規制していない。そのため，時間外割増賃金を基本給に含めて支払う定額給制は直ちに労基法に違反しない。しかし，基本給のうち割増賃金に当たる部分が判別できなければ，適法な時間外割増賃金の支払があったとは

認められないため，使用者は基本給や定額給部分とは別に労基法上の時間外割増賃金の支払義務を負うと解される。本件賃金規程によっても，両者の区別は判然としておらず，DはQ社に対して，基本給とは別に時間外割増賃金の支払を求めることができる（労基37条）。

他方で，本件基本給の改定経緯に照らし，基本給部分と時間外割増賃金部分が明確に判別できる（旧基本給25万円から新基本給30万円への増額分である5万円が時間外割増賃金部分に当たる）とも解しうる。しかし，本件賃金規程は「残業代を含む」と規定するだけで，「残業代を含む。ただし，実際に労基法所定の方法により算出した割増賃金が残業代を上回る場合は，その差額を別途支払う」旨の規定がないことから，本件賃金規程の「残業代を含む」とする部分は労基法37条の趣旨に反し無効であり（労基13条），DはQ社に対して，基本給とは別に時間外割増賃金の支払を求めることができると解すべきである（労基37条）。

また，本件賃金規程が就業規則の一部であることから，定額給制への変更の合理性が問題となる（労契10条）。まず，基本給のうち割増賃金部分が判別できない場合は，基本給に割増賃金部分が含まれるとは解されないから，本件賃金規程の変更は，基本給25万円から30万円への引上げを行うものとなり，就業規則の不利益変更には該当せず，変更後の賃金規程は拘束力を有すると解される（労契9条）。他方，基本給のうち割増賃金部分が判別できる場合，時間外割増賃金の支払方法を定める定額給制そのものは直ちに労基法に違反するものではないこと，基本給の変更がないことから，本件賃金規程の変更は不利益変更に該当しないと解され，変更後の賃金規程は拘束力を有すると解される（労契9条）。ただし，基本給の割増賃金部分が，実際に行われた時間外労働時間数に応じて算出された時間外割増賃金額を下回る場合は，労基法37条に違反する。そのため，労基法37条に違反する場合でも割増賃金を5万円までしか支給しないとする部分については無効となると解される（労契13条）。

なお，定額給制の導入が労働者による時間外割増賃金の放棄であると解する余地はあるが，本件定額給制は就業規則によって導入されたもので，Dが時間外割増賃金の放棄の意思表示をしていないことから，Dによる時間外割増賃金の放棄が適法になされたとは認められない（前掲テックジャパン事件）。

【基本文献】

荒木153頁／菅野460頁／土田・概説117頁／土田・労契法305頁／西谷・労働法282頁／野川649頁／水町262頁

（山川和義）

10 労働時間(2)──弾力的労働時間制

【設 問】

週刊誌の出版等を行う Y 社は，就業規則において，正社員の所定労働時間は 9 時〜18 時（休憩 1 時間）と定めている。一方，これとは別に，営業社員には事業場外労働のみなし制（労基 38 条の 2）を，取材担当社員には専門業務型の裁量労働制（労基 38 条の 3）を，アルバイトのアシスタントには 1 ヵ月単位の変形労働時間制（労基 32 条の 2）を適用している。

1 Y 社の営業社員は，ルート営業担当社員と，新規営業開拓担当社員に分かれる。L らルート営業担当社員は，午前 9 時からの営業会議で情報共有を図り，その後に資料を作成した後に，概ね 10 時 30 分頃から各営業先に出向き，17 時には帰社して，営業訪問に関する詳細な情報を営業報告書としてパソコンで入力することを義務づけられている。また，Y 社では営業社員にタブレット端末を支給し，営業社員は同端末を用いて営業先から用務内容や発注依頼を Y 社に送信しており，その場で Y 社から営業内容の指示等がされることもしばしばある。一方，営業先への訪問については，具体的な業務内容・訪問スケジュールを上司が決定しておらず，本人の裁量的判断に委ねられている。また，17 時帰社に間に合わない場合に営業先から直帰することも容認されている。Y 社では，ルート営業社員に対して，前々月の売上実績に応じて月額 1 万円〜10 万円の範囲で営業手当を支給している。

L は，Y 社のルート営業に従事しており，営業先から高い評価を得ている。一方，Y 社では，営業関係の資料整理やパソコン操作といった事務作業も多く，特に 2017 年度以降は同作業量が増え，17 時に帰社してからの入力作業が 20 時頃までかかることが常態化している。L 以外の営業担当の多数も同様の状況にある。また，L は，平均して所定労働日の 3 分の 1 については，20 時頃まで営業先に滞在してから直帰している。L は，基本給のほか，営業手当として月額 5 万円〜8 万円の支給を受けているが，長時間労働への見返りがないことに不満を抱いている。

L が Y 社に対して割増賃金を請求した場合，認められるか。

2 Y 社は，取材担当社員については，同社社員の約 60％を組織する G 組合との間で労使協定を締結し，専門業務型裁量労働制を運用している（労使協定の適法性については問題ないものとする）。取材担当社員は，始業・終業時刻の管理を

受け，取材対象と計画を事前に Y 社に提示し，取材後に取材報告を行うこと（取材時間も含む）を義務づけられているが，それ以外には時間管理を受けていない。取材担当社員は，自ら取材対象を選び，自らの計画に基づいて取材を遂行している。ただし，Y 社では，営業社員が各担当先から送信するデータをもとに，ほぼリアルタイムで取材担当社員ともタブレット端末を通じて市場動向を共有するとともに，Y 社が取材担当社員に対し，特集の内容や取材先の変更等を指示することがある。なお，Y 社では取材担当者について週 2 日（各約 1 時間）の会議日が設定され，意見交換が行われている。Y 社の労使協定では，みなし労働時間数を 1 日 9 時間と定め，1 時間分の割増賃金を支給しているが，Y 社が得意とする密着取材の性質上，取材に 1 日 13 時間程度を要することが多く，Y 社の取材担当社員である M の場合，2019 年 5 月ではそうした取材が合計 15 日あった。また，このうち泊まり込みでの取材が必要なケースも合計 4 回あった。泊まり込み取材の場合は，1 回当たり 8000 円の取材手当が支給されている。こうした状況は，M に固有のものでなく取材担当社員の業務に広く発生している。

　　M は，基本給のほか上記の取材手当として月平均で 2 万円（2019 年 5 月の場合は，3 万 2000 円）の支給を受けているが，実際の負担に対する待遇について不満を抱いている。

　　M が Y 社に対して割増賃金を請求した場合，認められるか。

3　Y 社では，事務作業や販促キャンペーン時のアシスタントとして，10 名が勤務している。アシスタントは時給 1200 円，雇用期間を 6 ヵ月とする有期雇用のアルバイトであり，正社員とは別に定める就業規則で 1 ヵ月単位の変形労働時間制およびシフト制を適用されている。具体的には，各アシスタントから毎月初旬に翌月の就労希望日および 8 時〜 20 時の間で希望する時間帯を聴取し，それを踏まえて毎月 20 日頃に翌月のシフト表が作成・配布される。アシスタントはシフト表に基づき就労するのが建前であるが，実際には，キャンペーンの内容等に応じて，就労予定日の 1 週間前から，遅いときには前日になってシフト日時の変更を指示されることが常態化している。Y 社の上記就業規則には，「会社が必要と認める場合には，事前に決定した労働日や時間を変更することがある」との規定（25 条）があり，これに基づく変更である。

　　N は，Y 社のアシスタントとして週 6 日の勤務をしている。2019 年 5 月の N の 1 週間の実労働時間は，第 1 週が 50 時間，第 2 週が 30 時間，第 3 週が 50 時間，第 4 週が 20 時間であり（1 週間当たり平均 37.5 時間），賃金として月額 18 万円が支給された。同月は，キャンペーン時の天候不順のため，N のシフトは前月に示された予定から大きく変更された日が 6 日間あったが，それぞれ 2

日前または前日までにＹ社が上記就業規則規定に基づいて変更を指示したものである。Ｎは，私生活等の予定が組みにくいことについて不満を抱いている。

　ＮがＹ社に対して割増賃金を請求した場合，認められるか。

【解　説】

1　労働時間規制の弾力化

　労基法は，労働時間の規制に関して，1週40時間・1日8時間制の原則を規定しつつ（労基32条），その例外として，①変形労働時間制（同32条の2・32条の4・32条の4の2・32条の5），②事業場外労働のみなし制（同38条の2），③フレックスタイム制（同32条の3），④裁量労働のみなし制（同38条の3・38条の4）といった弾力的労働時間制を設けている。もっとも，前二者が，労働時間の柔軟な配分（①）や，事業場外労働の特質（②）に応じた弾力的労働時間制を意味するのに対し，後二者は，労働者の自律的な働き方の実現を目的とする制度であり，立法趣旨は全く異なる。

　これらの弾力的労働時間制は，労働時間規制の適用を除外するものではなく，労働時間規制を前提として一定の柔軟化を図る制度である。例えば，①の1ヵ月単位の変形労働時間制の場合，1週40時間・1日8時間を超える労働時間が定められた日・週においては，その時間が法定労働時間となり，それを超えて労働してはじめて法定時間外労働となるが，法定時間外労働の概念自体は維持されており，当該労働時間については，三六協定の締結・届出（労基36条）と割増賃金の支払（同37条）が必要となる。また，④の裁量労働制の場合も，みなし時間数を8時間超の時間として設定した場合（例えば9時間）は，やはり三六協定の締結と割増賃金の支払が必要となる。

　一方，農業・畜産業・水産業の従事者や管理監督者等については，労働時間規制の適用が除外されており（労基41条），その対象は労働時間や休憩，休日に関する規制全般に及ぶ（ただし，深夜業〔労基37条4項〕および年次有給休暇規定〔同39条〕の適用は除外されない。26参照）。なお，2018年の労基法改正により，高度プロフェッショナル制度が新たな適用除外制度として導入された（同41条の2〔土田・概説149頁以下参照〕）。

2　変形労働時間制

(1)　意義と要件

　変形労働時間制とは，労使協定等で定めた一定の単位期間について，労基法

上の労働時間の規制を，1週・1日単位ではなく，単位期間における1週当たりの平均労働時間で規制する制度である。業務に繁閑が生ずることが多い企業等では，それに合わせて労働時間を不規則に配分する必要性が生ずることから，そのために設けられた制度が変形労働時間制である。①1ヵ月単位（労基32条の2），②1年以内単位（同32条の4・32条の4の2），③1週間単位（同32条の5）の3種類がある。

このうち，①1ヵ月単位の変形労働時間制は，同制度の基本形として普及している。それによれば，使用者は，過半数労働組合・過半数代表者との労使協定または就業規則その他これに準ずるものにより，1ヵ月以内の一定期間を平均し，1週間当たりの労働時間が週法定労働時間を超えない定めをした場合は，その定めにより，特定された週において1週の労働時間を，特定された日において1日の労働時間を超えて労働させることができる。この制度においては，1週・1日の法定労働時間（労基32条）を超える労働が行われても時間外労働とならない。すなわち，1週40時間・1日8時間を超える労働時間が定められた日・週においては，その時間が法定労働時間となり，それを超えて労働してはじめて法定時間外労働となる。一方，1週40時間・1日8時間以下の労働時間が定められた日・週においては，法定労働時間が適用され，40時間・8時間を超えて労働時間が延長された場合にはじめて法定時間外労働となる。

(2)　**所定労働時間の特定・変更**

変形労働時間制においては，労使協定等において，単位期間における労働時間および労働日を事前に特定する必要がある（日本レストランシステム事件・東京地判平成22・4・7判時2118号142頁〔前記③を除く〕）。ただし，変形労働の事前特定が困難な事業では，変形期間の開始前に勤務割やシフト表で特定することも許容される（昭和63・3・14基発150号）。

また，いったん特定された労働時間等を業務の都合により変更することは原則として許されない（菅野503頁）。就業規則等に変更規定を置く場合も，予定した業務の大幅な変動の発生など臨時の必要性に基づく変更事由を具体的に定める必要があり，使用者が任意に変更できる旨の規定では，変形労働時間制の事前特定の要件を充足しないものとして違法となり，使用者は，実労働時間に応じた割増賃金支払義務を免れないものと解される（JR西日本事件・広島高判平成14・6・25労判835号43頁）。

3　事業場外労働のみなし制

労働者が外回りの営業や取材，出張等の事業場外労働に従事する場合，使用

119

者の指揮命令が及ばないため，労働時間の把握が困難となり，労働時間の算定に支障が生ずることが多い。このような場合の労働時間算定のための制度が事業場外労働のみなし制である（労基 38 条の 2）。すなわち，労働者が労働時間の全部または一部について事業場外で業務に従事した場合において，労働時間を算定し難いときは，所定労働時間労働したとみなす（同条 1 項本文〔所定労働時間みなし〕）。ただし，当該業務の遂行に通常所定労働時間を超えて労働することが必要となる場合には，当該業務の遂行に通常必要とされる時間労働したものとみなされる（同条 1 項ただし書〔通常必要時間みなし〕）。この通常必要時間みなしに関して，過半数代表との労使協定があるときは，その協定で定める時間が当該業務の遂行に通常必要な時間とされる（同条 2 項）。

　事業場外労働のみなし制の要件は，ⅰ労働者が事業場外で業務に従事することと，ⅱ労働時間を算定し難いことの 2 点である。これら要件を満たせば，みなし時間によって労働時間が算定され，それが 1 日 8 時間を超えない限り，36協定の締結（労基 36 条）や割増賃金の支払（同 37 条）等を必要としない。なお，ⅰに関して，労働時間の一部が事業場内で行われている場合は，事業場外労働がみなしの対象となる一方，事業場内での就労については別途労働時間の把握・算定が必要となるというのが通説・行政通達（前掲基発 150 号）の考え方である（別途みなし説）。

　次に，ⅱについては，事業場外での労働であっても，使用者の具体的な指揮監督が及んでいる場合は，事業場外労働のみなし制は適用されない。その判断に際しては，業務の性質，内容やその遂行の態様，状況等，業務に関する指示および報告の方法，内容やその実施の態様，状況等が考慮される（阪急トラベルサポート〔第 2〕事件・最二小判平成 26・1・24 労判 1088 号 5 頁）。この点，使用者は本来，実労働時間を把握・算定すべき義務を負う（平成 13・4・6 基発339 号等）ことから，みなし制を適用するためには，使用者が合理的に期待できる方法を尽くさないまま労働時間を把握・算定できないと認識するだけでは足りず，客観的に見て労働時間を算定し難い場合でなければならない。

　行政解釈によれば，例えば，労働者が携帯電話等で随時指示を受けたり，訪問先や帰社時刻について具体的指示を受ける場合など，使用者の指揮監督が及ぶ場合は，みなし制は適用できない（昭和 63・1・1 基発 1 号）。また，判例は，旅行会社が催行するツアーの派遣添乗員につき，添乗業務の内容は予め確定されており，添乗員が決定できる事項の幅は限られていること，ツアー開始・ツアー実施中ともに添乗員に対して具体的指示を行っていること，ツアー終了後も添乗日報によって業務の遂行状況等に関する詳細な報告を求めていること等

120　⑩　労働時間(2)

から，「労働時間を算定し難いとき」に該当しないと判断している（前掲阪急トラベルサポート〔第2〕事件）。一方，携帯電話を貸与されて稼動する営業社員につき，業務内容・訪問スケジュールを上司が決定しておらず，本人の裁量が高いこと，携帯電話・電子メールによる出張報告書の内容が簡易であり，網羅的でないこと等によれば，会社が同社員の勤務状況を具体的に把握することは，かなり煩雑な事務を伴わなければ不可能であったとして同制度の適用を肯定した裁判例もある（ナック事件・東京地判平成30・1・5労経速2345号3頁）。

4 裁量労働のみなし制

(1) 概 説

裁量労働のみなし制（裁量労働制）とは，業務の性質上その遂行の方法を大幅に労働者の裁量に委ねる必要があるため，当該業務の遂行の手段および時間配分の決定等に関し使用者が具体的な指示をしないこととする業務について，実際の労働時間数にかかわらず，労使協定や労使委員会の決議で定めた一定時間労働したものとみなす制度である。労働遂行や労働時間の配分に関して裁量性が高く，労働の量（労働時間）よりも労働の質（内容・成果）に着目して報酬を支払われる労働者（ホワイトカラー）を対象とする制度であり，専門業務型（労基38条の3）と，企画業務型（同38条の4）の2種類がある。

裁量労働制は，労基法の労働時間規制を全面的に排除する制度ではなく，休憩（労基34条），休日（同35条），深夜業（同37条4項）の規制は及ぶ。また，実労働時間と無関係に労働時間を算定する点では時間外労働の規制は排除されるが，みなし労働時間について法定労働時間を超える時間として定めれば（例えば1日9時間），超過分が時間外労働（同36条）となり，使用者は割増賃金支払義務を負う（同37条1項）。さらに，裁量労働制が適用される場合も，使用者は，健康管理等の観点から対象労働者の労働時間を把握する義務を負う。

裁量労働制においては，使用者は，労働時間の配分や業務遂行について個別具体的な指示をすることはできない。他方，使用者は，業務の遂行に関する基本的指揮命令権を有しているため，業務の基本的目標や内容を指示したり，業務の途中で必要な変更を指示することは許される（土田・労契法358頁参照）。

裁量労働制は，実労働時間数にかかわらず一定時間労働したものとみなす制度であるが，みなし労働時間が実労働時間から著しく乖離する場合の取扱いについては問題がある。この点，裁量労働制においては，みなし時間と実労働時間は完全に切断されると考えれば，上記の場合についても裁量労働制の適用が認められることになろう。しかし，裁量労働制は，労働時間規制の適用除外制

度ではなく，業務の性質上その遂行の方法を大幅に当該業務に従事する労働者の裁量に委ねる必要があるケースについて，労働時間の算定について「みなし」という手法を認めるにとどまる。この制度において，労使協定に有効期間の定めが必要とされる（前掲基発150号）のも，みなし時間が時とともに変化しうることから，具体的なみなし労働時間数の変化を反映することに主眼があると解される。したがって，裁量労働制におけるみなし労働時間は，実労働時間と厳密に対応する必要はないが，それから著しく乖離することはできないと解すべきであろう。みなし労働時間が実労働時間と乖離する場合は，裁量労働制を定めた労使協定（専門業務型）または労使委員会決議（企画業務型）は無効となり，労働者は実労働時間に対応する割増賃金を請求できると解される（同旨，西谷313頁，本書3版122頁〔和田肇〕）。

(2) 専門業務型裁量労働制（労基38条の3）

専門業務型裁量労働制は，専門的業務に従事する労働者を対象とする裁量労働制である。その要件は，対象業務と，労使協定の締結・届出という2つの面から設定されている。

まず，専門業務型裁量労働制の対象業務は，①業務の性質上その遂行方法を大幅に労働者に委ねる必要があるため，②業務遂行の手段および労働時間の配分の決定に関して具体的指示をすることが困難な業務である（労基38条の3第1項）。具体的な対象業務としては，研究開発，情報処理システムの分析・設計，デザイナー，新聞・出版事業における取材・編集の業務などの業務が限定列挙されている（労基則24条の2の2第2項）。なお，これらの業務に従事する場合も，時間配分や業務遂行が大幅に労働者に委ねられていない場合は，裁量労働制の適用は認められない（エーディーディー事件・大阪高判平成24・7・27労判1062号63頁）。

専門業務型裁量労働制の第2の要件は，過半数組合・過半数代表者との間で労使協定を締結し，労働基準監督署長に届け出ることである（労基38条の3第1項・2項）。記載事項は，①対象業務，②労働時間のみなし規定，③業務遂行手段・時間配分について具体的指示をしないこと，④労働者の健康・福祉確保措置，⑤苦情処理手続等の事項である。

(3) 企画業務型裁量労働制（労基38条の4）

企画業務型裁量労働制の対象は，事業の運営に関する事項についての企画，立案，調査および分析の業務であって，業務の性質上これを適切に遂行するにはその遂行の方法を大幅に労働者の裁量に委ねる必要があるため，当該業務の遂行の手段および時間配分の決定等に関し使用者が具体的な指示をしない業務

とされる。専門業務型と異なり，業務それ自体に広い裁量性があるわけではないため，対象面・導入手続面の2点から厳しい要件が課されている。

　まず，対象業務となるのは，①事業運営に関する事項についての，②企画・立案・調査・分析を組み合わせて行う業務であって，③業務の性質上，その遂行方法を大幅に労働者の裁量に委ねる必要があるため，④業務遂行手段・時間配分の決定等に関して使用者が具体的指示をしないこととする業務である（労基38条の4第1項1号）。この結果，個別の営業など企業の事業運営に影響を及ぼさない業務は排除され（①），企画・立案・調査・分析のいずれかを機械的・補助的に行う業務も排除される（②）。

　次に，企画業務型裁量労働制を実施するためには，労使委員会の5分の4以上の多数による決議と労働基準監督署長への届出が必要である（労基38条の4第1項柱書）。労使委員会は，使用者および労働者代表によって構成される組織であり，委員の半数は，事業場の過半数労働組合・過半数代表者によって指名されることを要する（同条2項1号）。決議事項は，①対象業務，②対象労働者，③みなし労働時間数，④労働者の健康・福祉の確保措置，⑤苦情処理手続，⑥適用に際して対象労働者の同意を得ること，および同意しなかったことを理由とする解雇その他の不利益取扱いの禁止等である（同条1項1号～7号）。

【解答への道すじ】

1　【設問】1について

(1)　問題の所在

【設問】1については，Y社が採用している事業場外労働のみなし制（労基38条の2）がLに適用されるか否かが問題となる。仮に適用が否定されれば，Lは，Y社に対して，実労働時間に対応した割増賃金の支払を請求することができる（同37条）。また，仮に事業場外労働のみなし制が適用されるとしても，Y社内で法定労働時間を超えて就労した時間数に応じた割増賃金の支払を請求することが考えられる。

(2)　事業場外労働のみなし制の適用が否定される場合

　前記のとおり（【解説】3），事業場外労働のみなし制の要件は，①労働者が事業場外で業務に従事することと，②労働時間を算定し難いことの2点である。【設問】1の場合，①については，LがY社外で稼動する営業活動について，事業場外で業務に従事したものと評価することに問題はないと解される。

　問題は，②の「労働時間を算定し難いとき」要件への該当性である。判例

（前掲阪急トラベルサポート〔第2〕事件）によれば，その具体的な判断は，業務の性質・内容，業務遂行の態様・状況等，業務に関する指示および報告の方法・内容やその実施の態様等を総合して行われる（【解説】3）。

　まず，①業務の性質・内容については，Lが担当するのはルート営業であり，新規開拓営業と異なり，Y社がLの具体的な労務遂行の実態を把握することは比較的容易といえる。また，②業務遂行の態様・状況，業務指示・報告の方法・内容・態様等について見ると，Lら営業社員は，17時に帰社後，日報と訪問先に関する詳細な情報を営業報告書としてパソコン入力することを義務づけられるとともに，タブレット端末を用いて営業先から用務内容や発注依頼をY社に送信しており，Y社から営業内容の指示等がされることもしばしばあるとされており，これらは「労働時間を算定し難いとき」要件への該当性を否定する方向に働く事情である。一方，③営業先への訪問については，具体的な業務内容・訪問スケジュールを上司が決定しておらず，本人の裁量的判断に委ねられ，また，17時帰社に間に合わない場合に営業先から直帰することも容認されており，これらは逆に「労働時間を算定し難いとき」要件への該当性を肯定する方向に働く事情といいうる。

　微妙な判断となるが，①②を重視すれば，本件では，「労働時間を算定し難いとき」要件該当性が否定され，Lに対する事業場外労働みなし制の適用が否定される可能性が高い。この場合，LはY社に対し，実労働時間に応じて，法定労働時間（労基32条）を超える部分に対する時間外割増賃金を請求することができる。また，事案に応じて付加金の請求も可能であるが（同114条），本件では困難であろう。付加金は，使用者の労基法違反によって当然に発生するものではなく，裁判所の裁量を待って支払が命じられる制裁であり，裁判所は，使用者による労基法違反の程度・態様，労働者の不利益の性質・内容，使用者の対応等諸般の事情を考慮して支払義務の存否および額を決定すべきものとされ，付加金支払義務は，重大・悪質な労基法違反の場合に限定される（土田・労契法76頁参照）。この点，本件では，Y社の労基法違反について付加金支払義務を認めるほどの悪質性を認めることは困難と解されるからである。

　なお本件では，Y社はLに対して営業手当を支給しているため，これを割増賃金の一部として控除できるか否かも問題となる。しかし，本件営業手当は，前月の売上実績に応じて支給されるインセンティブ給としての側面が強く，時間外労働に対する対価という性格は乏しいため，控除できないものと解される（⑨参照）。

(3) 事業場外労働のみなし制の適用が肯定される場合

以上に対し，前掲ナック事件（【解説】3）の場合は，前記②業務遂行の態様・状況，業務指示・報告の方法・内容・態様等につき，営業スケジュール等が営業社員の裁量に委ねられることに加え，営業社員による出張報告書の内容が簡易であり，具体的・網羅的でなく，ここでも営業社員の裁量性が高いと評価された点が【設問】1と異なる。こうしたケースでは，「労働時間を算定し難いとき」要件への該当性が肯定され，事業場外労働のみなし制の適用が肯定される可能性がある。すなわち，【設問】についても，②の事実関係がナック事件に接近すれば，みなし制の適用が肯定される可能性がある。問題は，仮に適用が肯定される場合，みなし時間数について，所定労働時間のみなし（労基38条の2第1項本文）が適用されるのか，それとも，所定労働時間を超えて当該業務の遂行に通常必要とされる時間のみなし（同項ただし書）が適用されるのかであるが，【設問】の場合，Lは，平均して所定労働日の3分の1については20時頃まで営業先に滞在してから直帰しており，この日数分については，Lは所定労働時間を超えて当該業務の遂行に通常必要とされる時間就労していると解されるので，後者と解すべきであろう。

次に，仮に上記のとおり，Lについて事業場外労働のみなし制が適用されるとしても，同制度がみなしの対象とするのは事業場外労働に限定されるため，事業場内の就労について使用者による時間算定が可能な場合はみなしの対象とならない（【解説】3の別途みなし説）。【設問】1についても，少なくとも，Lが17時に帰社してからの3時間のうち所定労働時間外の2時間分についてはみなしの対象外というべきであり，Lは，法定労働時間を超える各日2時間について割増賃金の支払を求めることができる。なおここでも，所定労働時間のみなしが適用されるのか，それとも当該業務の遂行に通常必要とされる時間のみなしが適用されるのかが問題となるが，2017年度以降は，Lを含めて営業社員の多数が20時頃まで就労することが常態化していたとされているため，後者と解すべきであろう。

2 【設問】2について

(1) 問題の所在

【設問】2については，Y社が採用している専門業務型裁量労働制（労基38条の3）がMに適用されるか否かが問題となる。仮に適用が否定されれば，Mは，Y社に対して，実労働時間に応じた割増賃金の支払を請求することができる（同37条）。

(2) 専門業務型裁量労働制の適用の可否

前記のとおり（【解説】4(2)），専門業務型裁量労働制の要件は，対象業務と，労使協定の締結・届出という2つの面から設定されているところ，本件では，労使協定は適法に締結されたとあるので，後者については問題がない。一方，前者については，①業務の性質上その遂行方法を大幅に労働者に委ねる必要があるため，②業務遂行の手段および労働時間の配分の決定に関して具体的指示をすることが困難な業務であることが要件となる（労基38条の3第1項）。専門業務型裁量労働制の対象業務は，労基法施行規則24条の2の2第2項に限定列挙されているが（【解説】4(2)），Mが従事する取材の業務は，「新聞若しくは出版の事業における記事の取材若しくは編集の業務」に該当し，裁量労働制の対象業務に該当するものと解される。

次に，専門業務型裁量労働制については，上記②のとおり，使用者が業務遂行の手段および労働時間の配分の決定に関して具体的指示をすることが困難な業務に労働者が従事することが要件となり，制度の導入要件である労使協定においても，使用者が対象業務の遂行の手段・方法や時間配分等に関し労働者に具体的指示をしないことが必要記載事項とされている（労基38条の3第1項3号）。専門業務型裁量労働制の下で使用者が具体的な指揮命令を及ぼすことを認めると，同制度の基本趣旨に反する結果をもたらすため，業務の遂行を大幅に労働者の裁量に委ねることは裁量労働制を適用するための必須の要件を意味する。もっとも，使用者は，業務の遂行に関する基本的指揮命令権を有しているため，業務の基本的目標や内容を指示したり，業務の途中で必要な変更を指示することは許されるのであり，その限りで，業務の遂行方法を完全に労働者の裁量に委ねることまでは必要ないと解される（【解説】4(1)）。

【設問】2では，Y社の取材担当社員については，始業・終業時刻の管理を除いて労働時間管理は行われていない。この点，始業・終業時刻の管理を行うこと自体は，時間配分の決定に関する裁量性と矛盾するわけではない（土田・労契法358頁参照。ただし，出退勤そのものを拘束することはできない）。また，週2日程度の会議への出席の義務づけについても，同会議が業務の基本的目標や内容を決定し，指示する場であると考えれば，裁量労働制の趣旨に反するとまでは評価できない。これらの点を重視すれば，Y社の専門業務型裁量労働制は労基法38条の3の要件を充足するものとして適法と解される。したがって，Mは，Y社に対して割増賃金を請求することはできない。

他方，【設問】2では，Mは，タブレット端末を通じて特集の内容や取材先の変更等を指示されており，この点は問題となりうる。すなわち，取材担当社

員にとって，特集内容の確定や取材先の選定が中核的な業務であることを踏まえれば，Ｙ社が行う具体的な指示の程度によっては，専門業務型裁量労働制の要件を満たさない可能性がある。ケース・バイ・ケースの判断となろう。

なお，専門業務型裁量労働制が適用される場合も，深夜労働規定（労基 37 条 4 項）は適用されることから，Ｍは，午後 10 時から午前 5 時までの間で実際に労働に従事した時間に応じて，「通常の労働時間……の賃金」（労基 37 条 1 項）の 2 割 5 分増の深夜割増賃金の支払を請求できるものと解される。また，Ｙ社は，泊まり込み勤務が必要な場合にＭに対して取材手当を支給しているため，割増賃金の支払に際して同手当を控除できるか否かが問題となる。しかし，本件取材手当は，その算定方法から見て，深夜の時間帯での労働の長さに対する割増手当ではなく，泊まり込み取材への対価としての側面が強いことから，控除できないものと解される（⑨参照）。

(3) 実労働時間とみなし労働時間の乖離

次に，仮にＹ社の業務指示が裁量労働制の本質に反しない程度の軽微なものにとどまるとしても，Ｍは，本件労使協定で定めたみなし労働時間と実際の労働時間（13 時間）が乖離していることから，労使協定の無効を主張し，裁量労働制の適用がないことを主張する余地がある。前記のとおり（【解説】4 (1)），裁量労働制におけるみなし労働時間は，実労働時間と厳密に対応する必要はないが，それと乖離することは許されず，その場合は，労使協定は無効となり，労働者は実労働時間に対応する割増賃金を請求できるものと解される。

【設問】2 では，Ｙ社はみなし労働時間を 9 時間と定め，1 時間分の割増賃金を支給する一方，Ｙ社が得意とする密着取材の性質上，取材に 1 日 13 時間程度を要することが多く，2019 年 5 月の場合，合計 15 日に及んでいる。このように，Ｙ社においては，相当日数について労使協定のみなし労働時間と実労働時間の間に 4 時間もの大きな乖離が生じているところ，この乖離はＭに固有のものでなく，取材担当社員に蔓延しており，かつ，恒常化している。こうした点から，本件労使協定を無効と評価できれば，Ｍは本件専門業務型裁量労働制が適用されないことを主張し，Ｙ社に対し，実労働時間に応じて，法定労働時間を超える部分についての割増賃金を請求することができる。

3 【設問】3 について

【設問】3 については，Ｙ社が採用している 1 ヵ月単位の変形労働時間制（労基 32 条の 2）がＮに適用されるか否かが問題となる。仮に適用が否定されれば，Ｎは，Ｙ社に対して，実労働時間に応じた割増賃金の支払を請求する

ことができる（同37条）。

　前記のとおり（【解説】2(1)），1ヵ月単位の変形労働時間制は，過半数組合・過半数代表者との間の労使協定のほか，就業規則によって導入することができる。この点，【設問】3では，Ｙ社は就業規則によって同制度を導入しており，導入要件の面で問題はないと解される。また，2019年5月のＮの1週間当たりの平均労働時間は，37.5時間と40時間以内に収まっており，この点でも，変形労働時間制の要件（労基32条の2第1項）を充足している。

　これに対し，所定労働時間の変更の面では問題がある。すなわち，Ｙ社では，就業規則25条（「会社が必要と認める場合には，事前に決定した労働日や時間を変更することがある」との規定）に基づき，シフト表でいったん決定された所定労働時間を，就労予定日の1週間前から直前になって変更することが常態化している。この点，1ヵ月単位の変形労働時間制の適用が認められるためには，各週および各日の所定労働時間が事前に特定される必要があるところ，それをシフト表で行うこと自体は差し支えないと解される。一方，勤務割やシフト表で決定された労働時間を変更することは原則として許されず，就業規則上の変更規定においても，予定した業務の大幅な変動の発生など臨時の必要性に基づく変更事由を具体的に定める必要があり，使用者が任意に変更できる旨の規定では，変形労働時間制の事前特定の要件を充足しないものとして違法と解される（【解説】2(2)。前掲JR西日本事件参照）。

　【設問】3の場合，シフト表に基づく所定労働時間の事後的変更が常態化しており，2019年5月を見ても，Ｎのシフトが予定から大きく変更された日が6日間あったとされている。この変更は，それぞれ2日前または前日までに就業規則25条に基づいて変更されているところ，この規定は，まさに使用者が任意に労働時間を変更できる旨の規定であり，変形労働時間制の事前特定の要件を満たさないものとして違法と解される。したがって，Ｎは，Ｙ社に対して，変形労働時間制が適用されないことを主張して，法定労働時間（労基32条1項）を超えて就労した時間数（2019年5月の場合，第1週・第3週のそれぞれ50時間から40時間を除した時間〔10時間×2＝20時間〕）に応じた割増賃金を請求できるものと解される。

【基本文献】

荒木171-178頁，187-192頁／菅野501-528頁／土田・概説136-147頁／土田・労契法342-366頁／西谷・労働法294-300頁，309-313頁／野川658-666頁，671-681頁／水町277-284頁

（土田道夫＝本庄淳志）

11 休暇，休業

【設 問】

1 Ｌ大学には約200名の事務職員がいる。Ｌ大学職員就業規則には，「採用日から6か月間継続勤務し，所定労働日の8割以上出勤した職員に対しては，10労働日の年次有給休暇を与える」「年次有給休暇を取得しようとする職員は，原則として3日前までに書面により請求しなければならない」「付与日から1年以内に取得しなかった年次有給休暇は，付与日から2年以内に限り繰り越して取得することができる」等の定めがある。

　ＡはﾄﾟL大学の専任職員として8年間勤務し，2017年4月からは総務課に所属している。総務課には7名の職員がいるが，大学全体の事務を幅広く扱っており職員1人当たりの業務量は多い。Ａも多忙であったため，欠勤は一度もなく，年休を取得したこともなかった。そこで，年度末までに年休を取得しようと考えていたところ，卒業式を終えた2019年3月25日，総務課の業務が落ち着き，Ａの業務も減ることになった。そのためＡは，翌26日と27日の2日間は年休を取得して家でゆっくりしようと，上司に年休申請の書面を提出した。しかし，大学側は，年休取得の前日の請求であること，総務課の別の職員Ｇが同じ日に年休を取得することを以前から予定していること，突発的な業務が発生することもありうること，年度末のため他の部署は多忙であることからＡの申請を認めることは困難であると考えている。Ｌ大学が時季変更権を行使した場合，適法か。

2 同じくＬ大学では，事務職員の年休の取得率が低いことから，年休取得の促進策として，労基法上の計画年休制度を導入することにした。そこで，Ｌ大学は，過半数代表者との間で計画年休協定を締結した。そして，計画年休は講義がない8月に実施すること，事務職員を3つのグループに分け，甲グループについては8月第1週を，乙グループについては第2週を，丙グループについては第3週を，それぞれ計画年休に充てることとした。

　(1)　専任職員Ｂは，年休時季を8月第1週（甲グループ）と指定されたが，この計画年休体制に反対している。そこで，Ｂは指定された年休日に出勤し，他の日に年休を取得しようとしているが，認められるか。

　(2)　Ｃは4月にＬ大学に採用されたばかりの有期契約職員である。Ｃについてはどのように扱うべきか。

129

3　M社は製薬会社であり，従業員数は約700名，全国に支社や工場がある。M社では毎年7月と12月に賞与が支給されており，就業規則には，「会社の業績，従業員の勤務成績に応じて賞与を支給する。賞与は出勤率が平均90％以上の者に支給する。出勤率の算定に当たり，年次有給休暇，生理休暇，産前産後休業，育児・介護休業を取得した日は欠勤日として扱う」との定めがある。また，「会社は，業務上の必要がある場合は，従業員に配転，職務内容の変更を命じることがある」という規定が置かれ，毎年4月には定期人事異動が行われている。そして，育児休業規程には，「育児休業終了後は原則として，原職または原職相当職へ復帰させる」との定めがある。

(1)　DはM社の営業職として働いていたが，2018年5月から出産のため産前産後休業を取得し，その後は子どもが1歳になるまで育児休業を取得した。2019年7月に休業を終えてDが職場に復帰したところ，営業職に空きがないことを理由に，生産工場の事務職への配置転換を命じられた。この配転により，営業手当が支払われなくなるため，その分賃金は下がる。勤務地は郊外の工場になるため通勤時間が30分ほど長くなる。また，配転後のDの主な業務は，納品書のチェックや書類整理などになる。そのため，営業職のときに培った専門的な知識や顧客との信頼関係を仕事に活かすことができない。Dはこの配転について不満に思っているが，このような扱いは適法といえるか。

(2)　M社の正社員Eは，2018年6月に出産をした後，子どもが1歳になるまで育児休業を取得し，2019年6月に職場に復帰した。復帰後は無欠勤であった。しかし，Eには12月に支給されるはずの賞与が全く支給されなかった。賞与の算定に当たり，育児休業期間を欠勤扱いとされたため，賞与の査定期間中（2019年4月〜9月）のEの出勤率が賞与支給要件の90％を下回ったからである。Eは，育児休業は法律上保障されている労働者の権利であって，正当な権利行使を理由に賞与が支給されないことに憤りを感じた。Eが賞与を請求することは可能か。

【解　説】

1　休暇・休業とは

　法が定める休暇には，年次有給休暇（労基39条），生理休暇（労基68条）などがあり，休業には，育児休業（育介5条），介護休業（育介11条），産前産後休業（労基65条）などがある。これらに共通していえるのは，本来であれば労働義務がある日に，権利として労働から解放されるということである。したがっ

て，そもそも労働契約上の労働義務がない日とされる休日（労基35条）とは異なる。

上記の制度のうち，年次有給休暇は，労働者の自由な決定により取得でき，有給であることが法律上保障される。これに対して，産後休業のうち最初の6週間は休業が強制される。そして，年次有給休暇以外の休暇・休業は，使用者に賃金の支払を義務付ける法規定がない。したがって，賃金を支払うか否かは労使間の取決めに委ねられるが，労働者が就労していない以上，ノーワーク・ノーペイ原則により無給でもかまわない。

2　年次有給休暇

(1)　年休権の意義および法的性格

労基法39条は，労働者の休息や余暇等の時間を確保して健康で文化的な生活を実現するために，労働者に労働から解放される権利（年休権）を保障する。労働者は，休日とは別に，使途を問われず，賃金を失うことなく，基本的には自ら休暇日を決定して年次有給休暇を取得することができる。

労基法39条によれば，一定の要件を満たした場合，労働者は年休権を取得し，使用者は年休付与義務を課される（同条1項）。そして，使用者は年休を労働者の請求する時季に与えなければならない（同条5項）。このような年休権の法的性格について判例は，年休権を，労働者が労基法39条1項～3項の要件を満たすことにより発生する権利と，これとは別に労働者が同条5項の年休の取得時季を特定する権利（時季指定権）とに分けて把握する二分説を採用する（白石営林署事件・最二小判昭和48・3・2民集27巻2号191頁＝百選41事件，国鉄郡山工場事件・最二小判昭和48・3・2民集27巻2号210頁）。これによれば，①年休権は労基法39条1項～3項の要件を充足すれば労働者の請求がなくても法律上当然に生じる，②同条5項の「請求」とは休暇時季の指定を意味する，③労働者が始期と終期を特定して休暇の時季指定をすれば，使用者が時季変更権を行使しない限り年休は成立して就労義務が消滅し，年休の成立要件として労働者の請求や使用者の承認は必要ない（形成権），④使用者には労働者が年休を享受することを妨げてはならない不作為義務がある，ということになる。

(2)　年休権の成立要件

労働者は，「6か月間継続勤務」と「全労働日の8割以上出勤」という要件を満たせば，勤続年数に応じた年次有給休暇の権利を取得する（労基39条1項～3項）。

131

「継続勤務」とは，同一の使用者の下に在籍していることをいい，休業中・休職中なども継続勤務に算入される。継続勤務に当たるかどうかは勤務の実態に即して実質的に判断される（日本中央競馬会事件・東京高判平成11・9・30労判780号80頁）。また，有期労働契約が反復更新されている場合も継続勤務したものとされる（国際協力事業団事件・東京地判平成9・12・1労判729号26頁）。

「全労働日」とは，労働者が労働契約上労働義務を課せられている日のことをいう（エス・ウント・エー事件・最三小判平成4・2・18労判609号12頁）。業務上の負傷・疾病による休業，産前産後休業，育児・介護休業の期間は，全労働日に含まれ出勤したものとみなされる（労基39条8項）。年休取得日も出勤したものとみなされる（前掲エス・ウント・エー事件，昭和22・9・13基発17号）。また，裁判所の判決により解雇が無効と確定した場合などのように，労働者の責に帰すべき事由によらない不就労日は出勤日数に算入すべき全労働日に含まれるが（八千代交通事件・最一小判平成25・6・6民集67巻5号1187頁），不可抗力による休業日，使用者側に起因する経営，管理上の障害による休業日，正当なストライキ等により就労しなかった日は全労働日に含まれない（昭和33・2・13基発90号，昭和63・3・14基発150号）。

(3) 年休の時季指定権

労働者は，前記要件の充足により発生した年休権を，時季を指定して請求することにより行使する（労基39条5項）。時季とは，「具体的時期」と「季節」の両方を意味する概念である。そして，時季指定の方法には，具体的な時期を指定する（始期と終期を特定する）方法と季節（またはこれに相当する3か月程度の期間）を指定する方法とがあるが，前者が用いられることが多い。労働者が時季指定をすれば，使用者が適法に時季変更権を行使しない限り，年休権の効果として，年休指定日の就労義務は消滅し，年休手当請求権が発生する（労基39条9項）。

時季指定権の行使時期について労基法に定めはない。では，就業規則等において，時季指定は休暇日の一定日数前までに行わなければならないとして時期の制限をすることは可能か。これについて学説・判例は，使用者が時季変更権を行使するか否かを判断するのに必要な時間的余裕を与え，代替要員の確保を容易にすることによって時季変更権の行使をなるべくしないよう配慮するためのものであれば，年休の時季指定時期について原則的な制限を定めたものとして合理性を有し，労基法39条違反とはならず有効とする（電電公社此花電報電話局事件・最一小判昭和57・3・18民集36巻3号366頁）。ただし，労働者が期限を守らずに時季指定をしたことのみを理由に，時季指定の効力を否定すること

はできない。このことは，使用者が時季変更権を適法に行使できるかどうかの判断の一要素となるにすぎない。したがって，代替要員を容易に確保できる場合や，労働者側に差し迫った事情がある場合などには柔軟に年休取得を認めるべきである。なお，事後的な時季指定は認められないが，労働者が急病等により欠勤した後に年休への振替を求めた場合，使用者がこれを任意に承諾すれば有効に年次有給休暇が成立する（高栄建設事件・東京地判平成10・11・16労判758号63頁）。

(4) 時季変更権の行使

労働者の時季指定権に対して，使用者は指定日を変更し，他の時季に年休を付与することができる（労基39条5項ただし書。この使用者の権利を「時季変更権」という）。時季変更権が適法に行使されると，労働者の時季指定の効力は消滅し，年次有給休暇を請求した日の労働者の労働義務は消滅しない。そして，労働者には他の時季に年休が付与されることになるが，使用者が別の日を指定して与えるのではなく，労働者が他の時季を指定することになる。

使用者は時季変更権を，労働者による時季指定の後，その効力発生前の合理的期間内に行使しなければならない。労働者が休暇当日に時季指定をしたために事前に時季変更権行使について判断する時間的余裕がないときは，年休開始後の事後的な行使も適法とされる（前掲電電公社此花電報電話局事件）。

使用者が時季変更権を行使できるのは「事業の正常な運営を妨げる場合」である。「事業」とは，労働者が所属する事業場（部や課）とされる。そして，この要件に該当するかどうかは，一般に，事業の規模，年休請求者の配置，その担当する業務の内容・性質，業務の繁閑，代替勤務者の配置の難易，同じ時季に年休を請求する者の人数等，諸般の事情を考慮して判断される。とりわけ重要なのが代替勤務者の配置の難易である。

判例は，労働者が指定した時季に年休を取れるよう「状況に応じた配慮」を行うことを使用者に求めている。したがって，代替勤務を申し出た労働者がいれば勤務割を変更して代わりに配置するといった「通常の配慮」をしないときは，使用者は適法に時季変更権を行使することができない（弘前電報電話局事件・最二小判昭和62・7・10民集41巻5号1229頁）。ただし，使用者が通常の配慮をしても代替勤務者を確保することが客観的に不可能な場合には，配慮をしたといえる具体的行為は必要とされない（電電公社関東電気通信局事件・最三小判平成元・7・4民集43巻7号767頁）。しかし，恒常的な人員不足により常に代替要員の確保が困難な場合は，たとえ労働者の年休取得によって業務の一部ができなくなるおそれがあったとしても，事業の正常な運営を妨げる場合には当

たらない（西日本 JR バス事件・名古屋高金沢支判平成 10・3・16 労判 738 号 32 頁）。

年休を請求した労働者の業務の性格上，他に代替者がいない場合，「事業の正常な運営を妨げる場合」に当たると判断されやすい。労働者が訓練期間中に年休を請求したケースでは，労働者を職場の代表として高度な知識や技能を修得させ，業務の改善等に資することを目的とした研修であり，その欠席は知識や技能の修得に不足を生じ職場全体の業務に悪影響を及ぼすとして，時季変更権行使は適法とされている（日本電信電話事件・最二小判平成 12・3・31 民集 54 巻 3 号 1255 頁）。

また，労働者が長期連続の年休を取得しようとする場合，代替勤務者確保の困難さは増し，事業運営に支障が出る蓋然性が高い。そのため，労働者が使用者の業務計画や他の労働者の休暇予定との事前の調整を経ずに長期休暇を請求した場合には，休暇の時期や期間をどの程度修正，変更するかに関し使用者に一定の裁量的判断が認められる（時事通信社事件・最三小判平成 4・6・23 民集 46 巻 4 号 306 頁＝百選 43 事件）。

以上に関連して，年休の利用目的は労働者の自由であり，労働者は年休の利用目的を告げる義務を負わないし，使用者は利用目的を尋ねることも許されず，利用目的を考慮して時季変更権を行使することはできない（前掲白石営林署事件）。ただし，使用者が適法に時季変更権を行使しうる場合に，利用目的によっては時季変更権の行使を差し控えようとして利用目的を尋ねることは問題ない（前掲電電公社此花電報電話局事件）。

(5)　計画年休制度

使用者は，過半数代表者等との間で協定を締結し，労働者に自由に利用できる 5 日間の年休（自由年休）を残せば，集団的・計画的に年休を与えることができる（労基 39 条 6 項）。

計画年休協定には，労働者が請求する時季に年休を付与しなくても労基法違反の責任を問われないという免罰的効果に加えて，労働者の同意や契約上の根拠なしに効果が発生するという私法的効力がある。協定により休暇日が特定されると，時季指定権も時季変更権も排除され，労働者は当該年休日に年休を取得する権利と義務を負う。また，その効果は協定により適用対象とされた事業場の全労働者に及ぶ（三菱重工業長崎造船所事件・福岡高判平成 6・3・24 労民集 45 巻 1・2 号 123 頁，土田・労契法 389 頁，菅野 541 頁等）。

年休の成立要件を満たさないために年休がない者や，年休日数から 5 日を除くと計画年休に充てるべき休暇日数が足りない者については，特別の休暇を与

えたり年休の付与日数を増やす等の措置が必要とされる。このような措置をとらず，年休権のない労働者を計画年休のために休業させる場合，その日は当該労働者にとっては年休日ではないから，使用者の責に帰すべき休業といえ労基法 26 条により休業手当の対象となる（昭和 63・3・14 基発 150 号）。学説においては，民法 536 条 2 項の使用者の帰責事由も肯定されるとする見解もある（東大・注釈労基法(下)737 頁［川田琢之］等）。

計画年休制度は年休取得率向上のために導入されたものの，使用者にこの制度を利用する義務はなく，実際にこの制度を利用している企業は全体の 15% 程度にとどまる（厚生労働省「平成 28 年就労条件総合調査」）。現行法の下では労働者に一方的な時季指定権があり，年休取得の決定は労働者任せになっているため，これがかえって取得を困難にさせている。そこで，労基法 39 条の改正により，2019 年 4 月から，年 5 日の年休取得が義務化された。新労基法 39 条 7 項により，年 10 日以上の年休が付与される労働者に対して，年休日数のうち年 5 日については，使用者が時季を指定して付与しなければならない。違反に対しては，30 万円以下の罰金が科される（労基 120 条）。ただし，労働者が自ら時季指定した場合や，計画年休により年休を取得させた場合は，その日数分の時季指定は不要である（新労基法 39 条 8 項）。また，使用者は，時季指定に当たり，労働者の意見を聴取し，その意見を尊重するよう努めなければならない（新労基則）。

3 休暇・休業取得と不利益取扱い

⑴ 年休取得を理由とする不利益取扱い

労基法 39 条は，同条 9 項に定める金銭（年休手当）を労働者に支払うことを，罰則をもって（同法 119 条）使用者に義務付けるが，年休取得を理由とする不利益取扱いの禁止はこれに含まれない。労基法の附則 136 条が，使用者は年休取得者に対し「賃金の減額その他不利益な取扱いをしないようにしなければならない」と定めるにすぎない。

そのため，年休日を欠勤扱いして賞与を不支給とするような措置について，判例はこれを直ちに許されないものとはしない。沼津交通事件（最二小判平成 5・6・25 民集 47 巻 6 号 4585 頁）では，附則 136 条は努力義務規定であり，不利益取扱いの私法上の効果を否定する効力はないが，不利益取扱いの「趣旨，目的，労働者が失う経済的利益の程度，年次有給休暇の取得に対する事実上の抑止力の強弱等を総合して，年次有給休暇を取得する権利の行使を抑制し，ひいては同法が労働者に右権利を保障した趣旨を実質的に失わせるものと認めら

れるものでない限り，公序に反して無効とはならない」との判断枠組みが示されている。そして，年休取得を理由に皆勤手当を減額・不支給とする措置について，従業員の出勤率を高めるために設けられたこと，減額の程度や年休取得の抑止力の程度が小さいことから公序に反しないと判断された。しかし他方で，労基法 39 条 9 項の趣旨からすれば，使用者は賞与の計算上，年休取得日を欠勤と扱うことは許されないとする判例もある（前掲エス・ウント・エー事件）。学説の多数説も，労基法 39 条は不利益取扱いを禁止する強行規定であり（附則 136 条はこれを確認する規定），不利益取扱いは同条違反として無効と解する（菅野 545 頁以下，土田・労契法 391 頁以下，コンメ労基法・労契法 176 頁以下［竹内（奥野）寿］）。

(2) 産休・育休等の取得を理由とする不利益取扱い

これに対して，産前産後休業，育児・介護等の休業の申出・取得を理由とする解雇その他不利益取扱いは，明文で禁止されている（雇均 9 条，育介 10 条・16 条・16 条の 4・16 条の 7・18 条の 2・20 条の 2・23 条の 2）。したがって，労働者がこれら休業を請求・取得したことを契機に解雇や降格，減給等を行うことは原則として違法・無効となる。裁判例においては，産休・育休後の担当業務変更について，休業取得それ自体を理由としたものや差別的な意図に基づくものでない限り均等法 9 条や育介法 10 条違反にはならないとしつつ，担当業務変更に伴う降格や役割報酬減額，休業期間の成果報酬をゼロ査定としたことは，育介法上の不利益取扱い禁止の趣旨に反し人事権の濫用として違法であるとしたものがある（コナミデジタルエンタテインメント事件・東京高判平成 23・12・27 労判 1042 号 15 頁）。

また，広島中央保健生協〔C 生協病院〕事件（最一小判平成 26・10・23 民集 68 巻 8 号 1270 頁）は，妊娠中の女性労働者が軽易業務への転換（労基 65 条 3 項）を求めたところ副主任から降格された事案であり，これが均等法 9 条 3 項で禁止される不利益取扱いに当たるかどうかが争われた。最高裁は，均等法の規定の文言や趣旨から同 3 項を強行規定と解し，妊娠中の軽易業務への転換を契機として行われた降格措置は原則として同項の禁止する不利益取扱いに当たるとした。そして，例外として，①労働者が受ける有利・不利な影響の内容や程度，事業主による説明の内容その他の経緯や労働者の意向等に照らして，労働者が自由な意思に基づいて降格を承諾したものと認めるに足りる合理的な理由が客観的に存在するとき，または，②事業主の業務上の必要性の内容や程度および労働者に有利・不利な影響の内容や程度に照らして，同項の趣旨・目的に実質的に反しないものと認められる特段の事情が存在するときは，同項違反

に当たらないとされた（平成 27・1・23 雇児発 0123 第 1 号参照）。

　さらに，育児短時間勤務制度（育介 23 条）を利用した労働者の昇給抑制が問題となった全国重症心身障害児（者）を守る会事件・東京地判平成 27・10・2 労判 1138 号 57 頁は，育介法 23 条の 2 を強行規定と解し，勤務時間短縮制度の申出や利用を理由とする不利益取扱いは，同条に違反しないと認めるに足りる合理的な特段の事情が存しない限り，違法・無効であると判示した。そして，昇給抑制は，本来与えられるべき昇給の利益を十分に与えないという不利益取扱いであり，それに合理的な特段の事情も認められないことから，不利益取扱いに該当すると判断された。

　他方，産前産後休業や育児休業等については，その期間中の賃金の支払が法律上義務付けられていない。そのため，これらの休暇・休業日を賃金や賞与の支給に際して欠勤と扱うことは，法が禁止する不利益取扱いに直ちには該当しない。判例によれば，出勤率の低い者にある種の経済的不利益を与える制度を設けることは直ちに違法とはならないが，法律上保障されている休業取得の権利行使を抑制し，法が権利を保護した趣旨を実質的に失わせる場合は，公序（民 90 条）に反して無効となる（日本シェーリング事件・最一小判平成元・12・14 民集 43 巻 12 号 1895 頁）。したがって，賞与の支給要件である出勤率 90％以上を算定する際に，産前産後休業期間や育児のための勤務時間短縮を受けている時間を欠勤扱いとし，要件を満たさない場合の賞与を全額不支給とするような給与規定は，賞与の全額不支給という重大な不利益を被らせること，年間総収入における賞与の比重が大きいこと，産休取得や勤務時間短縮措置を受けると直ちに 90％条項に該当し賞与不支給となりうることから，公序に反し違法・無効となる（東朋学園事件・最一小判平成 15・12・4 労判 862 号 14 頁＝百選〔8 版〕50 事件）。もっとも，支給要件が満たされた場合であっても欠勤日数に応じて減額する計算式に基づいて賞与を減額することは許容されている（前掲東朋学園事件）。精皆勤手当の支給に際して生理休暇取得日を欠勤扱いすることの可否が争われたケースにおいても，休暇取得を著しく困難とし，労基法が規程を設けた趣旨を失わせるものではなく無効とはいえないと判断されている（エヌ・ビー・シー工業事件・最三小判昭和 60・7・16 民集 39 巻 5 号 1023 頁）。

【解答への道すじ】

1　【設問】1 について

⑴　年休権は，労基法 39 条 1 項〜3 項の要件を満たした場合に発生し，労

働者が時季を指定して請求すれば，使用者が時季変更権を適法に行使しない限り，指定した日に年休を取得できる。本問のＡは，Ｌ大学に８年間勤務し，最近の２年間は欠勤もないのだから，要件を満たしており，指定した３月26日および27日に年休を取得できるはずである。ところがＬ大学には年休の時季指定時期を３日前までとする就業規則の定めがあり，Ａはこれに反して休暇前日である３月25日に請求をした。また，年度末のため，突発的業務が発生するおそれもあるという。Ｌ大学はこれらのことを理由に時季変更権を行使できるといえるか。

　(2)　そこでまず問題となるのは，時季指定権の行使時期を制限する就業規則の規定の有効性である。判例（前掲電電公社此花電報電話局事件）は，使用者に時季変更権を行使するかどうかを判断する時間的余裕を与え，代替要員を確保しやすくするための制限であれば，前々日までの請求を求める就業規則の規定には合理性があり適法とする。本問でＬ大学が請求期限とする３日前という日数は，休暇日からそれほど離れておらず，請求期限をあまりに早い段階に設定して年休取得を抑制しようとする意図はない。むしろこの日数は，使用者が時季変更権行使の決定をするための適正なものであり，代替勤務者の確保を容易にできるようにして時季変更権をなるべく行使しないための制限であるといえる。したがって，就業規則の規定には合理性があり有効と認められる（労契７条）。

　(3)　しかし，年休権は，労働者が労基法39条１項〜３項の要件を充足することにより当然に発生し，労働者が具体的な日時を指定して請求すればその効力が発生するものであり，使用者の承諾は必要ない（【解説】2(1)の二分説）。そのため，使用者が労働者の請求を承諾しない場合には，時季変更権の行使を意思表示したことになる。使用者の時季変更権の行使は，労働者が指定した日の年休付与が「事業の正常な運営を妨げる場合」に限り認められ（労基39条５項ただし書），その判断は，業務の繁閑，代替要員の配置の難易，同時期の休暇の取得者等から総合的になされる。そして，労働者が請求期限を守らず時季指定をしたことは，使用者の時季変更権行使の適法性判断の一要素となる。したがって，労働者が期限後に請求をしたために，使用者に時季変更権を行使するか否かの判断をするための時間的余裕がなく，代替要員の確保が困難であるような場合には，使用者は時季変更権を適法に行使できるといえる。他方で，労働者の側に年休を取得する緊急性の高い事情が認められるような場合には，たとえ使用者が適法に時季変更権を行使できるような状況が存在したとしても，事業の正常な運営を妨げられる程度と年休請求の必要性との程度とを勘案して

時季変更権の行使を差し控えるといった柔軟な対応をして，当該労働者の年休取得を認めることもできるといえよう。

　では，本問において，Ａが指定した日に年休を付与することが「事業の正常な運営を妨げる場合」に該当し，Ｌ大学は時季変更権を行使することができるか。この点まず，「事業」とは部や課を指すものであり，Ａが所属する総務課以外の他の部署が多忙であるということは問題とならない。そこで，Ａが所属する総務課の業務についてみると，Ａが時季指定権を行使した３月25日の時点では，それまで多忙であった業務は落ち着き，Ａの業務も減っており，繁忙とはいえない状況である。また，Ｌ大学は「突発的な業務が発生することもありうる」ことを時季変更権行使の理由としているが，「事業の正常な運営を妨げる場合」に該当するためには，事業運営を妨げることが確実であるという蓋然性が必要であり，突発的な業務が発生する可能性だけでは足りない。さらに，Ａが年休を取得することによって突発的な業務が発生するともいえない。したがって，３月26日・27日のＡの就労が業務運営上不可欠とはいえない。

　しかし，３月25日の時点でＡとＧとの年休請求が競合したため，Ｌ大学は一方には別の日に年休を付与するといった調整や両者に年休を与えて代替勤務者を確保するなどの措置を検討する必要がある。ただ，この日の総務課の業務は繁忙とはいえず，ＡとＧのほかに５人の職員が出勤することから，代替勤務者を確保しなくても事業の正常な運営は妨げられないといえる。

　他方で，使用者は，労働者が指定した時季に年休を取得できるよう状況に応じた配慮を求められる。Ａは業務多忙でこれまで年休を取得することができず，間もなく未消化年休が消滅する状況にある。Ａは，就業規則に定められた年休の請求期限に遅れたとはいえ，このような状況を考慮して使用者は柔軟に対応すべきである。むしろ，総務課は業務が恒常的に多忙であり，職員が年休を取得できるような人員配置になっていなかったといえるのだから，このような場合に使用者が時季変更権を行使することは適切ではないといえる。以上のことから，Ｌ大学は時季変更権を行使することはできない。

2 【設問】２について

(1)　年次有給休暇は労働者が自由に取得時季を指定できるのが原則である。これに対して，計画年休体制（労基39条6項）の下では使用者が協定に従って年休を付与できる。学説・判例によれば，協定が締結されると，協定に従って休暇日が特定され，その限りで時季指定権や時季変更権は排除され，労働者は

その日に年休を取得する義務を負う。そして，その効果は協定により適用対象とされる事業場の全労働者に及ぶ。

本問においては，L大学と過半数代表との間で計画年休協定が締結され，これに基づいてBは休暇日を8月第1週と指定されているから，その範囲においてBに時季指定権は発生せず，指定日に年休を取得することが義務付けられる。したがって，Bは指定日に出勤することも，その日数について他に年休を取得することもできない。もっとも，Bの年休日数のうち5日以内であれば，希望する日を年休日として指定することは可能である。

(2) Cのような有期契約の労働者も年休の成立要件さえ満たせば年休権が発生する。しかし，4月に採用されたCは8月の時点で6ヵ月勤務という要件（労基39条1項）を満たさないため，年休を付与されない。そのため，計画年休に充てるべき休暇日数がないCをどのように扱うべきかが問題となる。行政解釈によれば，年休日数が足りない，あるいはない労働者を含めて年休を計画的に付与する場合には，付与日数を増やす等の措置が必要であり，また，年休権のない労働者を休業させた場合には，使用者は当該労働者に平均賃金の6割の休業手当（労基26条）を支給する必要があるとされる。

そこで，年休日のないCについては，まず，特別に年休を付与して計画年休制度の対象とする方法が考えられる。また，計画年休の対象から外して通常どおりに出勤させることも可能であろう。さらに，Cを計画年休制度に組み込んで休業させるという措置もとりうるが，Cにとっては本来年休日ではない日に休業させることになるため，L大学は労基法26条に基づく休業手当の支払をしなければならないと解される。しかしこれでは，本来，使用者は計画年休の取得者には通常の賃金を支給しなければならないところ，平均賃金の6割の支払で済んでしまう。そのため，L大学がCを計画年休に組み込むことにより労務の履行不能が発生するものとして民法536条2項の帰責事由が認められ，Cには賃金全額の請求権も発生するといえよう。

3 【設問】3について

(1) 産前産後休業や育児休業等の申出・取得を理由とする解雇やその他不利益取扱いについては，育休法10条や均等法9条3項がこれを禁止している。では，育休期間の終了後にM社がDを原職に復帰させず業務内容や勤務地を変更したことは不利益取扱いに該当するか。

育児休業などの取得等を理由として不利益な配置の変更を行うことは不利益取扱いに含まれるものとして禁止されている（平成21年厚労省告示509号）。不

利益な配置の変更に該当するかどうかの判断は，配置の変更前後の賃金その他の労働条件，通勤事情，当人の将来に及ぼす影響等について総合的になされ，通常の人事異動のルールからは十分に説明できない職務や就業の場所の変更を行うことにより，当該労働者に相当程度経済的・精神的な不利益を生じさせる場合はこれに該当する。また，育休法22条は，事業主に対し，労働者の職場復帰が円滑に行われるための必要な措置を講ずることを努力義務としており，上記指針においても原則として現職または原職相当職に復帰させることが多く行われているものであることに配慮することとされている。裁判例においては，育児休業取得後の担当業務変更は休業取得を理由とした不利益取扱いには当たらないが，これに伴う降格や成果報酬のゼロ査定は人事権の濫用に当たるとされたものがある（前掲コナミデジタルエンタテインメント事件）。また，最高裁は，均等法9条3項は産前産後休業の請求や取得等を理由とする不利益取扱いを禁止するものとし，軽易業務への転換を理由とする降格は，本人が自由意思に基づいて承諾したと認められる場合や，業務上の必要性や労働者への影響等から同項の趣旨・目的に反しないと認められる特段の事情が存在する場合を除いて違法となるとした（前掲広島中央保健生協〔C生協病院〕事件）。

　本問についてみると，Dの配転は，営業職に空きがないために行わざるをえなかったとされており，産前産後休業・育児休業の申出や取得そのものが原因であるとか，差別的なものようには思われない。しかし，Dへの配転命令は，原職復帰を原則とするM社の育児休業規程とは異なるものであり，そのような例外的な扱いをする正当な理由も見当たらない。そして，配転に伴い賃金は減額となり，業務内容や勤務地は大きく変化する。そのため，Dはそれまでのキャリアを活かすことができないなど大きな不利益がある。また，通勤時間が長くなることは，育児をするDにとって大きな負担となる。さらに，これらの変更はDが求めたものではなく，変更によってDの身体的負担が減るとか育児がしやすくなるなどの有利な影響もない。これらのことから，Dに対する配転命令は育休法10条・均等法9条3項の不利益取扱いに該当するといえる。そのためDは，M社に対して配転の無効を求めることができる。また，不法行為としてM社に対して損害賠償を請求しうる。さらに，Dは都道府県労働局長の援助（助言，指導，勧告）を求めたり，調停の手続を利用したりすることもできる（育介52条の4）。

　(2)　育休期間中は，法律上，使用者に賃金支払義務はない。そのため，労働者が就労していない期間について無給扱いとすることは，法が禁止する不利益取扱いには当たらない。また，多くの企業では，賞与の支給要件を「算定対象

期間内における一定の出勤率を満たした者」とする出勤率条項が設けられている。賞与の功労報償的性格，将来の勤務へのインセンティブという性格からすると，このような制度は労働者の精勤を促す機能を有しており，合理性が認められる。本問のEも，育休期間中は就労していない以上，ノーワーク・ノーペイ原則に従い，この期間については無給でも問題はない。また，M社の就業規則における出勤率条項は，従業員の精勤を促すための合理的なものといえ，それ自体には合理性を見いだすことができる。

　しかし，本問のように，賞与の算定において育休取得期間を欠勤と扱い，賞与を不支給とすることは適法であろうか。判例によれば，休業期間を欠勤扱いとすることについて，労働者の権利行使を抑制し，法が権利を保障した趣旨を実質的に失わせる場合には，公序に反し無効になると解される（前掲東朋学園事件等）。ただし，欠勤日数に応じて賞与を比例的に減額することについては適法とされる。本問についてみると，賞与の支給要件として90％という高い出勤率が求められており，育児休業等を取得した従業員がこの要件を充足するのは困難であること，そして，この要件を満たさない場合，賞与は全額不支給となることから，労働者の被る不利益は大きい。そのため，労働者の権利行使に対する抑制効果は強いといえる。したがって，M社の就業規則における出勤率条項は公序に反し無効であり，EはM社に対して賞与を請求することができる。また，M社には，育児休業取得日を出勤率算定式の分母となる出勤すべき日数からも除外すること，あるいは，出勤扱いとすることが求められる。

【基本文献】
荒木198頁／菅野529頁／土田・概説150頁／土田・労契法374頁，460頁／西谷・労働法329頁／野川572頁，697頁／水町285頁

（金井幸子）

12 労働災害の補償

【設　問】

1　B社は，ヨーロッパの雑貨の輸入・販売を行う従業員15名の株式会社である。Cは，B社の代表取締役である。Aは，2010年にその語学力を買われ，B社との間で労働契約を締結した。

　Aは，主にトルコにおける雑貨の買い付けを行っていた。月の大半は，トルコにおいて，商品の買い付け，新規取引先の開拓を行っていた。また日本に帰国しているときは，雑貨を取り扱ってくれる取引先回り，新規取引先の開拓を行っていた。代表取締役Cは，Aの能力を買っており，Aに対して教育的な意味も込めて，常に厳しく接してきた。CはAに対して他の労働者よりも厳しいノルマを課しており，そのノルマが達成できない場合は，他の社員の前で激しく罵倒したこともある。また，Cは休日であっても，Aを呼び出し，Cが取引先と行っているゴルフコンペのための運転手として使っていた。Aは，始業時と終業時それぞれにおいて，毎日，Cにメールを送っていた。終業時のメールに対して，Cは，「もう帰るのか。そんなのでノルマは達成できるのか」と返信することから，労働時間は日に日に長くなっていた。Cに送信したメールの時刻から分かる限りでも，2018年1月〜6月の半年間で，月の平均残業時間は80時間を超えていた。また，最近の国際的なテロ騒動を受けて，Aは，トルコへの出張を減らすようCに懇願したが，トルコ雑貨はB社の主力商品であることから，その要求は退けられた。

　2018年7月，Aは，トルコから日本に帰国する飛行機の中で，心肺停止に陥り，そのまま死亡した（死因は心筋梗塞）。Aの母であるXは，業務による心理的負担や過労の蓄積により死亡したとして，労災保険法に基づく，遺族補償給付および葬祭料の支給をY労働基準監督署長に請求した。なお，Aの父もAの祖父母も心臓疾患が原因で他界している。

　Xの請求は認められるか。

2　Y₁社は，全国展開している飲食店Pの経営等を業とする会社で，東証一部上場会社である。Y₂は，Y₁社の代表取締役である。労働者Dは，2018年4月1日にY₁社に入社し，同月10日から，P八王子店にて勤務していた。

　Dは真面目な性格で八王子店のE店長の命令によく従う労働者であった。Y₁社では，人件費負担を減らし営業利益を増やすために，アルバイトの採用を控え，

正社員の残業を中心に必要最小限度の人員で店を運営すること，という方針が取締役会で決定された。その際，他の取締役から正社員の長時間労働を不安視する意見が出たが，Y₂は，この方針を取締役会の総意であると強行に押し通した。そのため，八王子店には 10 名の労働者（D と E 店長，他 8 名はアルバイト）しかいなかった。なお，同じ規模の座席数がある同業他社の飲食店では，平均 15 名の労働者を配置していた。E 店長は，ほとんど毎日 D に対して残業を命ずるとともに，他のアルバイトが緊張感を持って仕事をするよう，D を厳しく叱責して彼らに恐怖を与えていた。

入社 2 ヵ月後ぐらいから，D には不眠症状などの睡眠障害がみられた。また，仕事に行く前に激しくおう吐するなどの症状もみられた。心配した D の両親 X らは，D を病院に連れて行った結果，うつ病との診断を受けた。医者は，この状態で仕事は無理だと言い，D に休むよう助言をしたが，D は，次の日からも仕事をし続けた。なお，D は，うつ病と診断されたことについて，会社からの評価を下げたくないとの理由で，Y₁ 社には伝えていない。E 店長は D の異変に気づいていたものの，「気合いで働け！」と発言する等，D の労働時間を削減するような措置をとることはなかった。

D は，同年 8 月，自殺した。X らは，D の自殺の原因は Y₁ 社での長時間労働を理由とするうつ病にあると主張して，Y₁ 社に対しては，不法行為または債務不履行（安全配慮義務違反）に基づき，また代表取締役である Y₂ に対しては，会社法 429 条 1 項に基づき，損害賠償請求を行った。

D が自殺した直前 1 ヵ月の総労働時間数は 280 時間，時間外労働は 100 時間を超えていた。また，直前 2 ヵ月間ないし 5 ヵ月間における 1 ヵ月当たりの時間外労働時間数は 78 時間から 124 時間の間を推移していた。Y₁ 社の給与体系一覧表によると，新卒者に支給される賃金は，月 20 万円となっており，その内訳は，基本給 12 万円，役割給 8 万円であった。Y₁ 社の給与規程には，「役割給には月 80 時間分の時間外手当が含まれている」と明記されており，また「月 80 時間を超えた時間外労働については，別途残業代を支給する」との規定も存在した。

Y₁ 社，Y₂ に対する損害賠償請求は認められるか。

【解　説】

1　労働災害の補償

(1)　労働災害補償制度の目的

労働者が労務遂行に際して災害を被った場合，債務不履行（民 415 条）ある

いは不法行為（民709条）を根拠に使用者に対して，損害賠償請求を行うことができる。しかし，いずれも「過失責任の原則」を前提にしていること，また労働者が労務遂行と災害との間の因果関係を立証することが困難であること，さらに裁判による解決は費用や時間がかかることから，労働者にとっての救済としては不十分な点が存在する。そこで，簡易・迅速に労働災害に対する補償を実行せしめるための制度として，労基法第8章の「災害補償」とそれを前提とした労災保険法による「災害補償（保険給付）」の制度が重要な役割を担う。

使用者に資力がない場合，労働者は労基法による補償を得られない場合が考えられるが，労災保険法は，それを保険の仕組みで確実に労働者への補償がなされるようにしたものである。そのため現在では，労災保険法が労災補償の主要な法律となっている。これら制度は，「無過失責任主義」を採用している点が特徴的である。

(2) 労災補償給付の要件

労災保険法は，労働者の業務上の負傷，傷病，障害または死亡に対して保険給付を行う旨，規定している（労災7条1項1号）。ここで重要となるのが，「労働者」とは誰を指すのかという点，ならびに，「業務上」とは何かという点である。

(ア) 労災保険法の「労働者」とは

労災保険法には，「労働者」についての定義規定は存在しない。そのため，ここでいう労働者とは誰を指すのかが問題となる。この点，判例は，「労災保険法は，労基法第8章『災害補償』に定める使用者の労働者に対する災害補償責任を塡補する責任保険……に関する法律として制定されているものであって，労災保険法にいう労働者は，労基法にいう労働者と同一であると解するのが相当である」としている（横浜南労基署長〔旭紙業〕事件・最一小判平成8・11・28労判714号14頁＝百選1事件，東京高判平成6・11・24労判714号16頁）。そのため，労基法9条の労働者に該当するか否かがまず問題となる（詳細については4を参照）。なお，労基法9条の労働者に該当しない者についても，一定の要件を満たした場合は，特別に任意加入が認められている（特別加入制度）。

(イ) 「業務上」とは

労働災害が，「業務上」のものと評価されるためには，「労働者が労働契約に基づき事業主の支配下にあることに伴う危険が現実化したこと」が必要となる。これを「業務起因性」という。この業務起因性が認められるためには，①「労働契約に基づき事業主の支配下にあること」と，②業務に「伴う危険が現実化したこと」が必要となる。①を「業務遂行性」，②を「業務との因果関係」と

表現する。

①の「業務遂行性」は，労働契約に基づき事業主の支配下にある場合に肯定される。そのため，事業場内における労働時間中はもちろんのこと，出張など事業場外で労働している場合も，積極的な私的逸脱行為がない限り，業務遂行性は肯定される。また，始業前・終業後という労働時間外であっても，企業施設にいる場合は，業務遂行性が肯定される。

一方，業務遂行性が肯定されたとしても，業務起因性が肯定されるためには，業務と災害との間の因果関係が必要となる。天災事変による災害は基本的には業務との因果関係がなく，業務起因性は否定される。また，同僚と喧嘩をして怪我をした場合や，任意参加の慰安旅行や懇親会での災害などの私的逸脱行為については，業務に伴う危険が現実化したものとはいえず，結果として業務起因性は否定される。さらに，強盗に襲われたような場合は，基本的には，業務との因果関係は否定されるが，現金を持ち歩くことの多い金融業のサラリーマンの場合等は，業務に伴う危険が現実化したと評価できる場合もあるので，例外的に業務との因果関係が肯定される場合もある。

事故介在型の労働災害については，業務起因性の判断は比較的容易である。一方，明確な事故を介在せずに発生する非災害性傷病については，その判断が困難となる。そこで，労基法施行規則 35 条は，医学的にみて業務により生ずる蓋然性の高い傷病を列挙しており（例えば，「レーザー光線にさらされる業務による網膜火傷等の眼疾患又は皮膚疾患」〔別表第 1 の 2 第 2 号 3〕），それらに該当した場合は，業務起因性が認められる。

(3) 脳・心臓疾患の労災認定

「過労死」とは，過労が原因の脳・心臓疾患による死亡をいう。我が国において，過労死は大きな社会的問題であり，そのような背景から 2010 年，労基法施行規則 35 条・別表第 1 の 2 第 8 号が，「長期間にわたる長時間の業務その他血管病変等を著しく増悪させる業務」による脳・心臓疾患（脳出血，脳梗塞，心筋梗塞，心停止等）を列挙事由に追加した（また，「過労死等防止対策推進法」が 2014 年 11 月 1 日施行された）。脳・心臓疾患は，長時間労働等の業務要因のみならず，労働者の体質等の遺伝的要因，また食生活等の私的要因が原因で発症するものである。そのため，「長期間にわたる長時間の業務」と評価できるか否かが労災保険給付の重要なポイントとなる。

この点について行政解釈は，業務上の過重負荷が基礎疾患の自然的増悪を超えて悪化させたといえるほどに有力な原因でなければならないという，「相当因果関係説」の立場を採っている。そして，以下の基準に該当する場合は，

「過労死」の有力な原因が業務にあるとして，業務起因性を肯定する。すなわ
ち，①発症直前から前日までの間に，時間的・場所的に明確な「異常な出来
事」に遭遇した場合，②発症前おおむね1週間の期間に「特に過重な業務」に
従事した場合，③発症前の長期間（おおむね6ヵ月）の間に「著しい疲労の蓄
積をもたらす特に過重な業務」に従事した場合である。ここでの過重な業務と
は，労働時間の長さのみならず，勤務の不規則性，出張の多さ，精神的緊張の
程度等の事情を考慮して判断される。特に，発症前の1ヵ月に100時間，また
は発症前2〜6ヵ月につき1ヵ月80時間を超える時間外労働が行われている
ような場合は，過重な業務と評価される傾向にある。また過重な業務を判断す
る際には，「当該労働者と同程度の年齢，経験等を有する健康な状態にある者
のほか，基礎疾患を有していたとしても日常業務を支障なく遂行できる者」
（平成13年12月12日基発1063号）を比較基準としている。

　一方，裁判例では，行政解釈同様，相当因果関係説の立場を採りつつも，よ
り柔軟に業務起因性を判断している（川口労基署長事件・東京高判平成24・1・
31労経速2137号3頁，旭川労基署長〔NTT東日本北海道支店〕事件・札幌高判平
成22・8・10労判1012号5頁）。その結果，行政解釈と比べ，広く業務起因性を
肯定する傾向にある（裁判例の傾向については，小畑史子「『過労死』の因果関係
判断と使用者の責任」日本労働法学会誌109号〔2007年〕21頁）。

(4)　ストレスによる精神障害と自殺の労災認定

　過労死と並んで社会問題となっているのが，いわゆる，うつ病自殺である。
近年，過重な業務が原因でうつ病等の精神疾患に罹患する者が増加しており，
そのため，うつ病自殺に対して，労災保険法の保護が及ぶか否かが問題となる。

　まず，労災保険法12条の2の2第1項は，一般の私保険同様，労働者の故
意による死亡（自殺）については保険給付を行わないと定めている。しかしな
がら，精神疾患に罹患した場合，正常な認識，行為選択能力が著しく阻害され
自殺に及ぶ蓋然性が高いことから，うつ病自殺については，故意による死亡と
は捉えず，業務と精神疾患の罹患との間に業務起因性が肯定される場合は，保
険給付が行われることとなる。

　それでは，業務と精神疾患との間の業務起因性は，どう判断されるのであろ
うか。労基法施行規則35条・別表第1の2第9号は，「人の生命にかかわる事
故への遭遇その他心理的に過度の負担を与える事象を伴う業務による精神及び
行動の障害又はこれに付随する疾病」については，業務起因性を肯定するとし
ている。そして，「心理的負荷による精神障害の認定基準について」（平成23
年12月26日基発1226第1号）では，①対象疾病を発病していること，②対象

疾病の発病前おおむね6ヵ月の間に，業務による強い心理的負荷が認められること，③業務以外の心理的負荷および個体側要因により対象疾病を発病したとは認められないこと，という3つの要件を満たす対象疾病については，業務上の疾病として取り扱うとしている。②の「業務による強い心理的負荷」の程度については，心理的負荷の程度を弱・中・強の3段階に分類した「業務による心理的負荷評価表」を用いて判断される。この評価表を用いて心理的負荷の程度が総合評価で「強」と判断されれば，②の認定要件を満たすものとして取り扱われる。ここでは，労働時間の長さのみならず，いじめやセクハラ・パワハラの有無，精神的緊張をもたらす業務上の出来事の内容・程度等が考慮される。特に，極度の長時間労働（発病直前の1ヵ月におおむね160時間以上の時間外労働）については，直ちに心理的負荷の程度が「強」と判断されており，ここでも過度の時間外労働は，重要な判断基準となっている。

　心理的負荷の程度を判断する上で，どのような者を基準とすべきか。この点について裁判例には，当該労働者と同程度の健康状態にある平均的労働者を基準とする見解（三田労基署長〔ローレルバンクマシン〕事件・東京地判平成15・2・12労判848号27頁）や，その性格が予想できる範囲で最も脆弱な者を基準とする見解（豊田労基署長〔トヨタ自動車〕事件・名古屋地判平成13・6・18労判814号64頁）が存在する。一方，上記認定基準においては，精神障害を発病した労働者と「職種，職場における立場や職責，年齢，経験などが類似する同種の労働者」を心理的負荷の程度の基準とするとしており，前者の裁判例と同様の立場を採っている。労災保険制度の公平な運用という観点からすると，認定基準の立場が妥当と解される。

2　労働災害の民事賠償責任

(1)　安全配慮義務とは

　労災保険法は，迅速・公正に労働災害に対する補償を行うものではあるが，その保険給付が定額であることから実損害に対応しておらず，また被災労働者ないし遺族の精神的損害（慰謝料）は補償には含まれない。そのため，債務不履行（民415条）あるいは不法行為（民709条）を根拠とする損害賠償請求がその役割としての重要性を担うこととなる。ここで重要となるのが使用者の安全配慮義務あるいは注意義務である。

　安全配慮義務の法理は，公務員（自衛隊員）の災害（公務災害）に対する国の賠償責任に関する事案において確立（陸上自衛隊八戸車両整備工場事件・最三小判昭和50・2・25民集29巻2号143頁＝百選47事件）され，その後，私企業に

における労働契約関係についても拡大された（川義事件・最三小判昭和59・4・10
民集38巻6号557頁）。また，2008年施行の労契法5条において，「使用者は，
労働契約に伴い，労働者がその生命，身体等の安全を確保しつつ労働すること
ができるよう，必要な配慮をするものとする」との明文規定が設けられた。

　労働者あるいはその遺族は，債務不履行（民415条）と不法行為（民709条）
双方に基づく損害賠償請求が可能である（請求権の競合）が，債務不履行構成
の方が，時効の面（債務不履行は10年，不法行為は3年）や，立証責任の面（債
務不履行の帰責事由の立証責任は使用者が負担する）で，メリットがある。なお，
平成29年改正後の民法166条（債権等の消滅時効）・167条（人の生命又は身体
の侵害による損害賠償請求権の消滅時効）によると，消滅時効は債務不履行・不
法行為を問わず，主観的起算点（債権者が権利を行使できることを知った時を基
準）の場合は5年，客観的起算点（債権者が権利を行使できる時を基準）の場合
は20年と同様に取り扱われることになる（2020年4月1日施行）。その点から
すると，債務不履行構成のメリットは後退することとなる。一方，不法行為構
成の場合は，遺族固有の慰謝料請求が可能（民711条）であるというメリット
がある。そのため多くの場合，原告は債務不履行と不法行為双方に基づく訴え
を提起し，裁判所は，その請求原因に対応した判断を行うこととなる。債務不
履行による請求を行う場合は，安全配慮義務を労働契約上の付随義務（労契5
条）として，また不法行為による請求を行う場合は，安全配慮義務を不法行為
法上の注意義務（電通事件・最二小判平成12・3・24民集54巻3号1155頁＝百選
48事件）と解することとなる。

(2)　過労死・うつ病自殺のケースにおける安全配慮義務の内容

　判例は，過労死・うつ病自殺に対する使用者の安全配慮義務を，「その雇用
する労働者に従事させる業務を定めてこれを管理するに際し，業務の遂行に伴
う疲労や心理的負荷等が過度に蓄積して労働者の心身の健康を損なうことがな
いよう」配慮すべき義務と解している（前掲電通事件）。それでは，ここで求め
られる安全配慮義務の具体的内容はいかなるものであろうか。

　まず，安全配慮義務において使用者に求められるのは，労働者の心身の健康
を損なわないような措置を講ずることである。そのため，業務災害が起きたこ
とから直ちに義務違反となるのではなく，十分な措置を講じたかどうかという
点が審査されることとなる（手段債務）。そして，安全配慮義務の具体的内容
は，「労働者の職種，労務内容，労務提供場所等……具体的状況等によって異
なる」と解されている（前掲川義事件）ことから，使用者が十分な措置を講じ
たかどうかについては，事案ごとに検討する必要がある。近年の裁判例を踏ま

えると，安全配慮義務の具体的内容としては，①労働時間・業務状況の把握，②健康診断や日常の観察に基づく心身の健康状態の把握，③適正な労働条件（労働時間・労働環境）の確保，④労働時間・業務軽減措置が挙げられる（土田・労契法 530 頁）。特に，恒常的に長時間労働をさせている場合は安全配慮義務違反が肯定されやすい（月平均 100 時間を超える時間外労働をさせている場合はほとんどの裁判例で安全配慮義務違反が肯定されている）。また，労働者の不調を知りながらも，何ら対策をとらずそれを放置しているような事案においても，義務違反が肯定されやすい（岡山県貨物運送事件・仙台高判平成 26・6・27 労判 1100 号 26 頁。労働者の不調を認識しながらも積極的な業務軽減措置を採らなかったことから，安全配慮義務違反が肯定された例）。

　なお，2019 年 4 月から施行された「働き方改革関連法」による労基法の改正において，長時間労働を是正するために，罰則付き時間外労働の上限規制が導入された（労基 36 条 4 項～6 項）。具体的には，①週 40 時間を超えて労働可能となる時間外労働の限度を，原則として，月 45 時間，かつ，年 360 時間とする，②臨時的な特別の事情がある場合として，労使が合意して労使協定を締結した場合は，その上限を年 720 時間とする，③労使協定を締結した場合でも，最低限，上回ることのできない上限として，(i) 2 ヵ月，3 ヵ月，4 ヵ月，5 ヵ月，6 ヵ月の平均で，いずれにおいても，休日労働を含んで，80 時間以内，(ii) 単月では，休日労働を含んで 100 時間未満，(iii) 原則を上回る特例の適用は，年 6 回を上限，となった。今後は，時間外労働の上限を超えて労働させた場合などは，特段の事情がない限り，使用者の安全配慮義務違反が肯定されやすくなると解すべきであろう。

(3)　因果関係・過失相殺

　使用者の安全配慮義務違反が肯定されたとしても，そもそも，過重業務と疾病・死亡との間に因果関係がなければ，賠償責任は生じない。過重業務と疾病・死亡との間の因果関係は，労災認定における業務起因性の判断同様，過重業務が疾病・死亡の相対的に有力な原因となっているか否かがポイントとなる。

　また，労働者側に疾病・死亡における過失が存在する場合は，過失相殺が行われる。債務不履行構成の場合は民法 418 条に基づき，一方，不法行為構成の場合は，民法 722 条 2 項の類推適用に基づく過失相殺となる。ここでは，労働者の私的要因（性格・心因的要因・治療の懈怠等）や外的要因が考慮される。裁判例においては，労働者の生活態度を理由に 3 割の過失相殺を認めたもの（フォーカスシステムズ事件・最大判平成 27・3・4 民集 69 巻 2 号 178 頁）や，医師の診断を受けなかったこと，ならびに転居を伴う転勤や業務内容の変化という外

因の存在を理由に２割の過失相殺を認めたもの（公立八鹿病院組合ほか事件・鳥取地米子支判平成26・5・26労判1099号5頁）等がある。

一方，労働者の心因的な要因といった「素因」を理由とした損害賠償額の減額（素因減額）について判例は，「ある業務に従事する特定の労働者の性格が同種の業務に従事する労働者の個性の多様さとして通常想定される範囲を外れるものでない限り，……その性格及びこれに基づく業務遂行の態様等を，心因的要因として斟酌することはできない」としており，労働者の性格を過失相殺の対象とすることについては，消極的である（前掲電通事件）。

(4) 取締役に対する責任追及

近年，使用者に対する損害賠償請求だけでなく，会社の業務執行を行う取締役に対して，取締役の対第三者責任（会社429条）を根拠に，責任追及をする事案が増加している。本来，被災労働者との間に契約関係にない取締役は，不法行為の要件を満たさない限り，責任を負わない。そして，不法行為が成立するためには，被災労働者に対する加害についての故意・過失が必要となる。被災労働者に対して取締役が直接指揮命令できるような小規模会社の場合は，不法行為責任の追及も可能（おかざき事件・大阪高判平成19・1・18労判940号58頁）であるが，大規模会社の場合は困難である。そのため，対第三者責任が重要な役割を担うこととなる。

対第三者責任が肯定されるためには，取締役が悪意・重過失によって会社に対する任務を懈怠したことが必要となる。裁判例は，①取締役は，会社との委任契約に基づき，会社に対して善管注意義務を負うこと，②善管注意義務の内容として，「労働者の生命・健康を損なうことがないような体制を構築すべき義務」が含まれること，③そのため，悪意・重過失の下，安全配慮義務履行体制構築義務を尽くさなかった場合は，会社に対する任務懈怠が肯定され，第三者である被災労働者に対して損害賠償責任を負う，と判断している（大庄ほか事件・大阪高判平成23・5・25労判1033号24頁）。ここで求められる安全配慮義務履行体制は，企業の規模・特性，業種等によって様々であるが，少なくとも，過度な長時間労働を容認・放置しているような場合は，取締役の任務懈怠が肯定されることとなろう（前掲大庄ほか事件は，80時間分の時間外労働手当が給与体系に組み込まれていることから，過度な長時間労働を容認・放置しているとして取締役の対第三者責任を肯定した）。時間外労働の上限規制が施行された今日においては，上限規制の遵守が取締役に求められ，上限規制違反については任務懈怠が肯定されやすくなると解される。また，法令遵守のための従業員教育や従業員による違法行為の抑制・再発防止のための実効的な方策の実施を，取締

役の任務と解する裁判例もある（名古屋高判平成25・3・15判時2189号129頁）。そのため，企業の安全配慮義務が履行されるよう社員教育を実施することや，安全配慮義務が適正に履行されるような実効的な方策を実施することも，必要となろう。なお，会社の安全配慮義務違反を理由とする損害賠償債務と対第三者責任を理由とする損害賠償債務は，不真正連帯債務の関係に立つ。

【解答への道すじ】

1 【設問】1について

本件において，Xは，Aの死亡が「業務上」災害（労災1条・7条1項）であるとして，労災保険給付の支給を求めている。本件の争点としては，Aの死亡について，業務に内在する危険が現実化したとして業務起因性が肯定されるかという点である。

(1) Aの死亡について業務起因性は肯定されるか

労基法施行規則35条・別表第1の2第8号が，「長期間にわたる長時間の業務その他血管病変等を著しく増悪させる業務」による脳・心臓疾患について業務起因性を肯定するとしている。Aの死因である心筋梗塞は，この心臓疾患に該当することから，同号に該当するかを検討する。

行政解釈は，「相当因果関係説」の立場から，①発症直前から前日までの間に，時間的・場所的に明確な「異常な出来事」に遭遇した場合，②発症前おおむね1週間の期間に「特に過重な業務」に従事した場合，③発症前の長期間（おおむね6ヵ月）の間に「著しい疲労の蓄積をもたらす特に過重な業務」に従事した場合に業務起因性を肯定する。したがって，労働時間の長さ，勤務の不規則性，出張の多さ，精神的緊張の程度等の諸事情を総合考慮した上で，上記基準に該当するかどうかを検討する。なお，上記基準を検討する上では，「当該労働者と同程度の年齢，経験等を有する健康な状態にある者のほか，基礎疾患を有していたとしても日常業務を支障なく遂行できる者」を比較基準とする。

本件事実によると，Cに送ったメールの時刻から分かる限りでAは死亡する前の半年間において，少なくとも月平均80時間もの残業を行っている。Cからの厳しいノルマ等を踏まえると，月平均80時間を超える残業を行っていることが推測され（なお，現在においては，月平均80時間を超える時間外労働をさせることは，労基法36条6項3号の上限規制に違反する），それだけの長時間労働は，Aに対して「著しい疲労の蓄積をもたらす特に過重な業務」であるといえる（労働時間の長さ）。Aは，月の大半はトルコへ出張に行っており（出張

の多さ），また，その出張先がテロ騒動もあった国であることを考慮すると，
Aの肉体的な疲労のみならず，精神的緊張の程度も高く，Aの負担は過度な
ものであったといえる。さらにAは，休日であってもCからの呼び出しに応
じて運転手を務める等，その蓄積した疲労を回復することが難しかったといえ
る。この点は通常の勤務とは必ずしも評価できないものの代表取締役のCの
呼び出しをAが簡単に拒否できるとは言い難く，その点からすると，考慮す
べき事情であると考える（勤務の不規則性）。そうすると，Aが他の労働者と比
べても厳しいノルマが課せられていた点，他の社員の前でCに激しく罵倒さ
れたこともあるという事実を含めて検討すると，確かにAの親族は心臓疾患
で亡くなっているという事情からすると，遺伝的要因も少なからず影響がある
といえるものの，本件における過重な業務が心筋梗塞をもたらした有力な原因
であると解するのが相当である。

(2) 結 論

以上の点から，Aの死亡は「業務上」災害に該当し，Xの請求は認められる。

2 【設問】2について

本件では，精神疾患を原因として自殺したDの両親であるXらが，Y_1社，
Y_2に対して損害賠償請求を行っている。不法行為・債務不履行を根拠とする
Y_1社に対する損害賠償請求を検討するためには，①そもそも，故意による死
亡である自殺に対してY_1社は責任を負うのか（因果関係），②安全配慮義務の
法的根拠・内容，③Y_1社の安全配慮義務違反の有無，④義務違反がある場合
の過失相殺，という点が問題となる。また，会社法429条1項を根拠とする
Y_2に対する損害賠償請求を検討するためには，①取締役であるY_2がY_1社に
対して負う任務とは何か，②Y_2は，任務懈怠について悪意・重過失が認めら
れるか，という点が問題となる。

(1) Y_1社に対する損害賠償請求

(ア) 業務従事と死亡との因果関係について

Dは，自らの意思で命を絶った（自殺）ことからすると，そもそも，Y_1社は
その死亡について責任を負わないはずではないか（相当因果関係の不存在）が問
題となる。しかし，Dの自殺は，うつ病に罹患した結果であり，精神疾患に罹
患した場合，正常な認識，行為選択能力が著しく阻害された状態で自殺に及ぶ
蓋然性が高いことからすると，直ちに相当因果関係を否定すべきではない。し
たがって，過重な業務がうつ病罹患の有力な原因である場合は，業務と死亡と
の間の相当因果関係を肯定すべきである。本件事実からすると，Dはほぼ毎

日残業をしていたのみならず，E店長の厳しい叱責も受けている。その結果として，入社2ヵ月頃から睡眠障害が発症し，また出社前に激しくおう吐するなどしている。これらの事情からすると，Dのうつ病罹患の有力な原因が業務にあると解するのが相当である。そのため，Y_1社が，Dに業務をさせる上で安全配慮義務を尽くしたかどうかが問題となる。

　(イ)　安全配慮義務の法的根拠・内容

　安全配慮義務は手段債務であり，その具体的内容は，労働者の職種，労務内容，労務提供場所等具体的状況によって異なるものの，蓄積された裁判例から分析するに少なくとも，①労働時間・業務状況の把握，②健康診断や日常の観察に基づく心身の健康状態の把握，③適正な労働条件（労働時間・労働環境）の確保，④労働時間・業務軽減措置がその義務内容としては求められると解すべきである。以下，これらの点からY_1社の義務違反の有無を検討する。

　(ウ)　Y_1社の安全配慮義務違反の有無

　本件事実からすると，Y_1社は安全配慮義務に違反していると言わざるをえない。すなわち，正社員の残業を当然の労働力として計算していること，ならびに，月例賃金に80時間分の時間外手当を含んでいる点からすると，長時間労働を十分に把握していながらそれを放置しており，適正な労働条件の確保を行っているとは言い難いこと（(イ)①，③)，実際に，Dは，自殺直前半年間において，月平均80時間以上の残業を行っていること（(イ)①，③。なお，現在においては，月平均80時間を超える時間外労働をさせることは，労基法36条6項3号の上限規制に違反する），Dの上司であるE店長は，Dの異変に気づきながらも，労働時間・業務量を軽減するための措置を怠っていること（(イ)②，④）からすると，Y_1社は労働者であるDに対して安全配慮義務を負うものの，その履行措置として不十分であったと言わざるをえない。以上のことから，Y_1社の安全配慮義務違反は肯定され，結果としてXらの損害賠償請求は容認されることとなる。

　(エ)　過失相殺

　労働者側に疾病・死亡における過失が存在する場合は，民法418条（債務不履行構成）あるいは民法722条2項（不法行為構成）の適用ないし類推適用に基づき，損害に対する過失相殺が可能である。そのため，本件事実から，過失相殺を認めるべき労働者の私的要因（性格・心因的要因・治療の懈怠等）や外的要因が存在するかを検討する。

　確かにDは，医師からうつ病であるとの診断を受けた後も，その事実をY_1社に伝えることなく，労務提供を続けていた点（私的要因），またDが新入社

員であり，学生から社会人へと移行する上での劇的な環境の変化に順応できず精神的に不調をきたしやすいという点（外的要因）からすると，過失相殺を認める余地もありえよう。しかしながら，E店長から頻繁に叱責を受けていたことからすると，Dとしてはうつ病の事実をY_1社に伝えることが困難であったことが予想される。さらに，E店長は，Dの異変に気づいていたにもかかわらず，業務軽減措置などの対応を行わなかったことからすると，そのような措置をとらずに労働者のうつ病が発症し増悪したことにつき，労働者が使用者に対して自己の精神的健康に関する情報を申告しなかったことを重視して過失相殺を認めることは相当ではない（同旨・東芝〔うつ病・解雇〕事件・最二小判平成26・3・24労判1094号22頁）。また，多い時で124時間もの時間外労働を労働者にさせていた異常ともいえるY_1社の状況からすると，本件については，過失相殺を行うことは相当とはいえない。以上の点から，Y_1社は，Xらに対して，損害賠償の責任を負うべきである。

(2) **Y_2に対する損害賠償請求**

(ｱ) 取締役の対第三者責任（会社法429条1項）

会社法429条1項は，取締役の対第三者責任について規定している。代表取締役であるY_2は，同項にいう「役員」に該当し，同項の「第三者」には，一般的に会社以外の全ての者が含まれると解されていることから，労働者であるDならびにその遺族であるXらも該当する。そのため，「職務を行うについて悪意又は重大な過失」がY_2にあった場合は，Xらに対して損害賠償責任を負うこととなる。

(2) 任務懈怠についての悪意・重過失の有無

それでは，Y_2の職務とは何か。まず，Y_2は委任契約に基づきY_1社の代表取締役の任についている。そのため，Y_2は，Y_1社に対して善管注意義務を負うこととなる（会社330条，民644条）。Y_1社は，労働者に対して安全配慮義務を負うところ，判例は，取締役の善管注意義務の内容として，Y_1社が「労働者の生命・健康を損なうことがないような体制を構築すべき義務」（前掲大庄ほか事件）が含まれると解している（安全配慮義務履行体制構築義務）。そのため，悪意・重過失の下，Y_2が安全配慮義務履行体制構築義務に違反した場合は，Xらに対して損害賠償責任を負うこととなる。

本件では，取締役会において必要最小限度の人員で店舗運営を行うこと，それを実現する手段として，アルバイト等の労働力の確保ではなく，既存の正社員による時間外労働で対応することが決定されている。他の取締役からは，正社員の長時間労働を不安視する声があったものの，Y_2はそれらの声を無視し

て強行に押し通しており，この点からも，正社員の長時間労働を容認している
ことが分かる。さらに，月例賃金に80時間相当分の時間外手当を含む等，恒
常的な長時間労働を前提とした企業運営を行っていることが分かる。その結果，
多くの労働者が毎月100時間を超える時間外労働を行っており，多い者で月
124時間の時間外労働を行っている（なお，現在においては，単月で100時間を
超える時間外労働をさせること，月平均80時間を超える時間外労働をさせることは，
労基法36条6項2号・3号の上限規制に違反する）。Y$_1$社の業務執行をつかさど
る代表取締役であるY$_2$は，Y$_1$社が安全配慮義務を尽くせるよう，その体制を
構築すべき義務を負う。安全配慮義務を尽くす上で最も重要なのが長時間労働
をさせないための労働時間管理であるため，Y$_2$は，長時間労働が行われない
ような体制を構築すべきであったが，上記の事実からすると，そのような体制
は構築されず，むしろ長時間労働を容認・放置・促進していたと言わざるをえ
ない。またY$_2$は，不調な労働者の把握やそれに伴う業務軽減を行うための実
効的な方策を実施していないことも明らかである。事実，E店長は，Dの異変
に気付いていたにもかかわらず，何ら対応しなかったが，Y$_2$が率先して，安
全配慮義務履行体制を整備し，その内容について管理職等に教育していれば，
E店長の対応も変わったはずであり，本件のような事態は防げたはずである。
以上の点からするとY$_2$は，悪意・重過失の下，安全配慮義務履行体制構築義
務を含む，善管注意義務に違反したと評価せざるをえない。したがって，職務
を行うについて悪意または重過失に基づく任務懈怠があったことから，Y$_2$も，
Xらに対する損害賠償責任を負うこととなる。

3　結　論

　以上の点から，Y$_1$社ならびにY$_2$は連帯（不真正連帯債務）して，Xらに対
する損害賠償を行う責めを負う。

【基本文献】
荒木229頁／菅野605頁／土田・概説210頁／土田・労契法517頁／西谷・労働
法363頁／野川717頁／水町293頁

（天野晋介）

13 人事(1)——配転・出向・転籍

【設　問】

　L化学薬品会社は，東京に本社を置き，全国に12の支社と5つの研究所があり，従業員数は約800名である。L社の就業規則には，「会社は，業務上の都合により，従業員に人事異動を命じることがある。従業員は，正当な理由がなければ，この命令を拒否することができない。人事異動には，配転（配置転換），出向，転籍がある」との規定がある。そして，出向に関しては，「出向期間は原則として3年以内とする。ただし，会社は，業務上の必要によりその期間を延長することができる」との規定がある。これらの規定に基づいて，L社の総合職の従業員には広く人事異動が行われている。

　1　労働者Aは大学卒業後にL社に総合職として採用され，15年勤務している。その間，Aは埼玉県や千葉県の支社・研究所に勤務し，現在は東京本社の研究開発業務に従事している。L社では，北海道への営業拠点の拡大が決定され，2018年4月に札幌支社が開設されることとなった。そこで，同年1月，L社は，多くの支社・研究所への勤務で様々な経験を有し，能力も高いAに対して，東京本社から札幌支社への転勤を命じた。AはL社に15年勤務してきたが，その間自宅から通える首都圏以外への配転がなかった。そのため，都内にマンションを購入して家族と住んでおり，北海道へは引っ越したくないと思っている。また，Aは，東京本社では研究開発業務に従事してきたが，札幌支社では職務内容が変更され営業職に従事せざるをえなくなり，Aにとっては不本意である。さらに，第2子が生まれたばかりで育児を共働きの妻と協働して行わざるをえないが，仮にAが北海道へ単身赴任をすることになるとこれができなくなる。もし家族で北海道に引っ越すことになれば，都内の会社で働く妻が退職せざるをえなくなる。このような理由から，Aは配転命令を拒否した。この配転命令は有効か。

　2　同じL社で勤務する労働者Bは，東京本社の営業部の課長として勤務していたが，子会社のM事務機サービスに3年間の出向を命じられた。L社では従来から，Bのように50歳を超えた従業員には出向が命じられ，その後は出向が更新されてそこで定年退職するのが通例であった。出向先であるM社は，Bの自宅から通勤が可能である一方，管理職から一般職に変更となり，営業の業務に加えて商品の梱包・出荷・倉庫内整理などの作業もしなければならない。一般職にされる結果，出向後は管理職手当が支給されなくなり，その分が減額となる。

Bはそれまでデスクワーク中心の仕事をしていたことや，数年前から腰痛の持病に悩まされていることから，M社での業務には耐えられないのではないかと考えている。Bはこの出向命令に応じなければならないか。なお，L社の就業規則に基づく出向規程には，出向期間は原則3年とし，業務上の必要がある場合はこれを延長すること，出向中は休職として扱い，出向期間は勤続年数に通算すること，出向者の労働時間，休日，休暇等の労働条件は原則出向先の定めるところによること，出向者の給与や賞与については原則として出向先の定めに従うが，出向前よりも低下させず，差額がある場合は補填すること，出向期間中に定年に達した者は，M社就業規則の定めにより定年退職とすること等が定められている。

3 (2)の事例で，L社はBとの労働契約を終了させ，M社への転籍を命じることができるか。

4 労働者Cは，2017年4月より，L社からM社に3年間の期間を定めて出向していた。出向期間の途中である2018年12月，CはM社でセクハラ事件を起こし，その相手となった女性従業員が退職する羽目になった。そこでL社では，Cを懲戒解雇するために，出向期間中ではあるが復帰命令を行いたいと考えた。しかし，L社の就業規則には出向復帰に関する規定が特に設けられていない。L社はCに対して出向復帰を命じることができるか。

【解　説】

1　配転命令権の根拠と有効性判断の枠組み

(1)　配転命令権に関する学説

配転（配置転換）は，一般に企業内で職務内容や勤務場所が変更される人事異動を指す。勤務場所が変更されることを，特に転勤ということもある。また，出張は，一時的に勤務場所が変更されるにすぎない点で，ある程度の継続した期間，勤務場所が変更される配転と異なる。配転は，適正配置，欠員補充，雇用調整，人材育成などの目的をもって広く行われている。こうした使用者の配転命令権の根拠と限界について，学説では様々な試みがなされてきた（詳細は，世界320頁以下，土田・労契法411頁以下参照）。

1つの見解は，労働契約を，特定された労働（職務内容や勤務地等）について合意するものではなく，労働者が労働力の処分権を包括的に使用者に委ねる契約とみなす。したがって，使用者は，この合意に基づいて，労働の種類・態様・場所について一方的に決定でき，配転もこの権限の範囲内で行うことができると理解する（包括的合意説）。ただし，この見解でも，使用者の配転命令権

は就業規則や労働協約に規定されていなければならないとするし，また，職務内容等について当事者の合意で特定でき，その場合には職務内容等を一方的に変更することは許されないという。

　もう1つの見解は，労働契約では職務内容や勤務場所についての何らかの合意がなされていると考え，この合意の範囲内なら指揮命令権として配転を命じることができるが，範囲外となる業務や勤務場所の変更には，労働者の同意が必要であるという（労働契約説）。この見解では，何が労働契約の範囲内の配転なのかの解釈が重要となる。ただし，この見解でも，就業規則や労働協約における使用者の一般的・包括的な配転命令権を定めた規定も有効と解している。

　このようにみてくると，労働契約の理解の仕方という出発点では意見が異なるが，多くの就業規則や労働協約には，【設問】(1)にみられるような包括的な配転命令条項があるので，労働契約説も実際には包括的合意説に近くなる。むしろ問題となっているのは，こうした包括的な配転命令条項の存在を前提にしながら，職務内容や勤務場所についての合意（特約）がなされていないか，使用者に配転命令権があるとしてもその行使は権利の濫用にならないか，といった点である。職務内容や勤務場所について特約がある場合には，使用者の配転命令権は否定される。

(2) 配転命令の有効性の判断枠組み

　東亜ペイント事件最高裁判決（最二小判昭和61・7・14労判477号6頁＝百選61事件）は，配転命令の有効性について，次のような判断枠組みを示した。

　（イ）労働協約や就業規則に「会社は業務上の都合により従業員に配転を命ずることができる」旨の定めがあり，労働契約で勤務場所を限定する合意がなされていない場合には，使用者は労働者の個別的合意なしにも配転を命ずる権利を有する。

　（ロ）しかし，当該配転命令につき業務上の必要性が存しない場合，他の不当な動機・目的をもってなされた場合，あるいは労働者に対して通常甘受すべき程度を著しく超える不利益を負わせるものである場合には，配転命令は権利の濫用となる。なお，業務上の必要性については，「当該転勤先への異動が余人をもっては容易に替え難いといった高度の必要性に限定することは相当でなく，労働力の適正配置，業務の能率増進，労働者の能力開発，勤務意欲の高揚，業務運営の円滑化など企業の合理的運営に寄与する点が認められる限りは」，その存在が肯定される。

(3) 職務内容や勤務地の特定

　判例法理の(イ)は，その裏返しとして，労働契約で勤務場所や職務内容が特

定されている場合には，使用者には配転命令権がなく，労働者の個別的同意なしに職務内容や勤務地の変更はできないことを意味している。そして，学説の多くは，労働契約の解釈として職務内容や勤務地の特定をできるだけ肯定することにより，使用者の配転命令権を制限しようと腐心してきた（代表的なものとして，土田道夫『労務指揮権の現代的展開』〔信山社，1999年〕561頁以下）。職務内容等の特定は，契約締結時の合意によってなされるだけでなく，長年の勤務の積重ねによって黙示の合意が認められることもある。

　ところが，裁判例は，職務内容や勤務地の特定を認めることに慎重な傾向にある（和田肇「アナウンサー勤務の女性職員に対する他職種配転の効力」平成11年度重判解〔ジュリ1179号〕209頁以下参照）。例えば生産計画の変更による製造部門の改廃・移転に伴い，10数年から20数年にわたって機械工として勤務していた労働者を通勤可能圏外の他工場のライン作業へ配転した事例では，職種限定の合意が認められず，就業規則上の配転条項や，配転命令についての企業運営上の必要性が大きいことを理由として同命令が有効と判断されている（日産自動車村山工場事件・東京高判昭和62・12・24労判512号66頁，同事件最高裁判決・最一小判平成元・12・7労判554号6頁）。また，アナウンサーとしての試験を受けて採用され，24年間にわたってその職務に従事してきた場合にも，労働契約において職種限定の合意はなかったと判断されている（九州朝日放送事件・最一小判平成10・9・10労判757号20頁）。高卒で現地採用の労働者についても，勤務地限定の合意の成立が否定されている（濱田重工事件・熊本地決平成11・12・28労判781号55頁）。

　採用当初の約束や長年の勤務の積重ねがありながら，職務内容や勤務場所の特定を認めないのは，本来の法律行為の解釈論からいうと奇妙である。事例がリストラに伴う雇用調整型の配転に関するものであり，配転命令権を認めないと容易に解雇を容認してしまうことになり，労働者にとって利益にならない，との配慮が働いているものとも推測できる。しかし，こうした事態に対しては，変更解約告知の活用など，他の法的手段を考えるべきである。最近の企業法務での，勤務地限定型人事異動がかなり取り入れられるようになっており，こうした考え方を採る素地ができている。労働契約法の解釈としても，7条ただし書や8条を用いて職種・勤務地特定の合意を認めることは十分可能と解される（⑰参照）。近年では，職種・勤務地限定が認められない場合でも，その変更を権利濫用と判断する判例もみられる。例えば，長女の介護をしている労働者に関西から東京への配転が命じられたことについて，使用者は勤務地が限定されるようできる限り配慮すべき信義則上の義務を負っていたと解し，権利濫用の

成否の判断においてこの点を十分に配慮すべきであるとするものがある（日本
レストランシステム事件・大阪高判平成 17・1・25 労判 890 号 27 頁）。

(4) 労働者の生活上の不利益

　最高裁判例法理の（ロ）は，配転命令の有効性が，業務上の必要性と労働者
の受ける不利益の重大性との利益衡量によって判断されることを意味している。
しかし，ここでもこれまでの裁判例は，業務上の必要性がある場合には，よほ
どの重大な生活上の不利益が労働者側に生じない限り，配転命令を無効とする
ことはなかった。

　昭和 50 年代までの裁判例には，共働き夫婦の別居を伴う転勤自体に大きな
経済的・精神的不利益を認めるものが存在していた（徳山曹達事件・山口地判昭
和 51・2・9 労判 252 号 62 頁，東亜ペイント事件第 1 審判決・大阪地判昭和 57・
10・25 労判 399 号 43 頁等）。老齢の親や幼児の世話が妻にのしかかったり，別
居自体が大きな負担になると考えていたといえる。しかし次第に，別居自体は
労働者が通常甘受すべきものであるとする裁判例が増えてきた（吉野石膏事
件・東京地決昭和 53・2・15 労判 292 号 20 頁，川崎重工業事件・大阪高判昭和 58・
4・26 労判 411 号 64 頁等）。夫の単身赴任がかなり一般的な社会現象になってき
たことも，そこには影響していると思われる。

　そして，前掲東亜ペイント事件最高裁判決で，労働者の不利益は「通常甘受
すべき程度を著しく超える」ものでなければならないとされて以降は，こうし
た不利益が肯定されるのは，かなり限定的になっている。労働者の著しい不利
益が肯定されたのは，神経症で 1 年 3 ヵ月休職後に職場復帰し，まだ継続治療
を要する労働者が遠距離転勤を命じられた事例（損害保険リサーチ事件・旭川地
決平成 6・5・10 労判 675 号 72 頁）や，躁うつ病の疑いのある長女と脳炎の後遺
症がある次女がおり，病身の両親を抱えて家業である農業を行わなければなら
ない事例（北海道コカ・コーラボトリング事件・札幌地決平成 9・7・23 労判 723 号
62 頁）においてである。

　このように裁判例は，別居について「転勤に伴い通常甘受すべき程度を著し
く超える」ことを容易には認めていないが，他方で，転勤に伴う労働者の不利
益を緩和するような措置を講ずることを使用者の配慮義務として要求するよう
にもなっている。すなわち，転勤により労働者に過重な負担を強いる場合には，
「労働契約における信義則上の配慮義務として，その過重な負担を軽減させる
ための措置を講ずることが使用者に課されている」とされる。そして，共働き
で子どもを養育している夫に対して東京から名古屋に転勤命令を出した際に，
別居手当や住宅手当を支給した事例では，それによってこの配慮義務を果たし

161

たとされている（帝国臓器製薬事件・東京高判平成8・5・29労判694号29頁，同事件最高裁判決・最二小判平成11・9・17労判768号16頁）。こうした配慮義務を尽くしたかどうかは，前掲東亜ペイント事件最高裁判決では言及されていなかったから，判例法理の総合的な判断基準に新たな要素が付け加わったとみることができる。

　今日では，労働者の家庭生活と労働生活の調和を図ることが重要となっている。確かに企業の側にも，単身赴任をも強いる広域異動やゼネラリスト要請のための職務変更という，伝統的な企業内の労働慣行の維持の要請があり，多くの就業規則や労働協約はそのための使用者の配転命令権を規定している。こうした経営上・人事管理上の要請を完全に無視することはできない。とすると問題は，労働生活と家庭生活を調和させようとする労働者の要求を配転法理の中にどのように組み込むかにある。裁判例の中には，判例法理の判断枠組みを維持しながらも，女性労働者の育児に関する不利益を通常甘受すべき程度を著しく超えると判断した事例（明治図書出版事件・東京地決平成14・12・27労判861号69頁）があるし，使用者が育児介護休業法26条の配慮を十分に尽くさなかったことから配転命令を無効とした事例（ネスレ日本事件・大阪高判平成18・4・14労判915号60頁）がある。労契法3条3項は，「労働契約は……仕事と生活の調和にも配慮し」たものでなければならないとしており，裁判例のこうした傾向は，今後更に発展していくことが予想される。

　さらに近年では，労働者のキャリア形成を尊重する裁判例もある。情報システム専門職の労働者の異職種（倉庫係）への配転について，情報システム専門職としてのキャリアを形成していく期待に配慮しておらず，配転命令権の濫用として無効と判断されている（X社事件・東京地判平成22・2・8労経速2067号21頁）。また，配転の手続も重視される。前掲日本レストランシステム事件においては，使用者は，配転が必要とされる理由，配転先における勤務形態や処遇内容，復帰予定等について，労働者に具体的かつ詳細な説明を尽くすべきであるが，本件ではこれが尽くされていなかったとして配転命令は権利濫用に当たり無効と判断されている。このように，近年の裁判例は，判例法理の下で，より詳細な権利濫用の判断を行っている。

2　出向命令権の根拠と法律関係

(1)　出向命令権の根拠

　労働契約は，労働者が使用者の具体的な指揮命令に服することを前提としており，特定の使用者との人的な関係である。労働契約において指揮命令権者が

いかなる者であるかは，契約の本質的な内容であるといえる。したがって，その変更は重要な契約の要素の変更であるために，労働者の同意を要件とすると解すべきである。民法625条1項は，「使用者は，労働者の承諾を得なければ」その権利を第三者に譲渡できないと定めており，この規定から出向には労働者の同意を要すると考える見解もある。いずれにしても，使用者は出向を命じるに当たっては，労働者の同意があることを原則とする。裁判例も「従業員の承諾その他これを法律上正当づける特段の根拠なしに」出向命令権を有するものではないとしている（日立電子事件・東京地判昭和41・3・31判時442号16頁）。

　それでは，いかなる場合に，こうした労働者の承諾ないし同意の存在を認定しうるのか。裁判例では，就業規則の休職規程中に休職事由の1つとして出向を掲げるような間接な規定では十分ではなく，「就業規則に明白に出向義務を規定する必要がある」とされる（日東タイヤ事件・東京高判昭和47・4・26判時670号94頁，同事件最高裁判決・第二小判昭和48・10・19労判189号53頁）。また，採用時の面接でなした，将来グループ会社への出向があることに対する包括的な同意については，それが「真に同意に価するものである限り，明示とか個別的なものに限る理由なく，暗黙或いは包括的態様のものでも足る」と判断する（包括的合意説の立場）裁判例がある（興和事件・名古屋地判昭和55・3・26労民集31巻2号372頁）。

　しかし，就業規則の包括的な出向義務についての規程や，採用時の労働者の同意が，常に出向についての同意となるわけではない。それが出向命令権の根拠となりうるのは，出向先の範囲がかなり明確で，出向後も労働条件が大きく変わらず，また採用時に出向条件などもある程度明示されている事情がある場合に限られる（具体的合意説。和田肇「出向命令権の根拠」労働法63号〔1984年〕26頁以下）。最高裁も，人員削減の目的で一事業部門をアウトソーシングし，その新設会社に長期にわたって出向させる場合に，実質的に労働者の給付義務の内容や労働条件に大きな変更を加えるものでなく，労働協約や就業規則の規定整備がなされているときには，個別の承諾がなくても出向を命ずることができるという（新日本製鐵〔日鐵運輸第2〕事件・第二小判平成15・4・18労判847号14頁＝百選62事件，新日本製鐵〔日鐵運輸〕事件・福岡高判平成12・11・28労判806号58頁）。本件は，復帰がほぼ予定されていない出向に関する事例であるからこう解したといえなくもないが，通常の出向に妥当する考えと理解してよいであろう。

　労働協約における出向に関する条項についても，それを使用者が出向を命じることのできる特段の根拠とする裁判例もみられる（新日本ハイパック事件・長野地松本支決平成元・2・3労判538号69頁）。しかし，出向命令に応じるかどう

かは労働者個人が決定すべき事項であり，協約自治の限界の観点から労働協約においてそうした義務付けをなしうるものではないと解すべきである。協約における出向条項は，一般に出向時の労働条件や待遇を決定する趣旨にすぎない。

(2) 出向命令権の濫用

就業規則等により労働者に出向義務があると解しうる場合でも，個々の出向命令に当たっては，業務上の必要性や人選の合理性が認められなければ，権利の濫用として無効と判断される（労契14条。同法制定以前の事例であるが，ゴールド・マリタイム事件・大阪高判平成2・7・26労判572号114頁）。労働者の家庭生活に与える影響も，権利濫用の判断要素となりうる。さらには，出向命令発令の手続も重要であるといえ，使用者は出向に際して，労働者の意見を聴き，出向内容などについて十分に説明し，情報提供をする必要がある。配転命令権の権利濫用と同じような判断が必要になるということであるが，一時的であれ指揮命令を行う者が変わるのであるから，その判断は配転の場合以上に厳格にならざるをえない（土田・労契法439頁以下）。裁判例においては，単純作業中心の業務への出向命令について，退職勧奨を断った労働者が自主退職することを期待して行われたものであり，不当な動機・目的によるものとして権利濫用に当たり無効とするものがある（リコー事件・東京地判平成25・11・12労判1085号19頁）。

(3) 出向労働契約関係

出向先の使用者の指揮命令権は，出向労働者の労働条件のほとんどをカバーし，出向労働者は，出向元にいるのと同じように出向先の指揮命令に服して勤務することから，労働者と出向先使用者の間には，労働者と出向元企業との間の労働契約関係とともに，「二重の労働契約関係」があるとする見解が有力である。この見解では，労働者派遣法2条1号の「労働者派遣」の定義の中に出てくる，「当該他人に対し当該労働者を当該他人に雇用させることを約してする」場合が，これに当たると解している。

しかし，労働者と出向先使用者との関係は，出向契約の内容いかんによるのであり，一律の性格規定はできない。「二重の労働契約関係」が成立しているようにみえても，通常は当該労働者は出向元ではなく出向先に労働契約上の地位確認請求ができるわけではない（栃木合同輸送事件・名古屋高判昭和62・4・27労判498号36頁は，出向先には出向労働者たる地位の確認請求しかできないとする）。また，逆に，出向先は労働契約上の地位の存否に関わる解雇や懲戒解雇を行うことができない。解雇や懲戒解雇を行うときには，通常は出向を解除して，出向元に戻ってそこでこうした措置が講じられる（出向元の懲戒解雇を有

効とした事例として，ダイエー事件・大阪地判平成10・1・28労判733号72頁。土田・労契法442頁以下も参照）。

　出向の場合，出向元と出向労働者との間に労働契約関係が存続する以上，労働契約の解約は出向元のみが行いうる。裁判例においては，出向労働者の出向先での言動を理由に出向元が懲戒処分を行い，さらに，出向先が子会社であること等から出向元の就業規則を適用して出向先も懲戒処分を行ったことについて，いずれも有効としたものがある（勧業不動産販売・勧業不動産事件・東京地判平成4・12・25労判650号87頁）が，二重処分に該当するものであり問題があろう。懲戒解雇以外の戒告・減給などの懲戒処分については，出向先が出向労働者に懲戒処分を行う旨の就業規則の定めや出向規程があり，それに労働者が同意している必要がある。このような定めがなかったり，不明確なときは，出向労働者の行為の性格などから判断することになる。例えば出向労働者が出向先で実際に就労する中で出向先の服務規律に違反したために出向先の企業秩序が乱されたという場合については，出向先が懲戒できるといえる。

(4)　復　帰

　労働者を出向先から復帰させることについても，労働者の同意が必要であろうか。裁判例では，在籍出向においては，復帰は「もともと出向元との当初の雇用契約において合意されていた事柄」として，出向元への復帰を予定しないことについて労働者が同意していたなどの特段の事情がない限り，労働者の同意を要しないと判断するものがある（古河電気工業・原子燃料工業事件・最二小判昭和60・4・5民集39巻3号675頁）。しかし，復帰について労働者の同意が必要かどうかは，当該出向契約の解釈によって決めるべきである。その場合にも出向当初の合意は尊重されなければならないから，当初予定した出向期間満了前の復帰には，原則として改めて労働者の同意が必要になると解すべきである。もっとも，復帰の同意については，個別的同意までは必要とせず，出向規定の定めや出向時の同意で足りるといえる（土田・労契法448頁以下）。

3　転　籍

　転籍は，労働者を，元の企業との労働契約関係から完全に切り離して，転籍先との労働関係を成立させるものである。元の会社の退職と新たな会社での再就職という手順と異なるのは，前者と後者が連続しており，かつ後者が前者の前提（停止条件）となっている点である。新会社で採用されない場合には，元の会社での退職は無効となる。

　転籍は元の会社との契約関係が完全に切れてしまうので，出向の法理は適用

されず，就業規則の一般規定や包括的同意だけでは無理で，常に労働者の個別的で明確な同意を要すると解されている（三和機材事件・東京地判平成7・12・25労判689号31頁）。退職と就職に関しては，その都度の労働者の明確な意思が確認されるべきだからである。採用の際に転籍についての説明の下に明確な同意がなされ，人事体制に組み込まれて長年実施され，勤務年数も通算されるなど，実質的に社内配転と異ならない形態のものについては，就業規則の規定によりこれを命じうるとした裁判例もあるが（日立精機事件・千葉地判昭和56・5・25労判372号49頁），疑問である。採用時の合意が，その後の雇用環境の変化にもかかわらず永久に効力を持つと考えるのは，常識に反する。労働者の籍が移ってしまう以上，この場合にもやはり労働者の意思をその都度確認すべきであろう。また，転籍に対する労働者の同意は，真意によるものでなければならない。そのため，使用者は，転籍先の労働条件や職務内容などについて十分な説明や情報提供を行った上で，労働者の自由意思に基づく同意を得ることが求められる（土田・労契法451頁）。

　転籍後は，法的にも実際にも，転籍先が使用者としての地位に立つ。ただ，復帰を約束した転籍のように，元の企業との関係を維持している場合には，元の企業の使用者は労働者の地位について無関係ではありえず，例えば復帰問題についての団体交渉では，交渉当事者としての「使用者」性を残しているといえる。また，転籍会社の法人格が否認されるような場合には，元の会社が労働者の退職金支払責任を負わされることもありうる（黒川建設事件・東京地判平成13・7・25労判813号15頁）。

【解答への道すじ】

1　【設問】1について

　本問では，Aは，職種・職務内容が変更されることや家庭の事情を理由にL社からの配転命令を拒否している。しかし，このような配転命令の拒否は懲戒解雇となりうることもあり，その場合には労働者は配転命令の無効を主張することとなる。そこで，L社による配転命令が有効といえるかどうかを検討する。

　(1)　まず問題となるのが，配転命令権の根拠である。L社はAに対して配転を命じる権利を有するか。配転命令権の根拠は労働契約にあるといえ，就業規則等に「業務上の必要がある場合には，従業員に人事異動を命じる」旨の定めがあり，これが合理的なものであれば労働契約の内容となる。本問のような総合職の正規雇用労働者については，採用の際に職務内容や勤務場所を具体的

に定めて契約することは少なく，これらに関する労使の合意（特約）がない限りは，就業規則に設けられた包括的な配転命令条項に従って職務内容や勤務場所が変更されることになる。

　本問においては，Ａは全国転勤を前提とした総合職としてＬ社に採用されており，採用時に職務内容を研究開発業務に特定するとか，勤務場所は首都圏に限定するといった合意はなされていない。そして，Ｌ社の就業規則には配転命令条項があり，その内容は，長期雇用を前提とした労働者のキャリア形成，適正配置，雇用調整といった配転の機能からすれば，特段不合理な点はないといえるため，労働契約の内容となる（労契7条）。したがって，Ｌ社はＡに対する配転命令権を有するといえる。

　(2)　このように使用者に配転命令権があるとしても，次にその権利行使が濫用にならないかを判断しなければならない。とりわけ，本問においては，遠隔地への転居を伴う転勤であり，単身赴任により家族との別居や育児ができなくなることが予想されるため，労働者の不利益が大きい。このような場合にも使用者に無制約に配転命令権を認めてもよいということにはならないだろう。この点，判例は，配転命令に業務上の必要性がない場合，または業務上の必要性がある場合であっても，配転命令が不当な動機・目的をもってなされた場合もしくは労働者に通常甘受すべき程度を著しく超える不利益を負わせるものである場合などには権利濫用が成立し，配転命令は無効となる（前掲東亜ペイント事件最高裁判決）。

　これを本問についてみると，まず，Ｌ社には全国に多くの支社や研究所があり，総合職の従業員には広く配転等の人事異動が認められており，Ｌ社としては，家庭的な事情があるとはいえＡのみに配転を命じないということはできない。また，Ｌ社は営業拠点の拡大による札幌支社の開設に伴い，Ａの高い能力や経験を評価して配転を命じたものといえる。このことから，Ａに対する配転命令には業務上の必要性が認められ，嫌がらせや報復などといった不当な動機・目的で行われたものともいえない。

　そこで次に，Ａに対する配転命令が「労働者に通常甘受すべき程度を著しく超える不利益を負わせる」ものであるかどうかを検討する。Ａは東京から北海道へという遠隔地転勤を命じられており，Ａが単身赴任を強いられたり，Ａの妻が退職せざるをえなくなるという不利益が生じうる。この点，裁判例において労働者の著しい不利益が認定されるのは，本人の病気や病気の家族の看護・介護のため配転が困難である場合（前掲損害保険リサーチ事件，前掲北海道コカ・コーラボトリング事件）に限られており，単身赴任をもたらす転勤によ

る家庭生活上の不利益は，通常甘受すべき程度の不利益であるとされている（前掲東亜ペイント事件最高裁判決，前掲帝国臓器製薬事件）。たしかに，今日の社会においては単身赴任は一般的なものといえ，夫婦共働きの家庭も多く，そのような家庭の事情を理由に配転を命じることができないとすれば，単身者のみがその対象となり適切ではない。しかし，転勤により労働者が被る私生活上・家庭生活上の不利益は軽視されるべきではなく，労契法3条3項の仕事と生活との調和（ワーク・ライフ・バランス）が要請される。裁判例の中には，単身赴任を伴う転勤を命じる場合，使用者には信義則上，労働者の不利益を軽減，回避するための措置をとる配慮義務があるとするものもある（前掲帝国臓器製薬事件）。また，育児介護休業法26条は，使用者は労働者の配置の変更に際して子の養育や家族の介護の状況に配慮する義務を負うことを定める。さらに，配転に際しての手続も重要であり，使用者は労働者に配転の必要性や合理性について十分な説明をする必要がある。

　本問においては，Aの妻が都内で働いていることやマンションを購入したことから，Aが1人で北海道に赴任することになりそうだが，そうなると，妻と協働して行ってきた2人の子の養育が困難となる。そのため，L社は，単身赴任によりAにもたらされる不利益を回避・軽減するための措置をとるべき信義則上の配慮義務を負うものといえる。具体的には，北海道で妻の就職先や子どもたちの保育所を紹介すること，社宅の貸与，住宅手当の支給など，Aの単身赴任を回避し家族で転勤できるような措置をとるべきである。単身赴任が回避できない場合には，Aが定期的に帰省できるよう，その費用を支給したり帰宅休暇を与えるべきである。そして，これらの措置をとる前提として，L社はAの家庭状況を確認したり，Aの意向を聴く必要があろう。しかし，L社はこのような転勤に伴うAの家庭生活上の不利益に全く配慮していない。そのため，Aはこの配転により著しい不利益を被るといえる。以上のことから，L社によるAへの配転命令は権利濫用に該当し，無効である（民1条3項，労契3条5項）。

2 【設問】2について

　本問においても，【設問】1の配転のケースと同じように，①出向命令権の根拠および②出向命令権の濫用が問題となる。

　（1）　出向は，配転の場合と異なり，労務提供の相手方が変わるため，労働者の明確な同意が必要である（民625条）。ここでの同意は，労働者の個別的同意に限られない。通説・判例によれば，出向命令権の根拠として就業規則等の

出向条項が存在することに加え，就業規則等において出向中の労働条件・処遇・出向期間等に関して整備・保障され，労働者の利益に配慮した場合には，労働者の個別的合意なしに使用者は出向を命じることができるとされる。

　本問について考えると，L社の就業規則には出向条項があり，出向期間についても定めがある。さらに出向規程において，出向先の労働条件や賃金等に関する定めがあり，出向者の労働条件は出向前よりも低下させないことも定められている。このように就業規則において出向について規定整備がなされていることから，L社の出向命令権は認められ，L社はBの個別の同意なしに出向を命じることができる。

　(2)　以上のようにして使用者に出向命令権が認められる場合であっても，出向命令がその必要性，対象労働者の選定に係る事情その他の事情に照らして，権利濫用と認められる場合には，無効となる（労契14条）。本問についてみると，L社では50歳以上の中高年の従業員の処遇の手段として出向は広く行われており，管理職ポストの不足等に対応する措置として必要性はあるといえる。また，Bだけが出向の対象として選定されたわけではない。したがって，出向命令の必要性は認められ，対象労働者の選定についても不合理とはいえない。しかし，Bは出向により勤務地は自宅に近いものの，管理職から一般職へと変更になり，その結果，管理職手当が支払われなくなるという不利益を被る。また，業務内容も課長としてのデスクワーク中心の業務から単純作業や体を使う業務も加わることとなり，Bのキャリアや年齢・体力に対する配慮がなされていない。その上，Bには腰痛の持病があることから，M社での業務はBに身体的にも精神的にも過大な負担を与えるものである。そして，BはM社の業務に耐えられないのではないかとの不安を抱えていることから，L社はBに対して事前に説明をしたり，その意向を聴くなどしてできる限りの配慮をすべきである。以上のことから，L社によるBへの出向命令は，Bの不利益が大きく，手続も不十分であるといえ，権利濫用により無効である。

3　【設問】3について

　転籍は，転籍元との労働契約を終了させ，転籍先との間で新たに労働契約を締結するものであるから，労働者のその都度の個別具体的な同意が必要であり，使用者が一方的に命令することはできない。

　本問においては，L社の就業規則には，業務上の都合により転籍を命じることがあり，従業員は正当な理由なくこの命令を拒否できない旨の定めがある。しかし，このような就業規則の包括的規定や採用時等の事前の包括的同意に基

づいて，L社がBに一方的に転籍を命じることはできないといえる。転籍が実施されれば，BはL社との労働契約を解約し，M社との新契約を締結することになるため，これをB本人の明確な同意なしに行うことはできないと考えられるからである。したがって，M社への転籍についてはB本人の個別の明確な同意が必要であり，これがない限りはBの転籍は不可能である。仮にBが転籍に同意した場合であっても，その同意は，L社からの十分な説明等を受けた上で，Bの自由意思によってなされたものでなければならない。

4 【設問】4について

　出向先で出向労働者による不祥事が生じた場合，出向先は，その企業秩序を維持するために懲戒権を行使しうる。この場合，出向先が懲戒処分を行うことが就業規則や出向規定等において定められ，出向労働者がそれに同意している必要がある。ただし，出向先が行うことができるのは，軽微な懲戒処分（譴責等）のみである。これに対して，本問のように，解雇や懲戒解雇のような従業員の身分に深く関わるような事項は，出向元と出向労働者の労働契約関係が存続する以上，出向元会社（L社）で行うのが通常である。そのため，出向労働者の行為が出向元の就業規則における懲戒解雇事由に該当しうる場合，出向元に復帰させた上で懲戒解雇をする必要がある。それでは，L社はCに復帰を命ずることができるか。

　出向労働者の出向元への復帰命令については，出向元への復帰が予定されている場合には，出向元は労働者本人の同意なく復帰を命じることができるとする裁判例がある（前掲古河電気工業・原子燃料工業事件）。しかし，出向期間満了前の復帰命令は，労務提供先や労働条件が変更されることになるため，これを復帰の申込みと解し，労働者の同意を要すると考えるべきである。ただし，個別的同意までは要せず，出向時の同意や出向規定の定めで足りる。本問においては，3年の期間を定めて出向しており，その期間途中での復帰命令ということになる。また，L社就業規則には出向からの復帰に関する規定はない。したがって，L社による一方的な復帰命令は認められないことになる。今後，L社は就業規則等に復帰に関する規定を設け，このような事態に対応するべきである。

【基本文献】
荒木417頁／菅野684頁／土田・概説171頁／土田・労契法410頁／西谷・労働法216頁／野川308頁／水町147頁

（和田　肇）

14 人事(2)
——昇格・昇給，降格・降給，休職

【設　問】

　医薬品の製造販売を営むＹ社では，「コンピテンシー」（担当職務において持続的に高い業績を上げるために発揮を求められる行動特性・思考特性），「役割」および「成果」の3要素で評価を行い，期待される（求められる）役割を踏まえて等級を決定する役割等級制度が導入されていた。Ｙ社では，また，営業部門，管理部門，研究部門に区分して従業員を採用する職種別採用が行われていた。職種選択は採用時のみになされ，採用後の職種転換が行われた例はなく，採用面接の際にも，採用後は職種の変更はなされないことが説明されていた。

　Ｙ社における従業員の等級は，リーダークラスと担当者クラスに分類され，リーダークラスは，更にＢクラス，Ｋクラスに区分され，担当者クラスは，4等級，3等級，2等級，1等級に更に区分されている。また，各等級における役割は，職種別に設定されている。

　Ｙ社では，担当者クラスの従業員に対する人事考課は，年1回実施されており，役割等級を決める「等級評定」と給与ランクを決める「評価ランクの決定」の2種類の人事考課が行われている。従業員の給与の中心である役割給は，役割等級と，その役割等級内において設定されている給与ランク（1～10号俸）によって決定されるところ，給与ランクは，毎年，評価ランクに基づいて加減される。

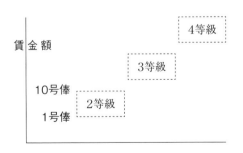

　まず，「等級評定」は，コンピテンシー評価と役割評価に基づいて行われ，等級評定の結果により，上位等級への昇級や下位等級への降級が決定される。Ｙ社の就業規則には，「上位等級への昇級・下位等級への降級は，まず被考課者が所

属している等級におけるコンピテンシーの評価を行い，上位等級もしくは下位等級のコンピテンシーおよび役割を評価し，これを決定する」との規定がある。ここで「コンピテンシー評価」とは，役割等級ごとに設定されたコンピテンシー評価基準に基づいて評価するものであり，「役割評価」とは，本人が担当している仕事や期待される成果のレベルがどの役割等級に該当するかを確認，評価するものである。

　次に，「評価ランクの決定」は，コンピテンシー評価と業績評価に基づいてなされる。「業績評価」とは，組織において期待される役割，その役割の遂行に向けた重要課題となる目標につき，本人の自己評価を踏まえて評価するものである。

　人事考課の実施過程では，直属の上長と被考課者との間での，目標設定やその見直しに関する面接が行われる。また，直属の上長による評価に続いて，被考課者が属する部門長による調整が行われた上で評価が決定されるが，被考課者がこれに不満がある場合には，苦情処理委員会に対する不服申立てを行うことができることになっている。なお，Ｙ社の給与規則（3条）には，「給与の決定（昇給・降給）は役割・コンピテンシー・成果を基準とし，公正にこれを行う」との規定がある。また，以上の人事考課の仕組みと手続はいずれも，人事考課規則に規定されている。

1　Ｙ社の従業員であるX$_1$（営業部門）は，2018年6月，札幌営業2課の課長代理で役割等級4等級8号に格付けされていた。X$_1$は，大学を卒業して入社以来の10年間で営業成績が特に不良であったことはなく，直近5年間の人事考課はS，A，A，B，A（5段階評価，S，A，B，C，D）であったが，昨年度に新たに着任した営業2課課長Zとそりが合わず，上司Zから厳しい目標を課されたことなどから営業成績が役割等級4級に属する者の中で下位から10％に入ってしまった。そのため，2019年度の直属の上長および部門長によるX$_1$のコンピテンシー評価および業績評価はDとなった。この考課結果を受けてX$_1$の役割等級は，4等級8号から3等級5号に降級されることになり，その結果，月例給の中心である役割給が，42万2000円から34万4000円に減額された。X$_1$は，苦情処理委員会に対して，今回の降級に不服を申し立てたものの，考課結果が変更されることはなかったため，裁判所に訴えを提起したいと考えている。X$_1$に対する降級は有効か。

2　Ｙ社の従業員であるX$_2$（営業部門）は，X$_1$と同期入社の女性であり，大阪営業3課の課長代理（4等級6号俸）である。2018年5月2日，予定日通りに女児を出産したX$_2$は，同年6月28日から同年12月31日まで育児休業を取得した（休業期間中，X$_2$はＹ社から賃金の支給を受けていない）。Ｙ社では，育児休業取

得者については休業前と同一の地位での復職が原則とされていたため，X_2は，同年12月1日から大阪営業3課の課長代理（役割等級4等級）として復職することができたものの，育児休業を取得したことを理由に，2018年度のコンピテンシー評価および業績評価が最低ランクのDとなった。Y社の人事評価規則では，どのような理由であれ，休暇や休業期間が6ヵ月以上に及ぶ場合については，コンピテンシー評価および業績評価をDとすることとされていたためである。これによりX_2は，1号俸の給与ランクとなって，2019年度の役割給が41万円から38万円となった。この降給に納得がいかないX_2は，Y社に賃金減額相当額について損害賠償請求を行いたいと考えている。X_2は損害賠償救済を受けることができるか。なお，X_2は，2018年4月1日から出産日までは産前休業と年次有給休暇を取得し，同年5月3日からは産後休業をとっていた。

3　Y社の従業員であるX_3（入社10年目）は，入社当初から営業部門に所属し，福岡営業2課において医療担当者（課長代理，4等級7号俸）として勤務していたが，母との間で財産をめぐるトラブルが続き，2019年4月頃から体調不良を訴え，業務上必要なコミュニケーションをとることが難しくなり，フロアを歩き回ったり，「ワー」と大きな声を出したり，「結婚したい」等との独り言をいうようなった。上司の勧めにより，X_3が精神科医院を受診したところ，他人の表情が読めない，会話のキャッチボールができない，特定の儀式や習慣などに頑なにこだわる，等の特徴を有するアスペルガー症候群と診断された。X_3は，2019年6月1日から，治療のため病気欠勤を続け，同年9月1日，Y社から休職命令を発令されたが，これに対してX_3は，対人交渉の少ない部署であれば就労可能であるという上記医院による診断書を提出した上で，福岡支社の管理部門の中で対人交渉の少ない仕事への配置転換をY社に願い出た。しかし，Y社は，対人交渉の少ない仕事が福岡支社にあるかどうかを検討することなく，X_3の願い出を拒否するとともに，X_3に対して1年間の休職命令を発令した。X_3は休職となると賃金の支給がなくなるため，休職命令の無効を主張したいと考えている。可能か。なお，Y社の就業規則には，「社員が業務外の傷病によって欠勤し，欠勤開始後3ヵ月を経過しても治癒しないときは，期間を定めて休職を命じる」（74条1号）と定められている。

【解　説】

1　組織における格付け制度と休職制度

労働契約関係は，長期的かつ組織的に展開される。

そのため，多くの企業は，職業能力の開発や就労そのものへのインセンティブを労働者に与えること，組織と個人のマッチングを図ること等を目的として，組織における格付けの仕組みを制度化している。こうした組織における格付け制度は，各企業の置かれた環境や経営方針に応じて多様な形で形成されているが，一般的には職能資格制度，職務等級制度，役割等級制度に分類されることが多い。職能資格制度は，労働者が実際に行っている仕事ではなく，労働者の職務遂行「能力」に応じて従業員を格付けし，処遇する仕組みである。これに対して，職務等級制度や役割等級制度は，労働者が実際に行っている仕事あるいは果たしている役割に着目した格付けを行い，処遇する等級制度である。

労働契約関係の長期継続的性格は，同時に，病気等のために就労が困難になった者に対して，一時的に就労を免除あるいは禁止することを可能にする制度を要請する。休職を経ることなく，ある事情から就労困難となった者を解雇することは，企業にとっても人材活用の効率性を損なう。刑事事件で起訴された従業員の就労を認めることによって，企業秩序に悪影響が及ぶ場合があり，そうした従業員の就労を禁止することが適当な場合もある。多くの企業は，とりわけ長期継続雇用が予定されている正社員について，傷病や起訴を理由とする休職の仕組みを用意しているのである。

【設問】は，以上のような格付け制度や休職制度のうち，役割等級制度における降格と降給ならびに傷病休職制度に関する法的問題を問うものである。

2　昇格，昇進，昇給

昇格や昇進あるいは昇給が法的に問題となるのは，それらに労基法3条・4条，均等法，育児介護休業法，労組法7条などの強行法規違反がみられるような場合である。例えば，昇進に関する男女差別（男女差別については23参照）については，均等法6条違反となり，不法行為が成立することになろう。また，3ヵ月の育児休業取得を理由に職能給の昇給対象から除外したことが，育児介護休業法10条の不利益取扱いに該当し，同法が保障した権利を抑制し，ひいては同法が労働者に休業の権利を保障した趣旨を実質的に失わせるものとして公序に反し，使用者の不法行為責任が肯定されるとした例（医療法人稲門会〔いわくら病院〕事件・大阪高判平成26・7・18労判1104号71頁）がある。昇格，昇進が労組法7条の不当労働行為に該当するときには，労働委員会は，使用者の人事権が不当に制約される場合を除き，不当労働行為がなければ昇格，昇進していたであろう地位を付与する救済命令を発することができる（北海道・北海道労働委員会〔渡島信用金庫〕事件・札幌地判平成26・5・16労判1096号5頁など）。

このように，昇格，昇進の典型的な紛争事案は，昇格，昇進を実施しないあるいはそこに格差を付けた理由に強行法規違反がみられるか否かというものである。これは別言すると，強行法規違反がみられない限りは使用者の裁量権が尊重されるということでもある。

3　降級，降格，降給

(1)　役職の引下げとしての降級，降職，降格

使用者の裁量権を尊重する裁判所の姿勢は，（懲戒処分としてではなく）人事権行使の一環として行われる役職や役割の引下げを伴う（職務の変更を伴う）降級，降職，降格についても顕著に見受けられる。

例えば，「本件降格異動は，被告において人事権の行使として行われたものと認められるところ，こうした人事権の行使は，労働者の同意の有無とは直接かかわらず，基本的に使用者の経営上の裁量判断に属し，社会通念上著しく妥当性を欠き，権利の濫用に当たると認められない限り違法とはならない」（上州屋事件・東京地判平成 11・10・29 労判 774 号 12 頁）という説示にみられるように，裁判例では，使用者の裁量権が尊重されてきている。裁量権を逸脱したか否かについて，「使用者側における業務上・組織上の必要性の有無及びその程度，能力・適性の欠如等の労働者側における帰責性の有無及びその程度，労働者の受ける不利益の性質及びその程度等の諸事情を総合考慮す」る（前掲上州屋事件，バンク・オブ・アメリカ・イリノイ事件・東京地判平成 7・12・4 労判 685 号 17 頁）という基準が示されてきたものの，妊娠や出産を契機とした降職や降格などの強行法規違反がみられない限り（広島中央保健生協〔C 生協病院〕事件・最一小判平成 26・10・23 民集 68 巻 8 号 1270 頁＝百選 17 事件，㉓参照），使用者の裁量権を尊重する例が主流を占めてきた（前掲上州屋事件，前掲バンク・オブ・アメリカ・イリノイ事件，エクイタブル生命保険事件・東京地決平成 2・4・27 労判 565 号 79 頁など）。労働契約上（就業規則上）の根拠も求められてこなかった。

ただ，近時の裁判例では，役職や役割の引下げを伴う降格や降級の効力について，次のような傾向が生じていることに目を向ける必要があろう。

第 1 に，使用者の裁量権を重視して降格の効力を肯定する傾向に対して，公正な人事考課によるなど（人事考課については，以下の本章(3)参照），降格や降級処分を行う積極的理由がない限り，裁量権の逸脱としてその効力を否定する裁判例が散見されるようになってきたことである（例えば，東京海上日動火災保険事件・札幌地判平成 27・3・18LEX/DB25540068）。

第 2 に，役職や役割，職務の変更を伴う降格には，職務変更の側面と賃金減

額の側面とがあるが，このうち，後者に着目して降格の効力を限定する裁判例がみられるようになったことである。こうした裁判例の中には，例えば，「労働者にとっての給与の重要性に照らすと，給与の減額が有効となるためには，配転による仕事の内容の変化と給与の減額の程度とが，合理的な関連を有すると解すべきであるし，また，これらの規定が能力型の給与体系の採用を背景として導入されたことに鑑みれば，給与の減額の程度が当該労働者に対する適切な考課に基づいた合理的な範囲内にあると評価できることが必要であると解すべきである」として降格の効力を否定するもの（日本ドナルドソン青梅工場事件・東京地八王子支判平成15・10・30労判866号20頁）もあるが，むしろ，降格，降給の効力と賃金減額の効力を分離して，前者については使用者の裁量権を重視する一方で，後者については明確な法的根拠と賃金減額の合理的理由を求めるなどの厳格な司法審査を行う例もみられる（コナミデジタルエンタテインメント事件・東京高判平成23・12・27労判1042号15頁）。

(2) 職務変更を伴わない降格，降給

　以上のように役職や役割の引下げを伴う降格，降級については，使用者の裁量権から出発しつつも，その効力を限定する視点が表れてきているといえよう。これに対して，職務の変更を伴わない降格あるいは降給については，次のように判示する裁判例がある（アーク証券事件・東京地決平成8・12・11労判711号57頁）。

　「債務者において行われている『降格』は，資格制度上の資格を低下させるもの（昇格の反対措置）であり，一般に認められている，人事権の行使として行われる管理監督者としての地位を剥奪する『降格』（昇進の反対措置）とはその内容が異なる。資格制度における資格や等級を労働者の職務内容を変更することなく引き下げることは，同じ職務であるのに賃金を引き下げる措置であり，労働者との合意等により契約内容を変更する場合以外は，就業規則の明確な根拠と相当の理由がなければなしえるものではな」い。

　以上のような判示は，職務遂行能力と職制を理論的に分離して，職制や職務ではなく，職務遂行能力に応じた処遇を行う職能資格制度を前提としたものであろう。そもそも職務遂行能力と結び付けられる資格は，「労働者が，一定期間勤続し，経験，技能を積み重ねたことにより得たものであり，本来引下げられることが予定されたものではな」い（フジシール〔配転・降格〕事件・大阪地判平成12・8・28労判793号13頁）。

　もっとも，職能資格制度における資格の引下げであっても，人事考課によるものは，降格の相当な理由となりうる。また，職制や職務に引き付けて賃金処

遇を行う職務等級制度や役割等級制度では，職務や役割の変化に応じた，あるいは同一等級内の範囲給の限りでの降給が，人事考課と結び付けられた形で制度的に予定されている。そのため，人事考課に対する法的審査が特に問題となる（人事考課に対する法的審査は，前述した役割の引下げについても重要になる）。

(3) 人事考課

人事考課に関する裁判所の伝統的な態度は，「人事考課をするに当たり，評価の前提となった事実について誤認があるとか，動機において不当なものがあったとか，重要視すべき事項を殊更に無視し，それほど重要でもない事項を強調するとか等により，評価が合理性を欠き，社会通念上著しく妥当を欠くと認められない限り，これを違法とすることはできないというべきである」とする光洋精工事件・大阪高判平成9・11・25労判729号39頁にみられるように，使用者の裁量を重視する点にある。こうした裁判所の基本的姿勢は，近時の例でも，「人事考課とこれに基づく給与査定は，基本的には使用者の裁量に任されているというべきである」（エーシーニールセン・コーポレーション事件・東京高判平成16・11・16労判909号77頁），「使用者の従業員に対する人事考課・査定行為は，原則的には使用者の裁量に任されているが，使用者がその裁量の範囲を逸脱し又はこれを濫用した場合には，当該人事権の裁量の行使は違法・無効となると解するのが相当である」（丸紅情報システムズ事件・東京地判平成23・12・15LEX/DB25480081）と判示されている。

しかしながら，近時の裁判例を子細にみたとき，とりわけ賃金減額と結び付けられた人事考課に関して，人事考課制度の合理性と当てはめの合理性を区分して，人事考課の合理性を慎重に判断する裁判例が散見されることは，注目されるべきであろう（例えば，前掲東京海上日動火災保険事件，国際観光振興機構事件・東京地判平成19・5・17労判949号66頁）。賃金の引下げを原則として想定していない職能資格制度と異なり，近年普及してきている役割等級制度や職務等級制度の多くは，役割や等級の低下に伴う賃金減額あるいは同一等級内における賃金の減額を，人事考課と結び付けた形で制度的に予定している。このような場合には，近時の裁判例にみられるように，使用者の裁量が重視されるべきではなく，制度の合理性と当てはめの合理性の両側面から慎重な判断がなされるべきである。賃金の引下げを伴う降級や降格を基礎付ける人事考課については，賃金の上昇を伴う昇格や，恩恵的，功労的要素を含む賞与の前提としてのそれに比して，程度の違いはあるものの，労使ともに納得性，公平性の高い制度運用をよりいっそう望む意思があるということができるからである。労働者が，降格，降級の決定的要素となる人事考課を使用者の裁量に白紙委任する

意思を有しているとはおおよそ考え難い。また，使用者としても，降格，降級に伴う労働者の就労意欲の低下等に配慮して，納得性の高い人事考課制度の構築を志向するのが通常であると考えられよう。

4 休 職

降格や降給，降級は，企業内の格付けや処遇を変更することであるのに対して，休職は，契約関係を維持しつつ，一定の期間，就労を免除あるいは禁止する人事措置である。私傷病を理由とする休職（傷病休職），傷病以外の私的な欠勤を理由とする休職（事故欠勤休職），刑事事件による起訴を理由とする休職（起訴休職），その他にも自己啓発休職，出向休職などがある（菅野697頁以下）。休職は労基法15条の労働条件明示義務の対象となっており（労基則5条），制度として存在している場合には就業規則に記載しなければならない（労基89条10号）が，民間企業については，休職の制度化や内容に関する法規制は存在しないため，休職期間の上限，休職期間中の賃金の取扱いは，企業ごとに多様である。

(1) 傷病休職

傷病休職であっても，起訴休職であっても賃金が全額保障されることは少なく，使用者による休職処分には，労働者にとっては不利益処分の側面がある。そのため休職事由の限定解釈が要請される場合もある。あるいは休職処分命令が権利濫用とされることも考えられる。傷病休職についてこの点が争われた富国生命保険（第3回休職命令）事件・東京地八王子支判平成7・7・26労判684号42頁では，頸肩腕障害を理由とした1年間の休職命令につき，通常勤務を行うことに相当程度の支障をきたすものである場合にはじめて休職事由に該当するとされて，休職命令の無効確認請求が認容されている。

また，傷病休職命令については，傷病のために労務の提供が困難であるかが問題となるところ，片山組事件・最一小判平成10・4・9労判736号15頁＝百選24事件が次のような影響力のある判断基準を示している。同事件は，休職処分命令に関する事案ではないが，現場監督業務に従事していた労働者がバセドウ病により現場作業に従事できないと申し出たために，これに対して会社が自宅待機を命じて賃金を支給しなかったという事案において，職種を限定せずに労働契約を締結した場合には，「現に就業を命じられた特定の業務について労務の提供が十全にはできないとしても，その能力，経験，地位，当該企業の規模，業種，当該企業における労働者の配置・異動の実情及び難易等に照らして当該労働者が配置される現実的可能性があると認められる他の業務について

労務の提供をすることができ，かつ，その提供を申し出ているならば，なお債務の本旨に従った履行の提供があると解するのが相当である」と説示した。職種限定契約を締結していない労働者に対する休職命令は，他の就業可能な業務がある場合には，否定されるということになろう。

このように傷病休職命令は，労働者に対する不利益処分を含むため休職命令自体の有効性が問題となるが，傷病休職期間中に3日間の待機期間を経て健康保険から傷病手当金が支給され，また，傷病休職自体が解雇猶予の機能を果たす側面もある。そのため，傷病休職が法的な問題となるのはむしろ，休職からの復職が認められるかという点であることが多いが，ここでも上記片山組事件最高裁判決の基準を用いた解決が図られている。例えば，脳内出血による後遺症のため休職していた労働者に対する3年間の休職期間満了による退職扱いの有効性が問題となったJR東海事件・大阪地判平成11・10・4労判771号25頁＝百選75事件では，片山組事件最高裁判決の基準に照らして，「現実に復職可能な勤務場所があり，本人が復職の意思を表明しているにもかかわらず，復職不可とした被告の判断には誤りがある」との判断が下された。これに対して，双極性障害を発症して休職していた労働者に対する，休職期間満了を理由とする雇用契約終了の効力が争われた帝人ファーマ事件・大阪地判平成26・7・18LEX/DB25504582では，当該労働者を現実的に配置して労務の提供を受けることが可能な職務が存在したとは認められないとして休職期間満了による雇用契約終了の効力が肯定された。

(2) 起訴休職

法的紛争の多くが休職からの復職に集中している傷病休職に対して，起訴休職をめぐる法的紛争の多くは，休職処分命令が有効であるかという点に関するものである。起訴休職については傷病休職の場合のような健康保険上の傷病手当支給がなく，所得保障が全くないケースが多いため，労働者に対する不利益性が高い。そのため，裁判例は，起訴休職の休職事由に限定解釈を施している。例えば，航空会社の操縦士が客室乗務員に障害を負わせ，これにより起訴されたために，会社が当該労働者を無給の起訴休職処分に付した全日本空輸事件・東京地判平成11・2・15労判760号46頁＝百選63事件は，「起訴休職制度の趣旨は，刑事事件で起訴された従業員をそのまま就業させると，職務内容又は公訴事実の内容によっては，職場秩序が乱されたり，企業の社会的信用が害され，また，当該従業員の労務の継続的な給付や企業活動の円滑な遂行に障害が生ずることを避けることにあ」り，「したがって，従業員が起訴された事実のみで，形式的に起訴休職の規定の適用が認められるものではなく，職務の性質，

公訴事実の内容，身柄拘束の有無など諸般の事情に照らし，起訴された従業員が引き続き就労することにより，被告の対外的信用が失墜し，又は職場秩序の維持に障害が生ずるおそれがあるか，あるいは当該従業員の労務の継続的な給付や企業活動の円滑な遂行に障害が生ずるおそれがある場合でなければならず，また，休職によって被る従業員の不利益の程度が，起訴の対象となった事実が確定的に認められた場合に行われる可能性のある懲戒処分の内容と比較して明らかに均衡を欠く場合ではないことを要するというべきである」と説示した上で，起訴休職処分を無効としている。

【解答への道すじ】

1 【設問】1について

【設問】1では，役割等級の引下げおよびそれに伴う給与減額措置（以下，両者を合わせて「本件措置」という）の効力が問題となる。本件措置に就業規則規定などの特別な根拠が必要か，本件措置の有効要件はどのように考えられるべきか，役割等級の引下げと賃金の引下げは連結して判断されるべきか，分離して判断されるべきか，といった点が問われるが，こうした点を踏まえつつ，本件措置の効力に接近した場合，おおむね，以下の3つの観点からのアプローチが可能である。

第1に，本件措置は，使用者の人事権に基づいて行うことができ，裁量権の逸脱とみられるような事情がある場合にその効力が否定されるという見方（①）があり，これに対して第2に，役割等級の引下げについては使用者の人事権により行うことが可能であるものの，それに伴う給与引下げ措置については労働契約上の特別な根拠と合理的理由が必要であるという見方（②），また，第3に，いずれについても労働契約上の特別な根拠と合理的な理由が求められるという見方（③），が対置される。

まず，①の見方によれば，本件措置は，就業規則上の明確な根拠がなくても，使用者の人事権に基づいて行われうるのであって，人事権の裁量の範囲の逸脱とみられる場合に限って，本件措置は人事権の濫用として無効になる，とされる。どのような場合に裁量権の逸脱と評価するかについては多様な視点がありうるが，本件措置について使用者の裁量権から出発する以上，基本的には使用者の決定を尊重し，人事権の行使が強行法規に反するとか，公序に反するような場合を除いて裁量権の逸脱を評価しないとするのが素直な見方であろう。これは，使用者が構築した人事制度，賃金制度の運用に関する法的審査を例外に

止める立場でもあり，強行法規違反や公序違反がみられない本件事案における本件措置の効力は，有効と評価される。

　しかし，以上のような①の見方には，労働者の生活の糧である賃金が，使用者の裁量によって自由に引き下げられるという問題がある。本件では，「給与の決定（昇給・降給）は役割・コンピテンシー・成果を基準とし，公正にこれを行う」という就業規則上の規定があることも考慮する必要があろう。そこで②の見方は，役割変更に関する使用者の人事権を尊重する一方で，役割変更に伴う賃金の引下げについては，労働契約上の明確な根拠と公正な人事考課などの合理的な理由を要求する。上記において示唆したように【設問】1では，役割・コンピテンシー・成果に基づいて給与が決定されるとする就業規則の規定があり，役割の変化に応じて給与が変更される労働契約上の根拠があるということができるため，②の見方では，本件措置のうち，給与減額措置が公正な人事考課の存在などの合理的理由に支えられたものであるかが特に問題となる。

　このような立場は，労働者の生活の糧である賃金が使用者の裁量によって自由に引き下げられることに対して法的な制約を設けるものであるが，賃金と役割とを密接に結び付ける役割等級制度の制度趣旨を軽視する側面を持つ。これを受けて提起される③の見方は，賃金と役割とを強固に結び付ける役割等級制度の制度趣旨を重視し，役割の引下げと賃金の引下げの両者に，労働契約上の明確な根拠と公正な人事考課などの合理的な理由を要求するというものであり，役割等級制度の制度趣旨を尊重しつつ，使用者の人事権を制約する。役割等級制度の趣旨を尊重する必要があることとともに，給与の決定は公正に行われるとする就業規則規定があることを併せて斟酌すれば，役割等級制度における降級の取扱いに関する当事者の意思解釈としては，この③の見方が，役割等級制度における役割の引下げとそれに伴う賃金減額の判断基準として適切である。したがって，Ｙ社による人事考課が不公正であれば，本件措置の効力は，権利の濫用として全体として否定されることになろう。

　また，以上でいうところの人事考課の公正さは，考課制度の仕組みの合理性と制度の運用や当てはめの合理性の両側面から判断されるべきであり，このうち，役割等級制度における役割の引下げあるいは，同一役割内における降給を基礎付ける人事考課の仕組みの合理性については，①各役割等級の定義が明確に定められており，各役割等級に求められるコンピテンシーが詳細に分類されていること，②人事考課の基準が明確に定められていること，③目標設定に関する考課者と被考課者との間の面接や考課結果のフィードバックが行われること，④複数の考課者が関与する多角的，相対的な考課の仕組みになっているこ

181

と，⑤考課者に対する研修の実施や，マニュアルの作成等により，人事考課の運用上の質の確保が図られていること，⑥人事考課に対する不服申立制度である苦情処理委員会が設置されていること，といった点が斟酌されるべきであろう（前掲東京海上日動火災保険事件参照）。また，考課制度の運用面としては，目標設定の適正さや賃金減額の程度などが考慮されるべきである。

　以上の観点から，本件措置に関する労働契約上の根拠と人事考課の公正さをみると，まず本件措置は，役割等級の引下げおよびそれに伴う賃金減額に関する就業規則上の規定によって根拠付けられており，労働契約上の根拠があるといえよう。一方，本件措置における人事考課の公正さについては，Y社では，考課者である上司と被考課者との面接が予定され，また考課結果に対する不服申立ての手続が制度化されているものの，考課者による考課のバラツキを防止するための考課マニュアルや考課者訓練などが実施されていないこと，賃金減額の程度も少なくないこと，目標設定も適正であったということもできないこと，を考慮すると，役割および賃金を引き下げるための人事考課としては合理性を欠くと評価することができる。したがって，本件措置は，権利の濫用として無効と評価され，X_1 は4等級8号の地位にある契約上の権利を有することになる。

2　【設問】2 について

　【設問】2では，育児休業，産前産後休業，年次有給休暇を取得した X_2 に対する降給（本件降給措置）の効力が問題となる。特に育児介護休業法10条は，育児休業を取得した者に対する不利益取扱いを禁止しているところ，X_2 に対する本件降給措置が，かかる育児介護休業法10条に違反すれば，X_2 に対するY社の不法行為が成立すると解することができよう。コンピテンシー評価と業績評価に基づく降給という，いわば成果報酬の引下げが問題となっている本件において，約6ヵ月間の育児休業を取得した X_2 の基本給を，休業期間が6ヵ月以上に及ぶことのみを理由として，3万円減額したことは，育児介護休業法10条の不利益取扱いに該当するか。

　思うに，使用者は育児休業期間中の賃金を労働者に支払う義務まで課せられているわけではないが，休業期間に対する賃金不支給を超えた不利益を労働者に課している場合には，育児休業取得者に対してそうした不利益取扱いを行う合理的な特段の事情がある場合（平成27・1・23雇児発0123第1号参照）を除いて，育児介護休業法10条に違反するといえよう。休業期間に対する賃金不支給を超えた不利益を労働者に課すことは，労働者に法的に保障された育児休業

の権利を抑制し，保障された権利の趣旨を実質的に失わせるものであるということもできる（前掲医療法人稲門会〔いわくら病院〕事件参照）。育児介護休業法10条は，本件のような成果報酬の査定に当たっては，労働者が育児休業を取得したことにより合理的な限度を超えて不利益に取り扱われることのないよう，前年度の評価を据え置いたり，あるいは労働者と同様の役割等級とされている者の査定の平均値を用いたり，または合理的な範囲内で仮の評価を行うなど，適切な方法をとることによって，育児休業を取得した者の不利益を合理的な範囲および方法等において可能な限り回避するための措置を求めているということができる（前掲コナミデジタルエンタテインメント事件参照）。

　以上の観点から本件をみると，査定期間における労働を具体的に評価することなく一律に最低評価としていること，降給の幅も月額3万円と少なくないこと，こうした取扱いを行うことについて特段の合理的な理由があるわけではないこと，したがって，育児休業を取得した者の不利益を合理的な範囲および方法等において可能な限り回避するための措置をY社がとったということはできないことが認められ，本件降給措置は違法でありY社の不法行為責任を根拠付けるということができる（育児休業取得者の不利益を合理的な範囲および方法において回避するための措置をとらなかった点に，Y社に注意義務違反〔過失〕が認められる）。X_2は，本件降給措置と因果関係にある損害（減額賃金相当額）について，Y社に損害賠償を求めることが可能である。

3　【設問】3について

　Y社のX_3に対する休職命令の有効性については，Y社の就業規則上の休職事由（「社員が業務外の傷病によって欠勤し，欠勤開始後3ヵ月を経過しても治癒しないとき」）にX_3の私傷病が該当するか否かがまず問題となる。休職命令の時点で，X_3がY社に対して債務の本旨に従った履行の提供を行うことができなければ，X_3の私傷病はなお治癒していないということができるが，この点につき，X_3が職種を限定せずに労働契約を締結した場合には，現に就業を命じられた特定の業務について労務の提供が十全にはできないとしても，その能力，経験，地位，当該企業の規模，業種，当該企業における労働者の配置・異動の実情および難易等に照らして当該労働者が配置される現実的可能性があると認められる他の業務について労務の提供をすることができ，かつ，その提供を申し出ているならば，なお債務の本旨に従った履行の提供があると解すべきであろう。Y社の採用形態や配転の実態を踏まえるとX_3については，営業職としての職種限定契約が成立しているということができるため（職種限定契約の成

立は高度専門職に限定され，こうした観点から，X_3 と Y 社との間の職種限定契約の成立が否定されるという見方もありえる），X_3 が営業職としての労務の提供を行うことが可能かどうかが，【設問】3 では問われることになる。

　【設問】3 において X_3 が営業職として労務を提供することは可能か。業務上のコミュニケーションが難しいという X_3 の状況や，精神科医院からも対人交渉が少ない部署であれば就労可能との診断書が提出されていることを考慮すると，X_3 は，営業職としての労務を提供することができないと評価することができよう。X_3 は，債務の本旨に従った履行の提供が不能な状態であるというべきである。したがって，Y 社の X_3 に対する休職命令は休業事由該当性を満たす。

　もっとも，ここではさらに，障害者雇用促進法に基づく，Y 社の X_3 に対する合理的配慮の要請（同法 36 条の 3）に則して，Y 社は，対人交渉が少ない部署に X_3 を配転することが要求されるのかが問題となる。障害者雇用促進法の求める合理的配慮は，使用者に過重な負担を求めるものではなく（同条），また，障害を有する労働者の配慮の申し出を当然に受け入れることまで要求しているわけではないが，【設問】3 のように，対人交渉の少ないポストの存在を具体的に検討することなく，Y 社が X_3 の願い出を拒否したことは，同法 36 条の 3 の求める合理的配慮の不提供に該当し，休職命令の権利濫用を根拠付けるといえよう。Y 社にそうした検討を求めることが過重な負担に当たるということもできない。X_3 は，債務の本旨に従った履行の提供が不能な状態ではあるものの，Y 社の休職命令は，対人交渉が少ない部署への配転可能性を検討することなく X_3 の申し出を拒否して発令したものであって，障害者雇用促進法 36 条の 3 に違反するというべきであり，Y 社による休職命令は権利濫用として無効になると解される。したがって X_3 は，Y 社に対して賃金請求権を有することになる。

【基本文献】

荒木 410 頁以下／菅野 678 頁以下／土田・概説 167 頁以下／土田・労契法 400 頁以下，453 頁以下／西谷・労働法 234 頁以下／野川 303 頁以下／水町 142 頁以下

（石田信平）

15　労働者のプライバシー・個人情報・人格の保護

【設　問】

　Y社は，衣類等の販売を行う株式会社であり，その従業員は18名である。Y社の従業員は，同一の事務所において，他部署の従業員とも密接に連携しつつ，業務を遂行している。Xは，Y社に勤務する30歳台の従業員であり，営業を担当している。

1　Xの上司であるB部長は，2018年5月18日，営業用の資料作成に長い時間を要している，顧客からの苦情に落ち込んでいる，同僚との交流を避けている，といったXの異変に気が付いて，友人のC医師を紹介してXに受診を勧めた。これを受けて，Xが，翌週，C医師の診察を受けたところ，C医師は，Xはうつ病に罹患しており，1ヵ月の自宅療養が必要であると診断した。Xは，この診断をB部長に伝えて，その後，A社長（Y社の代表取締役）・B部長およびXは，Xの今後の勤務に関して話合いを持った。その中で，三者は，Xが同月23日から同年6月22日まで有給休暇をとって治療に専念することに合意した。

　A社長は，2018年6月22日，Xの業務への円滑な復帰には同僚の理解と協力が不可欠だと考えて，Y社の全従業員に対して，C医師の診断内容を説明して，業務の分担に関して配慮を要請した。Xは，復帰後，同僚からの業務の割振りが明らかに減少したこと，同僚から健康を気遣う言葉を頻繁にかけられることなどから，自分の病気に関する情報が同僚に共有されていると考えるようになり，B部長を問い質したところ，B部長は，A社長が従業員に対してXのうつ病に関する説明をしたことを認めた。

　Xは，上記の情報伝達がプライバシー侵害に該当すると主張して，Y社に対して，会社法350条に基づく損害賠償（慰謝料の支払）を請求している。この請求は認められるか。

2　Xは，2018年9月頃から，うつ病の再発を理由に欠勤を繰り返すようになった。これに対して，Y社は，同年10月11日，これが休職事由（「業務外の傷病のため勤務に耐えないとき」）に該当するとして，Xに休職を命じた。Xは，2019年7月16日，「症状軽快のため復職可能と判断する」との記載があるC医師の診断書を提出して，Y社に復職の申入れをした。これを受けて，B部長は，2ヵ月の試し出勤を行いその状況をみて復職の可否を判断することを提案して，Xは，これに同意した。なお，Y社の就業規則には，傷病休職に関して，「休職

185

期間は12ヵ月とする」,「休職期間の満了時に休職前の職務に復帰できない場合は,退職するものとする」という規定がある。

　試し出勤を始めて1ヵ月が経過するまで,Xは,体調不良を理由として,欠勤を週に1回ほど,早退を週に2回ほど,それぞれ繰り返していた。このような状況をみて,B部長は,Xの健康状態に不安を持ち,Xに対して,B部長・C医師およびXによる面談をしたいと提案したが,Xは,「C医師は復職できると言っている。それで十分でしょう」などと主張して,これを拒否した。しかし,B部長は,健康状態を十分に把握せずに試し出勤を継続することは問題であると考えて,2019年9月6日,Xの承諾を得ずに,C医師のもとを訪れてXの状況に関する説明を受けた。その内容は,C医師は,Xに対して自宅療養を継続するよう説得したが,Xからそれでは職を失うとして上記の診断書の作成を懇願され,やむをえずこれを作成したというものだった。これを受けて,B部長は,XにC医師から聴取した内容を伝えた上で,再度,C医師を同席させて面談することを提案した。

　Xは,上記の情報取得がプライバシー侵害に該当すると主張して,Y社に対して,民法715条に基づく損害賠償（慰謝料の支払）を請求している。この請求は認められるか。

3　A社長は,2019年8月20日,労務管理の一環として,営業担当の従業員にスマートフォンを貸与して,GPS機能により従業員の位置情報を取得することにした。当初,従業員の中には,「これはプライバシーの侵害ではないか」などと発言する者もいたが,A社長は,「社長が従業員の居場所を把握して何が悪いんだ」などと反論して,従業員の意見に耳を傾けなかった。結局,Xを含む従業員たちは,日頃からA社長の独善的な振舞いに接していたこともあり,これ以上の反論は時間の無駄だと考えて,スマートフォンの携帯に応じることにした。なお,Y社には,位置情報の取扱いに関する就業規則その他の規程はない。

　数日後,従業員の間で,体調不良で早退したXが夜の繁華街で遊んでいたとの噂が広まっていた。この噂のうち,Xが繁華街にいたことは事実だったが,その目的は同所にあるC医師の診療所への通院であって,遊興ではなかった。しかし,A社長は,この噂を真に受けて,位置情報の検索によって退社後のXの行動を調査することにした。結局,当該調査によって,Xが退社後に繁華街を訪れたのは通院のためであることが明らかになり,A社長は,従業員との雑談中に,「あれは遊びじゃなくて,医者に行っているんだ」という発言をした。その後,Xは,親しい同僚を通して,A社長の上記の発言を知ることとなった。

　Xは,上記の情報取得がプライバシー侵害に該当すると主張して,Y社に対し

て，会社法 350 条に基づく損害賠償（慰謝料の支払）を請求している。この請求
は認められるか。

【解　説】

1　労働者の人格の保護

(1)　人格権・人格的利益

　労働者の「プライバシー」，「個人情報」そして「人格」は，次のような関係
にある。労働者の「人格」は，その内容に即して，人格権または人格的利益と
して保護されうる。そこには多様な内容が含まれるが，労働関係においては，
社会関係などに関わる人格権等，および，自己決定などに関わる人格権等が，
特に問題になる。労働者の「プライバシー」と「個人情報」は，このうち前者
として保護されうる。両者には相互に重複する部分もあるが，保護の必要が認
知された文脈は異なるし，また，保護のための法的な枠組み（根拠，要件，効
果）も異なる。

　労働者の人格権等は，不法行為法によって保護されるほか，特別法によって
も保護される。特別法には，労働関係の特徴から要請される規制，および，情
報保護の必要から要請される規制がある。以下では，まずはその概要を紹介し
て（1(2)～(4)），その後に近時特に裁判例の展開がみられる健康情報の取扱いお
よび職務遂行の監視をめぐる法律問題について解説する（2・3）。

(2)　労働法制

　労働関係の下では，使用者は，労働者に対して社会的に優位な立場にあり，
労働環境に大きな影響を与えうる立場にあり，また，労働者に関する多くの情
報を把握しうる立場にある。労働法上の規制の中には，これらの事情により惹
起されうる人格権等の侵害を防止するためのものが散見される。

　すなわち，社会関係などに関わる人格権等との関係では，①求職者や派遣労
働者の個人情報の保護（職安 5 条の 4，派遣 24 条の 3），②健康診断等に関する
秘密漏洩の禁止（労安衛 104 条），③労働者本人の同意を得ないストレスチェッ
クの結果の事業主への提供の禁止（労安衛 66 条の 10 第 2 項），④ブラックリス
トの禁止（労基 22 条 4 項）などが規定されている。また，自己決定などに関わ
る人格権等との関係では，⑤強制労働の禁止（労基 5 条），⑥徒弟等の酷使の
禁止（労基 69 条），⑦寄宿舎での私生活の自由の侵害の禁止（労基 94 条 1 項），
⑧セクハラ・マタハラの防止のための措置義務（雇均 11 条・11 条の 2，育介 25
条）などが規定されている。これらの履行確保のために，行政上の措置または

187

刑事上の措置（②・④・⑤）が予定されている。

(3) 個人情報保護法制

労働関係との密接な関連を持つ立法が，個人情報保護法およびマイナンバー法である。個人情報ならびにその一部をなす要配慮個人情報および特定個人情報が，これらの法律により保護される。個人情報とは，個人識別性のある生存する個人に関する情報であり，要配慮個人情報や特定個人情報とは異なり情報の属性による限定はない（個人情報2条1項・2項）。要配慮個人情報とは，差別・偏見等との関係で取扱いに特に配慮を要する記述等（人種・信条・社会的身分，病歴，所定の心身の機能の障害があること，健康診断等の結果，医師等により指導・診療・調剤が行われたこと，犯罪の経歴，刑事事件に関する手続が行われたこと，少年の保護事件に関する手続が行われたこと，犯罪により害を被った事実）が含まれる個人情報である（個人情報2条3項，個人情報令2条，個人情報則5条）。特定個人情報とは，個人番号（マイナンバー）をその内容に含む個人情報である（番号2条8項）。

顧客管理・雇用管理等のためにデータベースや目次・索引等を付したファイル・冊子等に含まれる個人情報（個人情報データベース等。個人情報2条4項）を事業に用いる使用者（個人情報取扱事業者。同条5項）には，情報の取得・利用・管理・第三者提供等に関する各種の義務が課されている（個人情報15条〜35条。義務の概要については，2・3参照）。これらの履行確保のために，個人情報保護委員会による監督が予定されている（個人情報40条〜46条）。また，保有個人データの開示・訂正・利用停止に関しては，私法上の請求権も認められ（個人情報28条1項・29条1項・30条1項・3項），そのための手続が法定されている（個人情報34条）。

保護の必要性が特に高い個人情報に関しては，特則がある。すなわち，要配慮個人情報については，取得および第三者提供に関して義務が加重されており（個人情報17条2項・23条2項。義務の概要については，2(2)・(3)参照），特定個人情報については，収集・保管・利用・提供等に関して義務が加重されている（同法が定める場合を除いた特定個人情報の収集・保管・提供の禁止など。番号19条・20条・30条3項）。

(4) 不法行為法

法律上の保護を受ける人格権等の内容は多様なため（1(1)参照），不法行為の成否は，通常，被侵害利益の性質と侵害行為の態様を考慮して判断される。

社会関係などに関わる人格権等に関連するものとして，①同僚との接触・交際の妨害（関西電力事件・最三小判平成7・9・5労判680号28頁＝百選12事件），

②健康情報の取得・伝達等（2⑵・⑶参照），③職務遂行の監視（3⑵参照）などについて，不法行為の成立を認める判例（裁判例）がある。また，自己決定などに関わる人格権等に関連するものとして，④セクシュアル・ハラスメント（M社〔セクハラ〕事件・東京高判平成24・8・29労判1060号22頁），⑤パワー・ハラスメント（アークレイファクトリー事件・大阪高判平成25・10・9労判1083号24頁），⑥退職強要（下関商業高校事件・最一小判昭和55・7・10労判345号20頁＝百選68事件。なお，日本アイ・ビー・エム事件・東京高判平成24・10・31労経速2172号3頁参照）などについて，不法行為の成立を認める判例（裁判例）がある。

2　健康情報の取扱い

⑴　健康情報

　健康情報は，いわゆるセンシティブ情報として，労働関係においても慎重な取扱いが要請されてきた。「雇用管理分野における個人情報のうち健康情報を取り扱うに当たっての留意事項」（平成29・5・29個情749号・基発0529第3号）は，健康情報を，①健康診断の結果，②病歴，③その他の健康に関するものをいうと定義して，取扱いに関する留意事項を定めている。これらの情報は，個人情報保護法上は，要配慮個人情報に該当する。

⑵　情報の取得

　個人情報保護法との関係では，健康情報の取得に当たり，偽りその他不正の手段によって情報を取得しないこと（個人情報17条1項），法令に基づく場合などを除いて本人の同意なしに健康情報を取得しないこと（要配慮個人情報に関する義務。個人情報17条2項），および，健康情報の取得に際して利用目的を通知するか，または公表すること（個人情報18条）が要求される。使用者が法定健診により健康情報を取得する場合（労安衛66条の3・66条の4参照）は，「法令に基づく場合」に当たると解されるが，当該情報を法定健診の目的（労働者の適正配置と健康管理。東京都〔警察学校・警察病院HIV検査〕事件・東京地判平成15・5・28労判852号11頁，B金融公庫〔B型肝炎ウイルス感染検査〕事件・東京地判平成15・6・20労判854号5頁参照）以外の目的（例えば，採否の決定）のために利用した場合には，別途，目的外利用（個人情報16条）の問題が生じる。

　不法行為法との関係では，秘匿性の高い健康情報（HIV感染，B型肝炎ウィルス感染）を健康診断によって使用者が把握した事案において，裁判例は，検査の必要がない場合，および，本人の同意がない場合には違法になるとしてい

る（T工業〔HIV解雇〕事件・千葉地判平成12・6・12労判785号10頁，前掲東京
都〔警察学校・警察病院HIV検査〕事件，前掲B金融公庫〔B型肝炎ウイルス感染
検査〕事件）。上記以外の健康情報であっても，「一般人の感受性を基準として，
他者に知られたくない私的事柄に属するもの」（前掲東京都〔警察学校・警察病
院HIV検査〕事件）または「他人にみだりに知られたくない情報」（前掲B金融
公庫〔B型肝炎ウイルス感染検査〕事件）であれば，同様の厳格な判断枠組みが
妥当すると考えられる。

(3) 情報の提供・伝達

　個人情報保護法との関係では，法令に基づく場合などを除いて本人の同意な
しに健康情報を第三者に提供しないことが要求される（オプトアウトによるこ
とはできない。要配慮個人情報に関する義務。個人情報23条）。合併・会社分割・
事業譲渡等に伴って健康情報の提供を受ける企業等は，第三者には該当しない
が（同条5項2号），出向に伴って健康情報の提供を受ける企業等，および，親
子兄弟会社やグループ会社は，第三者に該当する（「個人情報の保護に関する法
律についてのガイドライン（通則編）」3-4-1，「雇用管理分野における個人情報保護
に関するガイドライン：事例集」2。例外として，同項3号）。なお，使用者の内部
での情報の伝達には，上記の規制は及ばないが（社会医療法人A会事件・福岡
高判平成27・1・29労判1112号5頁＝百選13事件参照。他方で，個人データを扱
う従業者に対する必要かつ適切な監督の実施が義務付けられている。個人情報21
条），不法行為の成否は問題になりうる。

　不法行為法との関係では，秘匿性の高い健康情報（HIV感染）を派遣先の役
員が派遣元の役員に提供した事案において，不法行為の成立が認められている
（HIV感染者解雇事件・東京地判平成7・3・30労判667号14頁）。他方，企業内で
の情報伝達については，法律構成は多様だが，被侵害利益の性質と侵害行為の
態様の双方に言及しつつ判断する裁判例が多数である（秘匿性の高い健康情報
〔HIV感染〕について違法性を肯定した裁判例として，前掲HIV感染者解雇事件，
秘匿性の高い健康情報〔C型肝炎感染〕について違法性を否定した裁判例として，
神戸地判平成17・3・25〔平成15(ワ)2892号〕，秘匿性の高くない健康情報〔手のけ
が〕について違法性を否定した裁判例として，甲社事件・東京地判平成26・3・7労
経速2207号17頁。なお，前掲社会医療法人A会事件は，秘匿性の高い健康情報
〔HIV感染〕を本人の同意なしに同僚に伝達したことを違法とするが，この事案での
情報伝達は目的外利用にも該当していたことに留意する必要がある）。

3 職務遂行の監視

(1) 通信記録・位置情報

業務上の必要などを理由として，使用者が，労働者の職務遂行を，監視することがある。古典的な手法としては，職場での録画・録音，所持品検査，ロッカーの調査などがあり，現代的な手法としては，パソコン，スマートフォン，タブレットなどからの通信記録・位置情報等の取得がある。前者と後者は，職務遂行の監視という限りでは同一の問題領域といえるが，特に後者は，監視の範囲が，場所的にも，時間的にも，広範である（技術上は，職務外の行動を監視することも可能である），監視の仕組み（そして，それにより取得される情報）に関する労働者の理解が十分でない場合がある，ライフログ（電子的に記録される生活記録）の収集・解析により，労働者の生活実態が把握されうるといった特徴がある。そのため，後者の手法は，労働者のプライバシーとのより深刻な緊張をもたらす。通信記録や位置情報は，単独では個人情報保護法上の個人情報ではないが（1⑶参照），労働関係の下で取得される場合には，個々の労働者との結付きが明らかなことが通常であり，その限りで個人情報に該当する。

(2) 情報の取得

個人情報保護法との関係では，監視（情報の取得）に当たり，偽りその他不正の手段によって情報を取得しないこと（個人情報17条1項），および，利用目的を通知するか，または公表すること（個人情報18条）が要求されるが，取得に際しての本人同意までは要求されない。また，個人情報の取扱いに関する従業者の監督（個人情報21条）の一環として行われるオンラインによる監視については，①監視目的の特定・明示，②監視の責任者とその権限の規定，③監視の実施に関するルールの策定，④当該ルールの遵守の確認，⑤監視における個人情報の取扱いに関する重要事項についての労働組合への通知・協議や従業者への周知が求められている（「『個人情報の保護に関する法律についてのガイドライン』及び『個人データの漏えい等の事案が発生した場合等の対応について』に関するQ&A」4-6）。

不法行為法との関係では，被侵害利益の性質と侵害行為の態様との比較衡量によるのが裁判例の基本姿勢であり，ⓐ非違行為が疑われる労働者を対象とする監視等についての裁判例，および，ⓑ労働者一般を対象とする継続的な監視についての裁判例がある。このうち，ⓐの類型では，秩序維持との関係での調査の必要を，監視を正当化する事情の1つと位置付けている。例えば，事業部の責任者（ただし，監視対象に対するセクハラの疑惑があった）が，担当部署に

依頼して（ただし，当初は独自に），私的利用されたメールの内容について監視していた事案において，不法行為の成立が否定されており（F社Z事業部〔電子メール〕事件・東京地判平成13・12・3労判826号76頁），社内システム委員会の委員らが，従業員に送られた誹謗中傷メールなどに関する調査のために，会社のファイルサーバー上のデータを調査した事案において，不法行為の成立が否定されている（日経クイック情報〔電子メール〕事件・東京地判平成14・2・26労判825号50頁）。また，使用者が，週刊誌に掲載された告発記事に関する調査のために，リース元への返却のため回収したパソコンの使用履歴を調査した事案において，証拠能力の有無に関する判断に当たり，プライバシー侵害が否定されている（労働政策研究・研修機構事件・東京高判平成17・3・23労判893号42頁）。これに対して，ⓑの類型では，業務遂行との関係での確認の必要を，監視を正当化する事情の1つと位置付けている。例えば，使用者が，外回りを担当する従業員の勤務状況を把握するため，および，緊急連絡等に当たり従業員の居場所を確認するために，社長による強い指示の下で労働者から同意を得た上で，業務用携帯電話により労働者の所在場所の確認をしていた事案において，勤務時間およびその前後の時間帯に関しては不法行為の成立が否定されているが，それ以外の時間帯に関しては不法行為の成立が認められている（東起業事件・東京地判平成24・5・31労判1056号19頁）。なお，懲戒解雇の有効性に関する事案ではあるが，監視の適法性を判断するに当たり，制度的・画一的な実施（西日本鉄道事件・最二小判昭和43・8・2民集22巻8号1603頁＝百選57事件。所持品検査の拒否を理由とする懲戒解雇）や労働者への説明・説得（広沢自動車学校事件・徳島地決昭和61・11・17労判488号46頁。録音機設置への反発による就労拒否を理由とする懲戒解雇）を求める判例（裁判例）もある。

【解答への道すじ】

1　【設問】1について

【設問】1では，使用者の内部における健康情報の伝達について不法行為の成否が問題になっている。

A社長がY社の従業員に伝達した健康情報は，うつ病への罹患とその症状であり，「他人にみだりに知られたくない……プライバシーに属する情報」（最二小判平成15・3・14民集57巻3号229頁参照）であるから，法律上の保護を受ける情報に該当する。情報伝達をめぐる裁判例は，【解説】2(3)のとおり，被侵害利益の性質と侵害行為の態様を考慮しつつ違法性を判断している。当該判

断のための一般的な判断枠組みは未だ確立されていないが，違法性に関する諸事情の衡量は次の観点から行われるべきである。企業活動における情報伝達は個々の従業員や役員によって行われるが，それはあくまで業務遂行の一環としてなされるものである。そうだとすれば，使用者の行為について違法性の判断がなされる場合はもちろん，従業員や役員の行為について違法性の判断がなされる場合にも，そこでの衡量は，当該情報の保有者である使用者による情報利用の当否という観点からなされるべきであろう。具体的には，問題とされる情報伝達について，業務上の必要に基づき，かつ，その必要に即した適切な方法によるものと評価できるか否かが，違法性の有無を分ける基準になると考えられる。

　【設問】1においては，①被侵害利益の性質として，病歴等の健康情報は，類型的に秘匿性の高い情報であり，うつ病への罹患とその症状は，その中でも特に秘匿性の高い情報であること，②侵害行為の態様として，ⓐ情報伝達の目的は，職場復帰に当たり同僚の理解と協力を得るためであること，ⓑ情報伝達の範囲は，全従業員であること，ⓒ情報伝達の方法は，病名と症状をそのまま伝達するものであることがポイントとなる。これらの事情を基に違法か否かを評価するに当たり，情報伝達の必要性や適切性に関する判断の基礎をなす事実の一部として，医学に関する知見や労務管理に関する知見をも踏まえる必要がある。近時は，メンタルヘルスケアに関する指針等が策定されており，その中には，健康情報の取扱いに関する記述も含まれている。これらは，使用者に対して望ましい取組みを示すに止まり，そこから逸脱する使用者の行為が直ちに違法となるわけではない。しかし，これらはいずれも，現時点におけるメンタルヘルスケアに関する知見の到達点を示すものとして，使用者による情報利用の当否について判断するに当たり参照されうるものである。例えば，労安衛法70条の2第1項に基づいて厚生労働大臣が公表する「労働者の心の健康の保持増進のための指針」（平成27・11・30健康保持増進のための指針公示6号）は，①・②ⓐに関連して，「メンタルヘルスに関する労働者の個人情報は，健康情報を含むものであり，その取得，保管，利用等において特に適切に保護しなければならないが，その一方で，メンタルヘルス不調の労働者への対応に当たっては，労働者の上司や同僚の理解と協力のため，当該情報を適切に活用することが必要となる場合もある」としている。また，厚生労働省＝中央労働災害防止協会「〔改訂〕心の健康問題により休業した労働者の職場復帰支援の手引き」（2009年）は，②ⓑ・②ⓒに関連して，「労働者の健康情報が産業医等その他あらかじめ定められた特定の部署において一元的に管理され，業務上必要で

あると判断される限りで，事業場の中で，これらの情報を必要とする者に提供される体制が望ましい。この場合，当該部署は専門的な立場からこれらの情報を集約・整理・解釈するなど適切に加工し，労働者のプライバシーが守られた状態で関係者間の情報交換が可能になるよう，調整役として機能する必要がある」としている。さらに，上記「労働者の心の健康の保持増進のための指針」は，②ⓒに関連して，「産業医等は，当該労働者の健康を確保するための就業上の措置を実施するために必要な情報が的確に伝達されるように，集約・整理・解釈するなど適切に加工した上で提供するものとし，診断名，検査値，具体的な愁訴の内容等の加工前の情報又は詳細な医学的情報は提供してはならない」としている。

以上の指針等を踏まえると，円滑な職場復帰のためにXの健康情報を伝達すること（②ⓐ）には業務上の必要があるが，被侵害利益の性質（①）に照らせば，情報伝達の範囲や方法には細心の注意が求められる。そして，全従業員でXの健康情報を共有すること（②ⓑ）がXの職場復帰に当たり必要だとは考えにくく，適切な加工を施すことなく病名・症状等の医療情報そのものを伝達すること（②ⓒ）が同僚による配慮のために必要ではないことを考慮すると，A社長の情報伝達は，適切な方法とは評価できない。したがって，A社長による情報伝達は違法であり，精神的損害の発生および侵害行為と損害発生の間の因果関係も認められるから，当該行為については不法行為が成立する。そして，A社長の行為は，業務分担の指示のための情報伝達であり，代表取締役としての職務を行うについてなされたものであるから，Y社に対するXの請求は認められる。ただし，②ⓑについては，企業規模や業務分担から，全従業員がXの業務内容に相当の影響を与えうると評価されれば，別論となりうる。

2 【設問】2について

【設問】2では，使用者（B部長）による健康情報の取得について，不法行為の成否が問題になっている。

B部長がC医師から取得した健康情報は，うつ病の症状であり，「他人にみだりに知られたくない……プライバシーに属する情報」（前掲最二小判平成15・3・14参照）であるから，法律上の保護を受ける情報に該当する。情報取得をめぐる裁判例は，【解説】2⑵のとおり，秘匿性の高い健康情報の取得について，検査の必要がない場合，および，本人の同意がない場合に，違法性を認めている。これらの裁判例と【設問】2とを比較すると，【設問】2において取得された情報は疾病への罹患の事実ではなく（うつ病への罹患への事実は，Xから

Y社〔B部長〕へと直接伝えられている），その症状だという違いがある。もっとも，上記の裁判例は，検査の必要と本人の同意という厳格な要件を設定するに当たり，そこで取得された情報が「一般人の感受性を基準として，他者に知られたくない私的事柄に属するもの」（前掲東京都〔警察学校・警察病院 HIV 検査〕事件）または「他人にみだりに知られたくない情報」（前掲 B 金融公庫〔B型肝炎ウイルス感染検査〕事件）であることを論拠にしていると解される。そうであるならば，うつ病の症状は，同じくこのような情報に該当すると考えられるから，同様の判断枠組みによるべきである。

【設問】2 においては，試し出勤を実施する中でうつ病によると疑う余地のある欠勤や早退が繰り返されており，B部長はこの状況で試し出勤を継続することは問題であると考えて，C医師から X の病状を聴取している。そうすると，B部長による情報取得が，情報取得の必要性がない場合に該当して違法だとはいえない。他方，B部長は X の同意を得るよう試みたものの，結局はこれを得ないまま C 医師への聴取に至っている。したがって，B部長による情報取得は，情報取得につき本人の同意がない場合に該当して違法であり，精神的損害の発生および侵害行為と損害発生の間の因果関係も認められるから，当該行為については不法行為が成立する。そして，B部長の行為は，人事上の対応のための情報収集であり，被用者としての事業の執行についてなされたものであるから，Y社に対する X の請求は認められる。

なお，B部長の情報取得により，復職可能な健康状態にあるという X の主張が医学的知見に裏付けられてはいないことが明らかになっている。そこで，その契機となった B 部長による X の健康情報の取得行為を違法と評価することの当否が問題となりうる。この点に関しては，労働者の同意が得られず情報が取得できなかったために適切な人事上の対応を講じえなかったことにより，Y社の安全配慮義務違反が問題となる場合は，上記の事情を同義務違反の成立を否定する（違法性〔予見可能性〕を否定する）事情として考慮することが可能である。また，Y社の就労拒絶の適法性が問題となる場合は，上記の事情を X による賃金請求との関係での Y 社の帰責事由（民 536 条 2 項）を否定する事情として考慮することが可能である。さらに，Y社の復職拒否の適法性が問題となる場合は，上記の事情を X の復職事由該当性を否定する事情として考慮することが可能である。こうした解釈を通して，労働者のプライバシーに配慮した使用者に対して法律上の不利益をもたらさない解釈を行うべきであろう。

195

3 【設問】3 について

【設問】3では，使用者（A社長）による位置情報の取得について，不法行為の成否が問題になっている。

A社長がGPSにより取得した位置情報は，それ自体としては秘匿性の高い情報ではない。しかし，当該情報も継続して取得・蓄積された場合には，そこから個人の生活実態が明らかになりうる。【設問】3において勤務時間の内外を問わず取得された位置情報も，勤務時間外における行動の履歴というXの生活実態を明らかにしうるものであるから，法的保護の対象となる「プライバシーに係る情報」（最二小判平成15・9・12民集57巻8号973頁参照）といえる。ここでは特に非違行為が疑われる労働者について当該情報を取得したことが問題になっているが，同種の事案に関する裁判例は，【解説】3(2)のとおり，秩序維持との関係での情報取得の必要性を考慮して，違法性の有無を判断している。このような判断方法は，被侵害利益の要保護性が高くないとの認識を基礎において（例えば，前掲F社Z事業部〔電子メール〕事件は，社内ネットワークシステムを用いた電子メールの送受信は，通常の電話装置による通話と全く同程度のプライバシー保護を期待できるものではないとする），情報取得の必要がある場合には，侵害行為の態様について緩やかに審査するものと理解することができる（例えば，前掲F社Z事業部〔電子メール〕事件は，担当部署によらない独断でのメールの監視について「相当とはいえない」としつつも違法性を否定している）。しかし，【設問】3における位置情報は，部分的とはいえXの生活実態を明らかにするものであり，被侵害利益の性質は決して軽微でないと評価すべきである。そうすると，侵害行為の態様はより厳格に審査される必要が出てくるが，この場合には，情報取得の必要の有無とその程度に加えて，監視行為の適法性を審査するに当たり判例（裁判例）が考慮してきた，制度的・画一的な実施の有無（前掲西日本鉄道事件），労働者への説明・説得の有無とその内容（前掲広沢自動車学校事件）なども，判断要素となりうるであろう。

【設問】3においては，①Xにより申告された早退理由が虚偽だとの疑いを基に，これに関する調査のために，位置情報が取得されている。このことは，秩序維持のための調査の必要を基礎付ける事情とみる余地もある。しかし，上記の疑いは，従業員の間での噂の域を出ないものであり，同種の事案に関する裁判例における非違行為の疑い（前掲F社Z事業部〔電子メール〕事件では，許容限度を超えた私用メールがなされた事実があり，前掲日経クイック情報〔電子メール〕事件では，同僚を誹謗中傷するメールの送信者であると合理的に疑われる事

情があり，前掲労働政策研究・研修機構事件では，週刊誌の告発記事に関与した疑いがあり，かつ，これに関する事実関係を監督官庁に説明する必要があった）と同等とはいえないし，むしろ，Xに対する聴取等のより穏当な方法によって解消しえたものである。他方，②ⓐA社長が業務用スマートフォンを貸与した目的はそもそも非違行為の調査ではなかったし，また，ⓑXを含む従業員に業務用スマートフォンを携帯させるに当たり，位置情報の取扱いに関する規程は整備されておらず，ⓒプライバシーの侵害を懸念する従業員に対する真摯な説明・説得もされていない。以上によれば，調査の必要（①）が皆無ではないが希薄であり，調査の方法（②ⓐ・②ⓑ・②ⓒ）は労働者の人格への配慮を欠いているから，A社長による情報取得は違法である。

　もっとも，プライバシー侵害に関して被害者の同意がある場合には，それによって侵害行為の違法性は阻却される。ここでの同意については黙示の同意が常に排除されると解すべきではないが，A社長の振舞いから反論の余地なしと判断して指示に従ったXを含む従業員の態度により同意を認定することは妥当でないし，そもそもGPS機能を備えた業務用スマートフォンの貸与は労務管理のためのものであるから，勤務時間外における位置情報の取得について同意を認定することはできない。したがって，違法性阻却は認められず，精神的損害の発生および侵害行為と損害発生の間の因果関係も認められるから，A社長による情報取得については不法行為が成立する。そして，当該行為は，非違行為の調査のための情報取得であり，代表取締役としての職務を行うについてなされたものであるから，Y社に対するXの請求は認められる。

【基本文献】
荒木 274-279 頁／菅野 240-247 頁／土田・概説 61-65 頁／土田・労契法 129-141 頁／西谷・労働法 83-93 頁／野川 269-271 頁／水町 227-236 頁

（坂井岳夫）

16 労働条件の不利益変更⑴
──就業規則による変更

【設 問】

1 ⑴ T社は，地方バス事業およびスーパー等の小売事業を営む会社であり，全従業員200名の約70％を組織するU労働組合が存在する。T社は，マイカーの普及や人口減少に伴い，バス部門の業績が全国の地方バス会社の中で2年連続して最下位クラスを低迷し，10年間で約8億円の累積赤字を計上するなど経営不振に陥ったため，2019年6月，同部門の従業員52名を対象に，「基本給（年齢給）を24万円ベースから18万円ベースに引き下げる。退職金は上限1500万円から1000万円に改訂する」ことをU組合に対して提案した（本件改訂就業規則案）。U組合は，雇用確保を優先して団体交渉を行い，その結果，T社は，基本給20万円ベースとして上限35万円，退職金は1000万円で頭打ちという内容まで譲歩するとともに，特別融資制度・住宅融資制度の新設という代償措置を盛り込んだ（本件改訂就業規則）。一方，U組合は，T社に対して，調整給の支給による経過措置を再三求めたが，T社は，同要求に対して誠実に交渉したものの，バス部門の経営悪化を理由に応じず，合意には至らなかった。

そこで，T社は，2019年9月15日，労基法89条・90条の手続を経て就業規則を改訂し，全従業員に周知させた。現行賃金ベースでは，満55歳で基本給（年齢給）上限は45万円，退職金は平均1500万円であるため，20代〜30代の若年層ではほとんど不利益はないが，40代の中堅層では基本給・退職金合計で15％の減額となり，50代〜65歳の高年齢層では30％〜40％の減額となる（バス部門従業員52名中，40代以上は31名であり，うち23名がU組合員，8名が非組合員である）。また，就業規則改訂後の職務内容や労働時間に変化はない。就業規則改訂後の賃金水準は，同じ県内の同業他社の給与に比べて遜色のない水準である。一方，T社の小売部門は堅調であるため，T社は同部門を別会社として独立させ，労働条件を維持したまま従業員を移籍させた。

T社が行った就業規則の改訂は，40代以上のバス部門従業員を拘束するか。

⑵ ① 1⑴において，T社が就業規則を一方的に改訂するのではなく，バス部門従業員の同意を得て改訂する方針を採用し，同部門従業員を集めて説明会を行い，就業規則改訂について説明および意見聴取を行った上，全員の同意を得て改訂したとする（本件改訂就業規則。労働組合は存在しないものとする）。40代以上

198 16 労働条件の不利益変更⑴

のバス部門従業員は，本件改訂就業規則に拘束されるか。なお，説明会の席上，T社は，就業規則改訂の内容について抽象的に説明したものの，改訂によって40代以上のバス部門従業員の基本給・退職金に発生する不利益の内容・程度について具体的に説明せず，「急を要する」との理由でその場での回答を求め，バス部門従業員は不本意ながら本件改訂就業規則の書面に署名・押印することにより同意したものである。

　②就業規則改訂の手続が①のようなものではなく，T社がバス部門従業員に対する説明会の席上，就業規則の改訂に至った経緯・理由および改訂によって基本給・退職金に発生する不利益の具体的内容について十分説明して質問に丁寧に応答し，1週間の検討期間を提供したのに対して，バス部門従業員が職場における意見集約を経た上で書面により同意した場合はどうか。

2　(1)　M社は，従業員750名を擁する中堅IT企業である。M社は，従来から管理職を対象に年俸制を導入していたが，基幹職務に従事し，裁量労働制（労基38条の3・38条の4）で働く一般従業員（組合員層）にも導入することを決め，2015年，就業規則の改訂を行った。業績賞与併用型確定年俸制とし，年俸額は，目標達成度や能力評価項目に即して，本人と上司が交渉し，上下10％の変動範囲内で翌年度の年俸額を決定する。また，上司・人事部による多面評価，人事考課の開示，苦情処理制度も設けている。導入1年目は経過措置として前年度の基本給額を支給し，2年目は，基本給・年俸の差額分中50％分を支給するが，3年目以降は調整給の支給はない。

　これに対し，M社従業員の70％で組織するH労働組合は基本的に賛成しつつ，経過措置が急激に過ぎるとして3年間の調整給による経過措置を求めた。M社は，7回にわたり，賃金データ等の資料を提供して誠実に交渉したが，H組合との間で合意に至らなかった。そこで，M社は，2015年7月，労基法89条・90条の手続を経て就業規則を改訂し，全従業員に周知させた。

　上記改訂の結果，経過措置終了後の2018年度の年俸額を見ると，2017年度の人事考課においてA評価を受けた従業員（約100名）は，2018年度の年俸が2017年度の基本給から平均7％上昇し，B評価を受けた従業員（約550名）は，2017年度の基本給から変化がなかった。一方，C評価を受けた従業員（約70名）は，2017年度の基本給から平均5％減額され，D評価を受けた従業員（約30名）は，2017年度の基本給から平均7％減額された。

　M社が行った就業規則の改訂は，同社従業員を拘束するか。

　(2)　その後，年俸制の下で，H組合に所属するAは，2019年度の年俸額が2018年の人事考課に基づき700万円から750万円に増額された。一方，同じ

H組合所属のBは，据え置きの 680 万円とされた。ところが，M 社は，業績が悪化したため，導入 4 年目（2019 年）途中の 6 月 15 日付で再び就業規則を改訂し，各人の年俸額を一律 10% 引き下げる旨の規定を定め，A・B 両名についても年俸額を引き下げて支給した（就業規則の周知は行われている）。H 組合は，この改訂に反対したが，M 社は 2 回の交渉を経て改訂を実行した。この結果，A の年俸額は 720 万円に減額され，B の年俸額は 648 万円に減額された。

(1)および(2)の就業規則改訂は，それぞれ A・B 両名を拘束するか。

【解　説】

1　就業規則による労働条件の不利益変更

(1)　序

就業規則による労働条件の不利益変更をめぐる紛争が重要なテーマとなっている。この点，就業規則は，使用者が一方的に作成・変更するものである（[2]参照）ため，就業規則による労働条件の不利益変更が労働者を拘束するか否か，拘束するとすればその根拠は何かが問題となる。この問題について，労契法は，次に述べる判例法理の内容を明文化することで立法的解決を行った。

(2)　判例法理の展開

最高裁は，秋北バス事件判決（最大判昭和 43・12・25 民集 22 巻 13 号 3459 頁＝百選 18 事件）において，次のように判断した。いわく，「新たな就業規則の作成又は変更によって，既得の権利を奪い，労働者に不利益な労働条件を一方的に課することは，原則として，許されない……が，労働条件の集合的処理，特にその統一的かつ画一的な決定を建前とする就業規則の性質からいって，当該規則条項が合理的なものであるかぎり，個々の労働者において，これに同意しないことを理由として，その適用を拒否することは許されない」。つまり，「就業規則に基づく労働条件の不利益変更は原則として許されないが，合理性があれば例外的に変更できる」という規範である。

次に，判例は，「合理性」という抽象的な要件を明確化する判断を示した（第四銀行事件・最二小判平成 9・2・28 民集 51 巻 2 号 705 頁＝百選 20 事件）。それによれば，労働条件の不利益変更の合理性の有無は，「変更によって労働者が被る不利益の程度，使用者側の変更の必要性の内容・程度，変更後の就業規則の内容自体の相当性，代償措置その他関連する他の労働条件の改善状況，労働組合等との交渉の経緯，他の労働組合又は他の従業員の対応，同種事項に関する我が国社会における一般的状況等を総合考慮して」判断される。特に，賃

金・退職金など，労働者の重要な権利に実質的不利益を及ぼす変更については，その変更による不利益を労働者に法的に受忍させることを許容できるだけの「高度の必要性に基づいた合理的な内容のもの」であることが要求される。

この判例法理は，経営環境の変化に応じて労働条件変更を行わざるをえない企業に対し，「合理性を要件に不利益変更を認める」という柔軟な解決方法を提供したため，企業実務に大きな影響を与えた。そこで，労契法は，この判例法理を踏まえて，以下の2条を規定した。

2 労働契約法の規律

(1) 労契法9条・10条の規律

まず，労契法9条は，労働条件の変更一般に関して合意原則を定める8条を受けて，「使用者は，労働者と合意することなく，就業規則を変更することにより，労働者の不利益に労働契約の内容である労働条件を変更することはできない」と規定する。労契法が基本趣旨とする合意原則（3条1項・8条）を就業規則による労働条件の変更に適用した規定であるが，その上で，9条はただし書で10条を指示し，その10条は，「使用者が就業規則の変更により労働条件を変更する場合において，変更後の就業規則を労働者に周知させ，かつ，就業規則の変更が，労働者の受ける不利益の程度，労働条件の変更の必要性，変更後の就業規則の内容の相当性，労働組合等との交渉の状況その他の就業規則の変更に係る事情に照らして合理的なものであるときは，労働契約の内容である労働条件は，当該変更後の就業規則に定めるところによるものとする。ただし，労働契約において，労働者及び使用者が就業規則の変更によっては変更されない労働条件として合意していた部分については，第12条に該当する場合を除き，この限りでない」と規定する。

このように，労契法10条は，判例法理を踏襲して，「労働条件の不利益変更は原則として許されないが，内容の合理性があれば例外的に変更できる」ことを明記しつつ，新たに，周知の要件（フジ興産事件・最二小判平成15・10・10労判861号5頁＝百選19事件）を規定した。周知の要件が規定されたのは，合意原則を修正して就業規則による労働条件の一方的変更を認める以上，周知（労働者が規則内容を知ろうと思えば知りうる状態にしておくこと）が必須と考えられたことによる（「周知」の意義については，②参照）。すなわち，10条は，就業規則による労働条件の変更が周知および内容の合理性という要件を充足することにより，労働契約内容となって当事者を拘束するという効果（契約内容変更効）が発生することを規定したものである。

図 労契法10条に基づく就業規則変更の合理性判断

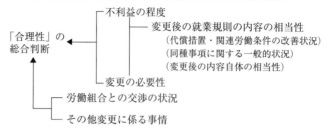

(2) 合理性の判断基準

(ア) 概説

　就業規則による労働条件の変更は，それが「合理的なものであるとき」に労働契約内容となり，労働者・使用者を法的に拘束する（契約内容変更効）。労契法10条は，この「変更の合理性」について，①労働者の受ける不利益の程度，②労働条件変更の必要性，③変更後の就業規則の内容の相当性，④労働組合等との交渉の状況，⑤その他就業規則の変更に係る事情を掲げている。判例と同様，総合判断の考え方を採用したものである（図参照）。判例（前掲第四銀行事件）が合理性の判断要素として掲げた「代償措置その他関連する他の労働条件の改善状況」および「同種事項に関する我が国社会における一般的状況」は，「変更後の就業規則の内容自体の相当性」とともに，10条③の「変更後の就業規則の内容の相当性」に含まれるものと解されている。「変更の合理性」については，同法が合意原則を前提に就業規則による変更を規定したことから，同法制定前と同様，使用者が主張立証責任を負うものと解される。

　労働条件変更の合理性に係る判断基準のポイントは，以下のとおりである（土田・概説232頁以下，土田・労契法560頁以下参照）。

(イ) 基本的枠組み

　まず，労働条件の変更の必要性（②）と，労働者の受ける不利益の程度（①）の比較衡量が基本となる。労働条件変更の必要性が一定程度認められる場合も，それを上回る著しい不利益が生じている場合は，変更の合理性が否定される（みちのく銀行事件・最一小判平成12・9・7民集54巻7号2075頁）。

(ウ) 「変更後の就業規則の内容の相当性」

　実際には，変更の必要性と労働者の不利益は拮抗することが多い。その場合の決め手となるのが，変更後の就業規則の内容の相当性（③）である。特に，代償措置・関連労働条件の改善状況は重要であり，例えば，農協の合併に伴う労働条件統一事案である大曲市農業協同組合事件・最三小判昭和63・2・16民

集 42 巻 2 号 60 頁では，ある農協の退職金の支給率が引き下げられたが，それ以外の労働条件が改善されたことから，変更の合理性が肯定された。

　また，変更される労働条件の内容・性質もポイントとなる。前記のとおり，賃金・退職金の不利益変更については「高度の必要性に基づいた合理的な内容」が求められ，変更の合理性は厳しく判断されるのである。裁判例も，みるべき代償措置が全くないまま基本給を一律 30% 減額する内容の就業規則変更について，合理性を否定している（靹鉄道〔第 2〕事件・広島高判平成 20・11・28 労判 994 号 69 頁）。

　とはいえ，使用者が経営上の理由から従来の労働条件を維持できずに不利益変更を行う場合は，代償措置や関連労働条件の改善を行うことが難しい場合も多いと考えられる。そのような場合は，労働者が被る不利益を和らげるための経過措置（不利益変更を一定期間，猶予または緩和する措置）が重要となる。判例（前掲みちのく銀行事件）も，特定の労働者層（高齢管理職層）に関する労働条件の急激な不利益変更が問題となったケース（経営低迷が続く地方銀行が満 55 歳以上の管理職を専任職に移行させ，給与を 33%〜46% 引き下げた事案）について，経営状況の悪化や経営体質の改善の必要性に基づく変更の必要性を肯定し，また，企業・従業員全体の立場から長期的にみれば相当性を肯定できると述べつつも，短期的にみれば，特定層の行員（高齢管理職）にのみ賃金コスト抑制の負担を負わせていると判示し，このような場合は，「一方的に不利益を受ける労働者について不利益性を緩和するなどの経過措置を設けることによる適切な救済を併せ図るべきであ」るところ，十分な経過措置が講じられていないとして，それら行員との関係で変更の合理性を否定している。

　㈎　多数組合との合意

　さらに，就業規則変更の事前に行われる多数労働組合との合意もポイントとなる。もともと労働組合が存在する企業では，就業規則の変更前に団体交渉を行い，その妥結を経て就業規則を変更するのが一般的である。そこで，このプロセスを経て行われた就業規則の変更が非多数組合員（少数組合の組合員，管理職等の非組合員）に不利益を及ぼす場合に，多数組合が同意したことを合理性判断においてどのように評価すべきかが問題となるのである（労契法 10 条においては，「労働組合等との交渉の状況」〔④〕の考慮要素となる）。この点について，前掲第四銀行事件は，就業規則変更が労働者の 90% を組織する労働組合との交渉・合意（協約締結）を経て行われたことから，「労使間の利益調整がされた結果としての合理的なものと一応推測」できると述べ，管理職として組合に加入できなかった原告労働者との関係でも，合理性を肯定できる根拠の 1

つとなると判断している（「合理性の一応の推測」論）。

　もっとも，就業規則の変更による労働者の不利益があまりに大きい場合は，多数組合の合意による合理性の一応の推測は働かない。判例（前掲みちのく銀行事件）も，管理職（非組合員）の基本給を33％〜46％引き下げる就業規則の変更につき，行員の約73％を組織する労働組合の合意を得ているものの，管理職層の不利益が著しいことから，「労組の同意を大きな考慮要素と評価することは相当ではない」と判示している。すなわち，多数組合の合意による合理性の推測は，あくまで「一応の」推測にとどまるのである。

(3) 就業規則変更の手続

　労契法11条は，就業規則の変更手続に関し，届出義務（労基89条）と意見聴取義務（同90条）を引用している。そこで，これら手続の履行が就業規則による労働条件変更の拘束力（契約内容変更効。労契10条）の要件となるか否かが問題となる。学説では，否定説を採用しつつ，労契法10条の「その他の就業規則の変更に係る事情」（⑤）として考慮されうると説く見解が有力である（荒木＝菅野＝山川137頁）。

(4) 就業規則変更の効果

　就業規則の不利益変更が労契法10条の要件を充足すれば，当該変更は労働契約内容となって当事者を拘束する（契約内容変更効）。これに対し，就業規則の変更が10条の要件を充足せず，契約内容変更効を否定された場合の効果は，労働条件の内容・性格によって異なるが，特に重要な賃金・退職金の不利益変更の場合は，変更前就業規則（それに基づく労働契約内容）に基づく差額賃金請求が肯定される（訴訟法上は給付の訴えとなる。土田・労契法574頁参照）。

(5) 特約優先規定

　労契法10条ただし書は，労働者・使用者が就業規則による変更を予定しない労働条件を合意していた場合は，その特約が優先することを規定したものである。つまり，そのような労働条件については，仮に就業規則の変更に合理性があったとしても，拘束力（契約内容変更効）は発生しない。例えば，労働者・使用者が労働契約締結時または展開中に職種・勤務地限定の合意(特約)を締結し,個別合意による変更のみを予定したにもかかわらず,使用者が就業規則の変更によって配転条項を新設したケースが挙げられる（特約優先規定の適用否定例として，トライグループ事件・東京地判平成30・2・22労経速2349号24頁）。

4　労使間合意に基づく就業規則の変更

　近年には，使用者による就業規則の一方的変更（労契10条）ではなく，就業

規則による労働条件変更に労働者が同意した場合の拘束力（契約内容変更効）
も重要な論点となっている。この点については，労契法施行後，複数の裁判例
が登場し，学説上も２つの見解が対立している。すなわち，労契法９条は，労
働者との合意を経ないまま就業規則によって労働条件を不利益に変更すること
を禁止しているところ，同条を反対解釈して，労使間の合意（就業規則変更合
意）によって就業規則変更が成就することを認め，変更内容の実体的審査を否
定する見解（合意基準説。菅野202頁，荒木378頁等）と，就業規則による労働
条件変更であることを重視して，就業規則の一方的変更に関する労契法10条
と同様の実体的合理性審査を肯定する見解（合理性基準説。西谷・労働法169頁
等）の対立である。

　合意基準説によれば，労使間合意によって就業規則変更が成就するため，変
更の合理性と周知（労契10条）は要件とならない（すなわち，就業規則の不利益
変更は，それに同意した労働者には労契法９条によって拘束力が及び，反対した労
働者には10条によって拘束力が及ぶ）。一方，就業規則変更合意の存在は厳格に
認定され，説明・情報提供，書面化による確定的意思の確認といった手続的審
査が肯定される。これに対し，合理性基準説は，就業規則が労働条件の集団
的・統一的変更の要請を就業規則法制の基本趣旨と捉え，そこから個々の労働
者の同意（就業規則変更合意）に基づく労働条件変更の成就を肯定する処理
（合意基準説）を批判する見解であり，この結果，就業規則変更合意に対しても，
労契法10条と同様の実体的合理性審査を肯定する（議論状況については，土
田・労契法579頁参照）。

　裁判例では，合意基準説を採用して就業規則変更合意の成立および効力を肯
定する例が登場している（協愛〔控訴〕事件・大阪高判平成22・3・18労判1015
号83頁等）。また，最近の判例（山梨県民信用組合事件・最二小判平成28・2・19
民集70巻2号123頁＝百選21事件）は，管理職ら従業員の退職金を０円とする
帰結をもたらす就業規則の不利益変更に関する労使間合意につき，労使間合意
に基づく変更を肯定しつつも，賃金・退職金の不利益変更については，労働契
約の他人決定的性格や，労働者の意思決定の基礎となる情報収集能力に限界が
あることから，労働者の同意の有無を慎重に判断すべきと述べた上，「当該変
更を受け入れる旨の労働者の行為の有無だけでなく，当該変更により労働者に
もたらされる不利益の内容及び程度，労働者により当該行為がされるに至った
経緯及びその態様，当該行為に先立つ労働者への情報提供又は説明の内容等に
照らして，当該行為が労働者の自由な意思に基づいてされたものと認めるに足
りる合理的な理由が客観的に存在するか否かという観点からも」判断すべきも

のと述べ，「労働者の自由意思に基づく同意」を重視する判断を示している。そして，具体的判断としても，従業員の上記不利益や同意書への署名押印に至った経緯等を踏まえると，従業員が支給基準変更に同意するか否かについて自ら検討し判断するために必要十分な情報を与えられたというためには，旧規程変更の必要性等に関する情報提供・説明のみならず，当該変更により発生する具体的な不利益の内容・程度に係る情報提供・説明が行われる必要があったと判断し，退職金支給基準の不利益変更を肯定した原審（東京高判平成25・8・29労判1136号15頁）を破棄し差し戻した。妥当な判断と解される。

【解答への道すじ】

1 【設問】1について

(1) 【設問】1(1)──就業規則による労働条件の一方的変更

【設問】1(1)は，T社が2019年9月15日付で行った就業規則改訂（本件改訂就業規則）の拘束力（契約内容変更効）を問う設問であり，労契法10条が掲げる考慮要素（①労働者の受ける不利益の程度，②労働条件変更の必要性，③変更後の就業規則の内容の相当性，④労働組合等との交渉の状況，⑤その他就業規則の変更に係る事情）に即して検討する必要がある。また，【設問】1では，賃金・退職金という重要な労働条件の不利益変更が行われていることから，その合理性はより厳しく判断され，「高度の必要性に基づいた合理的な内容」であることを求められる（【解説】2(2)）。

まず，②労働条件変更の必要性については，T社は，バス部門の業績指標が全国の地方バス会社の中で2年連続して最下位クラスを低迷し，10年間で約8億円の累積赤字を計上するという経営不振に陥ったとあるので，高度の経営上の必要性が認められるものと解される。上記のとおり，賃金・退職金の不利益変更については「高度の必要性」が求められるが，T社バス部門の経営状況によれば，高度の必要性を認めることに妨げはないであろう。

次に，①労働者の受ける不利益の程度については，本件改訂就業規則によって，基本給（年齢給）の上限が45万円から35万円に，退職金が1500万円から1000万円に減額される結果，20代〜30代のバス部門従業員はほとんど不利益を受けないものの，40代の中堅層では基本給・退職金合計で15%の減額となり，50代〜65歳の高年齢従業員では30%〜40%の減額となることから，著しい不利益が生じているものと解される。もっとも，T社は，U組合との団体交渉を経て作成した本件改訂就業規則において，基本給ベースを本件改訂

就業規則案の 18 万円から 20 万円に引き上げて引下げ幅を縮小したが，それでもなお中堅・高年齢従業員に及ぼす不利益が著大であることに変わりはない。また，賃金減額に伴って労働の軽減が行われていれば，実質的な不利益は減少するが，【設問】の場合，就業規則改訂後の職務内容や所定労働時間に変化はないので，賃金・退職金の大幅な削減を正当化するに足りるほどの職務軽減が図られているとは評価できない（同旨，前掲みちのく銀行事件）。

　以上のとおり，【設問】1(1)は，労働条件変更の高度の必要性が認められる一方，①労働者の受ける不利益の程度が深刻であり，両者が拮抗するという事案である。そこで，③変更後の就業規則の内容の相当性が問題となる。まず，代償措置・関連労働条件の改善状況については，T 社は，本件改訂に際して特別融資制度・住宅融資制度の新設という代償措置を導入したが，これが 50代〜 65 歳従業員の大きな不利益をカバーするものと評価することは困難である（前掲みちのく銀行事件参照）。また，T 社が U 組合との交渉によって基本給引下げ幅を縮小した点は評価できるが（前述），U 組合による経過措置の要求に全く応じていないことは問題である。前記のとおり，使用者が経営上の理由から代償措置や関連労働条件の改善を行うことが困難な場合は，労働者が被る不利益を緩和するための経過措置が必須となり，変更後の規則内容の相当性を左右する要素となるところ，バス部門の経営が悪化しているとはいえ，T 社が経過措置を全く講じていないことは，変更の合理性を大幅に減ずる事情となると解される。さらに，就業規則改訂後の賃金水準が県内の同業他社の給与に比べて遜色がないという事実も，上述した代償措置・経過措置の不十分さに照らせば，規則内容の相当性を肯定するに足りる事情とはいい難い。

　④労働組合等との交渉の状況については，T 社は，過半数組合である U 組合との間で一貫して誠実に交渉しており，この点は，変更の合理性を肯定する方向に働く事情となる。他方，T 社は，U 組合による経過措置の要求に応じない結果，本件改訂就業規則に関する合意には至っていないため，多数組合との合意によって「労使間の利益調整がされた結果としての合理的なものと一応推測」することはできず，合理性の一応の推測は働かない。

　【設問】1(1)の最後のポイントは，T 社が業績堅調な小売部門を別会社として独立させ，労働条件を維持したまま同部門従業員を移籍させたということである。T 社のこの判断は，経営判断としては合理的であり，業績好調な部門を分社化しつつ，従業員のモチベーション維持を図るために労働条件を維持する経営判断に問題はない。しかし，労契法 10 条の解釈としては，この事実は，上記①・③に加え，⑤その他就業規則の変更に係る事情においてマイナスに作

用する事情となるものと解される。もともと就業規則による労働条件の不利益変更は、労働条件を集団的かつ一方的に変更するものであるから、その不利益は、労働者全体に公平に及ぶべきものである。もとより、労働条件の不利益変更が不調部門の中高年齢・高賃金層に偏るのはやむをえないが、その場合も、【設問】のように、好調部門の労働条件を維持するケースでは、使用者は、不調部門の中高年齢層（40代以上のバス部門従業員）の不利益が過度に突出しないよう経過措置等によって不利益を緩和する必要がある。前記のとおり、T社はそうした措置をほとんど講じていないので、この点が①・③・⑤の考慮要素に影響し、労働条件変更の合理性を減ずる理由となるものと解される。

この点、前掲みちのく銀行事件（【解説】2(2)(ウ)）は、高齢管理職の賃金の大幅削減事案につき、経営体質の改善の必要性や賃金制度変更による中堅層の賃金改善といった事実に着目して、企業・従業員全体の立場から巨視的・長期的にみれば相当性を肯定できると判示しつつも、「短期的にみれば、特定の層の行員にのみ賃金コスト抑制の負担を負わせているものといわざるを得ず、その負担の程度も……大幅な不利益を生じさせるもの」と判断した上、賃金制度変更によって重大な不利益を被る労働者（高齢管理職層）に関する経過措置が不十分であることを理由に合理性を否定している。【設問】1にも妥当する判断といえよう。

以上によれば、【設問】1(1)では、T社が行った就業規則の改訂は、40代以上のバス部門従業員との関係では合理性を否定され、同従業員を拘束しないものと解される。

(2) 【設問】1(2)——労使間合意に基づく就業規則の不利益変更

【設問】1(2)は、労使間合意に基づく就業規則の変更（就業規則変更合意）の成否（【解説】4）を問う設問である。前記のとおり、この点については、合意基準説と合理性基準説が対立するが、裁判例は合意基準説を採用しており、判例も、一般論として労使間合意に基づく労働条件変更を肯定しているので（前掲山梨県民信用組合事件）、まずは合意基準説によって考えるべきであろう。この点、合意基準説は一致して、使用者による説明・情報提供や書面による意思の確認という手続の履行を重視している。また、前掲判例は、退職金を不利益に変更する就業規則変更合意について、労働者が被る不利益の内容・程度、それと相関的に使用者に求められる説明・情報提供の履行および就業規則変更合意に至る経緯を考慮し、労働者の自由意思に基づく同意の存否を重視する判断を示している。したがって、就業規則変更合意の存在については、これら3点の考慮要素に即して厳格に認定する必要がある。

この観点から【設問】1⑵をみると，①では，Ｔ社バス部門従業員が本件改訂就業規則の書面に署名・押印していることから，「当該変更を受け入れる旨の労働者の行為」（前掲山梨県民信用組合事件）は存在したわけである。しかし一方，本件改訂就業規則がＴ社中堅・高年齢従業員に著しい不利益を及ぼす反面，Ｔ社は，就業規則改訂の理由や，改訂が40代以上のバス部門従業員に及ぼす不利益の内容・程度について具体的に説明せず，「急を要する」との理由でその場での回答を性急に求め，同部門従業員は不本意ながら書面により同意したというのである。この事実関係によれば，Ｔ社従業員は著しい不利益を被る一方，Ｔ社による説明・情報提供は不十分であり，従業員は不本意ながら同意したという経緯があることから，バス部門従業員が自由意思に基づいて同意したと認めるに足りる合理的理由が客観的に存在すると解することは困難である。したがって，40代以上のバス部門従業員は，就業規則の改訂に拘束されないものと解される。この場合，Ｔ社としては，【設問】1⑴と同様，労契法10条に即して就業規則の改訂を実行し，契約内容の合理的変更を行うほかない。

これに対し，②の場合は，Ｔ社が十分な説明・情報提供を行い，バス部門従業員の質問にも丁寧に応答し，1週間の検討期間を提供したのに対して，同部門従業員が意見集約を経た上で書面により同意したとあるので，同従業員が本件改訂就業規則に係るＴ社の提案に対して自由意思に基づいて同意したと認めるに足りる合理的理由が客観的に存在すると評価することが可能である。したがって，同従業員に対する拘束力（契約内容変更効）は肯定される可能性が高い。

以上に対し，合理性基準説によれば，バス部門従業員が就業規則変更に同意したか否か，また，Ｔ社による適正な手続を経て自由意思によって同意したか否かにかかわらず，就業規則改訂については，労契法10条と同様の実体的合理性審査が肯定される。Ｔ社による手続の態様や，バス部門従業員の同意の有無・態様は，10条所定の⑤その他就業規則の変更に係る事情において考慮されることになろう。同説に基づく検討にもチャレンジしてほしい。

2 【設問】2について

⑴ 【設問】2⑴——成果主義賃金制度（年俸制）の導入

【設問】2⑴は，成果主義賃金制度（年俸制）の導入という新たなタイプの労働条件変更事例である。

まず，成果主義賃金制度の導入がそもそも労働条件の不利益変更に該当する

209

か否かが問題となるが，この点は異論なく肯定されている。労契法10条が定める「労働条件〔の〕変更」とは，現実に不利益変更を行う場合だけでなく，不利益変更の可能性がある場合も含むからである（土田・概説238頁，荒木＝菅野＝山川135頁）。

次に，労働条件変更の合理性については，【設問】1と同様，労契法10条が掲げる①〜⑤の要素を総合して合理性を判断することになるが，ここでは，成果主義賃金制度の特質を考慮する必要がある。すなわち，成果主義賃金制度は，賃金原資の削減ではなく，原資の配分方法を変更する措置（年功〔年齢・勤続年数等〕による配分から，能力・職務・成果による配分への変更）であり，また，賃金をストレートに削減するものではなく，労働者の能力・成果によって賃金を増減させる制度であるから，賃金を現実に引き下げる場合のような「高度の必要性に基づいた合理的内容」まで求める必要はないと解される。むしろ，成果主義賃金制度の上記特質を踏まえれば，同制度が賃金原資の公正な配分や能力・成果評価の明確化に寄与すること（②），賃金原資が維持され，急激な変更を緩和するための経過措置が講じられていること（①・③），成果主義賃金制度の生命線を握る公正な人事考課制度が整備されていること（③），労働者・労働組合との十分な労使協議が行われていること（④）といった要素が整えば，就業規則変更の合理性を肯定すべきであろう（土田・概説238頁参照）。裁判例も同様に判断しており，例えば，役割給等を内容とする成果主義賃金制度の導入について，人事考課制度の合理性と経過措置に重点を置いて就業規則変更の合理性を判断し，肯定した例がある（東京商工会議所事件・東京地判平成29・5・8労判1187号70頁。ノイズ研究所事件・東京高判平成18・6・22労判920号5頁，前掲トライグループ事件も参照）。

【設問】2(1)について検討すると，まず，②労働条件変更の必要性については，M社は，賃金原資の公平な配分および従業員の意欲向上策として年俸制を導入しており，成果主義賃金制度の上記特質を踏まえれば，変更の必要性は肯定されるものと解される。また，③変更後の規則内容の相当性については，成果主義賃金制度（年俸制）の生命線を握る年俸額の決定手続や人事考課制度が整備されていることから，やはり肯定されるものと解される（人事考課制度の設計については，前掲東京商工会議所事件において使用者が行った制度設計が参考となる）。さらに，④労働組合等との交渉の状況についても，M社は，H組合との間で，経過措置について合意に至らなかったものの，誠実に交渉しているため，この要素を充足するものと解される。

問題は，①労働者の受ける不利益の程度である。すなわち，M社は，導入2

年目までは調整給による経過措置を設けているが，3年目以降はゼロとなるため，H組合が主張するとおり，経過措置が不十分で急激に過ぎる変更といえないかが問題となる（③変更後の規則内容の相当性としても問題となる）。この点，経過措置終了後の 2018 年度の年俸をみると，A 評価を受けた従業員約 100 名は 2017 年度の基本給から平均 7％上昇し，B 評価を受けた従業員約 550 名は変化がない一方，C 評価を受けた従業員約 70 名は平均 5％減額され，D 評価を受けた従業員約 30 名は平均 7％減額されており，C・D 評価を受けた従業員の不利益は大きい反面，その割合は全従業員の 7.5％にとどまるという事案である。先例をみると，前掲ノイズ研究所事件は，【設問】2(1)と同様の経過措置につき，「それなりの〔不利益〕緩和措置としての意義を有する」として積極的に評価したが，判決自身，「いささか性急なものであり，柔軟性に欠ける嫌いがないとはいえない」と判示しており，疑問の余地がある。こうして，【設問】については，経過措置の法的評価が結論を分けるポイントとなろう。

(2) 【設問】2(2)──特約優先規定

【設問】2(2)については，特約優先規定（労契 10 条ただし書）の適用が問題となる。この点，M 社における年俸制は，目標達成度や能力評価によって本人と上司が交渉して年俸額を決定する仕組みを採用しており，これは，労使間の個別合意によって年俸額を決定する性格のものと解される。そうだとすると，A・B の年俸額は，「労働契約において，労働者及び使用者が就業規則の変更によっては変更されない労働条件として合意していた部分」（労契 10 条ただし書）に該当するため，M 社が 2019 年度途中の 6 月 15 日付で行った就業規則の改訂は，改訂の合理性の有無にかかわらず，A・B を拘束しないものと解される。この場合，M 社が A・B の年俸額を減額するためには両名の同意が必要であり，同意を得られない場合は，変更解約告知を行うほかない（⑰参照）。

なお，仮に本設問に 10 条ただし書が適用されず，10 条本文が適用されるとしても，年俸額 10％の一律引下げが A・B に及ぼす不利益は重大であり，代償措置・経過措置が何ら講じられていないことや，多数組合である H 組合が改訂に反対していること等を考慮すると，M 社の業績悪化という不利益変更の必要性を考慮しても，年俸額引下げの合理性は否定される可能性が高い。

【基本文献】

荒木 374–396 頁／菅野 201–212 頁／土田・概説 227–241 頁／土田・労契法 553–584 頁／西谷・労働法 160–177 頁／野川 196–236 頁／水町 97–110 頁

（土田道夫）

17 労働条件の不利益変更(2)
——個別合意による変更・変更解約告知

【設 問】

1 自動車会社 L 社は，東京に本社を置き，全国に 10 ヵ所の工場を持っている。
L 社では，2012 年頃から国内外の競争が激化する中で業績が悪化したため，経
営の効率化や経費削減のための措置をとった。それでも業績は改善しないため，
L 社は 2018 年 10 月，翌年 9 月に P 工場を閉鎖することを決定し，P 工場の従
業員には P 工場から最も近い Q 工場への配転を命じることとした。そして，
2019 年 1 月，P 工場の従業員全員を対象に，工場閉鎖の経緯や Q 工場での職
務内容・労働条件などについて説明会を実施した。

　P 工場に勤務する A らは，L 社入社時から 15 年～ 25 年にわたって P 工場で
機械加工の仕事に従事してきた熟練工である。しかし，Q 工場における職務は，
コンベアラインにおける溶接や部品組立て等を繰り返す熟練を要しない単純作業
であるため，配転により A らの仕事の内容は大きく変わる。そのため，これま
で培ってきた熟練機械工としてのキャリアを活かすことができない。そこで，A
らは Q 工場への配転を拒否し，自身の技能を活かすことのできる職務への配転
を求めた。これに対して L 社は，Q 工場にそのような職務はなく，また P 工場
が閉鎖される以上，Q 工場への配転は解雇を避けるためのやむをえない措置で
あるとして譲らない。そして，配転命令の根拠としては，「業務の都合により，
職種転換を命ずることがある」との就業規則の規定（配転条項）を主張している。
L 社は A らに配転を命じることができるか。

2 以上のような経緯から，L 社は，A らに Q 工場への配転を命じることは困難
であると判断した。その一方で，L 社の業績は悪化し続けた。そこで，L 社は，
2019 年 4 月 1 日に A ら機工に対して，Q 工場への配転および組立工への職
種転換，20 ％～ 25 ％の賃金減額，退職金減額につながる退職金制度の変更を提
案した。そして，この提案に応じるかどうかは自由であるが，これに同意しない
者については解雇すると説明した。同年 6 月 2 日までに，A らそれぞれとの個
人面談が行われ，ほとんどの従業員が L 社の提案に同意した。しかし，A はこ
れに同意しないため，L 社は A と何度も面談を行い，提案に応じるよう説明・
説得を続けた。これに対して，同年 7 月 3 日，A は，L 社の提案に暫定的に応
じて当面は Q 工場で組立工として就労するが，提案内容の相当性を裁判で争う

旨を通告した。L社は，このような通告は提案に対する承諾ではないとして，A
については解雇により労働契約は終了したと考えている。このような解雇は認め
られるか。

【解　説】

1　労働条件変更手段としての個別合意

　賃金や労働時間などの労働条件は，就業規則によって集団的・画一的に定め
られていることが多く，これらは変更の合理性と周知を要件として労働者との
合意なしに不利益に変更することができる（労契10条）。このような集団的労
働条件の変更が，労働条件変更手段の中心的な役割を果たしている（就業規則
による変更については16を参照）。また，個々の労働者の勤務地や職務内容，地
位や待遇などの個別的労働条件については，就業規則の規定を根拠に使用者に
広範な命令権（労務指揮権）が付与され，その行使によって労働契約の範囲内
で配転や降格等の変更が一方的に行われる（配転については13を参照）。

　他方で，労働条件変更が個々の労働者の同意を得て行われる場面も実際には
多いといえる。就業規則のない小規模の企業などにおいて個別の労働契約で労
働条件を定めている場合などについては，個別の合意により労働条件を変更す
るしかない。また，労働者と使用者の間で，職種・勤務地・賃金・労働時間な
どの労働条件について就業規則とは異なる個別合意がなされている場合には，
この合意が就業規則に優先する（労契7条ただし書）。このような場合には，使
用者は労働者の同意を得て労働条件を変更するほかない。さらに，労働者が専
門的な資格や技術を要する職務に長期間従事し，職種が限定されているといい
うる状況にある場合には，職種限定の合意を認めて使用者の命令権を排除し，
その変更については合意によるものとして，労働者本人の意思を尊重するべき
であろう。このように，個別合意は労働条件変更手段として重要な意義を持つ
（なお，従来の判例が，職種や勤務地を限定する合意を認めず，就業規則の配転条項
に基づいて使用者の命令権を肯定する傾向にあることについては，【解答への道す
じ】1を参照）。

2　個別合意による労働条件変更

⑴　合意による変更の原則

　労契法8条は，労使の合意があれば，労働条件を変更することが可能である
ことを定める。同条が適用されるのは，労働者と使用者との間で個別に合意が

なされた労働条件を変更する場合のほか，就業規則で定められた労働条件が同法7条および10条により労働契約内容となった場合に，これを個別合意によって労働者に有利に変更する場合である（就業規則で定められた労働条件を合意によって労働者の不利益に変更することは，同法9条の反対解釈として可能であるといえる。山梨県民信用組合事件・最二小判平成28・2・19民集70巻2号123頁＝百選21事件。これについては⑯参照）。

(2) **合意の認定**

　使用者が労働条件の不利益変更を申し込み，それに対する労働者の合意が認められれば，変更内容の合理性の審査を受けることなく，労働条件は変更される（前掲山梨県民信用組合事件）。しかし，実際には労働者は使用者と対等に交渉することが困難な立場にあることが多く，労働者は使用者からの変更申込みに対して本心では納得していないが拒否できず合意せざるをえなかったということもありうる。そこで，労使間で労働条件変更に対する合意が成立しているかどうかの認定は次のように行うべきである。

　まず，労働者の合意が自由意思に基づいてなされたかどうか慎重に判断しなければならない。裁判例は，賃金減額の申込みに対する労働者の合意が問題となった事例において，労基法24条に関する判例法理（シンガー・ソーイング・メシーン事件・最二小判昭和48・1・19民集27巻1号27頁）を援用し，労働者の合意がその自由な意思に基づくものと認めるに足る合理的な理由が客観的に存在することを求め，合意の認定を慎重かつ厳格に行うべきとする（更生会社三井埠頭事件・東京高判平成12・12・27労判809号82頁等）。特に，使用者の説明義務や情報提供義務は重要であり，労働者も変更内容を十分に理解している必要がある。複雑で多岐にわたる変更内容を使用者が口頭で説明したにすぎないケースでは，変更内容の特定が不十分であるとして合意の成立が否定されている（東武スポーツ事件・東京高判平成20・3・25労判959号61頁）。また，退職金規程の不利益変更に対する労働者の同意の有無が問題となった前掲山梨県民信用組合事件では，労働者に対して，変更の必要性に加えて，変更により生じる具体的な不利益の内容・程度についても情報提供や説明がなされるべきであったとされている。さらに，黙示の合意についてはより慎重な認定が行われ，労働者が賃金減額に対して即座に異議を述べなかっただけでは黙示の合意は成立したとは認められない（NEXX事件・東京地判平成24・2・27労判1048号72頁等）。

(3) **合意の効力**

　労働条件変更に対する合意が成立したと認められる場合でも，心裡留保，錯誤，詐欺，強迫のように意思表示に瑕疵があれば，無効あるいは取消可能とな

る。例えば，労働者が使用者から提案された新契約の締結に応じなければ退職しなければならないと誤信し，変更に合意したというケースにおいては，要素の錯誤として合意は無効と判断されている（駸々堂事件・大阪高判平成10・7・22労判748号98頁）。また，合意内容が公序良俗や強行規定に反する場合，労使の合意があっても無効となる。さらに，合意により変更された労働条件の内容が就業規則の内容を下回る場合や，労働協約に違反する場合には，その合意は無効となり（労契12条，労組16条），労働条件は変更されない。

3　変更解約告知

(1)　変更解約告知の意義および類型

以上のように，使用者が労働者の合意を得て労働条件を変更しようとしたが，合意が得られない場合には使用者は全く労働条件を変更できないのか。例えば，労働者の職種や勤務地を特定する個別合意があったが，配転せざるをえない状況になった場合，それがたとえ解雇を回避するためのものであったとしても，労働者の同意がなければ変更は一切できないのか。このような場面に対応しうる労働条件変更手段として考えられるのが変更解約告知である。

変更解約告知とは，使用者が労働者に労働条件変更を申し込み，労働者がこれに応じない場合には解雇することをいう。解雇という要素は含むものの，労働者が変更申込みに同意すれば変更された労働条件の下で雇用は継続し，直ちに解雇に至ることはない。そのため，変更解約告知は労働条件変更を目的とした解雇といえる。

変更解約告知の主な類型には，①使用者が労働者に対して労働契約の解約（解雇）の意思表示をし，同時に変更された労働条件での新契約の締結を申し込むもの，②使用者が労働条件の変更を申し込み，労働者がそれを拒否した場合には解雇の意思表示をするものがある。いずれの形態によっても，変更申込みに合意するか拒否するかについて，労働者自らが選択するという点に変更解約告知の特徴がある。これに対して，変更解約告知と整理解雇を同時に行い，新条件の下での再雇用に応募した労働者であっても，整理解雇を行うことにより採用されない場合もあるというものは変更解約告知とはいえない。変更申込みを受け入れるか否かのイニシアティブは労働者の側にあることからすれば，労働者がこれに応じた場合でも解雇が予定されているようなものは変更解約告知には当たらないといえる（関西金属工業事件・大阪高判平成19・5・17労判943号5頁）。

(2)　変更解約告知をめぐる議論

ドイツでは，解雇制限法（Kündigungsschutzgesetz）2条において変更解約

告知（Änderungskündigung）が認められている。しかし，日本にはこうした明文規定がないため，変更解約告知を認める必要があるかどうかについては争いがある。

裁判例において初めて変更解約告知の法概念を認めたのがスカンジナビア航空事件・東京地決平成 7・4・13 労民集 46 巻 2 号 720 頁＝百選 74 事件である。このケースは，職種や勤務地が契約上特定されている労働者に対して，使用者が早期退職を募集するとともに賃金制度や労働時間の変更，無期契約から有期契約への変更などの新雇用条件での再雇用の提案をし，これを拒否した労働者を解雇したものである。裁判所は，変更解約告知を「雇用契約で特定された職種等の労働条件を変更するための解約，換言すれば新契約締結の申込みをともなった従来の雇用契約の解約」と定義し，その有効性についても独自の判断基準を示して，ここでの変更解約告知を有効と認めている。

これに対して，大阪労働衛生センター第一病院事件・大阪地判平成 10・8・31 労判 751 号 38 頁は，変更解約告知という独立の類型を設ける必要はないとする。その理由として，変更解約告知を認めれば，労働者は新しい労働条件に応じない限り解雇を余儀なくされ，厳しい選択を迫られることになること，その上，再雇用の提案により解雇の要件が緩やかに判断されることになれば，労働者は非常に不利な立場に置かれることになること，ドイツと異なって明文の規定がないことが挙げられる。そのため，同事件は整理解雇の問題として捉えられ，解雇権濫用法理の下で解雇無効と判断されている。

学説においても，変更解約告知という独自の概念は不要であり，解雇として処理するべきであるという見解がある（川口美貴『労働法〔第 2 版〕』〔信山社，2018 年〕620 頁等）。他方で，雇用関係の個別化が進展する中で，労働契約で特定された労働条件を変更する手段として積極的に認めるべきであるとする見解（荒木尚志『雇用システムと労働条件変更法理』〔有斐閣，2001 年〕302 頁）や，労働条件対等決定原則や合意原則に適合するという点にその意義を認める見解（土田・概説 245 頁）もある。ただし，このように解する前提として，次に述べる留保付承諾を認めることが必要であるとされる。

(3) 留保付承諾

変更解約告知は，労働者に解雇の脅威の下に労働条件変更に同意するか拒否して解雇されるかの二者択一を迫るものであり，労働者にとっては過酷な手段となる。そこで，ドイツでは，変更解約告知に対する労働者の第 3 の選択肢として留保付承諾が明文で認められている。ドイツの解雇制限法 2 条は，「使用者が労働関係を解約告知し，かつ，当該解雇に関連して新たな労働条件による

労働関係の継続を申し込むときは，労働者は，労働条件の変更が社会的に不当でないという条件で留保して，その申込みを承諾することができる」と定める。つまり，留保付承諾とは，労働者が労働条件変更に異議をとどめつつ承諾し，変更された労働条件の下で就労しながら裁判所等で変更の効力を争うことである。そして，裁判等で変更の相当性が認められれば変更された労働条件の下で就労を続けることとなり，変更に相当性がないとされれば従来の労働条件で雇用は継続する。こうして，労働者は解雇を回避しつつ労働条件変更について争うことができる。しかし，日本にはドイツのように留保付承諾を承認する規定はない。むしろ，留保付承諾は申込みの拒絶と新たな契約の申込みとみなされる（民528条）ため，使用者にはこの新提案に応ずる義務はなく，労働者が留保付承諾をした場合，契約は終了する。裁判例も，留保付承諾を認めるとそれを受けた使用者の地位を不安定にするから，これを認める立法もない現状においては許されず，留保付承諾は申込みの拒否にすぎないとする（日本ヒルトンホテル事件・東京高判平成14・11・26労判843号20頁）。

　しかし，学説においては，これを解釈論によって認めようとする見解も有力に主張されている。例えば，民法528条を修正解釈し使用者には留保付承諾に応じる信義則上の応諾義務があるとする見解（土田・労契法604頁）がある。また，民法528条は新たな契約の成立に関する規定であり，継続的契約関係である労働契約の変更申込に同条は適用されず，使用者の行った変更解約告知が二者択一のものであっても，労働者が留保付承諾を行った場合，それを変更申込みの拒否とはせず，解約告知の解除条件たる承諾に当たると解釈すべきとする見解（荒木403頁以下）も主張される。

(4)　有効性の判断基準

　それでは，変更解約告知の有効性はどのように判断されるべきか。変更解約告知を独自の概念として認めない立場によれば，労働条件変更を目的とした解雇の場合も，通常の解雇（整理解雇）と同様の厳格な要件の下で判断されることになる（前掲大阪労働衛生センター第一病院事件）。そのため，使用者が行った変更申込みについては，通常の解雇を判断する中で解雇回避措置として考慮されるにすぎない。

　これに対して，変更解約告知を認める立場は，これが解雇の一種であることから労契法16条を適用しつつも，通常の解雇とは異なり，使用者が労働条件変更を申し込み，労働者がそれを拒否したことを理由とする解雇であることを踏まえ，独自の基準を設定する。裁判例は，労働条件変更が必要不可欠で，その必要性が労働者が受ける不利益を上回り，労働条件変更を伴う新契約締結の

申込みを拒否した場合の解雇を正当化するに足りるやむをえないものと認められること，解雇回避努力が十分に尽くされていることを有効性の判断基準とした（前掲スカンジナビア航空事件）。この基準は，労働条件変更の審査が中心となる点で通常の解雇より緩和されたものとなるが，他の労働条件変更手段の場合と比べると厳しい要件となる。学説においても，裁判例と同様の基準を主張するものが多く，①労働条件の変更の必要性・相当性と，②これを解雇という手段によって行うことの相当性の双方を要件とし，加えて労働者との協議についても考慮すべき（菅野764頁以下等）などとされる。

【解答への道すじ】

1　【設問】1について

　Aらは，労働契約においてその職務内容を限定する明確な合意をしていたとはいえないが，長年にわたり機械工という専門的な職務に就きキャリアを積んできた。このようなAらについて，L社はその意思を無視して就業規則の配転条項を根拠にQ工場への異職種配転を一方的に命じることができるか。

　労働契約において勤務地や職種等を限定する合意がある場合，そのような特約が就業規則に優先し，使用者は就業規則の配転条項に基づいてこれを一方的に変更することはできない（労契7条ただし書）。もっとも，判例は勤務地や職種を限定する合意を認めない傾向にある（日産自動車村山工場事件・最一小判平成元・12・7労判554号6頁，九州朝日放送事件・最一小判平成10・9・10労判757号20頁等）。勤務地や職種の限定合意を認めてしまうと，使用者の配転命令権は排除され，その変更手段は労働者の個別合意に限られてしまうからである。本問においても，勤務地をP工場，職種を機械工に限定する合意を認めるとすれば，L社はQ工場への異職種配転を命じることはできず，Aらの同意がない限り配転は不可能となる。かといって，Aらを解雇すればその不利益は大きく，またL社もそれを望んではいないといえる。そうすると，勤務地・職種の限定合意を認めず，就業規則の配転条項を根拠にL社がAらに一方的にQ工場への配転を命じることのほうが，労働条件変更の必要性に柔軟に対応する方法として適切であるように思われる。

　しかし，長年かけて培ってきた熟練機械工としてのキャリアや技能を活かすことのできない職務には就きたくないというAら本人の意思を無視して，L社が一方的に異職種配転を命じることが適切とは言い難い。このような場合には，勤務地・職務内容に関する黙示の合意を認め，配転条項が排除されると考

えるべきである（労契 7 条ただし書）。そうすると，A らの同意が得られた場合にのみ，勤務地や職種の変更ができることになる。ただし，変更に対する同意は厳格に認定する必要がある。そのため，L 社は，A らに対して変更の内容や必要性を十分に説明し，情報提供を尽くし，それを A らが十分に理解し，納得した上で同意したと認められなければならない。したがって，A らの同意が自由意思に基づくとはいえない場合には変更に対する合意は無効となる。さらに，変更に関する合意が成立した場合でも，意思表示に瑕疵があれば取消しが可能となったり，無効となりうる（民 95 条・96 条）。

以上のように解すると，労働者の同意が得られない場合が問題となるが，これは変更解約告知を認めることによって解決できると考えられる。すなわち，使用者が労働条件変更を申し込み，これに応じない労働者は解雇するというものである。労働者は変更申込みに同意するか拒否するかを自ら選択することになる（【設問】2 の問題となる）。

2 【設問】2 について

A は，2019 年 4 月 1 日に異職種配転や賃金・退職金の変更を L 社から申し込まれたが，同年 7 月 3 日には変更内容について裁判で争うことを条件に変更に応じると通告したため，これが変更申込みに対する拒否とみなされ解雇された。ここで問題となるのは，①変更申込みを拒否したことを理由とする解雇の有効性をどのような基準で判断するべきか，②留保付承諾を認めることはできるかということである。

まず，この場合の解雇の有効性の判断基準であるが，A の解雇が L 社の経営悪化を理由とすることから，整理解雇の問題として，整理解雇の要件に従って判断することもできよう。しかし本問では，L 社は P 工場の閉鎖等を理由に直ちに A を解雇するのではなく，まずは勤務地や職種の変更といった労働条件変更を申し込んでいる。つまり，A がこの変更に同意すれば解雇は回避されるから，L 社の本来の目的は解雇ではなく労働条件変更にあるといえる。そのため，本問では変更解約告知と捉えて，その性質に即した基準で有効性を判断すべきである。具体的には，労働条件変更の必要性と相当性の比較衡量をした上で，変更申込みを拒否した労働者の解雇を正当化するに足るやむをえないものと認められ，使用者が解雇回避努力を尽くしていること，労働者との十分な協議が行われていることが要件となる。

本問について検討すると，まず，L 社の業績悪化により P 工場の閉鎖がやむをえないとすれば，P 工場で働く A の Q 工場への配転の必要性は高く，ま

た業績の悪化が続いているゆえに賃金や退職金の減額も必要であるといえる。また，L社はAらに対して，変更申込みを拒否すれば解雇となることを明確に伝え，個人面談もしている。さらに，変更に同意しないAに対しては，繰り返し面談を行って同意を得る努力もしている。このように，労働者への説明・協議という要件は満たしているように思われる。しかしながら，AがL社の提案を拒否したことから直ちに解雇が正当化されるとまでいえるだろうか。L社は，Aに対して，職種・勤務地の変更，賃金の大幅減額，退職金減額といった広範かつ重大な労働条件の不利益変更を提案しており，この変更によりAに生じる不利益は極めて大きいといえる。その一方で，L社は，閉鎖されるP工場から最も近いことを理由にQ工場への配転を提案しているにすぎず，Q工場以外でAの希望に沿うようなAのキャリアや技能を活かすことのできる職務への配転・出向等の方法を模索・検討はしていない。また，20％〜25％という大幅な賃金減額や退職金制度の変更の提案は労働者としては容易には受け入れられないものといえるが，L社はこれを補う措置を何ら講じていない。このように解雇回避努力については十分になされたとは言い難い。したがって，Aによる変更申込みの拒否を理由とした解雇は正当化できるものとはいえない。

次に，留保付承諾の可否について検討する。民法528条は，申込みに条件を付けたり変更を加えて承諾した場合，申込みの拒絶とともに新たな申込みをしたものとみなすと規定する。そのため，留保付承諾は申込みの拒絶となる。これに従えば，Aの異議付の承諾は変更申込みの拒否と解され，解雇により労働契約は終了する。しかし，このように留保付承諾を否定してしまうと，使用者からの変更申込みに納得のいかない労働者は解雇された上でその有効性を争うしか方法はなく不利益が大きい。そこで，民法528条は新契約締結に関する規定であり，労働条件変更の手段である変更解約告知には適用はないと解し，留保付承諾も承諾に当たり解雇の効力は発生しないと考えるべきである（荒木403頁以下）。このように解すれば，AはQ工場で就労しつつ裁判所等で労働条件変更について争うことができる。したがって，たとえ変更内容に合理性があると認められた場合であっても，Aは解雇されることにはならず，そのままQ工場において，変更された労働条件の下で就労を継続できることになる。

【基本文献】

荒木396頁／菅野761頁／土田・概説245頁／土田・労契法593頁／西谷・労働法157頁，423頁／野川215頁，397頁／水町99頁，189頁

（金井幸子）

18 企業組織の変動と労働法

【設　問】

1　中堅流通企業 L 社は，経営が悪化したため，その事業を M 社に譲渡することとし，2018 年 10 月 10 日，M 社との間で事業譲渡契約を締結した。同契約によれば，L 社の施設や店舗は，事業譲渡後も M 社が継続して使用するが，従業員については，M 社が人員過剰となるのを防ぐため，L 社が従業員をいったん全員解雇し，M 社が新たに採用する形をとった。両社間の事業譲渡契約書には，「M 社は，L 社従業員のうち，M 社が営業上必要と認めた者を雇用するものとし，L 社はこれに協力する」との条項（採用専権条項）がある。

　L 社・M 社は，2018 年 10 月 28 日，L 社の正社員従業員約 900 名を対象に説明会を開催し，事業譲渡契約書を資料として事業譲渡の説明を行うとともに，2019 年 3 月 31 日付で解雇する旨の解雇予告通知を行った。その際，L 社は，採用希望者の面接を行った上，事業運営に必要な 750 名程度が採用されると説明するとともに，採用基準や M 社における労働条件・職務内容に関する説明を行った。その後，L 社従業員のうち 825 名が M 社による採用を希望し，2018 年 12 月，M 社による書類選考と面接が行われた。L 社総務部に勤務する A は，採用を希望したものの，L 社における最近 2 年間の平均勤務成績が下位 25％～30％内にあり（最下位 10％ではない），面接における評価も低いとの理由で採用されなかった。同じ理由によって，合計 45 名の従業員が不採用となった。

　A は，この結果に納得できない。また，A は，事業譲渡公表後の 2018 年 11 月，同僚 6 名とともに合同労組 B 組合に加入し，従業員の継続雇用を求めて署名活動や L 社との団体交渉を行ったため，それが原因で不採用となったのではないかと考えている。なお，組合員 7 名中 4 名が M 社に採用，3 名が不採用となったが，採用された 4 名は，最近 2 年間の勤務成績が下位 25％より上位にある一方，不採用者 2 名は，下位 25％～30％内の勤務成績であった。また，事業譲渡契約の採用専権条項は，2018 年 10 月，A らの B 組合加入以前に合意され，従業員に開示されており，L 社従業員の面接に際して，面接担当者に従業員の組合加入の有無が知らされていた事実はない。

　(1)　A は，M 社の従業員としての地位の確認を求めることができるか。

　(2)　上記と異なり，L 社・M 社が A らの B 組合加入を契機に採用専権条項を合意し，M 社の面接担当者が A の B 組合加入を認識した上で面接を行い，B 組

合員 7 名中 5 名が不採用となったという場合はどうか。なお，採用となった 2 名中，1 名は最近 2 年間の勤務成績が上位 50％にあり，もう 1 名は下位 25％〜 30％内であったが，採用となった理由は不明である。

(3) ① 2018 年 10 月 28 日の説明会の席上，M 社が「L 社総務部所属の従業員は，原則として全員採用する」旨の説明を行い，これに対して A が再雇用を申し入れた場合，A は，M 社の従業員としての地位の確認を求めることができるか。なお，A が「原則として」の意味を質問したのに対し，M 社は，「『原則として』とは『原則として』ということです」としか回答していない。

② M 社が上記説明会の席上，「原則として」の意味について，「最近 2 年間の平均勤務成績が最下位 10％に属する者は採用しないとの意味である」旨説明していた場合はどうか。

2 (1) O 社は，鉄道部門，バス部門，タクシー部門，ホテル部門などを擁する企業（分割会社）であるが，2018 年 3 月，不採算部門であるバス部門を会社分割によって分社化し，同業他社の K 社がバス部門を分割して設立した P 社に吸収分割させることとした。O 社は，分割に際して，労働契約承継法 7 条の手続（「労働者の理解と協力」＝ 7 条措置）および商法等改正法附則 5 条の手続（5 条協議）を履行するため，以下の手続を行った。

まず，7 条措置については，O 社には労働者の過半数で組織する労働組合が存在しないため，事業所ごとに従業員代表を選出させ，2017 年 8 月 20 日以降，会社分割の背景・目的，P 社の事業概要，承継対象事業，承継事業に移籍する労働者の判断基準，P 社における処遇等について説明・協議を行った。次に，5 条協議については，バス部門の課長職および各営業所の所長に対し，9 月 30 日までの間に，従業員に説明を行って労働契約承継に関する意見聴取と意向確認を行い，承継に納得しない従業員に対しては最低 4 回の協議を行うよう指示し，営業所長らは，この指示に従って各営業所等で説明会を開催して説明したところ，多くの従業員は承継に同意した。これに対し，O 社従業員の約 10％で組織する少数組合の T 組合および組合員（(1)①の C を含む）は，不採算部門を分割した P 社の行く末に不安を抱いたことからこの説明に納得せず，P 社の経営見通しおよび将来の労働条件に関する説明を求めたが，O 社は，いずれも P 社が判断することであるとして明確な回答を行わなかった。

C ら T 組合員は，O 社による 5 条協議の履行が不十分であることを理由に，O 社に対して従業員としての地位の確認を求めることができるか。

(2) S は，O 社のバス部門に勤務する運転士であり，排便・排尿が困難となる障害を有していたため，勤務シフト上，午後の遅い時間帯のシフトを担当する配

慮措置を受けていた。ところが，O 社は，2018 年 3 月の会社分割に合わせて同月 15 日，S が同年 3 月 31 日付で O 社を退職し，4 月 1 日付で P 社と労働契約を締結する旨の転籍を提案し，S もこれに同意した。この転籍合意書には，「勤務シフト配慮は原則として行わない」との記載があり，P 社は，2019 年 3 月までは勤務配慮を行ったものの，4 月以降は行わなくなった。

S は，P 社に対していかなる請求ができるか。

【解　説】

企業の合併，事業譲渡，会社分割など，企業組織を抜本的に改編することを企業組織の変動と称する。このような企業変動は，企業（使用者）の消滅・交替や労働条件変更によって労働者に影響を及ぼすことが多い。

1　会社解散・合併と労働契約

(1)　会社解散

株式会社が株主総会の特別決議によって解散した場合（会社 471 条），清算手続によって会社の法人格が消滅し，労働契約も終了する。実際には，会社解散に先立って解雇が行われるが，企業には営業の自由（憲 22 条 1 項）があるため，解雇は原則として有効である（石川タクシー富士宮ほか事件・東京高判平成 26・6・12 労判 1127 号 43 頁）。ただし，会社解散決議が有効であっても，解雇の効力は別途判断されるべきとする裁判例もあり（三陸ハーネス事件・仙台地決平成 17・12・15 労判 915 号 152 頁），この判断の方が妥当と解される。

(2)　合　併

合併とは，2 以上の会社が契約によって 1 の会社に合同することをいう。合併においては，消滅会社の権利義務が存続会社に包括承継される（会社 750 条 1 項・754 条 1 項）ため，会社が合併して存続会社を新設する場合（新設合併）も，ある会社が別会社を吸収する場合（吸収合併）も，消滅会社の労働者の労働契約は，当然に存続会社に全部承継される。合併後の労働条件の統一は，労働協約・就業規則の変更によって処理される（大曲市農業協同組合事件・最三小判昭和 63・2・16 民集 42 巻 2 号 60 頁。⑯参照）。

2　事業譲渡と労働契約

(1)　事業譲渡に伴う労働契約の承継

これに対し，事業譲渡の場合は，問題はより複雑となる。事業譲渡とは，事業財産を一体として契約により別会社に移転することをいい，全部譲渡と一部

譲渡（会社の一部部門の譲渡）に分かれる。また，労働契約承継の取扱いとしては，事業譲渡の一環として労働契約（使用者の地位）を承継させる場合（譲渡型）と，事業譲渡とは別途，譲渡会社において労働者が退職または解雇となり，譲受会社が再雇用する場合（再雇用型）がある。特に問題となるのは全部譲渡であり，この場合，譲渡会社は実体を失い，解散手続を経て消滅する（会社471条）ため，譲渡会社に雇用されていた労働者の労働契約の承継いかんが重大な問題となる。この点については，次のように解されている。

事業譲渡は，譲渡当事者間の契約に基づく債権行為であるから，事業を構成する個々の権利義務の承継手続を必要とする（特定承継）。つまり，譲渡会社の権利義務を譲受会社が承継するか否かは，両社間の合意（譲渡契約）によって決定される（合意承継説）。この点は，労働契約の場合も同じであり，譲渡会社で働いていた労働者の労働契約を譲受会社が承継するか否かは，譲渡会社・譲受会社が自由に決定することができる（東京日新学園〔控訴〕事件・東京高判平成17・7・13労判899号19頁＝百選64事件。他方，労働契約の承継には，債権者たる労働者の同意も必要となる〔民625条1項〕）。

もっとも，労働契約承継に関する合意は，明示の合意に限られず，黙示の合意も含む。黙示の合意の認定に際しては，事業譲渡前後の事業の同一性がポイントとなり，譲受会社が譲渡会社の事業（資産，事業所，主要取引先）をそのまま引き継ぎ，ほとんどの従業員を雇用していれば，労働契約承継の黙示の合意が認められる。この場合，譲渡型はもとより，再雇用型においても，譲渡会社による解雇は整理解雇の必要性を欠くものとして無効となり，当該労働者の労働契約は，労働契約承継の黙示の合意によって譲受会社に承継される（タジマヤ事件・大阪地判平成11・12・8労判777号25頁）。

これに対し，事業譲渡当事者が，譲渡会社の労働者の採用を譲受会社の専権事項とする旨の特約（採用専権条項）を締結していれば，それら明示の特約の効力が優先され，それら特約によって排除された労働者の労働契約承継は否定される（前掲東京日新学園〔控訴〕事件）。しかも，全部譲渡の場合は，譲渡会社は解散等によって消滅するので，承継から排除された労働者は，直ちに雇用を失う結果となる（承継排除の不利益）。ただし，こうした合意も強行法規には反しえないので，不当労働行為禁止規定（労組7条）や差別禁止規定（労基3条，雇均6条等）に違反する採用専権条項は，それら法規違反または公序（民90条）違反により無効となり，同条項を除く残余の労働契約承継合意に基づく承継が肯定される。労働者の承継排除が不当労働行為（不利益取扱い〔労組7条1号〕）に該当する場合は，労働委員会による採用命令（労組27条の12第1

項）も可能である（青山会事件・東京高判平成 14・2・27 労判 824 号 17 頁）。

　このように，事業譲渡においては，強行法規に反しない限り，譲渡当事者間の合意によって労働契約の承継が決定される（合意承継説）ため，譲渡当事者が採用専権条項を締結した場合は，同条項によって労働契約の承継を否定された労働者は不採用となり，雇用の喪失という深刻な不利益に直面する。そこで，学説では，雇止めに関する解雇権濫用規制（労契 16 条）の類推適用（現行労契 19 条）を参考に，承継排除の合意に客観的に合理的な理由を求め，合理的理由がない場合は譲受会社への労働契約の承継を認める学説（合理的理由説）が提唱されている（島田陽一「企業組織再編と労働関係──労働法学の立場から」ジュリ 1326 号〔2007 年〕175 頁）。

　裁判例においても，合理的理由説を継承し，①雇用関係が事業と一体として承継される場合は，譲受会社による労働者の採用の自由を認めることは恣意的解雇を許す結果となること，②譲受会社は事業を労働力とともに譲り受けるという利益を得ることから，一定の使用者責任を負うのは当然であることの 2 点を理由に，採用専権条項に基づく労働契約の承継排除に解雇権濫用法理に準じて客観的合理的理由を要すると解し，労働契約承継の帰結を認めた例がある（東京日新学園事件・さいたま地判平成 16・12・22 労判 888 号 13 頁）。ただし，この判断は，控訴審判決（前掲東京日新学園〔控訴〕事件）によって取り消されており，多数裁判例は合意承継説を採用している（私自身は，こうした帰結には疑問を抱いている〔土田・労働法 612 頁，土田道夫「事業譲渡における労働契約承継法理の可能性」法時 90 巻 7 号（2018 年）38 頁以下〕）。

(2) 個々の労働契約締結に基づく労働契約の承継

　以上のように，事業譲渡による労働契約の承継が認められない場合も，譲受会社が譲渡会社労働者に個別に労働契約締結の申込みをしたと認められる場合は，当該申込みと労働者の承諾によって労働契約が承継される。裁判例では，譲受会社取締役（同時に譲渡会社代表者）が譲渡会社の労働組合との団体交渉の席上，「譲渡会社従業員は原則として全員譲受会社に移ってもらう」旨発言していたケースにつき，同発言を譲受会社による労働契約締結の申込みと解した上，労働者の承諾の意思表示によって労働契約の承継を肯定した例がある（ショウ・コーポレーション事件・東京高判平成 20・12・25 労判 975 号 5 頁）。

3　会社分割と労働契約

(1) 会社分割法制と労働契約承継法

　会社分割は，企業再編を円滑・機動的に進めるための法制度として，2000

年の商法改正により創設された（会社法制定後は 757 条以下）。これに伴い，労働契約承継のルールを定める法律として制定されたのが労働契約承継法（「会社分割に伴う労働契約の承継等に関する法律。以下，「承継法」ともいう）である。

会社分割とは，会社が「事業に関して有する権利義務の全部又は一部を……承継させること」をいい（会社 2 条 29 号・30 号），既存の会社（吸収分割承継会社）に事業を承継させる「吸収分割」（会社 2 条 29 号・757 条）と，分割により新会社を設立して（新設分割設立会社），事業を承継させる「新設分割」（会社 2 条 30 号・762 条）に分かれる。

会社分割における権利義務の承継は，「部分的包括承継」＝「当然承継であって部分的承継」というものである。事業の一部譲渡に類似するが，一部譲渡と異なるのは，事業部門の承継に際して，債権者同意等の煩雑な承継手続を必要とせず，その事業部門の権利義務が当然に承継されるという点にあり，これによって，スリムで機動的な企業組織再編を促進することが会社分割法制の目的とされている。分割会社に雇用される労働者の労働契約を含めて，分割会社の権利義務が吸収分割承継会社・新設分割設立会社（以下「承継会社等」）に承継されるか否かは，会社間の分割契約（吸収分割の場合）・分割計画（新設分割の場合＝以下「分割計画等」）に記載されるか否かによって決定される。

(2) 労働契約承継のルール

この結果，承継事業に主として従事し，分割計画等に記載のある労働者の労働契約は，承継会社等に当然に承継される（承継法 3 条）。つまり，労働者は承継会社等に当然に移籍することになり，転籍（[13]参照）や事業譲渡の場合のような拒否権はない。会社分割法制に伴い，契約当事者の変更には労働者の同意を要するとの原則（民 625 条 1 項）を修正したものである。

次に，会社分割法制によれば，承継事業に主として従事する労働者であっても，承継を予定しない（分割計画等への記載がない）ときは，労働契約承継から排除される（承継排除の不利益）。そこで，承継法は，このような労働者に異議申出権を認め，その行使によって労働契約が承継されることを定めている（4 条 1 項。異議申出の期間については，同条 2 項）。この異議申出権は形成権であり，労働者の一方的意思表示によって承継の効果を発生させる。

さらに，会社分割法制によれば，承継事業に従としてしか従事しない労働者でも，承継を予定する（分割計画等に記載される）ときは，労働契約が承継されてしまう（承継強制の不利益）。そこで，承継法は，このような労働者にも異議申出権を認めており，異議を述べたときは労働契約の承継が否定され，分割会社に残留することができる（5 条）。承継事業に全く従事していない労働者につ

いても，会社分割の方法を用いる限りは同様である。

このように，労働契約承継法によれば，労働者が承継事業に「主として」従事しているか否かによって労働契約の承継が決まるため，同法の指針は，その判断基準を詳細に定めている（平成18・4・28厚労告343号）。すなわち，①承継事業に専ら従事している労働者は「主として従事」に該当する，②労働者が承継事業以外の事業にも従事しているときは，従事する時間や役割などを総合して判断する，③会社分割の時点で一時的に承継事業に従事しているが，その後は承継事業に従事しないことが明らかな労働者は「主として従事」に該当せず，④逆に，会社分割時点で一時的に承継事業以外の営業に従事していても，その後は承継事業に主として従事することが明らかな労働者は「主として従事」に該当する，⑤過去の勤務の実態からみて，承継会社等への労働契約の承継・非承継が明らかな労働者について，分割会社が合理的理由もなく自社または承継会社等から排除することを目的として配置転換などを意図的に行ったときは，「主として従事」か否かの判断は，過去の勤務の実態に基づいて行う。

(3) 労働契約承継の手続

会社分割は，労働契約の当然承継という重大な効果を伴うため，商法等改正法附則および労働契約承継法は，3種類の事前手続を定めている。すなわち，①会社分割に際して，過半数組合または過半数代表者との間で集団的協議を行い，理解と協力を得るよう努める義務（承継法7条＝7条措置），②分割契約等を作成する過程で，承継事業に従事する労働者と協議する義務（商法等改正法附則5条＝5条協議），③以上の手続を経て作成した分割契約等を基に，一定の期日までに，承継事業に従事する労働者に対して，労働契約承継に関する事項（分割計画等への記載の有無，承継会社等の概要，分割後の業務内容・就業形態，異議申出の方法等）を通知する義務（承継法2条）の3つの手続である。

②の5条協議は，労働契約の承継を決する手続として重要な意義を有する。その趣旨は，会社分割に伴う労働契約の包括承継（承継法3条）が労働者の地位に重大な変更をもたらしうることから，分割会社に対し，承継事業に従事する個々の労働者との間で協議を行わせ，当該労働者の希望等を踏まえつつ承継の判断をさせることによって，労働者の保護を図ることにある。したがって，分割会社が5条協議を全く行わず，または，著しく不十分な説明・協議しか行わなかった場合は，労働者は，承継法3条が定める労働契約承継の効力を争うことができる（日本アイ・ビー・エム事件・最二小判平成22・7・12民集64巻5号1333頁＝百選66事件。最近のエイボン・プロダクツ事件・東京地判平成29・3・28ジャーナル65号2頁も参照）。

(4) 会社分割と労働条件・解雇

　会社分割は，権利義務の包括承継を特色とするため，労働条件についても，分割会社における労働条件がそのまま維持される。分割契約等において，分割会社より不利な労働条件を定めても，効力は発生しない。また，会社分割が権利義務の包括承継を内容とする以上，会社分割を理由とする解雇も禁止される。

　もっとも，上記の包括承継ルールについては，会社分割自体の法的性格が会社法制定によって変化したことから，新たな議論が生じている。すなわち，会社法制定後，会社分割の対象は，従前の「営業の全部又は一部」から「事業に関して有する権利義務の全部又は一部」に改められた（会社2条29号・30号）ため，「事業」概念に拘束されない柔軟な権利義務の承継が認められ，理論的には，一部の権利義務の承継を排除することも可能となった（特定承継ルールへの接近）。これに対し，労働契約承継法は，「事業」を単位とする部分的包括承継ルールを維持している。こうした変化を踏まえて，2016年，労働契約承継法施行規則および同法8条に基づく指針がそれぞれ改正されている（平成28年厚生労働省令140号，平成28年厚労告317号）。

　この結果，会社分割に伴う労働条件変更については，会社分割のスキームを用いつつ，労働条件の不利益変更を転籍合意によって行うことの可否という新たな論点が生じている。この点については，承継法の部分的包括承継ルールを潜脱するものとして公序に反し無効と判断する裁判例（無効説）が登場しているが（阪神バス事件・神戸地尼崎支判平成26・4・22労判1096号44頁〔障害者に対する勤務配慮規定の承継を肯定〕），批判的な見解も有力である（荒木443頁）。それによれば，本件のようなケースは，承継事業に主として従事する労働者が会社分割としては承継対象から排除された場合であるから，労働契約不承継への異議申出権（承継法4条）の問題として捉えれば足りるものと解される。すなわち，転籍合意による労働条件変更に異議のある労働者は4条所定の異議申出権を行使することができ，異議申出によって従前の労働条件を内容とする労働契約が承継されるものとされる。2016年の改正指針（第2の2(5)イ）も，この立場を採用している。

【解答への道すじ】

1　【設問】1について

(1)　【設問】1(1)(2)——事業譲渡における労働契約の承継

(ア)　【設問】1(1)(2)では，L社とM社が2018年10月10日に締結した事業

譲渡契約に伴い，A・L社間の労働契約がM社に承継されるか否かが論点となる。この点，合意承継説によれば，Aの労働契約の承継は，L社・M社間の事業譲渡契約の解釈によって決定されるところ，本件では，両社間で採用専権条項が締結されているため，M社が同条項に基づいてAを不採用とした以上，Aの労働契約承継は否定されるのが原則となる。すなわち，Aは，M社の従業員としての地位の確認を求めることができない。

　もっとも，【設問】1(1)では，Aは，M社への事業譲渡の公表以降，B組合に加入して従業員の継続雇用を求めて組合活動・団体交渉を行っているので，M社による不採用については，Aの活動を嫌悪して行われた不当労働行為（不利益取扱い〔労組7条1号〕）に当たるのではないかが問題となる。仮に不当労働行為と判断されれば，採用専権条項は労組法7条1号違反または公序（民90条）違反により無効と評価され（前掲東京日新学園〔控訴〕事件参照），残余の労働契約承継合意に基づく承継が肯定されうる。また，労働委員会による行政救済（採用命令）も可能と解される（前掲青山会事件。【解説】2(1)）。

　しかし，【設問】1(1)については，不当労働行為を肯定することは困難であろう。すなわち，本件では，M社は専らL社従業員の勤務成績（書類選考）と面接評価によって採否を決定していること，L社・M社間の採用専権条項はAらによるB組合加入結成以前の2018年10月に合意され従業員に開示されていること，Aの面接に際して，M社の面接担当者がL社従業員の組合加入の有無を認識していなかったこと，B組合員7名中，不採用となったのはAを含む3名であり，必ずしもM社がB組合員を狙い撃ちして不採用としたものとは認め難いことから，不当労働行為の成立を認めることは困難と解される。

　(イ)　これに対し，【設問】1(2)の場合は，L社・M社がAらのB組合加入を契機に採用専権条項を合意し，M社の面接担当者がAのB組合加入を認識した上で面接を行ったという事実から，Aの不採用についてM社の不当労働行為意思を認定することが可能である。もっとも，【設問】では，AはL社における勤務成績および面接評価の低さを理由に不採用となったともされており，また，M社に採用されたB組合員2名中，1名は最近2年間の勤務成績が下位25%〜30%内であって，採用の理由は不明であるものの，面接評価の高さを理由に採用された可能性もあるので，Aの不採用が勤務成績・面接評価の低さによるものか，それともM社の不利益取扱い意思によるものかは微妙な問題となる。不利益取扱いにおける動機の競合の問題（不当労働行為〔不利益取扱い〕意思の有無の問題）である。この問題については，B組合に対するL社・M社の日頃の対応，労使関係の実情，通常の処遇や人事異動との乖離の

有無・程度，Aの不採用がB組合の活動に及ぼす影響等の客観的事実（間接事実）を踏まえて，AがB組合員でなければ採用されていたか否かという観点から不利益取扱い意思の有無を判断すべきことになる（菅野969頁参照）。

　㋑　以上に対し，合理的理由説によれば，M社がAを不採用とし，その労働契約を承継しなかったことに客観的合理的理由があるか否かが解雇権濫用規制＝整理解雇規制（労契16条）に即してより実質的に検討されることになる。この点，合理的理由説を採用する前掲東京日新学園事件（【解説】2(1)）は，譲受法人による労働者の不採用について整理解雇の4要素を適用して判断し，人員削減の必要性は認められるものの，譲受法人による不採用回避措置の履行，被解雇者選定の相当性および手続の相当性をいずれも否定した上，労働者の不採用を不当労働行為意思に基づくものとして労働契約の承継を肯定している。

(2)　【設問】1(3)——個別的合意による労働契約の承継

　【設問】1(3)は，事業譲渡による労働契約の承継とは別に，労働者・譲受会社間の個別の労働契約の成否が問題となるケースである。

　前記のとおり（【解説】2(2)），譲受会社が譲渡会社労働者に個別に労働契約締結の申込みを行った場合は，当該申込みと労働者の承諾によって労働契約が承継されるところ，【設問】1(3)①では，M社が2018年10月28日の説明会の席上，「L社総務部所属の従業員は，原則として全員採用する」旨説明しつつ，Aの質問に答えて，「『原則として』とは『原則として』ということです」と説明している。問題は，この説明をもって，Aを含むL社総務部従業員に対する労働契約締結の申込みと評価できるか否かであるが，この解釈は困難であり，M社の説明は労働契約申込みの誘引にとどまると考えるべきであろう。M社の説明が「『原則として』とは『原則として』ということ」にとどまる以上，M社は，L社従業員に対して再雇用の募集を行い，同従業員の労働契約締結申込みを促した上，「原則として」採用の方針によって，同申込みを承諾して労働契約を締結するか否かの最終的判断を留保していると解されるからである。すなわち，AがM社に対して行った再雇用の申入れは，上記申込みの誘引に対する労働契約締結の申込みに当たり，M社はこの申込みに対する諾否の自由を有しているため，Aは，M社の従業員としての地位の確認を求めることはできない。

　これに対して，【設問】1(3)②では，M社は，「原則として」について，「最近2年間の平均勤務成績が最下位10％に属する者は採用しないとの意味である」旨説明しているところ，この説明は，その内容の明確さに照らせば，上記従業員を除くL社総務部従業員全員を再雇用するとの意思表示，すなわち，

同従業員に対する個別の労働契約締結の申込みの意思表示と評価することができる。そして，Aは，最近2年間の平均勤務成績が下位25％〜30％内にある一方，最下位10％層に属する者ではないことから，AがM社に対して行った再雇用の申入れは，M社の労働契約締結申込みに対する承諾に当たり，これによって両者間に労働契約が成立するものと解される。

2 【設問】2について

(1) 【設問】2(1)——5条協議違反の成否

【設問】2(1)は，前掲日本アイ・ビー・エム事件（【解説】3(3)）をモデルとする設問であるので，同事件に即して検討することが適切である。

まず，7条措置（承継法7条）が問題となるが，前掲日本アイ・ビー・エム事件は，7条措置は分割会社に労働者の理解と協力を得る努力義務を課したものであり，7条措置の不履行ゆえに5条協議が実質を欠く結果となった等の特段の事情がない限り，7条措置違反の有無は労働契約承継の効力を左右しないと判断している。【設問】の場合，O社は従業員代表との間で丁寧な説明・協議を行っているので，7条措置に欠けるところはないであろう。

一方，前掲日本アイ・ビー・エム事件は，5条協議（商法等改正法附則5条）をより重要な手続と解しており，前述した5条協議の趣旨（【解説】3(3)）に照らせば，労働契約の当然承継を定める承継法3条は，「適正に5条協議が行われ当該労働者の保護が図られていることを当然の前提としているもの」と解し，ここから，5条協議が全く行われない場合のみならず，その内容が著しく不十分であった場合も，労働者が労働契約承継の効力を争いうると判示している。この点，【設問】では，O社は，バス部門従業員に対して説明・意見聴取・意向確認・協議から成る丁寧な手続を講じており，5条協議違反と評価する余地はないようにもみえる。

もっとも，【設問】2(1)では，Cを組合員とするT組合がP社の経営見通しや将来の労働条件に関する説明を求めたのに対し，O社は，P社の判断事項であるとして回答していないことから，この点が5条協議違反とならないかが問題となる。この点，前掲日本アイ・ビー・エム事件は，類似の事案につき，分割会社が上記と同様の要求に応じなかったのは，新設分割設立会社の将来の経営判断に係る事情であるためであり，相応の理由があったとして5条協議違反を否定しており，これによれば，【設問】でも，O社の対応について5条協議違反を肯定することは困難となる。したがって，CらT組合員は，O社に対して従業員としての地位の確認を求めることができないというのが結論となる。

ただし，これに対しては，CらT組合員からみれば，P社の経営見通しは大きな関心事であり，Cらがその点に不安を抱いて5条協議を求めることには合理的理由があるから，O社は上記事項についても誠実に協議する義務を負うと解する余地もある（土田・労契法 624 頁参照）。

⑵ 【設問】2⑵──転籍合意による労働条件の不利益変更

【設問】2⑵は，会社分割のスキームを用いつつ，労働契約における労働条件の不利益変更（障害を有するバス運転士に対するシフト上の勤務配慮の廃止）を転籍合意によって行うことの可否という新たな論点（【解説】3⑷）に関する設問である。この点につき，本設問がモデルとする裁判例（前掲阪神バス事件）は無効説に立ち，分割会社が会社分割の手法を採用しながら，転籍合意によって勤務配慮の不実施という変更を行ったことは，分割会社の労働条件がそのまま承継会社に承継されるという労働契約承継法所定の労働者の利益を一方的に奪い，同法の趣旨を潜脱するものとして公序違反により無効と判断し，配慮措置を内容とする分割会社・労働者間の労働契約の承継を肯定している。これによれば，本設問についても，SとO社が 2018 年 3 月 15 日付で行った転籍合意は無効となり，Sは，P社に対して，O社との間の労働契約がP社に承継されることを主張し，同労働契約に基づくシフト（勤務配慮を内容とするシフト）以外のシフトによって勤務する義務がないことの確認を求めることができる。

これに対し，最近の有力説および承継法の改正指針（第 2 の 2⑸イ）によれば，転籍合意による労働条件変更に異議のある労働者は承継法 4 条所定の異議申出権を行使することができ，異議申出によって従前の労働条件を内容とする労働契約が承継される一方，労働者が労働条件変更に納得し，会社分割としての不承継に異議を申し出なかった場合は，これを無効と解する必要はないとされる。これによれば，本設問についても，SがP社に対して承継法 4 条の異議申出権を行使したか否かによって勤務配慮という労働条件承継の帰趨が決定されることになる。なお，設問では，SはO社との間で，「勤務配慮は行わない」ことを内容とする転籍合意書に署名押印しているが，こうした同意については，それが労働者の自由な意思に基づくものと認められるか否かという観点からの審査が及ぶことに留意する必要がある（土田・労契法 452 頁。⑰参照）。

【基本文献】

荒木 431-453 頁／菅野 714-727 頁／土田・概説 249-258 頁／土田・労契法 604-629 頁／西谷・労働法 238-244 頁／野川 486-515 頁／水町 156-162 頁

（土田道夫）

19 懲 戒

【設 問】

1 Xは，Y鉄道会社に雇用され，駅係員として勤務してきた者である。Xは，他の鉄道会社の電車内で2回痴漢行為を行い，それぞれ戒告処分を受けた経歴があるが，2017年7月18日，更に別の鉄道会社電車内で痴漢行為を行って○○県迷惑条例違反により逮捕・起訴され，同年10月15日，懲役3ヵ月，執行猶予3年の有罪判決を受け，この判決は確定した。この事件は，各新聞で実名・会社名を含めて報道されたが，1日限りの報道にとどまった。しかし，Y社は，鉄道会社としての規律保持を重視して，就業規則上，懲戒手続として規定されている懲戒委員会（会社および労働組合で構成〔37条〕）を開催した上，「社員が業務の内外を問わず犯罪行為を行ったとき」（35条8号）および「社員が会社の体面・信用を毀損したとき」（35条9号）に懲戒処分を行う旨の就業規則規定（懲戒処分の根拠規定および懲戒事由規定）に基づき，2018年1月31日付でXを懲戒解雇した。また，Y社は，「懲戒解雇者に対しては，退職金を支給しない」との規定に基づき，Xに対して退職金を不支給とした。

Y社の就業規則には，懲戒処分として，譴責，減給，出勤停止（最長3ヵ月）および懲戒解雇が規定され（36条），懲戒事由規定とともに従業員に周知されている。また，懲戒手続として本人に弁明の機会を与える旨の規定もあり（38条），Y社担当者が2017年7月22日，勾留中のXと面会したところ，Xは痴漢の事実を認め，会社の処分に異議を唱えない旨の自認書を提出した。

一方，XのY社在職中の勤務態度は真面目であり，旅行業務取扱管理者の資格を取得するなど，勤務成績も良好であった。

その後，Xは，企業外の行為である痴漢行為に対する処分として懲戒解雇は重きに失し，また，弁明は勾留中に行われた一方的なもので，自認書に効力はなく，懲戒解雇は無効であると主張して，Y社との間で労働契約上の地位にあることの確認を求める訴えを提起した。

(1) Y社がXに対して行った懲戒解雇は有効か。

(2) ⓐY社が，Xの起訴を受けて判決確定日までの約3ヵ月間，無給の起訴休職に付し，有罪判決確定後に休職を解除の上，懲戒解雇を行ったとする。この処分は，同一の行為に対する二重の処分に該当しないか。また，ⓑXを起訴休職とした上で懲戒解雇したことは重過ぎる処分といえないか。なお，Y社就業規

233

則には，「従業員が起訴された場合，判決確定日まで起訴休職とすることがある。起訴休職期間中は給与を支給しない」との規定がある。

2　M食品会社N研究所に勤務する研究職社員Cは，2017年6月頃，同社の売れ筋商品である「まったりミルク」の主要な成分が食品衛生法の規格基準に適合しないことに気付いた。Cは，N研究所長のDにこの点を申告したが，Dは，発覚を恐れて応じない。

M社では，公益通報者保護法の制定に伴い，社内通報規程を整備し，内部通報窓口（コンプライアンス統括室）を設置し，独立性を高めた運用を行うとともに，就業規則において，会社内で法令違反行為を発見した場合の従業員の内部通報義務を規定し，その旨を周知徹底していた。そこで，Cは，この内部通報制度を利用して，2017年8月23日，M社コンプライアンス統括室に対して「まったりミルク」の成分表示に関する調査を求めた。M社コンプライアンス統括室は調査を受け付けたが，2週間経過しても連絡がない。なお，M社社内通報規程には，「コンプライアンス統括室は，通報者に対し，調査結果および対応策を相当の期間内に報告する」旨の規定がある。

そこで，Cは，M社に対する消費者の信用の失墜や健康への影響を憂慮して，2017年9月8日，知人の雑誌社編集者に「まったりミルク」の件を伝えるとともに，M社の営業秘密として管理されている「まったりミルク」の製法に不正にアクセスして，その成分に関する箇所を取得し，証拠として交付した（以下「本件内部告発」）。その後，上記雑誌社は，「M社，『まったりミルク』の製造で食品衛生法違反」などと大々的に報道し，他のメディアも追随し，ネットで炎上する事態となった。この結果，「まったりミルク」の2018年度の売上げは5分の3に減少し，M社は，株価が大暴落するなど大きな打撃を受けた。

M社は，就業規則の懲戒事由規定中，「会社の機密情報を他に漏らしたとき」（28条5号）および「会社業務に重大な損害を与えたとき」（同条10号）に基づき，2019年1月30日付でCを懲戒解雇した。なお，M社の就業規則29条は，懲戒処分として，譴責，減給，出勤停止（最長1ヵ月），諭旨解雇および懲戒解雇の5種類を規定している。また，M社は，Cを懲戒解雇する際の手続として，懲戒委員会（会社および労働組合で構成）を開催し，C本人の弁明手続を経た後，懲戒委員会の議を経て解雇したものである（以上，30条）。なお，上記各懲戒規定はいずれも従業員に周知されている。また，「まったりミルク」の食品衛生法違反は事実であったが，消費者の健康被害や事故は発生していない。

(1)　M社がCに対して行った懲戒解雇は有効か。

(2)　本件内部告発は，公益通報者保護法によって保護されるか。

【解　説】

1　懲戒の意義・法的根拠

(1)　懲戒の意義

懲戒とは，「労働者の企業秩序違反行為を理由と〔する〕一種の制裁罰」（関西電力事件・最一小判昭和58・9・8労判415号29頁＝百選51事件）をいい，就業規則において，戒告，譴責，減給，出勤停止，降格，諭旨解雇，懲戒解雇として制度化されている。

労契法15条は，この懲戒について，判例が確立した懲戒権濫用法理を立法化し，「使用者が労働者を懲戒することができる場合において，当該懲戒が，当該懲戒に係る労働者の行為の性質及び態様その他の事情に照らして，客観的に合理的な理由を欠き，社会通念上相当であると認められない場合は，その権利を濫用したものとして，当該懲戒は，無効とする」と規定している。ただし，本条は，使用者に懲戒権が帰属することを前提とする規定であり，懲戒権の法的根拠にまで踏み込んだ立法には至っていない。

(2)　懲戒権の法的根拠

懲戒権の法的根拠（「使用者が労働者を懲戒することができる」〔労契15条〕ことの根拠）については，学説上，労働契約上の特別の根拠を要すると説く見解（契約説）が通説である。それによれば，懲戒は，労働者に対する特別の制裁罰であり，労働契約において当然に認められる措置ではないから，懲戒権は，労使間の合意や就業規則によって契約内容となってはじめて発生すると解される。実際には，就業規則の懲戒規定（懲戒の根拠・種別・事由を定める規定）が内容の合理性と周知を要件に労働契約内容となり，懲戒権を発生させることになる（労契7条。周知要件を充足しないことを理由に懲戒権の発生を否定し，懲戒解雇を無効と判断した裁判例として，河口湖チーズケーキガーデン事件・甲府地判平成29・3・14ジャーナル65号47頁）。懲戒規定の合理性は，個々の懲戒事由を設ける必要性（企業秩序規律の必要性），懲戒手段の内容，懲戒手続の整備等に即して判断される。また，契約説によれば，懲戒権は，就業規則等に規定されてはじめて発生する権利であるから，それ以外の理由や手段によって懲戒を行うことはできず，就業規則上の懲戒事由・手段は限定列挙を意味する。

判例は，懲戒権の根拠を企業秩序定立・維持権限に求めており，この点では固有権説に近いが，同時に，使用者は，「規則に定めるところに従い」懲戒処分をなしうると述べており（国鉄札幌運転区事件・最三小判昭和54・10・30民集33巻6号647頁＝百選87事件），就業規則規定を不可欠の根拠と解している。

その後の判例も，懲戒を行うためには，就業規則に懲戒の「種別」と「事由」を定めておくことを要すると判断しており（フジ興産事件・最二小判平成15・10・10労判861号5頁＝百選19事件），実際上は契約説に近い立場といいうる。

2　懲戒の要件・効果

(1)　要　件

懲戒の要件としては，第1に，労働者の行為が就業規則の懲戒事由に該当するといえなければならない。懲戒が労働者に対する不利益処分である以上，懲戒事由該当性については，就業規則の文言だけをみて形式的に判断するのではなく，実質的に判断する必要がある。また，懲戒は，労働者の企業秩序違反を対象とする制裁であるから，懲戒事由該当性を肯定するためには，労働者が労働契約上の義務に違反したというだけではなく，企業秩序を現実に侵害した（業務阻害や職場規律の支障の発生，損害の発生）か，少なくともその実質的危険が認められることが要件となる（土田・概説196頁，土田・労契法475頁。学校法人B事件・東京地判平成22・9・10労判1018号64頁）。そして，懲戒事由該当性が認められる場合も，第2の要件として，懲戒権の濫用と評価されないことが求められ，この段階で，懲戒処分の相当性（行為と処分のバランス），制裁罰たる性格に基づく規制，手続の適正さの審査が行われる。こうして，懲戒は，2段階の要件審査（適法性審査）に服する。

労契法15条は，このような懲戒権濫用の判断要素として，「労働者の行為の性質及び態様その他の事情」を掲げている。「労働者の行為の性質及び態様」は，労働者の行為の内容・動機・悪質さの程度，使用者の業務や信用に及ぼした影響，損害の程度等を意味し，「その他の事情」は，労働者の態度・情状・処分歴，使用者側の対応（労働者の非違行為後，不当に長期を経過した処分は懲戒権濫用と解される——ネスレ日本事件・最二小判平成18・10・6労判925号11頁＝百選60事件）のほか，処分時期の相当性，懲戒手続の相当性，制裁罰たる性格に基づく規制の遵守等を意味するものと解される。

(2)　効　果

懲戒が，上記の各要件に照らして，「客観的に合理的な理由を欠き，社会通念上相当であると認められない場合」は，懲戒権の濫用として無効となる。この場合，労働者は，処分無効の確認を求める訴えを提起することができる。また，労働者の名誉・信用を著しく害するなど悪質な懲戒については，不法行為（民709条）が成立することもある（通販新聞社事件・東京地判平成22・6・29労判1012号13頁〔結論も肯定〕。土田・労契法508頁参照）。

3 懲戒の種類

(1) 戒告・譴責・減給・出勤停止

戒告・譴責は，ともに労働者の将来を戒める処分であり，比較的軽い処分である。譴責の場合，始末書の提出を求めるのが一般であるが，始末書提出の強制は，労働者の「内心の自由」(憲19条) を侵害するものとして違法とされる。

減給は，労働者の賃金請求権が発生しているにもかかわらず，その賃金から一定額を差し引くことをいう。労基法91条は，1回の減給額が平均賃金の1日分の半額を超えることを禁止しつつ，複数事案について減給を行う場合の総額規制として，賃金支払時期の賃金の10分の1を超えることを禁止している。

出勤停止とは，労働契約を継続しつつ，制裁として一定期間，労働者の就労を禁止することをいう。出勤停止期間中は賃金が支給されず，勤続年数にも通算されないことが多く，労働者にとって厳しい処分となる。そこで，裁判例は，減給制限規定 (労基91条) とのバランスを考慮して，処分の相当性を厳しく判断している (岩手県交通事件・盛岡地一関支判平成8・4・17労判703号71頁)。

(2) 懲戒解雇・諭旨解雇

懲戒解雇は，懲戒 (制裁) として行われる解雇であり，最も重い処分である。通常は，解雇予告または予告手当の支払 (労基20条1項) をせずに即時に行われ，退職金も支給されない。このように，懲戒解雇は，労働者の職場と退職金を失わせ，「懲戒解雇者」の烙印によって再就職を困難とするという重大な不利益をもたらすので，その適法性は特に厳しく判断される。つまり，懲戒解雇は，労働者を「制裁」として企業外に排除しなければならないほどの重大な義務違反と企業秩序侵害の事実がある場合にのみ発動できる。裁判例も，こうした立場から，懲戒事由該当性を厳しく判断するとともに，特に処分の相当性を厳しく解し，懲戒解雇権の発動を規制している。

諭旨解雇は，懲戒解雇を若干緩和した処分である (退職金の一部または全部支給を伴うことが多い)。また，労働者に退職願や辞表の提出を勧告し，それに応じない場合は懲戒解雇するという形式をとることもある。後者の場合，形式上は任意退職となるが，使用者は，退職願の提出勧告を含めて「諭旨解雇」という1個の意思表示をしているので，労働者はその効力を争うことができる。

4 懲戒事由

(1) 概　説

懲戒事由としては，①経歴詐称，②職務上の非違行為・業務命令違反，③職

場規律違反・不正行為，④企業外の行動が問題となる。前記のとおり，懲戒事由該当性を肯定するためには，これら行為が企業秩序を現実に侵害したか，またはその実質的危険があるといえることが必要であり，その存否を「労働者の行為の性質及び態様その他の事情」（労契 15 条）に即して検討することになる。

(2) 経歴詐称

経歴詐称とは，履歴書や採用面接に際して，経歴（職歴・学歴等）を偽ることをいう。就業規則上は「重大な詐称」に限定するケースが多い。裁判例は，経歴詐称が労働力の評価を誤らせ，労使の信頼関係や賃金体系・人事管理を混乱させる危険があることから，実害の発生を問わず企業秩序違反となりうると解し，懲戒（多くは懲戒解雇）の対象となることを認めている（炭研精工事件・最一小判平成 3・9・19 労判 615 号 16 頁＝百選 54 事件）。

(3) 職務上の非違行為

職務上の非違行為とは，労働者の労働遂行が不適切なことをいい，無断欠勤，職場離脱，勤務状況・成績不良などが典型である。もっとも，これらの行為は，それ自体としては労働義務違反（債務不履行）にとどまるため，当該行為が懲戒の対象となるのは，それが業務態勢に支障を及ぼすなど，現実に企業秩序を侵害する場合に限定される。例えば，正当な理由を欠く無断欠勤を長期間または頻繁に継続した場合（日経ビーピー事件・東京地判平成 14・4・22 労判 830 号 52 頁）が挙げられる。他方，最高裁は，メンタルヘルス不調によって 40 日間欠勤した労働者に対しする諭旨解雇について，懲戒事由（「正当な理由のない無断欠勤」）該当性を欠くものとして無効と判断している（日本ヒューレット・パッカード事件・最二小判平成 24・4・27 労判 1055 号 5 頁）。メンタルヘルス不調が原因であり，労働者の帰責事由が乏しいことを重視した判断といえよう。

(4) 職場規律違反・不正行為

労働遂行や職場規律の違反（暴行・脅迫，服務規律違反，業務妨害）や，横領・収賄等の不正行為は，企業秩序侵害の性格が明白であるため，懲戒処分が有効とされやすい。職場規律違反としては，部下に対する悪質なセクシュアル・ハラスメント（L 館事件・最一小判平成 27・2・26 労判 1109 号 5 頁）や，上司の誹謗・中傷を内容とする私用メールを大量送信するなど，社会通念上相当な範囲を超えて行った場合（日経クイック情報〔電子メール〕事件・東京地判平成 14・2・26 労判 825 号 50 頁）に懲戒事由該当性が肯定されている。また，不正行為としては，①企業物品の横領行為，②取引先からの収賄行為，③自己の地位・権限を利用しての企業利益相反行為が挙げられる。裁判例は，概して懲戒処分の効力を肯定する例が多い（崇徳学園事件・最三小判平成 14・1・22 労判 823 号 12 頁等）。

⑸　**企業外の行動**

㈎　概　　説

　企業外の行動としては，兼職，企業秘密の漏洩，競業，犯罪行為，内部告発・会社批判行為等が問題となる。これらの行為は本来，労働者の私生活上の行為であるから，使用者が介入できない領域であり，懲戒の対象とはならない。しかし，労働者は信義則（労契 3 条 4 項）に基づき，使用者の業務利益や信用・名誉を毀損しない義務（誠実義務）を負うので，企業外の行動によってこれら利益を侵害し，企業秩序を侵害した場合は懲戒の対象となる。判例も，企業外の行動が「企業の円滑な運営に支障を来すおそれがあるなど企業秩序に関係を有する」場合は懲戒の対象となるが，それを除いては，「労働者は，その職場外における職務遂行に関係のない行為について，使用者による規制を受けるべきいわれはない」と判断している（前掲関西電力事件）。

㈏　犯罪行為

　まず，犯罪行為については，懲戒事由該当性が肯定されるのは，労働者の行為の性質・情状，会社の事業の種類・規模，労働者の地位・職種等を総合して，その「行為により会社の社会的評価に及ぼす悪影響が相当重大であると客観的に評価される場合」に限られる（日本鋼管事件・最二小判昭和 49・3・15 民集 28 巻 2 号 265 頁）。鉄道会社社員が勤務時間外に他の鉄道会社の電車内で複数回痴漢行為を行い，軽度の処分後に再度痴漢行為を行ったケースでは，行為の重大性や社員の職責に照らして懲戒解雇有効と判断されている（小田急電鉄事件・東京高判平成 15・12・11 労判 867 号 5 頁＝百選 31 事件）。

㈐　内部告発

　内部告発とは，「企業外の第三者に対して，公益保護を目的に，企業内の不正行為を開示すること」をいう。内部告発は本来，企業秘密の漏洩行為として守秘義務違反に当たり，懲戒の対象となるが，公益目的で行われる行為であることから，一定の要件を満たせば，正当な行為として保護される。すなわち，内部告発は，ⓐ目的に公益性があること，ⓑ内容の真実性があり，または真実と信ずるについて相当の理由があること，ⓒ企業内部で違法行為や不正行為の是正に努めたこと（内部通報前置），ⓓ手段・態様に著しく不当な点がないことの各要素を総合的に判断して正当性を認められれば，企業秩序侵害の有無にかかわらず，懲戒事由該当性を否定される（大阪いずみ市民生協事件・大阪地堺支判平成 15・6・18 労判 855 号 22 頁〔正当性肯定例〕，田中千代学園事件・東京地判平成 23・1・28 労判 1029 号 59 頁〔正当性否定例〕参照。内部通報に関する最近の重要判例として，イビデン事件・最一小判平成 30・2・15 労判 1181 号 5 頁）。

㈍　公益通報者保護法

　また，以上の判例法理とは別に，2004 年，公益通報者（労働者。公益通報 2
条 2 項）の保護を目的として公益通報者保護法が制定されている。同法は，保
護の対象となる公益通報を刑法，食品衛生法，金融商品取引法，個人情報保護
法等の一定の法令違反行為に限定する（2 条 3 項。2019 年 7 月 1 日時点で 470 の
法令）とともに，「不正の利益を得る目的，他人に損害を加える目的」その他
不正の目的によって行われた通報でないことを要件と定めている（2 条 1 項）。

　公益通報の要件は，公益通報の相手方（労務提供先への通報〔内部通報〕，行
政機関への通報，行政機関以外の機関への通報）ごとに異なっており，特に問題
となる行政機関以外の機関（通報対象事実を通報することがその発生または被害
の拡大を防止するために必要と認められる者）への通報については，内部通報が
前提とされ，例外として，①内部通報・行政機関通報をすると不利益取扱いを
受けると信ずるに足りる相当の理由がある場合，②内部通報をすると証拠隠滅
や偽造・変造のおそれがある場合，③内部通報等をしないことを使用者等から
正当な理由なく求められた場合，④内部通報後，20 日を経過しても調査の通
知がなく，または正当な理由なく調査が行われない場合，⑤個人の生命または
身体に危害が発生し，または発生する急迫の危険があると信ずるに足りる相当
の理由がある場合，の 5 点を列挙している（公益通報 3 条 3 号）。

　公益通報労働者の保護としては，解雇の禁止（公益通報 3 条）のほか，降
格・減給その他の不利益取扱い（懲戒を含む）の禁止（公益通報 5 条 1 項）等が
規定されている。

5　懲戒処分の相当性・手続の相当性

　懲戒は，労働者の行為が懲戒事由に該当することから直ちに許されるわけで
はなく，処分の相当性や適正手続の要件に服する。

(1)　処分の相当性——懲戒権の濫用

　懲戒は，労働者の非違行為の程度に照らして相当なものでなければならない。
すなわち，懲戒は行為と処分とのバランス（比例性）を要求され，それを満た
さない処分は懲戒権の濫用として無効となる。いかなる処分を選択するかは使
用者の裁量に属するが，使用者が裁量判断を誤り，不当に重い処分を選択すれ
ば，懲戒権の濫用と評価されるのである（前掲ネスレ日本事件）。懲戒処分の相
当性も，「労働者の行為の性質及び態様その他の事情」（労契 15 条）に即して
判断される（【解説】2 (1)）。

　この結果，多くの事案（特に懲戒解雇）において，労働者の非違行為が懲戒

事由該当性を肯定されつつも，酷に失するとして無効と判断されている。例えば，社内規程に反する取引による巨額の損害発生を理由とする懲戒解雇につき，懲戒事由該当性を認めつつ，代表取締役の指示による会社ぐるみの行為であること等を重視して懲戒解雇の相当性を否定し，懲戒権の濫用と判断した例がある（伊藤忠テクノサイエンス事件・東京地判平成 17・11・22 労判 910 号 46 頁）。

(2) 制裁罰たる性格に基づく規制

懲戒は，刑罰に類似する制裁であるため，刑事法に類する厳格な規制に服する。懲戒事由と手段を就業規則に明確に定める必要があるほか，新たに設けた懲戒規定を過去の行為に適用してはならない（不遡及の原則）。また，同一の非違行為に対して重ねて懲戒を行うことも許されない（二重処分の禁止）。さらに，懲戒は，特定の企業秩序侵害行為を対象とする制裁罰であるから，使用者は懲戒処分後，新たに判明した非違行為を懲戒事由として主張することはできない（山口観光事件・最一小判平成 8・9・26 労判 708 号 31 頁＝百選 52 事件）。

(3) 適正手続

懲戒については，就業規則や労働協約で手続的な規制を定めることが多い（本人への弁明の機会の付与，労使による懲戒委員会の開催，労働組合との協議等）。懲戒手続が定められている場合に，それを経ないで行われた懲戒処分は，労働者の非違行為の重大さにかかわらず，懲戒権の濫用として無効となる（千代田学園事件・東京高判平成 16・6・16 労判 886 号 93 頁）。特に，本人に弁明の機会を付与することは，規定の有無を問わず必要であり，かつ，実質的に行われる必要がある（菅野 675 頁，土田・労契法 507 頁）。

【解答への道すじ】
【設問】は，ともに，労働者の企業外の行動に関するものである。

1 【設問】1 について

(1) 【設問】1 (1)──懲戒解雇の有効性

【設問】1 については，Y 社が 2018 年 1 月 31 日付で行った X の懲戒解雇の効力が問題となる。この点については，労契法 15 条に即して，①Y 社は X に対する懲戒権を有するか（懲戒の根拠・種別・事由を定める就業規則規定の有無），②X が痴漢行為によって懲役 3 ヵ月，執行猶予 3 年の有罪判決に処せられたことは，Y 社就業規則所定の懲戒事由に該当するか，③X に対する懲戒解雇は相当な処分といえるか，④適正手続や制裁罰たる性格に基づく規制に反していないかを検討する必要がある。

(ア)　まず、懲戒権の存否（①）については、Y社就業規則には、「社員が業務の内外を問わず犯罪行為を行ったとき」「社員が会社の体面・信用を毀損したとき」に懲戒処分を行う旨の根拠規定・懲戒事由規定（35条8号・9号）および処分の種別規定（36条）があるので、Y社は懲戒権を有するものと解される。また、懲戒規定が労働契約内容となって懲戒権を発生させるためには、その内容が合理的であることを要するが（労契7条）、使用者の社会的信用・名誉は重要な利益であり、労働者の犯罪行為によってそれが害されることは企業秩序の侵害と評価できるので、懲戒の対象とすることには合理性が認められる。また、Y社就業規則は従業員に周知されているため、周知の要件も満たす。

(イ)　次に、②の懲戒事由該当性について検討する。まず、「社員が業務の内外を問わず犯罪行為を行ったとき」（Y社就業規則35条8号）への該当性について。この点、懲戒事由該当性については、形式的にではなく、「労働者の行為の性質及び態様その他の事情」（労契15条）に即して実質的に判断する必要がある（【解説】2(1)）。また、犯罪行為はあくまで企業外の行為であるから、懲戒事由該当性が肯定されるのは、労働者の行為の性質・情状、会社の事業の種類・規模、労働者の地位・職種等を総合して、その「行為により会社の社会的評価に及ぼす悪影響が相当重大であると客観的に評価される場合」に限定される（前掲日本鋼管事件）。

【設問】1(1)について検討すると、Xは迷惑防止条例違反により起訴され、有罪判決が確定していること、痴漢行為は被害者に大きな精神的苦痛を与える悪質な行為であること、初犯であればともかく、Xは過去にも2回痴漢行為を行って戒告処分を受け、やり直しの機会を与えられたにもかかわらず、更に再度痴漢行為を行ったこと、Xは本来、痴漢行為を防止すべき地位にある鉄道会社社員であることを考慮すれば、Y社の業務や社会的評価に及ぼす悪影響が相当重大と客観的に評価される場合に当たり、懲戒事由に該当するものと考えられる（以上の点については、前掲小田急電鉄事件〔【解説】4(5)〕が類似の事案について判断しており、参考となる）。

また、「社員が会社の体面・信用を毀損したとき」（Y社就業規則35条9号）への該当性についても、Xの件が、1日限りの報道にとどまるとはいえ実名・会社名を含めて報道されたことから、Y社の社会的評価（体面・信用）を毀損したものと推認されるため、肯定されるものと解される。

(ウ)　次に、Xの行為が懲戒事由に該当するとしても、懲戒解雇という処分が不当に重過ぎる処分といえないかが問題となる（③の懲戒処分の相当性）。すなわち、Y社就業規則は、4種類の懲戒処分を規定しているところ、Y社が最

も厳しい懲戒解雇を選択したことは相当かという問題である。この点も，「労働者の行為の性質及び態様その他の事情」（労契15条）に即して判断されるが，前記のとおり，Xは，過去にも痴漢行為を行って戒告処分を受けたにもかかわらず再度痴漢を繰り返して起訴されたこと，Xの件がマスコミで報道され，Y社の社会的評価に悪影響を及ぼしていることから，Xの勤務態度・成績が良好であったことを考慮しても，懲戒解雇もやむをえないと判断される可能性が高い。【設問】1に類似する裁判例（前掲小田急電鉄事件）も同様に判断している（ただし，退職金請求については一部認容。2・7参照）。

(エ) 最後に，懲戒手続の適正さ（④）については，Y社は就業規則37条に従って懲戒委員会を開催するとともに，同38条に従って2017年7月22日，勾留中のXと面会して弁明の機会を与えた上で自認書を受領しているが，Xは，弁明は勾留中に行われた一方的なもので，自認書に効力はないと主張している。勾留中という特殊な状況下で行われた弁明の任意性が問題となるが，この点は個別的判断となろう。Y社として，Xの処分を早期に確定すべき合理的理由があり，かつ，Xに対して実質的な弁明の機会を与え，Xが自由意思（任意）によって自認書を提出しているのであれば，勾留中であるとの一事をもって手続の適正さを否定すべきではない（同旨，前掲小田急電鉄事件）。これに対し，弁明手続が著しく形式的に行われたり，自認書提出を強要したとの事情があれば，手続の適正さは否定され，懲戒解雇は無効となる。

(オ) 以上から，Y社がXに対して行った懲戒解雇は，手続の適正さに問題がない限り，労契法15条が規定する客観的合理的理由および社会通念上の相当性を充足するものとして有効と解される。

2 【設問】1(2)——起訴休職との関係

【設問】1(2)についても，懲戒処分の権利濫用性が問題となる。【設問】1(2)ⓐについては，同一の事案に対して起訴休職と懲戒解雇を併科することが二重処分の禁止（【解説】5(2)）に違反しないかが問われている（前記④の制裁罰たる性格に基づく規制）。この点，起訴休職は，刑事事件で起訴された労働者を一定期間または判決確定時まで休職させる措置をいうが，人事権に基づき，暫定的に処分を留保する趣旨で行われる措置であり，懲戒とは趣旨・目的を異にしている。したがって，起訴休職と懲戒解雇を併科することは，二重処分の禁止には違反しない。自宅待機命令（労働者の処分を決定するまでの間，暫定的に就労を禁止する措置）との関係についても同じことがいえる。

【設問】1(2)ⓑについても，起訴休職と懲戒処分が趣旨・目的を異にする措置であることを考えれば，直ちに懲戒解雇が相当性を欠くとはいえない。ただ

し，起訴休職が合理的理由もなく不当に長期に及んだようなケースでは，処分の相当性に影響することがありうる。本問の場合，Y社は，就業規則に基づき，判決確定日までの約3ヵ月間，Xを無給の起訴休職に付しているところ，判決確定までの間，起訴休職に付することには合理的理由があるので，懲戒権濫用と評価することは困難と解される。

2 【設問】2について

(1) 【設問】2(1)——内部告発を理由とする懲戒解雇の有効性

【設問】2についても，【設問】1と同様，①～④が問題となる。

(ア) まず，懲戒権の存否（①）については，M社就業規則には，「会社の機密情報を他に漏らしたとき」「会社業務に重大な損害を与えたとき」に懲戒処分を行う旨の根拠規定・懲戒事由規定（28条5号・10号）および懲戒処分の種別規定（29条）があるので，M社は懲戒権を有するものと解される。また，これら2点を懲戒事由として就業規則に規定することも，営業秘密・企業秘密の重要性や使用者の業務利益に照らして合理性があるため，労働契約内容となって懲戒権を発生させるものと解される（労契7条）。

(イ) 次に，②の懲戒事由該当性については，Cが行った本件内部告発は，M社の重要な営業秘密（不競2条6項）を第三者（雑誌社編集者）に開示したものであるから，労働契約上の守秘義務違反に該当するとともに，「会社の機密情報を他に漏らしたとき」（M社就業規則28条5号）に該当する。また，本件内部告発の結果，M社の食品衛生法違反の件が大々的に報道され，「まったりミルク」の2018年度の売上げが5分の3に減少し，M社は株価が大暴落するなど大打撃を受けたのであるから，「会社業務に重大な損害を与えたとき」（M社就業規則28条10号）にも該当すると解される。

もっとも，内部告発は，一定の要件を満たせば正当行為と評価され，懲戒事由該当性を否定される。そこで，本件内部告発についても，ⓐ目的の公益性，ⓑ内容の真実性または真実相当性，ⓒ内部通報前置，ⓓ手段・態様の相当性の観点から正当性の有無を検討する必要がある（【解説】4(5)(ウ)参照）。

まず，ⓐ目的の公益性については，本件内部告発は，消費者の健康被害を憂慮して行われたものであるから，優に肯定されるものと解される。また，ⓑ内容の真実性についても，「まったりミルク」の主要な成分が食品衛生法上の規格基準に適合しないことは事実であったから，優に肯定される。

問題は，ⓒとⓓである。まず，ⓒ内部通報前置については，Cは，上司であるN研究所長のDに「まったりミルク」の件を申告した後，M社の内部通報

制度を利用して調査を求めており、この段階では、企業内部で違法行為の是正に努めたことを示している。問題は、Cがコンプライアンス統括室から2週間連絡がなかった段階で本件内部告発に及んだことをどう評価するかである。この点、公益通報者保護法3条3号が、行政機関以外の機関（マスコミを含む）への公益通報につき、労務提供先から20日を経過しても調査の通知がない場合に許容していること（【解説】4(5)(エ)）を参考とすれば、M社が調査を受け付けた以上、Cはその結果を待つべきであり、内部通報前置を履行していないと評価することが可能である。しかし他方、M社は、従業員に内部通報義務を課して周知徹底しておきながら、内部通報の調査結果・対応策を相当の期間内に報告する旨を定めるにとどまり、迅速な報告を行う体制になかったことを重視すれば、Cは内部通報前置を尽くした上で本件内部告発に及んだと評価することもできる。この点については、各自検討されたい。

　ⓓ手段・態様の相当性については、CがM社の営業秘密である「まったりミルク」の製法に不正にアクセスして取得し、雑誌社編集者に交付したことが問題となる。「まったりミルク」の成分に関する箇所の取得・交付にとどまるとはいえ、こうした行為は、営業秘密の不正使用・開示行為（不正競争2条1項4号）に該当し、手段・態様の相当性を著しく欠くものと解される。なお本件では、「まったりミルク」の主要成分が食品衛生法の基準に適合しないとされているので、その製法情報は営業秘密の「有用性」要件（同条6項）を充足しないのではないかが論点となるが、企業のスキャンダル情報等の不正情報と異なり、「有用性」を否定するほどの事情とまではいえないであろう。

　以上を総合すると、本件内部告発は、ⓐ目的に公益性があり、ⓑ内容の真実性・真実相当性にも問題はない反面、ⓒ内部通報手続の面で性急に過ぎる面があり、ⓓ手段・態様が著しく不当であることから、正当性を欠くものと解される。したがって、本件内部告発は、M社就業規則の懲戒事由に該当するものと考えられる。ただし、「まったりミルク」成分の規格基準違反が重大で、消費者の生命・健康への悪影響が真に憂慮されるようなケースであれば、ⓓ手段・態様の不当性が減殺されて内部告発の正当性が肯定され、懲戒事由該当性が阻却される可能性もある。事実関係に基づく判断となろう。

　(ウ)　次に、本件内部告発について懲戒事由該当性が肯定される場合、M社が最も重い懲戒解雇を行ったことの相当性（③）はどうか。Cが「まったりミルク」の製法を不正アクセスして取得したこと、本件内部告発によって「まったりミルク」の売上げが激減し、M社は多大な損害を被ったこと、消費者の健康被害が発生していないことに照らせば、食品衛生法違反が事実であったこ

245

とを考慮しても，懲戒解雇は相当と解される。また，Ｍ社は，就業規則上の懲戒手続（懲戒委員会の開催および本人の弁明手続〔30条〕）を経た上で懲戒解雇を行っているので，懲戒手続の適正さ（④）の面でも問題はないと考えられる。したがって，Ｍ社がＣに対して行った懲戒解雇は有効と解される。

　他方，本件内部告発は，Ｃが消費者の信用の喪失や健康への影響を憂慮して行ったものであり，不当な動機によるものではないこと，Ｃが途中までは内部通報手続に沿って行動していたこと，前記のとおり，Ｍ社は従業員に内部通報義務を課しておきながら迅速な報告を行う体制になかったことを重視すれば，Ｍ社が行った懲戒解雇は相当性を否定され，無効と解される可能性もある。この点については，各自検討されたい。

(2)　【設問】2(2)——公益通報者保護法との関係

　【設問】2(2)については，本件内部告発が公益通報者保護法によって保護されるか否かが論点となる。まず，本件内部告発は，「まったりミルク」の主要成分が食品衛生法に適合しないことに気付いて行われた告発であるから，公益通報者保護法の対象となる公益通報であることに疑いはない。Ｃの内部告発が不正の目的による通報でないことからも同じことがいえる。

　問題は，Ｃの内部告発が行政機関以外の機関への通報の要件（内部通報を経ないまま行う通報が保護されるための要件。【解説】4(5)(エ)の①～⑤）を充足しているか否かである。まず，Ｍ社は，コンプライアンス統括室において調査を受け付けているので，①～③を充足しないものと解される。また，④については，Ｃは，コンプライアンス統括室から2週間連絡がなかった段階で本件内部告発を行っているので，④を充足しないことは明らかである。

　最後に，⑤については，ＣがＭ社に対する消費者の信用の失墜や健康への影響を憂慮して本件内部告発を行ったことをどう評価するかが論点となる。この点，本件では，「まったりミルク」の食品衛生法違反は事実であるものの，消費者の健康被害や事故は発生していないとあるので，結果論としては⑤の充足も否定される可能性が高い。もっとも，前記のとおり，「まったりミルク」成分の規格基準違反が重大で，消費者の生命・健康への悪影響が真に憂慮されるようなケースであれば，⑤を充足する可能性もある。

【基本文献】

荒木454-472頁／菅野649-675頁／土田・概説193-209頁／土田・労契法467-508頁／西谷・労働法203-214頁／野川328-353頁／水町164-176頁，237-238頁

（土田道夫）

20 解雇(1)──普通解雇

【設 問】

1 L社はトラックを利用して日本国内での貨物輸送を行う運輸会社である。労働者X・Y・Zはいずれも期間の定めのない労働契約を締結してL社で働いている。

　L社の就業規則には，「従業員が次のいずれかに該当するときは，解雇することがある」との規定があり，解雇事由について，勤務状況が著しく不良で改善の見込みがないとき，勤務成績，業務能率が著しく不良で，向上の見込みがないとき，精神または身体の故障により業務に耐えられないとき，等が定められている。また，休職制度についても，就業規則において「会社は，従業員が業務外の傷病により欠勤し，欠勤日より2ヵ月経過しても傷病が治癒しないときは休職を命ずることができる」，「休職期間は，勤続10年以上の従業員については1年6ヵ月とする」，「休職期間満了までに傷病が治癒せず就業が困難な場合は解雇する」などと定められている。

　(1) Xは，L社の長距離輸送部門で約15年間トラック運転手として勤務してきた。Xは入社から数年間は，事故もなく優良な運転手として評価されていた。L社では2013年頃から配送の需要が増加し，Xら長距離トラック運転手の仕事も増えた。ベテランの運転手であるXには仕事が多く割り振られるようになり，休憩や仮眠をとれないままに長時間運転を続ける日が続いた。このような厳しい労働環境が原因で，Xは飲酒量が増え，生活が乱れ，2015年頃からたびたび欠勤や遅刻をするようになった。2017年8月頃からは，週に1回程度の遅刻をし，欠勤については事前に連絡はあるものの月に2〜3日するようになった。Xが遅刻や欠勤をすると，他の従業員がその仕事を代わりに行うことになるため負担が大きく，不満の声が上がっている。そのため，Xは上司から何回か口頭で注意を受け，その度に反省をするがすぐに元に戻ってしまう。L社では，以前，無断欠勤が連続2週間を超えた従業員を解雇したことがある。そこで，L社は，2019年2月，Xを解雇することを決定した。L社は，Xを解雇することができるか。

　(2) Yは，L社の食品配送部門のトラック運転手として10年勤務していた。Yは学生時代にサッカー部に所属していたが，そこで腰を痛めたことにより入社前から腰痛の持病があった。入社後，L社での手作業による荷物の積下ろしによ

って腰痛が悪化した。そのため，2017年5月，長期の入院加療が必要と判断され，勤務継続が不可能となった。Yは，労働基準監督署長に対して腰痛が業務上の災害に当たるとして休業補償等の支払を求めたが，不支給決定が下りている。Yは病気休職制度を利用して1年6ヵ月の間休職した。休職期間が満了した2018年11月，Yの腰痛は日常生活においてはほぼ問題がないところまで回復した。しかし，重い物を持ち上げたり，長時間同じ姿勢を保つことは難しい状態であるため，トラック運転手としての就労はしばらくは困難である。そのため，Yは他の軽易な業務であれば就労できるとして復職を希望している。L社は，病気が治癒しておらず，トラック運転手として就労できないことを理由にYを解雇することができるか。

(3) Zは，大学卒業後の2014年4月にL社に総合職として採用され，それ以来5年間営業部で働いている。L社では毎年人事考課を行い，AからEの5段階で評価している。Zは，これまで無遅刻・無欠勤で，勤務態度も真面目である。しかし，営業成績は，営業部の中で常に最下位かそれに近い状態である。古くからの固定客の多いL社では，近年，新規顧客の獲得に力を入れているが，Zは消極的・内向的な性格のせいか，新規の顧客を獲得することができない状態が続いている。また，書類作成の際には些細なミスをすることがあり，取引先からL社に苦情が寄せられ，上司から叱責を受けることもあった。そこで，Zの上司は，Zに社外の営業セミナーに参加するよう指示し，Zはそれに参加したが，それでも状況は改善されなかった。そのため，Zは人事考課において3年間続けて最低ランクのE評価を受けた。Zの上司は，Zについて，消極的・内向的な性格で，協調性がなく，仕事に対する意欲がみられないと評価し，他の部署へ異動させようにも，Zにふさわしい部署，職種は見当たらないと述べている。L社は，2019年6月末でZを解雇することを検討しているが，できるか。

2 【設問】1の労働者Xは，解雇された後に（2018年3月31日に効力が発生），これに疑問を感じて，解雇の無効を前提とした雇用契約上の地位確認請求訴訟を提起した。訴訟はXの勝訴で終結し，2019年4月1日からL社で再び働き始めた。しかし，職場復帰までに1年間を費やした。この間Xは，生活費を稼ぐために，2018年7月1日から他の運送会社（M社）でアルバイトで運送業務に従事していた。解雇無効時にL社からXに支払われる賃金（バック・ペイ）の額はどのくらいか。Xの賃金額は，毎月の基本給が30万円で，賞与はなく，また，XがM社のアルバイトで得た収入は，合計で160万円であったとして計算せよ。

【解　説】

1　解雇は自由か

　解雇とは，使用者による労働契約の一方的解約である。

　民法627条1項によれば，期間の定めのない労働契約について，当事者は「いつでも」解約を申し入れることができると規定されている。この「いつでも」とは，単なる時期選択の自由にとどまらず，「いかなる理由によっても」解約できることを意味すると解されている。これが労働者側では退職・辞職の自由として，使用者側では解雇の自由として現れる。しかし，退職の自由と解雇の自由が持つ意味が全く異なることから，労働法は解雇自由の原則に3つの面から修正を加えている。

　その1は，解雇手続に関する修正で，使用者が行う解雇については，民法627条1項の規定を修正し，予告期間を30日まで延長している（労基20条）。また，業務上の傷病期間，産前産後の休業期間，その後30日間の解雇を制限している（労基19条1項）。なお，労基法19条1項で禁止されるのは，解雇の意思表示ではなく，この期間に効力が発生する解雇だと解されている（東洋特殊土木事件・水戸地龍ケ崎支判昭和55・1・18労民集31巻1号14頁）。

　その2は，解雇事由についての修正である。国籍・信条・社会的身分を理由とする解雇（労基3条），性別を理由とする解雇（雇均6条4号），労働組合の所属や正当な組合活動等を理由とする解雇（労組7条1号）が，従来から禁止されているが，さらに，解雇権濫用法理についての一般的な規定が付け加えられた（旧労基18条の2，労契16条）。

　その3は，労働者の求めに応じて解雇事由等を記載した退職証明書の交付が，普通解雇について解雇予告期間中に求められた場合にはその期間中に解雇理由を記載した証明書の交付が，それぞれ必要とされる（労基22条1項・2項）。ただし，ここに記載されるのは，解雇に至る詳細な事由ではなく，解雇の根拠規定プラスアルファ程度のものであるので，文書で解雇事由の提示を求めることがどの程度の意味を持つのか，疑問が提起されている。

　また，2003年の労基法改正によって，就業規則の絶対的必要記載事項に「解雇の事由」が新たに含められた（労基89条3号）。就業規則の解雇事由については，従来は任意的記載事項であったために，例示列挙説が有力であったが（ナショナル・ウエストミンスター〔三次仮処分〕事件・東京地決平成12・1・21労判782号23頁），必要的記載事項に改められたのに伴い，限定列挙説が有力になっている（菅野752頁以下，土田・労契法656頁以下参照）。このことは，規定

された解雇事由以外の事由では解雇できないことを意味する（ただし，ほとんどの就業規則で，「その他前各号に準ずるような重大な事由」という規定が置かれているので，こうした自己規制はなされていないことになる）。以上のことは，就業規則の作成が義務付けられている事業場においてのみ適用される。常時10人未満の労働者しか雇用していない事業場については，従来と同じく解雇事由をあらかじめ特定しておく必要はない。

なお，就業規則に解雇事由が全く記載されていない場合には，使用者は解雇権を放棄したものと解する見解もありうるが，契約解約の事由は基本的な自由であるので，そう解することには無理がある。しかし，解雇の有効性を判断する際には，解雇事由の未記載が使用者に不利に働く要素となることは，認めざるをえない。

2 解雇権濫用の法規制

(1) プロフィール

労基法制定から長い間，解雇の合理性について一般的に規制する規定はなかったが，判例法理は，権利濫用（民1条3項）を用いて解雇権濫用法理を形成してきた。同法理は，「使用者の解雇権の行使も，それが客観的に合理的な理由を欠き社会通念上相当として是認することができない場合には，権利の濫用として無効になる」（日本食塩製造事件・最二小判昭和50・4・25民集29巻4号456頁）と定式化される。その後2003年の労基法改正により，これが同法18条の2として実定法化され，さらに労働契約法の制定によりこれが同法16条に移された。

解雇権濫用法理によれば，解雇が有効となるためには客観的な合理的理由と社会的相当性の2点を必要とする。前者は，就業規則上の解雇事由該当性によって判断され，後者は，労働者の情状，過去の行状，他の労働者の処分との均衡，解雇手続等から判断される。

(2) 解雇の合理的理由

就業規則上の解雇事由（理由）は，疾病，能力不足・成績不良，職務懈怠，職場規律違反などの労働者側に存する事由と，使用者側の経営上の必要性に分かれる。前者が人的事由による解雇で，後者が経済的事由による解雇（整理解雇がその中心）と呼ばれるものである（後者については，21参照）。

解雇については，まず就業規則に定めた事由に該当しなければならないが，それに該当したとしても，直ちに解雇の正当事由が認められるわけではない。例えば無断欠勤が1回あったからといって，職務懈怠や職場規律違反で解雇の

合理的理由ありということにはならない。解雇は，使用者の一方的意思表示によって労働契約を終了させ，労働者を失職させる措置であるから，単に債務不履行等の事実が存在するだけでは足りず，その事実が「雇用を終了させてもやむをえないと認められる程度に達している」ことが求められるのである。これを「最後の手段の原則」という。具体的には，（イ）労働者の解雇事由が重大で労働契約の履行に支障を来し，または反復継続的で是正の余地に乏しいこと，（ロ）使用者が事前の注意や指導によって是正に努めていること，あるいは（ハ）使用者が解雇回避の努力をしていることが求められる。

(3) 解雇の社会的相当性

解雇事由該当性が認められても，労働者の情状などの要素によって解雇が権利濫用とされることがある。典型例として，アナウンサーが2週間に2度寝過ごし放送できなかった事故を起こしたことを理由とする解雇について，解雇事由該当性を認めながら，本人が反省しており，勤務成績がよく処分歴がないこと，同じ事件に関与した他の労働者の処分が軽いことなどを考慮して解雇無効と判断した裁判例がある（高知放送事件・最二小判昭和52・1・31労判268号17頁＝百選71事件）。解雇の社会的相当性は，その合理的理由に劣後する要素であるが，しかし重要な判断要素であることに変わりはない。

(4) 立証責任

権利濫用の枠組みに従えば，規範的要件である解雇権の濫用を根拠付ける事実については，まず原告である労働者が主張立証する責任を負い，これに対して使用者がその評価を否定する事実を主張立証する責任を負う。しかし，解雇権濫用法理に関する最高裁判例の考え方は，調査官によって「説明として解雇権の濫用という形をとっているが，解雇には正当な事由が必要であるという説を裏返えしたようなものであり，実際の適用上は正当事由必要説と大差はないとみられる」と解説されている（越山安久「除名が無効な場合におけるユニオン・ショップ協定に基づく解雇の効力」最判解民事篇昭和50年度174頁以下）。正当事由必要説では，解雇の正当事由については，むしろ解雇する側である使用者が積極的に主張立証しなければならない。

このように主張立証責任が転換されるとすると，労働者側では，雇用契約が存在すること以外に，勤務状況に問題がないことや健康状態が勤務に十分に耐えうることを主張立証するだけでよく，就業規則に解雇事由が定められていること，労働者の具体的な行為や，能力不足あるいは健康状態が悪いことが解雇事由に該当することについては，使用者が主張立証の責任を負うことになる（以上については，山川・労働紛争209頁以下参照）。

3 職務懈怠を理由とする解雇

無断欠勤，度重なる遅刻・早退，勤務態度の不良などの職務懈怠については，懲戒処分事例として扱われることが多い。譴責・戒告あるいは減給といった，解雇よりも軽微な制裁が可能だからである（懲戒処分については，⑲参照）。しかし，就業規則の解雇事由（例えば「職務状況が不良で，改善の見込みがないと認められるとき」）に該当し，かつ社会的相当性が肯定されれば，解雇も可能である。

職務懈怠や規律違反を理由とする解雇については，裁判例は概してその有効性を認める傾向にある。例えば高等学校の教師について，遅刻の繰返し，上司の業務命令に対する拒否等を理由に解雇したところ，これに対し当該教師が弁護士会や週刊誌に学校を非難攻撃する文書を配布したとして，前の解雇を撤回し，改めて通常解雇の意思表示をした事例で，当事者の信頼関係が著しく損なわれたとして，解雇が有効と判断された事例がある（学校法人敬愛学園事件・最一小判平成 6・9・8 労判 657 号 12 頁。他に，度重なる誹謗・暴言を理由とした解雇を有効とした事例として，大通事件・大阪地判平成 10・7・17 労判 750 号 79 頁）。専門性の高い労働者や管理職については，より緩やかに解雇の有効性が判断されることがある。患者やその家族とのトラブル，就業上の問題などを理由に解雇された医師について，その特殊な地位からすれば適切な行動や診療行為を行うことは当然の前提であり，具体的・明示的な注意や指導があまり行われてこなかったことは重視されるべきではないこと，医師以外への配転ができないことから解雇が有効とされている（A 病院事件・福井地判平成 21・4・22 労判 985 号 23 頁）。また，取締役を兼ねる幹部従業員が酒に酔った状態で出勤したり，無断欠勤をしたりなどの勤務態度不良を理由に解雇されたことについて，解雇はやむをえないものであり，懲戒処分など解雇以外の方法をとらずになされたとしても，解雇は相当性を欠くものといえないとして不法行為には当たらないとされた事例もある（小野リース事件・最三小判平成 22・5・25 労判 1018 号 5 頁）。

しかし，より軽微な規律違反等に対して解雇よりも軽い懲戒処分で十分に対応が可能であるような場合には，「最後の手段の原則」から，解雇の有効性の判断は慎重になされるべきであろう（前掲学校法人敬愛学園事件は微妙で，原判決・仙台高秋田支判平成 5・2・24 労判 657 号 15 頁は，労働者の行為と結果の均衡を失して過酷であり，社会通念上是認できないとして解雇を無効と判断している）。

4 病気を理由とする解雇

(1) 病気と解雇権濫用法理

解雇権濫用法理は，労働者の病気の場合にも適用される。すなわち，多くの企業の就業規則では，解雇事由の1つとして，「病気や障害により勤務に耐えられないとき」という項目が掲げられているが，病気が直ちにこの規定に該当するわけではない。労働者の病気を理由とした解雇の正当性については，まず病気により労務提供義務の履行が可能か，もし可能でないとしてもそれに重大な支障が生じているかどうか，が検討されなければならない。次に，使用者には解雇回避努力義務が課されており，その一環として当該労働者の配転が可能かどうか，また病気休暇や病気休職の制度があれば，その利用が可能かどうかが検討されなければならない（この問題については，11も参照）。

(2) 病気休職制度と解雇

病気休職制度は多くの企業で採用されているものであるが，その趣旨は，主として解雇回避にある。病気休職制度がある場合に，これを利用せずになした解雇は無効となる。

病気休職中の労働者の病状が，労働可能な状態まで回復したときには，休職事由が消滅し，労働者は復職し，逆に回復しないときには解雇が正当となる。それでは，復職の前提として，労働者の病気がどの程度までに回復している必要があるのか。

これについての裁判例の見解は分かれている。使用者には労働者の健康状態に見合った業務を見付ける義務はなく，したがって従前の業務を通常程度に行える状態に回復していることが必要である，と解する裁判例がある（ニュートランスポート事件・静岡地富士支決昭和62・12・9労判511号65頁等）。これに対して他の裁判例は，労働者に平衡感覚の後遺症が残っているが，当初は夜間勤務のない軽易な業務に就かせれば徐々に通常勤務に戻れる状態にある場合（エール・フランス事件・東京地判昭和59・1・27労判423号23頁），あるいは休職期間中に労働能力の低下が若干あったとしても，短期の復帰準備期間を与えたり教育措置などを講ずれば従前の業務への復帰が可能な場合には（全日本空輸事件・大阪地判平成11・10・18労判772号9頁），使用者は当該労働者の復職の可否に当たってこの点を考慮しなければならない，と解する。裁判例は後者の立場を採っているが，「最後の手段の原則」から考えると，それが妥当であろう。最近の裁判例においては，うつ病による休職から復職した教員に対する解雇は，回復可能性が認められるにもかかわらず，医師の意見も聴取せずに，これをしないものとして断定して行われたものであり無効と判断したものがある（J学園〔うつ病・解雇〕事件・東京地判平成22・3・24労判1008号35頁）。これに対して，労働者の職種が契約上限定されている場合には，他の職種への配転が困

難であることから解雇が認められやすいといえる（保健体育担当の高校教諭の病気休職後の解雇に際して，他の業務に従事できるかどうかを検討する必要はないとした事例として，北海道龍谷学園事件・札幌高判平成11・7・9労判764号17頁）。

なお，労働者の病気が業務に起因した労働災害である場合には，就業規則の病気休職制度の満了によって解雇することは許されない。この場合には，労基法81条による打切補償の支払が必要となるからであり，それがないと労基法19条1項違反となる（東芝事件・東京地判平成20・4・22労判965号5頁）。また，最高裁は，労災保険法上の療養補償給付を受ける労働者が療養3年を経過しても傷病が治らないため使用者が打切補償を支払った場合には，労基法19条1項ただし書により解雇期限は適用されないとする（専修大学事件・最二小判平成27・6・8民集67巻4号1047頁）。

5　能力不足を理由とする解雇

解雇が最後の手段であるという原則は，能力不足・成績不良を理由とする解雇についても妥当する。すなわち，能力不足・成績不良は法的には労働義務の不完全履行（債務不履行）として解雇事由となるが，それが直ちに解雇を正当化するわけではない。「最後の手段の原則」によれば，それら事実が雇用の継続を期待し難い程度に達していること，そして指導・研修や配置転換等の措置によって能力・適格性の向上を図る見込みがないことが要件となるからである。裁判例としては，解雇された労働者の人事考課が一貫して低い事実を認めながら，「労働能率が劣り，向上の見込みがない」との解雇事由による解雇が許されるのは，著しく労働能率が劣り，向上の見込みがない場合に限られるところ，人事考課の低さだけではこれに該当せず，また，教育・指導や配置転換の措置を尽くしていないとして解雇無効とされた事例（セガ・エンタープライゼス事件・東京地決平成11・10・15労判770号34頁。他に，解雇に値するほど「技能発達の見込みがない」とはいえないとして解雇を無効とした事例として，森下仁丹事件・大阪地判平成14・3・22労判832号76頁）や，相対評価の下で低評価が続いたことは解雇の理由とは認められず，業務改善の機会の付与などの手段を講じることなく行われた解雇を無効とした日本・アイ・ビー・エム〔第1〕事件・東京地判平成28・3・28労判1142号40頁などがある。また，記者として中途採用された労働者が能力低下等を理由に解雇された事例では，記事の執筆・配信のスピードの遅さ，記事内容の質の低さなどが労働契約の継続を期待できないほどに重大なものとは認められず，また，会社は具体的改善策を講じていなかったとして，解雇を無効とした事例もある（ブルームバーグ・エル・ビー事

件・東京高判平成 25・4・24 労判 1038 号 39 頁）。

　他方で，使用者がこれらの解雇回避措置を尽くしても，なお能力等の向上の見込みが客観的にない場合には，「期待可能性の原則」から解雇も許される。本人が希望する業務に配置し，研修機会を与えたにもかかわらず，能力・適性に欠け，業務に支障を及ぼし，将来も向上を期待できないとして解雇を有効とした事例がある（三井リース事業事件・東京地決平成 6・11・10 労経速 1550 号 23 頁）。また，当初から一定程度の能力・適格性が期待されている中途採用者についても，解雇回避措置や改善可能性が検討されるが，能力・適格性の判断は他の労働者の場合よりも厳しくならざるをえない。例えば，日水コン事件・東京地判平成 15・12・22 労判 871 号 91 頁では，システムエンジニアとして即戦力となることを期待されて中途採用された労働者の解雇について，通常であれば 6 ヵ月程度で完成する作業に約 8 年間かかったことなどを理由に解雇が有効と判断されている。

6　解雇無効の効力

(1)　労働契約上の地位確認

　解雇権濫用法理は，効果の面では，「権利濫用としての解雇は無効になる」という要素を含んでいる（労契 16 条）。欧米の幾つかの国では，解雇が無効になっても，雇用関係は切断され，労働者は損害賠償を請求できるにすぎないとされているが，日本では雇用関係の切断を認めない。そのため解雇訴訟では，請求内容は，通常は「労働契約上の従業員たる地位の確認」となる。これに対して，労働者が解雇無効ではなく解雇を不法行為として損害賠償を求めるケースもみられ，逸失利益（違法な解雇によって生じた賃金相当額の経済的損害）や慰謝料（精神的損害）の賠償が認容された裁判例もある（テイケイ事件・東京地判平成 23・11・18 労判 1044 号 55 頁等）。こうした裁判例が出てきたことに加え，今日の解雇紛争については，労働審判や都道府県労働局・労働委員会による個別労働関係紛争解決においては金銭の支払によって解雇の問題が解決されていること，裁判で解雇無効となっても職場復帰せず退職する労働者が一定数存在すること，といった変化や実態がみられる。そこで，解雇が無効と判断された場合でも使用者が金銭を支払えば労働関係を終了できるという解雇の金銭解決制度の導入が議論されている。2017 年 5 月には，厚生労働省に設置された「透明かつ公正な労働紛争解決システム等の在り方に関する検討会」において報告書がまとめられ，法整備に向けたさらなる検討がなされるものとみられる。

(2)　未払賃金と中間収入

被解雇者は，地位確認とともに解雇期間中の賃金の遡及支払を求める。解雇が無効になった場合には，労務給付が不能になったことの帰責事由は使用者にあるから，危険負担に関する民法536条2項により，この請求が認容される。

解雇期間中に他で収入を得ていた場合（これを中間収入という）に，民法536条2項後段の適用があるのか。通常債務を免れたことにより労働者が得る利益は，通勤しないことによる通勤費のようなものである。他で得た収入は，債務を免れたことと条件的な因果関係はあるが，相当因果関係があるといえるかは疑問である（他で収入を得ていない場合を考えよ）。しかし，判例は，民法536条には利益調整的な機能があることから，同条2項後段の適用を肯定し，中間収入の控除を認めている。ただし，解雇無効の場合にも休業手当に関する労基法26条は適用されるとし，労基法12条1項所定の平均賃金60％は労基法26条により確実に労働者に支払われなければならないとする。ただし，中間収入の額が平均賃金額の4割を超える場合には，更に労基法12条4項所定の賃金の全額を対象として控除することが許されると解されている（米軍山田部隊事件・最二小判昭和37・7・20民集16巻8号1656頁，あけぼのタクシー〔民事解雇〕事件・最一小判昭和62・4・2労判506号20頁＝百選76事件，社会福祉法人いずみ福祉会事件・最三小判平成18・3・28判時1950号167頁）。

【解答への道すじ】

解雇には「客観的に合理的な理由」があること，「社会通念上相当」と認められることが求められ，これを欠く解雇は権利濫用として無効となる（労契16条）。【設問】1では，それぞれ職務懈怠，病気，能力不足という理由で労働者が解雇されようとしているが，これらの解雇が客観的に合理的理由を欠き，社会通念上相当性を欠くものとして，権利濫用となるかどうかが問題となる。具体的には，労働者の解雇事由が重大で業務に支障を生じさせているか，反復継続的で是正の余地に乏しいか，使用者が事前に注意・指導して是正に努めているか，使用者が解雇回避努力をしているか，という点から解雇の合理的理由について判断される。こうして解雇事由該当性が認められた場合でも，労働者の情状・処分歴，他の労働者の処分との均衡，解雇手続が適正になされているかなどを考慮して，解雇の社会的相当性の判断がなされる（前掲高知放送事件）。

1 【設問】1(1)について

Xは，遅刻や欠勤を2015年頃から繰り返しており反復継続性がある。その上，上司からの注意を受けても改善する様子はない。また同僚からはXの勤

務状況について不満が出ており社内に与える悪影響も少なからずあるといえる。これらのことからすれば，就業規則の解雇事由である「勤務状況が著しく不良で改善の見込みがないとき」に該当するように思われる。

　しかし，「最後の手段の原則」からすると，Ｌ社はＸに改善を求めるためにまずは譴責・戒告，減給などの懲戒処分を行うべきであり，それでも改善されない場合にのみ解雇が認められることになろう。また，連続２週間以上の無断欠勤で解雇とした前例と比較すると，Ｘの週に１回程度，月に２〜３日の欠勤は，「勤務状況が著しく不良」とまではいえないのではないかと思われる。むしろ，Ｘの遅刻や欠勤は，Ｘの業務量が増加した2015年頃から始まっていることからすれば，その原因の一端は，Ｘに過重な業務をさせていたＬ社の側にもあるといえる。それにもかかわらず，Ｘの業務負担を軽減したり，休ませたりするなどの措置をとらなかったＬ社の対応にも問題がある。Ｘはかつては優良な運転手として評価されていたことからしても解雇は重すぎるといえる。したがって，Ｘの解雇は，合理的理由を欠き，社会通念上相当とはいえず，権利濫用で無効といえる。

2　【設問】1(2)について

　Ｙは業務外の病気（腰痛）の悪化により2017年５月から就労できなくなったが，休職制度を利用しており，Ｌ社も病気を理由に直ちにＹを解雇したわけではない。休職期間も１年６ヵ月と傷病の治療期間としては十分であり，就業規則の規定内容は合理的なものである。これに対して，Ｙは，休職期間が満了した2018年11月以降もトラック運転手として就労することは困難な状況となっており，就業規則の「傷病が治癒せず就業が困難な場合」に当たり解雇は可能であるともいえる。

　しかし，Ｙは休職前のトラック運転手としてではなく，他の軽易な業務での復職を希望している。Ｌ社は，このような他の軽易な業務への配置を検討しなければならないのか，それとも，Ｙの腰痛は治癒しておらず，トラック運転手として就労できないことを理由として解雇できるのかが問題となる。

　ここでも「最後の手段の原則」から考えると，他に従事することのできる業務があれば，その業務への配転を検討する必要があるといえる。裁判例においても，使用者は労働者に対して，復帰の準備期間を与えたり，軽易業務から徐々に通常業務に復帰させていくなどの配慮が必要であるとされる（前掲エール・フランス事件，全日本空輸事件）。本問において，Ｙはトラック運転手として10年間勤務しているが，職種をトラック運転手に限定して採用されたもの

257

とは見受けられない。したがって，本問においても，L社は，Yについては，運転手としての業務が可能になるまでは，Yに適した他の軽易な業務での就労可能性を検討すべきである。それをせずにトラック運転手として就労できないことのみをもって解雇することは社会通念上相当性を欠くものといえ，そのような解雇は権利濫用で無効になるといえる。

3 【設問】1(3)について

　L社は，人事考課が3年連続で最低ランクであるZについて，就業規則の「勤務成績，業務能率が著しく不良で，向上の見込みがないとき」という解雇事由に該当するとして解雇することができるか。

　たしかに，Zは，営業成績が常に最下位かそれに近い状況で，書類作成のミスによる取引先からの苦情もあり，成績不良・能力不足といえなくはない。しかし，このことをもって，勤務成績，業務能率が著しく不良で，向上の見込みがないといえ，雇用の継続を期待し難い程度に達しているとまでいうことができるだろうか。この点，裁判例は，能力低下が労働契約の継続を期待できないほどに重大であることや，使用者が具体的改善策を講じていることなどが認められれば，雇用は可能となるとする（前掲ブルームバーグ・エル・ビー事件等）。

　本問において，Zは上司から指示された営業セミナーに参加し，営業成績を上げるよう努力をしているし，無遅刻・無欠勤で勤務態度は良好である。これに対して，L社は，新規顧客の獲得という比較的難易度の高い目標を掲げ，それを達成できないZに対して，社外の営業セミナーに参加するよう指示するのみで，自ら十分な指導や研修を行っていない。また，書類作成のミスについては，些細なものであり，L社に重大な損害を生じさせたということはない。そして，このミスについて，Zの上司は，Zを叱責をするのみで，適切な指導を行ったり，同様のミスをしないような対策を講じてはいない。さらに上司は，Zについて，消極的な性格である，協調性がない，意欲がないなどと評価するが，このような抽象的なものは解雇の客観的合理的理由にはなりえない。これらのことから，Zについては，「勤務成績，業務能率が著しく不良で，向上の見込みがない」とはいえない。また，本問においても，「最後の手段の原則」という点からすれば，直ちに解雇をするのではなく，配転などの可能性を検討すべきである。Zは，消極的・内向的な性格であるため営業職には向かないと思われる。しかし，無遅刻・無欠勤で勤務態度も真面目であることから，他の部署へ異動をすれば，Xの能力や適格性が向上する可能性はあるといえる。Zは総合職としてL社に採用されており，契約上職種を営業職に限定されては

いないのだから，営業職以外のその適格性にあった職種への配転について検討すべきである。このように，指導・教育や配転等を行ってもなお成績や能力が上がらず向上の見込みがない場合には，解雇は認められるであろう。

以上のことから，L 社が Z を解雇することについては，客観的合理的理由は認められず，社会通念上相当性を欠き，権利濫用になるといえる。

4 【設問】2 について

L 社から X に支払われる賃金（バック・ペイ）の額について計算する。

①中間収入の控除が問題となるのは，中間収入が発生している期間についてだけである。X は，2018 年 3 月 31 日に解雇され，同年 7 月 1 日から M 社でアルバイトを始めている。したがって，2018 年 4 月から同年 6 月までの 3 ヵ月間は，中間収入は発生していないのだから，賃金全額が支払われる。

この間に X に支払われるべき賃金額＝30 万円×3 ヵ月＝90 万円

②M 社でアルバイトをしていた 2018 年 7 月から 2019 年 3 月までの 9 ヵ月間については，中間収入の額を賃金額から控除することができる。ただし，控除の対象となるのは平均賃金の 60％を超える部分についてである（労基 26 条）。

この間の X の賃金額（A）＝30 万円×9 ヵ月＝270 万円

労基法 26 条による休業手当（B）＝270 万円×0.6＝162 万円

この間の中間収入（C）＝160 万円

③中間収入のどこまでが控除されるか。

C＜A−B の場合……C が全額控除

C≧A−B の場合……A−B の範囲内で控除

本件の場合，160 万円＞108 万円であるので，108 万円の範囲で賃金額から控除される。

④X が L 社から支払われるべき賃金額

2018 年 7 月から 2019 年 3 月までの賃金額は，270 万円−108 万円＝162 万円となる。2018 年 4 月から同年 6 月までの賃金額は 90 万円である。

解雇期間中の賃金額＝90 万円＋162 万円＝252 万円

以上から，L 社から X に支払われる解雇期間中の賃金（バック・ペイ）の額は，252 万円である。

【基本文献】

荒木 288 頁／菅野 728 頁／土田・概説 266 頁／土田・労契法 650 頁／西谷・労働法 402 頁／野川 364 頁／水町 176 頁　　　　　　　　　　　　　（和田　肇）

21 解雇(2)
——整理解雇

【設 問】

1　Ｘは，Ｌ大学大学院において MBA を取得した後，証券会社等での勤務を経て，外資系コンサルタント企業であるＹ社に中途採用された者である。Ｘは，2013 年 9 月にＹ社に入社以来，一貫してＹ社の投資部門において金融コンサルタントの職務に従事してきた。Ｙ社は，特にＸの金融・財務に関する専門知識・能力に期待して，即戦力としてＸを中途採用したものであり，Ｘも採用面接の際，その旨の説明をＹ社人事担当者から受けていた。また，Ｙ社とＸとの間で交わされた雇用契約書においても，Ｘの所属部門については「投資部門」，また職務については「金融コンサルタント」とする旨の記載があった。Ｙ社では，コンサルタントの職務に従事している者については，職務の内容が高度の専門性を有することから，毎年支払われる基本年俸 1000 万円に加え，前年度の人事考課の結果（ランクＳ～Ｄ）に応じて 100 万円（ランクＤ）～ 500 万円（ランクＳ）までの追加年俸を支払うという賃金制度（年俸制）を適用することとしており，ＸがＹ社に入社して以降の年俸額は平均して約 1200 万円であった。

　2018 年 9 月，Ｙ社は同業他社との競争激化を受けて，経営の合理化を進めるべく，不採算部門である投資部門を縮小し，同部門の人員を現在の 30 名から 10 名へと削減することを決定した。そこで，Ｙ社は，10 月から 12 月にかけて，は従業員の約 80％ が加入しているＺ労働組合（ただし，Ｘは加入していない）に対して，かかる決定に至った経緯について説明を行うとともに，協議を重ね，12 月 20 日には，次の通りの方針の下に人員整理を進めることについて，Ｚ組合と合意した。すなわち，上記人員削減のために，上記 30 名に対して希望退職者募集を行い，これに応じた者に対しては割増退職金を支払うこと，そして目標人数に届かない場合には，前年度の人事考課がランクＳ～Ｄのうち，低い者から順に解雇することとした。

　かかる方針に基づき，まずは 2019 年 1 月に希望退職者募集が行われたが，応募したのは 15 名であり，目標人数に 5 名達しなかったため，前年度の人事考課が低い者の順に解雇対象者の選定が行われたところ，前年度の人事考課がＣであったＸがその対象となった。Ｙ社は解雇に先立つ 2 月 15 日に，Ｘに対して，2000 万円の特別退職金を支給すること，および就職あっせん会社による再就職

支援サービスを提供することを条件に退職に応じるよう提案を行ったが，Xはこれを拒否したため，Y社は就業規則上の解雇事由（「会社の経営上やむを得ない事由があるとき」）に基づき，3月31日付けでXを解雇した。

　なお，この当時，Y社のM&A部門には，M&Aコンサルタントのポストが空いていたが，Y社は，Xの職務は専ら投資部門の金融コンサルタントの職務に限定されていたことを理由に，XのM&Aコンサルタントのポストへの配置転換を検討することはなかった。かかるM&Aコンサルタントとしての職務の内容は，金融コンサルタントの職務と重複する部分も多かったが，特に法務や税務の知識が必要とされるものであった。一方，賃金制度については，M&Aコンサルタントについても金融コンサルタントと同じ年俸制が適用されることとなっていた。

　この解雇は，有効か。

2　A航空会社は，旅客需要の急激な減少等を受けて経営が悪化したため，2018年1月19日に裁判所に対して，会社更生手続開始申立を行った。そして，同日，A社について会社更生手続開始決定がなされ，M弁護士が更生管財人に選任された。その後，M更生管財人は更生計画案を裁判所に対して提出し，また裁判所は9月30日にかかる計画案を認可する旨の決定をしたところ，同更生計画においては，事業規模を大幅に見直し，人員体制を効率化するために，運航乗務員（機長・副操縦士）を現在の人数である1500名から300名を削減することが目標として掲げられていた。

　かかる人員削減を達成するために，A社は，10月から12月にかけて，S機長を含む運航乗務員の多数が加入するK労働組合と協議を重ねた。その結果，まずは希望退職者募集を行い，応募者には割増退職金を支払うことについてK組合と合意に至ったため，A社は2019年1月にこれを実施した。しかし，かかる希望退職者募集に応募したのは250名であり，なお削減目標である300名には届かなかった。

　そこで，A社は2月に再度，K組合と協議を行い，年功序列型の賃金体系をとるA社では高齢者の人件費が高いことから，人員削減目標に達するまで，運航乗務員のうち年齢の高い順に解雇する方針をK組合と合意した。そして，A社は，かかる基準に基づいて解雇対象者を決定したところ，S機長が同基準に該当するものとされたため，就業規則上の解雇事由（「会社の経営上やむを得ない事由があるとき」）に基づいて，3月31日付けでS機長を解雇した。

　なお，更生計画が認可されてから上記の解雇時点までの間，A社は毎月，更生計画において予想されていたのを大きく上回る営業利益を上げ続けていた。

　この解雇は，有効か。

【解　説】

1　整理解雇法理

　企業が経営上の理由から人員削減のために行う解雇を，整理解雇という。通常，企業の就業規則には，【設問】におけるように「会社の経営上やむを得ない事由があるとき」等が解雇事由の１つとして規定されており，整理解雇はかかる規定を根拠として行われるものである。

　整理解雇も解雇の一類型であるため，解雇権濫用法理（労契16条）が適用されることとなるが，整理解雇はその原因が使用者側に由来するものである点に，大きな特徴がある。そのため，従来の裁判例は，整理解雇が解雇権の濫用に該当するか否かの判断に当たっては，①人員削減の必要性があること，②使用者が解雇を回避するための努力を行っていること，③解雇対象者の選定が合理的なものであること，④解雇手続が相当なものであること，の４点に着目して判断を行ってきた。

　これら①～④の法的意義については，どれか１つでも充足を欠いた場合には，当該整理解雇が直ちに権利濫用となるという意味での「要件」であると捉える裁判例もある（要件説。大村野上事件・長崎地大村支判昭和50・12・24労判242号14頁）。しかし近年では，これら①～④は，あくまで当該整理解雇が権利濫用か否かを総合考慮により判断するに当たっての主要な考慮「要素」であると捉えるのが，裁判例の趨勢となっている（要素説。最近の例としては，学校法人専修大学〔専大北海道短大〕事件・札幌地判平成25・12・2労判1100号70頁）。この点，整理解雇法理も解雇権濫用法理の一類型であることからすれば，理論的には要素説が妥当といえるが，要素説の立場を採る裁判例においても①～④のいずれかを大きく欠いている場合には，直ちに当該整理解雇の権利濫用性が肯定される傾向にあるため，要件説と要素説のいずれを採るかで，結論に大きく差が生じることにはならない（山川・雇用関係268頁）。なお，訴訟の場では，使用者側が①～③の存在についての主張・立証責任を負担し，労働者側が④の欠如について，主張・立証責任を負担することとなる（東京自転車健康保険組合事件・東京地判平成18・11・29労判935号35頁）。

　これらを踏まえ，以下では上記①～④の各考慮要素をめぐる判断のあり方についてみていきたい。

2　人員削減の必要性

　まず第１に，整理解雇は，人員削減を必要とする程度の経営上の理由に基づ

くものでなければならない。もっとも，ここでいう「人員削減を必要とする程度」については，人員削減を行わなければ倒産が必至であるという状況までは要求されていない。裁判例は，「企業の合理的運営上やむをえない必要に基づく」場合には，人員削減の必要性を認めており，基本的に使用者の経営判断を尊重する姿勢を示している（東洋酸素事件・東京高判昭和 54・10・29 労判 330 号 71 頁＝百選 73 事件）。

ただし，企業の財政状況に全く問題がなかったり，整理解雇後に新規採用を行う等，使用者の行動に矛盾がみられる事例においては，人員削減の必要性は否定される（前者の例として，ゼネラル・セミコンダクター・ジャパン事件・東京地判平成 15・8・27 労判 865 号 47 頁，後者の例として，オクト事件・大阪地判平成 13・7・27 労判 815 号 84 頁）。

なお，人員削減の必要性の判断時点については，解雇時点を基準に判断を行うのが現在の裁判例の多数となっている（土田・労契法 695 頁）。

3　解雇回避努力義務の履行

次に，人員削減の必要性が認められるとしても，使用者には，解雇以外の措置をとることにより解雇を回避するよう努力すべき義務（解雇回避努力義務）が課されている。このような解雇回避のための措置としては，採用の停止，配置転換（配転），出向，一時帰休，希望退職者募集等が考えられるところ，これらの措置を全く講じることなく整理解雇に及んだ場合には，当該整理解雇は権利濫用と判断される（あさひ保育園事件・最一小判昭和 58・10・27 労判 427 号 63 頁）。

もっとも，整理解雇の事案は多様であるので，解雇回避努力義務の内容を一律に確定することはできない。したがって，求められる解雇回避措置は，それぞれの事案における個別的な状況によって変わりうる。例えば，経営危機に瀕して整理解雇に着手した事案と，経営危機に陥る前段階での経営合理化のために整理解雇が行われた事案とでは，後者のほうがより高度の解雇回避努力が求められることとなる（菅野 746-747 頁）。

また，解雇回避措置の中でも配転については，労働者の職務（職種）や勤務地が限定されている場合において問題が生じる。最近では，このように職務（職種）や勤務地に限定が付された正社員は「多様な正社員」と称され，その普及・拡大が政策課題となっているが（詳細は，厚生労働省「『多様な正社員』の普及・拡大のための有識者懇談会報告書」〔2014 年〕を参照），職務（職種）や勤務地が限定されている労働者が人員削減の対象となった場合に，使用者は解雇回

避措置として配転を検討しなければならないのか否かが問題となる。

　この点につき，一般的な正（規）社員の場合には，使用者には配転命令権が広範囲において認められるのが通常であるため，その裏返しとして，整理解雇の場面では配転による解雇回避を広く検討すべきことが求められる（マルマン事件・大阪地判平成12・5・8労判787号18頁）。一方，職務（職種）や勤務地が限定されている場合には，使用者には労働契約上，配転命令権が認められていない。そのため，使用者は限定されている職務（職種）・勤務地以外の職務（職種）や勤務地への配転による雇用の維持を検討する必要はないとする考え方もありえ（大内伸哉『労働法実務講義〔第3版〕』〔日本法令，2015年〕509頁），またそのように解したものとみられる裁判例もある（角川文化振興財団事件・東京地決平成11・11・29労判780号67頁）。しかし，裁判例の多数は，使用者に配転命令権がないからといって，解雇回避措置としての配転を検討しなくてもよいということにはならないとする考え方に立ち，労働者の職務（職種）や勤務地が限定されている事案においても，整理解雇に先立ち配転による雇用維持の可能性を検討すべき義務を使用者に課している（例えば，職種〔職務〕限定につき，全日本海員組合事件・東京地判平成11・3・26労経速1723号3頁，勤務地限定につき，シンガポール・デベロップメント銀行〔本訴〕事件・大阪地判平成12・6・23労判786号16頁。裁判例の詳細は，山本陽大＝細川良『多様な正社員に関する解雇判例の分析』〔労働政策研究・研修機構，2014年〕も参照）。

4　人選の合理性

　さらに，解雇回避努力を尽くした上で，一定数の労働者を解雇する必要があるとしても，その際の解雇対象者の選定は合理的なものでなければならない。この問題は，人選基準自体の合理性と，基準の適用・運用の合理性とに分けることができる。

　この点，まず基準自体の合理性についていえば，人選基準が差別的なものである等，法令に違反する場合（例えば，労基3条，雇均6条4号，労組7条）に合理性が否定されることは言うまでもない。またこれに加えて，客観性がなく使用者の恣意的な選定が行われるおそれがあるような抽象的な基準も，合理性が否定される（「適格性の有無」という人選基準の合理性が否定された例として，労働大学〔本訴〕事件・東京地判平成14・12・17労判846号49頁）。

　他方で，客観的な基準としては，労働者の勤務成績や勤務年数，懲戒処分歴，欠勤日数，解雇による経済的打撃の程度等が挙げられるが，いずれの基準（あるいは，これらの基準の組合せ）が合理的かは個々の事案によって異なりうるた

め，裁判例は一般に，当該事案における労使の判断を尊重する傾向にある。なお，一定年齢以上の労働者を解雇対象とすることについては，年齢という基準は使用者の恣意が入る余地が少なく，また人件費圧縮効果も高いことから合理的な基準と認める裁判例が多いが（最近の例として，日本航空〔客室乗務員解雇〕事件・東京高判平成26・6・3労経速2221号3頁），労働者の定年年齢までの期間における賃金への期待や，再就職の困難さを理由に，経済的な代償や再就職支援なしに53歳という年齢を人選基準としたことの合理性を否定した裁判例もある（ヴァリグ日本支社事件・東京地判平成13・12・19労判817号5頁）。

　また，人選の基準自体が合理的であっても，その適用・運用が公正でなければ，やはり人選の合理性は否定される。裁判例では，年齢・職位・人事考課を人選基準としたが，これらの要素をどのように考慮し，重視したかが不明であった事案や（横浜商銀信用組合事件・横浜地判平成19・5・17労判945号59頁），労働者の能力を基準に人選を行ったが，能力評価の公正さに疑義があった事案では（PwCフィナンシャル・アドバイザリー・サービス事件・東京地判平成15・9・25労判863号19頁），人選の合理性が否定されている。

5　解雇手続の相当性

　最後に，手続面として，使用者には，労働者・労働組合に対し当該整理解雇に関して，納得を得るために説明を行い，誠意をもって協議すべき義務（説明・協議義務）が課されている。かかる説明・協議の範囲は，人員削減の必要性や解雇回避措置，解雇対象者の選定等，他の3つの考慮要素に広く及ぶが（土田・概説283-284頁），このような説明・協議が全く行われなかった場合や，協議の場は持たれたとしても具体的な協議が尽くされなかった場合には，解雇手続は相当性を欠くものとされる（前者の例として，北原ウェルテック事件・福岡地久留米支判平成10・12・24労判758号11頁，後者の例として，九州日誠電氣〔本訴〕事件・福岡高判平成17・4・13労判891号89頁）。

　また，説明・協議の相手方としては，労働組合に加え，整理解雇の対象となる可能性がある労働者をも対象として実施する必要がある。特に，労働組合は非組合員の利益を代表するものではないため，非組合員が整理解雇の対象となっている場合には，使用者は当該非組合員個人に対しても，説明・協議義務を負う。したがって，この場合に労働組合のみを相手に説明・協議を行ったとしても，解雇手続の相当性にとっては十分ではないことになる（赤坂鉄工所事件・静岡地判昭和57・7・16労判392号25頁）。

6 再建型倒産手続における整理解雇

　ところで近年，【設問】2におけるように，民事再生手続や会社更生手続の下で整理解雇が行われる事案が登場するようになっている。この点，清算型倒産手続である破産手続の下で整理解雇が行われた場合には，整理解雇法理の適用の有無をめぐって議論があるが（詳細は，荒木307-308頁），これら再建型倒産手続においては，事業の継続が前提となっているため，裁判例は同手続下における整理解雇に対する整理解雇法理の適用を認めている（民事再生手続につき，山田紡績事件・名古屋高判平成18・1・17労判909号5頁，会社更生手続につき，前掲日本航空〔客室乗務員解雇〕事件等）。

　この点，確かに，人員削減が再生計画または更生計画の内容に含まれている場合において，これらの計画策定に当たって予定されている労働者側の関与は，過半数組合等が意見を述べることができるにとどまり（民再174条3項，会更199条5項），労働者保護が十分に図られているとは言い難い。このことに鑑みれば，再生・更生計画に基づく整理解雇に対しては，やはり整理解雇法理を適用することで，労働者保護（雇用保障）の観点から，その有効性について別途の審査を行うことが求められよう。ただし，整理解雇法理における4つの考慮要素を具体的に検討するに当たっては，当該整理解雇が再建型倒産手続下において行われたものであることを考慮に入れる必要はある（荒木308-309頁）。

【解答への道すじ】
【設問】1および2は，いずれも整理解雇の有効性を問うものである。

1 【設問】1について

　【設問】1において，Y社が2019年3月31日付けでXに対して行った解雇は，経営上の理由に基づく解雇であるため，整理解雇法理を適用の上，①人員削減の必要性，②解雇回避努力義務の履行，③人選の合理性，④解雇手続の相当性という4つの観点から，その有効性を判断すべきこととなる。

⑴　人員削減の必要性

　まず，人員削減の必要性について検討するに，このような企業経営に関する事項については，経営者である使用者の判断を尊重すべきであり，裁判所が過剰に介入すべきではない（土田・労契法701-702頁）。【設問】1におけるY社による人員削減も，経営の合理化を目的とした投資部門の縮小という使用者の経営判断に基づくものなのであるから，Y社の行動に矛盾がみられる等の事

情がない限り，人員削減の必要性は肯定すべきである。

(2) 解雇回避努力義務の履行

　他方，解雇回避努力義務の履行については慎重な検討を要する。【設問】1において，Y社は2019年1月に希望退職者募集を行っているが，それ以外にも，解雇回避措置としては配転が1つの手段となる。しかし，Y社では当時，M&A部門にM&Aコンサルタントのポストが空いていたにもかかわらず，Xの職務は投資部門の金融コンサルタントの職務に限定されていたことを理由に，Y社はXのM&Aコンサルタントへの配転を検討していない。この点については，確かに，労働契約上Xの職務が限定されており，Y社に配転命令権がない以上，解雇回避措置としても他の職務への配転を検討する必要はないとの考え方もありうる。

　しかし，Y社に配転命令権がないといっても，X本人が同意すればM&Aコンサルタントへの配転を実現することは可能である（西谷・労働法417頁）。また，とりわけ【設問】1では，Y社は経営危機に瀕しているわけではなく，その前段階での経営合理化を目的として人員削減に着手しているのであるから，解雇回避努力義務としてはより高度のものが課されるべきとも考えられる。このような考え方に従えば，Y社は少なくともXのM&Aコンサルタントへの配転を検討すべきであったのであり，そのような検討が行われていない以上，Y社の解雇回避努力義務の履行は十分であったとはいえないことになる。

　もっとも，Xは，転職市場を通じて，専門知識・能力に着目して職務を限定して採用され，当該職務に応じた高い賃金を得ている等，いわゆる外部労働市場型の雇用・処遇管理を受けている労働者といえる。そして，このような労働者に対する解雇回避措置としては，配転等を通じた雇用の維持・確保よりも，むしろ転職を促し，当面の生活の維持や再就職までの援助のための金銭的補償を行えば足りるとする考え方もありえ，またそのように解したものとみられる裁判例もある（ナショナル・ウエストミンスター〔三次仮処分〕事件・東京地決平成12・1・21労判782号23頁）。このような考え方に従えば，【設問】1ではY社は，2019年2月15日に特別退職金の支給および就職あっせん会社による再就職支援サービスの提供を申し出ているため，これによって解雇回避努力を尽くしたものと評価される可能性がある。しかし他方では，このような場合においても，まずは配転等を通じた雇用の維持・確保措置が解雇回避努力義務の中心に位置付けられ，金銭的な補償措置は，他の解雇回避措置をとることが困難な場合に初めて解雇を正当化する要素となるにとどまると解する裁判例もある（前掲PwCフィナンシャル・アドバイザリー・サービス事件）。難しい問題ではあ

るが，整理解雇法理が元来，長期雇用システム（内部労働市場）を基盤として
発達した法理であることを踏まえると，雇用・処遇管理の違いを踏まえて前者
の考え方を採ることも，理論的には十分ありうるように思われる（菅野750頁
以下）。

(3) 人選の合理性

次に，人選の合理性について検討するに，Y社は，前年度の人事考課が低
い順という人選基準を設定しているところ，労働者の勤務成績は客観的な基準
と認められること，およびかかる人事考課を用いた人選基準はY社従業員の
約80％が加入しているZ組合との合意に基づいて設定されたものであり，こ
のような労使の判断は尊重されるべきことからすれば，【設問】1では，人選
基準自体の合理性は認められよう。

ただし，前年度のXの人事考課にかかる評価自体が公正ではなかった等の
事情がある場合には，基準の適用・運用の合理性を欠くものとして，人選の合
理性が否定されることになる。

(4) 解雇手続の相当性

最後に，解雇手続の相当性についてみると，確かに，Y社は人員削減を進
めるに当たり，Y社従業員の大多数が加入しているZ組合と，その必要性や
解雇回避措置，人選基準等について説明・協議を行っている。しかしながら，
解雇の対象となっているXはZ組合に加入していないのであるから，この場
合には，Y社はX本人とも説明・協議すべき義務を負っているものと解され
る。にもかかわらず，【設問】1では，X本人に対する説明や協議は行われて
いない。

また，仮にX本人との説明・協議が行われたとしても，その内容が，特別
退職金の支給等の金銭的補償措置に関する提案に終始していたのであれば，(2)
でみた雇用の維持・確保措置を解雇回避努力義務の中心に位置付ける立場から
すれば，説明・協議を尽くしたものとは評価されず，解雇手続の相当性は，や
はり否定されることとなろう。

(5) まとめ

以上を総合して考慮するに，【設問】1ではY社は，②解雇回避努力を尽く
したとは評価できず，また④解雇手続の相当性を欠いているため，Xに対す
る整理解雇は解雇権の濫用（労契16条）として無効と解される。ただし，(2)で
みたように，外部労働市場型の雇用・処遇管理を受けている労働者についての
解雇回避措置をどのように考えるかで，結論が異なる可能性は残る。

2 【設問】2について

【設問】2においては，会社更生手続下における整理解雇の有効性が問われている。このような場合においても，あくまで整理解雇法理を適用の上，4つの考慮要素に即して判断すべきこととなる。

(1) 人員削減の必要性

ただし，各要素について具体的に検討する際には，整理解雇が会社更生手続下において行われたものであることを考慮に入れる必要がある。

この点につき，【設問】2と同じく，会社更生手続下における整理解雇の有効性が争われた裁判例（日本航空〔運航乗務員解雇〕事件・東京高判平成26・6・5労経速2223号3頁）においては，「解雇の有効性の一要素としての人員削減の必要性を判断するに当たっては，会社更生法が更生計画の策定や遂行に付与した法律効果その他を前提として，更生手続における更生計画の策定及びその遂行が有する意義をも踏まえた上で，更生計画等の掲げる諸目標を考慮すべきこともまた当然のことであ」り，「全ての雇用が失われる破綻的清算を回避し，利害関係人に損失の分担を求めた上で成立した更生計画の要請として……事業規模に応じた人員規模とするために人員を削減することは，企業経営上の十分な必要に基づくやむを得ない措置ということができるのであって，人員削減の必要性があった」との判断が示されている。人員削減の必要性の判断に当たり，人員削減を目標として掲げている更生計画の存在を重視した判断といえよう。

もっとも，再建型の倒産手続においては，手続開始から整理解雇の時点までの間に企業業績が回復するという状況変化が生じうる。そうすると，人員削減の必要性の有無が解雇時点において判断される以上，このような状況変化があった場合には，その必要性が否定されることとなるのではないかという点が問題となる。この点，上記の裁判例においても，このような状況変化が生じていたのであるが，裁判所は「更生計画は，……更生裁判所による認可決定がされると，……以降の更生手続は，管財人による更生計画の遂行として進められ（〔会更〕209条），管財人は更生計画に基づいて事業を遂行する義務を負う」こと等からすれば，更生計画を上回る営業利益が計上されたからといって，「管財人としては……更生計画の変更手続を経ることなく直ちに人員削減の一部を遂行しないことはできない」と判断しており，ここでもあくまで更生計画を重視する考え方が堅持されている（この点につき，コンメ労基法・労契法404頁〔荒木尚志〕も参照）。

このような考え方に従えば，【設問】2のA社においても，2018年9月30

日に裁判所により決定・認可された更生計画において，事業規模に応じた人員体制とするために 300 名の人員削減を行うことが目標として掲げられているのであるから，かかる更生計画の遂行のために行われた整理解雇については，たとえ更生計画の認可から解雇時点までの間に，更生計画を大きく上回る営業利益が得られていたとしても，人員削減の必要性は肯定されることになろう。

(2) 人選基準の合理性について

また，【設問】2 においては，運航乗務員のうち年齢の高い順という人選基準が設定されている点が問題となる。この点につき，年齢という基準は使用者の恣意が入る余地が少ないこと，および年齢の高い運航乗務員ほど人件費圧縮効果が高いことに加え，かかる人選基準は A 社と運航乗務員の多数が加入する K 組合との合意に基づいて設定されたものであることを考慮すれば，S 機長を解雇対象者としたことについて，人選の合理性は認められよう。

もっとも，高齢者については再就職が困難であることからすれば，経済的な代償等なしに年齢を人選基準とすることは合理性を欠くとの考え方もありうる（【設問】2 と類似の裁判例である前掲日本航空〔運航乗務員解雇〕事件でも，解雇対象者に特別退職金が支給されていることが，年齢を人選基準として用いることの合理性にとっての一事情として考慮されている）。

(3) その他の事情

なお，【設問】2 においては，A 社は人員削減を進めるに当たり，2018 年 10 月から 12 月にかけて，S 機長も加入する K 組合とその都度協議を重ねているため，解雇手続の相当性は肯定することができる。また，A 社は解雇回避措置として，2019 年 1 月に割増退職金の支給を条件とした希望退職者募集を行っている。これに加えて，【設問】2 では，A 社は S 機長らの雇用維持・確保措置（配転・出向等）を講じる必要はなかったかという点が問題となりうるが，A 社が会社更生手続下にあることを考慮すれば，上記・希望退職者募集によって，A 社は解雇回避努力を尽くしたものと評価される可能性はあろう。

【基本文献】

荒木 303-310 頁／菅野 745-752 頁／土田・概説 281-284 頁／土田・労契法 690-706 頁／西谷・労働法 414-423 頁／野川 381-392 頁／水町 185-189 頁

（山本陽大）

22　退職勧奨・定年制・再雇用

【設　問】

1　L社は，昨今の景気の悪化を受けて，会社の経営状況が本格的に悪くなる前にリストラを行おうと考えていた。しかし，解雇によってリストラをすることは社員からの反発も大きく難しそうであったため，希望退職者の募集を行ったが，L社が十分と考えるほどの応募数ではなかった。そこで，L社は各部署で，個別に退職を勧めることとした。これを受けて，同年8月1日，L社のV営業所の所長Pは退職を勧める対象となる労働者を検討することとした。

　ところで，V営業所の出退勤時刻は労働者の自己申告を管理者が承認するものであったところ，同年8月4日，同営業所所属のAによる出退勤時刻の虚偽申告が同年7月中に2度あったことが発覚した。翌8月5日，所長PがAに事情聴取を行った際，所長PはAに，自主退職と懲戒解雇の違いを詳細に説明した上で，自主退職か懲戒手続を進めるか尋ねたところ，翌同月6日，Aは所長Pに懲戒解雇となるくらいなら自主退職する旨回答した。なお，L社の就業規則には「不正な方法により，出勤もしくは退社の時刻を偽って記録し，または報告したとき」が懲戒解雇事由として定められているが，L社では当該事由に該当した者は数十名を超えるが，虚偽申告回数がAより多い者も含め，懲戒解雇とした例は皆無である。また，就業規則に懲戒処分の際に懲罰委員会が開かれることとなっていたが，同月5日時点で本件に関する委員会は開かれていなかった。

　他方，Bは，同年8月10日退職勧奨の対象となっている社員が集められた部署へ配置換えされ，従前行うことのなかった敷地内の草刈りなどの肉体労働に従事させられていた。ある日，嫌気がさしたBは自ら退職届を所長に提出した。

　⑴　Aは退職願を提出した翌日，やはり会社を辞めたくないと考え，その旨を上司に伝えたが，拒否された。AがL社で働き続けるには，どのような法的手段があるか。

　⑵　Bは退職までの間のL社の処遇によってプライドを傷つけられたと考えており，また，退職後は次の仕事もなかなか見つからないため，L社に精神的・経済的補償を求めたいと考えている。いかなる法的手段があるか。

2　M社は，就業規則で「労働者の定年は，満60歳とし，定年に達した日の属する月の末日をもって退職とする」，「前項の規定にかかわらず，定年後も引き続き雇用されることを希望し，再雇用規程3条に定める再雇用をしない事由に該

当しない労働者については，満65歳までこれを再雇用する」と規定していた。M社の再雇用規程によれば，再雇用契約は期間1年の有期労働契約とし，再雇用後は，原則として定年到達直前に担当していた業務を担当させるが，M社の判断で清掃等の単純業務を担当させることがあるとされていた。なお，配転等の扱いについては，定年前と格別異なる扱いをする旨の規定はない。また，再雇用後の基本給（職務に応じて払われるもの。再雇用前後で同じ趣旨のもの）は定年到達時の5割程度とすることとされていた。

　また，再雇用規程3条は，再雇用をしない事由を規定しており，①別途労使協定で定める基準に該当する場合（定年前の業務実態および業務能力に基づいて評価を点数化した結果，0点を下回る場合等），②勤務状況が著しく不良で従業員としての職責を果たしえない場合などが規定されていた。

　入社以来，事務職を担当してきた労働者Aは，60歳定年により退職するにあたり，M社に対して再雇用を申し入れた。

　(1)　Aの再雇用申入れに対し，M社が，Aが定年到達直前1年間にした職務上のミスが多かったため，評点が0点を下回ったこと（再雇用規程3条①に該当）を理由として，Aの再雇用申入れを拒否した。これに不服があるAは，M社に対してどのような法的請求をすることができるか。

　(2)　(1)と異なり，M社は，Aに対し，(1)の再雇用拒否と同様の理由から，清掃等の単純業務の担当として再雇用する旨を伝えたとする。Aがこれを拒否し，定年到達直前まで担当していた事務職での再雇用を申し込んだものの，結局再雇用されなかった。AはM社に対して，再雇用後の労働条件に関してどのような法的請求をすることができるか。

【解　説】

1　退職勧奨

(1)　退職勧奨の意義

　使用者が労働者に退職に応じるよう勧めることを退職勧奨という。使用者は解雇を避ける目的で，労働者が自発的に退職することを執拗に勧奨し，労働者が不本意ながら退職することがある。そのため，労働者が不本意な退職の意思表示の効力を争うなどの紛争が生じる。この場合，労働者が会社にとどまることを望むケースと，労働者が会社には戻らず損害賠償のみを求めるケースとがある。

　ここにいう退職は，法的には労使の合意による労働契約終了である合意解約と，労働者の一方的意思表示による解約である辞職に区別されうる。期間の定

272　　22　退職勧奨・定年制・再雇用

めのない労働契約における辞職は，労働者は理由を問わず「いつでも」解約の申入れができ，その2週間経過後，契約は終了する（民627条1項）。

(2) 会社にとどまることを望むケース

労働者が会社にとどまることを望むケースでは，まず，退職の意思表示の撤回の可否が問題となる。退職の意思表示は，合意解約の申込みか辞職のいずれかである。前者の場合，使用者の承諾が労働者に到達する前であれば，労働者はその申込みを撤回できる（学校法人白頭学院事件・大阪地判平成9・8・29労判725号40頁）。他方，後者の場合は，その意思表示が使用者に到達した時点で効力が発生するため，労働者はこれを撤回できない。

退職の意思表示が合意解約の申込みか辞職のどちらに当たるかの判断は難しい。そこで，裁判例は，労働者が確定的に労働契約を終了させる意思を有していたことが明らかな場合を除き，退職の意思表示は原則として合意解約の申込みに当たるとする（皆川宏之「退職・不本意退職」争点72頁）。退職の意思表示がいずれに当たるかの判断は，通常は難しい。そこで，労働者が不本意な退職の意思表示をしばしばすること，当該退職の意思表示がいずれになるかによって，労働者の保護に大きな差が生じることなどから，労働者が確定的に労働契約を終了させる意思を有していたことが明らかである場合を除き，原則として，当該退職の意思表示は，合意解約の申込みに当たると解すべきである（土田・労契法634頁参照）。

次に，労働者が退職の意思表示の効力を争う場合，労働法上特別な規制はなく，意思表示の瑕疵に関する民法の諸規定（心裡留保〔民93条〕，錯誤〔民95条〕，強迫〔民96条〕等）により処理される。具体的には，懲戒解雇事由がないにもかかわらずあると誤信した結果なされた退職の意思表示に要素の錯誤（民95条）ありとして無効とされた例，使用者が権利濫用に当たる懲戒解雇や刑事告訴を行う可能性を示すなどして，労働者に退職届を書かせた行為は，強迫（民96条）に当たり無効とされた例などがある（裁判例は，皆川・前掲73頁参照）。

(3) 損害賠償を求めるケース

また，行き過ぎた退職勧奨は，それ自体不法行為を構成しうる（民709条）。そもそも退職勧奨を行うことは使用者の自由であると同時に，それに応じて退職するか否かは労働者の自由意思に委ねられる。そこで，退職勧奨は，その目的・手段・態様からみて，労働者の退職についての自由な意思形成を阻害するものではあってはならず，これを阻害する退職勧奨は労働者の退職に関する自己決定権を侵害するものとして不法行為を構成すると解される（日本アイ・ビー・エム事件・東京高判平成24・10・31労経速2172号3頁，土田・労契法637頁）。

273

例えば，社会通念上相当と認められる限度を超えて十数回にわたり執拗に退職勧奨が行われたケースでは，当該退職勧奨は労働者の精神的自由を侵害する不法行為となり，慰謝料請求が認められている（下関商業高校事件・最一小判昭和55・7・10労判345号20頁＝百選68事件）。なお，退職は労働契約の終了という重大な効果をもたらすことを踏まえると，退職の意思表示は労働者の自由な意思に基づいてなされたものでなければならないと解すべきである。そうすると，上述の判断枠組みにより違法とされた退職勧奨に基づく退職の意思表示は，労働者の自由な意思に基づく退職の意思表示とは認められず，当該退職の効力は否定されるべきと思われる。

他方，違法な退職勧奨により退職せざるをえなかったことで失われた賃金を，逸失利益として請求できるかという問題が生じる。この点，セクハラ訴訟では，労働者が職場に復帰できなくなるまでに職場環境が悪化するのを使用者が放置したことが，使用者の不法行為を構成し，慰謝料のほかに，賃金1年分が逸失利益として認められた例がある（岡山セクハラ事件・岡山地判平成14・5・15労判832号54頁）。これに照らして，違法な退職勧奨により労働者が退職を余儀なくされた場合には，これと同様，使用者の不法行為（あるいは職場環境整備義務違反の債務不履行）が成立し，違法な退職勧奨と賃金不支給の相当因果関係を認め，これを逸失利益として請求しうると解すべきであろう（本書〔第3版〕244頁参照）。

2　定年制

(1)　定年制の意義と有効性

定年制とは，一定年齢到達を理由として労働契約が終了するものをいう。これには，定年年齢到達を理由に解雇する定年解雇制と，定年年齢到達により自動的に労働契約が終了する定年解雇制とがある。前者には解雇予告（労基20条）が必要となる。他方，後者は労働契約終了事由に関する特殊な約定と解される（定年制，高年法に関する学説・裁判例の概況については，山川和義「高年齢者雇用安定法」争点246頁参照）。

定年制は，個々の労働者の労働能力や労働適格性の有無に関わらず，定年年齢到達のみを理由に労働関係を終了させる点で，労働者にとって不利益な制度といえる。しかし，判例は，定年制は，一般に，労働者は加齢に伴い労働適格性が逓減する一方で給与がかえって逓増するところから，人事の刷新，経営の改善等，企業の組織および運営の適正化のために行われるもので，一般的にいって，不合理な制度ということはできないとする（秋北バス事件・最大判昭和

43・12・25民集22巻13号3459頁＝百選18事件，アール・エフ・ラジオ日本事件・東京高判平成8・8・26労判701号12頁等）。学説も，定年制が正社員の長期雇用システムに不可欠なもので，その雇用保障機能や年功処遇機能が維持される限りで，定年制に「それなりの合理性」を認める見解が多い（菅野709頁）。

(2) 高年法と定年制の有効性

高年法8条により，60歳を下回る定年は禁止されている。同条は強行規定と解されるが，その違反の効果については，定年の定めそのものを無効とする説と，60歳未満の定年年齢のみが無効となり60歳定年制が設けられたものとする説とが対立している。

なお，高年法9条の雇用確保措置（後掲3(1)）が講じられていない定年制の有効性について，厚生労働省は直ちに無効とはならないとする（「高年齢者雇用安定法Q&A（高年齢者雇用確保措置関係）」Q1-3・A1-3）が，希望者全員の雇用確保を義務付ける同条の趣旨に照らすと，当該定年制は合理性を欠くものと解すべきである。

3　65歳までの高年齢者雇用確保措置

(1) 高年齢者雇用確保措置

高年法は，高年齢者の安定した雇用確保の促進のため，事業主に60歳未満定年を禁止し（高年8条），65歳までの雇用確保措置の実施を義務付ける（高年9条1項）。この措置には，①定年の引上げ（同項1号），②継続雇用制度の導入（同項2号。定年延長と定年後再雇用〔この場合，契約期間1年の期間の定めのある労働契約となることが多い〕），③定年の定めの廃止（同項3号）があり，事業主はこれらのいずれかを講じなければならない。

事業主がこれを講じない場合，厚生労働大臣は助言・指導，勧告を行うことができ，勧告に従わない事業主の企業名を公表することができる（高年10条）。他方，高年法9条1項違反により雇用が確保されなかった労働者による労働契約上の地位確認請求の可否（私法上の効果の有無）という問題が生じる。裁判例は，雇用政策実現を目的とする高年法の性格，同項の義務内容の抽象性から，同項は公法上の義務規定であり，その違反を理由に労働契約上の地位確認請求は認められないとする（NTT西日本事件・大阪高判平成21・11・27労判1004号112頁等）。他方で，同項の義務の程度の強化（努力義務から義務規定へ）の過程等から，同項違反の場合，労働契約上の地位確認請求が認められるとする見解もある（西谷・労働法393頁。その効果には，65歳定年とするものと，定年の定めがなくなるとするものとがある）。

実施される雇用確保措置の多くが②継続雇用制度の導入であるが，継続雇用制度とは，「現に雇用している高年齢者が希望するときは，当該高年齢者をその定年後も引き続いて雇用する制度」（高年9条1項2号）をいう。

ところで，2004年の雇用確保措置実施義務の新設時，例外的に，継続雇用制度の適用対象を，当該事業場の過半数代表（過半数組合か，それがなければ過半数代表者）との書面による協定で設定した基準で，労働者を選別することが許されていた（高年旧9条2項。以下，「対象基準協定」という）。しかし，公的老齢年金の報酬比例部分の支給開始年齢の段階的引上げに合わせ，2012年の高年法改正により，対象基準協定の規定は廃止された。併せて，同一企業グループ内（一定の子会社や関連会社等の「特殊関係事業主」）での継続雇用が許容され，継続雇用先が拡大されている（高年9条2項）。

なお，対象基準協定については，年金支給開始年齢の引上げが完成する2025年3月31日まで経過措置により，公的老齢年金の報酬比例部分の支給開始年齢以上の者に限って，有効である（対象基準協定の対象となるのは2019年4月以降は63歳以上，2022年4月以降は64歳以上に段階的に引き上げられる〔2025年で廃止〕。なお，2012年改正後は，新規での対象基準協定を締結できない）。

(2) 継続雇用されなかった場合の法的問題

定年後再雇用制度の下では，希望者全員雇用が原則である。しかし，対象基準協定の対象となりうる労働者はその基準に該当する場合，これ以外の者は，心身の故障のため業務に堪えられないと認められるとか，勤務状況が著しく不良で従業員としての職責を果たしえない等，就業規則上の解雇・退職事由に該当する場合には，再雇用拒否が許されうる。もっとも，再雇用拒否が許されるには，客観的に合理的な理由があり，社会通念上相当であることが求められると考えられるとされている（平成24・11・9厚労告560号）。再雇用事由は労使協定でも定められる。

再雇用拒否が違法である場合，高年法9条に私法上の効果がなくとも，別の根拠によって労働契約上の地位確認請求が認められるかが問題となる。最高裁は，対象基準協定により定められた再雇用基準を満たす労働者の再雇用拒否の事案で，雇止めに関する判例法理を参照し，労働者が「雇用が継続されるものと期待することには合理的な理由があると認められ」，継続雇用基準を満たす労働者に対する再雇用拒否は，客観的に合理的な理由を欠き，社会通念上相当であるとは認められないとして，労働契約上の地位確認請求を認容した（津田電気計器事件・最一小判平成24・11・29労判1064号13頁）。

なお，再雇用拒否は違法とされたものの，賃金額が決まっていないことを理

由に労働契約成立を否定し，損害賠償請求のみを認めた裁判例もある（日本ニューホランド事件・札幌高判平成22・9・30労判1013号160頁）。しかし，具体的な賃金額の決定は必ずしも労働契約の成立要件ではないから，労働契約の成立は認め，賃金額等は労働契約当事者の合理的な意思解釈により決定されると解すべきであろう（西谷・労働法397頁，前掲津田電気計器事件は継続雇用規程に従って労働条件を確定）。

(3) 継続雇用後と労働条件の変更

継続雇用後の労働条件に関して高年法に規制がないため，継続雇用後の労働条件決定は労使自治に委ねられる，使用者は合理的な裁量の範囲の労働条件の提示をすれば足りるとされている（前掲「高年齢者雇用安定法Q&A」Q1-9参照）。ただし，労働者の就労意思を削ぐなど労働者が継続雇用を希望できない労働条件は，高年法9条1項の趣旨に反し許されないと解される（協和出版販売事件・東京高判平成19・10・30労判963号54頁）。この点につき，2012年高年法改正の無年金・無収入の期間の発生を防ぐという趣旨に照らして，使用者が定年後に提示した労働条件が到底容認できないような低額な給与水準であったり，社会通念に照らし当該労働者にとって到底受け入れ難いような職務内容を提示するなど実質的に継続雇用の機会を与えたと認められない場合には，当該労働条件の提示は改正高年法の趣旨に明らかに反するものであるとした裁判例がある（トヨタ自動車事件・名古屋高判平成28・9・28労判1146号22頁）。ここでは，定年前後の賃金引下げおよび担当業務の変更が提示されたところ，再雇用後の賃金が老齢厚生年金の報酬比例部分の約85％の収入となったが，これは改正高年法の趣旨に反しないとされた。他方，使用者が提示した清掃等の単純業務は，労働者が60歳以前に担当していた事務職とは全く別個の職種に属する性質の異なったものであり，継続雇用の実質を欠いているとして違法としている。また，高年法9条1項の趣旨（65歳までの安定雇用の確保）に照らして，同項2号に基づく継続雇用制度では定年前後における労働条件の継続性・連続性が一定程度確保されることが前提ないし原則となると解するのが相当であるとして，フルタイム勤務を希望した労働者に対して労働時間が約45％，月収ベースの賃金が約75％減少する労働条件での再雇用の提案に終始したことは，継続雇用制度の趣旨に反し，裁量権を逸脱または濫用したものであり，不法行為に基づく慰謝料請求を認めた裁判例もみられる（九州惣菜事件・福岡高判平成29・9・7労判1167号49頁）。これらの裁判例にみられるように，高年法9条1項の趣旨に照らし，使用者の労働条件に関する合理的裁量も一定程度制約されるべきと解される（土田・労契法645-647頁参照）。

また，定年後再雇用前後でその職務内容や職務内容・配置の変更の範囲が大きく変わらないのに，賃金が大幅に相違している場合には，それは期間の定めを理由とする不合理な労働条件の相違として，違法・無効となりうる（労契20条）。この点，最高裁によれば，労契法20条の適用につき，有期契約労働者が定年後再雇用されたという事情（定年後再雇用者を長期間雇用することは通常予定されていないこと，定年後再雇用者は長年無期契約労働者として賃金を受けてきた者であり，老齢厚生年金の支給も予定されていること）は，同条にいう「その他の事情」として考慮される事情に当たるとされている（長澤運輸事件・最二小判平成30・6・1労判1179号34頁。基本給，職務給，能率給部分の相違について，金額の相違が2〜12％にとどまること，老齢年金の支給が予定され，支給までの間は団体交渉を経て調整給が支給されること等から，当該相違は不合理と認められないとされた）。パート有期雇用法8条（2020年4月1日施行）においても同様の解釈がなされると解される（「短時間・有期雇用労働者及び派遣労働者に対する不合理な待遇の禁止等に関する指針」〔平成30年厚労告430号〕第3の1注2参照）。他方で，パートタイムないし有期雇用の定年後再雇用者の職務内容，当該事業主との雇用関係が終了するまでの全期間における当該職務内容および配置の変更の範囲が，通常の労働者と同一と見込まれる場合には，当該定年後再雇用者がパートタイムないし有期雇用労働者であることを理由に，賃金等の待遇のそれぞれについての差別的取扱いが禁止される（パート有期雇用法9条）。同条の適用判断において，定年後再雇用されたという事情が考慮される余地はない（労契法20条については24を参照）。

【解答への道すじ】

1　【設問】1について

　【設問】1(1)は，AがL社で引き続き働くためには，当該退職の意思表示を撤回できるかどうか，退職の意思表示の効力を否定できるかが問題となる。他方，【設問】1(2)は，本件退職勧奨が不法行為を構成するかどうか，また，その損害の範囲はどこまで及ぶかが問題となる。

(1)　【設問】1(1)──退職の意思表示の撤回

　まず，Aは，退職の意思表示を撤回できればL社において引き続き働くことができる。退職の意思表示の撤回の可否は，退職の法的性格によって異なる。これが合意解約の申込みである場合は，使用者が承諾の意思表示をする前であれば撤回できる。他方，これが，労働者による一方的な解約の意思表示である

辞職である場合には，その意思表示が使用者に到達した段階でその効力が発生し，撤回できない。

本件では，例えば，退職勧奨の有無に関わらずＡが辞める決意をしていたなどの，Ａが確定的に労働契約を終了させる意思を有していたことが明らかである事情は存在しない。したがって，Ａの退職の意思表示は合意解約の申込みに当たると解される。

【設問】1(1)によれば，上司がＡの退職の意思表示の撤回を拒否している。これにＬ社の承諾の意思表示が含まれると評価した場合には，Ａは本件退職の意思表示を撤回できない。他方，Ｌ社の承諾の意思表示を認めるには，より明確な意思表示が必要と解すれば（退職時にはそれを認める辞令が常に交付されるなど），上司による撤回拒否のみをもって，退職の意思表示に対する承諾と評価すべきでなく，Ａは退職の意思表示を撤回できると解される。

(2) 【設問 1】(1)——退職の意思表示の効力

Ａが本件退職の意思表示を撤回できない場合，本件退職勧奨がＡの退職についての自由な意思形成を阻害したといえるのであれば，本件退職勧奨は不法行為を構成する（民709条）。これは同時に，Ａの自由な意思による退職の意思表示とは認められず，退職の効力は否定されるべきと解される。自主退職か懲戒手続きを進めるかを尋ねているところから，所長Ｐによる退職勧奨の目的はＡの本件虚偽申告を理由とする懲戒解雇が有効となると誤信させることで，自主退職に追い込むことと考えられる。そうすると，本件退職勧奨には目的の合理性が認められず，本件退職勧奨はＡの退職についての自由な意思形成を阻害したといえ，不法行為を構成し（同条），同時に，本件退職の意思表示はＡの自由な意思に基づくものと認められないことから，退職の効力は否定され，ＡのＬ社に対する労働契約上の地位確認請求は認められると解される。

以上に該当しない場合でも，Ａの退職の意思表示が強迫（民95条），錯誤（民96条）によるものといえれば，その効力が否定され，ＡはＬ社で引き続き働くことができる。本件では，本件虚偽申告はＬ社就業規則の懲戒解雇事由に確かに該当するものの，従前の例と比較し懲戒解雇は重きに失するし，就業規則所定の懲戒手続もふまれておらず，懲戒解雇は無効となるものであったと解される。そうすると，所長Ｐが本件虚偽申告に関する事情聴取で，自主退職と懲戒解雇の違いを詳細に説明した上で，自主退職か懲戒手続を進めるか尋ねたことにより，Ａが本件虚偽申告により懲戒解雇されると誤認して本件退職の意思表示をしたと考えられ，これは要素の錯誤に該当しうる。Ａが所長Ｐに懲戒解雇になるくらいなら自主退職すると表示していることも合わせると，

Ａの退職の意思表示には要素の錯誤があり，無効となると解すべきである（民95条）。よって，ＡのＬ社に対する労働契約上の地位確認請求は認められると解される。

(3) 【設問】1(2)――違法な退職勧奨と損害賠償

使用者による退職勧奨は，社会通念上相当と認められる限度を超えて執拗に行われた場合には，労働者の退職についての自由な意思形成を阻害したものとして，労働者の精神的自由を侵害する不法行為を構成し，労働者は精神的損害について慰謝料を請求することができる。本件では，上司らによるＢに対する退職勧奨が毎日のように行われ，また，退職勧奨の対象者のみを集めて，従前の業務経験と関係のない肉体労働に従事させていたことが，社会通念上相当と認められる限度を超えた態様の退職勧奨といえ，これにより，労働者の精神的自由を相当に侵害したものとして不法行為が成立すると解される。よって，ＢはＬ社に対して慰謝料を請求できると解される。

次に，Ｂは慰謝料のほかに，財産的損害についての損害賠償を求められるかが問題となる。この点，違法な退職勧奨によって，Ｂが退職せざるをえなくなるほどに職場環境を積極的に悪化させたことが，Ｌ社が労働契約上負っている職場環境を整備する義務に違反しているといえること，労働者は不本意な退職を強要されたという大きな損害を被っていることからすれば，使用者の不法行為が成立すると解される。この場合の損害は，不本意な退職による本来支払われるべき賃金の不支給であり，ＢはＬ社に対して，一定期間の賃金不支給分について，損害賠償を請求できると解される。他方，退職は最終的には労働者の意思決定によるものであることを重視した場合，Ｂが退職せざるをえなくなる職場環境をＬ社が作り出したとしても，Ｌ社の責任はそのような環境を作り出したことにより発生する損害にとどまり，退職したことによる賃金不支給には及ばないと解される。

2 【設問】2について

【設問】2(1)では，60歳定年後の65歳までの再雇用制度の下で再雇用が拒否された場合，①再雇用拒否の違法性判断枠組みとその法的救済内容が問題となる。【設問】2(2)では，再雇用後，賃金が再雇用前と比べて大幅に引き下げられた場合，労働者の使用者に対する損害賠償請求等が認められるかが問題となる。

(1) 【設問】2(1)――再雇用拒否の違法性判断枠組み

Ｍ社の再雇用制度は，高年法9条1項2号の継続雇用制度に当たる。この制度が希望者全員雇用を原則とすることを踏まえると，Ｍ社が再雇用を拒否する

には，勤務状況が著しく不良で従業員としての職責を果たしえないなど，就業規則の解雇・退職事由に該当し，かつ，当該再雇用拒否が客観的に合理的な理由があり，社会通念上相当と認められる必要があると解される。なお，労使協定で定めた基準（高年旧9条2項）の対象となる労働者に対しては，その基準による再雇用拒否が許される。

　本件では，高年法の経過措置により，Aが労使協定で定めた基準の適用対象となる場合，Aが再雇用規程3条の①に当たるかどうかが問題となる。この点，M社によるAの評点計算が妥当であれば，本件再雇用拒否は違法とならないと解される。次に，Aに労使協定の基準が適用されない場合，Aが再雇用規程3条の②に該当し，本件再雇用拒否が客観的に合理的で社会通念上相当と認められるかが問題となる。この点，Aの職務上のミスが多かったことが，直ちに再雇用規程3条の②に該当するとは考えにくいことから，再雇用拒否は高年法に反する違法なものと解される。

(2)　**【設問】2(1)──違法な再雇用拒否の法的救済**

　もっとも，高年法9条1項は公法上の義務規定であると解されるため，これらの枠組みに反してM社が再雇用を拒否した場合でも，Aは労働契約上の地位確認請求をすることはできない。他方，高年法9条1項違反に私法上の効果を認めた場合は，これらの枠組みに反する再雇用拒否は違法となり，M社の再雇用規程に従い，AとM社との間で1年の期間の再雇用契約が成立すると解すべきである。

　高年法9条によらず，他の根拠によって再雇用拒否を違法とし，Aの労働契約上の地位確認請求が認められるかが問題となる。高年法の継続雇用制度における再雇用拒否については，労働者に継続雇用を期待する合理的理由が認められる場合には，当該再雇用拒否に客観的に合理的な理由が認められ，かつ，社会通念上相当であると認められなければ，労働者が再雇用されたのと同様の労働契約の存続が認められるものと解される（前掲津田電気計器事件）。まず，Aに労使協定による基準が適用される場合，Aが再雇用規程3条の①の再雇用の拒否事由に該当していない場合は，Aの再雇用への期待には合理的な理由があると解される。そして，再雇用拒否事由に該当しない本件再雇用拒否には客観的に合理的理由がなく，かつ，社会通念上相当であるとは認められず，Aの労働契約上の地位確認請求が認められると解される。他方，Aに労使協定による基準が適用されない場合でも，希望者全員雇用が原則である以上，65歳までの雇用確保措置の対象となる間，Aの再雇用への期待には当然に合理的理由があると解される。また，上述のように，Aには再雇用規程3条の②

281

に該当する事由がないと考えられるため，やはり本件再雇用拒否は同様に違法
であり，Ａの労働契約上の地位確認請求は認められると解される。

(3) 【設問】2(2)──再雇用後の労働条件

高年法には定年後再雇用後の労働条件についての規制はないが，再雇用後の
労働条件の変更は，高年法の趣旨に照らし，労働者が再雇用を希望できない内
容であってはならず，定年後の無年金・無収入の期間の発生を防ぐ観点から，
実質的に継続雇用の機会を与えたと認められない労働条件の提示は，違法と解
すべきである。そうすると，Ｍ社により提示された清掃等の単純業務は，Ａ
が定年到達以前に担当していた事務職とは全く別個の職種に属する性質の異な
ったもので，継続雇用の実質を欠き，Ｍ社による当該業務の提示を含む再雇
用の申入れは違法であると解される。したがって，ＡによるＭ社に対する不
法行為に基づく損害賠償が認められると解される。

他方，Ａが再雇用規程にしたがって事務職での再雇用を申し込んでいる以
上，Ｍ社は(1)と同様の理由から事務職としての再雇用を拒否していることに
なるから，【設問】2(1)と同様の範囲で，労働契約上の地位確認請求が認めら
れるとも解される。その場合，再雇用前後でＡの担当業務が同一であるにも
かかわらず，賃金は定年前と比べ，半分程度となる。これは，期間の定めを理
由とする不合理な労働条件の相違として，違法となりうる（労契20条）。

この点，Ａの担当業務は期間の定めのなかった定年前と同一であり，担当
業務の内容・配置の変更の範囲も同一といえる。他方，Ａは定年後再雇用で
あり，長期雇用が前提とされていないことや，定年前に長期間無期雇用労働者
として賃金を受けてきた者であり，老齢厚生年金の支給の予定があることがそ
の他の事情として考慮されるべきと解される。しかし，本件では基本給が職務
に応じて支払われるものでありその趣旨が再雇用前後で変わらないにもかかわ
らず，その額が半分程度となることを踏まえると，その他の事情を考慮しても，
Ａの再雇用前後の賃金の相違は不合理なものと解される。よって，再雇用規
程の賃金部分は無効となり，ＡはＭ社に対して，再雇用前の賃金との差額相
当額の損害賠償と慰謝料の請求をすることができると解される（労契法20条に
ついては24を参照）。

【基本文献】
荒木315頁／菅野703頁／土田・概説259頁／土田・労契法631頁／西谷・労働
法388頁／野川354頁／水町192頁

（山川和義）

23 雇用平等(1)——男女平等

【設 問】

1 女性労働者 A は，子供向け雑誌や図書の出版・販売を業とする L 社に大学卒業後の 1985 年に入社し，25 年勤務している。L 社には，従業員が約 40 名おり，そのうち約 30 名が図書や雑誌の編集業務に従事している。

A とほぼ同時期に大卒で L 社に入社した者は，A も含めて 3 名であり，他の 2 名は男性で，いずれも順調に昇進を重ね，25 年後には書籍出版担当課長と雑誌編集担当課長に就いている。ところが A だけは，途中で 1 回，1 年間の産前産後休業と育児休業を取得したことも影響してか，いまだに主任相当の雑誌編集責任者のままである。A は，同期入社の男性職員と比べて，図書や雑誌の編集についての責任の程度や技能等で劣ることがないと考えているが，男性職員との賃金額の差額分（年収で約 200 万円）の請求は可能だろうか。

なお，L 社の人事処遇では，入社後約 15 年で主任，20 年で係長，25 年で課長，30 〜 35 年で部長に昇進するのが通例であり，男性職員はほぼこのとおりに昇進してきた。

2 女性労働者 B は，2003 年の採用以来，M 大学付属病院（M 病院）に 15 年勤務するレントゲン技師で，副主任の地位にある。M 病院は，地域の中核病院で，ベッド数約 800 床，非常勤も含め約 700 名の看護師，レントゲンや血液検査等に従事する技師約 300 名を擁している。

B は，4 年前に結婚し，妊娠 6 ヵ月を迎え，それまで月数回夜勤に従事してきたが，業務軽減として昼間勤務への配置換えの希望を病院に伝えた。当事者間で話合いが持たれ，M 病院は配置換えの場合には副主任を免じなければならないと主張し，B はこれに納得しなかったが，産前休業の取得や産後の職場復帰に差し障りが出ることを心配して，やむをえず病院の提案に同意した。

B は，産後休暇と育児休暇を計 8 ヵ月取得し，子供の保育園の目処がついたため，2016 年 4 月に職場復帰したが，従来 B が就いていた副主任には同僚の C が就いていたために，数年間副主任職に復帰することはなかった。B は，副主任職への復帰と，この間の賃金差額を損害賠償として請求することができるだろうか。

3 N バス会社では，新入職員の歓迎会，忘年会，社員旅行等が活発に行われているが，その度に女性職員は男性職員へのお酌や芸の披露を強要される。D 女は，こうした行為がセクシュアル・ハラスメントに当たるとして，職場の上司に何度も中止を申し入れ，部長にも直訴したが改善されなかった。D は，仕事自

体には満足しており，長く続けたいと考えていたが，宴会の席での行為が何ら改善されることがないために，こうした席に参加することを拒否したところ，上司から執拗に嫌がらせを受け，結局退職せざるをえなくなった。Ｄは，会社に対して損害賠償請求ができるか。

【解　説】

1　男女雇用平等法制

(1)　男女雇用平等とは

　男女雇用平等とは，募集・採用に始まり，配置，教育訓練，福利厚生の利用，賃金支払，人事処遇そして退職に至るまでの雇用のすべてのステージで，性に関係なく労働者が平等に取り扱われることをいう。憲法14条1項は，人種，信条や社会的身分と並んで性別を理由に「政治的，経済的又は社会的関係において，差別されない」ことを基本的人権として保障しているが，男女雇用平等は，性別による差別禁止が雇用の場（労使という私人間）において実現されることを意味する。

　雇用の場における男女の処遇の在り方や法制は，その時代の社会制度や慣行，あるいは人々の意識を大きく反映している。そして，女性を中心にした労働者の積極的な働きかけ（労働協約を通じての差別解消，裁判闘争や立法へ向けた運動等）があり，それが企業の雇用慣行を変えたり，法律の制定やその改正へとつながっている。その意味で雇用平等の歴史は，正にイェーリングがいう「権利のための闘争」の歴史であったし，今後もそうである。

(2)　男女雇用平等の第1ステージ

　1947年に制定された労基法は，第6章の中で年少者と並んで女性（制定当時は「女子」で，1997年法改正で「女性」となった）を特別の保護の対象としたが，そのことは逆に男性にとっては差別となる可能性がある。そのために労基法3条は，差別禁止理由から「性別」を除外している。ただし賃金については，労働条件の中で最も差別が大きいことから，その解消のために，同法4条は性による差別禁止を特別に定めている。制定当時の労基法は，男女平等よりは女性の保護の側面を強く持っていたといえる。

　その後の推移は，一方では雇用平等の強化へ，他方では，労基法の女性の保護規定のうち母性保護の面は強化しながら（産後休業期間の延長等），「弱い性」あるいは「家庭責任負担者」としての女性の保護規定を漸次廃止していく（時間外・休日労働や深夜業の制限の縮小そして最終的な撤廃等）というものであった。保護規定の廃止の理由としては，職場環境の変化や女性の体力の増進等のほか

284　　23　雇用平等(1)

に，保護規定が女性の職場進出や平等の実現の阻害要因になっていることが挙げられた。しかし，男性並みに働かざるをえない状況が，果たして女性の職場進出や平等の実現につながるのか，むしろその逆の現象が起きてしまうのではないか，といった疑問も出され続けてきた。なお家族的責任については，その後男女共通の育児休業・介護休業に関する法制が制定され，充実してきている。

雇用平等についていえば，1985年（昭和60年）に制定された雇用機会均等法（均等法）は，一方では雇用における男女の機会・待遇の均等の促進を目的としながら，他方では勤労婦人福祉法を継承して，女性労働者の就業促進や家庭責任との調和の推進を目的としていた（1条）。また同法は，性による差別禁止あるいは平等取扱いを定めるのではなく，女性労働者の地位向上を目的として制定されたものであるので，女性を特に有利に扱うことは許されると解されていた（昭和61・3・20婦発68号等）。したがって，「男子正社員，女子パート募集」は均等法違反となるが，「男女正社員，女子パート募集」は同法違反にはならないとされていた。この意味で雇用機会均等法は，片面性を有していたことになる。また，定年・退職は差別禁止規定であったが，その他の募集・採用，配置・昇進に関しては，事業主（使用者）は均等な機会を与える努力義務を負うとされるにとどまった。

1985年の雇用機会均等法の制定は，日本で初めて本格的な雇用平等法ができたという意味で画期的なものであったが，幾つかの問題も抱えていた。例えば，片面的な性格から，かえって多くの職場を女性のみの職場と考えるようになり，職の固定化を招くという問題があった。法制定後には総合職と一般職とを分ける「コース制」を導入する企業が増えたが，実際には一般職に女性が集中した。雇用機会均等法は過渡的な立法であり，早晩差別禁止の徹底や実効性確保のために改正を必要とするものであった。

(3) 男女雇用平等の第2ステージ

1997年に雇用機会均等法は，大改正されている（施行は1999年4月から）。主な改正点は，次のようなものである。

①従来は努力義務にすぎなかった募集・採用が，強行規定に改められた。

②同じく努力義務の規定であった配置・昇進に関する規定も，禁止規定に改められた。

③紛争解決手段の中心を担う機会均等調停委員会の調停について，従来は双方合意による申請が要件であったが，女性の一方的申請による調停開始が可能となった。

④ポジティブ・アクションが初めて設けられた。

⑤セクシュアル・ハラスメントの配慮義務規定が導入された。

こうした改正を受けたが，改正均等法はあくまで女性（以前の「女子」や「婦人」が「女性」に改められた）に対する差別だけを禁止しており，性別に基づく差別禁止法ではないし，間接差別のような新たな差別法理には対応できていなかった。

(4) 男女雇用平等の第3ステージ

そこで，2006年に更なる改正が施されている（施行は2007年4月から）。主な改正点は，次のようなものである。

①法が，女性に対する差別を禁止する法から「性別にかかわりな」く差別を禁止する法に改正され，いわゆる性差別禁止法となった。

②禁止される差別の対象が拡大され，降格，職種や雇用形態の変更，退職勧奨，労働契約の更新が新たに追加された。それと同時に，差別禁止が，募集・採用と（5条），採用後のその他の労働条件（6条）に分けられている。

③いわゆる「間接差別の禁止」が新たに導入された（7条）。省令で定められているのは，募集・採用に当たり，一定の身長，体重または体力を要件とすること，コース別雇用管理制度における総合職の募集・採用に当たり全国転勤を要件とすること，昇進に当たり転勤経験を要件とすることである（雇均則2条）。

④前述のように，改正均等法は性差別禁止法に変わったが，女性については婚姻，妊娠，出産等を理由とした不利益取扱いが現にあるために，それを禁止する規定が設けられた（9条）。

⑤改正前の均等法は，新たに職場における男性の女性に対するセクシュアル・ハラスメント（性的いやがらせ）の発生を未然に防止するための雇用管理上の配慮を事業主に義務付けていたにすぎなかったが，今回の改正により，性別に関係なく，その防止等のための措置を講ずることが事業主の義務とされた（11条）。

2 労基法4条の賃金差別

労基法4条は，「賃金」について女性であることを理由とした差別を禁止している。この賃金差別には，2つのタイプが存在する。

その1は，性別により異なる賃金体系を設けたり（秋田相互銀行事件・秋田地判昭和50・4・10労判226号10頁，内山工業事件・広島高岡山支判平成16・10・28労判884号13頁），賞与や一時金の支給，昇給率について男女で異なる基準を設ける（日本鉄鋼連盟事件・東京地判昭和61・12・4労判486号28頁）など，「性によることが明白な差別」である。これらの事例では，使用者が異なる制度を設ける合理性を立証しない限り，違法な賃金差別と推定される。賃金体系自体

は同一でも，人事考課や査定等の運用で性による差が生じる場合には，この類型に分けることができる。この場合には賃金差別の違法性の立証を労働者の側で個別に行うことになるが，人事資料が使用者側にあるので立証は困難である（職務内容，責任，技能等の面で違いがないのに男女間で基本給に差が出ていることが立証された事例として，日ソ図書事件・東京地判平成4・8・27労判611号10頁）。なお，原告労働者側からの立証を容易にするために，民訴法220条による文書提出命令が利用されることがある（例えば京ガス事件・京都地決平成11・3・1労判760号30頁では賃金台帳の提出が，商工組合中央金庫事件・大阪地決平成10・12・24労判760号35頁では職員考課表の提出が命じられている。39も参照）。

　その2は，賃金支給の基準自体は性に中立的であるが，その実際の運用が性差別に当たったり，一見中立的な基準が性差別の便法として用いられているような場合である。住民票上の世帯主の家族扶養手当を支給する「世帯主条項」は，性に中立的であるから，これに該当するかが問題となる。世帯主条項が性差別に当たるとされたのは，配偶者に所得税法上の扶養控除限度額を超える所得があるときには男性のみを世帯主と扱うと規定されている場合である（岩手銀行事件・仙台高判平成4・1・10労判605号98頁）。この場合には，世帯主条項はもはや性に中立的とはいえない。これに対して，世帯主条項の世帯主を，住民票上のそれではなく，家計の主たる担い手で収入の多い方とした場合には，結果として手当の支給対象者が男性に限られたとしても，違法な性差別には当たらないとされている（日産自動車事件・東京地判平成元・1・26労判533号45頁）。

3　雇用平等と差別の解消

(1)　賃金差別

　就業規則等における賃金規定で女性を排除している場合，この部分が労基法4条に反して無効となり，女性労働者は残存している規定を根拠に賃金請求を行うことが可能である（家族扶養手当に関する前掲岩手銀行事件）。しかし，裁判例の多くは，女性に対する賃金差別（例えば女性に対して低い賃金表を定め，これを長年改めなかった）事案においても，労基法4条違反を肯定しながら，差額賃金請求ではなく，不法行為に基づく損害賠償請求として処理している（前掲内山工業事件）。

(2)　定年制の差別

　均等法が制定される以前には，性による賃金以外の労働条件の差別的取扱いについては，憲法14条1項，民法1条ノ2（現行2条）・90条を用いて「公序」の内容を検討するという方法で対処するしかなかった。そして，こうした

形で男女平等に関する判例法理が形成されていった。その典型が，就業規則における男性 60 歳，女性 55 歳という 5 歳違いの差別定年制が，「性別のみによる不合理な差別を定めたものとして」，憲法 14 条 1 項や民法 1 条ノ 2 を参照して解釈される民法 90 条の公序に違反すると解した最高裁判決である（日産自動車事件・最三小判昭和 56・3・24 民集 35 巻 2 号 300 頁）。同判決は，憲法 14 条 1 項の私人間適用について，間接適用説の中でも限りなく直接適用説に近い考え方を示している。

今日では，性による差別定年制の事案では，当該規定が均等法 11 条（現行 6 条 4 号）に反し，公序良俗違反として無効とするとされる（男女で異なる定年年齢を定める規定を無効としたものとして，大阪市交通局協力会事件・大阪高判平成 10・7・7 労判 742 号 17 頁）。これらの事案では，就業規則における女性の差別定年制が無効とされ，その結果，男性に適用されている定年制が女性にも適用されることになる。

(3) 昇進・昇格での差別

定年制以外の解雇，雇止め，人事異動などの法律行為については，差別に当たる場合，均等法 6 条違反として当該行為は無効となるし，また公序違反の不法行為となりうる。裁判例において議論となるのは，昇級，昇格，昇進差別の救済である。

昇級や昇格では査定によって新たな格付けがされることが多いが，この査定において男女間で定型的に，あるいは個人ごとで異なる評価がされ，その結果として昇格や賃金で差別が生じる。このような差別事案では，使用者の昇格発令行為がなければ上位職への昇格はなく，またその地位での賃金請求権はないため，昇格請求も，また昇格によって得られたであろう賃金との差額請求もできず，不法行為による損害賠償請求しか認められない（社会保険診療報酬支払基金事件・東京地判平成 2・7・4 労民集 41 巻 4 号 513 頁）。

これに対して，男性の昇格については査定をせずに年功的要素を考慮し，ほぼ全員が昇格している事案では，労基法 13 条や使用者の平等取扱い義務等を根拠に，上位職で扱われる地位の確認請求とそこで得られる賃金との差額請求が認められている（芝信用金庫事件・東京高判平成 12・12・22 労判 796 号 5 頁）。昇格請求については，14 も参照。

(4) 妊娠等を理由とした女性の不利益取扱い

均等法 9 条では，女性労働者について，婚姻，妊娠，出産を退職事由として定めること（1 項），婚姻を理由とした解雇が禁止され（2 項），妊娠，出産，産前産後休業，妊娠や出産に際して労基法の母性保護措置や雇用機会均等法の母性健康管

理措置を受けたことを理由に解雇その他の不利益取扱いをすることが禁止される（3項，雇均則2条の2）。これらに反する解雇等も無効となる。また，事業主が，当該解雇が3項に規定する事由を理由とするものでないことを証明しない限り，妊娠中および出産後1年を経過しない労働者の解雇は無効となる（4項）。

　均等法9条3項について，最高裁は次のような解釈を行っている（広島中央保健生協〔C生協病院〕事件・最一小判平成26・10・23民集68巻8号1270頁＝百選17事件）。

　（ア）「一般に降格は労働者に不利な影響をもたらす処遇であ」り，「女性労働者につき妊娠中の軽易業務への転換を契機として降格させる事業主の措置は，原則として」均等法9条3項の禁止する取扱いに当たるものと解される。

　（イ）「当該労働者につき自由な意思に基づいて降格を承諾したものと認めるに足りる合理的な理由が客観的に存在するとき」（例外事由①），または「事業主において当該労働者につき降格の措置を執ることなく軽易業務への転換をさせることに円滑な業務運営や人員の適正配置の確保などの業務上の必要性から支障がある場合であって，その業務上の必要性の内容や程度及び上記の有利又は不利な影響の内容や程度に照らして，上記措置につき同項の趣旨及び目的に実質的に反しないものと認められる特段の事情が存在するとき」（例外事由②）は，事業主の措置が例外的に許される。

　同判決は，例外事由①について，労働者の「自由な意思に基づいて降格を承諾したものと認めるに足りる合理的な理由が客観的に存在するということはできない」と判示し，例外事由②について，「軽易業務への転換に伴い副主任を免ずる措置を執ったことについて，〔病院〕における業務上の必要性の有無及びその内容や程度が十分に明らかにされているということはできない」として，この点についての審理を求めて事件を高裁に差し戻したが，高裁判決は病院の業務上の必要性を否定している（広島高判平成27・11・17労判1127号5頁）。

4　セクシュアル・ハラスメント

⑴　セクシュアル・ハラスメントの立法規制

　セクシュアル・ハラスメントとは，一般には，「相手方の意に反して行われる性的な発言・行動」を意味するが，雇用の場では，「対価型ハラスメント」と「環境型ハラスメント」とがある。対価型とは，職場における女性労働者の意に反する性的言動に対する労働者の対応により「女性労働者が解雇，降格，減給等の不利益を受けること」を，また，環境型とは，こうした言動により「女性労働者の就業環境が不快なものとなったため，能力の発揮に重大な悪影

289

響が生じる等当該女性労働者が就業する上で看過できない程度の支障が生じること」をいう。「職場」については，「労働者が業務を遂行する場所」を指し，通常の就業場所のほか，取引先の事業所や打合せのための飲食店，あるいは社員が参加する懇親会の会場等もこれに該当する（横浜セクシュアル・ハラスメント事件・東京高判平成9・11・20労判728号12頁）。

　セクシュアル・ハラスメントについては，雇用機会均等法の制定当時は何も規定がなかった。その後1997年改正の際に，対価型と環境型の双方について，その防止に関する事業主の配慮義務が規定化された。さらに，2006年改正で，同法が性差別禁止法になったことに伴い，セクシュアル・ハラスメントも性に関係なく認められ，また一定の措置を講ずることが事業主の義務とされた（11条）。具体的には，セクシュアル・ハラスメントに対する雇用管理上の措置として，使用者には，ガイドラインの策定と周知，苦情処理制度の設置，実際にセクシュアル・ハラスメントが発生した場合に当事者の配転や懲戒処分等を行うことが求められている（11条2項に基づく指針）。こうした措置を講じないことは，適正な職場環境を維持する義務あるいは注意義務に反すると評価される。

(2)　セクシュアル・ハラスメントと損害賠償

　民事訴訟では，被害者が加害者である上司等に対し，あるいは会社に対して損害賠償を請求するという形で責任を追及することがかなり以前から行われてきた。これには次のような2つの方法が考えられる。

　その1は，直接加害を行った上司に対して民法709条の不法行為に基づく損害賠償請求を行い，加えて使用者に対して民法715条による使用者責任を追及することが考えられる（福岡セクシュアル・ハラスメント事件・福岡地判平成4・4・16労判607号6頁＝百選16事件）。このケースでは，上司が有している人事措置を圧力手段として用いるなど，会社の業務に関連してセクシュアル・ハラスメントを行ったということが必要となる。なお，このケースでも，被害を受けた労働者が改善策や加害者の処分を求めているにもかかわらず，会社がそれを行わない場合には，会社の債務不履行となる可能性がある。

　その2は，勤務時間中に下品な発言をしたり，猥褻な行為をした労働者に不法行為に基づく損害賠償請求をするとともに，会社に対して「適切な職場環境を維持する義務」があり，それに違反したとして損害賠償請求をするケースである（三重セクシュアル・ハラスメント事件・津地判平成9・11・5労判729号54頁）。その1のケースと異なり，労働者の行為が会社の業務遂行と関連しないために，会社に対しては債務不履行責任を追及することになる。この場合の適切な職場環境を維持する義務は，安全配慮義務と同じく，労働契約における信

義則上の付随義務と構成される。

　セクシュアル・ハラスメントにより侵害される被害者の権利（利益）は，一般に，「働きやすい職場環境の中で働く利益」や「性的自由」あるいは「性的自己決定権」といった人格的利益（人格権）である。したがって，損害賠償の対象は，通常はこうした利益侵害に対する慰謝料である。しかし，場合によっては，財産的損害の賠償請求が認められる場合もある。たとえば，会社内でのセクシュアル・ハラスメントやプライバシー侵害行為に対して会社に抗議し，その是正を求めたにもかかわらず拒否され，結局退職を余儀なくされた事例で，経済的損害（逸失賃金）の賠償請求が肯定されている（京都セクシュアル・ハラスメント事件・京都地判平成 9・4・17 労判 716 号 49 頁。逸失賃金については失業保険が給付される 180 日分の賃金相当額を認容）。

【解答への道すじ】

　【設問】1 では，男女間での昇格差別とその結果としての賃金差別が問題となっている。ここでのポイントは，男性について昇格が査定や評価に基づいて行われているのか，もしそうだとしたら A を昇格させなかったことについて差別は存在していなかったのかである。これに対して，男性の昇格が年功的要素を重視し，ほぼ全員が（懲戒処分を受けた等の理由がない限り）昇格していた場合には，A を昇格させなかった合理的な理由があるのかが検討されなければならない。

　【設問】では，入社後の勤務年数によって昇格させるのが通例で，男性はほぼこのとおり昇格してきたというのであるから，後者の事案と考えられる。この場合には，A は，従事してきた職務内容，技能や責任の程度等が，同期入社の男性と比べて劣っていないことを主張すれば，使用者側が積極的に A がこれらの点でかなり劣っていることを反証しない限り，差別が認定される（なお，前者の事案では，A が積極的に技能等で男性と同等であることの立証が必要となる）。産前産後休業や育児休業等を取得したことは，不利益取扱いの合理的な理由とはなしえない（雇均 9 条 3 号参照）。

　以上の結果，昇格差別が均等法 6 条 1 号に反して無効と判断されると，A には同期男性との賃金差額分の損害賠償を求めることができる。また，前掲芝信用金庫事件と同様の事案であれば，労基法 4 条や 13 条，あるいは使用者の平等取扱い義務を根拠に同等の地位での処遇を求める地位確認と差額賃金請求も可能となりうる。

　【設問】2 では，【解説】3(4)で紹介した前掲広島中央保健生協〔C 生協病院〕事件が参考になる。事案は，病院に理学療法士として勤務し，副主任（手当が月 9500

291

円）に昇格していた女性Xが妊娠したため，労基法65条3項に基づいて軽易な業務への転換を希望したところ，病院は，同部署には既に副主任がいるためXに対し副主任を解任する措置を行い，育児休業復帰後も希望業務に既に副主任がいることから副主任に昇格させる措置を講じなかった。Xは，副主任への降格措置が均等法9条3項に違反すると主張し，副主任手当と損害賠償を請求した。

したがって，Bのように副主任職を免除する降格は，女性労働者につき妊娠中の軽易業務への転換を契機として降格させる措置であり，労働者に不利な影響（とりわけ賃金）をもたらす処遇となり，原則として均等法9条3項の禁止する取扱いに当たるものと解される。

この場合に，「当該労働者につき自由な意思に基づいて降格を承諾したものと認めるに足りる合理的な理由が客観的に存在する」（例外事由①）か，または「事業主において当該労働者につき降格の措置を執ることなく軽易業務への転換をさせることに円滑な業務運営や人員の適正配置の確保などの業務上の必要性から支障がある場合であって，その業務上の必要性の内容や程度及び上記の有利又は不利な影響の内容や程度に照らして，上記措置につき同項の趣旨及び目的に実質的に反しないものと認められる特段の事情が存在する」（例外事由②）かを検討し，これらがなければM病院のとった措置は違法となる。

その効果としては，降格処分の無効とそれに伴う不払の差額賃金について損害賠償を請求することができる。

【設問】3は，環境型ハラスメントが問題となっている事案である。裁判例としては，【解説】4(1)で紹介した前掲横浜セクシュアル・ハラスメント事件が参考になる。社員旅行や懇親会の席上も職場に当たり，男性へのお酌や芸の披露を強要する行為は，セクシュアル・ハラスメントの典型例である。また，上司のこうした行為は，上司が有している権限を利用して部下に不愉快な行為を強要するもので，パワー・ハラスメント（大和田敢太『職場のハラスメント』〔中公新書，2018年〕を参照）に該当する可能性もある。上司のセクシュアル・ハラスメントが原因で意にそわない退職に追い込まれた場合，経済的損失として一定期間の継続雇用によって得られた利益について損害賠償請求も可能となる（前掲京都セクシュアル・ハラスメント事件を参照）。

【基本文献】

荒木91頁／菅野240頁，247頁／土田・概説290頁／土田・労契法723頁／西谷・労働法98頁／野川552頁／水町215頁

（和田　肇）

24 雇用平等(2)
——労基法3条・労契法20条等

【設　問】

1　Y社は，各種学校の受験指導や外国に留学する為の語学習得に関する業務を主な目的とし，関東を中心に複数の語学学校を経営している株式会社である。

　Y社は日本人の講師を採用するに当たっては無期契約を，外国人を雇用するに当たっては期間1年の有期契約を締結していた。給与体系も日本人講師の場合には勤続年数をベースとして人事評価を経て算出するもので，退職金制度も設けているが，外国人講師の場合には年俸制が採用され勤続年数はほとんど考慮せず，退職金制度もなかった。そのため，勤続年数が短いと外国人講師の方が賃金額は大きくなるが，人事評価にも左右されるもののおおむね勤続年数が長期になればなるほど，日本人講師との差は減少する制度となっていた。

　アメリカ国籍を持つX_1は，英語担当教員としてY社との間で有期契約を締結した。1回目の契約更新時に，自分が外国人であることで有期契約しか締結できないのは雇用保障の点で不満であるから，賃金等の待遇は現在のままで，無期契約を締結して欲しい旨をY社の人事担当者に申し入れた。しかし担当者は，日本人講師との間で締結している契約は終身雇用を前提としているが，外国人講師は一般に勤続期間が短いので，日本人講師と同様の制度になじまないと告げた。また，Y社としてはネイティブの外国人講師を一定数確保する必要があり，そのためにも高額の報酬を用意したいのだが，終身雇用を前提として年功を重視する制度ではこうした処遇が困難であったので有期雇用とした旨説明し，賃金を維持したままの無期契約の締結を拒絶した。賃金の低下は受け入れ難いと考えたXは，やむなく期間の定めを付すことを受け入れ，契約更新に同意した。他方，日本人講師であるX_2は，外国で学位を取得し，外国人教員と遜色ない能力を保持すると自負しており，有期契約でも構わないから高額の報酬を受けたいと考えているが，Y社は日本人講師と外国人講師との契約は異なると説明するのみで，外国人講師と同様の契約の締結を認めてくれない。

　X_1，X_2両名はY社の措置が不当な差別ではないかと考えているが，何らかの法的救済を求めることができるだろうか。

2　貨物の運送を業とするY社において貨物トラック運転手として勤務する者は，Y社就業規則により「正社員」とされる者50名のほか，「契約社員」とされる

者が 25 名存在する。

　正社員の労働契約は期間の定めがなく，所定労働時間は 8 時間であり，さらに毎月の残業が平均 40 時間程度は存在する。業務内容は，労働時間全体の 9 割を通常輸送業務が占めるが，一部に動物の生体等の特別の配慮が求められる特殊輸送業務がある。特殊輸送業務については，Ｙ社内部での研修があり，これに参加した者のみ担当することになっているが，正社員は参加が義務付けられており，現在特殊輸送業務を担当できない正社員は存在しない。さらに，事務所にいる場合には顧客対応（顧客からの問い合わせやクレームの対応）が義務付けられている。

　これに対して契約社員は期間 1 年の有期労働契約を締結し，所定労働時間は正社員と同様に 8 時間であるが，就業規則上，研修参加の義務がなく，特殊輸送業務は行わない。また，通常輸送業務においても残業が必須となるような遠距離輸送業務については正社員が，近距離は契約社員が担当するとの会社の方針がある。そのため，所定労働時間は正社員と同様であるが，毎月の平均残業時間も 10 時間と正社員よりも少ない。事務所にいる場合でも待機所での待機が義務付けられているが，顧客対応は求められていない。契約の更新回数については 5 年という上限があり，多くの者は上限の前に独立・転職等で退社していたが，この上限に達するまでの間に正社員に登用される者も少数ながら存在していた。

　正社員用就業規則には就業場所の変更を伴う配置転換を命じることがある旨の定めがあり，実際に他県の事業所等へ配置転換がなされることがあるが，契約社員には義務付けがなく，希望を出さない限りは原則として当初雇用された事業所で勤務することとなっている。また，運転手から運送スケジュール管理等の事務職（管理職）に登用するとの制度は正社員，契約社員の双方にあるが，直近 10 年の実績は 2 名，いずれも正社員からである。

　賃金については，正社員，契約社員についてそれぞれ独立した給与規定が作成されている。それによると，正社員は月給制であるが，契約社員の給与は日給制である。支給額を勤続年数 5 年の労働者平均でみると，正社員はおおむね月に 24 万円前後，契約社員は 20 万円前後である。さらに正社員には特殊輸送手当（5000 円），精勤手当（5000 円），住宅手当（2 万円），通勤手当（実費）が支給され，契約社員にはこれら手当の一切が支給されない。そのため支給総額でみると，手当だけでも 3 万円強，基本給と合わせれば 7 万円強，残業時間の相違からくる残業手当額の差異を鑑みれば 9 万円を超える差異が生じることになる。また，正社員には夏季・冬季に，おおむね基本月額の 3 ヵ月分の賞与が支給されているが，契約社員には賞与の支給はない。

　Ｙ社において契約社員として 5 年間勤務してきた X は，何らかの法的救済を

求めることができるだろうか。

【解　説】

1　雇用平等法制

労働契約の内容については合意原則（労契3条1項）が妥当し，労働条件は契約当事者の合意によって定まるのが原則であるが，憲法14条に掲げられる平等の理念は，雇用関係においてもいくつかの法規にその具体化がみられるところである。労基法3条は，罰則を設けて一定の差別を禁じており，同法4条は女性であることを理由とする賃金差別を禁止している。労契法3条2項では労働契約は就業の実態に応じて，均衡を考慮しつつ締結・変更すべきものとされ，均衡の理念が宣言されている。また，非典型労働者の処遇の問題を念頭に，労契法やパートタイム労働法がそれぞれ差別についての定めを置いている。この項では，これらの規定についての解説を行う。

なお，男女差別の禁止，派遣労働者への差別の禁止，不当労働行為の禁止については別項を参照されたい。

⑴　労働基準法3条

労基法3条は，「使用者は，労働者の国籍，信条又は社会的身分を理由として，賃金，労働時間その他の労働条件について，差別的取扱をしてはならない」と定める。憲法上の平等の理念を雇用関係にも取り入れようとする規定であるが，憲法14条において列挙されている事項とは異なって，人種，性別，門地がなく，代わりに国籍が挙げられている。とはいえ，人種，門地の差別を許容する趣旨ではなく，それらは社会的身分に含まれると解される（コンメ労基法・労契法16頁〔野川忍執筆部分〕。なお，人種については国籍に含まれるとする見解もある〔菅野229頁〕）。性別については労基法3条の文言にはないが，労基法4条において賃金差別が禁止されているほか，男女雇用機会均等法によりその他の労働条件についても差別が禁止されている。

労基法3条違反の行為は罰則の対象となる（労基119条1号）。また私法上は強行法規違反として当該法律行為が無効となり（労基13条），不法行為を招来しうる。

⑵　労働基準法3条の差別禁止事由

国籍とは，国家の所属員たる資格を指し，憲法10条に基づき国籍法によって定められている。労基法3条は，日本国籍の有無あるいは人種の違いを理由とする差別的取扱いにはもちろん，外国籍の者の間での差別的取扱いにも適用

される。裁判例には，在日外国人が臨時工の応募に当たり国籍を秘匿し，氏名欄に日本名を記載したことを理由とする採用内定取消（留保解約権の行使）につき，労基法 3 条に抵触し，公序に反するから，民法 90 条により無効とされた例がある（日立製作所事件・横浜地判昭和 49・6・19 労民集 25 巻 3 号 277 頁）。他方，合理的な理由に基づく取扱いの差異は憲法 14 条違反とは評価されず，労基法 3 条の禁止する「差別的取扱い」にも該当しない。裁判例には地方公務員の管理職選考試験の受験資格に国籍を要件としたことが労基法 3 条違反にならないと判断した例がある（外国人公務員東京都管理職選考受験訴訟事件・最大判平成 17・1・26 民集 59 巻 1 号 128 頁）。

信条とは，信仰，思想，信念その他，人の精神的活動や考え方を意味し，宗教的信条・政治的信条その他の思想を含む（昭和 22・9・13 発基 17 号）。例えば，共産党員であることを理由としてなされた賃金差別は違法である（東京電力〔千葉〕事件・千葉地判平成 6・5・23 労判 661 号 22 頁＝百選 14 事件）。

社会的身分とは，自己の意思によって免れることのできない社会的分類・地位をいう。したがって，契約内容・形態が異なることによる取扱いの差異（パート，契約社員，一般職等）はここでいう社会的身分には含まれない（京都市女性協会事件・大阪高判平成 21・7・16 労判 1001 号 77 頁）。

ところで，同条は一定の事由を理由とする差別の禁止であるから，使用者による差別意思が必要であるが，これを労働者が主張・立証するのは容易でない。そこで，同条に反する内容の賃金差別において，裁判所は使用者の差別意思の存在を推認させる事情と他の労働者との間の差別的処遇（格差）の存在の立証がなされれば，違法な差別があったものと推定（推認）しつつ，これを覆す合理的な理由の存在を使用者に挙証させている（前掲東京電力〔千葉〕事件）。

(3) 労働条件と差別的取扱い

労基法 3 条は禁止される差別的取扱いの内容を「賃金，労働時間，その他の労働条件」と定めている。労働条件とは労働契約関係における労働者の待遇の一切をいうので，雇入れ後のあらゆる労働条件に同条は適用されるし，労働契約の終了（解雇や雇止め等）もまた適用対象となる（菅野 228 頁）。期間の定めを付すことも同条の射程内である（東京国際学園事件・東京地判平成 13・3・15 労判 818 号 55 頁）。これに対し雇入れ（採用）に関する基準については，採用の自由が妥当し，本条は及ばない（三菱樹脂事件・最大判昭和 48・12・12 民集 27 巻 11 号 1536 頁＝百選 8 事件）。

2 非典型労働者に対する雇用平等

　以上のように，労基法3条によって一定の差別は禁じられているが，非典型労働者の処遇の問題は，いわゆる正社員との契約内容の差異から生じる問題であって，社会的身分に含まず，同条によってカバーされていない。そこで，学説では同一労働同一賃金原則や均等・均衡の理念等を根拠として一定の差別を公序違反と構成し，法的救済を肯定する努力がなされてきた（大木正俊「非典型労働者の均等待遇をめぐる法理論」季労234号〔2011年〕223頁）。裁判例には，正社員と同様の働き方をしている非典型労働者の賃金請求に対し，同一労働同一賃金原則の存在を否定しつつ，均等待遇の理念が公序を構成すると説いて，正社員の賃金の8割に達しない部分は違法であるとした例がある（丸子警報器事件・長野地上田支判平成8・3・15労判690号32頁）。しかし，公序概念によると救済範囲が不透明にならざるを得ない。そこで，労契法，パートタイム労働法による立法的解決が図られてきた。そして2018年には働き方改革の一つとして，さらなる法改正に至った（なお，障害者差別については土田・労契法93頁以下）。

3 労働契約法20条

(1) 不合理な労働条件の判断枠組み

　2012年に労契法が改正され，新たに20条が設けられ，同一の使用者と労働契約を締結する有期・無期労働者間での労働条件の相違は不合理であってはならないと定められた。有期・無期労働者間での労働条件の差異が一切許されないということではなく，不合理と認められる内容・程度であってはならないということである（荒木＝菅野＝山川234頁）。

　この不合理性をめぐって，合理的と認められるものでなくではならないことと，実体法上は同一の意義を有すると解すべきか（土田・労契法796頁），あるいは合理的ではない労働条件の差異も，それが不合理として法的に否認すべき内容ないし程度で不公正に低いものであってはならないという意味であるか（菅野337頁）につき争いがある。この点につきハマキョウレックス事件において最高裁は，同条の趣旨を「職務の内容等の違いに応じた均衡のとれた処遇を求める規定」と解した上で，文理解釈及び労使間の交渉や使用者の経営判断を尊重すべきという観点から「同条にいう『不合理と認められるもの』とは，有期契約労働者と無期契約労働者との労働条件の相違が不合理であると評価することができるものであることをいう」と述べて後者の立場によることを明らかにした（最二小判平成30・6・1民集72巻2号88頁）。しかし，具体的判断の過

程をみるとかなり詳細な検討を行っており，結論的には前者の見解にかなり接近しているといえる。

　また，20条の「期間の定めがあることにより」との文言の解釈についても，最高裁は「労働条件の相違が期間の定めの有無に関連して生じたものであることをいう」と述べつつ，不合理性の判断とは異なる独立の要件としているものの，関連性があれば足りると緩やかに捉え，その程度は不合理性の判断で考慮している（前掲ハマキョウレックス事件最判）。

　労働条件が不合理であるかどうかの考慮要素は，文言上，①労働者の業務の内容及び当該業務に伴う責任の程度，②当該職務の内容及び配置の変更の範囲，③その他の事情である。

　具体的には，①では直接的な業務の内容のほか，部下の数や求められる役割等，時間外労働の有無や程度なども考慮される。②では今後の見込みでも足りるとされており，しばしば人材活用の仕組みと表現される。さらに③としてその他の事情も考慮するとされ，これは①，②に関連する事情に限定されず，あらゆる事情が考慮されうる（長澤運輸事件・第二小判平成30・6・1民集72巻2号202頁）。すなわち，有期であることが唯一の理由である不利益取扱いは禁止されているといえるが，有期・無期労働者間で職務内容（あるいは責任）が異なれば（①），その程度に応じて労働条件の差異が正当化されうることはもちろん，たとえある時点で有期・無期労働者が同じ職務内容であったとしても，転勤や昇進の可能性等の人事上の処遇が異なる場合（②）も，やはり一定程度労働条件の差異が許容されることになる。

　それでは，①・②が同一であると評価されると不合理性の判断基準はいかなるものになるか。定年後に有期で再雇用された嘱託社員と無期契約である正社員との労働条件の相違が争いとなった前掲長澤運輸事件では，地裁判決（東京地判平成28・5・13労判1135号11頁）において①・②が同一である場合に賃金について相違を設けることは，「その相違の程度にかかわらず，これを正当と解すべき特段の事情がない限り，不合理であるとの評価を免れない」と判示した。しかし，同事案の高裁，最高裁ではこのような判断枠組みは採用されず，最高裁では，当該労働者が定年退職後に再雇用された者であることをその他の事情として考慮した。そして手当ごとに労働条件の差異の不合理性を検討し，正社員にのみ支給される一定の手当に対応する別の手当が嘱託社員に支給されていることや，正社員には幅広い世代の労働者が存在しており正社員に生活費を補助することに相応の理由がある等として労働条件の差異の相当部分を不合理と評価しなかったが，精勤を奨励する必要性には相違がないとして，精勤手

当およびこれと関連する超勤手当（時間外手当）の不支給につき，20条に違反するとして不法行為に基づく損害賠償請求を認容した。以上の点から，裁判所は①，②を中心としつつも，③も含めた総合考慮を行っていることが確認できる。

(2) 具体的判断

判断要素の①・②に違いがあると，これに応じて労働条件の差異が不合理と評価されにくくなる。しかし，その程度は争われる労働条件によって大きく異なっている。

上述の長澤運輸事件最判の判断手法のように，労契法20条にいう労働条件の相違は，個々の労働条件ごとに判断される。一部裁判例では手当ごとの子細な検討がなされていない事案が見受けられたが，最高裁は「賃金の総額を比較することのみによるのではなく，当該賃金項目の趣旨を個別に考慮すべき」として個別労働条件ごとに判断するとの姿勢を鮮明に示した（前掲長澤運輸事件最判）。

具体的な手当ごとの判断をみていくと，通勤手当の差異は有期・無期労働者間で①・②の差異があったとしても，不合理性が肯定されやすい（前掲ハマキョウレックス事件最判）。通勤手当の支給の趣旨は通勤にかかる費用の補填であり，その点で①・②の差異は有期・無期労働者間に手当の支給に差異を設ける理由となりえないからである。家族手当，給食手当なども同様に，業務内容と直結しない手当であるがゆえに，①・②の差異から正当化されにくい。精勤手当，皆勤手当てについてはその性格が精勤を奨励する趣旨で支給されるものであって，その必要性に有期・無期労働者間で差異はないとして不合理性を認めた例がある（前掲長澤運輸事件最判，ハマキョウレックス事件最判）。

住宅手当は配置転換の有無・程度からの正当化が争われることがあるが，2万円の住宅手当の不支給措置を不合理とはいえないと評価するもの（前掲ハマキョウレックス事件最判）がある一方で，家賃等の額に応じて支給される住宅手当の不支給を不合理とし，6割を損害と認めた例（日本郵便〔時給制契約社員ら〕事件・東京地判平成29・9・14労判1164号5頁。なお，同事件の高裁判決では，差額全額につき不法行為に基づく損害賠償が認められた〔東京高判平成30・12・13労判1198号45頁〕）もある。また，役職手当は役職の内容，責任の範囲や程度に対応する手当であるから，無期契約労働者と同一の役職につき，役職の内容や責任の範囲，程度が全く同一の有期労働契約者に役職手当を不支給としたり，減額していれば不合理な労働条件と評価されるだろう。

賞与については，当該賞与の性格をどのようなものと評価するかが問題となる。前掲長澤運輸事件最判では，考慮要素の①，②が変わらないとの評価がされた上でも，定年後再雇用であるとの事情から，賞与支給の差異は不合理でな

いとされた。その他，ヤマト運輸（賞与）事件（仙台地判平成29・3・30労判1158号18頁）では，無期であるマネージ社員と有期であるキャリア社員との間で賞与の算定・支給方法に差異が生じていたが，判断要素の②（人材活用の仕組み）に差異があること，支給月数の差異が大きいとはいえないこと，成果の査定方法の相違は将来に向けての動機付け，インセンティブの意味合いがある等としてその差異は不合理ではないとされた。前掲日本郵便（時給制契約社員ら）事件でも，①・②が異なっていることを前提に，賞与は基本給に密接に関連するものであって，長期雇用を前提とする正社員に支給を手厚くすることに一定の合理性があるなどとして，不合理性が否定されている。

なお，行政通達（平成24・8・10基発0810第2号）では特に通勤手当，食堂の利用，安全管理を挙げて，これらは特段の理由がない限り合理的とは認められないものとしている。

(3) 効 果

労契法20条は，私法上の効果を持つ強行規定である。それゆえ，有期・無期労働者間での労働条件の相違が不合理と認められる場合，不合理な労働条件を定める契約（就業規則・労働協約）は，その部分が無効となる。それでは無効となった部分の労働条件は比較対象となる無期契約労働者の労働条件と同一のものとなるだろうか。言い換えれば同条に補充効は認められるだろうか。この点，前掲ハマキョウレックス事件最判において裁判所は，前述した同条の趣旨および文言上補充効が定められていないことから，「有期契約労働者と無期契約労働者との相違が同条に違反する場合であっても，同条の効力により当該有期契約労働者の労働条件が比較の対象である無期契約労働者の労働条件と同一のものとなるものではない」と解した。ただし，同条による直接的な補充効が否定されても，無効となり空白になった部分が同条とは異なる何らかの規範で補充されることが考えられる。例えば，有期・無期契約労働者双方の労働者に適用される就業規則があり，ある手当等の算定方法のみ有期契約労働者に特則が設定されているケースを想定すると，当該特則が無効となれば本則に立ち返るので，有期・無期契約労働者間で同一の労働条件となりうる。

上述のように不合理性が認められても労働条件が補充されなければ，契約に基づく賃金請求は認められないが，不法行為に基づく損害賠償請求は可能である。その損害額については，前掲日本郵便（時給制契約社員ら）事件（地裁）において，同一内容でないことをもって直ちに不合理であると認められる労働条件の場合には，無期契約労働者に対する手当等の差額全額を損害として認めるべきであるが，「給付の質及び量の差異をもって不合理であると認められる労働

条件の場合には」，「有期契約労働者に対して支給されている……手当等の額」
と，不合理とはならない限度の労働条件として「決定される手当等の額との差
額をもって損害と認めるべき」であると述べており，割合的認定を認めている。

　なお，有期労働契約を締結する者の中には，無期契約を締結する者よりも有
利な労働条件を享受している者も存在しうるが，同条はそういった者の労働条
件を引き下げることを想定していない。すなわち，労契法 20 条は，有期であ
ることによって労働者を不利益に取り扱うことの禁止であって，有期であるこ
とによって労働者を有利に処遇することを禁じるものではない。その意味では
片面的効果を持つものといえよう。

4　パートタイム労働法 （短時間労働者の雇用管理の改善等に関する法律）

　パートタイム労働法が対象とする「短時間労働者」とは，一週間の所定労働
時間が同一の事業主に雇用される労働者に比し短い労働者を指す（短時労 2 条）。
この定義に該当すればアルバイトや契約社員等，呼称のいかんは問わず同法の
適用対象となる一方，パートと呼ばれてはいても，労働時間が通常の労働者と
同様の者（擬似パート）は同法の適用対象外となる。ただし，行政解釈は，そ
のような労働者に対しても同法の趣旨が考慮されるべきであるとしている（平
成 19 厚生労働省告示第 326 号）。比較対象とされる「通常の労働者」とは，当該
業務に従事する者の中にいわゆる正規型の労働者がいる場合はその労働者，こ
れがいない場合には当該業務に基幹的に従事するフルタイム労働者である（平
成 19・10・1 基発 1001016 号）。

　2014 年改正により，パートタイム労働法 8 条において通常の労働者と短時
間労働者との間の労働条件が相違する場合，その相違は不合理と認められるも
のであってはならないとする規定が新設された。不合理性の判断は，当該短時
間労働者および通常の労働者の，①「業務の内容及び当該業務に伴う責任の程
度」，②「当該職務の内容及び配置の変更の範囲」，③「その他の事情」を考慮
することとされている。この判断基準は規定上労契法 20 条における有期・無
期労働者間での不合理な労働条件の禁止と同様であるから，ここでも労働条件
の相違が一切許されないわけではなく，その相違の内容・程度が不合理と認め
られる範囲であることが禁止されるものと解される。

　パートタイム労働法 9 条では，「職務の内容が当該事業所に雇用される通常
の労働者と同一の短時間労働者」（職務内容同一短時間労働者）であって，雇用
関係の全期間において「その職務の内容及び配置が当該通常の労働者の職務の
内容及び配置の変更と同一の範囲で変更されると見込まれるもの」（通常の労

働者と同視すべき短時間労働者）について，賃金の決定，教育訓練の実施，福利厚生施設の利用その他の待遇の差別的取扱いが禁止されている。2014年改正前にも同様の規定があったが（短時労旧8条），そこでは通常の労働者と同視すべき短時間労働者の条件として無期契約を締結している者との要件があった。改正法はこれを外したものである。なお，職務内容や配置が形式的に異なっていても，運用実態等からみて実質的に同一であれば，通常の労働者と同視すべき短時間労働者と評価されうる（ニヤクコーポレーション事件・大分地判平成25・12・10労判1090号44頁＝百選78事件）。以上を要するに，職務の内容（業務の内容・責任）および人事上の処遇（将来的な職務内容の変更可能性を含む）が通常の労働者と同一の者である「通常の労働者と同視すべき短時間労働者」に対しては，パートタイム労働法9条により差別的取扱いが禁じられる。これに該当しない短時間労働者の労働条件は，通常の労働者と比して不合理であってはならない。これらの規定に反する当該差別的取扱いは無効となり，不法行為の要件を充足すれば損害賠償の対象となりうる。さらに，現在の職務内容は同じだが，人事上の処遇が通常の労働者と異なる「職務内容同一短時間労働者」の場合には，教育訓練を通常の労働者と同様に実施しなければならない。

5　改正パートタイム・有期雇用労働法

2018年の法改正（施行は原則2020年）により，働き方改革として多くの労働関係法令が改正された。特に労契法20条は削除され，有期契約労働者の待遇はパートタイム労働法で規制されることになり，パートタイム労働法の名称もパートタイム・有期雇用労働法（短時間労働者及び有期雇用労働者の雇用管理の改善等に関する法律）に改められた。

パートタイム・有期雇用労働法9条では，通常の労働者と同視すべき短時間労働者に加えて，通常の労働者と同視すべき有期雇用労働者に対する差別的取扱いが禁止される（それぞれ労働時間，期間を定める部分は例外）。

パートタイム・有期雇用労働法8条では，不合理な待遇の禁止として，「事業主は，その雇用する短時間・有期雇用労働者の基本給，賞与その他の待遇のそれぞれについて，当該待遇に対応する通常の労働者の待遇との間において，当該短時間・有期雇用労働者及び通常の労働者の業務の内容及び当該業務に伴う責任の程度（以下「職務の内容」という。），当該職務の内容及び配置の変更の範囲その他の事情のうち，当該待遇の性質及び当該待遇を行う目的に照らして適切と認められるものを考慮して，不合理と認められる相違を設けてはならない」と定める。労契法20条，パートタイム労働法8条を統合するものであ

るが，それらの法律と異なってそれぞれの待遇ごとにその性質・目的に照らして適切な要素を考慮して不合理性を個別に審査することを明示している。

　事業主には，新たに説明義務も課される（14条）。もともとパートタイム労働法では短時間労働者を雇い入れたとき，差別的取扱いの禁止，賃金，教育訓練，福利厚生施設，通常の労働者への転換に関して事業主が講ずることとしている措置の内容についての説明を求めていたが，これが有期雇用労働者を雇い入れたときにも拡大され，加えて，不合理な待遇の禁止に関する措置も説明事項に含まれた。また，短時間・有期雇用労働者からの求めがあったときは，当該短時間・有期雇用労働者と通常の労働者との間の待遇の相違の内容および理由ならびにそれらを決定するに当たって考慮した事項も説明することが義務付けられる。この説明義務は，不合理な待遇の禁止規定に関し訴えを提起することを可能とするための情報的基盤となるものであるから，労働者からの求めに対し待遇の相違の内容と理由について事業主が十分な説明をしなかったことは，待遇の相違の不合理性を基礎付ける重要な事情となる。また，通常の労働者に対して利用の機会を与える福利厚生施設であって厚生労働省令で定めるものについては，短時間・有期雇用労働者に対しても利用の機会を与えなければならない（12条）。

　説明義務自体は，従来から労契法20条で紛争が生じた場合に使用者は有期・無期労働者間の労働条件の相違が不合理ではないと主張する必要があったため，いわば反射的効果として使用者には労働条件の相違が生じる理由を説明する必要があったが，本改正により正面から説明義務が課せられることとなった。賃金体系の構築を根本から見直す必要が生じることも考えられよう。特に手当については趣旨・目的が不明瞭であっては説明義務を果たせない。

　なお，法改正に先立って，2016年〜2017年には「同一労働同一賃金ガイドライン案」，「働き方改革実行計画」が示されており，これらは改正法の解釈に当たって指針になりうる。そこでは各種手当や賞与等についてどのような差異が不合理となりうるか，具体的な例が挙げられている。おおむね労契法20条における裁判所の判断に近いものの，賞与等はかなり踏み込んでいる。例えば，貢献に応じて支給する賞与を，同一の貢献をしている有期・パート労働者に支給しない，あるいは貢献に関わらず支給している賞与を有期・パート労働者に支給しないことが，問題となる例（不合理と評価されうる例）として挙げられている。

【解答への道すじ】
　【設問】は全て差別的取扱いの私法上の効力が問題となっている。

1 【設問】1について

【設問】1では，Ｙ社は外国人講師との間でのみ有期労働契約を締結しており，日本人講師との間では無期労働契約を締結しており，賃金額をみると有期契約の方が高く設定されている。かような国籍による取扱いの差異が，労基法3条により禁止される国籍を理由とする差別に当たるだろうか。

まずX_1について検討するに，外国人講師として契約に期間が付されたことが問題となる。Ｙ社が外国人講師との間でのみ有期労働契約を締結した理由は，終身雇用を前提とする制度が外国人になじまないこと，外国人に高い報酬を設定するためには有期労働契約とせざるを得ないことにある。Ｙ社は語学学校であることから，ネイティブの外国人講師を多数雇用する必要性も認められるし，年功序列的な制度の下で初年度から高い報酬を設定することが困難であるとの理由も妥当なものであるといえる。したがって，Ｙ社の措置は合理的な理由に基づく取扱いの差異であり，労基法3条が禁止する国籍を理由とする差別的取扱いに当たらないと解するのが相当である（前掲東京国際学園事件）。

次に，日本人講師であるX_2について検討する。X_2の立場からは，外国人講師の締結する契約と比べて賃金が低いことが問題となる。Ｙ社が外国人講師を優遇する理由は上述の通りであるが，そこではネイティブの外国人講師の語学指導能力が高いということも前提となっているものと考えられる。そうであれば，外国人講師と同様の能力を保持する日本人講師が，有期契約を締結し，高い報酬を受ける選択肢を提示しないＹ社の措置は合理的理由を欠くように思われる。【設問】ではX_2は外国で学位を取得していることからネイティブと同等の能力を保持していると評価しうる。そうであれば，労基法3条違反と評価する余地も十分にあろう。

なお，労契法20条は期間の定めがあることによる不合理な労働条件を禁止しているが，有期であることを理由とする有利な取扱いは認められるので，外国人講師の待遇が高いことは同条に反しない。

X_2に対する措置が労基法3条違反に当たると評価される場合には，X_2は不法行為に基づく損害賠償請求が可能である。ただ，その損害については，有期契約の締結ができなかったという精神的苦痛に対する慰謝料に止まるものと考えられる。

2 【設問】2について

【設問】2では，有期の契約社員の待遇が，労契法20条（パートタイム・有期

雇用労働法への改正後は同法8条・9条）に違反するか否かが論点となる。

　労契法20条は，有期契約労働者の労働条件が，無期契約労働者の労働条件と相違する場合においては，その相違が不合理なものであってはならないと定めている。有期を理由とする差別といえるかどうかを検討するための比較対象となる無期契約を締結している労働者は，同じトラック運転手として業務に就く正社員となる。正社員と契約社員では各種手当の支給の有無等に差異があり，それらが不合理であるか否かの判断は，①職務内容，②職務の内容および配置の変更の範囲，③その他の事情を考慮してなされる。

　不合理性の判断は個々の労働条件ごとになされるが，まずは正社員と契約社員との職務内容や人材活用の仕組みについて検討しよう。

　設問からは，契約社員の職務内容については特殊輸送業務を行わないこと，遠距離の輸送を行わないこと，顧客対応の義務付けられていないことが明らかであり，一応は職務内容が異なっているといえる。

　この点，労働時間全体の9割が通常輸送業務であることから，実質的には大きな違いはないと評価することも可能であろう。確かに，顧客対応については，これが営業活動として特に重要であるというような事情があればともかく，設問においては事務所にいる場合には，顧客対応も行うという程度であるので，その義務付けの有無を過度に評価すべきではないとも考えられる。これに対して特殊輸送業務の評価は難しい。同業務に就くためには研修参加が必須となっていることから，特殊輸送業務は誰でもできるような内容ではないと考えられるし，これを担当できることが会社にとって大きな貢献になっている可能性が高い。特殊輸送業務が，Y社内部において，経営上重要な位置を占めているといった事情が明らかであれば，職務内容が異なるとの評価を導きやすくなろう。長距離輸送業務については，会社の方針にすぎないが，実態として契約社員が引き受けていないのであれば，職務内容の差異と評価すべきである。これを引き受けるか否かによって残業時間が変わるのであれば，ある程度頻繁に長距離輸送業務があることがうかがえ，職務内容に差異があるとの評価を導く要素となる。

　職務の内容および配置の変更の範囲（②）については，正社員にのみ配転義務が定められ，実態としても配置転換がなされているといった事情があるので，この点では明瞭に差異がある。また長距離輸送業務の引受けの有無に伴い残業時間の相違も，職務内容と相まって処遇の差異を基礎付ける一要素となろう。これに対して管理職への登用制度は正社員および契約社員の双方にあるから，形式的にみれば差異がない。設問では，登用の実績があるのは正社員だけであるから，実質的にみて違いがあると評価することもできないではないが，その

実績も直近10年で2名にとどまっているところからは，実質的に正社員にのみを対象とする制度であるとか，そのような運用がなされているとまでは評価することは困難であろう。

以上の差異を前提に，契約社員と正社員とで異なる労働条件につき個別の賃金項目ごとに検討する。

特殊輸送手当は，正社員のみが担当している特殊輸送業務に対応する手当である。研修に参加した者のみに限って特殊輸送業務を担当しており，そのような業務を担当できる能力を保持することに報いるという側面をみても，当該業務に手当を支給することは妥当であり，これを契約社員に支給しないことは業務内容の差異に基づくものといえるから，不合理な労働条件の差異とはいえない。

精勤手当については，その趣旨が労働日に休まず勤務することを奨励することにあると考えられる。設問では基本的な業務内容には違いがないのであるから，特に正社員のみに精勤を奨励すべき事情が考えられない。そのため，精勤手当の不支給は不合理な労働条件の差異と評価されるだろう（前掲長澤運輸事件最判）。

住宅手当については，労働者の住宅に要する費用の補助が目的であると考えられる。設問では正社員にのみ配転義務があるから，契約社員に比して住宅に要する費用が過大になりうる。そうした正社員特有の負担軽減を図るという趣旨であれば，正社員にのみ住宅手当を支給することが不合理とはいえない。住宅手当の金額によっては，負担軽減の趣旨を超え，不合理と評価されることも考えられないではないが，前掲ハマキョウレックス事件最判でも有期契約労働者に対する2万円の住宅手当の不支給が不合理ではないとされており，額が大きすぎるということはないだろう。これに対して正社員の中に配転義務のない者が存在しているのに，その者にも住宅手当を支払っているという事情があれば，契約社員に対する住宅手当の不支給は不合理となりうる（前掲日本郵便〔時給制契約社員ら〕事件）。

通勤手当も，その趣旨は通勤に要する費用負担を使用者が行うことにあると解されるが，正社員であれ契約社員であれ，就業場所まで移動する必要性に差異はないから，その契約社員にこれを不支給とする措置は不合理な労働条件の差異である（前掲ハマキョウレックス事件最判，九水運輸商事事件・福岡地小倉支判平成30・2・1労判1178号5頁）。

賞与については，一般的には功労褒賞や賃金の後払，生活補助や労働者の長期勤務へのインセンティブ等多様な趣旨を含みうる。なかでも長期勤務へのインセンティブや基本給の補完的側面を強調すれば，職務内容，人材活用の仕組

み等の諸事情を反映してある程度の差異が許容されると考えられるから，賞与の不支給取扱いを不合理とは評価しにくい面がある。しかし，賞与支給額の算定方法等からみて，会社の業績の分配としての側面に着目すれば，契約社員にのみ支給しない理由は説明し難いし，また貢献度に応じた支給とみれば，正社員に比して顧客対応や研修の参加，特殊輸送業務の担当などで貢献度が低いとはいえ，業務の9割は同一であるのだから，契約社員の貢献が全くないとはいえない（特に「ガイドライン」は賞与の支給目的に応じた対応を会社に求めている）。したがって，契約社員にその一切を不支給とすることは不合理と評価し，損害額の認定で賞与の多様な側面や実態を反映させるべきだろう。

これに対して基本給は，ストレートに職務内容や人材活用の仕組みの違いを反映することになる。もちろん，その程度によっては不合理となりうるが，設問では基本給の相違は4万円であり，職務内容等の差異に鑑みれば不合理な労働条件の差異とはいえない。

以上により，Xに対して精勤手当，通勤手当を不支給とする取扱いは労契法20条に違反する労働条件の定めであり，強行法規違反として無効と解される。かかる定めをしたY社の行為は，Xに対する不法行為を構成するから，XはY社に対して手当相当額の損害賠償請求を行うことが可能である。また賞与を一切不支給とする取扱いも20条違反となりうる。とはいえ損害額を賞与全額と捉えるのは困難であるので，賞与支給額のうち一定割合を損害と認定すべきだろう。

次に，不法行為に基づく損害賠償請求を超えて，これら手当を受け取ることのできる契約上の地位確認，未払賃金の支払請求の可否について検討する。労契法20条には補充効の定めがないから，上記の不合理とされる各種手当の定めについて正社員就業規則等他の規範による補充可能性が問題となる。設問では，給与規定が社員区分ごとに別個独立に作成されているから，就業規則の合理的解釈として正社員用給与規定の定めによる契約社員の労働条件の補充はできない。したがって，賃金請求権については否定されるものと解される。

【基本文献】

荒木82頁，507頁／菅野228頁，334頁／土田・概説83頁，318頁／土田・労契法89頁，790頁／西谷・労働法98頁，451頁／野川446頁，520頁／水町208頁，345頁

（篠原信貴）

25 知的財産法と労働法
——守秘義務・競業避止義務・職務発明

【設　問】

1　L社は，大手製薬会社である。Aは，L社の新薬開発部門に部門副リーダーとして勤務する従業員であり，2014年以来，2018年発売予定のL社期待の商品である新薬αの開発プロジェクトに参加してきた。Aは，L社における給与・処遇に不満を抱いたことから転職を決意し，新薬の製造・販売を業とするM社の誘いを受け，L社より高額の給与を提示されたこともあって，2013年3月31日付でL社を退職し，6月1日付でM社に入社した。L社は，就業規則において，「従業員は，L社と競業関係に立つ企業に就職，役員就任，その他形態の如何を問わず退職後3年間は関与してはならない」との競業避止義務規定を設けている。また，Aは，L社退職時に，「新薬αを含むL社の薬品の製法データを使用・開示・漏洩しない」との誓約書および上記就業規則と同一内容の誓約書を提出した。競業禁止に対する代償は講じられていない。

　しかし，Aは，L社への不満もあって，同社退職直前，IDおよびパスワードによって物的・人的アクセスを厳格に管理されているL社の新薬αの製法データにアクセスして取得した。そして，AはM社入社直後にこのデータを開示し，M社は，Aをリーダーとする開発チームにおいて研究とコストダウンを重ねて新薬βを開発し，その市場化に成功した。その結果，M社は，L社に先んじて2019年に新薬βを発売し，年間4000万円の営業利益を得ている。一方，L社は，こうした状況を踏まえて新薬αの開発を中断し，販売を延期した。

　L社は，2019年8月，ⓐAおよびM社の行為は不正競争防止法が禁止する不正競争に当たるとして，新薬α製法の使用の差止めを求め，M社に対して，新薬βの発売によって得た利益相当額の損害賠償を求めるとともに，ⓑ競業避止義務を定めた上記誓約書に基づき，Aの競業の差止めを求め，さらに，ⓒ前記誓約書に基づき，Aの守秘義務違反を理由として，新薬αの開発費の一部相当額の損害賠償を請求する訴訟を提起した。

　(1)　これら訴訟の帰趨はどうなるであろうか。

　(2)　L社がAの競業避止義務を考慮して，退職金規程に基づく退職金（850万円）に400万円を上乗せして支給した場合，(1)の結論は変わるか。

　(3)　AがL社を退職する前後に，新薬開発部門の部下8名にM社への転職を

勧誘し，うち5名がM社に移籍したとする。いかなる法律問題が生ずるか。

2　Y社は，光学機器の製造販売を営む会社である。Xは，2016年にY社に中途採用され，ビデオディスク装置の研究開発に従事する従業員である。Xは，前職での経歴・実績を評価され，Y社の同年齢社員の平均年収の1.5倍に当たる1500万円の年俸を得ていた。2019年，Xは，ビデオディスクプレーヤーのピックアップ装置の改良に係る職務発明を行い，商品価格の引下げに貢献した。Y社は，2018年5月1日，Xから本件発明について特許を受ける権利を承継し，特許出願後，2019年6月に特許権を取得した。その後，Y社は他企業との間でライセンス契約を締結し，権利実施料として約1億円の収入を得ている。

　Y社は，発明規程23条に基づき，Xに出願時報奨金として3万円，権利取得時報奨金として10万円，実績報奨金として200万円を支給した。また，Y社は報奨金とは別に，本件発明の功績を評価して，2020年度以降，Xの年俸を1600万円に増額するとともに，Xの研究費を年額850万円から1000万円に増額した。なお，Y社発明規程24条は，「会社は，昇進，昇給，ストック・オプションの付与，研究費の増額等，相当の経済上の利益の供与をもって報奨金の支給に代えることができる」と規定している。

　しかし，Xは，上記のような巨額の利益の発生を知って不満を抱き，2024年5月，Y社に対して発明の評価と実績報奨金の再算定を求めた。Y社は，発明規程27条において，実績報奨金支給後，実績に顕著な差異が生じた場合について，特許審査委員会の審査に基づく再評価制度を定めており，Xはこの制度を利用したものである。Y社は，Xの求めに応じて再評価を行ったが，結局，評価に変更なしとして再算定に応じない。そこで，Xは，Y社が支給した報奨金は特許法35条4項所定の相当の利益に当たらないとして，2億円の支払を求めて訴訟を提起した。

　なお，Y社は，Xの入社以前に，2015年特許法改正に即して，同年12月，同社過半数労働組合との協議・合意を経てY社発明規程を制定・改正したが，Xとの間では，入社時オリエンテーションで発明規程の存在とアクセスについて説明したものの，質疑応答や協議を行っていない。Y社発明規程は，社内イントラネットを通してY社従業員らに開示され，Xもその内容を確認することができた。Y社発明規程には，報奨金額の算定に関する従業者からの意見聴取・不服申立て等の手続が定められ，Xも，報奨金の支給に際して意見を聴取されたが，その時点では異議を述べることはなかった。

　Y社がXに対して行った報奨金支給および処遇の改善・研究環境の改善は，2015年改正特許法35条の下では相当の利益と評価されるか。

309

【解 説】

1 問題の所在

　労働者は，企業で働くことによって様々な価値を生み出すが，その中でも重要な価値は知的財産である。知的財産の重要性は明らかであり，知的財産基本法をはじめとする多くの知的財産立法が制定されている。一方，「知」（知的財産）を生み出すのが「人」（労働者）である以上，知的財産の取扱いは，必然的に労働者の処遇や権利義務と関連し，労働法と交錯することになる。

　第1に，退職後の守秘義務・競業避止義務が挙げられる。守秘義務とは，使用者の営業秘密やノウハウをその承諾なく使用・開示してはならない義務をいい，競業避止義務とは，使用者と競合する業務を営まない義務をいう。ともに，在職中（労働契約継続中）の義務と，退職後（労働契約終了後）の義務に分かれるが，退職後については，労働契約が終了していることから，両義務の根拠と要件をどのように解するかが問題となる（在職中の義務については1参照）。ここでは，労働者の職業選択の自由（憲22条1項）と，企業の営業秘密（不正競争2条6項）の保護の要請を適切に調整することが課題となる。

　第2に，職務発明が挙げられる。職務発明とは，従業者（労働者）が使用者の業務範囲に属し，かつ，発明に至った行為が現在または過去の職務に属する場合の発明をいう（特許35条1項）。特許法35条は，2015年に改正され，特許を受ける権利を使用者原始帰属とすることを可能としつつ（選択的使用者原始帰属），従業者が相当の利益を受ける権利を有することを内容とする法制度に大きく転換した。ここでは，特許を受ける権利の選択的使用者原始帰属を前提に，従業者に対して相当利益請求権を実効的に保障することが課題となる。

2 守秘義務

(1) 不正競争防止法

　守秘義務については，不正競争防止法（不競法）が重要な規律を定めている。不正競争防止法は，事業者の不正競争を規制し，公正な競争秩序を確立することを目的とする法律であるが，営業秘密に関する不正競争として，事業者から「その営業秘密を示された場合において，不正の利益を得る目的で，又はその保有者に損害を加える目的で」営業秘密を使用・開示する行為を定めている（2条1項7号）。その対象には，労働者による使用・開示も含まれるが，これは，労働者が在職中・退職後を問わず信義則上の守秘義務を負うことを認める趣旨の規律であり，この結果，労働者は当然に守秘義務を負うことになる。

営業秘密とは，「秘密として管理されている生産方法，販売方法その他の事業活動に有用な技術上又は営業上の情報であって，公然と知られていないもの」をいい，秘密管理性，有用性，非公知性を要件とする（2条6項）。特に重要な秘密管理性は，情報・秘密へのアクセスの人的・物理的制限（アクセス管理），情報・秘密の区分・特定・表示（秘密の客観的認識可能性），守秘義務規定・守秘義務契約の存在（人的管理・法的管理），これら管理を機能させるための組織の整備（組織的管理）を総合して判断される。この営業秘密を，不正の利益の取得または加害の目的（図利加害目的）で使用・開示する行為が不正競争であり，その有無は，従業員の地位・職務，秘密の重要性・コスト，使用・開示の態様（秘密の不正取得・使用の有無，競業の態様）等の要素を総合して判断される。不正競争に対する制裁としては，差止請求（3条1項），損害賠償請求（4条），信用回復請求（14条）のほか，刑事制裁が設けられている（役員・従業員不正使用・開示罪〔21条1項4号〜6号〕）。

裁判例としては，会社の溶接技術を熟知する従業員が退職して新会社を設立後，新会社に製品の溶接技術を開示したことにつき，同技術を会社の営業秘密と認め，その後の取引奪取行為と併せて不正競争と解し，会社の営業を侵害するおそれがあるとして，営業の差止請求および損害賠償請求を認容した例がある（岩城硝子ほか事件・大阪地判平成10・8・27知的裁集30巻4号1000頁）。

(2) 契約上の守秘義務

以上のとおり，不正競争防止法は守秘義務の実質的法源として機能するが，同法上の「営業秘密」は厳格に解釈され，図利加害目的という主観的要件が加重されることから，不正競争の立証には難しい面がある。そこで，契約に基づく守秘義務が重要となる。

まず，退職後の守秘義務に関しては，労働契約終了後の義務であることから，契約上の明確な根拠（秘密管理規程〔就業規則〕，守秘義務特約）が必要となる。信義則に基づく在職中の守秘義務の残存を説く見解もあるが，不競法が不法行為法の特別法として信義則上の守秘義務を認めた趣旨と整合しない。

一方，契約上の守秘義務の対象は，不競法上の「営業秘密」より広く解され，その要件を満たさない秘密・情報に及ぶ義務として設定できる。また義務違反の要件としても，図利加害目的という主観的要件は求められない。もっとも，職業選択の自由の観点からは，守秘義務が無制限に肯定されるわけではない。しかし，前使用者が重要な秘密・情報の内容を特定して守秘義務を課したにもかかわらず，労働者が当該秘密を使用し，顧客を奪取するなど前使用者に損害を与えた場合は守秘義務違反が成立し，損害賠償責任（民415条）が発生する

（ダイオーズサービシーズ事件・東京地判平成 14・8・30 労判 838 号 32 頁＝百選 25 事件）。なお近年には，契約上の守秘義務について，不競法上の営業秘密の保護要件（秘密管理性，非公知性）と同一の要件を求める裁判例も登場している（関東工業事件・東京地判平成 24・3・13 労経速 2144 号 23 頁。レガシィ事件・東京地判平成 27・3・27 労経速 2246 号 3 頁は，有用性要件も肯定。河野尚子「営業秘密・不正競争防止法と守秘義務」労働法 132 号〔2019 年〕17 頁参照）。

3 競業避止義務

競業避止義務とは，前使用者と競合する企業に就職し，または自ら競合事業を営まない義務をいう。守秘義務と決定的に異なるのは，労働者の職業活動（競業）それ自体を禁止する義務であり，職業選択の自由（憲 22 条 1 項）に対する制約度が極めて高いという点である。したがってここでは，営業秘密等の保護（知的財産法の要請）と職業選択の自由（労働法の要請）との調整という視点がより強く要請される。この結果，競業避止義務には次のような規律が及ぶ。

第 1 に，退職後の競業避止義務の法的根拠としては，明示の根拠（誓約書等の特約または就業規則〔労基 89 条，労契 7 条〕）が必要である。在職中の競業避止義務は，信義則上の誠実義務として当然に発生するが（ 1 参照），退職後については，職業選択の自由によってこのような解釈は認められない（特約を要するか，就業規則で足りるかについては争いがある。 2 参照）。

第 2 に，競業避止義務の要件も，職業選択の自由を考慮して厳格に設定される。その準則は，①労働者の地位が義務を課すのにふさわしいこと，②前使用者の正当な秘密の保護を目的とするなど競業規制の必要性があること，③対象職種・期間・地域からみて労働者の職業活動を不当に制約しないこと，④適切な代償が存在することの 4 点にあり，これらを総合して義務の有効性が判断される（フォセコ・ジャパン事件・奈良地判昭和 45・10・23 判時 624 号 78 頁）。その結果，競業避止義務が労働者の職業活動を不当に制約するものと判断されれば，職業選択の自由が構成する公序（民 90 条）違反として無効と解される。

近年の裁判例では，こうした厳格解釈の傾向が強まっている。例えば，前掲岩城硝子ほか事件は，ⓐ前使用者が不競法に基づく営業秘密（溶接技術）の使用・開示の差止めを請求しつつ，ⓑ「5 年間は競業に従事しない」旨の競業避止義務特約に基づく競業の差止めを請求したケースであるが，判決は，請求ⓐを認容しつつ，請求ⓑについては，中枢技術者である元従業員らに義務を課す必要性は認められるものの，義務内容が広範に過ぎ，期間が 5 年と不当に長期にわたること，代償措置についても，使用者が代償として主張した退職金につ

き，退職金は在職中の労働の対価であり，退職後の競業避止義務の代償とはいえないことを理由に無効と判断している（在職中の業務手当につき，リンクスタッフ事件・大阪地判平成28・7・14労判1157号85頁参照。土田・労契法716頁参照）。もっとも，裁判例の中には，上記①〜④の判断要素を用いつつ，競業避止義務をより広範に認める例も散見される（トータルサービス事件・東京地判平成20・11・18労判980号56頁）。

競業避止義務が有効とされれば，競業行為の差止請求（東京リーガルマインド事件・東京地決平成7・10・16労判690号75頁），損害賠償請求（前掲ダイオーズサービシーズ事件），違約金返還請求，退職金の不支給（[7]参照）等の対抗措置が可能となる。なお，競業避止義務が合意されていない場合も，退職労働者が社会通念上，自由競争の範囲を逸脱した違法な態様で競業を行った場合は，例外的に不法行為（民709条）が成立することがある（サクセスほか〔三佳テック〕事件・最一小判平成22・3・25民集64巻2号562頁〔結論は否定〕）。

4 職務発明

⑴ 職務発明と相当の対価・相当の利益

職務発明については，特許法35条が，特許を受ける権利について長らく従業者原始帰属（創作者主義）を採用し，この規律を前提に，使用者が契約・勤務規則その他の定めによって従業者から特許を受ける権利もしくは特許権を承継させ，または専用実施権を設定できる一方，従業者は相当の対価の支払を受ける権利を有することを規定してきた。そして，従来の裁判例は，相当の対価について，その実体的相当性を綿密に審査する態度を示してきた（オリンパス光学工業事件・最三小判平成15・4・22民集57巻4号477頁＝百選28事件）。

しかし，この立場に対しては，対価に関する実体的司法審査が優先されるため，当事者による対価決定の予測可能性が阻害されるとともに，対価決定過程における使用者・従業者間の交渉が軽視される結果となるといった批判が相次いだ。そして，この批判を踏まえて，企業の職務発明制度を基礎に，それに基づく対価の決定が改正前特許法35条3項・4項に即して合理的範囲内にあるか否かを判断し，合理的範囲内にあれば対価の相当性を肯定する立場（合理性基準説）が提唱された（土田道夫「職務発明とプロセス審査——労働法の観点から」田村善之＝山本敬三編『職務発明』〔有斐閣，2005年〕167頁以下参照）。

こうした議論を踏まえて，特許法35条は2004年，合理性基準説を摂取し，手続的規律を重視する内容で改正された。すなわち，改正法は，3項の相当の対価を維持しつつ，対価決定のあり方について，決定基準の策定に際して使用

者と従業者が行う「協議の状況，……基準の開示の状況，……従業者等からの意見の聴取の状況等を考慮して，……不合理と認められるものであってはならない」と規定し，対価決定に至る手続を重視する制度を採用した（4項）。この手続重視の規律は，「相当の対価」を「相当の利益」に改めた2015年改正特許法においても全く変化はない（改正法35条5項）。

(2) 2015年特許法35条改正

ところで，特許法35条は，2015年に再度改正され，(1)で述べた立法政策を改め，特許を受ける権利について選択的使用者原始帰属を採用しつつ，従業者が相当の利益を受ける権利（相当利益請求権）を有することを内容とする法制度に改められた（3項・4項）。その趣旨は，①企業の知財戦略を推進するためには，特許を受ける権利の使用者原始帰属を可能とすることで，企業が特許を円滑かつ確実に取得できるようにすることが適切であること，②職務発明については，従業者の研究開発活動に対するインセンティブの確保が必須となるため，職務発明に対する公正な給付として相当の利益を付与すべき使用者の義務を法定することが適切であること，③相当の利益に関する法的な予見可能性を高めるため，使用者・従業者間の調整手続に関する指針（ガイドライン）を策定することが適切であることの3点に求められる。

また，改正特許法施行後は，相当の利益の意義と法的性格が重要な論点となる。すなわち，改正前の相当の対価は，特許を受ける権利の従業者帰属を前提とする承継の対価を意味していたため，賃金と峻別されるべきものであったが（裁判例として，野村證券事件・知財高判平成27・7・30LEX/DB25447416），「相当の利益」は，選択的使用者原始帰属主義を前提に，職務発明に対する報償として規定されたため，労働の対価である賃金との関係がより微妙な問題となるのである。具体的には，使用者が相当の利益を賃金・賞与に含めて支給することの可否という形で問題となるが，私は，相当の利益はあくまで職務発明に対する報償として特許法独自の給付を意味するものと解し，相当の利益を賃金に含めて支給することは許されないと考える。

さらに，相当の利益については，金銭以外の経済上の利益を含む概念であるため，その経済的価値が相当の対価ほど明確ではないという問題もある。この点，指針（特許35条6項）は，相当の利益として⒤使用者費用負担による留学の機会の付与，⒤⒤ストック・オプションの付与，⒤⒤⒤金銭的処遇の向上を伴う昇進・昇格，⒤ⅴ法定外・所定外有給休暇の付与等を例示している（以上については，土田・労契法144頁以下，土田道夫「職務発明・職務著作と労働法の規律」労働法132号〔2019年〕52頁参照）。

【解答への道すじ】

1 【設問】1について

⑴ 【設問】1⑴──不正競争・守秘義務違反・競業避止義務違反の成否

【設問】1⑴については，L社がAおよびM社を相手方として提起した訴訟の帰趨に関して，①AおよびM社の行為が不競法2条1項7号所定の不正競争に該当するか，②不正競争に該当するとして，L社による新薬αの製法の使用差止請求および損害賠償請求は認容されるか，③Aの行為はL社に対する競業避止義務違反に該当するか，④競業避止義務違反に該当するとして，L社による競業行為の差止請求は認容されるか，⑤Aの行為はL社に対する守秘義務違反に該当するかが論点となる。

㈠ 不正競争防止法

ⅰ 不正競争該当性

まず，①のうちAの行為については，ⓐL社の新薬αが営業秘密（不正競争2条6項）に該当するか否か，およびⓑAの行為が不正競争（同条1項7号）に該当するか否かが問題となる（【解説】2⑴）。ⓐについては，営業秘密は秘密管理性・有用性・非公知性を要件とするところ，秘密管理性については，L社の新薬αの製法データはIDおよびパスワードによって物的・人的アクセスを厳格に管理されているので，アクセス管理・組織的管理の要素を充足し，また，L社はAから「新薬αを含むL社の薬品の製法データを使用・開示・漏洩しない」との誓約書を徴しているので，人的管理・法的管理の要素も充足するものと解される。したがって，新薬αの製法データは秘密管理性の要件を充足する。また，同じ理由から非公知性の要件の充足も肯定されよう。そして，新薬αの性格に照らせば，有用性の要件も優に充足するものと評価できる。

次に，ⓑについては，従業員の地位・職務，秘密の重要性・コスト，使用・開示の態様（秘密の不正取得・使用の有無，競業の態様）を総合して判断すべきであるところ，Aは，新薬開発部門の副リーダーとして研究開発の中心的地位にあり，L社との信頼関係は高かったと解されること，新薬αはL社期待の商品であるから，その製法データの重要性は優に認められること，Aは，厳格に管理されていた新薬αの製法データを取得した上，M社に開示し，自らがリーダーを務めるM社開発チームにおいて新薬βを開発しているので，Aが熟知していたL社の新薬αの製法データを用いて新薬βを開発したとみるのが自然であり，使用・開示の態様は相当に悪質であることが指摘できる。したがって，Aの行為は，L社の新薬αの製法データを図利加害目的で使用・

開示したものとして不正競争に該当するものと解される。

　次に，①のうちM社の行為については，営業秘密の転得者による不正競争に該当するか否かが問題となる。この点，不競法2条1項8号は，開示者の行為が同項7号に該当し，またはそうした開示行為が介在することを知り，もしくは重過失により知らないで営業秘密を使用・開示することを転得者の不正競争と定めている。【設問】の場合，M社がAによるL社の新薬αの開示につき，不正開示であることを知りながら取得・使用したか否かは明らかでないが，少なくとも重過失は認められるので（M社としては，不競法を遵守するため，Aの採用に際して，元籍企業であるL社の営業秘密を持ち込ませないよう対処する必要があると解される），不正競争に該当するものと解される（転得者不正競争のもう1つの類型である不競法2条1項9号該当性についても検討されたい）。

　(ii)　差止請求・損害賠償請求の可否

　L社による新薬αの製法データの使用差止請求（(ii)）については，不競法3条1項が，差止請求（営業上の利益の「侵害の停止又は予防」）の要件として「不正競争によって営業上の利益を侵害され，又は侵害されるおそれがある」ことを定めている。【設問】の場合，M社は，L社に先んじて新薬βを開発・発売し，年間4000万円の営業利益を得る一方，L社は新薬αの開発を中断し，販売を延期したとあるので，「不正競争による営業上の利益の侵害」という差止請求の要件を充足するものと解される。したがって，L社は，AおよびM社に対し，新薬βの製法データの使用の差止めを請求することができる。

　また，L社による損害賠償請求については，不競法4条が，①侵害者が故意または過失により不正競争を行って他人の営業上の利益を侵害したことと，②不正競争と損害の間の因果関係を要件と定めているところ，【設問】の上記事実関係によれば，M社による新薬βの開発・販売は①の要件を充足するものと解される。問題は②であり，不正競争に係る相当因果関係および損害額の立証は困難を伴うことが多い。この点，不競法5条2項は，損害額の推定規定を設けているので（侵害者が侵害行為によって受けた利益を損害額と推定），L社としては，M社が新薬βの発売によって得た利益の額を主張立証できれば，特段の反証がない限り，その利益相当額の損害賠償を請求できるものと解される（差止請求および損害賠償請求の認容例として，前掲岩城硝子ほか事件参照）。

　(イ)　競業避止義務違反

　Aの行為がL社に対する競業避止義務違反に該当するか否か（(iii)）については，退職後の競業避止義務の根拠・要件（【解説】3）に即して検討する必要がある。まず，法的根拠については，退職後の競業避止義務については明示の根

拠を要するところ，L 社は，就業規則において，L 社と競業関係に立つ企業への就職，役員就任等の競業行為を退職後 3 年間について禁止する競業避止義務規定を設けるとともに，これと同一内容の誓約書を A に提出させており，万全の根拠を設けているので，問題ないものと解される。

　次に，退職後の競業避止義務の要件について，前記①〜④の準則（【解説】3）に即して検討する。まず，②競業規制の必要性については，L 社の新薬 a の製法データは営業秘密該当性を認められる重要なデータであり，それを保護する目的で A に競業避止義務を課したと認められるので，この要素を充足するものと解される。また，①労働者の地位についても，A は新薬開発部門の副リーダーとして研究開発の中心的地位にある従業員であるから，競業避止義務を課すのに相応しい地位にあるものと認められる。

　問題は，③ A の職業活動の制約および④代償である。この点，A・L 社間の競業避止義務の内容は，上記のとおり，職種を新薬開発部門に限定するような内容のものではなく，極めて広範囲にわたっている。一般に，競業制限の対象職種については，同一ないし類似職種への就労禁止を原則とするのが裁判例の傾向であり（前掲岩城硝子ほか事件，アサヒプリテック事件・福岡地判平成 19・10・5 労判 956 号 91 頁参照），競業他社への転職自体を禁止することは，過度に広範な制限として合理性を否定されるものと解される。また，競業制限の期間については，裁判例は 1 年〜2 年を限度とする例が多く，3 年の期間は長きに失すると解される（前掲リンクスタッフ事件）。一方，競業制限の地域も無制限とされているが，新薬開発という普遍的な技術情報の保護を目的とするものである以上，この点は問題ないであろう。これに対し，④代償については，A の競業禁止に対する代償は特にないとされているので，競業避止義務によって A が被る経済的不利益に対する十分な代償措置がないことは明らかである。

　以上を総合すると，本件競業避止義務は，過度の競業制限として合理性を否定され，職業選択の自由（憲 22 条 1 項）が構成する公序（民 90 条）違反として無効となるものと解される。したがって，L 社による A の競業行為の差止請求（ⅳ）も，理由がないことに帰着する。

　㋑　守秘義務違反

　A の行為が L 社に対する守秘義務違反に該当するか否か（ⅴ）については，L 社の新薬 a の製法データは重要な営業秘密であり，また，L 社は A に対し，「新薬 a を含む L 社の薬品の製法データの使用・開示・漏洩の禁止」を内容とする誓約書によって秘密の内容を特定して守秘義務を課しているので，A は守秘義務違反の評価を免れず，損害賠償責任を負うものと解される。したがっ

て，L 社は，A に対して新薬 α の開発費の一部相当額の損害賠償を請求できる
ものと解されるが，損害額の立証は困難を伴うので，不競法 4 条・5 条 2 項に
基づく損害賠償請求（【解答への道すじ】1 (1)(ア)(ii)）を行うべきであろう。

(2) 【設問】1 (2)——代償と退職金の関係

　【設問】1 (2)については，L 社が A に対して所定の退職金（850 万円）に 400
万円を上乗せ支給したことをどのように評価すべきかが論点となる。この点，
代償は，あくまで退職後（労働契約終了後）の競業避止義務の対価であるから，
競業制限期間中の金銭給付が原則であり，在職中の労働の対価である退職金は
代償と評価されないものの，退職金が適正な額で上積みされるなど，退職後の
競業の対価としての性格が明確であれば代償と解することに妨げはない（前掲
岩城硝子ほか事件参照）。したがって，上記の事実は競業避止義務の有効性を肯
定する方向に働く事情となる。もっとも，【設問】1 (2)では，競業禁止の期間
が 3 年と長いことから，退職金の上乗せ支給が直ちに競業禁止期間の長さを正
当化する理由となるか否かは微妙である。各自検討されたい。

(3) 【設問】1 (3)——引抜きの違法性

　【設問】1 (3)については，退職労働者 A による部下の引抜きの違法性が論点
となるが，この点についても，一定の法的ルールが確立されている。すなわち，
職業選択の自由（憲 22 条 1 項）を考慮すると，転職に際して，他の従業員に転
職を勧誘することは違法ではないが，会社に移籍計画を秘匿して大量に同僚や
部下を引き抜くなど，引抜きが社会的相当性を逸脱する背信的方法で行われた
場合は，労働契約上の誠実義務違反・不法行為（在職中）または不法行為（退
職後）による損害賠償責任が発生し（ラクソン事件・東京地判平成 3・2・25 労判
588 号 74 頁＝百選 77 事件〔営業本部長による部下の計画的かつ大量引抜き〕等），
退職金の不支給措置が肯定されうる（ソフトウエア興業事件・東京地判平成 23・
5・12 労判 1032 号 5 頁）。これに対し，転職の勧誘が通常行われる態様のものに
とどまる場合や，引抜きに類する行為があったとしても，部下等が自発的に退
職した場合は，誠実義務違反・不法行為ともに否定される（ジャパンフィルム
センター・ウィズワークス事件・東京地判平成 15・10・28 労経速 1856 号 19 頁）。

　【設問】についても，A による引抜きの態様・方法の背信性，A の部下 5 名
の M 社転職が L 社の事業運営に及ぼす影響，部下の退職が自発的なものであ
ったか等がポイントとなる。ただし，裁判例は，前掲ラクソン事件のような計
画的かつ大量引抜きの事案を除けば，引抜きの違法性の認定について慎重な態
度を採用していることに留意する必要がある（土田・労契法 720 頁参照）。

2 【設問】2について

(1) 相当の利益の決定手続

【設問】2は，2015年改正特許法35条の相当の利益の意義（【解説】4(2)）を問う設問である。この点，35条5項によれば，相当の利益は不合理と認められるものでないことを求められ，その不合理性は，利益決定基準に関する使用者・従業者間の協議の状況，基準の開示の状況，従業者からの意見の聴取の状況という手続面を中心に判断される。そして，「協議の状況」は，相当の利益決定基準の策定（制度設計）に関する使用者・従業者集団間の協議の状況を，「従業者等からの意見の聴取の状況」は，個々の職務発明に関する相当の利益の決定に際しての意見の聴取（質疑応答，異議申立てを含む）を意味する。

【設問】の場合，Y社がXに対して行った報奨金支給および処遇の改善・研究環境の改善のうち，①報奨金の決定基準（Y社発明規程）に係る「協議の状況」については，Y社は2015年12月，過半数組合との協議・合意を経て発明規程を制定・改正する一方，2016年に中途採用したXとの間では質疑応答や協議を行っていない。この点，改正法35条の指針（同条6項）によれば，Xのような「新入社員に対して，話合いを行うことなく策定済みの基準を適用する場合には，当該新入社員との関係では協議が行われていないと評価されるものと考えられる」（第三・三3）ので，Y社の対応は，相当の利益の不合理性を肯定する方向に働く事情となるものと解される。一方，②「基準の開示の状況」については，XはY社発明規程の内容を確認することができたとあるので，この要素を充足し，相当の利益の不合理性を否定する方向に働く事情となるものと解される。また，③「従業者等からの意見の聴取の状況」については，Xは，Y社発明規程における意見聴取・不服申立て等の手続を利用した上で異議を述べず，また，2024年には特許審査委員会の審査に基づく再評価制度を利用して再評価を求め，Y社もこれに応じて再評価を行った上で実績報奨金の再算定に応じなかったというのであるから，Xからの意見の聴取は実質的かつ慎重に行われたものと評価でき，相当の利益の不合理性を否定する方向に働く事情となるものと考えられる（ただし，再評価・再算定手続が形骸化し，十分に履行されていないケースは別論である）。

以上を総合すると，Y社が行った報奨金に係る決定手続は，「協議の状況」としては問題があるものの，「基準の開示の状況」「意見の聴取の状況」としては問題がなく，全体としてみれば，Y社が支給した報奨金は不合理性を否定され，相当の利益として評価されるものと解される。

⑵ 金銭以外の相当の利益

(ｱ) 次に，Y社は，Xに対して発明規程23条に基づく報奨金として合計213万円を支給したほか，発明規程24条に基づき，2020年度以降のXの年俸を1600万円に増額するとともに，Xの研究費を年額850万円から1000万円に増額している。この点，2015年改正特許法の相当の利益（35条4項）は，金銭のみならず，金銭以外の経済上の利益を含む概念であるため，これら処遇の改善・研究環境の改善をどのように評価すべきかが論点となる。

　まず，年俸の増額については，相当の利益は職務発明に対する報償として特許法独自の給付を意味し，これを賃金に含めて支給することはできないと考えられる（【解説】4⑵）ため，相当の利益として考慮すべきではないと解される。これに対し，研究費の増額については，指針は例示していないものの，職務発明に対する経済的価値を有する給付と評価できるので，相当の利益と評価できるものと解される。したがって，Y社が研究費の増額に係る基準策定時の協議・開示・Xの意見聴取という手続を適正に履行していれば，相当の利益の不合理性を否定する方向に働く事情となるものと考えられる。

　以上を総合すると，Y社がXに支給した報奨金および処遇の改善・研究環境の改善は不合理性を否定され（特許35条5項），相当の利益として評価することができる（同条4項）。

(ｲ) もっとも，相当の利益が発明従業者に対する公正な給付として職務発明制度の骨格を成す権利であることを考えると，同利益が職務発明の価値に相応するものか否かは，その決定手続とは別に，補足的・例外的に実体的司法審査の対象となると考えるべきであろう。その結果，使用者が付与した利益が発明の価値に照らして著しく過少な場合は，当該利益の不合理性を肯定すべき特段の事情に該当するものと解し，相当の利益の不合理性を例外的に肯定すべきである（土田・労契法150頁，土田・前掲労働法132号論文59頁参照）。【設問】では，Y社がXに支給した報奨金（合計213万円）は手続面からは不合理性を否定されるが（上記2⑴），その金額がXの発明の価値に照らして著しく過少か否かについては，補足的に検討する必要があると思われる。

【基本文献】

荒木279-285頁／菅野151-156頁／土田・概説57-59頁，66-68頁，284-289頁／土田・労契法118-127頁，144-152頁，706-721頁／西谷・労働法96-97頁，188-193頁／野川249-258頁／水町118-119頁，121-125頁

（土田道夫）

26 管理職の法的地位

【設 問】

　L社は，従業員約1000名を雇用するオーディオ機器の部品製造会社である。L社には，従業員約600名で組織する企業内労働組合であるH組合があるが，組合の規約および会社と締結した労働協約では，組合員資格を課長代理以下としており，課長に昇進した時点で労働組合を脱退することになっている。また，L社では，課長職以上を全て管理職として処遇し，管理職に対しては，就業規則において，職位や役職に応じて役職手当を支給することとしているが，時間外・休日労働に対する割増賃金については支払わない旨が定められている。

　Aは，L社に入社後，主として設計部門で20年間勤務してきた。Aは2019年3月までM工場の技術部設計課の係長であったが，同年4月，設計課課長に昇進した。昇進後，Aには課長としての役職手当が月5万円支給されるようになり，賞与も増額された。Aは管理職として，20名の部下について，その部下の作成する報告書等を確認したり，部下の賞与の査定や昇給・昇格の際にその希望や意向を聴取するための面談を行い，資料を作成して上位職の部長に報告したりするなどの業務も行うようになった。また，月に1回開催されるM工場内の管理職会議にも出席するようになったが，この会議では各部署から現状等が報告され，工場長から今後の予定や方針が伝達されている。そして，管理職については厳格な勤怠管理は行われておらず，遅刻・早退等に関しても上司に許可をとる必要はないが，健康管理のためにタイムカードは打刻することになっている。しかし実際には，Aは業務に関する指示やその日の予定を連絡する課内のミーティングに毎朝参加しなければならないため，始業時刻前には出勤している必要がある。また，退勤時刻については，課員からの業務報告書を確認し，部長に報告をしてから退勤しなければならず以前に比べて遅くなった。そのため，労働時間は以前に比べて長くなった。ところが，昇進前には支払われていた割増賃金が課長になってからは支払われなくなり，昇進前よりも手取り収入が減少する月もある。

　Aは課長になる前はH組合の組合員であった。組合員として組合活動を行い，団体交渉などにも参加していた。L社では，2019年度に，企業組織改革の一環として人事組織の改編，職務内容や賃金体系を見直すことを計画しており，H組合は，これらの問題についてL社と団体交渉を行っている。Aは，2019年4

321

月に課長に昇進した際，組合規約および労働協約に従い，Ｈ組合を脱退した。そのため，ＡやＡと同じ課長職以上の管理職らは，Ｌ社の企業組織改革や賃金・労働時間などの労働条件について意見を述べる機会が全く与えられていない。そこでＡは，他の課長10名と管理職組合であるＪ組合を結成し，Ｌ社に管理職の職務内容と賃金体系の見直しについて団体交渉を申し入れた。ところがＬ社は，管理職が結成した組合は労働組合とはいえないから団体交渉に応じる義務はないとして，Ｊ組合と話合いの場を持つことを拒否している。

(1)　Ａは管理職ではないとして，従来と同じように時間外・休日労働について割増賃金を請求できるか。

(2)　Ｊ組合は，Ｌ社の団交拒否に対して，どの機関に，いかなる救済申立てができるか。

【解　説】

1　管理職の法的地位

管理職とは，一般に，各企業において，職務の内容と権限等に応じた地位（職位）と経験，能力等に基づく格付（資格）によって，企業内で任意に定められる職制上の役職者であり，部長・課長・係長などと呼称される者である。これに対して，労基法41条2号にいう「事業の種類にかかわらず監督若しくは管理の地位にある者」（管理監督者）は，その適用対象となるための要件を全て満たした場合にのみ，管理監督者に該当する。また，労組法2条ただし書1号は，管理職のうち直接の人事権を有する上級管理職などの「使用者の利益を代表する者」（利益代表者）の参加を許す組合は労組法上の労働組合とは認めないと定める。

管理職も労基法9条や労組法3条の定義に該当する限り労働者である。しかし，本来は労基法41条2号の「管理監督者」ではない者を企業内の役職を基準として管理監督者と扱い，時間外・休日労働に関する法規制や割増賃金の支払を免れようとするケースがみられる。また，管理職の全てが労組法2条ただし書1号の「利益代表者」に該当するとはいえないにもかかわらず，実際には，多くの企業で，組合規約等において管理職全てを利益代表者として組合員から除外するという扱いがなされている。

2　労基法41条2号の管理監督者の範囲

(1)　適用除外の趣旨

労基法41条2号は管理監督者について，労基法の労働時間，休憩，休日に

関する規定の適用を除外する。そのため，管理監督者に該当する者は，労働時間（労基32条〜33条・36条〜38条の4〔37条4項を除く〕・60条・66条），休憩（労基34条・40条・67条），休日（労基35条〜37条・60条）に関する規制を適用されない。つまり，管理監督者は三六協定がなくても法定労働時間を超える労働が可能であり，時間外・休日労働をしても時間外・休日労働にはならず，労基法37条に基づく割増賃金を請求することもできない。ただし，深夜業（午後10時〜午前5時）についての規定（労基37条4項）は，労働時間の長さではなく時間の位置に関する規制であるから適用除外の対象とはならない（ことぶき事件・最二小判平成21・12・18労判1000号5頁）。また，年次有給休暇（労基39条）は労働義務の免除に関する規定であり，休日とは区別されるものであるため，適用除外されない。

　労基法41条がこのような適用除外を定める理由はどこにあるのか。行政解釈（昭和22・9・13基発17号，昭和63・3・14基発150号）によれば，管理監督者とは「部長，工場長等労働条件の決定その他労務管理について経営者と一体的な立場にある者」であり，これに当たる者は，「労働時間，休憩，休日等に関する規制の枠を超えて活動することが要請されざるを得ない，重要な職務と責任を有し，現実の勤務態様も，労働時間等の規制になじまない」とされる。つまり，経営者と一体的な立場にある者は，その重要な職務と責任から，労働時間等の規定の規制を超えて労働することが要請されるという経営上の必要とともに，勤務や出退勤についてある程度自由裁量を持つため，厳格な労働時間規制がなくても保護に欠けるところはないということである（東大・注釈労基法(下)757頁［和田肇］）。

　なお，管理監督者について労働時間等の規定を適用除外する場合，労基法41条3号のように行政官庁の許可を要件としない。これは，適用除外される者の範囲が労使にとって基本的に自明と考えられたからである。しかし，ホワイトカラー労働者が増加した現代では，管理監督者の範囲は自明とはいえず多くの紛争が生じている（コンメ労基法・労契法179頁［島田陽一］）。

⑵　**管理監督者の判断基準**

　労基法41条2号は管理監督者の具体的な定義を定めていない。そこで行政解釈は，管理監督者の範囲は「名称にとらわれず，実態に即して判断すべき」であるとし，具体的には，①重要な職務と責任，②勤務態様，③その地位にふさわしい待遇という3点に着目すべきとする。また，上下の指揮命令系統に属し部下を持つライン管理職ではないが，経営上の重要な事項に関する企画，立案，調査等の業務を担当するスタッフ職も，企業内でライン管理職と同格以上

に位置付けられていれば，管理監督者に該当しうる（前掲基発150号）。

裁判例も管理監督者の範囲を限定的に解している。古くは，「経営方針の決定に参画し或いは労務管理上の指揮権限を有する等，その実態からみて経営者と一体的な立場にあり，出勤退勤について厳格な規制を受けず，自己の勤務時間について自由裁量権を有する者」（静岡銀行事件・静岡地判昭和53・3・28労判297号39頁）とされ，その後，「職務の重要性に応じてそれに見合う高額の給与」という要件も考慮されるようになった（弥栄自動車事件・京都地判平成4・2・4労判606号24頁等）。現在では，①職務内容・権限・責任，②勤務態様，③その地位と権限にふさわしい待遇の3点が判断要素として確立したといえる。

(ア)　職務内容・権限・責任

裁判例は，その職務，責任，権限から経営者と一体的立場にあるといえることを重視する（ロア・アドバタイジング事件・東京地判平成24・7・27労判1059号26頁）。例えば，支社長会議に最高経営会議の性格も決定権限もないこと，部下に対する人事考課，昇給の決定，処分や解雇等の待遇決定に関する権限を有していないこと，労働条件に関する決定権を有していないことなどから，支社長は経営者と一体的立場にないとしたケースがある（ゲートウェイ21事件・東京地判平成20・9・30労判977号74頁）。

問題となるのは，「経営者と一体的立場」にあるとは，企業全体の運営への関与を要するのか，それとも企業のある一部門を統括する立場にあることをいうのかである。この点，証券会社の支店長は支店を統括する地位にあり，会社全体からみても事業経営上重要な上位の職責にあったことから経営者と一体的な立場にあるとして管理監督者性を認める裁判例がある（日本ファースト証券事件・大阪地判平成20・2・8労判959号168頁）。また，飲食店の店長について，「企業全体の事業経営に関する重要事項にどのように関与しているか」を基準として，店長の職務，権限は店舗内に限られていることから経営者と一体的立場にはないとする裁判例もある（日本マクドナルド事件・東京地判平成20・1・28労判953号10頁）。これに対しては，企業全体に関する重要事項とまでいう必要はなく，事業場単位の上級幹部も含まれると考えられるから一般論としては狭きに失するとする見解（渡辺・労働法(上)379頁）や，企業の経営者は管理職者に企業組織の部分ごとの管理を分担させつつ，それらを連携統合しているのであって，担当する組織部分について経営者の分身として経営者に代わって管理を行う立場にあることが経営者と一体の立場であると考えるべきとして，企業全体への運営の関与という基準を否定する見解もある（菅野475頁以下）。これを受けて裁判例の中にも，「職務内容が，少なくともある部門全体の統括的

な立場にあること」とするものがみられる（前掲ゲートウェイ21事件，東和システム事件・東京地判平成 21・3・9 労判 981 号 21 頁等）。

（イ）　勤務態様

労働時間についての自由裁量の有無も重要な判断要素とされる。出退勤の自由がなくタイムカード等で労働時間が管理されている場合には管理監督者には該当しない（レストラン・ビュッフェ事件・大阪地判昭和 61・7・30 労判 481 号 51 頁等）。タイムカードによる時間管理がない場合でも，遅刻・早退は慎むべきとの社内文書の示達があり，就業規則で勤務時間が定められ，上司が視認する方法による勤怠管理の下に置かれていたケースでは自由裁量はないとされる（東建ジオテック事件・東京地判平成 14・3・28 労判 827 号 74 頁）。また，営業時間帯には必ずシフトマネージャーを置かなければならないという勤務態勢上の必要性から，自ら勤務することにより長時間の時間外労働を余儀なくされたとして自由裁量性を否定するものもある（前掲日本マクドナルド事件）。

（ウ）　管理監督者の地位と権限にふさわしい待遇

管理職手当等の特別手当が支給され，待遇において時間外手当が支給されないことを十分に補っていることが求められる。例えば，課長昇進後，時間外手当等が支給されないかわりに役職手当が支給されるようになったが，差し引きすればむしろ収入減になるような場合はこの要件を満たさない（サンド事件・大阪地判昭和 58・7・12 労判 414 号 63 頁）。年収が相対的に高額であるとしても，それが会社の採用する賃金制度の結果によるものである場合には，年収から管理監督者性を認めることはできない（前掲東建ジオテック事件）。また，管理職の年額賃金が非管理職の平均年収とほとんど変わらないか低額であることから待遇が不十分とするものもある（前掲日本マクドナルド事件）。

これに対して，従業員の中で最高額の給与を受給している場合（姪浜タクシー事件・福岡地判平成 19・4・26 労判 948 号 41 頁）や，職責手当と職位に応じた給与を合わせた賃金（月 82 万円）が店長以下の従業員より格段に高い場合（前掲日本ファースト証券事件）など，管理監督者の地位と権限にふさわしい待遇がなされている場合はこの要件を満たすものとされる。

⑶　労基法 41 条 2 号の管理監督者に該当しない場合

以上の要件を満たさず，本来であれば労基法 41 条 2 号の管理監督者に当たらない者をこれに当たるとして労働させた場合，同条によって適用が除外される規定の違反となる。したがって，時間外・休日労働に対して，使用者には同法 37 条に基づく割増賃金の支払が義務付けられ，さらに付加金の支払（労基 114 条）が命じられることや，罰則（労基 119 条）が科されることもある。

この場合，管理職手当が割増賃金に代わる手当であるとして，割増賃金から既に支払われた役職手当の控除ができるかが問題となることもある。これについて，役職手当が職務に対して支払われるものではなく時間外・休日労働等に対する対価に当たる場合には，控除を認めるとする裁判例がある（前掲サンド事件，ユニコン・エンジニアリング事件・東京地判平成16・6・25労経速1882号3頁）。他方で，控除を否定するものは，役職手当はその職務に対して支払われるものであって時間外労働に対する対価である時間外手当とは全く性格が異なる（前掲静岡銀行事件），職務手当のうち，時間外労働に対して支払われる額や時間外労働時間数が特定明示されていないためこれを割増賃金の一部と扱うことはできない（前掲東建ジオテック事件），役職手当が時間外・休日手当の代わりであることを窺わせる規定がない（デンタルリサーチ社事件・東京地判平成22・9・7労判1020号66頁）などとする。このように，役職手当が割増賃金と同様の手当としての性格を持っていると認められる場合は，割増賃金と重複することになるから，この分の控除は認められるが，役職手当が割増賃金と同じ性質を持っておらず，管理職の職務に対して支払われるものであるといえれば，控除はできないことになる。

3 労組法2条ただし書1号の利益代表者

(1) 労働組合の自主性

労働組合は労働者により自主的に組織されなければならない（労組2条）。労働組合は，使用者と対等の立場で交渉を行う組織でありうるために使用者から独立している必要があるからである。

労組法2条ただし書1号は，使用者の利益代表者の加入を許す労働組合は自主性を欠き，労組法上の組合（法適合組合）ではないとする。2条本文とただし書1号との関係については，ただし書1号は2条本文の自主性要件の例示であるとする例示説（西谷・労組法83頁等）と，両者は独立の要件であり，ただし書1号に該当する組合はたとえ2条本文を満たす場合でも，労組法上の労働組合とは認められないとする独立要件説（世界28頁等）に分かれる。両説は対立するのではなく，文言上は独立要件と解するほかないが，ただし書1号の解釈に当たっては実質的に要件該当性を判断するものと解される（コンメ労組法30頁［荒木尚志］）。

(2) 利益代表者の範囲

労組法2条ただし書1号にいう利益代表者とは，役員や人事に関して直接の権限を持つ管理監督者などである。これに該当するかどうかは，現実に管理職

と呼ばれているかどうかでは決まらない。本来，組合員の範囲は組合自治の下，組合自身が決定すべきであるから，その者が加入することにより，使用者と対等の立場に立つべき労働組合の自主性が損なわれるかどうかの観点から個別具体的に判断される（日本アイ・ビー・エム事件・東京高判平成17・2・24労判892号29頁）。こうして利益代表者の範囲は限定的に解されており，裁判例では，部下のボーナスの査定は行っていたが，権限は補助的，助言的要素が強い（大阪相互タクシー事件・大阪地決平成7・9・4労判682号42頁），管理的業務は行っていたが，部下は1人しかおらず，その昇進や異動に対して直接の権限を持っていない（日本工業新聞社事件・東京地判平成14・5・31労判834号34頁）という場合に利益代表者性が否定されている。

(3) 管理職組合の法的地位

労組法2条ただし書1号は，管理職が組合に加入することを禁止するものではない。管理職も憲法28条の勤労者であるから，組合を結成・加入する権利を有する。実際には組合規約等において管理職を非組合員とすることが多いものの，組合自身が組合員の範囲を決定することに問題はない。問題となるのは，以下のような場合に，管理職の結成・加入する組合がただし書1号との関係で法適合組合と認められるかということである。

(ア)　管理職を主たる組合員とする管理職組合は，これに参加する「管理職」が前述のように実質的にみて労組法2条ただし書1号の利益代表者に該当しない者といえる限り，利益代表者が参加する組合とはいえず法適合組合となる（中労委〔セメダイン〕事件・最一小決平成13・6・14労判807号5頁）。

(イ)　一般労働者（非管理職）の組合に労組法2条ただし書1号に該当する利益代表者が加入している利益代表者混合組合については，独立要件説の立場からは，法適合組合としての性格を否定され憲法28条の保護のみを受けると解される（コンメ労組法34頁〔荒木尚志〕）。したがって，不当労働行為制度（労組7条・27条以下）の保護を享受することができず，労働協約の規範的効力（労組16条）の保護も受けない。裁判所に対して不法行為に基づく損害賠償請求などの法的救済を求めることになる。これに対して，例示説によれば，利益代表者混合組合であっても労組法2条本文の自主性要件を実質的に満たしていれば法適合組合として認められる（西谷・労組法86頁）。

(ウ)　労組法2条ただし書1号に該当する利益代表者のみで構成される純粋利益代表者組合については，一般労働者の組合の自主性を阻害する弊害は生じないから法適合組合と認める見解が有力である（コンメ労組法34頁〔荒木尚志〕等）。これに対して，利益代表者概念を法の趣旨に即して限定的に解釈しても

これに該当するような重大な権限と責任を持つ者の集団については，使用者の利益と密接に結び付いた（自主性独立性を欠くもの）として労組法の保護は及ばないと解するものもある（水町 376 頁以下）。

4　労基法 41 条 2 号の管理監督者と労組法 2 条ただし書 1 号の利益代表者との違い

　労基法 41 条 2 号の管理監督者と労組法 2 条ただし書 1 号の利益代表者の範囲は，法や制度の趣旨が異なるため，必ずしも一致しない。労基法 41 条 2 号は労基法上の労働時間に関する規制の適用を除外しても保護に欠けることがない者を管理監督者とするのに対して，労組法 2 条ただし書 1 号は労働組合の自主性を保障する目的から，労働組合との関係で使用者の立場にある者を利益代表者とする。したがって，利益代表者の中には労働時間等の規制が適用除外とされない者（管理監督者に該当しない者）もおり，管理監督者よりも利益代表者の範囲の方が広いといえる。

【解答への道すじ】
　A は，L 社の技術部設計課の課長の地位にあり，同社において管理職として処遇されているが，A は労基法上の管理監督者（41 条 2 号）や労組法上の利益代表者（2 条ただし書 1 号）にも該当するかが問題となる。

1　【設問】(1)について

　時間外・休日労働に対しては労基法 37 条に基づく割増賃金が支払われなければならない。しかし，A は L 社の管理職であることを理由に就業規則の定めにより，時間外・休日労働の割増賃金を支払われていない。このような扱いが許されるのは，管理職の中でも労基法 41 条 2 号の管理監督者に該当する者に限られる。それでは A はこの管理監督者に該当し，割増賃金の請求ができないといえるか。
　A は，課長という名称で管理職として処遇されているが，社内での名称にとらわれず実態に即して判断する必要がある。具体的には，①職務内容・権限・責任，②勤務内容，③その地位と権限にふさわしい処遇，の 3 点から判断される。
　第 1 に，経営者との一体性については，企業経営全体の運営への関与を要するとする裁判例もある（前掲日本マクドナルド事件）。しかし，事業所や支店などの組織単位が企業にとって重要なものとなっていて，その組織を担当する労

働者が経営者に代わって管理を行い，その管理を通して経営に参画することは，経営に関する決定に参画することに当たるといえるから，企業経営全体の運営への関与に限定することは適切でない（菅野475頁）。したがって，職務内容が少なくともある部門全体の統括的な立場にあることで足りると解すべきである（前掲ゲートウェイ21事件等）。本問のAは設計課の課長として，そこに所属する20名の部下の業務管理を行い，その人事や査定に関与し，管理職会議に参加するなどしており，設計課を統括する立場にあったといえなくはない。しかし，部下の賞与の査定や人事への関与といっても，それは部下との面談を行い，その希望や意向を聴き，資料を作成して部長に報告するにすぎず，実際の人事権や決定権を有するのは上位職にある部長であると考えられ，他に決定権限を有しているともいえない。この程度の職務内容では，設計課という部門全体の統括的な立場にあるとは言い難い。これらのことから，Aは経営者と一体的な立場にあるとはいえない。

　第2に，L社では管理職にもタイムカードの打刻をさせているが，それは勤務時間を管理するためのものではない。遅刻や早退についても上司の許可を必要とせず自由にできるとされている。しかし，実際にはAは毎朝のミーティングに参加しなければならず，また，部下からの報告書を確認し，部長に報告しなければ退勤できない。このことからすれば，出退勤の時刻をA自身が決定することはできないのであり，労働時間に関する自由裁量はなく，むしろ長時間労働を強いられている。したがって，Aは出退勤について十分な裁量権を有しているとはいえない。

　第3に，Aには月5万円の役職手当が支給されているが，昇進前の賃金よりも減額となる月もあることからすれば，役職手当が割増賃金を支給されないことを十分に補っているとはいえない。それゆえ，役職手当は管理職の地位と職責にふさわしいものではない。

　以上のことから，Aはその勤務実態からして，労基法41条2号の管理監督者には該当しない。したがって，Aは労働時間規制の適用除外とはならないから，管理職には割増賃金を支払わない旨の就業規則の規定は適用されず，L社に対して労基法37条に基づく割増賃金を請求することができる。

　それでは，Aの未払割増賃金額はどのように算定されるか。この点，役職手当に時間外労働の割増賃金を含めてそれを定額で支払うこと自体は，割増賃金部分と他の部分とが明確に区分され，その額が労基法所定の割増賃金額を超えていれば違法とはいえない（キャスコ事件・大阪地判平成12・4・28労判787号30頁）。そうすると，Aに支払われている月額5万円の役職手当は，割増賃

金に代わるものと考えることもできる。その場合，役職手当として支払われた5万円は，未払割増賃金額から控除されることになるか。L社においては，役職手当は職位や役職に応じて支給するものとされている。また，Aは課長昇進前よりも業務量は増加しているものの，割増賃金が支払われないことにより昇進前よりも賃金が減少する月もある。これらのことから，役職手当によって割増賃金が支払われていたとはいえず，役職手当はあくまで課長としての職務や職責に対する対価であるといえる。したがって，Aは既払の役職手当を控除されることなく割増賃金を請求することができる。また，未払の割増賃金については，未払額と同額の付加金の支払命令も請求することができる（労基114条）。

2 【設問】(2)について

L社の管理職であるAも，憲法上は労働組合を結成・加入する権利を有する。しかし，Aが労組法2条ただし書1号の利益代表者に該当するとすれば，その参加を許す組合は自主性を欠き労組法上の組合とは認められない。この場合，Aが加入するJ組合は，L社の団交拒否に対する救済申立てができないといえるだろうか。

そこで，Aが労組法2条ただし書1号の利益代表者に該当するかどうかが問題となる。ただし書1号該当性は，その者が加入することにより組合の自主性が損なわれるかどうかの観点から個別具体的に判断される（前掲日本アイ・ビー・エム事件）。Aは課長と呼称され，部下の人事に関わることはあるが，直接的・最終的な決定権を有してはおらず，組合の自主性を損なうとまではいえない。したがって，Aは利益代表者には該当しない。J組合所属のA以外の課長も同様に利益代表者に該当しないとすれば，J組合は法適合組合と認められる。そして，J組合が団交を申し入れている賃金体系等については義務的団交事項に当たるため，L社の団交拒否は不当労働行為（労組7条2号）といえる。したがって，行政救済として，J組合は，労働委員会に団交応諾命令等の救済を求めることができる。また，裁判所による救済として，団交を求める地位の確認請求や，民法709条の要件を満たす場合には損害賠償を求めることもできる。

仮にJ組合の組合員の中に労組法2条ただし書1号に該当する者が含まれているとすれば，利益代表者混合組合となる。この場合，例示説によれば，組合の自主性を損なうかどうかを実質的観点から判断される。これに対して，独立要件説によれば，利益代表者が参加する組合として法適合組合とはならない。

もっとも，この場合も憲法組合とはなるから，不当な団交拒否に対する不法行為（民709条）に基づく損害賠償請求は可能である。

また，Aは組合規約および労働協約によりH組合には加入できないとされているが，組合員の範囲については組合自身が決定するべきであることからすれば問題はない。しかし，もしAがH組合への加入を希望し実際に加入した場合，前述のとおり利益代表者性を否定されているため，労組法2条ただし書1号の利益代表者が参加する組合とはいえず，H組合は労組法上の組合といえる。

【基本文献】
荒木193頁，579頁／菅野473頁，790頁／土田・概説147頁，358頁／土田・労契法366頁／西谷・労働法323頁，534頁／西谷・労組法82頁／野川666頁，838頁／水町268頁，375頁

（金井幸子）

27 有期雇用

【設　問】

　Ｙ社は，首都圏で展開している百貨店であり，Ａ社はその100％出資子会社
である。当初Ｘは，Ａ社と契約期間を１年とする有期労働契約を締結し，Ａ社
がＹ社から請け負っていたＹ社店舗内における機械等の設備メンテナンス及び
清掃業務のうち清掃業務を担当していた。賃金は正社員とは異なり時給制であっ
たが，Ａ社からはＸが望むのであれば基本的に契約は更新するつもりであると
の説明を受けており，Ｘは更新を希望したため，同契約は２回更新された。３回
目の契約更新の２ヵ月前，Ａ社内部でＹ社の担当者が出席の上で事業説明会が
実施され，売上げが下降気味であるＹ社では経営健全化計画として取扱い商品
の見直しや顧客サービスコストの削減，組織の統廃合が順次実施されているが，
その一環として，従来はＡ社が請け負っている業務に加え，これまでＹ社の正
社員が担当していた一部店舗内における清掃業務について一元化し，今後はＹ
社従業員で担当することが告げられた。そして，契約更新を希望する者は，次期
契約は契約社員としてＹ社と締結することになること，労働条件等はＹ社の規
定に従うが，基本的には同一であること，業務内容については一部変更される可
能性があることなどが説明された。Ｘは，Ｙ社でも長期間勤務したいのだがそれ
は可能であるかと質問すると，Ｙ社の担当者は「基本的にはＡ社での勤務経験
がある者は，Ｙ社においても長く勤務し続けてほしいと思っている」と返答があ
った。結局，Ｘを含むＡ社従業員でＹ社店舗の清掃業務に従事していた者は全
員，30名がそのままＹ社と契約を締結することとなった。なお，当該30名の
Ａ社における更新回数は一定でなく，初回の更新に当たる者から，７回目の更新
を迎える者までいた。

　Ｙ社と契約を締結した後も，Ｙ社担当者の言葉通り労働条件はおおむねＡ社
のものと変わらず，業務内容や担当店舗については変更される者もいたが，Ｘに
ついては変更がなかった。また，契約更新の都度１月前に契約更新の意思の確
認がなされてきたが，更新を希望する者（各契約更新時におおむね８割程度は更新
を希望していた）は全員契約更新され，ＸもＹ社と１年間の有期契約を３回更新
した。その頃，Ｙ社ではついに単年度赤字に転落したため，種々の経営健全化計
画の一環として人件費の抑制に踏み込むこととし，まずは契約社員やパート社員
などから人員削減を行うことを決定していた。Ｘの４回目の契約更新時にＹ社

の担当者から，契約社員の数を半数程度に削減したいと考えており，第一次削減としてＸが削減対象となったため契約の更新は今回で最後にしたいと通告があった。Ｘは，Ｙ社の担当者に契約社員の数を削減する理由と，なぜ自分が削減対象に選ばれたのか尋ねたところ，経営状態がよくないので人件費を削減したいと考えていること，削減対象にＸが選ばれたのは，Ｘが担当している清掃箇所について顧客からクレームが出たことがあったからだと返答があった。

　このままＹ社での仕事を続けたいと考えているＸは，確かに半年前にＸの担当箇所である商品棚に汚れがついていたまま開店してしまったことが顧客からの指摘で判明したことがあるが，汚れがついた時点がＸの清掃後であるのか清掃前であるのか判然とせず，今後は最終チェックを交代で行うこととして，すでに現場で解決済みであり，そのことは上司にも報告がなされておりＹ社も了解している筈であると説明した。さらに，経営状態についてはわからないが，もしも賃金の切り下げや時間の短縮などであれば受け入れを考えるので，次回以降も契約を更新したいと申し出た。しかしＹ社担当者は，人件費の削減は経営方針としてすでに決定された事項であり，また契約社員については契約期間の満了時に更新の有無を会社が決定することになっているのであって，個々の労働条件交渉には応じるつもりがなく，今回は契約を更新するが，更新はこれで最後であると譲らなかった。やむなく，Ｘは契約を更新することとしたが，その契約書には「更新はこれを最終のものとする」との文言が添えられることになった。当該契約期間の満了１ヵ月前，Ｙ社は予定通り期間満了をもって契約は終了すると確認してきたので，Ｘは再度，賃下げも考慮するので雇用関係を維持してほしい，可能であれば次期の契約からは期間の定めをなくしてほしいと告げたが，Ｙ社は期間満了によって契約は終了するとの立場を崩さなかった。１ヵ月後，その時点でのＹ社の契約社員は32名であり，Ｘと同日に期間満了日を迎える者30名中，Ｘを含む10名が雇止めされた。

　⑴　Ｘは就労を継続したいのだが，法的にはいかなる主張ができるだろうか。

　⑵　Ｘと同様にＹ社で契約社員となったＺは，契約社員の削減方針についての説明を受けていたものの，第一次削減対象に含まれなかったため，Ｘが雇止めされた後も１年間の有期契約を更新した。しかし，契約更新から３ヵ月後，Ｙ社は経営状態が予想より悪化していることを理由に，第二次削減を前倒しするとして，Ｚを含む５名に対し３ヵ月後（契約更新から半年後）に契約を解約する旨通告してきた。Ｚは契約の解約に至る理由の詳細な説明を求めたところ，Ｙ社からは経営状態が悪化し他部門の閉鎖が決定されたこと，これにより正社員を設備メンテナンス及び清掃業務に配置転換することが予定されていること，残る契約

333

社員の中で人事評価の低い者の契約を解約することとし，Ｚが選択されたことが告げられた。Ｚに適用されるＹ社就業規則には，冗員が生じた場合には期間の中途でも解約することがある旨の定めがある。Ｚに対する契約の中途解約は有効だろうか。

【解　説】

1　労働契約の期間の定め

　労働契約に期間の定めを設定すると，契約期間内についてはやむをえない事由（民628条，使用者からの解約については労契17条1項）がない限り当事者双方とも解約できなくなるが，期間満了時には契約の拘束力から解放される。契約期間は，一定の事業の完了に必要な期間を定めるものの他は，原則3年，一定の専門職及び60歳以上の労働者が締結する場合には5年が上限となっている（労基14条1項）。この3年という期間は，平成15年労働基準法改正によって従来1年であったものを引き上げたのであるが，契約期間が長期にわたり，労働者の人身拘束の弊害が懸念されたため，当面の間は労働基準法附則137条により一部例外（一定の事業の完了に必要な期間を定める労働契約及び一定の専門職に該当する労働者の締結する労働契約）を除いて契約期間中であっても1年経過後に労働者からはいつでも解約することができることとされた。この上限規定はあくまで1回の有期労働契約の上限の定めであり，更新年数，回数についての制約ではないので，上限内の期間を定めた有期労働契約の更新を繰り返すことによって3年ないし5年を超えて雇用関係を維持することはできる。使用者は有期労働契約により労働者を使用する目的に照らして，必要以上に短い期間を定めることにより，有期労働契約を反復して更新することのないよう配慮しなければならないとされているが（労契17条2項），同条の効果として短期の契約が無効になることはない。

2　労働契約の中途解約

　上述の通り，有期労働契約における中途解約は民法628条により当事者双方ともやむを得ない事由が求められる。さらに労契法17条1項は使用者の解雇にやむを得ない事由を求めているので，使用者からの中途解約は，たとえ就業規則などで中途解約事由を定めていたとしても，やむを得ない事由が必要になる。このやむを得ない事由については，有期契約が契約期間内のみ拘束力を持つというその性格や，労契法16条（合理性・相当性）に加えて，別途17条

334　　27　有期雇用

（やむを得ない事由）が定められているところから，無期契約における解雇の際に求められる合理性・相当性（労契 16 条）よりも厳格な基準で審査されることになると解される（安川電機〔パート解雇・本訴〕事件・福岡高決平成 14・9・18 労判 840 号 52 頁では，期間満了まで待てないほどのやむを得ない事由の存在が必要とされた）。

これに対して，中途解約を認める旨の特約が存在する場合に，労働者からの中途解約にやむを得ない事由が必要であるかどうかは，民法 628 条の理解による。有期労働契約における期間の意味が，期間内における契約への拘束と期間満了による拘束力からの解放とが一体になったものであるという点を強調すれば，民法 628 条に定めるやむを得ない事由を緩和する方向での中途解約条項は無効，あるいはやむを得ない事由を満たす限りでしか有効にならない。これに対し，期間内の拘束力と期間満了による拘束力の解放とを別々に考えるのであれば，やむを得ない事由までは不要であり，任意に定められた労働者からの解約条件を定める条項は有効なものと解される。もっとも，上述したように現状では契約締結から 1 年を超えた労働者からの解約にはやむを得ない事由は必要ない。

3　雇止め制限法理

(1)　雇止め制限法理の立法化

有期労働契約は，期間満了によって拘束力が消失する。この期間満了による当事者の契約関係からの離脱は，労働契約の一方的解約であるところの解雇ではないので，解雇制限法理には服さない。しかし，更新を望む労働者にとって更新拒絶（雇止め）は雇用喪失を意味するので，裁判所は一定の雇止めに対し，当時判例法理であった解雇権濫用法理を類推適用して労働者の救済を図ってきた。当初裁判所は，更新手続きが形骸化するなどして反復更新する有期労働契約が無期契約と実質的に異ならない状態であったと述べた上でその救済を図ったが（東芝柳町工場事件・最一小判昭和 49・7・22 民集 28 巻 5 号 927 頁），その後，別の事案において実質無期状態とまではいえないとしつつも，雇用継続が期待されていたと述べて解雇権濫用法理を類推適用し，その救済範囲を拡大させた（日立メディコ事件・最一小判昭和 61・12・4 労判 486 号 6 頁＝百選 79 事件）。この判例法理を平成 24 年改正によって立法化したのが，労契法 19 条である。

(2)　第一段階の審査

同条は二段階の審査から成り立っている。解雇権濫用法理の類推適用の可否を決する第一段階に当たるのが 19 条 1 号ないし 2 号の該当性審査であり，第

二段階が類推適用された解雇権濫用法理に照らして，雇止めの合理性・相当性を判断する19条本文の審査である。

19条では，反復更新された有期労働契約の更新拒絶が解雇と同視できる場合に1号該当性が認められ，労働者が更新を期待することに合理的な理由がある場合に2号該当性が認められる。1号のみが反復更新を要件としている点，1号では雇止めが解雇と同視できる場合とされているのに対し，2号では更新の期待に合理性がある場合とされている点（更新拒絶が解雇と同視できる場合には労働者は更新に合理的期待を持っているといえる）から，1号より2号の方がその適用範囲は広い。そのことは，19条1号が前掲東芝柳町工場事件を，2号が前掲日立メディコ事件を念頭において立法化されたものである点からも確認できる。1号，2号どちらに該当するにしても第二段階の審査に移行するから，実務上は基本的に2号該当性の可否が重要となろう。

第一段階の審査において裁判所が判断要素としてきたのは，職務内容，勤務実態における正社員との同一性・近似性，雇用管理区分の状況，当該労働者の更新状況，他の労働者の更新状況，更新手続の厳格さ，使用者の更新を期待させる言動等である。例えば，恒常的業務に正社員と同様に従事している労働者が，有期労働契約の更新を反復継続しており，契約書の作成が更新後になる等その手続に形骸化がみられ，当事者間では有期であることがさほど意識されていないという事情があれば，労働者が次期の更新を期待するのも合理的であろうということである。裁判所の審査はこれらの要素の総合考慮であり，一定の更新回数をもって労働者を救済するといった画一的な判断ではない。むしろ試用的色彩の認められる有期労働契約において初回の更新時から更新の合理的期待が認められた例もある（龍神タクシー事件・大阪高判平成3・1・16労判581号36頁）。

⑶　契約締結・更新の申込みと第二段階の審査

19条1号2号該当性が認められると，第二段階の審査に移行する（19条本文）。すなわち，労働者が期間満了日までの間ないし満了後遅滞なく有期労働契約の更新の申込みをすると，雇止めに合理性・相当性がない限り使用者は労働者の申込みを承諾したものとみなされる。文言上は従来の判例法理に加えて新たな要件を付加したものではあるが，権利濫用法理を用いていたことによる理論上の問題（権利濫用法理によって期間満了の効果を否定し，新たな契約締結の効果を生むことへの疑問）を解決するために申込と承諾みなしという法的構成を採用したに過ぎないので，労働者の申込みという要件はかなり緩やかに認められ，更新拒絶に反対である旨の意思表示が伝わる程度で足りると解されてい

る（平成 24・8・10 基発 0810 第 2 号）。

第二段階（19 条本文）の判断枠組みは解雇と同様であり，雇止めの合理性・相当性の有無が審査される。整理解雇的な雇止めであれば，整理解雇法理に準じて四要件ないし四要素をもってその合理性・相当性は判断される（日本郵便〔苫小牧支店・時給制契約社員 B 雇止め〕事件・札幌高判平成 26・3・13 労判 1093 号 5 頁））。ただし，裁判所は有期労働契約の労働者を雇止めする際に，無期契約の正社員に対する希望退職者募集を要しないと判断するなど，正社員に比してその合理性・相当性を緩やかに認めている（前掲日立メディコ事件）。

(4) 労働条件変更と雇止め

有期労働契約において使用者が労働条件変更を意図し，契約更新時に新たな労働条件を提示し，労働者がこれに応じず雇止めに至ることが考えられる。有期である以上は契約期間内においては労働条件も含めて契約の拘束力が及ぶのであるから，更新時に労働条件変更を含めた交渉がなされるのは自然なことであるが，これに応じないことによる新契約の不成立が容易に認められれば，雇止め制限法理の潜脱を許容することになる。そこで，このような場合にも，雇用の継続それ自体を期待することに合理性が認められれば，19 条 1 号ないし 2 号該当性が認められ，雇止めに合理性・相当性が求められる（ドコモ・サービス事件・東京地判平成 22・3・30 労判 1010 号 51 頁）。ただし，このようなケースでは，当事者間で争われているのは本質的には労働条件の紛争であるから，雇止めの適法性には当該労働条件変更の必要性や相当性を含めて雇止めの合理性・相当性が審査される必要がある。具体的には，労働者の受ける不利益の有無・程度，労働条件変更の必要性，使用者が提案した補償措置の相当性，労働条件変更の手続等を総合して判断されるべきである（前掲・ドコモ・サービス事件）。

(5) 効 果

更新された雇止めが違法とされた後の労働条件は，契約期間を含めて従前と同一である。かつての判例法理では雇止めが違法とされた後の労働条件が従来と全く同一でないということがあったが（有期契約を更新して業務職員として約 3 年，管理員として約 5 年勤務した労働者の雇止めにつき，業務職員としての地位を認めた近畿建設協会〔雇止め〕事件・京都地判平成 18・4・13 労判 917 号 59 頁，雇止め後に変更されたインセンティブ給の制度の範囲内で未払い賃金額の算定を行ったエヌ・ティ・ティ・コムチェオ事件・大阪地判平成 23・9・29 労判 1038 号 27 頁），19 条の下ではこのような解釈の道は閉ざされた。他方，雇止めが違法とされ，契約が更新されても当該契約にも期間が付されているから，いずれ当該期間の

満了という状況は到来する。そこで再度雇止めがなされ紛争が生じれば，新たな状況の下で19条に照らして当該雇止めの有効性が判断される（雇止めの係争中になされた予備的雇止めの適法性が肯定された事案として，福原学園〔九州女子短期大学〕事件・最一小判平成28・12・1労判1156号5頁がある）。

4　不更新条項・更新上限条項

　裁判例は，初回の契約時に，更新回数や通算勤務年数の上限が当事者間で設定される（更新上限条項）とこれを尊重する姿勢を示しており，結果として当該上限を超える更新の合理的期待は認められにくくなる（前掲福原学園〔九州女子短期大学〕事件，コンチネンタル・ミクロネシア・インク事件・東京高判平成14・7・2労判836号114頁）。労働者が当初から更新回数の上限を理解していれば，これを超える更新の期待を持たないであろうと考えられるからであろう。もちろん，第一段階の審査は総合考慮であるので，上限設定が形骸化し，他の労働者がこれを超えて更新されているような状況や，上限設定どおりに雇止めしないことを労働者が期待しうるような使用者の言動があれば，必ずしも設定された上限で行った雇止めに対する労働者の更新の期待が否定されるとは限らない。

　これに対して，反復継続している有期労働契約の更新時に次回の契約更新は行わない旨定める条項を契約書に挿入する，いわゆる不更新条項が設定され，これに基づいて雇止めがなされた場合はどのように考えるべきか。

　不更新条項の設定は労働者にとって不利益が大きいこと，不更新条項付きでも契約更新に合意しなければ，その時点で雇止めされる危険があることを考えれば，不更新条項に対する合意の認定には慎重さを要する。使用者による十分な説明・情報提供がなされ，労働者が客観的にみてその自由意思に基づいて合意したものと認められることが必要となろう（土田・労契法779頁）。裁判例も，使用者による十分な説明・情報提供がなされていなければ，労働者が格別不満を述べずに不更新条項付きの契約書に署名・押印したというだけでは，合意を認定していない（東芝ライテック事件・横浜地判平成25・4・25労判1075号14頁）。

　使用者による十分な説明・情報提供があり，労働者が不更新条項の意味するところを明確に認識した上で最終となる契約の更新に応じたとみられる事案においては，次のように解釈が分かれている。不更新条項の存在を第一段階の審査において考慮し，これを合理的期待の放棄ないし合理的期待を失わせる要素と捉える見解（本田技研工業事件・東京高判平成24・9・20労経速2162号3頁，

荒木＝菅野＝山川218頁）のほか，労働者が合意せざるをえない立場に置かれ
ているとの認識から，その存在は雇用継続の期待を失わせるものではなく，雇
止めの合理性・相当性（第二段階）で考慮すれば足りるとする見解や（明石書
店事件・東京地決平成22・7・30労判1014号83頁，毛塚勝利「改正労働契約法・
有期労働契約規制をめぐる解釈論的課題」労旬1783・1784号25頁），公序違反で
無効とする見解（西谷・労働法448頁）が示されている。思うに，不更新条項
に対する合意の真意性に疑問がある場合には，当該不更新条項は使用者が一方
的に雇止めの予告を行ったということになる。予告を行ったからといって直ち
に雇止めを有効にするものではなく，19条に基づく審査は行われることにな
るが，第二段階の雇止めの合理性・相当性を審査する上では，一応は予告がな
されている雇止めであるという点は考慮すべきであろう。裁判例でも，不更新
条項の合意を認めず，雇止めの予告にすぎないと位置付けつつ，労働者が不更
新条項の設定を認識していること，期間雇用従業員の雇用維持が困難であるこ
と，事業構造改革の実施につき説明会を開催して内容説明を行っていること，
契約更新時に再三にわたり事業所の閉鎖に伴い労働契約を終了させる旨の説明
を行っていることを指摘して，雇止めの合理性・相当性を認めた例がある（前
掲東芝ライテック事件）。他方，不更新条項に対する合意が認められる場合には，
第一段階における審査で当該条項により労働者の更新の期待を減少させること
になると考えられる。もっとも，第一段階は種々の要素の総合考慮であり，事
業場における更新の実態や使用者の言動などから更新の期待がなお残存するこ
とも考えられるから，不更新条項は，第一段階での考慮要素の一つと評価すべ
きであろう。

5　無期転換申込権

　平成24年労契法改正により，上述した雇止め制限法理の立法化と共に，5
年を超えて連鎖契約を締結している労働者に無期転換申込権を付与するという
無期転換ルールが定められた。
　無期転換申込権は，同一の使用者との間で締結された2以上の有期労働契約
の通算契約期間が5年を超える労働者に付与される（労契18条1項）。「同一の
使用者」性については，契約締結上の主体が同一であるかどうかで判断される。
ただし，使用者が無期転換申込権の発生を免れる意図をもって，派遣・請負等
を偽装して，勤務実態が変わらないにもかかわらず労働契約の当事者を形式的
に他の使用者に切り替えた場合には，法の潜脱として通算期間の計算上「同一
の使用者」と評価される（基発0810第2号第5の4(2)イ）。次に，通算契約期間

については，無期転換申込権は2以上の有期労働契約の通算期間が必要なので，例えば5年の有期契約を締結しても無期転換申込権は発生しない。2つの有期労働契約の間に無契約期間（空白期間）が存在する場合，それが原則として6か月以上であれば，空白期間前に満了した有期労働契約の契約期間は通算されない（労契18条2項）。また，研究職や一定の専門職，定年後再雇用された労働者について，無期転換申込権の発生までの期間の特例が存在する（科学技術・イノベーション創出の活性化に関する法律15条の2，専門的知識等を有する有期雇用労働者等に関する特別措置法8条）。

　労働者が無期転換申込権を行使すると，使用者はこれを承諾したものとみなされる。無期転換申込権の行使は，現に締結している有期労働契約の期間満了日までに行う必要がある。労働者が無期転換申込権を行使しなければ，新たに有期労働契約を更新することは可能であるが，更新された有期労働契約の期間中に再度新たな無期転換申込権が発生する。

　無期転換申込権の行使によって新たに締結される労働契約における労働条件は，期間の定めがなくなる点を除けば原則的に従来の有期契約時のものと変わらないが，別段の定めを設定することもできる。別段の定めとしては個別合意，労働協約も可能であるが，就業規則による場合が一般的である。無期転換後，無期転換した者を適用範囲とする就業規則の定めがある場合には，当該就業規則の内容が合理的であれば，労働条件はこれに従うことになる。ここで求められる合理性の程度が新たに契約を締結する際の合理性（労契7条）なのか変更された就業規則に求められる合理性（労契10条）なのかが問題になる。新たな労働契約の成立であるので，基本的には7条の問題となるが（土田・労契法790頁），無期転換申込権の発生後に無期転換後に適用される就業規則が定められた場合には，10条の問題と解すべきであろう（荒木＝菅野＝山川199頁）。

【解答への道すじ】

　【設問】は，有期労働契約における使用者による解約ないし雇止めの効力に関するものである。(1)では，①Xに無期転換申込権が付与されていたか，特に通算期間が5年を超えていたか，②Y社の雇止めは有効か，特に更新に合理的期待が認められるか，不更新条項をどのように評価するか，合理的期待が認められる場合には本件雇止めに合理性・相当性が認められるかが問題となり，(2)では有期契約における期間の解釈，使用者からの中途解約の有効性が問題となる。

1 【設問】(1)について

(1) Ｘに無期転換申込権が付与されていたか

通算契約期間が5年を超える労働者が無期契約の申込みを行うと、使用者はこれを承諾したものとみなされる（労契18条1項）。設問においては雇止め時にＸは雇用の維持と、期間の定めの撤廃を希望しており、無期契約締結の申込みを行っているものと解される。これが無期転換申込権の行使であれば、使用者はこれを承諾したものとみなされるので、Ｘは無期契約を締結したものとして労働契約上の地位を主張することが可能になる。そこで、無期転換申込権が発生していたかどうかを検討する。

ＸとＹ社との関係を確認すると、締結した契約期間は1年、更新が4回であって、最終契約の期間満了時には5年を超えていないので、そのままでは無期転換申込権の発生は認められない。しかし、ＸはＹ社と契約する前にＡ社と1年契約を2回更新しており、これが通算契約期間に算入できれば、通算契約期間が5年を超えることとなる。原則的には、Ａ社とＹ社は法人格が異なるため、同一の使用者性は否定される。しかし、無期転換権付与を避けるために形式的に事業者を切り替えた場合や、法人格否認の法理により実質的にＡ社とＹ社が同一であると評価できる場合には、通算契約期間にＡ社での就労期間も算入すべきである。

この点、Ａ社からＹ社に契約を変更した者の更新回数は様々で、中には既に7回目の更新に当たるなど無期転換申込権が発生していた者もいたと思われる。また、Ｘの従事している業務内容については変更がないが、他の労働者らは変更がされているようである。これらの点からは、Ａ社ないしＹ社が無期転換申込権の発生を回避するために形式的に事業者を切り替えたものとは考えられない。また、設問ではＡ社はＹ社の子会社であるとされているが、それ以上に法人格を否認し、組織・人事などの面で実質的同一性を基礎付けるような事情は見受けられない。したがって、Ｘの通算契約期間を算出するに当たり、Ａ社での契約期間は通算できないので、Ｘの本件無期転換申込は労契法18条1項の要件を満たすものではない。もちろん同条の要件を満たさずとも、無期契約締結の申込みを行うことは可能であるが、設問においてＹ社がこれを拒絶している以上、無期契約が締結されていることを前提とする主張は認められないものと解される。

(2) 本件雇止めは労契法19条1号ないし2号の要件を充足するか

それでは雇止めの有効性はどうだろうか。労契法19条1号ないし2号の該

当性を検討する。設問では，Xの従事してきた業務内容は清掃業務であるから，恒常的な業務である。また1年の有期契約であるがY社において同業務に従事して更新を希望する者は更新されてきており，Xの更新回数も雇止めまでにすでに4回，あわせて5年間勤務していることになる。さらに，Y社担当者は事業説明会において長期に勤務することが可能である旨述べている。更新手続きの形骸化は認められず，Y社の正社員とは業務内容が異なる点から，19条1号の該当性が否定されるとしても，Xが更新に期待を抱くことは無理からぬものであり，同条2号該当性は認められそうである。

　しかし，設問では最終契約更新時に不更新条項が設定されている。そこで，これをどのように評価すべきかが問題となる。本件不更新条項は，「更新はこれを最終のものとする」という内容であり，あくまで更新に対する合意であって，有期労働契約の期間満了とは別途将来の解約を約するものとは考えられない。しかし，Y社とXは不更新条項についてある程度交渉を行っており，少なくともXは不更新条項がいかなる意味を持つかは十分に認識できていたといえる。そこで，本件不更新条項は19条2号該当性を否定する一要素になるものと解する。

　以上の事情を総合考慮することになるが，設問においては，不更新条項の設定にはXと一定程度話合いを持ったことがうかがえ，Xとしてもその意味を十分に理解していると考えられること，不更新条項設定以後，特にXに期待を抱かせるような言動をY社がとっていないと見受けられること等を強調すれば，更新の合理的期待を否定することも可能だろう。これに対して，上述した更新状況やY社の言動等からXには更新に期待することに合理性が認められること，不更新条項に同意せざるを得ない立場に置かれたのであり，Xが合意するに値する客観的状況にない等として，不更新条項の挿入を過度に評価せず，その期待は不更新条項によって排除されるものではないから，19条2号該当性を認めるべきであると結論付けることも考えられる。

(3) 本件雇止めに合理的な理由があり，社会通念上相当といえるか

　仮に本件雇止めにおいてXの更新に対する合理的な期待が認められるとすれば，19条本文に基づき，Xが更新を申し込んでいれば，Y社の雇止めに客観的に合理的な理由があり社会通念上相当でない限り当該申込みを承諾したものとみなされる。

　まず「申込み」の有無については，新規契約の締結申込みとは異なって，労働者が雇止めに不満を述べるなどでも広く認められる必要があると解される。【設問】において，Xは更新を希望し，無期が望ましい旨契約期間中に述べて

いるところから，19条本文の求める「申込み」があったものと解される。

次に，合理性・相当性の審査となるが，本件雇止めは経営上の理由によるものであるので，整理解雇法理に準じて判断する必要がある。そこで求められる経営上の必要性については，単年度とはいえ赤字に転落しており，一定の必要性は認められる。雇止め回避努力については，Ｙ社が人件費の削減以前にいかなる措置をとったかも問題となるが，設問では経営健全化計画を実施しており，一定の努力はなされていることがうかがえる。また，正社員よりも先に契約社員の削減に手を付けることも許容されよう。しかし，契約社員の人件費削減という観点で考えれば，労働時間の削減や賃下げでも一定の効果が得られるところ，契約社員であるＸからそうした提案があるのにこれを検討した形跡が見受けられない。人選の相当性については顧客からのクレームがあったことと一応の理由付けがされているが，Ｘに責めを負わせる事象ではなかった可能性について，Ｙ社は応答していない。手続の妥当性についても，Ｘの提案や人選について十分な応答がなく，Ｙ社の対応は不十分と評価せざるを得ない。そうすると，本件雇止めが合理性・相当性を満たしたものとは認められないから，Ｘから労働契約法19条に基づく更新申込みがなされ，Ｙ社はこれを承諾したものとみなされるだろう。

なお，仮に経営上の必要性に基づく雇止めではなく，能力不足による雇止めと捉えるとしても，Ｘに対する指導や訓練がなされた様子もなく，クレームがあったとの一点をもって雇止めの合理性・相当性が肯定されるとは考えられない。

以上の点から，本件雇止めに更新の合理的な期待が認められれば，有期契約が更新されたものとして，地位確認請求及び未払賃金の請求等が可能であると解される。

2 【設問】(2)について

Ｙ社によるＺの契約の解約は，使用者による労働契約の一方的解約であって解雇であるから，予告期間（労基20条）等の解雇についての手続的規制に服することになる。設問では3ヵ月前に通告しているので，この点では問題はない。

さらに，契約期間の中途であるから，当該解雇には労契法17条によりやむを得ない事由が求められる。Ｙ社による中途解約は経営上の事由であり，就業規則の解雇事由該当性や解雇の相当性が問題となり，それらは整理解雇法理に沿って判断されることとなるが，そこでは期間途中に解雇せざるを得ないよ

うなやむを得ない事由を満たしているかどうかという観点から審査されなければならない。

　整理解雇の必要性についてみると，Y社の経営状態はXの雇止めを決定した時点から更に悪化しているようであるから，それなりに解雇の必要性が認められる。しかし，わずか3か月前に1年の契約を更新したということは，3か月前には1年間の契約の拘束力を受け入れる判断をしたということであるので，その判断を覆し契約期間の中途で解約しなければならないほどに急激に経営が悪化しているとすれば既に正社員の整理解雇すら検討の対象となりうるだろう。それにもかかわらず，他部門の閉鎖により過剰となった正社員を設備メンテナンス及び清掃業務への配置転換で吸収しようとしているのであって，期間満了を待つことができないほどに高度な必要性は認め難い。解雇回避努力をみても，【設問】(1)と同様に考えられ，格別の努力をしたとは評価できない。人選の相当性は人事評価が公正になされている限りにおいて，不当なものとはいえないが，それらの事情をZらに十分に説明し，一定の代償を提案する等のZらの納得を得る努力をしたとはいえない。したがって，当該中途解約はやむを得ない事由がないため就業規則に定める解雇事由に該当せず，無効となるだろう。Zによる地位確認・未払賃金の支払請求がなされれば，これが認容されるものと考えられる。

【基本文献】

荒木476頁／菅野304頁／土田・概説309頁／土田・労契法761頁／西谷・労働法435頁／野川415頁／水町335頁

　　　　　　　　　　　　　　　　　　　　　　　　　　　　（篠原信貴）

28 労働者派遣

【設問】

1 Y₁社は，厚生労働大臣から労働者派遣事業および有料職業紹介事業の許可を受け，製造業など派遣可能事業への労働者派遣や業務処理請負等の事業を営んでいる。Y₁社における派遣登録者は約600名であり，稼働労働者は常用換算で300名である。Y₂社は，自動車部品の製造等を行う会社（従業員数約5000名）で，Y₁社との間で資本関係や役員の兼務等はない。

2 Y₂社が得意とする自動車エンジン部品の製造技術は，環境性能の面で高い評価を得てきたところ，2015年2月，外国のライバル企業でエンジンの環境性能について数値の改竄が発覚し，Y₂社では当面の需要の拡大が見込まれた。Y₂社は，製造現場および設計業務の人員増強を図るため，同年7月7日，従来取引関係のなかったY₁社との間で，Y₁社が同年8月1日から3ヵ月の期間を定め，105名の労働者をY₂社へ派遣することを内容とする労働者派遣契約を締結した。これを受け，Y₁社は，同社に派遣登録をしながら稼働していない登録者に対してY₂社での就労を打診するとともに，新たに105名を採用する方針を決定した。募集広告では，就労先としてY₂社の工場内を明示するとともに，賃金（時給1500円〜2100円・昇給あり），労働時間等の労働条件を明示した。

　派遣労働者の採用に際しては，Y₁社が面談を行い，Y₂社での派遣就労を前提とする当面の労働条件の説明の後に，現場見学としてY₂社の工場をY₁社担当者とともに訪れ，Y₂社の現場管理者から具体的な作業手順の紹介等を受けた。

3 X₁およびX₂は，もともと自動車部品の設計スキルを有する技術者であり，派遣人材として稼動してきた労働者である。両名は，Y₁社による募集に応募し，Y₂社を派遣先とし，労働契約期間および派遣期間を2015年8月1日から3ヵ月，賃金を時給2100円としてY₁社に雇用され，同日よりY₂社工場の設計部において設計業務に従事した。その際，Y₁社の事前面談にY₂社担当者が同席し，X₁およびX₂の設計技術スキルを確認した上で派遣受入れが可能であることをY₁社に伝え，Y₁社もこれを受けて両名の派遣を決定したという経緯がある。なお，X₁・X₂以外の103名の派遣労働者は，Y₂社の製造部門で就労することになった。

　その後，Y₁社・Y₂社間の労働者派遣契約は3ヵ月ごとに更新され，それに合わせて，X₁・X₂を含む派遣労働者の労働契約も更新された。労働契約の更新に

際しては，2週間前にY_1社が面談を行い，Y_2社で就労するY_1社の現場リーダーの報告に基づき，Y_1社が派遣労働者の勤怠状況等を踏まえて1500円〜2100円の範囲で次期賃金額を提示し，派遣労働者が同意書を提出していた。

　一方，X_1およびX_2は，専門技術者であることから時給2100円で稼動してきたが，この賃金額に不満を有していたため，2016年1月，Y_1社の担当者Aに対し，他社から勧誘があり，退職を視野に入れている旨述べつつ，賃金の大幅な増額を求めたところ，Aは，Y_2社のBマネジャーに相談し，Bは，上司Cと相談の上，X_1・X_2の業務の見直しを行うとともに，Y_1社とY_2社が協議の上，両名の派遣料金を，同年3月以降，従来の3210円から3500円に増額し，それに伴い，Y_1社は，同年3月から，X_1およびX_2の時給を2550円に増額した。

4　2018年5月，国際情勢の悪化から世界的な同時株安が発生し，自動車の販売台数の見込みも大幅に低下する中で，Y_2社は同年5月31日付でY_1社との労働者派遣契約（契約期間は同年5月1日から同年7月31日）を中途解除した（なお，X_1およびX_2を含むY_2社への派遣労働者との間の労働契約も同じ期間で締結されていた）。Y_1社では，他の取引先からも労働者派遣契約の中途解約が相次ぎ，収支状況は大幅に悪化する見込みとなった。

5　Y_1社は，上記の中途解除の打診があった2018年5月上旬から，X_1およびX_2に対して，電機部品メーカーZ社における設計技術補助業務への派遣就労を打診したところ，X_1はこれに応じ，同年5月25日から7月31日までZ社に派遣されたが（時給は同じく2550円），X_2は，業務内容が大きく異なることを理由に拒否した。そこで，Y_1社は，同年5月31日，X_2に対し，「Y_2社の都合により，同社とY_1社との間の労働者派遣契約が終了した場合は，雇用期間の途中であっても雇用契約を終了させることができる」との解約条項（以下「本件解約条項」）に基づき，6月30日付での解雇を通告した。なお，Y_1社は，5月31日の解雇通告時に，X_2に対して4記載の事情を説明したが，一方的な説明を行うにとどまり，X_2の質問・意見に真摯に対応することはなかった。

6　一方，X_1については，Y_1社は，2018年8月1日から10月31日までZ社への派遣を継続し，それに応じて労働契約を更新したが，Z社から同年10月31日付で労働者派遣契約を解約されたため，11月以降はZ社への派遣を断念した。その間，Y_1社は，他の代替派遣先を確保すべく努力し，2社を候補として，同年9月10日および17日の2回にわたってX_1と個別面談を実施し，上記代替派遣先への派遣就労を打診したが，賃金等労働条件面の協議が折り合わなかったことから，X_1は応じなかった。そこで，Y_1社は，同年9月25日，雇止めの理由を丁寧に説明した上，10月31日付での雇止めを通告するとともに，

今後，新たな派遣先が見つかった場合は優先的にX_1に紹介する旨説明した。X_1は，同面談時およびその後も労働契約の更新を希望したが，Y_1社は同年11月1日以降，X_1の就労を拒絶している。なおY_1社は，Y_2社へ派遣されていた他の派遣労働者（103名）に対しては，同年5月15日，新たな複数の派遣先への派遣を打診し，これに応じた45名については派遣を継続する一方，打診に応じなかった58名については，同年7月31日付けで雇止めを通告した。

(1) X_1およびX_2がY_1社に対して労働契約上の地位確認を求めて訴えを提起した場合，認められるか。

(2) X_2の契約期間満了時までの地位確認が認められるとして，X_2がその間の賃金支払を請求した場合，認められるか。なお，Y_1社の就業規則55条には，「会社の責めに帰すべき事由による休業の場合においては，会社は，休業期間中当該労働者の平均賃金の100分の60以上の手当を支払う」との規定がある。

(3) X_1およびX_2がY_2社に対して労働契約上の地位確認を求めて訴えを提起した場合，認められるか。

【解　説】

1　労働者派遣法の展開

労働者派遣とは，「自己の雇用する労働者を，当該雇用関係の下に，かつ，他人の指揮命令を受けて，当該他人のために労働に従事させること」をいう（労派遣2条1号）。つまり，①労働者と派遣元企業との間に雇用関係（労働契約関係）があることと，②労働者と派遣先との間に指揮命令関係がある（しかない）こと，の2点が派遣の基本的要素である（間接雇用。図参照）。

このように，労働者派遣においては，派遣先と労働者との関係が指揮命令関係にとどまる一方，労働者・派遣元・派遣先の三者間に労働関係が成立するため，労働条件や法律関係が複雑になる。そこで，こうした複雑な法律関係を規制し，派遣労働者を保護することを目的に制定されたのが労働者派遣法である。労働者派遣法は，1986年の制定以降，多くの改正を経て大きく変化してきた。

まず，派遣対象業務について，労働者派遣法は，これを一定の業務に限定してスタートしたが，

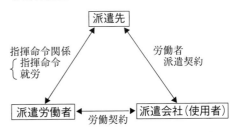

1999年改正により原則自由化し，2003年改正法により製造業派遣も解禁した。一方，派遣期間の制限に関しては，派遣法は長らく常用代替防止目的から派遣先の同一業務での同一派遣労働者の受入れを厳格に制限してきたが，2015年改正法は，派遣労働者・派遣元間の労働契約が有期契約か無期契約かで取扱いを分ける制度を導入した。すなわち，有期雇用派遣労働者について，派遣可能期間を原則として上限3年とする（労派遣40条の2第1項・2項）一方，無期雇用派遣労働者については期間制限を撤廃する（同条1項ただし書1号）旨の改正が行われた。また，同改正法は，派遣可能期間の制限について，①派遣先事業所単位の期間制限と，②個人単位の期間制限に区分する新たな制度を導入した。①は従来からの制度であり，派遣先の事業所における派遣労働者の受入れの上限を3年と定める（同条2項）。一方，②は上述した新制度であり，派遣先の同一の組織単位（「課」に相当）における同一の派遣労働者の受入れ上限を3年とするというものである（同35条の3）。

このほか，2015年の派遣法改正では，労働者保護の政策が強化され，労働者派遣事業は厚生労働大臣による許可制に統一されたほか，派遣元によるキャリアアップ支援措置や雇用安定措置が強化された（労派遣30条。【解答への道すじ】1(2)参照）。また，派遣法は2018年，働き方改革推進法の一環として抜本改正され，短時間・有期雇用労働法の制定に合わせて，派遣先に雇用される通常の労働者との間の不合理な待遇の禁止（同30条の3第1項）および差別的取扱いの禁止（同条2項）を規定するとともに，上記不合理な待遇の禁止・差別的取扱いの禁止等について派遣元が講ずる措置や，派遣先の比較対象労働者との間の待遇の相違の内容・理由等に関する説明義務を規定するに至った（同31条の2第2項・4項〔以上，土田・概説338頁以下参照〕）。

2　雇用保障——派遣元の責任

(1)　解雇・雇止め

労働者派遣については，派遣元・派遣先間の労働者派遣契約の解除に伴う派遣労働者の雇止め・解雇（労働契約の終了）をめぐって，派遣元・派遣先の雇用責任を問う紛争が多い。労働契約終了からの保護は，有期雇用派遣労働者か無期雇用派遣労働者かによって異なる。まず，無期雇用派遣労働者の場合は，派遣が終了しても，派遣元企業との労働契約は継続する。新たな派遣先を確保できず，労働者が就労できない場合も，直ちに解雇が正当化されるわけではなく，解雇には客観的合理的理由が必要である（労契16条。後述(2)参照）。

一方，有期雇用派遣労働者の場合は，登録型派遣が一般的となるが，この場

合，派遣期間と労働契約期間が直結しているため，労働者派遣が終了すれば，労働契約も終了する。しかし，派遣労働者が長期間，同一派遣先に派遣されてきたケースでは，雇用継続を期待することは自然であり，派遣元による雇止めをめぐる紛争が登場している。裁判例では，雇止めを適法と判断する例が多く，例えば，派遣法は，同一事業所への派遣の継続によって派遣労働者の雇用の保護を図る趣旨に立っていないこと，登録型派遣は，派遣元・派遣先間の労働者派遣契約を前提としているので，同契約が終了した以上，労働契約を終了させてもやむを得ない合理的理由が存在することを理由に斥けた例がある（伊予銀行・いよぎんスタッフサービス事件・高松高判平成 18・5・18 労判 921 号 33 頁）。

(2) 労働者派遣契約の中途解除

労働者派遣においては，ユーザーである派遣先が優位に立つため，派遣期間中に労働者派遣契約を解除し，労働者の解雇や雇止めをもたらすことが少なくない。そこで，労働者派遣法は，派遣労働者の国籍，信条，性別，社会的身分，派遣労働者が労働組合の正当な行為をしたこと等を理由とする労働者派遣契約の解除・中途解除を禁止している（労派遣 27 条）。

また，法的には，労働者派遣契約が中途解除されたからといって，直ちに解雇が許されるわけではない。すなわち，労働者派遣契約が中途解除されても，労働契約自体は存続しているので，派遣元による派遣労働者（労働者派遣契約の中途解除に起因する無期雇用派遣労働者）の解雇には解雇権濫用規制（労契 16条）が適用され，客観的合理的な理由が必要となる。この場合，派遣先による労働者派遣契約の中途解除が直ちに解雇の合理的理由となるわけではなく，解雇の合理的理由の有無は，派遣労働者の帰責事由（能力・勤務状況）や，派遣元の経営状況（人員整理目的による中途解除の場合）に即して別途審査される。また，契約期間途中の派遣労働者の中途解雇（無期雇用派遣労働者・有期雇用派遣労働者双方）であれば，さらに厳しく「やむを得ない事由」が必要となる（労契 17 条 1 項。裁判例として，プレミアライン事件・宇都宮地栃木支決平成 21・4・28 労判 982 号 5 頁等）。そのような理由がなく，新たな就業機会の確保が不可能であれば，それによって生じた派遣労働者の労働義務の履行不能は，原則として派遣元（使用者）の責めに帰すべき事由によるものとなり，派遣元は賃金支払義務を免れない（民 536 条 2 項。キャリアセンター中国事件・広島地判平成 21・11・20 労判 998 号 35 頁等参照）。

【設問】は，いずれも労働者派遣契約の中途解除を契機とする紛争を扱うものである。

3 雇用保障——派遣先の責任

(1) 黙示の労働契約

派遣労働者が解雇・雇止めされた場合，派遣労働者は派遣元に対する労働契約上の地位確認訴訟とともに，黙示の労働契約等を根拠として，派遣先に対して地位確認請求訴訟を提起することが多い。この点，労働者派遣においては，①労働者と派遣元との間に労働契約が存在する一方，ⅱ労働者と派遣先との間に指揮命令関係が存在する。そこで学説では，ⅱにおける使用従属関係（指揮命令関係）を根拠に，派遣先との労働契約を認める見解がみられた。

しかし，労働者派遣は，労働契約上の使用者でない派遣先が指揮命令を行う就労形態を労働者供給から抜き出す形で認知したものであるから，派遣先との間の労働契約の成立は，原則として認められない。裁判例も，労働契約も契約である以上，その成立には当事者間の合意（意思の合致）を要するものと解し，使用従属関係を労働契約に直結させることを否定している。

すなわち，労働契約は，当事者間の明示の合意のみならず，黙示の合意によっても成立する。しかし同時に，労働契約は，労働の提供と賃金支払の対価関係を内容とする契約であるから（労契6条），そのような対価関係が整ったと認められることが要件となる。すなわち，①指揮命令関係（使用従属関係）の存在に加えて，②労働者が派遣先に対して労働義務を負い，かつ，③派遣先が労働者に対する賃金支払義務を負担していると評価できるだけの事実関係の存在が求められる（黙示の労働契約説。裁判例については，⑤参照）。

近年には，いわゆる偽装請負（実態は労働者派遣であるが，業務処理請負を偽装して行われる就労）に関して，請負企業を解雇された労働者が注文企業との間の黙示の労働契約の成立を主張して争う事案が増加している。この点について，判例は，上記②③の要件の充足を否定し，黙示の労働契約の成立を否定している（パナソニックプラズマディスプレイ〔パスコ〕事件・最二小判平成21・12・18民集63巻10号2754頁＝百選81事件）。すなわち，判例は，注文企業と請負企業労働者との間の黙示の労働契約の成否につき，注文企業が実質的に労働者の賃金を決定していたと判断して注文企業・労働者間の賃金支払関係を認め，黙示の労働契約を肯定した原審（大阪高判平成20・4・25労判960号5頁）を破棄し，注文企業（派遣先）が請負企業（派遣元）による労働者の採用に関与していたとは認められず，労働者が請負企業から支給されていた給与額を注文企業が事実上決定していたともいえず，むしろ，請負企業は労働者の配置を含む具体的な就業態様を決定しうる地位にあったと述べ，黙示の労働契約の成

立を否定している。その後の裁判例も，上記最判を踏襲して黙示の労働契約を否定する例が多い（日本精工事件・東京高判平成25・10・24労判1116号76頁，日産自動車ほか事件・東京高判平成27・9・10労判1135号68頁等）。

　上記2裁判例のうち，日産自動車ほか事件は，【設問】に類似する事案であり，①派遣労働者の採用以前に派遣先が面談を行い，採用面談に類した質疑応答をした上でその受入れが可能であることを派遣元に伝えるなど，派遣労働者の採用に少なからぬ影響を与えた事実を認定しつつも，なお派遣元による独自の採用であるとして派遣先による採用行為性を否定するとともに，②派遣労働者の賃金につき，労働者が派遣元に賃金増額を要請し，派遣元が派遣先にこれを伝え，派遣先が業務の見直しを行った結果，派遣先が派遣元に支払う派遣料金が増額され，賃金も増額されたとの事実を認定しながら，派遣元が利益率を増減させるなど独自の判断で賃金を決定していたと判断して派遣先による賃金決定への関与を否定し，黙示の労働契約の成立を否定している。しかし，上記の事実関係を踏まえれば，本件では，黙示の労働契約の成否について，より踏み込んだ検討を行う必要があったと思われる（【解答への道すじ】3(1)参照）。

(2)　直接雇用申込みみなし制度

　こうした状況を踏まえて，2012年改正派遣法は，派遣先の雇用責任を強化すべきとの立法政策に基づき，違法派遣の場合について，派遣の役務提供を受ける者（派遣役務受領者）が違法であることを知りながら派遣労働者を受け入れている場合は，派遣労働者に対して労働契約を申し込んだものとみなす旨の規定を設けた（労派遣40条の6第1項）。

　直接雇用申込みみなし制度の対象となるのは，①上述した偽装請負のほか，②禁止業務への派遣受入れ，③無許可・無届の派遣元からの派遣受入れ，④派遣可能期間の制限を超えての派遣受入れの4類型であり，派遣役務受領者は，派遣が上記①〜④に該当することを知らず，かつ知らなかったことにつき無過失でない限り，役務の提供を受け始めた時点で，当該派遣就業に係る労働条件と同一の労働条件で直接雇用の申込みをしたものとみなされる。派遣労働者がこのみなし申込みに対して承諾の意思表示をした場合，派遣役務受領者（派遣先）に対して労働契約上の地位の確認を求めることができる（菅野395頁）。

【解答への道すじ】

1 【設問】(1)について

X_1 および X_2 は，ともに Y_1 社との間で有期労働契約を締結しているので，X_2 については，有期労働契約の中途解約の効力が問題となり，X_1 については，労働契約期間満了に伴う雇止めの適法性が問題となる。

(1) X_2 について

(ア) Y_1 社は，Y_2 社が 2018 年 5 月 31 日付で行った労働者派遣契約の中途解除に伴い，本件解約条項に基づき，労働契約の期間中である 2018 年 6 月 30 日付で X_2 を中途解雇している。この点，労働契約の中途解雇については，「やむを得ない事由」が要件となる（労契 17 条 1 項）ところ，「やむを得ない事由」とは，期間の満了まで雇用を継続することが不当・不公平と認められるほどに重大な理由が生じたことを意味し，期間の定めのない労働契約に関する解雇権濫用規制（労契 16 条）より厳しく解釈される（前掲プレミアライン事件，NHK 堺営業センター事件・大阪地判平成 27・11・30 労判 1137 号 61 頁）。労働契約期間の設定は，労働者に対して当該期間の雇用を保障したことを意味するため，中途解雇がより厳しく制限されるのは当然である（土田・概説 316 頁）。具体的には，労働者の就労不能や悪質な非違行為等のほか，天災地変や経済的事情に伴う事業継続の不能等が挙げられる。そして，この点は，登録型派遣において，労働者派遣契約が中途解除されたことに伴う有期労働契約の中途解雇についても異なるところはない（【解説】2(2)参照）。

【設問】では，Y_1 社は本件解約条項に基づいて労働契約を中途解約しているため，同条項所定の中途解約事由（「Y_2 社の都合により，同社と Y_1 社との間の労働者派遣契約が終了した場合は，雇用期間の途中であっても雇用契約を終了させることができる」）がやむを得ない事由（労契 17 条 1 項）に該当するか否かが問題となる。この点，労働者派遣においては，派遣先都合により労働者派遣契約が解除されることは派遣元が一般に想定すべき事態であるから，これを直ちにやむを得ない事由と評価すべきではない（同旨，前掲キャリアセンター中国事件）。一方，本件解約条項については，同条項が労契法 17 条 1 項の要件を緩和する特約として有効か否かも問題となる。しかし，労契法 17 条 1 項は強行規定であり，労使間合意等による逸脱は許容されないこと（菅野 333 頁）から，こうした解釈も認められないと解される。以上から，本件解約条項に基づく X_2 の中途解雇を直ちに有効と評価することはできない。

(イ) そこで，本件解約条項に基づく X_2 の中途解雇については，それが Y_2

社派遣労働者の人員整理を目的とする解雇であることに鑑み，整理解雇の4要素（①人員削減の必要性，②解雇回避努力義務の履行，③被解雇者選定の相当性，④労働者との協議・説明〔21参照。土田・概説281頁以下も参照〕）に即して検討した上，やむを得ない事由への該当性を検討すべきものと解される（この判断方法に立って派遣労働者の中途解雇を無効と判断した例として，前掲プレミアライン事件。有期雇用労働者一般につき，土田・労契法784頁掲載の裁判例参照）。

　本件の場合，まず①については，X_2の中途解雇が世界的な同時株安に起因するY_2社等による労働者派遣契約の中途解除に基づくものであり，Y_1社の収支状況の大幅な悪化が見込まれることや，Y_2社への派遣の継続は，労働者派遣契約が解消されている以上は不可能であることに照らせば，Y_1社がX_2らを含むY_2社派遣労働者を削減する必要性は肯定されるものと解される。

　これに対し，②については，Y_1社はX_2に対し，労働契約の期間満了までの代替派遣先（Z社における設計技術補助業務）を提示したものの，X_2が，当該業務の内容が従来業務と大幅に異なることを理由に拒否した後は，別の派遣先を紹介する等の措置を講じないまま中途解雇しており，期間満了までの雇用継続の努力を尽くしたとは評価できない。この点，同じく有期雇用労働者であっても，正社員と同様・類似の基幹業務に従事している労働者については，より手厚い解雇回避努力が求められ（土田・労契法769頁参照），この点は，有期雇用派遣労働者についても同様に解されるところ，X_2は，自動車部品設計技術者という高度派遣人材であるため，Y_1社は，こうした高度の解雇回避努力義務を負うものと解される。また，③についても，基幹業務に従事するX_2について，労働契約期間満了を待つことなく中途解雇を行う対象者として選定したことの合理性を肯定することはできない。さらに，④については，Y_1社はX_2に対し，【設問】4記載の事情を説明したものの，一方的説明に終始し，X_2の質問等に真摯に対応しなかったとあるので，解雇手続を尽くしていないものと考えられる。

　以上を総合すると，Y_1社が本件解約条項に基づいて行った中途解雇は，①人員削減の必要性を充足する一方，②解雇回避努力義務，③被解雇者選定の相当性および④解雇手続に問題があるため，期間の満了まで雇用を継続することが不当・不公平と認められるほどに重大な理由とは評価できず，やむを得ない事由（労契17条1項）を欠くものとして無効と解される。したがって，X_2はY_1社に対して，契約期間の満了までの期間について労働契約上の地位の確認を求めることができる。

⑵　**X₁ について**

㋐　X₁ については，Y₁ 社が Y₂ 社による労働者派遣契約の中途解除を受けて，2018 年 10 月 31 日付で行った雇止めの適法性が問題となる。労契法 19 条によれば，①ⓐ有期労働契約が反復して更新されたことにより，雇止めをすることが解雇と社会通念上同視できると認められる場合であるか（1 号），または，ⓑ労働者が有期労働契約の契約期間の満了時にその有期労働契約が更新されるものと期待することについて合理的な理由が認められる場合（2 号）であって，②労働者が契約期間の満了までに更新の申込みをしたか，または契約期間の満了後遅滞なく締結の申込みをしており，③使用者が当該申込みを拒絶すること（雇止め）が客観的に合理的な理由を欠き，社会通念上相当と認められないときは，④使用者は，従前の有期労働契約と同一の労働条件（契約期間を含む）で当該申込みを承諾したものとみなされる（土田・概説 312 頁以下参照）。

㋑　まず，労契法 19 条 1 号・2 号該当性について。【設問】の場合，X₁ は，Y₂ 社での派遣就労を中心に，契約期間を 3 ヵ月とする有期労働契約を 2015 年 8 月 1 日から 2018 年 10 月 31 日まで 3 年 3 ヵ月間反復更新しており，更新回数は 11 回に達している。もっとも，労働契約の更新に際して，賃金額見直し等の手続が履行されているため，契約期間が形骸化し，その結果，雇止めを解雇と同視できる場合（労契 19 条 1 号）に該当するとまでは評価できない。

これに対し，有期労働契約の更新に関する合理的期待利益（労契 19 条 2 号）については，これを肯定すべきものと解される。この点，合理的期待利益の有無は，ⅰ職務内容・勤務実態（正社員との類似性・近似性），ⅱ雇用管理区分の状況，ⅲ契約締結・更新の状況（有無・回数・勤続年数），ⅳ更新手続の態様・厳格さ，ⅴ雇用継続の期待利益の基礎となる使用者の言動・認識の有無，ⅵ他の労働者の更新状況・継続雇用状況を基準に判断される（土田・概説 310 頁参照）ところ，【設問】では，契約の更新手続は厳格に行われている（ⅳ）ものの，ⅲについては，X₁ の有期労働契約の通算期間は 3 年 3 ヵ月，更新回数は 11 回に及んでおり，ⅰについては，X₁ は自動車部品の設計技術者として正社員に遜色ない職務に従事している（この結果，賃金も，時給 2550 円と派遣労働者一般より高く設定されている）。また，ⅴについては，雇用継続を期待させる言動こそないものの，X₁ が設計技術者として Y₂ 社に派遣されたことの背景には，Y₂ 社が当面の需要の拡大を見込んだことから設計業務の人員を強化したという経緯があり，Y₂ 社は，X₁ を設計部門業務に恒常的に組み込むことを意図して X₁ を受け入れ，Y₁ 社も，同様の認識に立って X₁ との労働契約を反復更新してきたと考えられる。

以上の点を総合すると，X_1 は，有期労働契約更新への合理的期待利益を有していると考えるべきである。そして，X_1 は，雇止め通告後も一貫して就労継続の希望を Y_1 社に伝えているため，契約期間の満了後遅滞なく有期労働契約締結の申込みを行ったものと評価できる（上記②）。

　(ウ)　それでは，Y_1 社が行った X_1 の雇止めに客観的合理的および社会通念上の相当性は認められるか（上記③）。X_1 の雇止めは，X_2 の中途解雇と同様，Y_2 社への派遣労働者の人員整理を目的とする解雇であることから，整理解雇の4要素（@人員削減の必要性，⑥解雇回避努力義務の履行，©被解雇者選定の合理性，⑥手続の相当性）に即して検討する必要がある。

　まず，@については，X_2 について述べたのと同じ理由から認められるものと解される（【解答への道すじ】1(1)参照）。一方，©については，X_2 を含む Y_2 社派遣労働者全員を雇止めの対象としているとはいえ，設計部門という基幹業務に従事する X_2 を機械的に対象者として選定したことについては疑問の余地がある。これに対し，⑥雇止め回避努力義務については，Y_1 社は，2018年5月1日から同年7月31日までの契約期間の残余期間および8月1日から10月31日まで，Z社の設計技術補助業務への派遣を継続し，Z社による労働者派遣契約の解約後も他の代替派遣先を確保すべく努力し，2社を候補として X_1 に派遣就労を打診したものの，X_1 が応じなかったため，10月31日付で雇止めを通告したが，その際も，今後新たな派遣先が見つかった場合は優先的に紹介する旨説明している。これによれば，Y_1 社は，X_1 について相当の雇止め回避努力義務を行ったものと評価すべきであろう。また，⑥雇止め手続の相当性についても，Y_1 社は，Z社派遣が不可能であることが判明した後，2018年9月10日と17日の2回にわたって X_1 と面談し，代替派遣先の紹介や雇止めの理由について丁寧に説明しており，X_1 の不利益を軽減すべく手続を履行していると解される。

　なお，2015年改正労働者派遣法が導入した雇用安定措置（【解説】1）によれば，派遣元は，特定有期雇用派遣労働者（「同一の組織単位の業務について継続して1年以上の期間当該労働者派遣に係る労働に従事する見込みがあるもの」）に対して，(i)派遣先に対する直接雇用の依頼，(ii)派遣労働者としての就業機会の確保・提供，(iii)無期雇用労働者への転換，(iv)教育訓練その他の雇用の安定を図る措置を講じる努力義務を負う（労派遣30条1項）とともに，同一の組織単位の業務について継続して3年間派遣就労に従事する見込みのある特定有期雇用派遣労働者については，上記措置を努力義務ではなく義務として負う（同2項）。この点，X_1 は，Y_2 社の同一組織単位（設計部）への派遣期間が3年に達して

いないものの（2015年8月1日〜2018年5月31日），3年間従事する見込みがあるため，Y₁社は雇用確保義務（特に ⅱ）を負うと解されるところ，これら雇用安定措置は，それ自体は公法上の規制にとどまる一方，これを全く講じないまま雇止めを行った場合は，雇止め回避努力義務（ⓑ）を欠くものとして，その適法性を否定する方向に働く事情となるものと解される。しかし，Y₁社は，上記のとおり，相当の雇止め回避措置を履行しているため，雇用安定措置の観点からも問題はないと考えるべきであろう。

以上を総合すると，Y₁社が行ったX₁の雇止めは，ⓒ被解雇者選定の相当性に疑問があるものの，ⓐ人員削減の必要性，ⓑ雇止め回避努力義務およびⓓ雇止め手続の相当性を充足するため，客観的に合理的な理由を欠き，社会通念上相当と認められないものとは評価できない（労契19条）。したがって，X₁は，Y₁社に対し，労働契約上の地位の確認を求めることはできないと解される。

2 【設問】(2)について

労働義務が何らかの理由により履行不能となった場合の賃金請求権については，民法の危険負担規定（民536条2項）が適用され，使用者（債権者）の責めに帰すべき事由で債務を履行できなくなったときは，使用者は，反対給付の履行を拒むことができない。また，労基法26条は，使用者の責めに帰すべき事由による休業につき，平均賃金の6割以上の休業手当の支払を義務づけ，労働者保護を強化している（【解説】2(2)。土田・概説100頁以下，本書⑦参照）。

労働者派遣について考えると，派遣先による労働者派遣契約の中途解除によって派遣労働者が労務を提供できなくなるという事態は，派遣元が通常想定しておくべき事態である。したがって，労働者派遣契約の中途解除がもっぱら派遣労働者の帰責事由に起因すると認められる特段の事情がある場合を除けば，派遣労働者の労働義務の履行不能は，派遣元（使用者）の責めに帰すべき事由によるものと解すべきである。派遣労働者の側から見れば，同労働者を含む有期雇用労働者は，契約期間中の雇用継続および賃金請求権の維持について高い期待利益を有しており，この期待利益は法的保護に値するため，この点からも使用者の帰責事由を認め，賃金請求権を肯定する必要がある（同旨，いすゞ自動車事件・東京地判平成24・4・16労判1054号5頁）。

【設問】では，派遣先であるY₂社の事情に基づく労働者派遣契約の中途解除に伴い，派遣元であるY₁社がX₂を中途解雇しており，X₂に帰責事由は何ら認められない。そうすると，X₂はY₁社に対し，契約期間が満了するまでの間，民法536条2項に基づき賃金全額の支払を求めることができると解される。

もっとも，Y_1 社の就業規則 55 条は，「会社の責めに帰すべき事由による休業の場合においては，会社は，休業期間中当該労働者の平均賃金の 100 分の 60 以上の手当を支払う」と規定しているところ，民法 536 条 2 項は任意規定と解されている（山本豊編『新注釈民法⑭』〔有斐閣，2018 年〕62 頁〔山川隆一〕）ため，上記就業規則が民法 536 条 2 項の特約と評価されれば，X_2 は賃金全額ではなく，6 割の限度でしか賃金を請求できないと解される余地がある。この点，裁判例では，「休業手当として平均賃金の 6 割を支給する」旨の就業規則および労働契約上の規定につき，契約期間中の賃金債権に関する有期雇用労働者の期待利益を重視する立場（前述）から，労基法 26 条の休業手当規定を確認する趣旨であり，民法 536 条 2 項の特約とは評価できないとして賃金全額の支払を命じた例がある（前掲いすゞ自動車事件）。これによれば，Y_1 社の就業規則 55 条も，労基法 26 条の内容を確認したにとどまり，民法 536 条 2 項の特約とは評価されないことから，X_2 は賃金全額を請求できるものと解される。

3 【設問】⑶について

X_1 および X_2 が本来の労働契約当事者ではない Y_2 社（派遣先）に対して労働契約上の地位確認を求めるための主張としては，①Y_2 社との間に黙示の労働契約が成立したとの主張と，②労働者派遣法上の直接雇用申込みみなし制度（40 条の 6 第 1 項）の適用に係る主張が考えられる。なお，法人格否認の法理の主張も考えられるが，【設問】では，Y_1 社と Y_2 社との間で資本関係や役員の兼務等がなく，Y_1 社は独立した法人であり，法人格の形骸化や Y_2 社による法人格の濫用が認められないことから，問題とならないと解される。

⑴ 黙示の労働契約

㋐ 前記のとおり（【解説】3⑴），派遣先との間の黙示の労働契約については，派遣先・派遣労働者間の指揮命令関係（使用従属関係）の存在に加え，労働者が派遣先に対して労働義務を負い，かつ，派遣先が労働者に対する賃金支払義務を負担していると評価できるだけの事実関係が存在することが必要である。以下，検討する。

まず，X_1 および X_2 を含む派遣労働者の契約更新管理は Y_1 社が行っており，Y_2 社が関与している事情は見当たらない。しかし，X_1・X_2 の採用および賃金決定については，他の派遣労働者とは異なる事情が存在する。すなわち，これら両名の場合，自動車部品の設計技術者であることから，Y_1 社の事前面談に Y_2 社担当者が同席して，両名の設計技術スキルを確認した上で派遣受入れが可能であることを Y_1 社に伝え，Y_1 社もこれを受けて両名の採用を決定したと

357

いう経緯があり，また，X_1 および X_2 が 2016 年 1 月，Y_1 社の担当者 A に対して賃金の増額を求めたところ，Y_1 社と Y_2 社が協議の上，同年 3 月以降，両名の派遣料金を 3500 円に増額し，それに伴い，Y_1 社が同年 3 月から両名の賃金（時給）を 2550 円に増額したという経緯がある。

（イ）　もっとも，裁判例（前掲日産自動車ほか事件〔【解説】3(1)〕）は，【設問】に類似する事案につき，①派遣労働者 2 名の採用については，派遣元における多数の派遣登録者の中から派遣労働者を選定したのは派遣元であり，派遣先は同労働者を受け容れることが可能か否かを判断したにとどまると述べ，なお派遣元による独自の採用であるとして派遣先企業による採用行為性を否定するとともに，②派遣労働者の賃金決定についても，派遣元が利益率を増減させるなど独自の判断で賃金を決定していたとして，賃金決定に派遣先の意向が働いていたことを否定し，黙示の労働契約の成立を否定している。これによれば，【設問】についても，X_1 および X_2 と Y_2 社との間の黙示の労働契約の成立を認めることは困難であろう。

しかし，この判断は，些か形式的な判断と解される。判旨が説く 2 点のうち，①については，実質的に考えれば，派遣先が派遣労働者 2 名との事前面談を踏まえて両名の派遣を希望したからこそ派遣元が選定し，②についても，派遣先の意向が働いたからこそ 2 名の派遣料金および賃金が増額されたと考えるのが自然であろう。ここまで事実関係が整えば，派遣先が派遣労働者を指揮命令していること（使用従属関係）に加え，労働者が派遣先に対して労働義務を負い，かつ，派遣先が労働者に対して賃金支払義務を負う関係にあるものと評価し，黙示の労働契約の成立を肯定する余地があると解される。このように考えれば，【設問】についても，X_1・X_2 と Y_2 社との間の黙示の労働契約の成立を肯定する余地がある。この場合，X_1 および X_2 は，Y_2 社に対して労働契約上の地位確認を求めることができる。他方，上記裁判例は最高裁の上告棄却・上告不受理（最二小決平成 28・12・21 判例集未登載）によって確定しているため，以上のように解することは困難かもしれない。各自検討されたい。

(2)　直接雇用申込みみなし制度

直接雇用申込みみなし制度については，前記のとおり（【解説】3(2)），①派遣禁止業務に係る派遣受入れ，②無許可・無届の派遣元からの派遣受入れ，③派遣可能期間の制限を超えての派遣受入れ，④偽装請負の 4 類型が対象とされている（労派遣 40 条の 6）。本件では，Y_1 社は厚生労働大臣から事業許可を得て，製造業など派遣可能事業への労働者派遣事業を営んでおり，偽装請負の事実も見られないため，①②④は問題とならない。

【設問】で問題となりうるのは，③の期間制限である。この点，派遣法は，①派遣先事業所単位の期間制限および②個人単位の期間制限についてそれぞれ3年の上限を規定している（【解説】1）。したがって，①につき，派遣先が3年を超えて派遣労働者を受け入れた場合，②につき，派遣先が3年を超えて同一の組織単位で派遣労働者を受け入れた場合は，労働契約申込みみなし制度の対象となる。もっとも，【設問】では，X_1 および X_2 の派遣期間は，2015年8月1日から，Y_2 社が労働者派遣契約を中途解除した2018年5月31日までの2年10ヵ月であり，3年にわずかに満たないことから，結論としては，派遣可能期間の制限を超えての派遣受入れには該当しない。したがって，X_1 および X_2 は，Y_2 社に対して，直接雇用申込みみなし制度に基づいて労働契約上の地位確認を求めることはできない。

とはいえ，Y_2 社が Y_1 社との間の2018年5月1日〜7月31日の労働者派遣契約を中途解除することなく全うし，次期（同年8月1日〜10月30日）についても同契約を締結して X_1 および X_2 の派遣を受け入れれば，労働契約申込みみなし制度の対象となり，両名に対して労働契約申込みをしたとみなされるという強力なサンクションを受けることになる。労働契約申込みみなし制度の強力さを示すとともに，派遣先企業として留意すべき点といえよう。

【基本文献】
荒木521-540頁／菅野366-404頁／土田・概説334-342頁／土田・労契法822-838頁／西谷・労働法463-489頁／野川463-485頁／水町349-363頁

（土田道夫＝本庄敦志）

29 雇用関係の国際的展開と法

【設 問】

1 (1) Aは米国人であり、Q社は、シカゴに本社を置く米国法人である。Q社の親会社であり、東京に本社を置くR社は、金融アナリストが必要となったため、Q社に社員の出向を求めたところ、Q社は社員Aを選定し、2017年9月、5年の期間を定めてR社に出向させた。Aの給与・人事考課、労働時間・休暇等の労働条件や昇降格等の人事管理については、A・Q社間の雇用契約上、R社の就業規則に準拠するものとされ、実際上もR社が行っている。

Aは、R社東京本社で勤務したが、期待されたアナリストとしての能力が十分でなく、再三の指導後も改善されず、2期連続で人事考課が最下位グループに属する状況となったため、R社はQ社にAの解雇を求め、Q社は、2019年3月31日付で、「Q社がAを解雇する場合は、2ヵ月前に予告する」旨のA・Q社間の雇用契約に基づいてAを解雇した。これに対し、Aは、法の適用に関する通則法12条1項に基づき、日本の労契法16条を適用すべき旨の意思表示を行い、Q社に対し、解雇の無効を主張して地位確認の訴えを提起した。

以下の①〜③の場合、Aの訴えはいずれの国の法によって判断されるか。

①AとQ社間の雇用契約中、日本法を準拠法とする合意がある場合。

②AとQ社間の雇用契約中、準拠法に関する合意がない場合。

③AとQ社間の雇用契約中、イリノイ州法を準拠法とする合意がある場合。

(2) (1)③において、労働時間はR社で決定するが、給与はR社の人事考課を参考にA・Q社間の交渉・合意により決定し、休暇・昇降給・昇降格・雇用継続の可否についても、Q社がR社の人事考課を参考に決定している場合、③の結論は変わるか。

(3) Aの解雇について、日本の労基法20条は適用されるか。

2 【設問】1において、AがQ社に対して提起した地位確認訴訟について、裁判管轄はどのように解されるか。

①AとQ社間の雇用契約中、裁判管轄の合意がない場合はどうか。

②AとQ社間の雇用契約中、米国イリノイ州裁判所を専属的管轄裁判所として指定する合意がなされていた場合はどうか。

③Q社がAを解雇する際、Aとの間で②の合意を取り決めた場合はどうか。

3 (1) 【設問】1をアレンジし、日本国籍の日本人をB、日本法人をN社、N

社の子会社であるトルコ・イスタンブール所在の法人を O 社として，B が 3 年
の期間を定めて O 社に出向しているものとする。N 社が B の能力不足を理由と
して，2019 年 3 月 31 日付で O 社出向中の B を解雇し，B が解雇無効を主張
して地位確認の訴えを提起した場合，日本の労契法 16 条および労基法 20 条は
適用されるか。なお，B・N 社間の労働契約中，準拠法に関する明示の合意は存
在しない一方，N 社の海外勤務規程は，「海外勤務者の人事・労働条件は，労働
時間管理を除いて会社の就業規則による」と規定している。

(2)　B と N 社が労働契約上，準拠法として明示的にトルコ法を選択した場合
はどうか。

(3)　B が O 社出向中，時間外労働の割増賃金の支払を受けていなかったため，
出向元 N 社に対して割増賃金を請求したとする。この請求は認められるか。

(4)　そもそも B は，O 社への出向命令に従う義務を負うか。

【解　説】

1　労働契約の準拠法

(1)　問題の所在

社会経済のグローバリゼーションに伴い，労働契約が国際的に展開されるケー
スが増えている。このような国際的労働契約に適用される法規を決定するこ
とを準拠法の決定という。例えば，【設問】1 の解雇の場合，日本では解雇権
濫用規制が存在するが（労契 16 条），米国ではそうした規制はなく，随意雇用
の原則（employment at will）が支配しているため，解雇が認められやすくなる。
特に，①外国人が日本国内にある日本法人に雇用される場合と，②日本人が日
本企業または外国企業に雇用されて外国で就労する場合が問題となる。

(2)　法の適用に関する通則法

(ア)　準拠法に関しては，2006 年，法例を改正して「法の適用に関する通則
法」（以下「通則法」）が成立した。通則法は，労働契約に関する特則を定めている。

まず，通則法 7 条は，「法律行為の成立及び効力は，当事者が当該法律行為
の当時に選択した地の法による」と規定し，当事者自治の原則（準拠法選択の
自由）を宣言している。したがって，労働契約の準拠法について当事者間に明
示の合意（法選択）があれば，それに従うことになる。

実際には，このような明示の法選択が行われないことが多い。そこで，通則
法制定前の裁判例・学説は，準拠法の明示的指定がないときも，当事者の黙示
の意思を探求して準拠法を決定すべきと解するとともに，黙示の意思に関する

判断要素として，労務提供地法と事業所所在地法を重視してきた（ルフトハンザ事件・東京地判平成9・10・1労判726号70頁＝百選6事件〔ドイツの航空会社に勤務する日本人客室乗務員の労働条件変更に関する準拠法をドイツ法と判断〕等）。

(イ)　通則法は，労働契約について，この準拠法選択ルールを踏まえた新たな客観的連結規範を規定した。すなわち，通則法は，明示の準拠法の選択がない場合につき，法律行為（契約）の成立・効力は当該法律行為に最も密接な関係がある地の法によるとのルール（最密接関係地法ルール＝8条1項）を規定した上，労働契約の特例として12条2項・3項を設け，労務提供地法を最密接関係地法と推定し，労務提供地法を特定できない場合は，雇入事業所所在地法（労働者を雇い入れた事業所の所在地の法）を最密接関係地法として推定すると規定する。12条2項が労務提供地法を最密接関係地法と推定する規定を設けた趣旨は，労働契約の継続性・集団性に鑑み，同一の職場で働く労働者と同等の保護を提供すべきであるという点に求められよう（BGCキャピタルマーケッツジャパンLLCほか事件・東京地判平成28・9・26LEX/DB25543877）。

　労働契約においては，当事者は通常，実際に労務が提供され，労働条件管理や指揮命令が行われる場所の法に服する意思を有していると考えられるため，通則法12条3項がこれら2つの要素を重視する規律を設けたことには合理性がある。この結果，労務給付地・雇入事業所所在地が日本である場合は，日本法が準拠法と推定される。例えば，日本企業が外国人労働者と外国で労働契約を締結した後，日本国内の事業所に配置して就労させた場合は，日本法が準拠法と推定される。日本人労働者が外国企業に雇用された後，日本に派遣されて就労する場合も同様である。こうして，日本国内で就労する労働者については，使用者が上記推定を覆さない限り，日本の労働法が適用されることになる（裁判例として，Tulett Prebon［Hong Kong］Limited［Tulett Prebon Europe Limited］事件・東京地判平成25・12・18ジャーナル24号6頁〔日本法を準拠法として選択する合意が存在〕，ネギシ事件・東京高判平成28・11・24労判1158号140頁〔準拠法選択の合意なし〕等）。

(ウ)　もっとも，労務提供地法を最密接関係地法とする規律は推定を意味するため，当事者は，労務提供地法以外の法が最密接関係地法であること（通則法8条）を反証して労務提供地法の推定を覆し，当該地の法を準拠法として主張することができる。例えば，米国人労働者が米国企業の日本法人に雇用され，日本で就労しているものの，労働条件の決定や人事管理が米国本社の規則に従って行われ，米国本社が労働条件の決定権を掌握しているケースが挙げられる。この場合，労務提供地は日本であるものの，契約の展開により密接な関係を有

するのは米国法であるから，使用者は，労務提供地法を最密接関係地法とする
推定を覆し，米国法を準拠法として主張できるものと解される。

(3) 海外勤務労働者

(ア) 労働者が海外で労務を提供する場合（長期の海外駐在・海外出向）も，ま
ずは当事者の法選択によって準拠法が決定され（通則法7条），法選択がない場
合は，労務提供地法を最密接関係地法と推定する規律（通則法12条2項・3項）
によって外国法が準拠法とされる。もっとも，この解釈を貫くと，海外勤務労
働者が日本の労働法の保護を享受できない事態が生じうる。【設問】3(1)はそ
うしたケースであり，B・N社間の労働契約における労務提供地法であるトル
コ法が最密接関係地法と推定されれば，労働者Bは，日本の解雇権濫用規制
（労契16条）の適用を主張できない結果が生じうる。

しかし，ここでも，労務提供地法を最密接関係地法とする規律は推定を意味
するため，労働者は，①黙示の意思による法選択を主張し，また，②労務提供
地法以外の法を最密接関係地法と主張することで労務提供地法の推定を覆し，
日本法を最密接関係地法（準拠法）として主張できるものと解される。

(イ) まず，①黙示の意思による法選択については，労働者が一定期間海外で
勤務した後に日本への復帰を予定している場合は，本来の労務提供地法である
日本法を選択したとの黙示の意思を認めるべきであろう。この場合，海外勤務
期間中に限って準拠法が日本法から外国法に変更されると解するよりも，当該
期間を含めて日本法が選択されていると解する方が当事者意思に合致するから
である（土田・労契法843頁以下参照）。これに対し，労働者が長期（例えば3
年）にわたって専ら海外で勤務し，客観的にみて本来の労務提供地である日本
への復帰が予定されていないと解される場合は，労務提供地の変更を認め，外
国法を最密接関係地法と解することが可能である（参考裁判例として，前掲
BGCキャピタルマーケッツジャパンLLCほか事件）。

(ウ) また，上記のような黙示の法選択が認定されない場合も，②労働者は，
労務提供地法以外の法が労働契約の展開により密接な関係を有する地の法（最
密接関係地法〔通則法8条〕）であることを立証して労務提供地法の推定を覆し，
日本法を準拠法として主張できるものと解される。例えば，会社の海外勤務規
程上，「海外勤務者の人事・労働条件は，労働時間管理を除いて会社の就業規
則による」と規定され，雇用・労働条件管理が日本で行われている場合は，日
本法を最密接関係地法と解し，日本法の適用を肯定すべきである。こうしたケー
スでは，海外勤務労働者の労働契約に密接に関係するのは労務提供地法（外
国法）ではなく日本法と解されるからである（土田・労契法844頁参照）。

363

2 強行法規の適用——当事者自治の限界

(1) 通則法上の強行規定

以上のとおり，労働契約の準拠法については当事者自治の原則が妥当する。他方，労働法の中には，当事者の意思に関わらず強行的に労働契約を規律する規定も存在するため，当事者自治の原則の適用について問題が生ずる。この問題について，通則法は，労働者保護の見地から，労働者の意思表示によって最密接関係地法中の強行規定の適用を認める特例規定を設け，立法的解決を行った。すなわち，通則法12条1項は，当事者が同法7条等によって最密接関係地法以外の法を準拠法として選択した場合も，労働者が使用者に対し，最密接関係地法の中の特定の強行規定を適用すべき旨を意思表示した場合は，その強行規定をも適用すると規定し，同条2項は，最密接関係地法として労務提供地法（労務提供地法を特定できない場合は雇入事業所所在地法）を推定すると規定する。労働者の意思表示は，裁判上のみならず裁判外でも可能とされる。

特定の強行規定の典型は，当事者の権利義務を規律する私法的強行規定であり，労契法の強行規定（解雇権濫用規制〔16条〕，就業規則変更規制〔10条〕，懲戒権濫用規制〔15条〕等）や，労働契約承継法・雇用機会均等法の強行規定が代表例である。裁判例では，英国法人に雇用され，関連法人の日本支店に出向した後に雇止めされた従業員が，通則法12条1項に基づき，日本法の強行規定（労契16条・19条）の適用を求めて意思表示を行ったケースにつき，前述した労務提供地の変更（【解説】1(3)）を認めて日本法を最密接関係地法と推定し，その適用を肯定した例がある（前掲BGCキャピタルマーケッツジャパンLLCほか事件）。一方，労基法等の労働保護法（最低賃金法・労働安全衛生法・労災保険法）や労組法が「特定の強行規定」に該当するかについては，次項の絶対的強行法規との関係をめぐって議論がある（土田・労契法851頁参照）。

(2) 絶対的強行法規

通則法は，従来から認められてきた法廷地の絶対的強行法規を肯定する趣旨に立っている。絶対的強行法規とは，契約当事者による準拠法選択とは無関係に，その法規が存在する法廷地において当然に適用される法規をいい，当事者の意思に関わらず適用される（したがって，労働者の意思表示も必要としない）。

ある法規が絶対的強行法規に該当するか否かは，当事者意思とは無関係に適用を強行する立法意思（立法政策）を有しているか否かを基準とし，特に，刑罰や行政監督等の国家的・公法的制裁を備えているか否かを重視して判断される。この結果，労基法等の労働保護法や労組法は，日本独自の労働法政策に基

づく立法として絶対的強行法規と解される。これに対し，労契法・労働契約承継法・雇用機会均等法は，刑事制裁を備えておらず，私法としての性格を基本とするため，絶対的強行法規には該当しない（土田・労契法846頁以下）。

3 労働法の域外適用（地域的適用範囲）

準拠法は，専ら当事者間の合意や労契法等の私法規範を対象とする規律であり，直ちに労基法等の労働保護法や労組法を含むものではない。そこで，これら法規が海外勤務労働者の労働契約にどのように適用されるかが問題となる。これが「労働法の域外適用」の問題であり，以下，労基法に絞って解説する。

この点，労基法は，刑罰法規として属地主義を採用しているため，同法が適用されるのは日本国内の「事業」である。したがって，労基法は，日本国内で就労する労働者については絶対的強行法規として当然に適用されるが，一方，海外の「事業」には適用されず，同事業には外国法が適用される。ただし，労働者が国内の「事業」に所属しつつ，一時的に海外で就労する場合は，海外における独立の「事業」とはいえないため，労基法が適用され，その限りで域外適用が認められる（最低賃金法・労働安全衛生法等の労働保護法も同様である）。

問題は，いかなる場合に労働者が国内の「事業」に所属しているといえるかであるが，この点は，事業所の所在地ではなく，労働者が国内の使用者の指揮命令や人事管理の下で就労しているか（海外出張型），それとも海外事業所の指揮・管理下で就労しているか（海外派遣型）によって判断すべきであろう。具体的には，短期の商談等の就労が海外出張型に当たり，長期の海外駐在や海外子会社への出向が海外派遣型に当たる。後者の場合，海外に「事業」があることから労基法の適用を原則として否定しつつ，人事異動や解雇等の措置について国内の使用者が権限を留保している場合は，その限りで国内の「事業」における使用を認めて労基法の域外適用を肯定する見解が有力である（山川隆一『国際労働関係の法理』〔信山社，1999年〕180頁以下）。例えば，海外勤務労働者の解雇に関する労基法20条の適用や，賃金が国内で支払われる場合の同法24条の適用が挙げられる（以上，土田・労契法851頁以下参照）。

4 海外勤務の法的根拠

労働者の海外派遣に関しては，抵触法上の問題とは別に，海外勤務の法的根拠を何に求めるかという実質法上の論点がある。この点については，上述した海外派遣型と海外出張型に分けて考えるべきであろう（土田・労契法853頁）。

まず，海外派遣型の場合は，原則として本人の同意を要すると解される。海

外派遣型の勤務は，労働条件や生活環境の激変を伴い，法規制の面でも準拠法の変更をもたらすため，労働者本人の意思を尊重する必要性が高いからである。ただし，労働協約・就業規則上，労働条件（賃金・海外赴任手当，労働時間・休日・休暇，職務内容等），海外勤務期間，海外転勤に伴う配慮措置（語学研修の機会の付与，健康管理措置，危機管理措置）等が労働者の利益に配慮して整備されている場合は，労働者の個別的同意がなくても海外派遣勤務を命じうると考えられる（労組16条，労契7条）。一方，短期の海外出張の場合は，海外派遣型のような問題がないため，原則として一方的な出張命令が可能と解される。

　これに対し，海外派遣型・海外出張型を問わず，テロや人質事件が多発するなど特に危険な地域（ハイリスク地域）における勤務については，労働者本人の同意を要するものと解される。この点，労働者の生命・身体に特別の危険を及ぼす勤務については，本人同意が労働義務の要件と解されている（電電公社千代田丸事件・最三小判昭和43・12・24民集22巻13号3050頁。土田・概説52頁，土田・労契法105頁参照）ところ，ハイリスク地域勤務については，まさにこの法理が妥当するからである。

5　労働契約の国際裁判管轄

　国際裁判管轄の決定とは，国際的労働契約をめぐる紛争が発生した場合，いかなる要件の下で日本の裁判所に管轄権を認めるべきかという問題である。

　この問題については，2011年，民事訴訟法および民事保全法が改正され，労働契約に関する国際裁判管轄規定が設けられた。すなわち，改正民事訴訟法は，個別労働関係民事紛争（労働契約の存否その他の労働関係に関する事項について，個々の労働者と事業主との間に生じた民事に関する紛争）について，3条の2・3条の3の管轄原因に加え，①労働者が訴えを提起する場合，労働契約において労務の提供地（それが定まっていない場合は雇入事業所所在地）が日本国内にあるときは，日本の裁判所に裁判管轄を認める旨を規定する（3条の4第2項）一方，②事業主から労働者に対して訴えを提起する場合については，労働者の住所地においてのみ訴えを提起することができる旨規定する（同条3項）。

　また，③専属的管轄合意（管轄裁判所の指定を当事者に委ねることを内容とする合意）については，原則として有効と解する従来の判例法理（ユナイテッド航空事件・東京高判平成12・11・28労判815号77頁）を改め，ⓐ労働契約終了時の合意であって，契約終了時における労務提供地の裁判所を指定する合意およびⓑ労働者が合意された国の裁判所に訴えを提起し，または，事業主が日本もしくは外国の裁判所に訴えを提起した場合において，労働者が当該合意を援

用した場合に限り有効とすること（ⓐは 3 条の 7 第 6 項 1 号，ⓑは同項 2 号）を規定している。国際裁判管轄について日本の裁判所の管轄を原則とし，従来は広く肯定されてきた専属的管轄合意の効力を制限するなど，労働者保護の立法政策を採用したものである（土田・労契法 862 頁以下参照）。

【解答への道すじ】

1 【設問】1 について――外国人労働者に関する準拠法

(1) 【設問】1(1)については，Q 社が 2019 年 3 月 31 日付で行った A の解雇について，日本法・イリノイ州法のいずれが適用されるか（準拠法の決定）が論点となる。

①については，当事者が明示的に日本法を準拠法として選択しているため，通則法 7 条（当事者自治の原則）によって，日本法が準拠法となり，労契法 16 条が適用される。

②では，準拠法選択が行われていないため，通則法 8 条によって最密接関係地法が準拠法となる。そして，同法 12 条 2 項・3 項により，労務提供地法である日本法が最密接関係地法と推定され，この推定が覆らない限り，A は，労契法 16 条の適用を主張することができる。

③では，イリノイ州法が準拠法として選択されているので，同法が適用されうる。しかし，通則法 12 条 1 項によれば，当事者が外国法を準拠法として選択した場合も，労働者は最密接関係地法中の特定の強行規定の適用を主張できるため，労務提供地法である日本法が最密接関係地法と推定される限り，A は，特定の強行規定である労契法 16 条の適用を主張することができる。この点，【設問】では，A の給与，昇降格，労働時間等の労働条件や人事管理については，A・Q 社間の雇用契約上，R 社の就業規則に準拠するものとされ，実際上も R 社が行っているとあり，労務提供地法である日本法を最密接関係地法と推定することが適切であるため，A は，労契法 16 条の適用を主張できる。

(2) 【設問】1(2)では，労務提供地法である日本法を最密接関係地法とする上記の推定が覆るか否かが問題となる。結論としては，上記推定が覆り，A は，日本の労契法 16 条の適用を主張できない可能性がある。前記のとおり（【解説】1(2)），日本で就労する外国人労働者の労働条件や人事管理を外国の使用者が掌握しているケースでは，使用者は，労働契約の展開により密接な関係を有するのは外国法であるとして日本法を最密接関係地法とする推定を覆し，外国法を準拠法として主張できるところ，【設問】において，Q 社が R 社の人

367

事考課を参考としつつも A との交渉・合意によって給与（年俸）を決定し，A の休暇・昇降給・昇降格・雇用継続の可否等も Q 社が決定しているとすれば，本労働契約の最密接関係地法は雇入事業所所在地法であるイリノイ州法であることを立証し，日本法の推定を覆すことが可能と解される。すなわち，【設問】1(1)③の結論は変わる可能性がある。その場合，米国連邦法およびイリノイ州法には日本法のような解雇権濫用規制がないことから，Q 社が 2019 年 3 月 31 日付で行った A の解雇は有効と解されることになろう。

　この点，前掲 BGC キャピタルマーケッツジャパン LLC ほか事件は，通則法 12 条 1 項所定の最密接関係地法が使用者である英国法人の住所地法である英国法か，労務提供地法である日本法かが争われたケースであるが，判決は，英国法人が賃金額の決定や雇用契約の更新拒絶の判断を同法人で行い，懲戒処分や苦情申立制度についても同法人の制度が適用されるなど，賃金の決定・支払，雇用継続，出向関係等を包接する雇用管理地は英国であり，本件契約により密接な関係を有するのは英国法であるから，労務提供地法（日本法）を最密接関係地法とする推定が覆ると主張したのに対し，十分な理由を示すことなく斥けている。疑問の残る判断である（林貴美「判批」ジュリ 2018 号〔2018 年〕312 頁参照）。

　これに対し，【設問】において，Q 社が R 社の人事考課を参考に A の給与や昇降給・昇降格・雇用継続の当否等を決定していることの実質が，Q 社がこれら決定を R 社の人事考課に基づいて行っているというものであれば，【設問】1(1)③の結論は変わらないものと解される。この場合，形式的には Q 社が上記事項を決定しているものの，実質的には日本法人である R 社が決定しており，A の労働条件や人事管理は相変わらず R 社が掌握していると評価できるからである。加えて，前記のとおり（【解説】1(2)），通則法 12 条 2 項が労務提供地法を最密接関係地法と推定する規定を設けたことの趣旨を，外国人労働者に対して同一の職場で働く労働者と同等の保護を提供するという点に求めれば，労務提供地法である日本法を最密接関係地法とする推定を覆すことには慎重であるべきという考慮も働く。この場合，日本法を最密接関係地法とする推定が覆ることはなく，A は，労契法 16 条の適用を主張することができる。

　(3)　【設問】1(2)について，上記のうち日本法の推定が覆ることを肯定する場合は，通則法上の公序規定（42 条）の適用も論点となりうる。【設問】では，日本法人である R 社が A に関する自らの人事考課を踏まえて米国法人である Q 社に A の解雇を求め，Q 社がこれを受けて A を解雇しているところ，上述した通則法 12 条 2 項の趣旨を踏まえれば，R 社で就労する労働者のうち，米国人である A の解雇に対して日本法（労契 16 条）の適用を否定し，イリノイ

州法を適用することは，同一の職場で働く労働者と同等の保護を否定する結果になり，通則法 42 条の公序規定が対象とする事態（日本の国際私法秩序を著しく害するおそれがある場合）に該当する可能性があるからである。

この点，公序規定の発動要件は，①外国法の適用結果の反公序性（準拠外国法を事案に適用した結果，日本が維持しようとする国際私法秩序を著しく害するおそれがあること）および②内国関連性（事案が日本と密接な関連性を有していること）に求められる（中西康＝北澤安紀＝横溝大＝林貴美『国際私法〔第 2 版〕』〔有斐閣，2018 年〕110 頁以下参照）ところ，【設問】の事案が要件②を充足することに疑いはないから，要件①の充足いかんがポイントとなる。この点，外国人労働者に対して同一の職場で働く労働者と同等の保護を提供するという通則法 12 条 2 項の趣旨を重視すれば，A の解雇にイリノイ州法を適用することは要件①を充足し，公序規定（通則法 42 条）が発動される余地がある。この場合，内国法である日本法（労契 16 条）が適用されることになろう。一方，A は米国人であり，その労働条件や人事管理を掌握する Q 社も米国法人であって，A が日本で就労していなければイリノイ州法が適用されるはずであることや，A が R 社のプロパー社員ではなく，Q 社からの出向者であることを重視すれば，公序違反と解する必要はないとの評価も成り立ちうる。各自検討されたい。

(4)　【設問】1(3)については，労基法は絶対的強行法規に該当するので（【解説】2(2)），同法 20 条（解雇予告制度）は，C の意思表示の有無に関わらず当然に適用される。

2　【設問】2 について──国際裁判管轄

【設問】2 については，A が Q 社に対して提起した地位確認訴訟の裁判管轄が論点となる。改正民事訴訟法（【解説】5）によれば，以下のようになろう。

①は，個別労働関係民事紛争について労働者が訴えを提起する場合に該当する。【設問】では，労務の提供地および雇入事業所所在地が日本であることに疑いはないから，日本の裁判所が裁判管轄を肯定される（民訴 3 条の 4 第 2 項）。

②については，A・Q 社間の雇用契約における専属的管轄合意の効力が問題となるが，同合意は，労働契約（雇用契約）終了時に合意された場合にのみ有効とされるので（民訴 3 条の 7 第 6 項 1 号），同号に反して効力を否定され，日本の裁判所が裁判管轄を認められる。

③については，労働契約終了時の専属的管轄合意の要件は充足しているものの，契約終了時における労務提供地の裁判所を指定する合意の要件（民訴 3 条の 7 第 6 項 1 号）を充足しないため，やはり同号違反として効力を否定され，

日本の裁判所が裁判管轄を認められるものと解される。

3 【設問】3 について

(1) 【設問】3(1)(2)(3)——海外勤務労働者に関する準拠法・労基法の域外適用

【設問】3(1)(2)(3)は，海外勤務労働者の解雇（N 社が 2019 年 3 月 31 日付で行った B の解雇）に関する準拠法の決定（労契法 16 条の適用の可否）および労基法の域外適用の可否を問う設問である。

(ア) 【設問】3(1)中，労契法 16 条の適用については，B・N 社間の労働契約においては準拠法の指定がないため，労務提供地法であるトルコ法が最密接関係地法と推定されれば，B は，労契法 16 条の適用を主張できないことになる（【解説】1(3)）。しかし，上記【解説】で述べたとおり，労務提供地法を最密接関係地法とする規律は推定を意味するため，B は，①黙示の意思による法選択を主張し，または②日本法を最密接関係地法と主張することで労務提供地法の推定を覆し，日本法を準拠法として主張できるものと解される。

まず，①については，労働者が一定期間の海外勤務後に日本復帰を予定している場合は，本来の労務提供地法である日本法を選択したとの黙示の意思を認定できるところ，B は，N 社に在籍しつつ 3 年の期間を定めてトルコ所在の O 社に出向しており，3 年間の O 社勤務の後に N 社復帰を予定しているため，日本法選択の黙示の意思を認めることが可能と解される。また，②については，海外勤務労働者の雇用・労働条件管理が日本で行われている場合は，日本法を最密接関係地法と解しうるところ，【設問】では，N 社の海外勤務規程上，「海外勤務者の人事・労働条件は，労働時間管理を除いて会社の就業規則による」と規定されているため，日本法の適用を肯定すべきである。こうしたケースでは，B の労働契約に密接に関係するのは日本法と解されるため，トルコ法の推定を覆し，日本法を準拠法として主張できるものと解される。

【設問】3(1)中，労基法 20 条の適用の有無については，同法の域外適用の可否が論点となる。この点，B は O 社に海外出向しているので，【解説】3 で述べた海外派遣型に当たる。前述した域外適用ルール（上記【解説】）によれば，海外派遣型（長期の海外駐在，海外子会社への出向）の場合は，労基法の適用は原則として否定されるが，人事異動や解雇等の一定の措置について国内の使用者が権限を留保している場合は，その限りで国内の「事業」における使用として労基法の域外適用が肯定される。【設問】では，まさに B の解雇が争点となっているので，労基法 20 条が域外適用されるものと解される。

(イ) 【設問】3(2)では，B・N 社が準拠法として明示的にトルコ法を選択して

いる。しかし，この場合は，契約当事者が最密接関係地法以外の法を準拠法選択した場合に該当するため，Bは，最密接関係地法である日本法の特定の強行規定の適用を主張することができる（通則法12条1項・2項。【解説】2(1)参照）。【設問】でも，Bは，日本の労働法（労契16条）の適用を主張できるものと解される。労基法20条についても，【設問】3(1)と同様，O社における域外適用が認められるものと考える。

(ウ)　【設問】3(3)では，労基法の域外適用の有無が論点となる。上述した域外適用ルールによれば，海外派遣型の場合は，労基法の適用は原則として否定され，一定の措置について国内の使用者が権限を留保している場合に限って労基法が域外適用される。この点，【設問】は海外派遣型であり，また，N社の海外勤務規程上，労働時間管理は同社の就業規則によらないものとされていることから，時間外労働と割増賃金は，出向元であるN社が権限を留保している事項ともいえない。したがって，労基法37条の適用は否定され，N社に対するBの割増賃金請求は否定される可能性が高い。

(2)　【設問】3(4)――海外勤務の法的根拠

【設問】3(4)は，海外勤務の法的根拠に関する設問である。この点，特に危険な地域（ハイリスク地域）における勤務については労働者本人の同意を要する（前掲電電公社千代田丸事件。【解説】4参照）ところ，O社が所在するトルコ・イスタンブールがハイリスク地域に該当するか否かが問題となる。この点は，「特別の危険」の有無・程度を個々の地域の状況によって判断するほかない。1つの目安となるのは，「外務省海外安全ホームページ」であり，同ホームページにおいて，イスタンブールが重大な危険レベル地域に指定されている場合は，O社における勤務はハイリスク地域勤務と評価され，O社への出向については，B本人の同意を要するものと解される。この場合，Bは，O社への出向命令に従う義務を負わない。

以上に対し，イスタンブールがそうした危険レベル地域に指定されていない場合は，R社は，合理的な海外勤務規程（就業規則）が整備されている限り，同規程に基づいてO社への出向を命ずることができる。すなわち，BはO社への出向命令に従う義務を負うものと解される（【解説】4参照）。

【基本文献】

荒木556-563頁／菅野167-169頁／土田・概説342-345頁／土田・労契法839-865頁／西谷・労働法119-122頁／野川115-131頁／水町66頁

（土田道夫）

30 労働基本権
──憲法 28 条・労働組合法・集団的労使自治

【設　問】

1　O 社は，いわゆるブラック企業であり，賃金の一方的引下げやサービス残業が横行し，従業員を簡単に解雇する等の乱暴な人事が横行している。そこで，従業員 A は，同僚 B らとともに合同労組 H 組合に加入し，H 組合は，直近 2 年間の割増賃金不払分の支払を求めて団体交渉を要求した。ところが，O 社は，団体交渉を拒否したばかりか，A について，勤務成績の悪さを口実に解雇し，B についても，同じく勤務成績の悪さを口実に職能資格引下げの降格を行った。実際には，A・B の勤務成績は O 社従業員の平均に位置しているため，A の解雇には合理的理由は認められず，B の降格についても合理的理由は認められない。

　　O 社による団体交渉拒否，A の解雇，B の降格は，法的にはどのように評価され，いかなる救済が行われるか。

2　(1)　26【設問】の事例で，H 組合と J 組合（管理職組合──法適合組合の要件を満たしていないものとする）とでは，会社の団交拒否に対する救済手段は異なるか。異なるとすると，その理由は何か。

　　(2)　26【設問】の J 組合（管理職組合）が L 社との団体交渉を求めてストライキを行ったとする。その結果，L 社に損害が生じた場合，L 社は J 組合に対し，損害賠償を求めることができるか。また，L 社は，その中心的役割を果たした A について，管理職にあるまじき行為として解雇することができるか。

3　(1)　M 社は，年功的人事制度を改め，職務給制度を中心とする成果主義型の賃金制度を導入することを決め，2018 年 6 月，就業規則改訂に着手した。具体的には，定期昇給部分を縮小するとともに，住宅手当・扶養手当を廃止することとし，M 社従業員の約 80％で組織する K 労働組合に提案したところ，K 組合は，基本的に賛成したが，住宅手当等の廃止には反対するとともに，人事考課の手続・結果の開示や苦情処理制度の創設を求めた。団体交渉の結果，M 社も譲歩し，扶養手当を残し，住宅手当は 2 年間残すとともに，人事考課データの開示制度および苦情処理制度を設けることを再提案したところ，K 組合も合意した。そこで，M 社は，2018 年 8 月 1 日付で，上記内容で就業規則を改訂し，所轄労働基準監督署長に届け出るとともに，従業員に周知させた。

　　この就業規則改訂は，M 社の従業員を拘束するか。また，その際，K 組合が

果たした役割についてどう考えるべきか。

(2) M社に勤務するGは，2019年上半期の評価において，B以上の評価を受ければZ3からZ2に昇格できたが，業績評価がC⁺と低く，昇格できなかったため，苦情処理を申し立てた。K組合が苦情処理への立会いを求めたところ，M社は，苦情処理は個々の従業員を当事者とする手続だとして応じなかったため，K組合がGの不昇格を議題とする団体交渉の開催に切り替えて要求したところ，M社もこれに応じて交渉を行った。団体交渉の席上，K組合がGのC⁺評価に係る理由と基準の開示を求め，M社もこれに応じて交渉を行った結果，評価に変更はないものの，2019年下半期の評価がB⁺であれば，業績評価項目以外の評価が良好であることを条件にZ2に昇格させる旨の見通しを示し，交渉は妥結した。

M社の対応は，法的にどのように評価されるか。また，その際，K組合が果たした役割についてどう考えるべきか。

4　K学生アルバイトユニオン（Kユニ）は，ブラックバイト（サービス残業，最低賃金法違反，一方的なシフト変更，「辞めさせてくれない」問題等）に耐えかねて立ち上がった大学生が結成した労働組合である。Kユニは，その活動の一環として，組合員の学生が働く飲食店を経営するE社に対し，「勤務シフトの作成時に学生組合員の学業および就職活動に配慮する」旨の条項を内容とする労働協約の締結を求めて団体交渉を申し入れたところ，E社は，「学生アルバイトが結成した団体は労働組合ではない」として拒否した。なお，Kユニは，労組法上の自主性の要件（2条）および規約上の要件（5条）を充足している。

(1)　E社の対応は，法的にどのように評価されるか。

(2)　E社がKユニの団体交渉申入れに応じて上記の条項を内容とする労働協約を締結した場合，同協約はいかなる効力を有するか。

【解　説】

1　憲法28条（労働基本権）の意義・趣旨

(1)　憲法28条の内容

　集団的労働法は，労働組合が使用者との交渉によって労働条件を維持改善し，雇用関係・労使関係の適正な運営を促進することを目的とする法をいう。それは，個別労使間において存在する交渉力・情報格差を是正し，労使の実質的対等関係を樹立するために不可欠の法を意味する。そして，この集団的労働法を支える労働者の労働基本権を基本的人権として保障したのが憲法28条である。

憲法 28 条は，「勤労者の団結権」と題して，団結権，団体交渉権および団体行動権を保障する。団結権は，労働者が労働条件の維持・改善を図ることを主な目的として一時的または継続的な団結体（労働組合）を結成し，運営することを保障する権利である。団体交渉権は，文字どおり団体交渉（労働組合が使用者と労働条件および労使関係のルールについて交渉すること）を保障する権利である。団体行動権は，争議権と組合活動権に分かれる。争議権は，ストライキを中心に，団体交渉を有利に進めるための圧力手段として保障される権利であり，組合活動権は，労働組合の多様な活動（組織運営活動，情報宣伝活動，闘争的活動）を保障する権利である。このような労働基本権を保障される「勤労者」は，「労働者」（労組 3 条）と同義であり，民間企業の労働者だけでなく，公務員も含む（国鉄弘前機関区事件・最大判昭和 28・4・8 刑集 7 巻 4 号 775 頁）。

このように，労働組合を結成し活動する権利を，憲法という国の最高法規における基本的人権（労働基本権）として保障している点が日本法の特色である。憲法 28 条の目的は，団体交渉を中心に，労働条件の向上に向けた労働組合の活動を保障し，労使の実質的対等関係に基づく労使関係の適正な運営（集団的労使自治）を促進することにある。また，労使関係を適正に運営し，集団的労使自治を機能させるためのルール（団体交渉のルール等）の設定を目的とする活動も労働基本権保障に含まれる。

(2) 憲法 28 条の法的効果

憲法 28 条は，労働基本権を保障するとともに，それにとどまらない具体的な法的効果を有している（菅野 31 頁以下参照）。

第 1 に，憲法 28 条は，労働組合の結成，団体交渉および団体行動を制限する立法や行政行為を違憲・無効とする効果（自由権的効果）を有する。これは，憲法 28 条が，労働者のこれら活動が当初は刑事罰による抑圧を受けていたのを改め，逆に法認・助成するに至ったという沿革から生ずる効果である。この面から問題となるのは，「勤労者」であることに疑いのない公務員や公共部門労働者に関する労働基本権の制約立法の合憲性（特に，争議行為の禁止の合憲性）であるが，判例は，争議行為の禁止について合憲と判断している（全逓名古屋中郵事件・最大判昭和 52・5・4 刑集 31 巻 3 号 182 頁。菅野 37 頁参照）。

第 2 に，憲法 28 条は，労働者の団体活動を刑事責任・民事責任の追及から解放したという沿革から，これら責任を免除する効果（免責効果）を有する。特に，団体行動（争議行為）は刑法上，威力業務妨害罪（刑 234 条）の構成要件に該当し，民法上も，労働義務違反によって債務不履行責任（民 415 条）を発生させ，使用者の営業権の侵害として不法行為責任（民 709 条）を発生させ

る。しかし，憲法28条の免責効果によって，これら活動は正当性を有する限り，刑法上・民法上の違法性を阻却される。この免責効果は，労組法上，刑事免責（1条2項）および民事免責（8条）として明記されているが，憲法28条それ自体から生ずる効果と解される（労組法の規定は確認規定を意味する）。

第3に，憲法28条は，労働組合の結成・運営，団体交渉および団体行動を理由とする解雇その他の使用者の行為を違法・無効とする効果（公序設定効果）を有する。すなわち，憲法28条の下では，団結権，団体交渉権，団体行動権を尊重すべきことは，私人（使用者・労働組合）間の公序（民90条）を構成している。したがって，これら基本権の尊重に反する使用者の行為は，法律行為（労働組合の結成・団体交渉・争議行為を理由とする解雇，懲戒，配転，降格等）であれば無効となり，事実行為（嫌がらせ，昇格・昇進差別，団体交渉拒否等）であれば不法行為（民709条）と評価される。

2　労働組合法の意義

このように，憲法28条は独自の意義と効果を有するが，労働組合の活動を支援し，集団的労使自治を促進するためには，具体的な制度的保障を定めた立法が必要である。この要請に応えて制定されたのが労働組合法（労組法）である。

労組法は，上記の目的を達成するため，前述の刑事免責規定（1条2項＝正当な組合活動・争議行為に対する刑法35条の適用）および民事免責規定（8条＝正当な争議行為に関する損害賠償責任の否定）を置くほか，多様な制度を創設している。特に重要な制度は不当労働行為救済制度であり，労働基本権を侵害する使用者の行為（不利益取扱い，団体交渉拒否，支配介入）を禁止する（7条）とともに，労働委員会による労組法固有の行政救済制度を設けている（19条以下。③⑦～③⑨参照）。労働協約制度も同様に重要であり，団体交渉の成果を書面による協定（労働協約）として制度化するとともに，労働契約に対する規範的効力という強力な効果を付与している（14条～18条。③③・③④参照）。

3　集団的労働法の理念

憲法28条および労組法によれば，集団的労働法は，次の3点を基本理念とするものと解される。

第1に，集団的労働法は，労働組合・使用者間の団体交渉を促進・助成することを理念とする法である。すなわち，労基法等の労働保護法が罰則付きで労働条件の最低基準を保障し，労契法が労働契約の成立や権利義務を確定的に規

律する法であるのに対し，集団的労働法は，労使が団体交渉関係を形成し，自律的交渉によって対等関係を確立することを促進することを目的としている。

したがって，集団的労働法の主体である労働者・使用者・労働組合は，上記の理念に即して，団体交渉の当事者たるにふさわしい者を含む広範な概念と解される。例えば，労契法上の労働者（2条1項）・使用者（同条2項）が原則として労働契約当事者に限られるのに対し，労組法上の労働者（3条）・使用者（7条）は，それに限られない幅広い概念を意味する（4 5参照）。

第2に，集団的労働法においては，集団的労使自治の仕組みと成果をできるだけ尊重する必要がある。労使間の個別交渉であれば，両者間に交渉力・情報格差が存在するため，様々な形の法的介入が要請される。これに対し，労働組合が交渉当事者となり，いったん集団的労使自治が確立された以上は，労働組合の団結力によってこうした格差は是正され，合理的な利益調整を経て労使交渉が行われたことを基本に考えるべきである。したがって，団体交渉の成果である労働協約については，それが労働者に不利益な労働条件の決定・変更を含む場合も，原則としてその効力（規範的効力〔労組16条〕）を肯定すべきである（33参照）。もとよりこうした解釈は，労働者個人の権利・利益との抵触をもたらしうるが，その場合も，労使自治の尊重を基本としつつ，個別労働者に不当に不利益が及ぶ場合にチェックを行うという態度をとるべきである。

第3に，しかし集団的労使自治の理念は，労働組合の民主的運営を不可欠の前提とする。もともと集団的労使自治の尊重が要請されるのは，集団的労使関係が使用者と労働組合という対等当事者間の関係だからという点に加え，組合内部において，組合の意思決定に対する組合員の参加が保障され，組合がそれら意思・利益を公正に代表して交渉・協議するという前提があるからである。したがって，労働組合は，その組織を民主的に運営する義務を負う（組合民主主義の原則。31参照）とともに，使用者との交渉に際しては，労働者の利益を公正に代表する義務（公正代表義務）を負うことになる（以上，土田・概説350頁以下参照）。

4　労働組合の存在意義

(1)　労働組合の多様な役割

このように，労働組合は，集団的労使自治のパートナーとして重要な役割を担うが，パートタイマー等の非典型労働者の急増によって，その組織率は年々低下しつつある（2018年には17.0％）。また，成果主義人事に伴う人事考課・年俸制や裁量労働制をはじめとする個別的人事制度の進展に伴い，労働組合の集

団的労働条件交渉の役割も低下する傾向にある。さらに，コーポレート・ガバナンスの観点からは，1990年代以降の企業活動のグローバル化に伴い，株主利益を重視するアメリカ型のコーポレート・ガバナンス（株主価値モデル＝shareholders model）が会社法（2005年制定）に導入され，株主の権利の強化や経営戦略決定の迅速化に向けた再編が行われている。この結果，企業別に組織される企業別組合（enterprise union）が主流を成す日本において，企業と企業別組合の間の交渉・協議の下，雇用の尊重と従業員利益の重視を基本として展開されてきた日本型コーポレート・ガバナンスは後退を余儀なくされている。

　しかし，ここから直ちに労働組合の存在意義を否定することは適切でない。雇用社会が変化し，雇用や労働条件が個別化すればするほど，労働者は企業との間の対等交渉のサポートを必要とするのであり，その使命を第1に担うのは労働組合である。すなわち，労働組合の役割は低下しているのではなく，変化しているのである。

　第1に，雇用関係における制度設計機能が挙げられる。いかなる人事制度の設計にあっても，労働組合の関与は制度の公正さを左右する意味を持つ。上記のとおり，最近では，成果主義人事等の個別人事制度が進行しているが，このような個別管理においても，制度そのものは多数労働者に共通する制度として設計されるのであり，その運用段階で人事処遇が個別化するにとどまる。したがって，その制度設計に労働組合が関与するか否かは決定的に重要である。

　第2は，労働者の利益代表機能・紛争処理機能である。これらの機能は，制度設計機能と並ぶ労働組合の主要な役割であり，対等交渉のサポートの核心を成す。【設問】3(2)は，労働者個人の処遇に関する組合の関与例であるが，労働組合はこのような利益代表機能を果たしうるし，また果たすべきである。

　第3に，企業法の観点からは，経営監視機能が挙げられる。前記のとおり，最近の日本では，株主利益を重視する法制度の整備（会社法）が進行している。しかし，日本では，株主のみを主権者と捉える狭隘な見方は少数にとどまり，企業は，従業員を含む多様な利害関係者（stakeholders）を考慮した経営行動の重要性を認識している。また，東京証券取引所が2015年に公表した上場会社を対象とするコーポレートガバナンス・コード（2018年改訂）は，基本原則2として，従業員をはじめとする「株主以外のステークホルダーとの適切な協働」を掲げており，注目に値する。この観点から従業員とその利益代表組織である労働組合をみると，それは，企業経営の利害関係者であると同時に，コーポレート・ガバナンスの重要な構成員である。コーポレートガバナンス・コードが示すとおり，会社が持続的な成長と中長期的な企業価値の創出を行うため

には，従業員と真摯に協働することが必須となる。この意味で，労働組合はコーポレート・ガバナンスの担い手ということができる。

(2) 多様化する労働組合と労使協議機関

このように，企業別組合の役割は重要であるが，組合の組織形態はもとより企業別組合に限られるわけではない。特に近年には，管理職や非典型労働者など，企業別組合に組織されにくい労働者が自己の利益を代表する労働組合（管理職組合，パートユニオン等）に加入するケースが増えている。また，こうした職域を超えて結成され，労働者が個人加入する企業横断的な合同労組（コミュニティ・ユニオン）の活動も活発である。これら労働組合も，憲法 28 条の労働基本権を有し，労組法（2 条・5 条）の要件を満たせば同法の保護を享受する組合であり，企業別組合と平等の権利を有する。

すなわち，憲法 28 条および労組法の基本的な考え方は，こうした多様な労働組合に対して労働基本権を平等に保障し，労組法上保護するというものである（複数組合代表制〔plural representation〕）。つまり，憲法 28 条および労組法は，組合員の多寡（多数組合か少数組合か）や運動方針（協調的か戦闘的か）を問わず，また，企業別組合か合同労組かにかかわらず，労働基本権を平等に保障しており，この保障は，公序（民 90 条）を構成していると解される。したがって，ある特定組合の労働基本権を侵害するような使用者の行為は公序違反として違法・無効となる（例えば，唯一交渉団体条項。土田・概説 350 頁参照）。

【解答への道すじ】

1 【設問】1 について——労働基本権保障の意義

【設問】1 は，労働組合の活動に関する憲法 28 条および労組法上の救済を問う設問である。結論としては，O 社の行為は，A・B および H 組合の労働基本権を侵害する行為と評価され，労組法による行政救済の対象となると同時に，憲法 28 条によって司法救済の対象ともなるものと解される。

まず，A の解雇・B の降格は，ともに勤務成績の悪さを口実に行われ，合理的理由を認められないというのであるから，A および B が H 組合に加入し，同組合が O 社に対して団体交渉を求めたことを理由として行われたものと解される。この場合，O 社による解雇・降格は，労組法上は不利益取扱いの不当労働行為（労組 7 条 1 号）となり，A および B は，労働委員会による救済（行政救済）を受けることができる（労組 27 条の 12 第 1 項。ともに原職復帰命令が可能である）。一方，裁判所における救済（司法救済）としては，A の解雇お

よびBの降格は，憲法28条の労働基本権を侵害する行為として公序設定効果によって無効とされる（民90条。【解説】1(2)）ため，AはO社の従業員たる地位の確認を求め，Bは，降格前の資格にあることの確認を求めることができる（なお，それぞれ労契法16条・3条5項の援用も可能である）。

次に，O社による団交拒否も，正当な理由のない拒否と考えられる。すなわち，H組合が求めた団体交渉事項（直近2年間の割増賃金不払分の支払）は義務的団交事項に当たるので，O社による団交拒否は，労組法上は正当な理由のない団交拒否として不当労働行為（労組7条2号）に該当し，労働委員会による団交応諾命令の救済が行われる（労組27条の12第1項）。一方，司法救済としては，O社による団交拒否は，憲法28条の労働基本権を侵害する行為として公序設定効果によって不法行為（民709条）と評価される（【解説】1(2)）ため，H組合は，O社の不法行為責任（損害賠償責任）を追及することができる。加えて，H組合は，裁判所に対し，団体交渉を求める地位にあることの確認を求めることができる。すなわち，団体交渉拒否の司法救済については，労組法7条2号を根拠に，団体交渉を求めうる法的地位を労働組合に認め，司法救済を肯定する見解が確立されているので（国鉄事件・最三小判平成3・4・23労判589号6頁＝百選110事件），H組合は，こうした実効的な救済を求めることができる（㉜参照）。

2 【設問】2について

【設問】2は，管理職組合の法的地位を問う設問であり，憲法28条および労組法による保護が論点となる。

(1) 【設問】2(1)——管理職組合の法的地位

【設問】2(1)については，管理職組合は，それが労組法2条ただし書所定の利益代表者を参加させる労働組合であれば，自主性不備組合として法適合組合適格性を否定され，不当労働行為救済制度（労組7条・27条以下）の保護を享受することができない。しかし，この場合も，それら利益代表者（管理監督者）が憲法28条の「勤労者」であることに疑いはないから，同条の保護は享受する（㉖参照）。したがって，J組合は，労組法の不当労働行為による行政救済保護は享受しえないが（H組合は享受する），司法救済としては，憲法28条から生ずる保護として，L社による正当な理由のない団交拒否（J組合が求めた賃金体系等は義務的団交事項に当たる）に対し，不法行為責任（損害賠償責任〔民709条〕）を追及することができる。

一方，労組法2条ただし書所定の利益代表者については，管理職の名称等の

形式ではなく，その者の参加を許すことが組合の自主性を損なう危険があるかという観点から実質的に判断され，その結果，利益代表者の範囲は限定的に解されている（日本アイ・ビー・エム事件・東京高判平成17・2・24労判892号29頁）。したがって，【設問】2(1)のＪ組合を結成したＡが利益代表者としての地位を否定されれば，Ｊ組合は法適合組合として労組法の保護を受ける。すなわち，Ｌ社による団交拒否は不当労働行為（労組7条2号）に当たり，労働委員会による団交応諾命令の救済が行われる（労組27条の12第1項。26参照）。

(2) 【設問】2(2)——管理職組合の活動の法的保護

【設問】2(2)については，Ｊ組合が行ったストライキおよびＡの解雇に対する憲法28条および労組法の保護の有無が論点となる。まず，Ｊ組合が上述した自主性不備組合と評価されれば，労組法8条の民事免責の保護を受けることはできない。しかし，こうした自主性不備組合も，憲法28条の保護は受けるので，同条の免責効果（【解説】1(2)）によって民事免責の保護を享受する。すなわち，Ｌ社はＪ組合に対し，損害賠償を請求することはできない。また，Ａに対する解雇も，憲法28条の公序設定効果によって無効となる（民90条）。

一方，Ｊ組合が法適合組合と評価されれば，Ｊ組合は労組法8条の民事免責の保護を受け，損害賠償責任を否定されるとともに，Ａの解雇は不利益取扱いの不当労働行為（労組7条1号）となり，労働委員会による原職復帰命令等の行政救済が行われる（労組27条の12第1項）。

3 【設問】3について

(1) 【設問】3(1)——労働組合の制度設計機能

【設問】3(1)については，Ｍ社が2018年8月1日付で行った就業規則の改訂（成果主義賃金制度の導入）の拘束力（契約内容変更効〔労契10条〕）が論点となる。詳細は16に譲るが，就業規則による労働条件の変更は，規定内容の合理性と周知を要件に契約内容変更効を生ずるところ，【設問】では，周知の要件に欠けるところはなく，合理性要件についても，Ｍ社は，Ｋ組合の要求に応じて扶養手当を残し，住宅手当を2年間残すとともに，人事考課データの開示制度・苦情処理制度を設けるという合理的制度設計を行っているので，多数組合であるＫ組合の合意を得ていることと併せ，合理性を有するものと評価できる。したがって，Ｍ社が行った就業規則改訂は，Ｍ社の従業員を拘束するものと解される。

ところで，労働組合の存在意義・役割という観点からは，【設問】3(1)は，成果主義賃金制度という賃金・人事制度の設計に際して，労働組合（Ｋ組合）

が労働者・労働組合の意見・利益を適切に反映させるべく行動した例である。すなわち，【設問】3は，労働組合が雇用関係における制度設計機能を発揮した典型例ということができる。

また，労働組合がこうした役割を発揮するもう1つの例として，労働組合による出向制度の合理的設計事例が挙げられる。この点，判例は，出向命令権の根拠につき，労働協約上，出向期間，出向中の地位，賃金・退職金・出向手当等の処遇等に関して出向労働者の利益に配慮した詳細な規定が設けられているケースについて出向命令権を肯定しているが（新日本製鐵〔日鐵運輸第2〕事件・最二小判平成15・4・18労判847号14頁＝百選62事件。13参照），見方を変えれば，これは労働組合による出向制度の設計機能を承認した判断といいうる。この点，出向を本人の同意（個別交渉）に委ねる場合は，こうした合理的出向制度を期待することは困難であり，労働組合の役割の重要性を示す好例と評価することができる（土田・概説396頁，土田・労契法438頁参照）。

(2)　【設問】3(2)——労働組合の利益代表機能・紛争処理機能

【設問】3(2)は，労働組合の利益代表機能・紛争処理機能を示す例である（【解説】4(1)参照）。【設問】で直接問われているのはM社の対応の法的評価であり，2つの論点がある。第1の論点は，使用者が団体交渉義務を負う事項（義務的団交事項〔労組7条2号〕）の範囲であり，組合員個人の人事・処遇が「労働条件その他の労働者の処遇」として義務的団交事項となるか否かが論点となるが，この点は異論なく肯定されている（32参照。菅野853頁も参照）。この解釈は，とりもなおさず，労働組合が労働者（組合員）個人の利益代表機能・紛争処理機能を有することを是認する解釈を意味しており，【設問】3(1)と同様，労働組合の役割の重要性を示している。【設問】では，M社は苦情処理へのK組合への立会いこそ拒否したものの，Gの不昇格を議題とする団体交渉には応じているため，法的には何ら問題はない。

第2の論点は，M社の交渉態度を誠実交渉義務（労組7条2号。32参照）に照らしてどのように評価すべきかであるが，M社は，K組合の要求に応えてGのC$^+$評価に係る理由と基準を開示し，その後も実質的な交渉を行っているので，この面でも問題はない。【設問】における交渉経過も，労働組合が労働者個人の利益代表機能・紛争処理機能を有することを示している。

4　【設問】4について

【設問】4も，労働組合の利益代表機能・紛争処理機能を示す例である。

(1)　【設問】4(1)──学生アルバイトユニオンの法的地位

　【設問】4(1)で問われているのは，K 学生アルバイトユニオン（K ユニ）の労働組合該当性であるが，K ユニは，労働者が主体となって（主体性の要件。学生アルバイトが労組法上の労働者〔3 条〕であることに疑いはない），自主的に（自主性の要件），労働条件の維持改善その他経済的地位の向上を図ることを主たる目的として（目的の要件），組織する団体（団体性の要件）と解され（労組 2条），規約上の要件（労組 5 条）も満たしているので，労組法上の法適合組合と解される。したがって，「学生アルバイトが結成した団体は労働組合ではない」との E 社の見解は誤りであり，E 社は団体交渉義務（労組 7 条 2 号）を負う。E 社が団交拒否を継続すれば，不当労働行為責任を負い，K ユニは，団交応諾命令の救済を得ることができる（労組 27 条の 12 第 1 項）。

(2)　【設問】4(2)──学生アルバイトユニオンの活動の法的保護

　【設問】4(2)では，E 社と K ユニが締結した「勤務シフトの作成時に学生組合員の学業および就職活動に配慮する」旨の協約条項（配慮条項）の効力が問題となる。この点，協約の規範的効力が生ずるのは，「労働条件その他の労働者の待遇に関する基準」（労組 16 条＝規範的部分）であり，「基準」とは，労働契約を規律するに足るだけの客観的かつ明確な準則を意味するところ，上記配慮条項がそうした客観的・明確な準則との評価に値するかは疑問である。しかし，こうした規定も，使用者の権利濫用（労契 3 条 5 項）の判断には影響するのであり（協約上の客室乗務員〔FA〕職位確保努力義務規定につき同旨，ノース・ウエスト航空事件・東京高判平成 20・3・27 労判 959 号 18 頁。土田・労契法 177 頁参照），上記配慮条項についても同様に解しうる。したがって，E 社が配慮条項に違反してシフトを作成し，学生組合員に業務命令を行った場合は業務命令権濫用が成立し，K ユニの学生組合員は労働義務を負わないものと解される。

　労働組合の存在意義・役割という観点からは，【設問】4 は，K ユニ（労働組合）がブラックバイト・ブラック企業に対する社会的対抗力を発揮しうる存在であること，そして，憲法および労組法がそうした労働組合の役割を法的にサポートしていることを示す好例ということができる。

【基本文献】
荒木 25-29 頁，567-570 頁／菅野 29-40 頁，767-770 頁／土田・概説 346-354 頁／西谷・労働法 518-530 頁／西谷・労組 1-74 頁／野川 42-54 頁，822-826 頁／水町 58-60 頁，367-372 頁

（土田道夫）

31 労働組合

【設問】

　Y研究所は雇用・労働問題について調査・研究を行う民間シンクタンクであり，Z労働組合はY研究所の企業内労働組合である。Y研究所はZ組合と労働協約（以下，「本件協約」という）を締結しており，その14条では「Y研究所は，従業員の毎月の賃金から組合費を控除し，翌5日までに，Z組合に引き渡す」と規定されている。また，本件協約の22条には，「Y研究所は，従業員であって，Z組合により除名された者，Z組合に加入しない者およびZ組合から脱退した者を，解雇しなければならない」との規定が置かれている。Y研究所では，研究職従業員と事務職従業員が就労しているところ，この規定によって，管理職を除く従業員全員（事務職従業員70名，研究職従業員30名）が，Z組合に加入している。

　ある年の5月20日，Z組合は組合大会を開催し，7月に行われる参議院選挙において支持政党である甲党を応援するために，各組合員から，通常の組合費とは別途の臨時組合費5000円を徴収することを決議した。しかし，研究職従業員であるAは，今回の選挙では自らが支持する乙党を応援することとしていたため，同決議後に，「私は，次回の選挙では乙党を応援することにしているので，この決議に従うことはできません。ですので，この臨時組合費5000円をお支払いすることもできません」と発言した。これに対して，Z組合の執行部は臨時組合費の支払に応じるよう説得を行ったが，Aは最後までこれに応じることはなかった。

　かかるAの言動を重くみたZ組合の執行部は，「組合の統制を乱し，または運営を妨げた者」を統制事由として規定するZ組合規約37条2号に基づき，Aに対して，同規約38条が列挙する統制処分のうち，戒告処分に付すこととした。そして，「戒告および権利停止は，組合大会出席者の過半数の賛成をもって，決定する」と規定する同規約39条に従い，6月20日に開かれた臨時組合大会において，Aに対する戒告処分について決議がとられたところ，出席者80名中60名が賛成したため，Aに対する戒告処分が決定された。もっとも，同規約39条はただし書において，「但し，統制処分の決定の前には，必ず本人に弁明の機会を与えなければならない」と規定していたが，臨時組合大会以前にAに対して弁明の機会が与えられたことはなかった。

　この件をきっかけに，研究職従業員の一部はZ組合執行部に対する反発を強

めていった。そもそも，現在のZ組合執行部は多くが事務職従業員で占められており，組合大会等の場でも，研究職従業員らは度々研究職の処遇改善を団体交渉における交渉事項の1つとするよう要望してきたが，Z組合執行部がこのような要望をきちんと取り上げることはなかった。そこで，同じ年の7月15日に，研究職従業員であるBは，同じくZ組合に対して以前から不満を抱いていた研究職従業員ら9名と新たにX労働組合を結成し，同時にZ組合に対して脱退する旨を通知するとともに，現在のZ組合の財産のうち10分の1を引き渡すよう求めた。また同日，BらはY研究所に対してもX組合を結成した旨を通知するとともに，7月以降は賃金からZ組合の組合費を控除しないよう申入れを行った。

これに対して，Z組合はかかる財産引渡し要求を拒否するとともに，Y研究所に対して，本件協約22条に基づき，BらX組合組合員である研究職従業員10名を解雇するよう求めた。Y研究所はこれに応じ，8月1日にBらに対し，「本件協約22条に基づき，8月31日付けで解雇することを予告する」旨を通知し，その後の8月31日にBらを解雇した。なお，Y研究所では，賃金は毎月25日締めの月末払とされていたところ，Y研究所は7月および8月分のBらの賃金からZ組合の組合費を控除し，これをZ組合に対して引き渡している。

(1)　Z組合によるAに対する戒告処分は有効か。

(2)　Y研究所によるBらに対する解雇は有効か。仮に，BらがX組合を結成せず，また他の労働組合にも加入しなかった場合はどうか。

(3)　Y研究所が，Bらの7月および8月分の賃金からZ組合組合費を控除し，Z組合へ引き渡したことは適法か。

(4)　Z組合がX組合からの財産引渡し要求を拒否したことは適法か。

【解　説】

1　労組法上の労働組合の要件

労働組合法上，労働組合とは「労働者が主体となって自主的に労働条件の維持改善その他経済的地位の向上を図ることを主たる目的として組織する団体」と定義されている（労組2条本文）。日本では，労働組合の結成自体については自由設立主義が採られており，許可や届出等は必要とされていない。ただし，労働組合が，労組法上規定されている各種の法的保護（不当労働行為制度や労働協約制度等）を享受するためには，労組法2条本文および5条2項から導かれる以下の5つの要件を充足していることについて，都道府県労働委員会の資

格審査を受ける必要がある。

　この点につき，まず第1に，労働組合は労働者が主体となって組織されていなければならない（主体性の要件）。これは，労働組合の構成員の大部分および活動上の主要な地位が労働者（労組3条）によって占められていることを意味する（労組法3条の労働者概念については，④を参照）。また第2に，労働組合は，使用者から独立した自主的な組織でなければならない（自主性の要件）。労組法2条ただし書1号・2号により，役員等の使用者の利益代表者を参加させるもの，および使用者から経理上の援助を受けるものについては，かかる自主性が否定される。第3に，労働組合は，労働者の経済的地位の向上を主たる目的としていることを要する（目的の要件）。そのため，福利事業のみを目的とするものや，主として政治運動または社会運動を目的とするものについては，かかる目的の要件を欠いていることになる（労組2条ただし書3号・4号）。第4に，労働組合は団体でなければならない（団体性の要件）。すなわち，複数人の結合体であり，規約を備え，その運営のための組織・財政を有していることを要する。そして第5に，組合規約中において，公正かつ民主的な組合運営を確保するために労組法5条2項各号が列挙する必要記載事項を規定していることが求められる（規約上の要件）。

　これら5つの要件を全て満たしている労働組合を，「法適合組合」という。

2　労働組合の運営

(1)　組合民主主義

　労働組合は，一方において，労働者が自発的に組織する任意的な団体であることから，組合加入については，加入を希望する労働者と労働組合との自由な合意（組合加入契約）に委ねられている。また，労働組合からの脱退についても，原則として労働者の自由とされる（荒木584-585頁，東芝労働組合小向支部・東芝事件・最二小判平成19・2・2民集61巻1号86頁＝百選83事件）。

　しかし他方において，労働組合は労組法によって種々の権限や法的保護が与えられていることから，その内部運営は，組合民主主義の法原則に従って行われるべきものと考えられている（菅野796-797頁）。具体的には，同原則によって，労働組合の運営に当たっては，組合員間での平等取扱い，組合員の市民的自由の保障，組合規約の遵守，組合員の組合運営への参加の保障，適正手続の保障等が求められる。かかる組合民主主義原則に反する組合の行為は，対内的なもの（例えば，(2)でみる統制処分）であれ，対外的なもの（例えば，労働協約の締結）であれ，その効力を否定されることとなる（土田・概説362-363頁）。

385

(2) 労働組合の統制権

ところで，大多数の労働組合は組合規約中において，組合費納入義務違反や組合規約・決議違反，組合の運営妨害等を統制事由として規定しつつ，統制処分として，戒告や権利停止，除名等を規定している。このように労働組合が組合員に対して統制処分を行いうる権限（統制権）の根拠については，団結権を保障する憲法28条に求める判例（三井美唄労組事件・最大判昭和43・12・4刑集22巻13号1425号）があるが，近時の学説では，統制処分の可能性に対する組合員の合意（同意）を根拠とする見解も有力となっている（荒木592-593頁，西谷・労働法548-549頁）。

もっとも，統制権の根拠をいずれに求めたとしても，労働組合は統制権を無制限に行使しうるわけではなく，(1)でみた組合民主主義の法原則に即した形で行使しなければならない。ここで特に問題となるのは，組合員の市民的自由の保障との関係である。例えば，判例（国労広島地本事件・最三小判昭和50・11・28民集29巻10号1698頁＝百選84事件）は，組合員の政治的自由の尊重という観点から，選挙において特定の政党を支援するための臨時組合費の納入を組合員に強制することは許されないと判断している。このような立場によれば，労働組合はかかる臨時組合費の納入に応じないことを理由として統制処分を行うこともできないことになる（ただし，同判決は，「労働者の権利利益に直接関係する立法や行政措置の促進又は反対のためにする活動」については，組合員の協力義務を肯定している）。

また，このほか組合民主主義原則との関係では，統制処分は適正手続に則って行われなければならない。そのため，例えば規約所定の手続を経ることなく行われた統制処分は，その効力を否定されることとなる（全日本建設運輸連帯労組近畿地本事件・大阪地判平成19・1・31労判942号67頁）。

3 ユニオン・ショップ協定

労働組合が，団体交渉等において使用者に対して強い交渉力を発揮するためには，組合組織の維持拡大が極めて大きな関心事となる。そのための手段として，日本で広く普及しているのが，いわゆるユニオン・ショップ協定（ユ・シ協定）である。ユ・シ協定とは，使用者と労働組合との間で締結された労働協約の中で，当該使用者に対して，自己が雇用する労働者のうち，当該組合に加入しない者および当該組合の組合員ではなくなった者を解雇することを義務付ける条項のことをいう。しかし，かかるユ・シ協定は，解雇による威嚇の下，労働者に対して特定の労働組合への加入を強制するものであることから，その

有効性をめぐっては，議論の対立がある。

　この点につき，判例（三井倉庫港運事件・最一小判平成元・12・14民集43巻12号2051頁＝百選82事件）は，限定的有効説と呼ばれる立場を採っている。すなわち，同判決は，「ユニオン・ショップ協定を締結している労働組合（以下「締結組合」という。）の団結権と同様，同協定を締結していない他の労働組合の団結権も等しく尊重されるべきであるから，ユニオン・ショップ協定によって，労働者に対し，解雇の威嚇の下に特定の労働組合への加入を強制することは，それが労働者の組合選択の自由及び他の労働組合の団結権を侵害する場合には許されない」として，「ユニオン・ショップ協定のうち，締結組合以外の他の労働組合に加入している者及び締結組合から脱退し又は除名されたが，他の労働組合に加入し又は新たな労働組合を結成した者について使用者の解雇義務を定める部分」については，民法90条により無効と判示している。しかし裏を返せば，この立場によれば，従来から未組織労働者であった者，およびユ・シ協定締結組合からの脱退・除名後に未組織労働者であり続ける者に対する関係では，ユ・シ協定はなお有効であることになる。学説上も，日本の企業別労働組合は，ユ・シ協定を組織的基盤として，現実には多様な機能（企業・事業所における従業員代表機能，春闘の指導・政策参加等の社会的機能）を果たしていることにも鑑みて，かかる判例の立場を支持する見解が通説となっている（盛163-164頁，菅野800-801頁等。ただし，これらの見解によれば，ユ・シ協定を有効に締結しうるのは，当該事業場における過半数組合に限定される〔労組7条1号ただし書参照〕）。

　他方，このような判例・通説の立場に対しては，憲法13条に基づく自己決定の理念と憲法21条1項の結社の自由を踏まえた憲法28条は，組合選択の自由（積極的団結権）のみならず，組合に加入しない自由（消極的団結権）をも保障するものと理解する見解が有力に主張されている（西谷・労組法101頁以下）。このような立場に立てば，ユ・シ協定はかかる消極的団結権を侵害するものであるため，未組織労働者との関係でも無効であることになる（全面的無効説）。

4　チェック・オフ

　労働組合の財政的基盤にとって，最も重要であるのは，各組合員が納入する組合費である。労働者は組合に加入することで，かかる組合費の納入義務を負う。2⑵でみたように，組合規約は通常，組合費納入義務違反を統制処分の対象としているが，更に進んで，かかる組合費の徴収を確実化するための手段として機能するのが，いわゆるチェック・オフである。チェック・オフとは，使

用者が労働組合との協定に基づいて，各組合員の賃金から組合費を控除し，それらを一括して当該組合に引き渡すことをいう。先ほどのユ・シ協定と同様，かかるチェック・オフも日本においては広く普及しているが，判例（エッソ石油事件・最一小判平成5・3・25労判650号6頁＝百選85事件）は，チェック・オフを適法なものとして実施するためには，以下の2つの要件を具備する必要があると解している。

　まず第1の要件は，労基法24条1項ただし書が定める労働者代表（過半数組合または過半数代表）との労使協定（チェック・オフ協定）である。すなわち，上記の判例は，チェック・オフも，労働者の賃金の一部を控除するものである以上，賃金全額払原則の規制を免れるためには，かかる労使協定の締結を要するものと解している。この立場によれば，労働組合が当該事業所の労働者の過半数を組織しているのであれば，単独でチェック・オフ協定を締結できるが，少数組合である場合には，過半数代表者を選出する等の方法によらなければ，チェック・オフ協定を締結できないこととなる。そのため，学説においては，労基法24条1項ただし書が「過半数」要件を課しているのは，労使協定の効力が当該事業所の全労働者に及ぶためであるところ，チェック・オフは，その性質上組合員にしか効力が及ばないため，少数組合であってもチェック・オフ協定を締結することは可能であるとする見解が，有力に主張されている（山口307頁，西谷・労組法270-271頁）。

　また第2の要件は，各組合員から使用者への支払委任である。すなわち，チェック・オフ協定が締結されているだけでは，使用者は罰則（労基120条1号）の適用を免れるにすぎず，使用者が私法上も有効にチェック・オフを行うためには，使用者が各組合員から，組合費相当分を賃金から控除し，これを労働組合に支払うことについての委任を受けることが必要であるというのが上記判例の立場となっている。このような立場に立てば，委任契約につき「各当事者がいつでもその解除をすることができる」旨を定める民法651条1項（任意解除権）に基づいて，各組合員は使用者に対し，いつでもチェック・オフの中止を求めることができることになる。他方，学説においては，各組合員と使用者との支払委任は，組合費の支払はチェック・オフにより行う旨の組合規約とチェック・オフ協定によって根拠付けられるとする見解（山口308-309頁，菅野809-810頁）や，チェック・オフ協定が労働協約の形式によって締結されている場合には，協約の規範的効力（労組16条）によって，支払委任が根拠付けられるとする見解（荒木590-591頁）が提示されている。これらの見解によれば，各組合員が当該組合にとどまっている限りにおいては，自由にチェック・オフの

中止を申し入れることはできないことになる。

5 組合財産と労働組合の分裂

ところで，労働組合が 1 でみた資格審査により法適合組合と認められた場合には，法人格を取得することができる（労組 11 条 1 項）。労働組合の財産関係については，労働組合が法人である場合には，その財産は当該組合の単独所有となるが，法人格がない場合には，総組合員の総有に属すると解されている（後者につき，品川白煉瓦事件・最一小判昭和 32・11・14 民集 11 巻 12 号 1943 頁）。したがって，いずれの場合にせよ，組合員個人には持分権は認められない。

これに対して，ある労働組合の組合員が集団で当該組合を脱退し，新たな労働組合を結成した場合には，かかる新組合は，元の組合（旧組合）に対して財産の分割請求ができるかどうかという点が問題となる。このような現象を労働組合の「分裂」と呼ぶが，学説は，このような組合の分裂を法的概念としても認めることで，新組合から旧組合に対する財産の分割請求を認める立場（西谷・労組法 130 頁以下）と，法的な意味での分裂概念を否定し，組合財産は旧組合にのみ属すると解する立場（山口 66 頁以下，土田・概説 370 頁）に分かれている。

一方，判例（名古屋ダイハツ労組事件・最一小判昭和 49・9・30 労判 218 号 44 頁）は，「旧組合の内部対立によりその統一的な存続・活動が極めて高度かつ永続的に困難となり，その結果旧組合員の集団的離脱及びそれに続く新組合の結成という事態が生じた場合に，はじめて，組合の分裂という特別の法理の導入の可否につき検討する余地を生ずるものと解される」として，法的概念としての組合の分裂を認めることには，極めて慎重な立場を採っている。

【解答への道すじ】

1 【設問】(1)について

【設問】(1)においては，Z 組合により行われた A に対する統制処分としての戒告処分の有効性が問題となっている。かかる統制処分は，A が 5 月 20 日の組合大会において決議された臨時組合費の納入を拒否したことが，Z 組合規約 37 条 2 号が統制事由として規定する「組合の統制を乱し，または運営を妨げた」場合に該当するとして行われたものである。そこで，ここではまず，A がかかる臨時組合費の納入義務を負っていたか否かについて検討する必要がある。

この点につき，【設問】における臨時組合費は，Z組合が参議院選挙において支持政党である甲党を支援することを目的として徴収されたものである。しかし，選挙においてどの政党または候補者を支持するかは，各組合員が市民としての個人的な政治思想や見解，判断等に基づいて自主的に決定すべき事柄であり（前掲国労広島地本事件），組合民主主義の原則からも，労働組合はこのような組合員個人の政治的自由を尊重すべきことが求められる。それゆえ，労働組合が組合員に対し，特定の政党を支援するための臨時組合費の納入を強制することは，原則として許されないものと解される。仮に，臨時組合費が，労働者の権利利益に直接関係する立法や行政措置の促進あるいは反対のために行う労働組合の活動のために徴収されるものであるならば，組合員の納入義務は肯定されうるが，【設問】においてはそのような事情は見当たらない。したがって，【設問】において，AはそもそもZ組合に対して臨時組合費の納入義務を負っていなかったものと考えられる。そうすると，このような臨時組合費の納入を拒否したことを理由に，Z組合がAを戒告処分に付したこともまた，Aの政治的自由を侵害し，統制権の限界を超えるものとして無効といえる。

さらに，【設問】における戒告処分は，適正手続の観点からも有効性が問題となる。すなわち，【設問】では，Z組合規約39条が定める「組合大会出席者の過半数の賛成」という手続は採られているが，同条ただし書が定める本人に対する弁明の機会は，Aに対して与えられていない。組合民主主義の原則からすれば，統制処分は規約所定の適正な手続に則って行われなければならないにもかかわらず，【設問】ではかかる手続が履践されていない。したがって，この点からも，Z組合のAに対する戒告処分は無効と解される。

2 【設問】⑵について

次に，【設問】⑵においては，Y研究所がBらに対して8月31日付けで行った解雇の有効性が問題となっている。かかる解雇は，本件協約22条が定めるユニオン・ショップ協定に基づいて行われたものであるため，ここではユ・シ協定の有効性について，まずは検討する必要がある。

この点につき，判例・通説である限定的有効説は，労働者の組合選択の自由（積極的団結権）を重視する立場から，ユ・シ協定締結組合以外の組合員，およびユ・シ協定締結組合から除名され，またはこれを脱退した後に他の労働組合に加入したか，もしくは新たな労働組合を結成した労働組合との関係では，ユ・シ協定は公序（民90条）違反であり無効と解している。このような立場によれば，【設問】においても，Bらはユ・シ協定締結組合であるZ組合を脱

退しつつ，新たにＸ組合を結成しているため，Ｙ研究所とＺ組合とのユ・シ協定の効力は，Ｂらに対しては及ばないことになる。したがって，Ｙ研究所がＢらに対して行った解雇は，Ｙ研究所にそもそも解雇義務がないにもかかわらずなされたものであるため，解雇権濫用法理（労契16条）に照らし，客観的に合理的な理由を欠くものとして，無効と解される（前掲三井倉庫港運事件）。他方，学説では，全面的無効説が有力に主張されているが，同説の立場に立っても，憲法28条が組合選択の自由（積極的団結権）を保障していること自体は否定されないため，この場合にもやはり同様の結論が導かれることとなる。

これに対して，ＢらがＸ組合を結成しなかったと仮定すると，上記いずれの立場を採るかで結論が分かれることになる。すなわち，限定的有効説によれば，労働者の組合選択の自由（積極的団結権）が消極的団結権よりも重視されるため，ユ・シ協定締結組合からの脱退・除名後に未組織労働者であり続ける者に対する関係では，ユ・シ協定には有効性が認められることになる。そのため，この立場では，【設問】においてＢらがＸ組合を結成せず，また他組合にも加入しない場合については，Ｙ研究所はなお解雇義務を負っており，それに基づくＢらに対する解雇は有効と認められうる。一方，憲法28条は労働組合に加入しない自由（消極的団結権）をも保障するものと理解する全面的無効説の立場に立てば，ＢらがＺ組合を脱退後，未組織労働者であり続ける場合についても，ユ・シ協定の効力は及ばない。したがって，Ｙ研究所が解雇に及んだとしても，当該解雇はＹ研究所に解雇義務がないにもかかわらずなされたものであるから，客観的に合理的な理由（労契16条）を欠くものとして，無効と解されることになる。

3 【設問】(3)について

【設問】(3)においては，Ｙ研究所が本件協約14条に基づいて，Ｂらの７月および８月分の賃金からＺ組合組合費についてチェック・オフを行ったことの適法性が問われている。

思うに，チェック・オフも労働者の賃金の一部を控除するものであり，そのままでは賃金全額払原則に抵触することとなることからすれば，使用者が罰則（労基120条１号）の適用を免れるためには，労基法24条１項ただし書が定める労働者代表との労使協定（チェック・オフ協定）が必要であると解される。この点につき，【設問】においては，Ｚ組合はＹ研究所における従業員の過半数以上を組織しているため，過半数組合であるといえる。そして，かかる過半数組合たるＺ組合とＹ研究所との間で締結された本件協約14条は，「Ｙ研究

所は，従業員の毎月の賃金から組合費を控除し，翌5日までに，組合に引き渡す」と規定しているため，これによって【設問】においては，チェック・オフ協定の要件は満たされていることになる。

　また，これに加えて，チェック・オフを私法上も適法に行うためには，各組合員から使用者に対して，賃金から組合費相当額を控除し，これを労働組合へ支払うことについての委任（支払委任）がなされていることが必要と解される。しかし，【設問】においては，Bらは7月15日にY研究所に対し，7月以降は賃金からZ組合の組合費を控除しないよう，チェック・オフの中止を申し入れているため，これによってBらとY研究所との間の委任契約は，民法651条1項に基づいて解除されているものと考えられる。そうすると，Y研究所が，Bらの7月および8月分の賃金からZ組合組合費についてチェック・オフを行ったことは，支払委任が存しないにもかかわらず行われたものであり，違法と解される。したがって，BらはY研究所に対して，控除された組合費相当額の賃金を請求することができることとなる。

　ところで，学説では，チェック・オフ協定が労働協約の形式を採って締結されている場合には，各組合員からの委任に代えて，協約の規範的効力によって，支払委任が根拠付けられるとする見解がある。この点，【設問】においても，チェック・オフ協定は本件協約の14条において規定されており，この立場では，BらがZ組合にとどまっている限りにおいては，本件協約の規範的効力が及ぶことから，これに反する個別のチェック・オフの中止申入れは，その効力を否定されうる。しかし，労働協約の規範的効力は，当該協約の締結組合の組合員に対してのみ及ぶのが原則であるところ（労組16条），Bらは既にZ組合を脱退しX組合を結成しているため，本件協約の規範的効力がもはやBらに対して及ぶことはない。したがって，上記の学説の立場を採ったとしても，【設問】においては，BらとY研究所との間には支払委任が存しないこととなるため，いずれにせよ上記と同じ結論が導かれることになる。

　なお，以上に加え，BらがZ組合を脱退しX組合を結成した後に，Y研究所がこれを知りながら，Bらからのチェック・オフの中止申入れを無視して，7月以降もBらの賃金からZ組合組合費を控除し，Z組合へ引き渡した行為は，X組合の運営に対する支配介入（労組7条3号）に該当するものと解される（ネスレ日本〔東京・島田〕事件・最一小判平成7・2・23民集49巻2号281頁＝百選107事件も，同旨）。したがって，【設問】におけるY研究所の対応は，不当労働行為に該当するという点でも違法であることになる。

4 【設問】⑷について

　最後に，【設問】においては，研究職従業員であるＢら 10 名は，Ｚ組合を集団で脱退の上，新たにＸ組合を結成し，Ｚ組合の財産のうち 10 分の 1 を引き渡すよう求めている。【設問】⑷は，Ｚ組合がかかるＸ組合からの要求を拒否したことの適法性を問うものであるが，この問題は，法的概念としての労働組合の分裂を肯定するか否かによって結論が分かれることになる。すなわち，労働組合の分裂を法的概念としても認める立場に立てば，Ｘ組合はＺ組合に対して，組合員数の割合に応じた財産分割請求が可能となり，Ｚ組合がこれを拒否したことは違法と評価される。これに対して，法的な意味での組合の分裂を否定する立場に立てば，Ｘ組合には財産分割請求権は認められず，組合財産は全てＺ組合に帰属するため，Ｚ組合がＸ組合からの財産引渡し要求を拒否したことに違法性はないことになる。

　この点につき，旧組合を脱退し新組合を結成すること自体は，法的には原則として組合員の自由であるが，その際には，旧組合の財産を取得しえないというリスクも同時に負うべきであると考えられるので，法的概念としての労働組合の分裂は認めるべきではないと解される（土田・概説 370 頁）。なお，判例は「旧組合の内部対立によりその統一的な存続・活動が極めて高度かつ永続的に困難とな」った場合については，法的概念としての労働組合の分裂が認められる可能性を示唆している（前掲名古屋ダイハツ労組事件）。しかし，【設問】において，Ｚ組合が従来と組織的な同一性を失うことなく存続しているのであれば，このような場合には該当しないものと考えられる。だとすれば，かかる判例の立場に立ったとしても，Ｚ組合がＸ組合からの財産引渡要求を拒否したことは適法といえよう。

【基本文献】
荒木 570–598 頁／菅野 779–828 頁／土田・概説 354–370 頁／西谷・労働法 529–558 頁／西谷・労組法 75–138 頁／野川 826–867 頁／水町 373–384 頁

（山本陽大）

32 団体交渉

【設 問】

1 Ｌ印刷会社は，従業員 40 名を擁する会社であり，従業員のうち 10 名が臨時工である。Ｌ社には，本工（25 名）のみで組織されるＨ労働組合が存在している。

　印刷業界においては，ＩＴ化による合理化が進んでおり，Ｌ社でも，カラー印刷がより鮮明にできるように新機械を導入することを決定した。このことを知ったＨ組合は，これを導入した他社では，カラー印刷部門で大幅な人減らしが進んでおり，配置換えや新機械に不慣れな高齢者の自主退職も進んでいることから，Ｌ社に対し，新機械の導入決定の撤回を求めるとともに，新機械の導入について，2017 年 2 月 10 日に団体交渉を開催するよう求めた。しかし，Ｌ社は，新機械の導入は経営権の範囲内の専決事項であり，団体交渉事項でないと回答している。

2 Ｌ社では，臨時工の期間満了による契約の終了，中高年齢者への退職勧奨などを提案してきた。2017 年 6 月末日の契約期間満了を控えた臨時工のＡは，個人で加盟できる地域にある合同労組Ｉ組合に加入したところ，Ｉ組合はＬ社に対して，組合員であるＡについての契約更新問題について団体交渉を求めた。これに対しＬ社は，会社にはＨ組合があり，Ｈ組合との間では，団体交渉はＨ組合との間だけで行うとの協定があるので，Ｉ組合とは交渉に応じるつもりはないと書面で 2017 年 3 月 10 日に回答してきた。また，Ｈ組合が組合員でないＡの契約更新について団体交渉を会社に求めた場合はどうか。またＨ組合は非組合員の賃金を団交事項にできるか。

3 Ｌ社は，Ｈ組合の強い姿勢に押されてやむなく新機械導入についての団体交渉に応じたが，交渉の中で，新機械導入のための資金計画，導入に伴う人員配置の見直し等について，Ｈ組合から具体的な資料の提供を求められたにもかかわらず，これらを開示せず，新機械を導入してみないと分からない，まずは導入したいとの一点張りであり，交渉は全く進展しないまま推移した。

　以上の 1 〜 3 のケースでＬ社の対応に問題はないか。もしあるとしたら，Ｈ組合やＩ組合は，どのような救済を求めることができるか。

【解　説】

1　団体交渉の意義と機能

　団体交渉とは，労働組合がその代表者を通じ，使用者または使用者団体と労働条件その他労使関係の在り方について交渉することをいう。団体交渉は，一人一人の労働者の地位・立場の弱さをカバーして集団的な交渉を行うことに意義があり，憲法 28 条は，こうした団体交渉を行うことを労働者の権利として保障している。使用者には労働組合への団交応諾義務があり，労組法 7 条 2 号は，正当な理由のない使用者の団体交渉拒否を不当労働行為として禁止している。

　団体交渉の結果，当事者に合意が成立すれば，それは労働協約に結実するが，逆に合意に至らない場合には，労働組合には争議行為という強力な武器（団体行動権としての争議行為権）が用意されている。

　日本では，労働組合の組織単位が各企業で（企業別組合），しかも構成員は正職員・本工が中心であったことから，団体交渉がカバーする人的範囲は，産業別・職種別に企業横断的に，しかも雇用形態と関わりなく労働組合が組織される欧米と比較して，かなり狭いといえる。また，企業別組合では，企業の実情に応じた労働条件交渉が可能になる反面で，産業全体の問題を取り上げるインセンティブが弱くならざるをえない，という弱点を抱えている。団体交渉を通じて産業レベルでの労働時間短縮やパートタイム労働者の処遇改善などが行われにくいが，労組法は使用者団体との交渉も予定している（労組 6 条）。

2　団体交渉の当事者

　団体交渉における当事者とは，自らの名において交渉を行い，合意した内容を労働協約として締結する主体のことである。これに対して，団体交渉の担当者とは，当事者（主体）のために実際に団体交渉を担当する者をいう。労組法 6 条は，後者に関する規定であり，「労働組合の代表者又は労働組合の委任を受けた者」が「使用者又はその団体と労働協約の締結その他の事項」について交渉する権限のあることを定めている。

　団体交渉の当事者について問題となるのは，多くの場合，労働者側についてである。一企業内に複数組合が併存することもあるが，憲法 28 条は，組合員数の多寡や方針に関係なく同等の権利を保障している，つまり複数組合主義を採っていると解される。したがって，仮に使用者が多数組合との間で，「会社がその組合を従業員中における唯一の団体交渉の相手方とする」との「唯一交

渉団体条項」を合意しても，他の少数組合の交渉権を侵害するものとして無効であり，使用者は少数組合との団体交渉を拒否できない（住友海上火災保険事件・東京地決昭和 43・8・29 判時 528 号 84 頁）。

【設問】2 では，企業別労働組合とは異なり，地域で企業横断的に結成される「合同労組」の団体交渉権が問題となっている。最近では，使用者から解雇されそうになったり，解雇された労働者がこれらの組合に相談に行き，その組合に加入する場合も増えつつある。こうした「駆込み訴え」を受けた労働組合も，団体交渉の当事者となる。既に解雇がなされている場合も，解雇の有効性が争われている限り，被解雇者の加入する組合は労組法 7 条 2 号の「雇用する労働者の代表者」である（石川 343 頁，山口 154 頁以下，西谷・労組法 289 頁以下）。この場合に，組合は，団体交渉に際して当該組合員が加入していることを明らかにする必要があるが，それをすれば足り，それ以外の組合員の氏名・人数を明らかにする必要はない（新星タクシー事件・東京地判昭和 44・2・28 判時 564 号 76 頁）。

以上のことから，L 社は，H 組合との唯一交渉団体条項を盾にして，合同労組である I 組合からの団体交渉の申込みを拒否することはできない。

3　団体交渉の対象事項

【設問】1 では，団体交渉の対象事項が何なのか，つまり，組合が会社の団交拒否に対して，労組法 7 条 2 号違反の不当労働行為として労働委員会に救済を求めたり，裁判を提起して使用者が団体交渉に応じることや団体交渉事項としての地位確認を求めたりすることができるのかどうかが，問題となっている。法律上，組合が使用者に団体交渉を求めたならば，使用者が交渉を拒否できない事項を義務的交渉事項といい，それ以外を任意的交渉事項という。

義務的交渉事項がいかなる範囲のものかについては，憲法 28 条と労組法による団体交渉権保障の趣旨・目的から検討することになる。一般に，労働者の地位や労働条件に関わる事項，労働組合に関わる事項（例えば，団体交渉のルール，組合事務所の貸与，チェック・オフなど）であって，相手方当事者である使用者が現在の判例，学説上は処分可能な事項と解されている。個々の組合員の個別の労働条件（解雇や配転のみならず賃金等も含めて）も義務の交渉事項である。使用者団体との交渉でも労働組合の立法要求などがこれから焦点となろう。

4 誠実交渉義務の内容

団体交渉は，当事者が単に同じテーブルに着くだけでなく，合意に向けた誠意あるものでなければならない。この誠実交渉義務は，とりわけ使用者に向けられている。労組法7条2号の団体交渉拒否には，不誠実な交渉も含まれる。

誠実交渉義務の内容は，具体的な事案ごとに判断することになるが，「使用者は組合の要求や主張に対し，その具体性や追求の程度に応じた回答や主張をなし，必要によっては論拠を示し，資料を提示する必要がある」と解される（後掲シムラ事件など）。したがって，具体的な質問に対して根拠となる資料も示さない交渉態度は，誠実交渉義務違反となる（カール・ツアイス事件・東京地判平成元・9・22労判548号64頁＝百選102事件，シムラ事件・東京地判平成9・3・27労判720号85頁）。その他としては，交渉権限のある担当者を出席させていないか，そうした担当者に具申する手続をとらない交渉態度（大阪特殊精密工業事件・大阪地判昭和55・12・24労判357号31頁），あるいは交渉日時や議題について合理性のない前提条件を付けてこれに固執する態度（エス・ウント・エー事件・東京地判平成9・10・29労判725号15頁）などが挙げられる。以上のことから【設問】3のL社の対応は，誠実交渉義務に反することになる。

もちろん，誠実交渉義務を認めることは，使用者が譲歩をして合意しなければならない義務を負うことを意味しないから，誠意をもって交渉を続けても，これ以上進展する見込みがない段階に立ち至った場合や，逆に組合の側に問題のある場合には，使用者が交渉を打ち切っても誠実交渉義務に違反しないことになる（池田電器事件・最二小判平成4・2・14労判614号6頁など）。

5 団体交渉拒否の救済

(1) 労働委員会への申立て（行政救済）

労働組合は，使用者の団交拒否に対して，労働委員会に，当該事項について団体交渉を行うことや誠実に交渉を行うことの救済申立てができる（労組27条）。労働委員会はこの申立てを審査して理由ありと判断すれば，使用者に対して，組合の申し立てた団体交渉に応じるよう命令を発する（労組27条の12）。この場合，救済命令の必要性についての判断時は命令発出時である。また労働組合は，団交拒否を労調法上の労働争議（労調6条）として斡旋の申請（労調12条）も申し立てることができる。

しかしながら，申立てから都道府県労委で団交命令が出るまでの審理に要する期間が長くかかることや，この都道府県労委命令に対しては中労委へ再審査

申立てができること，後者の場合には東京にある中労委に審理のため組合が赴かなければならないこと，中労委の履行命令に強制力がないことなどから，団交拒否事案について労働委員会への申立ての実効性について疑問視される面もあるが，一般的である。そこで労働組合としては，次に述べる裁判所を利用する場合もある。

(2) 裁判所への提訴（司法救済）

団交拒否事案が昭和40年代になって裁判所に提訴された際，その中心は仮処分申請であった。この仮処分は労組法7条2号・6条の規定を根拠に，労働組合が使用者に対して私法上の団体交渉請求権（被保全権利）を有する，との考え方に立っていた。こうした申立てを積極的に認容する裁判例（前掲住友海上火災保険事件）が現れ，その後この考え方は実務上有力となり，多くの申請認容決定が出された。その中には間接強制の申立てを認める決定（葦原運輸機工事件・大阪地決昭和49・11・14判時762号107頁など）もあった。

これに対し昭和40年代末より，認容決定に対する疑問が出されるようになった。つまり，憲法28条や労組法7条2号はこうした私法上の権利を労働組合に与えているのか，団交応諾義務という給付内容の特定は困難ではないか，あるいは団体交渉の間接強制は可能か，という疑問が提起された。そして，これを受けて団交応諾仮処分を否定する決定が相次いだ（寿建築研究所事件・東京地決昭和49・12・9判時763号22頁，新聞之新聞社事件・東京高決昭和50・9・25判時797号143頁）。こうした司法判断の背景には，裁判所が多発する団体交渉をめぐる紛争に入り込まないほうがよいとの政策判断があったと思われる。

他方で学説では，私法上の団交請求権を否定する立場も強かったが，団体交渉権につき，これを求める法的な地位と誠実交渉という具体的行為を請求する権利に分け，労働組合が使用者に対し，団体交渉に応ずべきことを求める地位にあることの確認請求あるいは仮の地位を定める仮処分を肯定する見解が出された（山口〔初版〕129頁，菅野〔初版〕430頁以下）。そして，判例もこれを受け，労働組合からの団交を求める地位の確認請求を認容するようになっている（国鉄事件・最三小判平成3・4・23労判589号6頁＝百選110事件，同事件・東京高判昭和62・1・27労判489号13頁。同事件では，労組法7条の規定が，「単に労働委員会における不当労働行為救済命令を発するための要件を定めたものであるにとどまらず，労働組合と使用者との間でも私法上の効力を有するもの，すなわち，労働組合が使用者に対して団体交渉を求める法律上の地位を有し，使用者はこれに応ずべき法律上の地位にあることを意味するものと解すべきであって，団体交渉をめぐる労働組合と使用者との間の関係は，右の限りにおいて一種の私法上の法律関

係であるというべきである」とした上で，同事件で争われている事項について義務的団交事項であることが確定されれば，その限りで当事者間の紛争が解決されることになるとして，確認の利益が認められている）。

こうした判断はまた，団交応諾を求める地位を保全する仮処分申請を肯定することになる（本四海峡バス事件・神戸地決平成 12・3・14 労判 781 号 31 頁）。さらに，学説の中から，団体交渉についての従来の経過から使用者の団交応諾義務の内容がある程度特定される場合には，団体交渉請求権が具体的請求権であることを肯定する意見も出されている（西谷・労組法 320 頁以下）。

(3) 損害賠償請求

団体交渉権が憲法 28 条と労組法 7 条によって保障されていることから，使用者によるこの権利の侵害は，「公序」違反として不法行為（民 709 条）に該当する。裁判例の中にも，団体交渉拒否に損害（慰謝料）賠償請求を認めたものがある（清和電器産業事件・福島地いわき支判平成元・11・15 判タ 734 号 169 頁，佐川急便事件・大阪地判平成 10・3・9 労判 742 号 86 頁など。また，山川隆一「不当労働行為と不法行為」日本労働協会雑誌 341 号〔1987 年〕21 頁以下も参照）。

【解答への道すじ】

1 【設問】1 について

【設問】1 は，新機械の導入に反対することを目的とする団体交渉を H 組合が L 社に対して申し込んでいるところ，L 社は新機械の導入は経営専決事項であると反論している。そこで，本問の解決を図るには，経営専決事項であれば，団交拒否しても不当労働行為に当たらないのか，すなわち，労組法 7 条 2 号にいう団交拒否とはいかなる団交を拒否することをいうのかを検討する必要がある。また，団交拒否が不当労働行為に当たるならば，どのような救済を求めることができるのかも併せて検討が求められている。

2 H 組合の反論と救済方法

(1) 反論の概要

本問で，H 組合は新機械の導入について団体交渉開催を求めているが，L 社は新機械の導入は経営専決事項であるとしてこれを拒絶（以下，「本件団交拒否」という）している。労組法は，使用者が労働者の代表者と団体交渉をすることを正当な理由がなくて拒むことを不当労働行為としている（7 条 2 号）。そこで，本件団交拒否が，労組法 7 条 2 号に当たり，不当労働行為となると H

組合は反論すると考えられるため，以下，かかる反論が成立するかについて詳述する。

(2) 義務的交渉事項の範囲について

団交拒否が，不当労働行為として認められるためには，使用者が拒否した団体交渉が，労働者の地位や労働条件に関する事項あるいは労働組合に関わる事項であり使用者に処分可能な事項，すなわち，義務的交渉事項に関するものであるということが必要である。なぜなら，憲法28条や労組法は，労働者の地位や労働条件に関する事項およびこれらの向上のために重要な役割を果たす労働組合に関する事項を目的とする団体交渉を保障しているのであり，そのほかの団体交渉を保障することを目的としていないからである。また，そのような事項であったとしても，使用者が処分できない事項であれば，団体交渉をしたとしても，解決しようがないため，義務的交渉事項ではないと現在の学説，判例は解している。

(3) 新機械の導入が義務的交渉事項に当たるかについて

確かに，新機械の導入自体は会社経営に関する事項である。しかしながら，H組合の調査によると，新機械を導入した同業他社では印刷部門で大幅な人減らしがなされているとともに，配置換えや新機械に不慣れな中高年齢者の自主退職も進んでいることからすると，新機械が導入されることによって職場の編成や人員の変更がなされ，結局H組合に所属する組合員の労働条件に影響が与えられることになりうる。とすると，新機械の導入について反対することも労働者の地位や労働条件に関する事項であるといえる。また，新機械の導入をするか否かは使用者が決定できる事項である。よって，新機械の導入について反対し，これの交渉を求めることは義務的交渉事項に当たる。

(4) 結　論

よって，本件団交拒否は不当労働行為に当たり，H組合の反論は成立する。

3　H組合がどのような救済を求めることができるかについて

本件団交拒否は不当労働行為であるから，H組合としては，労働委員会に対してL社が新機械の導入について団体交渉を誠実に行うことの救済申立てをすることができる（労組27条1項。行政救済）。

次に，H組合は，L社がH組合と団体交渉を行う義務があることの確認を裁判所に訴えることができる。また，その訴えとともに，団交応諾を求める地位を保全する仮処分の申立てをすることもできる。これに加えて，H組合としては，団結権侵害を理由としてL社に対して損害賠償請求をすることも可

能である（司法救済）。

4 【設問】2について

(1) 反論の概要

本問では，H組合の組合員でない労働者の労働条件向上を目的とする団交申込みを会社が拒絶しても，不当労働行為に当たらないかが問われている。ここで会社としては，以下のように反論することが考えられる。労働組合は，原則組合員の労働条件向上のために活動するものであるから，H組合の組合員以外の労働条件向上のために活動することは想定されていない。H組合との唯一交渉団体の協定もある。したがって，H組合の組合員でない労働者の労働条件向上を目的とする団交は労組法により保障されるものではなく，当該団交を拒否したとしても不当労働行為に当たらない。そこで，本問の解決を図るには以上の会社の反論が認められるのかを検討する必要がある。

(2) 唯一交渉団体条項について

I組合も労働組合であり，労組法は複数組合主義に立っているので，その組合員であるAの地位について当事者として団体交渉を求める地位にあると解されるから，会社は他組合との協約をもってこれを拒否できない。

(3) 非組合員の労働条件に関する事項が義務的交渉事項に当たるかについて

労働組合は，組合員の労働条件や地位の向上を図る団体である（労組2条柱書）ことから，団体交渉権として保障される団体交渉も原則として組合員に関する事項に限られる。したがって，非組合員の労働条件は，義務的交渉事項に当たらないのが原則である。しかしながら，非組合員の労働条件であってもそれが組合員の労働条件に影響を及ぼす可能性が大きい場合には義務的交渉事項に当たると考える。なぜなら，そのような場合においては，非組合員の労働条件も，組合員の労働条件に関する事項として団体交渉の対象になっていると考えられるからである。また，非組合員の労働条件であっても，団体交渉を通じて当該非組合員が会社に正規雇用されることにより，組合に加入する予定であるような場合は，当該非組合員の労働条件も義務的交渉事項に当たると考える。なぜなら，このような場合においては，当該団体交渉の結果，組合員が増加し，労働組合の強化につながるからである。

(4) 本件団交の目的事項が義務的交渉事項に当たるかについて

本問では，非正規労働者の賃金と正規労働者の賃金に牽連性がある等の事情は出ていない。非正規労働者の賃金向上によって，正規労働者の労働条件に影響を与える可能性はないと一般的には考えられる。しかしよく検討するならば，

非正規労働者の低賃金は正規労働者の賃金アップの阻害になるとの考えもある。

もっとも，非正規労働者の正規化を目指す要求の一環として，賃金の向上を求めているとするならば，本件団交を通じて将来的に非正規労働者が正規労働者になる可能性がある。

とすると，本件団交により直ちに非正規労働者が組合員になるとまでは評価できないものの，本件団交を含む今後の団交経緯により，非正規労働者が正規化し，H組合の組合員になる可能性は高いと考える。また，この交渉は労働契約法20条の適用に関わるものでもありH組合の会社に対するコンプライアンス要求でもある。

そうであるならば，本件団交の結果により組合員が増加する可能性が高いともいえる。

組合の団結力の強化を求めるものとしても，本件団交の目的事項は義務的交渉事項であると評価できる。

⑸ **結　論**

よって，L社は本件団交に応じる義務がある。

5 【設問】3について

団体交渉は合意に向けた話合いである。組合が新機械導入に伴う労働条件や地位への影響，人員削減なり労働の変化に関心を持ち交渉を求める以上，会社は誠実な交渉義務として資金計画や人員配置の資料を示すことが求められる。

【基本文献】

荒木599頁／菅野829頁／土田・概説371頁／西谷・労働法608頁／西谷・労組法281頁／野川868頁／水町384頁

(豊川義明)

33　労働協約の締結と効力

【設　問】

1　Y 社は，電子機器の製造・販売を業としており，Y 社内には，A 労働組合と B 労働組合が存在する。X は，Y 社の従業員で，A 労働組合に所属している。

　Y 社は毎年，ベースアップについて，A 組合と B 組合それぞれと 1 月に団体交渉を行い，その結果締結される労働協約に基づいて，4 月からの賃金に反映していた。2018 年 1 月，Y 社は，それぞれの組合と団体交渉を行った。Y 社は，その団体交渉の場において，今年度については，5000 円のベアを実施するが，そのためには，2018 年 4 月 1 日からの年功賃金制度から成果主義型賃金制度への移行に合意してもらう必要があるとの前提条件を提示した。B 組合は，成果主義型の新賃金体系への移行に合意して，5000 円のベア実施について記されている書面化された協定書の作成に合意し，それに記名押印した。一方，A 組合は，ベアの実施については合意したものの，組合内には，高年齢者が多く所属していることから，新賃金体系への移行については，難色を示した。その後，Y 社と A 組合は，数回にわたり団体交渉を行った。Y 社と A 組合ともにベアの実施については前向きで，口頭でベアの実施についての合意に至った。一方，新賃金体系への移行について両者の意見は平行線をたどった。Y 社は何度も A 組合を説得したが功を奏さず，最終的に，2018 年 4 月 1 日から導入する新賃金体系とそれに基づくベアの実施を記した書面化された協定書案を作成し，A 組合に記名押印するよう促した。しかしながら，A 組合は，協定書への記名押印を拒否し続けた。

　2018 年 4 月から，Y 社は，B 組合員ならびに非組合員については，5000 円のベアが反映されている賃金を支給したが，A 組合員については，労働協約が成立していないことを理由にベア分が反映されていない賃金を支給した。

　A 組合の組合員である X は，Y 社と A 組合の交渉経過を踏まえて，書面化された協定書への記名押印はないものの，両者の間でベアについての合意は成立していることから，協定書には労働協約としての効力が生じていると主張し，ベア分についての未払賃金請求の訴えを起こした。

　X の訴えは認められるのであろうか。

2　Y 社は，精密部品の製造・販売を業としており，全体で 360 人の労働者を雇用している。Y 社には，A 労働組合があり，A 組合には，管理職 59 人を除く

403

301 人の労働者が加入している。Y 社は，取引関係にある P 社が業績悪化で苦しんでいることから，P 社を吸収合併することとした（P 社の土地・建物については売却し，P 社労働者全員を Y 社事業所で労働させることとした）。

P 社は X，Z を含む 40 人の労働者を雇用している。X は組合に加入していなかったが，Z は，B 労働組合に加入していた。P 社労働者の労働条件は，P 社と B 組合が締結していた労働協約の内容によって，決定されていた。

吸収合併に伴い，P 社労働者は，Y 社の労働者となった。合併に伴う旧 P 社労働者の労働条件は，本来包括承継され，P 社時代の労働条件が維持されるはずであったが，Y 社は A 組合と締結している労働協約が全従業員の 4 分の 3 以上の労働者に適用されている（全労働者＝ 400 人〔全員正規労働者である〕，労働協約の適用を受ける労働者＝ 301 人）ことから拡張適用（労組 17 条）することによって，労働条件の統一を図ろうとした。

P 社時代の賃金体系の下では，X，Z の基本給は 25 万円であったが，Y 社の労働協約を適用されると，基本給が 22 万円に下がってしまう。もっとも，P 社では 8 時間労働であったが，Y 社での労働時間は 30 分短縮され，1 日 7 時間 30 分労働となる。また，P 社では賞与の支給はなかったが，Y 社の労働協約によると，年 2 回（夏季・冬季）の賞与支給（その支給額は，毎年の労使交渉により決定）が行われることとなる。ただし，過去に支給された賞与額の平均を参考にすると，基本給と賞与を合算した Y 社における年収は，P 社時代よりも若干下がることが予想される。

X，Z は，A 組合の労働協約が拡張適用されることによって，基本給が下がるというデメリットを重視し，Y 社と A 組合の労働協約の拡張適用に反対している。なお，X は A 組合の加入資格を満たしているものとする。

また合併後も Y 社の企業内組合として，B 組合は存続しており，Z は引き続き B 組合に加入している。

X，Z は，Y 社と A 組合が締結している労働協約に拘束されるのであろうか。

なお，本問については，就業規則の拘束力については論じる必要はない。

【解　説】

1　労働協約の意義・性格

(1)　労働協約の意義

労働協約とは，労働組合と使用者との間で行われた団体交渉の成果について，両者が記名押印し書面化した上で締結される協定である。労働協約は，有利不

利にかかわらず，個別労働契約に優先し（労組16条），就業規則との関係においても優先される（労基92条1項，労契13条）。このように，労働協約は法令に次ぐ高い地位が与えられている（詳細については，③を参照）。

労働協約は，規範的部分と債務的部分から構成される。規範的部分とは，賃金，労働時間，安全衛生，災害補償，服務規律等、労働者の労働条件・待遇に関する部分である。規範的部分については，後でみる，労組法16条の規範的効力によって，組合に加入する個々の組合員の労働条件を規制・規律する強い効力が与えられている。一方，債務的部分とは，組合員の範囲，掲示板・組合事務所の貸与，組合在籍専従者の扱い，団体交渉や労使協議のルール等，組合と使用者との関係について規定する部分を指す。債務的部分については，後述するように，労組法14条の要式性や労組法16条の規範的効力は問題とならず，いわば，組合と使用者間の純粋な契約としての位置付けがなされる。

(2) 労働協約の法的性格

労働協約は，組合と使用者という協約締結当事者を拘束するのみならず，協約締結当事者ではない，組合加入労働者の労働条件を規律する強力な効力（規範的効力）が与えられている。労働協約の法的性質をめぐっては，法規範説と契約説の対立がある。法規範説は，慣習法等を根拠に，労働協約が労使社会の自主的な法律であるとして，法律と同様に解する見解である。そのため，法規範説の立場によると，労組法16条は，確認規定にすぎないということになる。一方，契約説は，労働協約はあくまで組合と使用者間の契約にすぎないが，労組法16条によって，特別に規範的効力が付与され，協約当事者でない組合員の労働条件を規律するという見解である。法規範説は，産業別組合が主流なドイツの法理論から導かれており，そこでは，労働協約が法律と同様，労働条件の最低基準を定める機能が与えられている。一方，我が国は企業別組合・企業別交渉が主流であり，協約にはより良い労働条件の獲得という機能が与えられている。このような点から，現在では，契約説が通説であると解されている（菅野869頁，西谷・労組法328頁）。

2 労働協約の規範的効力・成立要件

(1) 規範的効力

労組法16条は，「労働協約に定める労働条件その他の労働者の待遇に関する基準に違反する労働契約の部分は，無効とする〔①〕。この場合において無効となった部分は，基準の定めるところによる〔②〕。労働契約に定めがない部分についても，同様とする〔③〕」と規定している。労働協約に違反する労働

契約は①によって，無効となる。これを「強行的効力」という。ここでいう「違反する」とは，労働協約が有利な場合はもちろんのこと，不利な条件を定めている場合も含まれ，協約に反する労働契約の内容は全て無効となる。この点に，就業規則と個別契約との関係について定める労契法12条の「達しない」という文言との差異がある。そして，強行的効力によって無効となった労働契約の部分は，②によって，労働協約の内容に修正される。また，労働契約に定めがない部分についても，労働協約の内容に修正される（③）。この②と③を合わせて，労働協約の「直律的効力」という。この「強行的効力」と「直律的効力」を合わせて，労働協約の「規範的効力」という。

　この規範的効力の法的性質をどのように解するかについては，化体説と外部規律説が存在する。化体説は，労働協約の内容が，個別労働契約の内容に取り込まれるとする説であり，この見解によると，組合を脱退し，労働協約の適用から逃れたとしても，労働契約の内容は，労働協約の内容のまま残存するということになる。一方，外部規律説は，労働協約の内容は，その適用を受ける限りは，労働契約を規律するが，その適用から逃れた場合は，労働協約の一種の反射効が失われ，従前の個別労働契約の内容が復活するという見解である。両説の差異は，余後効を検討する際に重要となる（詳細は34を参照）。

(2) 要式性について

　労働協約は，労組法16条によって，協約締結当事者ではない，組合員の労働条件を規律する規範的効力が与えられている。このような強力な効力ゆえ，労働協約の内容について疑義が生じることは紛争をもたらす危険性を高める。そのため，不要な紛争を避けるために「団体交渉が最終的に妥結し労働協約として結実したものであることをその存在形式自体において明示する必要」から労組法14条は，労働協約について要式性を求めている（都南自動車教習所事件・最三小判平成13・3・13民集55巻2号395頁＝百選88事件）。すなわち，労働協約は書面化が必要であり，また，両当事者の署名あるいは記名押印が必要となる。一方，いずれかの要件を満たさない労働協約については，労組法14条のいう「その効力」が生じないこととなるが，ここでいう効力とは労組法16条の規範的効力であると解されている。したがって，要式性に不備のある労働協約については，規範的効力が否定されることとなり，また，後述する労働協約の拡張適用（労組17条・18条）も否定されることとなる。一方，債務的部分については，労働協約としての規範的効力が否定されたとしても，組合と使用者の間の意思の合致（要式性不要）によって契約としての効力が生じていると解するべきである。

要式性を検討する際に問題となるのが，往復文書による合意をどう解するかという点である。裁判例には，要式性を厳格に解し，往復文書による協約締結は，労組法14条の要式性を満たさないとするもの（医療法人南労会事件・大阪地判平成9・5・26労判720号74頁）や，往復文書であっても，それ自体から組合と使用者の最終的意思が確認できる場合は，労働協約としての効力を肯定するもの（ノース・ウエスト航空事件・千葉地佐倉支決昭和56・9・1労経速1106号26頁）等，見解が分かれている。両者の違いは，要式性を重視するか，あるいは，当事者意思を重視するかという点にあると思われるが，協約当事者の最終的意思を周辺事実から判断することは困難な場合が多いこと，また，労組法16条が当事者でない者の契約内容を拘束するという強力な効力を与えていることからすると，要式性を厳格に解する前者の立場が望ましいと考える。

(3) 労働協約の締結権限

労組法6条は，労働組合の代表者または労働組合の委任を受けた者に対して，使用者との間で労働協約の締結に関して交渉する権限を与えている。それでは，これらの者は，直ちに，労働協約を締結する権限をも有するのであろうか。この点については，交渉権限から直ちに協約締結権限が付与されるのではなく，別途，協約締結権限が付与されているか否かを検討する必要がある。具体的には，協約締結権限について組合規約にどのような定めがあるか，あるいは組合大会の議決によって同権限を授権されているかという点が判断されることとなる。したがって，労働協約の締結が組合大会の付議事項とされているにもかかわらず，組合大会での決議がなされていない場合は，労働組合側の協約締結権限に瑕疵があり協約の成立が否定される（中根製作所事件・東京高判平成12・7・26労判789号6頁）。

3　労働協約の拡張適用

(1) 事業場内拡張適用

労働協約の規範的効力は，組合に加入している組合員に対してのみ効力を有するのが原則である。もっとも，労組法17条・18条は，その例外として，一定の要件を満たした場合は，労働協約の規範的効力を，組合に加入していない労働者（非組合員）についても拡張適用する旨，規定している。それが，労働協約の事業場単位の拡張適用制度（17条）と，地域単位の拡張適用制度（18条）である。

特に重要となるのが，事業場単位の拡張適用制度である。労組法17条は，「一の工場事業場〔①〕」に「常時使用される同種の労働者〔②〕」の「4分の3

以上の数の労働者〔③〕」が労働協約の適用を受ける場合は，「当該工場事業場に使用される他の同種の労働者〔④〕」に対しても，その労働協約の規範的効力を拡張適用するとしている（この効力を「一般的拘束力」という）。したがって，①，②，③が拡張適用のための要件であり，その要件を満たした場合に，④の労働者に対して拡張適用の効果が発生することとなる。

　一般的拘束力については，立法趣旨が不明確であり，解釈上，3つの見解が存在する。1つは，組合に加入していない労働者の労働力の安売りを阻止することによって，多数組合の労働条件規制権限を強化することを目的とする見解(Ⅰ)である。次に，組合に加入していない労働者を保護するために，少数労働者の労働条件を多数組合の協約水準に引き上げるという目的が存在するという見解(Ⅱ)である。最後に，多数組合の獲得した労働条件を事業場の公正労働条件とみなして，事業場の労働条件の統一を図ることを目的とするという見解(Ⅲ)である。これに対して，判例は労組法17条の立法趣旨として，「主として一の事業場の4分の3以上の同種労働者に適用される労働協約上の労働条件によって当該事業場の労働条件を統一し，労働組合の団結権の維持強化と当該事業場における公正妥当な労働条件の実現を図ること」にあると解しており（朝日火災海上保険〔高田〕事件・最三小判平成8・3・26民集50巻4号1008頁＝百選90事件），上記(Ⅰ)と(Ⅲ)の見解を融合した立場を採っている（同旨，菅野888頁）。このような立法趣旨からすると，未組織労働者が拡張適用に反対したとしても，上記要件を満たす限りは，労働協約の規範的効力が及ぶこととなる。

(2)　拡張適用の要件と効果

　それでは，労組法17条の要件・効果についてみていこう。まず，①「一の工場事業場」とは，企業全体を指すのではなく，労基法の適用対象（例えば労基法9条の「事業」）同様，個々の支店・営業所・工場等を指す。次に，②「常時使用される同種の労働者」とは，協約の適用対象によって決められるのが原則である。そのため，工員に対してのみ及ぶ労働協約は，事務職員に対しては，「同種の労働者」といえないことから，拡張適用されないこととなる。一方，パートタイム労働者や臨時職員については，仮に組合員資格が認められていなかったとしても，協約対象者と比較して，職務内容や勤務形態等の実質的同一性がある場合は，「同種の労働者」と解するのが相当である（一方，実質的同一性は重視せず，組合員資格がないことから「同種の労働者」とはいえないとした裁判例として，日野自動車工業事件・東京高判昭和56・7・16労経速1111号10頁）。また，有期契約労働者であっても，その契約が反復更新されているような場合は，「常時使用される」労働者に該当する。最後に，③「4分の3以上の数の

労働者」とは，労働協約が単独で4分の3以上の労働者に適用されていることが必要となる（4分の3に満たないとして拡張適用を否定した事案として，代々木自動車事件・東京地判平成29・2・21労判1170号77頁）。そのため，拡張適用されていた労働協約であっても，組合員の脱退によって，その協約の組合員に対する適用範囲が4分の3以下になった場合は，その時点でこの要件を満たさないこととなる。

　上記の要件を満たした場合，労働協約の規範的効力は，④「当該工場事業場に使用される他の同種の労働者」に対して拡張適用されることとなる。ここでいう労働者に非組合員が含まれることについて争いはない（労働協約の不利益変更と拡張適用については，**34**を参照）。ただし，不利益な拡張適用については，常にその効力を認めるべきではなく，当該労働協約を特定の未組織労働者に適用することが著しく不合理であると認められる特段の事情があるときは，規範的効力を否定すべきである。一方，別の組合に加入している労働者に対しても拡張適用されるのか否かという点については争いがある。労組法17条が特段排除していないことから，一般的拘束力を別組合員にも及ぶとする肯定説も存在するが，複数組合主義を採る我が国においては，少数組合に対しても多数組合同様，平等に団結権・団体交渉権・団体行動権を保障していることからすると，別組合員については，別組合が独自の労働協約を締結しているか否かにかかわらず，拡張適用を否定するのが妥当であろう（菅野893-894頁）。

【解答への道すじ】

1 【設問】1 について

　労働者Xは，5000円のベースアップについてY社とA労働組合との間で合意が成立していることから，書面化された協定書への記名押印はないものの協定書には労働協約としての効力が生じていると主張している。この点を検討する上で，(1)労組法14条の趣旨，(2)本件協定書は要式性を満たしているか，という点が問題となる。

(1)　労組法14条の趣旨

　労組法14条は，労働協約について，①書面に作成し，②両当事者が署名し，または記名押印することによって，規範的効力（労組16条）が生じると規定している。一方，Xは，ベースアップについて，Y社とA労働組合との間で口頭による合意が成立していることから，その限りで労働協約として成立しており，それゆえ，規範的効力が及ぶと主張している。労働協約の成立については，

意思の合致だけでは不十分なのであろうか。この点を検討する上で，労組法
14条の趣旨が問題となる。

　労働協約には，労組法16条によって，協約締結当事者ではない，組合員の
労働条件を規律する規範的効力が与えられているところ，仮に，労働協約の内
容が不明確である場合は，後日に紛争をもたらす危険性が高い。そのため，労
組法14条は，このような不必要な紛争を防止するという観点から，口頭によ
る合意だけでは労働協約の効力を生じさせず，団体交渉が最終的に妥結し労働
協約として結実したものであることをその存在形式自体において明示すること
を労働協約の効力発生要件としているのである（都南自動車教習所事件・最三小
判平成13・3・13民集55巻2号395頁）。したがって，労働協約としての規範的
効力を肯定するためには，①書面作成と，②署名・記名押印という要式性を満
たす必要がある。

(2)　要式性について

　それでは，Y社が作成した本件協定書は，労働協約の効力を認めるだけの
要式性を備えるものといえるであろうか。本件では，「Y社とA組合ともにベ
アの実施については前向きで口頭でベアの実施についての合意に至った」との
記載があり，一見すると，ベア実施についての合意は成立しているようにも読
み取れる。しかしながら，Y社は，ベアの実施と新賃金体系への移行をセッ
トとして交渉事項にしていることからすると，新賃金体系への移行という交渉
事項と切り離して，ベアの実施についてのみ合意が成立したと解するのは不適
当である。

　また，仮にベアの実施についての合意が成立したと解する余地があったとし
ても，Y社が作成した書面化された協定書への記名押印をA組合が拒否して
いることからすると，労組法14条が求める①書面化の要件は一応満たされて
いるといえるものの，②署名・記名押印の要件は満たされていないこととなる。
したがって，労組法14条の求める要式性を備えない本件協定書は，労働協約
として成立しているとはいえず，そのため，労組法16条の規範的効力は生じ
ないと解するのが相当である。

(3)　結　論

　以上の点から，本件協定書は，労組法14条の求める要式性を満たしていな
いことから，労組法16条の規範的効力は生じているとはいえない。したがっ
て，Xの請求は認められない。

　なお，本件事実関係からは不明であるが，仮にY社が，高年齢労働者が多
く加入しているA組合の弱体化を見越して，A組合が同意しないであろう新

賃金体系の導入に固執しているような場合であれば，労働協約の成立が否定されたとしても，支配介入の不当労働行為（労組7条3号）が成立する可能性があり，その場合は，労働委員会による行政救済や裁判所に対する損害賠償請求という救済がありうることは付言しておく。

2 【設問】2について

労働者X，Zは，労組法17条による労働協約の事業場単位の拡張適用に反対している。X，Zに拡張適用の効果が及ぶかどうかを検討する上で，(1)労組法17条による拡張適用は，明確に反対する労働者を拘束するか否か，(2)Y社とA組合の間で締結されている労働協約は，労組法17条の要件を満たしているか否か，(3)要件を満たしているとして，非組合員であるX，あるいは，別組合員であるZに労働協約の規範的効力が及ぶか否か，という点が問題となる。

(1) 明確に反対する労働者を拘束するか

労組法17条は，主として一の事業場の4分の3以上の同種労働者に適用される労働協約上の労働条件によって当該事業場の労働条件を統一し，労働組合の団結権の維持強化と当該事業場における公正妥当な労働条件の実現を図ることを目的としている。このように，「労働組合の団結権の維持強化」，「公正妥当な労働条件の実現」という同条の立法趣旨からすると，明確に反対する労働者に対して，その規範的効力を否定するのは妥当ではなく，法所定の要件を満たした場合は，原則として，拡張適用を肯定すべきであると考える。そのため，本件のように，X，Zが明確に拡張適用に対して，反対の立場を示していたとしても，以下で検討する要件を満たす場合は，労働協約の規範的効力が及ぶこととなる。

(2) 労組法17条の要件を満たすか

労組法17条は，「一の工場事業場〔①〕」に「常時使用される同種の労働者〔②〕」の「4分の3以上の数の労働者〔③〕」が労働協約の適用を受ける場合は，その労働協約の規範的効力を拡張適用するとしている。したがって，本件事実から，①，②，③の要件に該当するか否かを検討する。

(ア) 「一の工場事業場」該当性

ここでいう「一の工場事業場」とは，企業全体ではなく，個々の支店・営業所等を指すところ，本件事実からすると，旧P社労働者は，全員Y社事業所で労務提供を行うのであり，旧P社労働者を含む，Y社の全従業員がY社事業所で勤務していることが読み取れる。したがって，本件事実から，Y社事

業所が，「一の工場事業場」に該当することとなる。

　(イ)　「常時使用される同種の労働者」該当性

　本件事実によると，吸収合併後のＹ社には，非正規労働者はおらず，Ｙ社事業所で働く全労働者が正規労働者である。この点から，「常時使用される」労働者の要件は満たされる。また，本件拡張適用の対象となっている賃金・賞与・労働時間という労働条件について，特段，工員や事務職員との間で，その適用対象を排除している旨の記述も存在しない。このことからすると，Ｙ社とＡ組合の間で締結されている労働協約は，全ての労働者をその適用対象者としていると解すべきである。そうすると，旧Ｐ社労働者も「同種の労働者」と解すべきである。以上の点から，「常時使用される同種の労働者」の要件は満たす。

　(ウ)　「4分の3以上の数の労働者」該当性

　Ｐ社を吸収合併した結果，Ｙ社の全労働者数は400人となる。そして，管理職，非組合員，別組合員を除く，本件労働協約の適用を受ける労働者の数は，301人となる。そうすると，本件労働協約は，労組法17条が要求する「4分の3以上の数の労働者」に適用されていることとなり，この要件を満たす。

　以上から，Ｙ社とＡ組合の間で締結されている労働協約は，労組法17条の要件を満たすこととなる。

(3)　非組合員であるＸにその効果は及ぶか

　上記のように，労組法17条所定の要件を満たすことから，組合に加入していない，未組織労働者であるＸには，原則として，拡張適用の効力が及ぶこととなる。もっとも，本件拡張適用によって，Ｘは基本給の面において不利益を被り，賞与が支給されるものの，年収はＰ社時代に比べると減ってしまう可能性もある。また，Ａ組合は，Ｘの利益を擁護する立場にないことからすると，不利益な拡張適用について常にその効力を認めるのは相当ではなく，当該労働協約を特定の未組織労働者に適用することが著しく不合理であると認められる特段の事情があるときは，規範的効力を否定すべきである。なお，本事案は，合併後に既存の労働協約が拡張適用されるかが問題となっており，不利益に変更された労働協約の拡張適用について争われているのではない。したがって，朝日火災海上保険（高田）事件の判断枠組みは用いる必要がない点に注意が必要である。

　この点，本件事実からすると，確かに基本給は3万円減額されるものの，1日の労働時間が30分減ることからすると，本件拡張適用によってＸが享受する利益も少なくないといえる。また，Ｐ社時代には支払われなかった年2回の

賞与が新たに追加されることも，Xにとって利益があるといえよう。確かに，過去に支給された平均額を参考にした場合，年収がP社時代のものより若干下がると予想されるものの，賞与額は一律ではなく，毎年の労使交渉によって決定されるという点からすると，賞与額が例年の額よりも上がることも予想される。そうすると，Xの基本給は確かに下がるものの，労働時間の短縮および賞与支給という利益をXにもたらす本件労働協約の拡張適用は，必ずしも著しく不合理であるとはいえない。したがって，労組法17条による本件労働協約の拡張適用は認められるものと解するのが相当である。

⑷　**別組合員であるZにその効果は及ぶか**

Zに拡張適用の効力が及ぶか否かを検討する上で，労組法17条の一般的拘束力が，別組合に所属する労働者に対しても及ぶか否かが問題となる。確かに，労組法17条はその文言において，特段別組合員を排除していないことからすると，同条所定の要件を満たす限り，拡張適用の効力を認めるべきともいえよう（肯定説）。しかしながら，複数組合主義を採る我が国においては，少数組合に対しても多数組合同様，平等に団結権・団体交渉権・団体行動権が保障されている。このことからすると，拡張適用を肯定することは，少数組合の団結権・団体交渉権・団体行動権を侵害する結果を招来することとなり，憲法28条が，これらの権利を平等に保障している趣旨と矛盾する結果となろう。したがって，B組合に所属するZに対しては，労組法17条の効力は及ばないと解するのが妥当である。

【基本文献】
荒木613頁／菅野866頁／土田・概説386頁／土田・労契法172頁／西谷・労働法622頁／西谷・労組法321頁／野川889頁／水町393頁

（天野晋介）

34 労働協約の変更と終了

【設問】

1 Y社は，東京都N区に甲事業所を構える学術書の出版社である。Y社甲事業所には，従業員の80％が加入するX労働組合と，従業員の5％が加入しているZ労働組合がある。Y社は，設立当初から，X組合と労働協約（以下，「本件協約」という）を締結しており，Y社の就業規則が定める労働条件も，かかる本件協約が定める労働条件と同一の内容のものとなっている。本件協約の24条では，有効期間は3年間と定められているが，同時に「有効期間満了の3ヵ月前までに当事者のいずれの側よりも改廃の意思表示のないときは，本協約は更に3年間有効とする」との規定が置かれている。本件協約が次に有効期間の満了を迎えるのは，2016年3月31日である。また，X組合の規約は「課長以上の職のある者」については組合員資格を認めないこととしており，本件協約5条にもかかる職位にある者については非組合員として取り扱う旨の規定が置かれている（Z組合の規約にも同様の規定がある）。なお，X組合規約は，「労働協約の締結，改訂」を組合大会の付議事項の1つとして定めており，また同規約中には，付議事項については大会出席者の過半数をもって議決する旨の規定も置かれている。

　Y社は，設立以降数年間は順調に業績を伸ばしてきたが，昨今の出版業界における不況の波を受け，ここ数年で売上げが激減し，年間数千万円の営業赤字を出し続け，累積赤字も増加し続けた。そこで，Y社は2015年10月に経営合理化計画を立て，諸経費の削減，役員報酬の30％削減，新規採用の中止，定期昇給の一時停止を実施し，更に黒字転換を図るために，人員削減をX組合およびZ組合に打診したが，いずれの組合も強く反発し雇用の確保を求めた。そこで，Y社は，賃金の切下げによる人件費の削減に着手することとし，本件協約の有効期間満了の3ヵ月前までに，X組合に対して，年功賃金制度ゆえに人件費を特に圧迫している50歳代の従業員の基本給額を20％引き下げる内容で本件協約の改訂を行うことを申し入れた。この申入れを受けたX組合執行部は，当初は反対の姿勢をみせたものの，Y社からの度重なる説明により同社の置かれた厳しい状況を理解するようになった。そこで，X組合執行部は，2016年の1月に入って以降，自組合員全員を対象とした説明会を行うとともに，本件協約の改訂により特に不利益を被る50歳代の組合員に対しては個別に意見聴取を行った。その上で，X組合は説明会や意見聴取の場で示された各組合員の意見や要望を集約し，

それらを踏まえて組合員の不利益が可能な限り軽減されるよう，Ｙ社と団体交渉を重ねた。その結果，基本給の引下げ率を15％とすること，また向こう2年間は引下げ率を5％にとどめ，15％の引下げは3年目から実施することを内容とする妥協案が，Ｙ社から提示されるに至った。これを受けて，Ｘ組合は3月5日に組合大会を開催したところ，かかる妥協案の内容で本件協約を改訂することについて，大会出席者の過半数が賛成した。そこで，3月31日にＸ組合はＹ社と上記の内容で本件協約の改訂を行い，また同日にＹ社は就業規則についてもそれに合わせる形での改訂を行った（なお，Ｙ社は就業規則の改訂に際し，Ｚ組合との協議を行うことはなかった）。

(1) Ｘ組合組合員であり，現在52歳のＡは，Ｘ組合執行部による個別の意見聴取の際に，基本給の引下げに反対するとともに，2016年3月5日の組合大会に出席し，上記妥協案に対しても反対意見を述べたが，本件協約改訂により基本給が減少した。Ａは本件協約改訂前の基本給との差額を請求することができるか。

(2) Ｙ社経理部課長であり，現在55歳のＢは，本件協約改訂により基本給が減少した。Ｂは本件協約改訂前の基本給との差額を請求することができるか。

(3) Ｚ組合組合員であり，現在50歳のＣは，本件協約改訂により基本給が減少した。Ｃは本件協約改訂前の基本給との差額を請求することができるか。

2 ところが，このような人件費削減が実施されたにもかかわらず，その後Ｙ社の業績が回復の兆しをみせることはなかった。そこで，Ｙ社は再度，本件協約の有効期間満了の3ヵ月前までに，従業員全員の基本給を更に5％引き下げる内容で本件協約の改訂を行うことを申し入れた。直ちに，Ｙ社とＸ組合との間で団体交渉が行われたが，Ｘ組合はこれ以上の賃金カットには絶対に応じられないと主張したため，交渉は難航し，有効期限である2019年3月31日になってもついに改訂には至らず，本件協約は期間満了により終了した。

この場合に，2019年4月以降のＸ組合組合員の労働条件はどうなるか。また，Ｙ社が本件協約の満了と同時に，従業員全員の基本給を更に5％引き下げる内容で就業規則の再改訂を行った場合はどうか。

【解　説】

1　規範的効力（協約自治）の限界

労組法14条が定める要件を満たす労働協約は，その規範的部分（「労働条件その他の労働者の待遇に関する基準」〔労組16条〕を定める部分）について，規範

的効力が認められる。もっとも，このような労働協約の規範的効力には，幾つかの点において限界もあると考えられている。いわゆる「協約自治の限界」と呼ばれる問題である。

この点につき，まず労働協約といえども，強行法規や公序良俗に違反することはできない。したがって，労働者の法律上の権利を侵害したり，労働者を差別的に取り扱うような協約条項は無効となる。また，既に具体的に発生した労働者の権利や，採用・退職のような労働契約上の地位の得喪に関しても，労働協約によって処分・変更することはできないと解されている（前者の例として，香港上海銀行事件・最一小判平成元・9・7労判546号6頁。後者の例として，北港タクシー事件・大阪地判昭和55・12・19労判356号9頁）。

一方，協約自治の限界に関わって議論があるのは，従来就業規則や労働協約によって定められていた労働条件を，新たな労働協約によって不利益に変更した場合に，かかる新協約には規範的効力が認められるのかという問題である。

2 労働協約による労働条件の不利益変更

この問題につき，かつては労働組合が「本来組合員の賃金その他の労働条件等を維持改善することを目的」とするものであることを根拠に，個々の組合員の授権がない限り，労働条件を不利益に変更する労働協約の規範的効力を否定する立場（大阪白急タクシー事件・大阪地決昭和53・3・1労判298号73頁）もみられた。しかし現在では，労働協約によって労働条件を不利益に変更すること自体は，一般的に承認されているといえる。最高裁も，朝日火災海上保険（石堂）事件（最一小判平成9・3・27労判713号27頁＝百選89事件）において，「労働協約に定める基準が……労働条件を不利益に変更するものであることの一事をもってその規範的効力を否定することはできない」と述べ，このことを明確にしている。

したがって，むしろ重要であるのは，具体的にどのような場合に，労働条件を不利益に変更する労働協約の規範的効力を否定すべきであるのかという問題（労働協約の不利益変更に対する司法審査の在り方）である。この点につき，上記の判例は，定年および退職金算定方法を労働者の不利益に変更する労働協約が締結された事案において，当該協約が締結されるに至った経緯，当時の会社の経営状態，当該協約に定められた基準の全体としての合理性に照らせば，「特定の又は一部の組合員を殊更不利益に取り扱うことを目的として締結されたなど労働組合の目的を逸脱して締結されたものとはいえ」ないとして，当該協約の規範的効力を肯定している。

一方，学説においては，労働協約による労働条件の不利益変更に対する司法審査は，原則として手続（プロセス）審査にとどめるべきであるとする見解が多数説（菅野878頁以下，荒木618頁以下，土田・労契法588頁以下）となっている。このような立場によれば，組合内の意見集約および利益調整のプロセスが公正であったかどうかが裁判所による審査の中心となり，具体的には，協約の締結・改訂に関する組合規約所定の手続を遵守すべきことはもちろん，問題となっている状況に応じて，組合員（特に，不利益を被る組合員層）の意見を十分に汲み上げ，その不利益の緩和に努めるなど，組合員の利益を公正に調整する真摯な努力を行ったかどうかが問われることとなる（このような観点から，協約の規範的効力が否定された例として，中根製作所事件・東京高判平成12・7・26労判789号6頁）。ただし，これら多数説の立場によっても，一部の組合員に特に不利益を課す協約については，内容の著しい不合理性という観点から，例外的に規範的効力が否定される場合がありうる。

3　労働協約の不利益変更と拡張適用

労働協約の規範的効力は，当該協約を締結した労働組合の組合員に対してのみ及ぶのが原則であるが，労組法17条が定める要件を満たす協約については，当該工場事業場に使用される他の同種の労働者に対しても拡張適用されることとなっている（33参照）。それでは，このような拡張適用の効力は，労働協約が不利益に変更された場合にも及ぶのであろうか。この問題については，同種の労働者のうち，未組織労働者に対する関係と，少数組合（当該事業場の労働者の4分の1以下で組織される労働組合）の組合員に対する関係とで，区別して考える必要がある。

(1)　未組織労働者への拡張適用

この点につき，まず未組織労働者との関係については，朝日火災海上保険（高田）事件（最三小判平成8・3・26民集50巻4号1008頁＝百選90事件）が，次のように判断している。

すなわち，まず「主として一の事業場の4分の3以上の同種労働者に適用される労働協約上の労働条件によって当該事業場の労働条件を統一し，労働組合の団結権の維持強化と当該事業場における公正妥当な労働条件の実現を図る」という労組法17条の制度趣旨からすれば，不利益に変更された労働協約であっても，その規範的効力が未組織労働者に及ぶこと自体は認められる。しかし他方で，「未組織労働者は，労働組合の意思決定に関与する立場になく，また逆に，労働組合は，未組織労働者の労働条件を改善し，その他の利益を擁護す

るために活動する立場にないこと」からすると，「労働協約によって特定の未組織労働者にもたらされる不利益の程度・内容，労働協約が締結されるに至った経緯，当該労働者が労働組合の組合員資格を認められているかどうか等に照らし，当該労働協約を特定の未組織労働者に適用することが著しく不合理であると認められる特段の事情があるとき」には，例外的に当該協約の拡張適用は否定されることになる。労働協約の不利益変更について，原則として未組織労働者に対する拡張適用を認めつつも，例外的に規範的効力が及ばない場合を，先ほど2でみた組合員に対する関係におけるよりも，より広く認める判断といえよう。

学説においては，かかる判例の立場を支持する見解が増えつつあるが（荒木629頁。また，菅野893頁は，上記の「特段の事情」の有無については，未組織労働者との関係でも公正な交渉プロセス〔利益調整〕を経たものであるかという観点から判断すべきとする。水町400-401頁も同旨），未組織労働者には労働協約の締結に関与する可能性が全く与えられていないことを根拠に，未組織労働者への拡張適用を否定する見解も，なお有力に主張されている（西谷・労組法381頁）。

(2) 少数組合組合員への拡張適用

他方で，少数組合の組合員に対する関係では，不利益に変更された労働協約の拡張適用を否定する見解が，現在では多数説となっている。その論拠は，このような場合に少数組合の組合員に対しても拡張適用を認めるとすれば，憲法28条が少数組合に対しても多数組合と平等に団体交渉権を保障していること（複数組合主義。32参照）と矛盾し，少数組合独自の団交権が侵害される結果となる点に求められる（山口199頁，菅野893-894頁，荒木629-630頁等）。

4　労働協約の終了をめぐる問題

(1) 終了をめぐるルール

労働協約の終了をめぐっては，労働協約の期間に定めがあるか否かで異なるルールが適用される。

このうち，まず労働協約に期間の定めを置く場合には，かかる有効期間は3年を超えることができない（労組15条1項）。このような上限規制の趣旨は，あまりに長い有効期間の定めが置かれることによって，その間の状況変化に労使が適切に対応できなくなることを防止しようとする点にある（菅野896頁）。有効期間が3年を超えている場合には，3年の期間の定めをしたものとみなされる（同条2項）。その上で，労働協約に期間の定めがある場合には，当該協約は有効期間の満了によって終了することとなる。もっとも，実務上は【設

問】におけるように，労働協約には自動更新条項が置かれることが多い。かかる自動更新条項がある場合には，協約の有効期間満了前の一定期間内に，いずれの当事者からも改訂または破棄の意思表示がない限り，従前と同一内容の協約が新たに締結されたことになる。

これに対して，労働協約に期間の定めがない場合には，いずれの当事者も，署名または記名押印した文書によって，少なくとも90日前に相手方当事者に予告することで解約することができる（労組15条3項・4項）。この場合には，解約について特段の理由は必要とされない。

(2) 労働協約終了後の労働条件

それでは，労働協約が，（自動更新が行われることなく）有効期間満了により終了した場合，あるいは当事者の一方からの解約によって終了した場合，それまで当該協約によって規律されていた労働条件はどうなるのであろうか。この問題は，労働協約の規範的効力をどのように理解するかという問題（33も参照）と密接に関わっている。

この点につき，まず化体説（内容説）の立場によれば，規範的効力とは，労働協約が定める労働条件を個々の組合員の労働契約の内容に入り込ませる効力であると理解される。したがって，この立場によれば，労働協約が終了したとしても，当該協約が定めていた労働条件は既に労働契約の内容となっているため，かかる労働条件が引き続き適用されることになる。他方で，外部規律説の立場からは，労働協約の有効期間中に限り，外部から労働契約の内容を規律するのが規範的効力であると理解されるため，協約が終了すると，かかる効力も失われ，その後の労働条件は当該労働契約の解釈に委ねられることとなる。学説上は，外部規律説が多数説（菅野875-876頁，水町403-404頁，荒木635頁等。裁判例として，鈴蘭交通事件・札幌地判平成11・8・30労判779号69頁＝百選91事件）となっているが，化体説（西谷・労組法392頁以下）も有力に主張されている。外部規律説の立場だと，労働協約終了後の労働条件については，まずは就業規則等による補充が検討され，かかる補充規範を欠く場合には，労働契約が継続的契約関係であることから，従前の協約内容により暫定的に補充するのが合理的であるとの契約解釈が行われることが多い。

ただし，いずれの立場であっても，新たな労働協約が締結されたり，就業規則の変更が行われた場合には，それ以降は，労働契約の内容は当該新協約や変更後就業規則が定める労働条件により規律されるため，旧協約の労働条件はもはや適用されないこととなる。

【解答への道すじ】

1 【設問】1について

【設問】1では，2016年3月31日に，Y社における50歳代の従業員の基本給を段階的に引き下げる内容で不利益に変更（改訂）された本件協約が，A，BおよびCに対して，それぞれ適用されるか否かが問われている。

⑴ 【設問】1⑴

【設問】1⑴においては，X組合の組合員であるAに対して改訂後の本件協約の規範的効力が及ぶかどうかが問題となる。

この点，団体交渉はギブ・アンド・テイクの取引であることからすると，ある一時点で組合員にとって不利なものであっても，そのような労働協約を労働組合が全く締結できないとすることは，むしろ労働組合の任務を著しく制限してしまうことになり妥当ではない（菅野878-879頁）。したがって，労働条件を不利に変更する労働協約についても，原則として規範的効力が認められるべきであるが，その一方で，労働協約に規範的効力が認められる根拠は，労働組合の意思決定に際し組合員の参加が保障されていることにあると解される（組合民主主義の原則。[31]参照）。このことからすると，不利益に変更された労働協約に規範的効力が認められるためには，それが組合内における公正な意見集約・利益調整プロセスを経た上で締結されたものであることが必要であり，裁判所の審査はこのような観点からなされるべきといえる（手続審査）。

このような観点から【設問】1について検討するに，本件協約の改訂に際しては，X組合規約が定める協約改訂のための手続（2016年3月5日の組合大会における出席者の過半数の賛成）が遵守されている。また，組合員であるAには，同組合大会において意見を述べる機会も与えられていた。さらに，X組合はそれに先立って，同年1月以降，自組合員全員を対象とした説明会を行うとともに，本件協約の改訂により特に不利益を受ける50歳代の組合員（Aを含む）に対しては個別に意見聴取を行うことで，組合員の意見を十分に汲み上げているものといえる。このような経緯からすると，本件協約の改訂に際し，X組合は各組合員の意見を公正に集約したものと評価することができる。

その上で，【設問】1においてX組合は，説明会や意見聴取で示された意見や要望を集約し，それらを踏まえて，組合員の不利益が可能な限り軽減されるよう，Y社と団体交渉を重ねている。またその結果，不利益を緩和するための経過措置として，基本給の引下げを段階的に行うことを内容とする妥協案を，Y社から引き出すことにも成功している。これらのことに鑑みると，X組合

は組合員の利益を公正に調整する真摯な努力を行ったものと評価することができよう。仮に，不利益に変更された労働協約が，一部の組合員を殊更不利益に取り扱うことを目的とした著しく不合理な内容のものである場合には，その規範的効力は否定されるべきとも考えられるが，営業・累積赤字が増加し続けているＹ社において，組合側が雇用確保を求める中で，年功賃金制度ゆえに人件費を特に圧迫している50歳代の従業員の基本給を引き下げる本件協約の改訂は，上記の通り経過措置が付されていることも併せ考えると，必ずしも一部の組合員を殊更不利益に取り扱う不合理な内容のものとはいえない。

　以上の検討によれば，改訂後の本件協約の規範的効力はＸ組合組合員であるＡに対しても及ぶものと解される。したがって，Ａは本件協約改訂前の基本給との差額を請求することはできない。

　(2)　【設問】1(2)

　次に，【設問】1(2)においては，Ｙ社経理部課長であり，Ｘ組合にもＺ組合にも加入していない未組織労働者であるＢに対して，改訂後の本件協約が適用されるかどうかが問題となっている。【設問】1において，Ｘ組合はＹ社甲事業所における従業員の80％を組織しているため，かかるＸ組合が締結した改訂後の本件協約は，労組法17条が定める事業場単位の拡張適用の要件を満たすと考えられる（本件協約改訂は，50歳代の従業員の人件費削減を目的としたものであり，非組合員である管理職への適用をも想定したものといえるから，経理部課長であるＢも同条にいう「同種の労働者」に当たる）。したがって，ここで検討する必要があるのは，かかる拡張適用の効力がＢに対して及ぶかどうかである。

　この点につき，労組法17条の趣旨は，事業場の4分の3以上の同種労働者に適用されている，公正かつ妥当な協約上の労働条件を拡張適用することで，当該事業場の労働条件を統一することにあると考えられる。そうすると，労働協約の拡張適用の効力は，原則として労働協約が不利益に変更された場合にも及ぶものと解される。ただし，未組織労働者の場合には，労働組合の意思決定に関与しえない立場にあることからすると，当該協約を未組織労働者に適用することが著しく不合理であると認められる特段の事情があるときには，拡張適用は例外的に否定されるべきである。そして，かかる「特段の事情」の有無については，拡張適用されることにより生じる不利益の程度や内容，および当該未組織労働者が労働組合の組合員資格を認められていたかどうかと並んで，当該協約の不利益変更が，未組織労働者を含めた関係労働者全体の公正な意見集約および利益調整のプロセスを経て行われたものであるかという観点をも重視

421

して，判断すべきと解される。

このような観点から【設問】1について検討するに，本件協約の改訂は，経過措置が付されてはいるものの，最終的に50歳代の従業員の基本給を15％引き下げる点で，Bに対して大きな不利益を課すものといえる。しかしそうであるにもかかわらず，Bは経理部課長であることから，X組合規約および本件協約5条により組合員資格を認められてはいない。また，2016年1月以降X組合が実施した事前の説明会や意見聴取は自組合員のみを対象としたものであり，未組織労働者に対しては，このような手続は採られていなかった。さらに，3月5日の組合大会も，出席者はX組合の組合員に限られていた。そうすると，本件協約の改訂は，未組織労働者を含めた形での関係労働者全体の公正な意見集約・利益調整のプロセスを経て行われたものとは評価できず，その効力をBに及ぼすことには，著しく不合理と認められる特段の事情があるといえる。以上の検討によれば，改訂後の本件協約は，未組織労働者であるBに対しては拡張適用されないものと考えられる。

ただし，【設問】1においては，2016年3月31日に，本件協約の改訂と併せてY社就業規則も改訂されている点には注意を要しよう。すなわち，かかる就業規則の改訂が，就業規則の不利益変更（労契9条・10条）の要件を満たしているのであれば，改訂後の就業規則はBにも適用されるため，これによってBの基本給が引き下げられる可能性は残る（就業規則の不利益変更については，16を参照）。なお，この場合の就業規則の不利益変更に係る合理性審査に際しては，Y社甲事業場の同種労働者の4分の3以上を組織しているX組合が，（本件協約の改訂という形で）改訂後就業規則が定める労働条件に同意している点をどうみるかが，重要なポイントとなろう（荒木629頁参照）。

(3) 【設問】1(3)

最後に，【設問】1(3)においては，Y社甲事業所における少数組合であるZ組合の組合員Cに対して，改訂後本件協約が労組法17条により拡張適用されるかどうかが問題となっている。

この点につき，仮に多数組合が締結した労働協約が少数組合の組合員に対しても拡張適用されるとすると，憲法28条が，組合員の多寡に関わらず少数組合に対しても平等に団体交渉権を保障していることと矛盾する結果となる。したがって，【設問】1において，Y社甲事業所における多数組合であるX組合が締結した改訂後本件協約の拡張適用の効力は，Z組合の組合員であるCに対しては及ばないものと解される。

ただし，【設問】1において，本件協約の改訂と同時に行われたY社就業規

則の改訂が，就業規則の不利益変更（労契9条・10条）の要件を満たすのであれば，先ほどのBの場合と同様，かかる就業規則の改訂によってCの基本給が引き下げられる可能性は残る。

2 【設問】2について

次に，【設問】2においては，本件協約24条が自動更新条項を置いてはいるものの，Y社が改訂を申し入れたため自動更新が行われず，また新たな協約締結に至らないままに，本件協約が2019年3月末をもって有効期間満了により終了している。ここでまず問われるのは，同年4月以降のX組合組合員の労働条件がどうなるかという点である。

この問題につき，労働協約の規範的効力に関する化体説（内容説）の立場に立てば，労働協約が定める労働条件は，既にX組合組合員ら個々人の労働契約の内容となっているため，2019年4月以降についても，本件協約が定めていた労働条件が，当然に引き続き適用されることになる。しかし，労働協約の規範的効力は，契約の一種である労働協約に対して労組法が特に付与した，労働契約を外在的に規律する独特の法的効力であると解される（菅野876頁）。このような立場（外部規律説）に立てば，【設問】2では本件協約が終了している以上，かかる規範的効力も失われるため，2019年4月以降も当然に本件協約の労働条件が維持されることにはならない。したがって，ここではその後の処理が問題となるが，【設問】1において，2016年3月31日に本件協約改訂と併せて改訂されたY社就業規則が，就業規則の不利益変更（労契9条・10条）の要件を満たしていた場合には，本件協約終了後のX組合組合員の労働条件は，この改訂後就業規則によって補充されることになろう。

それでは，【設問】2において，Y社が本件協約の満了と同時に，従業員全員の基本給を更に5%引き下げる内容で就業規則の再改訂を行った場合はどうか。この場合には，かかる再改訂が就業規則の不利益変更（労契9条・10条）の要件を満たすのであれば，再改訂後の就業規則の内容がX組合組合員を含むY社従業員の労働条件を規律することとなるため，従前の労働条件は，もはや適用されない。

ただし，【設問】2において，Y社とX組合との間で，新たな協約の締結に向けて，団体交渉が行われていたにもかかわらず，Y社が誠実交渉を尽くさないままに交渉を打ち切り，就業規則の再改訂（不利益変更）を行った場合には，団体交渉制度を侵害する不当労働行為（労組7条2号）に当たり，当該就業規則の再改訂は公序（民90条）違反として，無効となると考えられる（山口

423

211頁)。この場合には，元に戻って，従前の労働条件が引き続き適用されることになろう。

【基本文献】

荒木 617-621頁，625-630頁，631-635頁／菅野 878-880頁，888-894頁，895-902頁／土田・概説 241-245頁，393-397頁，399-402頁／土田・労契法 584-593頁／西谷・労働法 630-633頁，637-639頁，641-643頁／西谷・労組法 353-362頁，373-384頁，386-395頁／野川 902-908頁，917-931頁／水町 396-401頁，402-404頁

（山本陽大）

35　組合活動の正当性

【設　問】

　Xは，2013年4月，自身が40歳のときに，各種乳製品の保管・管理・配送等を営むY運送と6ヵ月の期間で雇用契約を締結し，Y運送の顧客であるK物流の物流センター内で食品，飲料水等をトラックに積み込み，指定先まで配送する業務に従事していた。XとY運送との雇用契約は，雇用期間を6ヵ月とするほか，就業時間は5時から14時（休憩1時間），賃金は勤務時間に1330円を乗じた額とするものであり，Xは，年2回ある契約の更新時に契約書に押印して契約を更新してきたが，Y運送側からは契約書は形式的なもので，定年60歳まで働けます，と説明されてきた。

　Y運送は，2016年以降業績が低迷していたために，従業員の処遇の見直しを検討し，2018年9月に，翌年度の2019年度から，有期の従業員については，契約の更新時点から時間給1330円から1200円とすること，更新手続を厳格化し，顧客からの苦情や法令違反があった場合には契約を更新しない方針を打ち出し，社内のイントラネットに，社外秘の注意書きを付してその方針を開示した。

　以上のようなY運送の方針に対して，もともとY運送での賃金の低さに不満を持っていたXは，団体交渉を通じて上記経営方針の見直しを求めることを決意し，2018年11月15日，個人加入方式の一般労働組合であるZ組合に加入した。Y運送には同社の従業員のみで組織される企業別組合が組織されていなかったため，Xは，いわゆる合同労組であるZ組合に加入することにしたのである。

　2018年12月10日，Z組合は，Y運送に対して，XがZ組合の組合員であることを通知して，有期労働契約者の処遇の見直しについて団体交渉を申し入れ，これを受けて開催された団体交渉には，組合側からはZ組合の執行委員長とXが出席し，会社側からはA社長とB人事部長が出席した。会社側は外部に開示されていない資料などを提示して企業業績が悪化していることを説明したが，Z組合はこれに納得することなく，団体交渉は終了した。

　Xは，団体交渉の翌日，Y運送の同僚に，配送業務中の空き時間に，賃金処遇の悪化を防ぐためにZ組合に加入してともに闘うことを勧誘する内容のEメールを，普段から仲良くしていた10人の同僚に送信するとともに，就業時間の前後などの業務に支障を来さない範囲で，K物流の物流センター内で配送業務に従事する同僚に対して，組合に加入してともに闘うことを勧誘する内容のビラを配

425

布した。また，仕事を終えて帰宅後に，自宅のパソコンでホームページを開設し，2019 年度からの時間給の引下げや契約更新の基準に関する情報および昨日の団体交渉の経過，組合への加入を呼びかける記事のほか，X の飼い猫の写真など組合活動に関連のない事項も掲載した。ホームページにアップロードされたこれらの記事には，特にアクセス制限がかけられておらず，誰でも閲覧できる状態とされていた。

2018 年 12 月 20 日，Y 運送の A 社長と B 人事部長は，X の行動をこれ以上見過ごすことはできないと考えて，守秘義務違反および就業時間中の組合活動が就業規則 87 条 4 号および 6 号の懲戒事由に該当するとして，X に対し，ホームページに掲載されている Y 運送の情報や団体交渉の具体的な内容を完全に削除すること，就業時間中のビラ配布を停止することを求めた。しかし，X はビラ配布やホームページの記事掲載は正当な組合活動であるとして，A 社長と B 人事部長の要求を無視した。

そこで，Y 運送は，2019 年 1 月 25 日，有期労働契約者にも適用される就業規則 87 条に基づいて，X を 2 月 28 日付で懲戒解雇処分とすることを決定し，同年 1 月 26 日，X にその旨を通知した。Y 運送は，こうした組合活動が今後他の従業員によって行われないことも意図して，契約期間満了時まで待つことなく，X に対して厳しい処分を行うこととしたのである。

就業規則

第 87 条（懲戒解雇）

社員が次の各号のいずれかに該当する場合には，懲戒解雇処分とする。ただし，日常の服務態度その他の情状及び社内外の評価等を総合的に判断し，諭旨解雇，出勤停止，降格処分にとどめることができる。

……

四　会社の名誉を毀損し又は会社の秘密をもらしたとき

五　就業時間中許可なく社外の業務につき又は労働組合活動若しくは政治活動を行ったとき

六　会社構内及び顧客先の構内で，会社の許可なく組合活動を行ったとき

以上の Y 運送の懲戒解雇に対して，Z 組合は，Y 運送の本社前および Y 運送社長の自宅前で，Y 運送の懲戒解雇が不当解雇であること，労働法規を遵守しないブラック企業であることなどを，拡声器を用いて演説し，またその付近を街宣車で街宣活動し，さらに付近の住民や通行人に「Y 運送による不当解雇！」，「Y

運送は労働法法規を遵守しないブラック企業」といった内容が記載されたビラを配布した。また，Ｚ組合は，Ｙ運送の顧客であるＫ物流の物流センター内で，Ｋ物流で荷物を積込み指定先まで配送する業務に従事しているＸの元同僚に対して，ビラを配布したり拡声器で演説などを行った。そのため，Ｋ物流は荷物の運送に関するＹ運送との契約を解除し，他社に配送業務を委託することとした。

⑴　Ｘは，Ｙ運送による懲戒解雇が，正当な組合活動を理由とするものであり無効であると主張して訴えを提起した。Ｘの組合活動は正当といえるか。また，Ｙ運送のＸに対する懲戒解雇は不当労働行為か。

⑵　Ｙ運送は，懲戒解雇後に行われたＺ組合の一連の街宣活動により損害を被ったとして，不法行為に基づく損害賠償請求の訴えを提起した。Ｚ組合は損害賠償責任を負うか。

【解　説】

1　組合活動とは

⑴　組合活動と憲法 28 条

組合活動とは，争議行為と団体交渉に含まれない労働組合の種々の活動であって，例えば，組合組織拡大のための諸活動，組合の定期大会や本設問のような街宣活動などが，それに該当する。憲法 28 条のいう団体行動権は，争議行為に限定されているわけではなく，本設問におけるＸの組合加入を勧誘するビラ配布は団結権に資する側面もある。争議行為と団体交渉に含まれない組合活動に対する法的保護も，団結権，団体行動権を保障する憲法 28 条によって要請されているのである。

⑵　組合活動と労組法

憲法 28 条の保障が具体化されている労組法では，組合活動について，次のような保護規制が規定されている。

第 1 に，労組法 1 条 2 項では，「労働組合の団体交渉その他の行為であって前項に掲げる目的を達成するためにした正当なもの」に対する刑事免責が定められているが，ここでいう「その他の行為」には組合活動も含まれると解されており，同項の刑事免責規定は正当な組合活動にも適用される。

第 2 に，「労働組合の正当な行為」に対する不利益取扱いの禁止を定める労組法 7 条 1 号，および労働組合に対する支配介入を禁止する同条 3 号が，組合活動について適用される。

第 3 に，正当な組合活動には，労組法 8 条の民事免責規定が適用される。こ

の点については労組法8条が「同盟罷業その他の争議行為であって正当なもの」に対する民事免責を定めた規定であって，同条は組合活動には適用されないという見解も有力である。しかし，通説は，憲法28条の団体行動権保障が組合活動への民事免責を特に除外したと解する根拠は見出せない（菅野906頁）などとして，労組法8条の組合活動に対する適用を肯定している。

2　組合活動の正当性

⑴　概　観

　以上のように，組合活動に対する労組法上の保護規定の多くは，正当な活動についてのみ適用される。そこで，正当な組合活動か否かをどのように判断するかが重要な問題となるが，組合活動の態様，目的および主体の観点からこれを整理すると，組合活動の主体や目的については，争議行為に比して緩やかに正当性が解される一方で，態様については厳格な限定が付されており，裁判紛争に発展するのもまた，後者の組合活動の態様をめぐる形態がその多くを占めている，ということができる。典型的には，特に①就業時間内の組合活動や②企業施設に対するビラ貼り，③ビラ配布が問題となってきたが，近時は，関連会社の会社前や役員の自宅前での拡声器を用いた演説やビラ配布など，多様な形で展開される情宣活動の正当性が問題となるケースが増加している。

⑵　就業時間内の組合活動

　第一に，就業時間内の組合活動については，原則としてその正当性は否定されるものの，使用者の承諾がある場合，就業規則，労働協約に定めがある場合，慣行上認められている場合には正当性が肯定される。

　ここではさらに，上記のような場合に当てはまらない就業時間内の組合活動は労働者の労務提供義務や職務専念義務と衝突し，組合活動としての正当性が全く認められないのかが問題となる。業務が具体的に阻害されない就業時間中の組合活動も正当性がないといえるかが問われるのである。

　裁判例では，就業時間中のリボン闘争や鉢巻闘争などをめぐって，この点が争われてきたが，大成観光事件（最三小判昭和57・4・13民集36巻4号659頁＝百選86事件）では，ホテル従業員において「要求貫徹」と記載されたリボンを着用して就業するリボン闘争が実施された事案につき，組合活動による業務への支障が考慮されることなく，労働者がその労務の給付ないし労働に服しながらリボン闘争による組合活動に従事することは誠意に労務に服すべき労働者の義務に違背するとして組合活動の正当性が否定された原審判断が結論として維持されている。

⑶ 使用者の施設管理権と組合活動

　組合活動の正当性が問題となる典型的な第2のケースは，使用者の許諾がない中での企業施設に対するビラ貼りである。以上でみた就業時間内の組合活動は活動時間帯に関わるものであるのに対して，ここでは活動が行われる場所が問題となり，使用者の企業施設に関する秩序維持と組合活動の利害衝突をどのように調整するかが問われる。使用者は，人的要素および物的施設の両者を総合し合理的・合目的に配備組織して企業秩序を定立して事業の円滑な運営を図るのであって，その一環として，その物的施設を許諾された目的以外に利用してはならない旨を定め，これに違反する者がある場合には，企業秩序を乱すものとして，当該行為者を懲戒処分に付することができるところ（国鉄札幌運転区事件・最三小判昭和54・10・30民集33巻6号647頁＝百選87事件），企業施設に対するビラ貼りは，物的施設に関する企業秩序と衝突する性質を帯びるのである。この点について，上記国鉄札幌運転区事件最高裁判決は，組合員が日常使用することを許されているロッカーに「ストで大幅賃上げ獲得首切り合理化粉砕」などと印刷されたビラを貼付し，そのために戒告処分に付された事案において，「労働組合による企業の物的施設の利用は，本来，使用者との団体交渉等による合意に基づいて行われるべきものである」ことなどを指摘して，上記受忍義務説を否定した上で，使用者の許諾を得ない組合活動は，労働組合に対して企業の物的施設の「利用を許さないことが当該物的施設につき使用者が有する権利の濫用であると認められるような特段の事情がある場合を除いては……正当な組合活動として許容されるところであるということはできない」と説示した。

⑷ ビラ配布

　ビラ配布は，ビラ貼付などと並ぶ典型的な組合活動の行為類型の1つであり，就業時間内に行われれば職務専念義務との関係が問題となるが（フジテック事件・大阪地判昭和54・9・27労判328号37頁），それよりもむしろ，就業時間外に会社構内で行われるビラ配布に対する使用者の施設管理権による制約やビラの内容による使用者の名誉・信用の毀損が問題となるケースが多い。

　休憩時間中や始業時刻前あるいは終業時刻後に会社構内でなされるビラ配布については，企業秩序や使用者の施設管理権に与える影響がビラ貼付に比して一般的に小さいため，これに対する懲戒処分が無効とされる傾向にあることが指摘されなければならない。しかし，ビラ配布は，ビラ貼りと異なり会社外の一般人に向けてなされることも多く，ビラ貼りに比して，その内容面からの制約が大きく問われることになるのである。

⑸ 会社前，関連会社前や会社役員の自宅前での街宣活動

以上のようなビラ配布の正当性に関する判断基準は，ホームページへのアップロードを通じた情宣活動，会社前でのシュプレヒコールや拡声器を用いた演説などによる街宣活動にも適用されることになるが，会社の本社や支社付近における街宣活動が，会社の営業権を侵害しているとみることができる場合には，当該街宣活動の差止めが認められよう（旭ダイヤモンド工業事件・東京地判平成25・5・23労判1077号18頁）。また，会社役員の自宅前での街宣活動についても，「一般的に，労使関係の場で生じた問題は，労使関係の領域である職場領域内で解決すべきものであって，企業経営者といえども，個人として，住居の平穏や地域社会ないし私生活の領域における名誉・信用が保護，尊重されるべきであるから，労働組合の保有する諸権利は，原則として，企業経営者の私生活の領域において実現することは許されないと解するのが相当である」（ニュートンプレスほか事件・東京地判平成25・2・6労判1073号65頁）などとされて，組合活動の正当性が否定されている。

【解答への道すじ】

1 【設問】⑴について

【設問】⑴では，Xの組合活動が正当であるかが問題となっており，この点については，XのEメール送信，ビラ配布，ホームページへのアップロードが，Z組合の組合活動として正当であるといえるかが問われる。また，懲戒解雇の不当労働行為性については，Xに対する懲戒解雇処分が組合活動の態様に比して著しく過重であって，Z組合に対する支配介入に該当しないかが問題となる。

⑴ Xの組合活動の正当性について

Xの組合活動の正当性については，主体，目的，態様の観点から判断されるべきところ，Xの活動は，労働条件の維持を目的とした，Z組合の運動方針の遂行行為とみることができる。そのため，Xの組合活動は，主体と目的の観点からは正当であると評価されるべきであろう。問題となるのは，Xの組合活動の態様である。Xの同僚へのEメール送信，顧客先構内における無許可のビラ配布，団交の経過や賃金，契約更新基準に関する情報（本件情報）のホームページへのアップロードは，それぞれ，職務専念義務，企業施設に対する秩序維持義務，守秘義務と衝突しうる組合活動であるためである。

まず，Xの職務専念義務違反については，これを，職務遂行上の注意力や

勤務時間の全てをその職務遂行のために用いる義務と把握するか，労働契約上の義務と何ら支障なく両立し使用者の具体的な業務を阻害することのない行為はこれに違反しないとみるか，が問題となるが，労働者は全人格的に使用者に従属しているわけではないので，前者のような観点から職務専念義務違反の範囲を著しく広くする見方は適切ではない。労働契約上の義務と何ら支障なく両立する就業時間中の行為については，職務専念義務に違反しないとみるべきである。もっとも，このように解したとしても，就業時間中の組合活動は，使用者に対抗することを意図した行動であり，労働者の誠実労働義務と矛盾なく両立するということはできない。ＸのＥメール送信行為は，職務専念義務に違反するというべきであろう。

　次に問題となるのは，Ｘの顧客先構内における無許可のビラ配布が，Ｙ運送の企業秩序を維持すべき義務に違反するか，という点である。この点については，Ｘのビラ配布がＹ運送の従業員組織に関する企業秩序を乱したという評価を行うことも可能ではあるが，就業時間前後に行われていること，顧客先の構内であってＹ運送の物的な施設管理権が及ばない領域で行われたこと，ビラの配布対象も同僚に限定されていたこと，ビラの内容も組合加入の勧誘のみであったこと，業務を具体的に阻害したわけではないこと，を踏まえると，Ｘのビラ配布は企業秩序維持義務に反するものではなく，就業規則87条6号の該当性も否定されるというべきである。

　また，Ｘの組合活動については，本件情報のホームページへのアップロードが労働契約上の守秘義務に違反するかという点も問題となる。これについては，本件情報の秘密管理性，企業にとっての重要性，非公知性に照らすと，就業規則87条4号の守秘義務に違反すると評価できる。インターネット上における情報開示は，Ｙ運送の業務に悪影響を及ぼす抽象的な危険を発生させるといえよう。

　このように，Ｘの一連の組合活動は職務専念義務や守秘義務に該当するということができるものの，ここではさらに，こうしたＸの組合活動が正当性を有し，これにより違法性が阻却されないかが問われる。まず，ＸのＥメール送信行為については，職務専念義務違反の態様や程度を総合考慮して業務に実質的な支障を来さない組合活動は，正当な活動として違法性が阻却されると解すべきであるところ，ＸのＥメール送信行為は，10人の同僚に，業務に支障のない配送業務の空き時間になされたものであって，正当な組合活動であると評価することができよう。これに対して，本件情報のインターネット上のホームページへのアップロードについては，これに特にアクセス制限がかけられ

ておらず，誰でも閲覧できる状態にあること，団体交渉においてY運送が不誠実な対応を行ったわけではないこと，団交の具体的な経過や契約更新基準ならびに賃金の引下げに関する情報はY運送にとっても重要な内部情報であること，XはY運送の当該アップロードの削除要請を無視したこと，以上のことを勘案すると，本件情報のホームページへのアップロードは，正当な組合活動ということはできないというべきである。

したがって，Xの組合活動のうち，本件情報のホームページへのアップロードについては，正当な組合活動としてその違法性が阻却されないということができる。

(2) Y運送による懲戒解雇の不当労働行為性について

以上でみたように，勤務時間外のEメール送信行為や顧客先構内でのビラ配布は正当な組合活動であるが，ホームページへのアップロード行為は正当性を欠くので，Y運送のXに対する懲戒解雇は，労組法7条1号の不利益取扱いには該当しない。しかし，組合活動を理由としてなされたY運送の懲戒解雇が，Xの組合活動の違法性に比して著しく過重であって，組合嫌悪の意図や団結権の否認の意図が決定的な動機となっている場合には，Z組合に対する支配介入が成立するというべきである（支配介入については38参照）。

このような観点からY運送の懲戒解雇がZ組合に対する支配介入に該当するかを判断すると，上述のとおりXの組合活動は正当性を有しないと評価される一方，Y運送の業務に実質的な悪影響を与えるものではなく，また，有期労働契約者であるXを期間途中で解雇するには「やむを得ない事由」（労契17条1項）が必要になるところ，Xの不当な組合活動が「やむを得ない事由」を満たすと考えることも困難であって，これに組合活動を嫌悪するY運送の意図も考慮すると，Y運送によるXに対する懲戒解雇処分は，著しく過重な処分であり，Z組合に対する支配介入が成立するということができる。

2 【設問】(2)について

【設問】(2)では，Y運送は，懲戒解雇後になされたZ組合の組合活動により損害を被ったとしてZ組合に損害賠償を求めている。

まず，「同盟罷業その他の争議行為であって正当なもの」については，使用者は損害の賠償を求めることができないと規定する労組法8条が組合活動にも適用されるか否かが問題となる。この点については，憲法28条の団体行動権保障は，その対象を争議行為に限定しているわけではない点が考慮されるべきであり，正当な組合活動にも労組法8条の民事免責が適用されると解すべきで

あろう。

　そこで次に問題となるのは，Z組合の組合活動に正当性が認められるか，という点である。Z組合の組合活動に正当性が認められれば，労組法8条の民事免責規定が適用され，Y運送はZ組合に対して損害賠償請求をすることができない。そのため，Z組合の組合活動の正当性が，ここでは問題となる。Z組合の組合活動は，Y運送の本社前，Y運送社長の自宅前，Y運送の顧客会社であるK物流の物流センター内，の3ヵ所において，ビラ配布および拡声器を用いた演説，街宣車による街宣活動を行うというものであったが，こうした組合活動に正当性は認められるか。

　以上のようなZの組合活動について，第1に指摘されるべきは，ビラ配布や拡声器を用いた演説等によりY運送の名誉や信用が毀損される側面が認められる一方で，それらの表現活動に多少の誇張がある場合であっても，その表現活動が労働条件の維持改善という目的に基づいており，虚偽の事実を含むものではない場合は，なお正当な組合活動の範囲であるということであろう。会社と対峙する労働組合が，事実のみを正確に表現して一般の第三者に訴えることは憲法28条ではなく憲法21条の保障の範疇に含まれるのであって（⑲の内部告発参照），憲法28条の団体行動権は，憲法21条を超える表現活動を労働組合に保障したというべきである。

　しかし，第2に，個々の経営者の私的な領域においてなされる労働組合の表現活動には，正当性が認められないということも指摘されなければならない。企業経営者といえども，個人として私生活における名誉や信用は保護されるべきである。

　さらに，第3に，当該労働問題に全く関わりのない取引先会社に対して表現活動を行い，会社間の自由な取引を阻害する組合活動にも正当性が認められないということができよう。組合活動としての表現活動を保障する憲法28条は，当該労働問題に関わる会社の名誉や信用を毀損する表現活動について，表現内容の真実性や表現方法の態様に照らして，その違法性を阻却する作用を及ぼすものの，当該労働問題に全く関わりのない特定の取引先会社に対する直接的な表現活動を保障するものではない。

　以上のような観点から，Z組合の組合活動に正当性があるか否かをみると，上述したように，不当労働行為性があるY運送の懲戒解雇について，不当解雇やブラック企業といった表現を行うことには，事実を誇張した側面があるといえるものの，なお正当な組合活動の範囲内の表現活動であるということができる。これに対して，Y運送社長の自宅前やK物流の物流センター内での表

433

現活動は，Y運送社長の個人の私生活における名誉や信用を毀損し，また，Y運送とK物流の自由な取引関係を阻害するのであって，正当な組合活動と評価することはできない。もっとも，以上のうち，Y運送社長宅前での組合活動に伴う損害賠償は，Y運送社長個人により求められるべきものである。

　したがって，Y運送は，K物流との取引関係が阻害されたことによる損害について，Z組合に損害賠償を求めることが可能である。

【基本文献】
荒木 656 頁以下／菅野 921 頁以下／土田・概説 403 頁以下／西谷・労働法 598 頁以下／西谷・労組法 231 頁以下／野川 949 頁以下／水町 411 頁以下

（石田信平）

36 争議行為とロックアウト

【設問】

1 和菓子の製造・販売等を行うL社は，景気の後退や競争の激化によって業績が悪化したため，労働条件の不利益変更および人員整理を計画していた。L社の従業員の約7割を組織するH組合は，一貫してこの計画に反対している。L社とH組合は，2018年7月17日，当該計画に関して団体交渉の機会を持ち，L社は，団体交渉の中で経営資料を開示して，人件費削減の必要性を説明したが，H組合は，計画の白紙撤回を求めるのみで一切の譲歩を拒否する姿勢であった。結局，十数回の団体交渉を経ても交渉は全く進展せず，L社は，やむをえず，賃金を引き下げ，希望退職者を募集し，また，削減予定人数に達しない場合には整理解雇を実施する方針を固めて，このことをH組合に通知した。これに対して，H組合は，当該方針を撤回させるため，組合員による投票，L社への予告などを経て，同年11月14日から同月16日にかけて，部分ストを実施した。当該ストは，製造現場における各組合員の職務内容を基に，製造ラインの機能を阻害するのに必要な最低限の人数によって行われた。L社による代替要員の確保は困難であり，これによりL社の製造業務は完全に停止することを余儀なくされたため，L社は，ストライキの開始後に，当該ストに不参加の製造業務に従事する労働者に対して，労務の受領を拒絶した。なお，ストライキ期間中には，新規顧客からの大量受注の納期があったが（このことはH組合も認識していた），業務の停止によりこれを履行することができず，当該顧客からは今後の取引については考え直すとの申入れがあった。

(1) L社は，本件のように使用者に多大な不利益を生じさせるストライキは正当性を欠くと主張して，当該ストを企画，指導した組合幹部であるAらに，出勤停止1ヵ月の懲戒処分を課した。これを受けて，Aらは，当該処分の無効確認，および，出勤停止期間中の賃金の支払を請求している。Aらの請求は，認められるか。

(2) ストライキに不参加の労働者であるBら（H組合の組合員）およびCら（非組合員）は，L社に対して，賃金または休業手当の支払を請求している。Bらの請求，および，Cらの請求は，認められるか。

2 1のストライキを経ても，L社はその方針を変えていない。そこで，H組合は，当該方針の撤回を掲げて，2018年11月26日から同月30日にかけて，

ストライキを実施するとともに，ピケッティングを実施した。ピケッティングは，店舗の入口付近（Ｌ社の敷地内）で，顧客に対して，ストライキ中であることを伝えて，入店を差し控えるよう働き掛けつつ，これに応じない顧客に対しては，組合員のうち 20 人ほどが罵声を浴びせて，入店を阻止しようとするものであった。当該ピケの最中も，公道から店舗までの通路は通行できる状態であったが，顧客の多くは，店舗の周りの状況をみて入店をためらうか，組合員による働掛けを受けまたは罵声を浴びせられて入店を諦めていた。その結果，Ｌ社の店舗売上（売上全体の約２割を占める）は，平常時の約３割にまで減少した。

　Ｌ社は，ピケッティングは正当性を欠くと主張して，Ｌ組合，および，当該ピケを企画，指導，実行した Ａ らに対して，売上の減少により発生した損害について賠償を請求している。Ｌ社の請求は，認められるか。

3　1のストライキを経ても，Ｌ社はその方針を変えていない。そこで，Ｈ組合は，当該方針の撤回を掲げて，2018 年 11 月 26 日以降，ストライキを実施することとしたが，その戦略を次のように多様化させた。まず，製造部門では，開始時期の通告も，解除時期の予告もなしにストライキを実施して，Ｌ社が取引先に納品できない旨の連絡をするとこれを解除することを繰り返した。また，輸送部門では，車両の運転速度をことさらに落とす，輸送途中に休憩を頻繁にとるなどの怠業に及んだことで，納期の遅れや注文の取消しが頻発した。その結果，Ｌ社の売上は，平常時の約２割にまで減少した。また，取引先との信頼関係も損なわれて，複数の取引先から，取引の中止が申し入れられた。

　このような状況が２週間ほど続いたところで，Ｌ社は，ロックアウトを通告して，Ｈ組合の組合員による労務の受領を拒絶した。その後も，Ｌ社とＨ組合との団体交渉は平行線をたどり，Ｌ社はロックアウトを継続したが，Ｈ組合の内部では労使関係の正常化を望む声が次第に高まり，組合員の約３割がＨ組合から脱退する事態に至った。これを受けて，ロックアウトの開始から２ヵ月を過ぎた時点で，Ｈ組合は，Ｌ社に対して，就労の再開を求めたが，Ｈ組合の争議戦術に不信感を抱いていたＬ社は，これを受け入れずにロックアウトを継続した。

　Ｈ組合の組合員らは，Ｌ社に対して，賃金の支払を請求している。同人らの請求は，認められるか。

【解　説】

1　争議行為の法的保護

⑴　争議行為

　争議行為に関しては，労調法が，同法上の調整手続の対象となる争議行為を定義するのみで（労調7条），労組法は，これを定義していない。そのため，法的保護の対象である「争議行為」の概念に関しては，業務の正常な運営を阻害する行為，労務の不提供とそれを維持・強化する行為などの複数の捉え方がある。ストライキ，怠業，ピケッティング，ボイコット等は，いずれの見解によっても，争議行為に該当する。これに対して，例えば，リボン闘争は，前者の見解によれば，業務運営の阻害をもたらす限りで争議行為として扱われるが，後者の見解によれば，争議行為ではなく組合活動として扱われることになる。

⑵　争議権

　労働基本権として，憲法は，「勤労者の……団体行動をする権利」を保障している（憲28条）。団体行動には争議行為と組合活動（35参照）が含まれるが，このうち争議行為に関する権利が争議権と呼ばれる。争議権の保障により，争議行為は，正当性を要件として（2参照），民事免責，刑事免責，および，不利益取扱いの禁止による保護を受ける（3参照）。労組法における争議行為の法的保護に関する規定は，憲法上の争議権の保障による上記の効果を確認するものである。

　なお，労働基本権の趣旨に関しては，生活利益の擁護，団体交渉の助成といった理解がある。いずれの見解によるかは，抽象度の高い労組法の規定の解釈にも影響を与えるが，本解説は，後者に依拠している。

2　法的保護の要件──正当性

⑴　概　説

　労組法は，法律上の保護を受ける争議行為を，「正当なもの」（労組1条2項・8条）または「正当な行為」（労組7条1号）としている。これを争議行為の「正当性」というが，判例は，「〔平等権，自由権，財産権等の〕一般的基本的人権と労働者の権利との調和……を破らないことが，即ち争議権の正当性の限界である」としている（山田鋼業事件・最大判昭和25・11・15刑集4巻11号2257頁）。これに関する判断は，主体，目的，態様，手続といった諸側面からなされる。

⑵ 主　体

　法律上の労働組合による争議行為は，主体に関して問題はない。これに対して，法律上の要件（労組2条）を欠く労働組合または労働組合以外の主体による争議行為については，労働基本権の趣旨に即して，団体交渉の主体になりうるか否かによって，正当性が判断される。これによれば，自主性不備組合（31参照）や争議団による争議行為は，正当性を肯定される。他方，山猫ストは，組合員の一部によって労働組合の承認なしに行われる争議行為であるから，正当性を否定される（日本製鉄事件・福岡地小倉支判昭和25・5・16労民集1巻3号301頁）。

⑶ 目　的

　労働基本権の趣旨から，団体交渉の目的事項のためであるか否かが判断基準とされる。したがって，政治スト（純粋政治スト，経済的政治スト）は，正当性を否定される（全農林警職法事件・最大判昭和48・4・25刑集27巻4号547頁＝百選5事件，三菱重工業長崎造船所事件・最二小判平成4・9・25労判618号14頁＝百選92事件）。同情ストも，使用者との間での団体交渉による解決の可能性がない以上は，正当性を否定される。抗議ストについては，裁判例は，肯定（明治乳業事件・東京地判昭和44・10・28労民集20巻5号1415頁），否定（ロードスター工業事件・東京地決昭和55・4・7労経速1052号3頁）に分かれている。

⑷ 態　様

　争議行為は，使用者および第三者の権利（財産権，人格権等）との抵触を引き起こしうる。法律上は，暴力の行使について明示的に正当性が否定されているほか（労組1条2項ただし書），安全保持の施設の正常な維持・運営を停廃・妨害する行為が禁止されている（労調36条）。これ以外の場合には，労働者の争議権と使用者等の諸権利との調和という観点から，正当性が判断される（2⑴参照）。

　すなわち，ストライキは，原則として，態様に関して問題はない。全面ストだけでなく，部分スト，指名スト，波状スト，時限ストなども，正当性を肯定される。また，怠業も，作業能率の低下，特定業務の拒否などの消極的態様にとどまる限りで，正当性を肯定される。ただし，第三者の生命・身体の安全がこれらの不作為によって脅かされる場合には，正当性が否定されうる（青山信愛会事件・最三小判昭和39・8・4民集18巻7号1263号）。

　これに対して，ストの最中に従業員が使用者に労務を提供することや業者や顧客が使用者と取引することを阻止するために組合員が行う呼掛け，座込み，実力行使などをピケッティングといい，これらの行為は，平和的説得にとどま

る場合には正当とされるが，例えば，タクシー会社との関係では，タクシーの搬出を阻止するために車両付近に座り込む場合には，正当性を否定される（御國ハイヤー事件・最二小判平成4・10・2労判619号8頁＝百選93事件）。また，ボイコットは，不買の呼掛けにとどまる場合には正当とされるが，例えば，食品会社との関係では，商品の安全性を否定する発言をする場合には，正当性を否定される（岩田屋事件・福岡地判昭和36・5・19労民集12巻3号347頁）。

(5) **手 続**

労働基本権の趣旨に鑑みると，争議行為は，労働条件等に関する折衝を経てはじめて，正当とされうる。ただし，団体交渉のどの段階において争議行為に訴えるかは交渉戦術の問題であるから，団体交渉の拒否または団体交渉における拒否回答がなされていれば足りて，協議が尽くされている必要はない。

また，公益事業における争議行為については，行政庁に対する通知義務があるが（労調37条），その目的は公益の保護であるから，当該義務への違反によって正当性は否定されない（全日本空輸事件・東京地判昭和42・4・24判時483号71頁）。他方で，使用者に対する予告の有無・時期・内容等は，協約上の予告義務（平和条項）がない場合を含めて，正当性に関する判断の一事情として考慮される（国鉄千葉動労事件・東京高判平成13・9・11労判817号57頁）。

3 法的保護の効果

(1) **刑事免責・民事免責**

正当な争議行為は，犯罪の構成要件に該当する場合でも，刑法35条を適用され，不可罰とされる（労組1条2項）。また，正当な争議行為によって損害を被ったことを理由として，使用者は，労働組合またはその組合員に対して，損害賠償を請求できない（労組8条）。刑事免責と民事免責は，争議権を保障する憲法28条から導かれる効果であり，免責に関する労組法の条文は，これらの効果を確認する規定である。そのため，使用者以外の第三者との関係でも，争議行為が正当であれば賠償責任は成立しない（京阪神急行電鉄事件・大阪地決昭和23・6・24労裁1号80頁）。

(2) **不利益取扱いの禁止**

正当な争議行為を理由とする不利益取扱い（解雇，懲戒等）は，不当労働行為であり（労組7条1号），行政救済の対象となる（㊲参照）。また，憲法28条を受けて争議権の尊重は公序の内容をなすから（菅野32頁），正当な争議行為を理由とする不利益取扱いは，法律行為であれば効力を否定され（民90条），不法行為の成否との関係では違法と評価される（民709条）。

439

4 争議行為と賃金

(1) 争議行為に参加した労働者

労働者がストライキに参加した場合には，債務の本旨に従った履行の提供がなされていない。また，労働者が外勤・出張拒否闘争に加わった場合にも，業務命令を拒否した時間には債務の本旨に従った履行の提供がなされていない（水道機工事件・最一小判昭和60・3・7労判449号49頁）。これらの場合には，ノーワーク・ノーペイの原則（⑦参照）により，賃金請求権は発生しない。これに対して，労働者が怠業を行った場合には，労働義務の不完全履行として，不完全履行の割合に対応する範囲において賃金請求権が発生しない（西区タクシー事件・横浜地判昭和40・11・15判タ185号128頁）。

不支給・減額の対象となる賃金の範囲は，労働契約の解釈により判断される。例えば，ストライキの場合には家族手当を削減するという労使慣行に従って，家族手当の一部を不支給とすることは適法である（三菱重工業事件・最二小判昭和56・9・18民集35巻6号1028頁＝百選96事件）。また，賞与協定における欠勤控除条項に基づいて，ストライキによる不就労の日数に応じて賞与を減額することも適法である（東洋オーチス・エレベーター事件・最三小判昭和48・12・18〔昭和44(オ)489号〕）。

(2) 争議行為に不参加の労働者

以上に対して，争議行為に不参加の労働者は，債務の本旨に従った履行の提供をしているため，賃金請求権の成否に関しては，危険負担法理（⑦参照）の適用も含めて検討する必要がある。部分ストについては最高裁判例があり，ストライキによりこれに不参加の労働者の労働義務が履行不能となった場合には，使用者が不当労働行為の意思その他不当な目的をもってことさらにストライキを行わせたなどの特別の事情がない限りは，債権者（使用者）の責めに帰すべき事由（民536条2項）はなく，不参加の労働者には賃金請求権が発生しないとする（ノース・ウエスト航空〔賃金請求〕事件・最二小判昭和62・7・17民集41巻5号1350頁＝百選97事件）。この判断枠組みは部分ストと一部ストを区別していないため，当該判例の射程は一部ストにも及ぶと解されている（荒木尚志「判批」法協106巻9号〔1989年〕1746頁）。実際，その後の裁判例は，一部ストについても同様の判断枠組みを用いて，使用者の帰責事由を否定している（高槻交通事件・大阪地判平成元・5・15労判556号62頁）。

部分ストおよび一部ストの場合には，労基法上の休業手当請求権（⑦参照）の成否も問題になる。部分ストについては，使用者の責に帰すべき事由（労基

26 条）はないとした判例があり（ノース・ウエスト航空〔休業手当請求〕事件・最二小判昭和 62・7・17 民集 41 巻 5 号 1283 頁＝百選 97 事件），一部ストについては，使用者の責に帰すべき事由があるとした裁判例がある（明星電気事件・前橋地判昭和 38・11・14 判時 355 号 71 頁）。

5　違法争議の効果

(1)　刑事責任

争議行為として使用者に対する非難，第三者（顧客，取引先等）に対する働掛け，企業施設への立入り・滞留などがなされると，名誉毀損罪（刑 230 条），強要罪（刑 223 条），威力業務妨害罪（刑 234 条），住居侵入罪（刑 130 条）等の成否が問題になる。正当性のない争議行為には刑事免責は適用されないから，犯罪の成立要件が充足される場合には，これらの行為について刑事責任が追及されうる。

(2)　民事責任

ストライキによる労務の不提供は，労働契約上の労働義務の不履行であるし，また，使用者に対する非難は，労働契約上の誠実義務と抵触しうる。さらに，使用者の操業を妨害する各種の行為は，使用者の営業権，債権，名誉等の権利（または法益）を侵害しうる。争議行為に正当性がなければ，民事免責による違法性の排除は及ばないから，債務不履行または不法行為の成立要件が充足されれば，これによる損害について賠償責任を課される。

債務不履行との関係では，組合員は，労働義務違反または誠実義務違反と相当因果関係のある損害について，賠償責任を課される（民 416 条）。これに対して，不法行為との関係では，組合員は，共同不法行為として，違法争議による損害について連帯して賠償責任を課される（民 719 条。書泉事件・東京地判平成 4・5・6 労判 625 号 44 頁＝百選 95 事件）。また，労働組合は，一般法人法 78 条（民法旧 44 条）に基づき（法人格がない場合は同条の類推により。みすず豆腐事件・長野地判昭和 42・3・28 判時 480 号 11 頁），組合幹部の行為による損害について賠償責任を課される（労組 12 条の 6）。

(3)　不利益取扱い

正当性のない争議行為は，不利益取扱いからも保護されないため，解雇や懲戒を受ける余地がある。争議行為を理由とする懲戒の可否に関しては議論があるが，判例は肯定の立場を採る（全逓東北地本事件・最三小判昭和 53・7・18 民集 32 巻 5 号 1030 頁）。もっとも，当然にこれらの不利益取扱いが適法となるのではなく，別途，権利濫用に関する審査がなされる（労契 15 条・16 条）。

特に問題となるのは組合幹部に対する責任追及であるが，幹部であることのみから責任を課され，またはこれを加重されることはない（三井造船事件・東京高判昭和30・10・28労民集6巻6号843頁）。他方で，争議行為の企画，指導，実行等における行為の評価に基づいて，特に幹部の責任が追求されることはある（ミツミ電機事件・東京高判昭和63・3・31労判516号5頁）。

6　使用者の争議行為

(1)　意　義

労働争議の中で，相手方の争議行為に対抗するために（または，自己の主張を貫徹するために），使用者が，労務の受領を拒絶することや，労働者を事業場から閉め出すことがある。これがロックアウト（作業所閉鎖）であり，労調法上の調整手続の対象とされているが（労調7条），当該行為の法律効果については明文の規定は見当たらない。そのため，ロックアウトが，法律上，単なる労務の受領拒否を超えた特別の意義を持つか否かは，解釈に委ねられている。判例はこれを肯定しており，争議権について「窮極的には公平の原則に立脚する」と理解することで使用者にも争議権を認める余地をみいだし，ロックアウトを使用者の争議権の行使として位置付けている（丸島水門製作所事件・最三小判昭和50・4・25民集29巻4号481頁＝百選98事件）。

(2)　要件・効果

ロックアウトが争議権の行使であれば，その正当性が問題になる。判例は，正当性の判断基準を，「労働者側の争議行為によりかえって労使間の勢力の均衡が破れ，使用者側が著しく不利な圧力を受けることになるような場合」において「使用者側においてこのような圧力を阻止し，労使間の勢力の均衡を回復するための対抗防衛手段として相当性を認められる」か否かにあるとし，また，正当性の判断要素を，「個々の具体的な労働争議における労使間の交渉態度，経過，組合側の争議行為の態様，それによって使用者側の受ける打撃の程度等に関する具体的諸事情」であるとしている（前掲丸島水門製作所事件）。これらの事情は労働争議の展開に伴って変化しうるため，開始時には正当性のあったロックアウトも，それが継続する中で対抗防衛手段としての相当性を失うことがある。このような場合には，それ以降の期間について，ロックアウトの正当性は否定される（第一小型ハイヤー事件・最二小判昭和52・2・28判時850号98頁。小西國友「判批」ジュリ1328号〔2007年〕159頁）。

そして，判例は，争議権の承認とは「労働争議の場合においては，一定の範囲において一般市民法上は義務違反とされるような行為をも，そのような効果

を伴うことなく，することができることを認めたもの」だとの認識を基に，正
当性が肯定されれば，使用者は，ロックアウト期間中における対象労働者に対
する賃金支払義務を免除されるとしている（前掲丸島水門製作所事件）。

【解答への道すじ】

1 【設問】1(1)について

　L社の主張は，具体的には，業務への影響が特に大きい組合員によってスト
ライキを実施したこと，および，経営への影響が特に大きい時期においてスト
ライキを実施したことを非難するものであると考えられる。そこで，【設問】1
(1)では，使用者の業務や経営に関わるこれらの事情が，正当性に関する判断と
の関係でいかなる意味を持つかを検討することになる。

　正当性の判断基準に関しては，「争議行為も，将来に禍根を残すような著し
い不公正さでなされるときは，正当性を疑われる」，「職場復帰を不能ならしめ
る争議行為は正当性をもちえない」との指摘がある（東京大学労働法研究会『注
釈労働組合法(上)』〔有斐閣，1980年〕527-528頁）。そこで，上記の事情がこれ
らの判断基準に抵触するかが問題になるが，部分ストを実施することや繁忙期
等に争議行為を実施することはいずれも1つの争議戦術であり，「著しい不公
正さ」があるとも「職場復帰を不能ならしめる」ともいえない。労働組合が用
いる争議戦術によって使用者が甚大な打撃を受ける場合があることは否定でき
ないが，このような事態は，基本的には，当該行為の正当性を否定すること
によってではなく（東京大学労働法研究会・前掲528頁は「労働者の全面無期限スト
によって企業が経営上の危機に瀕したとしても，職場復帰を不能ならしめる争議行
為とは把握さるべきでない」とする），使用者側の争議行為としてのロックアウ
トを認めることによって打開されることが想定されている。

　このほか，H組合による部分ストは，【解説】2に照らせば，主体（労働組合
による争議行為である），目的（労働条件の不利益変更および人員整理への反対のた
めである），態様（消極的態様にとどまっている），手続（組合員による投票，L社
への予告などを経ている）との関係では，特に問題はない。そうすると，Aら
に対する懲戒処分は公序違反により無効となるから，Aらの請求は認容される。

2 【設問】1(2)について

(1) 賃金請求について

【設問】1では，部分ストおよび一部ストによって製造業務が完全に停止し，

製造業務に従事する労働者の労働が不能または無価値となり，当該労働者の労働義務が履行不能になっており，この場合の賃金請求権の帰趨が問題になる。

【解説】4(2)のとおり，判例はこれを危険負担の問題として扱っている。民法536条2項に基づく賃金請求権の成立要件は，①債権者の帰責事由，②履行不能，③①と②の因果関係であるが，ここで問題になるのは債権者の帰責事由である。これは一般には，過失責任主義の下での帰責事由であり，故意・過失または信義則上これと同視すべき事由をいうと解されている。

ストライキがこのような意味での帰責事由といえるかにつき，部分ストに関する判例は，使用者が不当労働行為の意思その他不当な目的を持ってことさらストライキを行わしめたなどの特段の事情がない限りは，当該ストは民法536条2項にいう使用者の帰責事由には該当しないとしている（前掲ノース・ウエスト航空〔賃金請求〕事件）。Bらとの関係では，このような特段の事情は見当たらないから，L社には帰責事由はなく，賃金請求は棄却される。また，当該判例の射程は，部分ストだけでなく，一部ストにも及ぶと解されている（荒木・前掲判批1746頁。前掲高槻交通事件）。そうすると，Cらとの関係でも，L社の帰責事由を基礎付ける特段の事情はないから，賃金請求は棄却される。

(2) 休業手当請求について

【設問】1では，部分ストおよび一部ストによって製造業務が完全に停止し，製造業務に従事する労働者の労働が不能または無価値となり，当該労働者の労働義務が履行不能になっているが，Bらとの関係でも，Cらとの関係でも，賃金請求権が否定される場合には，休業手当請求権の成否が問題になる。労基法26条に基づく休業手当請求権の成立要件は，①使用者の帰責事由，②休業，③①と②の因果関係であるが，ここで問題になるのは使用者の帰責事由である。判例は，これを過失責任主義とは異なる観点をも踏まえた概念であると解しており，民法536条2項にいう債権者の帰責事由だけでなく，使用者側に起因する経営・管理上の障害も含むとしている（前掲ノース・ウエスト航空〔休業手当請求〕事件）。

部分ストに関する事案では，判例は，使用者と組合の交渉経緯などについて比較的詳しく検討した上で，ストライキがこの意味での帰責事由には該当しないと判断している（前掲ノース・ウエスト航空〔休業手当請求〕事件）。Bらの所属するH組合に対するL社の交渉態度は特に不誠実ではなく，その主張内容（労働条件の不利益変更，人員整理）も1つの人事戦略として不当とはいえない。このような交渉経緯の中で発生したストライキを，Bらとの関係において，L社側に起因するとみるのは困難であろう。このように考えるならば，L社には

帰責事由はなく，休業手当請求は棄却される。

　これに対して，一部ストに関しては，使用者の帰責事由を肯定した裁判例があり（前掲明星電気事件。なお，前掲ノース・ウエスト航空〔休業手当請求〕事件は，使用者の帰責事由の解釈につき，「いかなる事由による休業の場合に労働者の生活保障のために使用者に……負担を要求するのが社会的に正当とされるかという考量を必要とする」とする），同様の立場を採る学説も多い。非組合員であるＣらは，争議意思の形成過程には関与しておらず（山口255頁），また，争議行為に参加した労働者との一体性もない（菅野942頁）。このようなＣらとの関係では，Ｈ組合によるストライキはＬ社側に起因するとみることができ，休業手当請求は認容されると考えられる。

3 【設問】2について

　【設問】2では，積極的態様を伴う争議行為であるピケッティングに関して，正当性が問題になっている。【解説】2のとおり，争議行為の正当性は主体，目的，態様，手続といった観点から検討されるが，ここでは態様に関する評価が問題になる。

　判例は，ストライキを争議行為の基本的形態と捉えて，積極的態様を伴う争議行為については，労働者にとって厳しい判断をしており（朝日新聞小倉支店事件・最大判昭和27・10・22民集6巻9号857頁），ピケッティングに関しては，平和的説得にとどまる限りにおいて正当性を肯定している（前掲御國ハイヤー事件〔「不法に使用者側の自由意思を抑圧しあるいはその財産に対する支配を阻止するような行為をすることは許されず，これをもって正当な争議行為と解することはできない」とする〕参照）。このような判例の態度を前提とするならば，20人ほどの集団が罵声を浴びせる行為は相当に威圧的であって，明らかに平和的説得を超えているから，正当性はないと評価される。この場合には，当該ピケは正当性を欠くから，民事免責は適用されない。そして，Ｌ社の敷地内において上記の威圧的な手段により顧客の入店を妨げる行為は，Ｌ社との関係において違法な業務妨害として不法行為を成立させると解されるから，【解説】5(2)のとおり，当該ピケを企画，指導，実行したＡらは，共同不法行為の行為者または教唆者として民法719条に基づき賠償責任を負い，Ｈ組合は，Ａらの行為について一般法人法78条に基づき（Ｈ組合が法人格を持たない場合には，一般法人法78条の類推により）賠償責任を負うことになる（労組12条の6）。したがって，Ｌ社の賠償請求は認容される。

　もっとも，判例による判断枠組みの基礎をなす上記の理解（ストライキを争

議行為の基本的形態と捉える立場）は，自明の前提とはいえない（西谷・労組法
421-423頁）。学説の多数は，判例の採る上記の理解を前提とせずに，独自の判
断枠組みを提示している。そこでは，例えば，自由意志を抑圧しない範囲にお
いて団結の示威を伴った説得まで許される（菅野920頁〔使用者側の者との関係
でこの立場を採る〕，山口239-240頁），さらに特定の者（争議行為から脱落した組
合員など）との関係では実力行使まで許される（西谷・労組法435-436頁）など
の見解がある。当該ピケは，罵声の内容にもよるが，顧客の自由意思による入
店までは妨げていないから，これらの判断枠組みの下では，正当性を認められ
うる。この場合には，民事免責が適用され，L社の賠償請求は棄却される。

4 【設問】3について

　【設問】3では，ロックアウトにより労働義務が履行不能になっており，こ
の場合の賃金請求権の帰趨が問題になる。ロックアウトの法的位置付けにより
この問題の解決は左右されるから，まず，ロックアウトに関して，これを使用
者の争議行為として扱うべきかを検討する必要がある。次に，これを認める場
合には，その要件（正当性）・効果を論じることになる。

　前者の問題については，【解説】6(1)のとおり，ロックアウトを使用者の争
議行為とする判例法理が確立されている。したがって，ここでも，ロックアウ
トを使用者の争議行為と解して，賃金請求権の成否について検討することにな
る。

　後者の問題については，【解説】6(2)のとおり，正当性の判断基準は，①労
働者側の争議行為により使用者側が著しく不利な圧力を受けたこと，および，
②使用者側の対抗防衛手段として相当性が認められることである（前掲丸島水
門製作所事件）。なお，判断基準②は，ロックアウトの開始についてだけでなく，
その継続についても必要とされている（前掲第一小型ハイヤー事件。小西・前掲
判批159頁）。【設問】3においては，ロックアウト開始後において事態の変化
がみられるため，開始の正当性について判断基準①・②に関して検討する必要
があり，継続の正当性について判断基準②に関して検討する必要がある。

　まず，開始については，次の事情が重要である。L社側においては，時限ス
トおよび怠業によって，売上が大幅に減少するとともに，取引先からの信頼も
著しく損なわれている。これに対して，H組合の組合員は，これらの争議行
為のために賃金を減額されるが，ここでの減額は，時限ストの場合には労働義
務の不履行があった時間に対応する賃金に限られ，怠業の場合には労働義務の
不完全履行の程度に対応する賃金に限られる。以上からすると，L社が相当の

経済的な打撃を受けていることは間違いない。これをもって判断基準①が充足されるかは，判例（および裁判例）を基に判断することになる（同種の事案のうち，正当性の肯定例として，安威川生コンクリート工業事件・最三小判平成18・4・18民集60巻4号1548頁，日光産業ほか事件・大阪地堺支判平成22・5・14労判1013号127頁，三重ホーロー事件・津地四日市支判昭和61・6・10労判479号71頁，正当性の否定例として，日本原子力研究所事件・最二小判昭和58・6・13民集37巻5号636頁，山口放送事件・最二小判昭和55・4・11民集34巻3号330頁，文英堂事件・東京高判平成2・11・29労判584号78頁，杉乃井ホテル事件・大分地決平成元・12・1労判556号58頁）。判断基準①の充足を認める場合には，【設問】3では，団体交渉でのH組合の交渉態度は，頑ななものであり，さらなる交渉の余地をみいだし難く，また，L社によるロックアウトは，H組合による争議行為の実施後において（対抗手段），当該行為による損害を軽減するために（防衛手段）なされているから，判断基準②も充足するものとして，正当性が認められるだろう。このような立場を採れば，ロックアウトの開始から2ヵ月が経過するまでは，賃金請求は棄却される。

　次に，継続については，ロックアウトの開始後における事態の変化をどのように評価するかが問題になる。判例には，組合員数の減少，経営状況の改善などの事情を考慮して，一定期日以降においてロックアウトは防衛手段としての性格を失ったとするものがある（前掲第一小型ハイヤー事件）。【設問】3でも，H組合の組合員に労使関係の正常化を望む声が広がり，また，H組合の組合員数が減少していたという事情によれば，ロックアウトの開始時における正当性を基礎付けた時限ストや怠業が繰り返される具体的危険は消滅したとみる余地は十分にある。このような評価を前提とすれば，L社によるロックアウトは，防衛手段としての性格を失ったことで判断基準②を充足しえなくなり，ロックアウトは正当性を否定されることになる。この場合には，ロックアウトの開始から2ヵ月が経過した後には，賃金支払義務の免責は及ばないから，賃金請求が認容されることになる。

【基本文献】

荒木636-655頁／菅野903-947頁／土田・概説412-421頁／西谷・労働法644-666頁／西谷・労組法397-468頁／野川937-949頁／水町405-417頁

（和田　肇＝坂井岳夫）

37 不当労働行為(1)
——総論・不利益取扱い

【設　問】

1　(1)　スーパー・チェーンを経営するL社の本店で経理担当として約15年勤
務してきたAは，ある日会社の人事部長に呼び出され，今度新たに地方都市に
開店するM支店の副支店長として赴任してもらいたい旨を告げられた。しかし，
Aは，M支店に赴任するには単身赴任とならざるをえないこと，また副支店長
は組合員資格を失い，数ヵ月前にH労働組合の執行委員長に選ばれたばかりで，
その活動に重大な支障を来すとして，これを拒否した。L社には，新たな店舗の
責任者を探すという理由もあったが，長年組合活動に熱心なAをそれから遠ざ
けようとする意図も存在していた。

　L社がAの意向を無視して配転を命じた場合に，それは不当労働行為になる
だろうか。

(2)　L社の全従業員は約1500人で，そのうちH労働組合の組合員は約200
人である。以前は約半数の従業員が組合に所属していたが，会社の長年にわたる
組合批判や賃金・昇格差別で，組合員数が大幅に減少してきた。会社は賃金体系
や各従業員の格付等を明らかにしていないが，組合独自に調査したところでは，
同期入社の従業員間でも，組合員と非組合員とでは大きな賃金格差が生じている。
こうした場合に，労働委員会ではどのような差別の立証方法がとられるだろうか。

2　総合流通企業M社は，経営が悪化したため，その事業の一部をN社に譲渡
した。その際，両社は，N社が人員過剰となるのを防ぐため，M社が従業員を
いったん全員解雇し，N社が新たに採用する形をとった。M社に勤務していた
Bは，当然N社に移籍できると考えていたが，N社からの採用通知は届かなか
った。N社に問い合わせると，「採用するかどうかは会社の自由だ」，と言われ
た。

　ところがBはJ労働組合の組合員であり，この間の事情を調べてみると，N
社に採用されなかったのが全てJ組合員であることが判明した。この場合にB
は，労働委員会に対してどのような救済を求めることができるか。

【解　説】

1　不当労働行為制度とは

労組法は，憲法 28 条が労働基本権・労働三権を保障しているのを受けて，労働基本権の侵害となるような使用者の行為を不当労働行為として（労組 7条），裁判所における司法救済のほかに，行政機関である労働委員会における行政救済の制度を設けている（労組 27 条以下）。この労組法上の救済制度の全体を不当労働行為制度という（以上については，30も参照）。

労組法 7 条は，不当労働行為となる使用者の行為の類型を掲げている。1 号は「不利益取扱い」，2 号は「団体交渉拒否」，3 号は「支配介入」，4 号は「特殊な不利益取扱い」ともいえる類型である。1 つの行為が，複数号に該当することもある。例えば，1 号に該当する行為は，同時に 3 号にも該当するとみなされることが多い。

しかし，憲法 28 条と労組法 7 条との関係については，学説上において議論があり，そのことが不当労働行為の救済の在り方についても影響を及ぼしている。

2　労組法 7 条の意義──憲法 28 条との関係

⑴　諸　説

第 1 説（団結権保障説）は，労組法 7 条各号が，憲法 28 条で保障された労働基本権の侵害行為を列挙したものであると理解する（外尾健一『労働団体法』〔筑摩書房，1975 年〕193 頁）。そして，労組法 7 条は，それに違反する使用者の行為を違法とするという意味で司法救済の根拠規定であると同時に，労組法 27 条以下における不当労働行為の行政救済のための根拠規定であるとする（西谷・労組法 144 頁以下）。

第 2 説（団交権重視説）は，労組法 7 条および 27 条以下による不当労働行為制度は，憲法 28 条に基礎を置くが，円滑な団体交渉を基本とする適正な労使関係の実現を目的とする独自の制度とみる（石川 276 頁以下，菅野 949 頁以下）。そして，労組法 7 条は，憲法 28 条の権利侵害を類型化したものではなく，労働委員会における行政救済のための根拠規定であると理解する。また，憲法 28 条に違反する行為は，同条あるいは民法 90 条によって違法・無効になると解する（石川 276 頁以下。なお，菅野 994 頁は，労組法 7 条 1 号については，制定過程を考えて私法上の効力規定としての性格を認める）。この説では，不当労働行為制度は，労組法上の労働委員会における行政救済という特別の制度をいうこ

とになる。

第 3 説（団結権保障秩序維持説）は，不当労働行為制度は，憲法 28 条の労働基本権保障を実効あらしめ，それを具体化するための制度であるが，労働基本権の保障そのものを目的としているのではなく，その保障の上に確立されるべき公正な労使関係秩序なり，集団的労使関係ルールの確保を目的としており，不当労働行為はそれに違反する行為であると理解する。そして，労組法 7 条によって設定される規範は，私法上の権利義務規範ではなく，行政救済を前提とした行為規範であると解する。この説は，不当労働行為制度を憲法 28 条の権利保障の具体化と捉える点では第 1 説と同じ出発点に立っているが，労組法 7 条および 27 条以下の独自性を認める点で基本的には第 2 説に近いといえる（なお，学説の整理につき，岸井貞男「不当労働行為制度の本質」日本労働法学会編『現代労働法講座(7)』〔総合労働研究所，1982 年〕23 頁以下参照）。

(2) 判例の立場

判例の立場は必ずしも明確ではない。つまり，不当労働行為の救済目的については，集団的な労使関係秩序の迅速な回復・確保としており（第二鳩タクシー事件・最大判昭和 52・2・23 民集 31 巻 1 号 93 頁＝百選 106 事件），この点では第 3 説の影響が強い。しかし，不当労働行為とされる不利益取扱いの法的効果については，労組法 7 条 1 号を根拠に無効としたり（医療法人新光会事件・最三小判昭和 43・4・9 民集 22 巻 4 号 845 頁），あるいは労組法 7 条 2 号を根拠に労働組合には団体交渉を求めうる法的地位があることを認めており（国鉄事件・東京高判昭和 62・1・27 労判 489 号 13 頁，同事件・最三小判平成 3・4・23 労判 589 号 6 頁＝百選 110 事件），この点では第 1 説に近い。

(3) どのように考えたらよいか

以上の諸説の違いは，労組法が憲法 28 条を受けて労働委員会による不当労働行為の救済という制度を設けたことの趣旨，およびこのことと裁判所における司法救済との関係，不当労働行為制度によって維持・確保されるべき労使間の法的利益の性格（権利性のものとみるのか，それともルール・秩序とみるのか）等についての理解の違いから出てくるものである。ただし，不当労働行為の救済に違いが出てくるかといえば，諸説の間にそれほど大きな違いはない。例えば，憲法 28 条に違反するような使用者の行為について，その実定法上の根拠は異なるが，違法・無効になることはどの説でも同じである。また，行政救済については，第 1 説でも，要件や救済内容は司法救済の場合と異なると考えられている（西谷・労組法 145 頁）。

しかし，結論の違いがあまり大きくないことから，諸説間の議論の意味がな

いと考えるのは妥当ではない。前述したように，憲法28条や労組法7条等の性格，つまり労働法の基本的問題に関する理解の違いを含んでいるからである。労組法が不利益取扱いと黄犬契約禁止の直罰主義から，1949年改正により労働委員会命令による原状回復主義という独自の救済制度に転換したことも各説に影響を与えている。

　私見は，理論上は第1説に近く労組法7条には憲法28条の確認と労組法27条以下の行政救済の根拠という二面的性格があると考えている。第1説が不当労働行為についての司法救済と行政救済を区別せずに，労使間の権利義務と構成することについて疑問を感じる。また，第2説が憲法28条の趣旨を団体交渉権中心に考えるのは狭すぎる。行政委員会の実務からみて，第3説のような考え方により，不当労働行為事案につき行政救済における労働委員会命令の裁量性と命令の弾力的な在り方を拡充していくことにつながると思われる。

3　不利益取扱い

⑴　不利益取扱いとは

　労組法7条1号によれば，①労働者が労働組合の組合員であること，労働組合に加入したり，これを結成しようとすること，あるいは労働組合の正当な行為をしたこと，②その「故をもって」，③不利益取扱いをする場合に，不当労働行為が成立する。

　不当労働行為として禁止される使用者の不利益取扱いとしては，解雇，懲戒処分，休職，配転，出向，降格など人事上の待遇に関する不利益，減給，一時金の査定差別といった賃金・手当に関する不利益，福利厚生施設の利用上の不利益などが通常考えられるが，このほか遠隔地への配転や別居を伴う配転の場合のような私生活上の不利益，そして組合活動の困難といった事情もこれに含まれる。不利益取扱いとは，労働者の労働関係のみならず家庭生活も含めて使用者の権限の及ぶ範囲における使用者の行為であって，労働者に不利益を与えるものといえる。

　そして，人事等の処遇において他の者より「有利」に取り扱っているようにみえる場合にも，不利益取扱いとなることはありうる。ある裁判例では，労働組合の有力な幹部や活動家を組合員資格のないポストに昇格させることには，この者を組合活動から排除しようとの意図がみられ，本人や組合の反対にもかかわらずこれを強行する合理的理由がない場合には，当該組合員に対しては労組法7条1号の不利益取扱いが，そして労働組合に対しては3号の支配介入の不当労働行為が成立すると判断されている（久留米井筒屋事件・福岡地久留米支

判昭和49・2・12労判199号42頁）。この事例では，人事上の必要性より使用者の反組合的意図の方が大きいことが，不当労働行為の成立を認めた重要なポイントとなっている。【設問】1(1)も，これと事情が似ている。

なお，不利益取扱いについて次のことに留意しておきたい。つまり，労働委員会における行政救済を求める場合には，現実に労組法7条1号における不利益取扱いとされる行為がなされたことが要件になる。不利益取扱いの可能性が極めて高い場合にも，いまだなされていないときには3号の支配介入の成立はありうるが，当然には1号の不利益取扱いは成立しない。

(2) **不利益取扱いの事例**

最近における労働委員会命令として出された事件からみると，不利益取扱いには以下のとおり様々な類型が存在している。

①組合活動や争議行為に付随する懲戒処分。

②表面上は，暴力行為，不正行為，職場規律違反を理由とする懲戒解雇，再雇用拒否，また事業縮小，倒産等を理由にした解雇。

③懲戒処分（譴責，出勤停止，減給などの各処分）。

④賃金上の差別，賞与支給の遅延，減額支給，新賃金体系の導入による賃金減少，給与支給の変更，ストライキ時の賃金カットの範囲変更，手当差別支給など。

⑤配属，配転，昇進，昇格における差別，その他就業上の差別。

(3) **不利益取扱いの意思と理由（動機）の競合**

【設問】1(1)では，一方では会社に人事処遇上の必要性があり，他方で会社に反労働組合的な意図が存在している。こうした場合には，不当労働行為の成立が肯定されるのか。

まず，不利益取扱いの不当労働行為が成立するためには，使用者に不当労働行為の意思があることが必要か。判例は意思必要説の立場を採っている（山恵木材事件・最三小判昭和46・6・15民集25巻4号516頁）。これに対し学説には，意思不要説も存在している。つまり，労働者が労働組合員であること，あるいは労働組合の正当な行為をしたことと不利益取扱いとの間に客観的な因果関係があればよいとされる。しかし，一般には労組法7条1号に「故をもって」という文言があることから，不当労働行為意思の存在が必要であると解されている。ただし，この場合の意思は，使用者の内心に関することであるため，結局は労使関係の諸事実から推認するしかない。使用者が常日頃から労働組合の存在あるいは活動を嫌悪する対応をとっていたならば，組合員の処遇についての不利益取扱いの意思を推認できる場合がある（菅野967頁以下，西谷・労組法

191 頁以下）。

　次に，裁判所や労働委員会で不利益取扱いの不当労働行為性が争われる際に，使用者はその不利益取扱いが組合活動を理由とするものではなく，労働者の非違行為や勤務成績の結果にすぎないと主張する場合が多い。こうした場合に，使用者が主張する事実と，労働者の組合活動を理由としたとの事実の認定の関係をどうみるのかである。これが「理由（動機）の競合」である。動機の競合ではなく認定上の「理由」の競合である。

　これについて裁判例の多くは，使用者の当該不利益取扱いに相当な理由があれば，不当労働行為の意思を詮索することなく，もしくは形式的にのみこれを検討して不当労働行為の成立を否定している。これに対し学説では，いずれが決定的な動機（原因）であったかによって判断する決定的動機説と，組合活動がその不利益取扱いの欠くことのできない原因の１つであれば足りるとの相当因果関係説が主張されている。相当因果関係説に対しては，組合所属等の客観的事実とそれに起因する使用者の主体的行為の関係を表現するのに適切でないとの意見もあるが（西谷・労組法 193 頁），私見では不当労働行為成否の判断方法としては，使用者が労働者の組合活動を認識し，これを理由として不利益取扱いを行ったという事実が認定されるならば，行為者の意思と不利益取扱いの間に因果関係があるものとする相当因果関係説を肯定する。

4　不利益取扱いと支配介入の関係

　【設問】1⑵にみられるように，組合員と非組合員との賃金格差が組合活動による場合には，労組法 7 条 1 号に違反することになるが，実はこれらの不利益取扱いは組合の弱体化を目的にしている場合も多い。こうした事案では組合員の賃金格差は同号と 3 号の双方に違反するものとなる。積極的に組合活動に従事し，執行部や職場委員などを担っている，あるいは担ってきた特定の労働者達への不利益取扱いも同様の評価を受けることになる。

　一方，特定の組合員を対象にして組合からの脱退工作が会社の職制からなされたとして，その際に脱退しなければ配転もありうるといわれたとすればどうであろうか。前述したとおりこの脱退工作は組合への支配介入には該当するが，いまだ配転という不利益取扱いには至っていないので労組法 7 条 3 号にのみ違反することになる。この場合，労働者個人の同号による救済申立てについて組合が同号違反を申し立てない場合においても，労働者個人には同号の申立資格が認められると解されている（京都地労委〔京都市交通局〕事件・最二小判平成 16・7・12 労判 875 号 5 頁）。

453

5　賃金差別と大量観察方式

(1)　大量観察方式とは

使用者による賃金上の格付（考課）や，査定の結果が不当労働行為として救済が申し立てられる事例も多い。【設問】1(2)は，こうした事例である。

この場合，労働者，労働組合側は，使用者側の査定の資料なり根拠を全体として知ることができない。使用者の意思には往々にして，労働組合の存在自体への嫌悪や，併存組合のうち労使協調的組合への育成援助と労使対立的組合への弱体化が存在する。こうして組合に対する弱体化策と個々の組合員に対する賃金や一時金の他組合員や非組合員との差別的取扱いがなされる。

多くの場合，労働側からの労働委員会への不当労働行為救済申立ては，組合が当事者となって差別された賃金額を組合員に支払うよう労組法7条1号・3号違反の申立てを行うものであった。これは組合が個々の組合員への差別と，これが組合全体に対する会社の敵視政策の表れであるとして，組合員への賃金差別を全体として是正を求めることが事案の実態に合致するからである。この種の事案について最高裁は紅屋商事事件（最二小判昭和61・1・24労判467号6頁＝百選〔第7版〕115事件）において，労働委員会が採用してきた「大量観察方式」による立証（認定）方法を是認した。

大量観察方式は，申立人組合所属の組合員グループと他組合（非組合員も含める場合もあるが）所属の組合員グループとの考課における格差を大量（集団）的に観察することによって認定した上で，申立人組合に対する使用者の弱体化方針の存在を申立人側が立証すれば，この格差が使用者の不当労働行為によるものと推認し，使用者が格差を合理性あるものとの反証に成功しない限り，不当労働行為が認定されるというものである。

(2)　組合員個人申立ての場合

組合員個人に対する不利益取扱い（労組7条1号）の是正が求められる事案では，労働者は自分への処遇，措置が平均，または中位（真ん中）より低位にあり（格差の存在），その格差が不当労働行為によることの立証を行うことになる。

この場合において，当該労働者が平均，または中位の措置を受けた者と比較して能力，勤務成績が同等なり劣らないことを立証しなければならないかである。この点につき裁判例として中労委（オリエンタルモーター）事件（東京地判平成14・4・24労判831号43頁，東京高判平成15・12・17労判868号20頁＝百選100事件）がある。

同地裁判決は，年功序列的に行われている人事考課では，特段の事情のない限り他の労働者と「同等」と推認できること，人事考課が能力主義的に行われる場合には，能力勤務実績の資料は使用者が保有しているのに明らかにしない場合は，当該組合員が「自己の把握しうる限り」具体的根拠を挙げて非組合員と能力，実績が劣らないことを立証すれば「同等」と推認できるので，使用者から低評価の事由が個別，具体的に明らかにされない場合には，一貫した組合軽視政策と相まって合理的な理由を欠く差別的取扱いであるとした。

6　一部組合員の不採用と不利益取扱い

使用者は新たに労働者を採用する場合には広く採用の自由を有しているが，これとて「法律その他による特別の制限」がある場合には適用されない（三菱樹脂事件・最大判昭和48・12・12民集27巻11号1536頁＝百選8事件）。労組法7条1号は，不利益取扱いとして「解雇」に言及するのみであるが，同条が採用の自由を制限する「法律」に当たることを否定する理由はない。同条が採用の自由を制限する規定であることは，黄犬契約（「労働者が労働組合に加入せず，若しくは労働組合から脱退することを雇用条件とすること」）が不当労働行為として禁止されていることからも明らかである。また，採用拒否が不当労働行為に該当する場合には，労働委員会による行政救済として雇入れ命令が出されることもある。

学説の多数や労働委員会実務は，労働組合の所属や正当な組合活動を理由とする採用拒否が労組法7条1号の不当労働行為に該当すると解して，行政救済を肯定している。旧病院の廃業と新病院での事業継続に際し，いったん旧病院で全労働者を解雇した後に，希望者全員を新病院で採用しながら，組合員についてだけ採用を拒否した事例（青山会事件・東京高判平成14・2・27労判824号17頁）が，これに該当する。このように密接な関係がある旧会社での労働組合歴等を理由に新会社での採用が拒否された場合には，行政救済としての不当労働行為の救済が可能となる。

ところが，最高裁は，旧国鉄からいったん事業団に承継された職員がJR設立後の6月に採用された際に，特定の組合の一部の組合員が差別され不採用になった事件について，これを新採用とみなし，使用者の採用の自由を強調し，労組法7条1号および3号は採用段階と採用後とを区別して規制しているとし，「雇入れの拒否は，それが従前の雇用契約関係における不利益な取扱いにほかならないとして不当労働行為の成立を肯定することができる場合に当たるなどの特段の事情がない限り，労働組合法7条1号本文にいう不利益な取扱いに当

たらないと解するのが相当である」と判示する（JR北海道・JR貨物事件・最一小判平成15・12・22民集57巻11号2335頁＝百選101事件，JR北海道等事件・最一小判平成15・12・22判時1847号15頁等）。この判旨によれば，旧国鉄がJR各社で採用される労働者の名簿を作成し，その際に労働組合所属の有無を理由に差別を行ったとしても，JR自体がそれまで勤務していた労働者について差別を行ったわけではないので，事業を承継したJR各社には不当労働行為責任はないことになる。なお，この多数意見には，JRが旧国鉄の事業を引き継ぎ，従業員もその中から80％を採用していることから，両者が密接な関係を有している以上，6月採用における使用者の採用の自由も制限を受けるとして，労組法7条1号の適用を肯定する反対意見が付されている。この反対意見は，前述の多数学説等に沿ったものでもある（水町勇一郎「本件判批」法協122巻5号〔2005年〕910頁参照）。

　なおJR不採用に関連して，国労組合員が清算事業団を引き継いだ鉄道建設，運輸施設整備支援機構に対して，旧国鉄が国労組合員であることを理由として，採用基準における勤務評定において不利益取扱いを行ったとして，損害賠償を肯定した事例がある（鉄道建設・運輸施設整備支援機構事件・東京地判平成17・9・15労判903号36頁。時効の起算点は前掲JR北海道・JR貨物事件最高裁判決時とした）。

【解答への道すじ】

1　【設問】1(1)について

　本問では，L社がAに対して行った配転命令が不当労働行為に当たるのかが問われている。ここで考えるべき不当労働行為は，まず不利益取扱い（労組7条1号）である。そして，その成立要件のうち，L社にはAの組合活動を嫌悪する企図と，業務上の必要性に基づく理由とが競合していることから，「故をもって」の要件を充足するかが大きな問題となっている。そこで，「故をもって」の要件の解釈を適切に行った上で，事実の実態を把握し，結論を導く必要がある。また，本件配転は，副支店長になるというものであるから，一見すると，利益な取扱いとも考えられる。そこで，「不利益な取扱い」についても解釈を行う必要があろう。さらに，この配転が支配介入（同条3号）となるかどうかである。

(1) 本件配転がＡの正当な組合活動の「故をもって」なされたものといえるかについて

(ア) 「故をもって」の解釈について

労組法7条1号が「故をもって」と規定している以上，使用者が不当労働行為意思を有していることは必要と解するべきである。ここで問題となるのは，使用者が不当労働行為意思のみならず労働者の適正配置等の観点から業務決定する意思も併せて有している場合である。いわゆる理由（動機）の競合である。このような場合において，「故をもって」の要件は，不利益取扱いを行う際に使用者が労働者の組合活動を認識し，それを理由としていたか否かによって認定されると考える。なぜなら，労組法7条1号の趣旨は，正当な組合活動の保障にあるところ，使用者が組合活動を認識していたことを理由に労働者に不利益取扱いをしたときに当該不利益取扱いを不当労働行為として禁止しなければ，労働者は不利益取扱いを恐れ，安心して正当な組合活動を行うことができなくなり，不当労働行為を禁止する労組法7条1号の趣旨を全うできないからである。

(イ) 本件配転が「故をもって」なされたものかどうかについて

確かに，Ｌ社が本件配転をするに当たり，新たな支店の開設には積極性のあるＡがふさわしいとの判断もあったが，Ｌ社において，ＡをＭ支店副支店長とすることで，Ａの組合員資格を喪失させ，もって，Ａを組合活動から遠ざけようとする意図も存在していた。そうであるならば，Ｌ社において，本件配転の時点においてＡの正当な組合活動を認識していたことは明らかであるし，かつ，そのような意図をもって本件配転を行っている以上，Ｌ社がＡの正当な組合活動を認識していたことは，本件配転の理由の一部であったといえる。とすると，使用者であるＬ社は，Ａの組合活動を認識し，その認識を理由の一部として本件配転を行ったといえる。よって，本件配転はＡの正当な組合活動の「故をもって」なされたものであるといえる。

(2) 本件配転が不利益な取扱いといえるかについて

(ア) 不利益な取扱いとは

上述のとおり，労組法7条1号の趣旨は，正当な組合活動の保障にある。とすると，同号にいう不利益な取扱いとは，今後組合員が委縮せず安心して正当な組合活動をすることができなくなるような取扱い一般を指すものと考えられる。

(イ) 本件配転が不利益な取扱いといえるかについて

確かに，本件配転により，Ａは副支店長となるのであるから，一見昇進で

あり不利益といえないようにも思える。しかしながら，M 支店に赴任するには単身赴任となる不利益があり，かつ，組合員資格を喪失し，組合から脱退することを余儀なくされるという不利益がある。また，上述のとおり，そのような不利益は，A が正当な組合活動をしたことに基づいてもたらされているのであるから，今後 A は不利益を恐れ，正当な組合活動をしにくくなるといえる。よって，本件配転は不利益な取扱いに当たる。

　(ウ)　A が組合執行委員長であったこと，地方支店への配転であることから，この配転は組合の弱体化と判断できるので支配介入にも該当する。

　(3)　**結　論**

　以上から，本件配転は不当労働行為（労組 7 条 1 号・3 号）に当たる。

2 【設問】1 (2)について

　本問では，①行政救済方法，②立証方法が問題となっている。行政救済方法については，差別を受けた内容から考えればよい。立証方法については，前掲紅屋商事事件が参考になる。したがって，本問について解答するに当たっては，どのような差別を H 組合員らが受けてきたのかを検討した上で行政救済方法を適切に論じ，また，紅屋商事事件を参考にして立証方法を検討することが必要になる。

　(1)　**行政救済方法について**

　組合敵視による組合批判や賃金昇格差別は，支配介入あるいは不利益取扱い（労組 7 条 1 号・3 号）に当たることは明らかである。

　そこで，組合としては，団結権侵害是正のためにポストノーティスを求めること，および，差別された賃金額相当額を組合員に支払うよう労働委員会に申立てを行い，救済を求めるべきである。

　(2)　**立証方法について**

　組合員と非組合員との間に賃金格差が生じている場合に，それが組合嫌悪の意思に基づくものであることを立証するに当たっては，大量観察方式を活用するべきである。大量観察方式とは，申立人組合所属の組合員グループと非組合員所属のグループとの効果における格差を大量的に観察することによって不当労働行為を認定する方法である。この方法を採用することで，使用者の組合全体への支配介入を客観的合理的に推認でき，立証方法としては効果的であると考える。

3 【設問】2について

　本問では，N社の採用拒否（以下，「本件採用拒否」という）が不利益取扱いに当たるかを検討する必要がある。これについて，労組法7条1号は不利益取扱いとして，採用拒否を明示していないから，採用拒否であっても不利益取扱いに当たりうるのかがまず問題となる。そして，採用拒否が不利益取扱いに含まれるとして，N社が反論するように，原則採用するかどうかは採用の自由に任されるが，本問では，N社は事業譲渡を受けているのにもかかわらず，広い採用の自由が認められるのかが問題となる。

　そして，これらを検討した上で，救済を求めることができるならば，どのような行政救済を求めればよいのかを検討する必要がある。

(1) 本件採用拒否が不利益取扱いに当たるかについて

(ア) 採用拒否が不利益取扱いに当たりうるのかについて

　労組法7条1号において，解雇は例示されているが採用拒否は言及されていない。なぜなら，労組法7条1号の趣旨は，正当な組合活動の保障にあるので，同規定の適用が問題となるのは，雇用関係が既に生じているときに労働者の組合活動を使用者が抑圧する場面であるといえるからである。しかしながら，同規定が黄犬契約を禁じていること，および事業譲渡の際に承継会社が採用拒否をすることで，実質的に解雇されたのと同じ状況を作り出すことができるのであるから，そのような場合においては，解雇と採用拒否は同視できるといえる。したがって，採用拒否も不利益取扱いに当たりうると考える。

(イ) N社に広い採用の自由が認められるかについて

　確かに，契約自由の観点から，法人には採用の自由が広く認められるのが原則である。しかしながら，事業譲渡等により，労働者を承継する場面において，承継されなかった労働者は実質的に職を失い，解雇されることと同視できるのだから，法人の採用の自由も制約されるべきである。本件で，M社が事業譲渡をするときに，N社が人員過剰になるのを防ぐためにいったん全従業員を解雇し，N社が新たに再雇用するという手法をとっているのであるから，結局，事業譲渡により労働者を承継することと何ら変わりはない。よって，N社には広い採用の自由は認められないと考える。

(ウ) 本件採用拒否が不利益取扱いに当たるかについて

　本件で，N社に採用されなかったのはH組合員のみであったことからすると，N社において組合嫌悪の意思がなかったとの反証がない限りN社に組合嫌悪の意思があったと合理的に認定できる。また，上記のとおり，採用拒否は，

不利益取扱いたりえるのであるから，本件採用拒否は，Bが組合員であることを理由に不利益な取扱いをしたといえる。よって，本件採用拒否は不利益取扱いに当たる。

(2) 行政救済方法について

Bとしては，N社に対して雇入れ命令を求めること，ならびに，雇入れされていなかった期間中の給与相当額を支払うよう労働委員会に申し立てることが考えられる（労組27条）。

【基本文献】

荒木 668–687 頁／菅野 948–951 頁，964–972 頁／土田・概説 422–435 頁／西谷・労働法 559–581 頁／西谷・労組法 139–196 頁／野川 966–987 頁，386–390 頁／水町 417–427 頁

（豊川義明）

38 不当労働行為(2)
——支配介入

【設問】

1　食品製造業のL社では，長年，企業内労働組合であるH組合の春闘時の交渉方法などをめぐり労使関係がもつれており，L社の社長Aは日頃から組合批判をしていた。2019年の春闘の時期，同年3月2日，H組合の要請で全従業員向けに会社の経営状況等の説明会が開催された。その席でAは経営状況の急激な悪化や経営改善策などを説明し，「今年度はベースアップは厳しい」とか「ストライキをされたら会社は潰れます」などと発言した（発言①）。なお，このときH組合にストライキの予定はなかった。

　同年4月以降，H組合は夏季一時金に関する団交を行っていたが，交渉は難航し，H組合はこのまま交渉が停滞した場合はストライキも辞さぬ態度を明確に示していた。この団交が継続中の5月22日，社長Aは，全従業員の出席する朝礼の挨拶の中で，H組合の交渉態度を批判し，H組合が強硬な立場をこのまま採り続けるなら，「会社は重大な決意をせざるをえない」と発言した（発言②）。

　また，5月10日，L社の工場長Bは自宅に新入社員を呼んで酒席を設け，仕事のアドバイスなどをして歓談する中で，「H組合は我が社の経営の足を引っ張り，邪魔している」などと話すなどしていた。

　(1)　A社長の各発言は不当労働行為となるか。

　(2)　B工場長の発言は不当労働行為となるか。

2　M社には，設立当初から存在しているJ組合があり，J組合は会社の合理化施策に反対し，組合活動やストライキを積極的に行っている。また，M社には，J組合の活動を闘争至上主義であると批判し，J組合から大量に脱退した従業員が新たに結成したK組合があり，こちらが圧倒的に多数組合である。

　2019年11月9日，M社は各組合から年末一時金交渉を申し入れられ，同月22日，例年通りの水準で支給する旨を各組合との第1回団体交渉で提案した。K組合からは上積みを求められ，J組合からは不満の意を示されたため，M社は額の再検討を行った。同月28日，K組合との第2回団体交渉で，M社は「生産性向上に協力すること」を前提条件（以下「本件提案」）とした上積みした額の提案をした。同月29日K組合はこれを受諾し，労働協約を締結し，同年

461

12月11日，K組合の組合員にM社提案内容の年末一時金が支払われた。同月2日，J組合との第2回団体交渉で，M社はK組合にしたものと同内容の提案をしたところ，J組合は本件条件が労働強化や実質賃金引下げ等をもたらすと考え，その内容の説明を求めたが具体的な説明はされなかった。J組合は年末一時金の額は受け入れるが本件条件は拒否すると示したところ，M社は両者は一体不可欠としたため，妥結に至らなかった。同月9日，K組合との第3回団体交渉で，M社は本件条件を「就労義務のある時間は会社の業務命令に従って一生懸命働くという趣旨」と説明したがJ組合は本件条件を受け入れられず，M社も本件条件は一時金提案と一体のものと強く主張し互いに譲らなかった。結局，M社とJ組合は妥結に至らず，J組合の組合員には2019年の年末一時金は支給されなかった。

　また，2020年4月から，M社は新たな二交代勤務体制と計画残業制（本件勤務体制等）につきK組合とだけ協議の上，それを実施した。J組合は長年M社による残業政策を強制残業などとして非難してきたところ，本件新勤務体制等の実施以降，J組合の組合員はいっさい残業を命じられなくなった（本件残業問題）。2020年4月15日以降，J組合はM社と本件残業問題につき複数回団体交渉を行ったが，M社はK組合が長年M社の残業政策に反対していることや，二交代勤務体制のもとでは計画残業にしたがわないものを残業させるのは困難であるためK組合と同様の勤務体制での勤務をしなければ残業を命じることができないと繰り返し主張した。またM社は，J組合に対して本件新勤務体制の具体的内容等の説明をせずJ組合の同意を得ようという説得はしなかったため，団交は物別れに終わっている。同年6月1日現在も，結局，J組合の組合員には残業が一切命じられない状況が継続している。

  (1)　M社が年末一時金を支給しなかったことは不当労働行為となるか。
  (2)　M社が残業を一切させないことは不当労働行為となるか。

【解　説】

1　総　説

(1)　意　義

　使用者が「労働者が労働組合を結成し，若しくは運営することを支配し，若しくはこれに介入すること」（「支配介入」という），労働組合の運営のための経費援助は，労働組合の自主性を損なわせうる不当労働行為として禁止される（労組7条3号）。支配介入の態様は多様であり，組合結成の妨害，組合運営へ

の介入などが支配介入となる。また，不利益取扱い（同条1号・4号）および
団交拒否（同条2号）の不当労働行為も同時に支配介入となりうる。なお，支
配介入は現実に組合の結成・運営に影響を及ぼさなくても，使用者が組合結
成・運営に干渉したり，弱体化しようとした行為と客観的に評価されれば成立
する。

(2) 支配介入意思

労組法7条3号には「故をもって」（同条1号）などの文言がないことから，
支配介入の成立に不当労働行為意思の存在が要件となるかに議論がある。学説
は意思の要否およびその意思の内容ともに錯綜している（学説については，東
大・注釈労組法(上)443頁以下，コンメ労組法114頁以下参照）。この点につき最
高裁は，使用者の言論が「客観的に……組合の運営に対し影響を及ぼした事実
がある以上，たとえ，発言者にこの点につき主観的認識乃至目的がなかったと
しても」支配介入に当たるとした（山岡内燃機事件・最二小判昭和29・5・28民
集8巻5号990頁）。これは意思不要説とも理解できるが，使用者の発言自体か
ら不当労働行為意思が当然に推定されたとする見方もあり，評価が分かれてい
る（中窪裕也・百選〔第5版〕161頁）。本判決以後の裁判例も立場が分かれている。

支配介入の不当労働行為意思の内容は，積極的に組合を弱体化させようとす
る意思までは要求されず，「その行為が客観的に組合弱体化ないし反組合的な
結果」を生じさせうる認識で足りると解される（日本アイ・ビー・エム事件・東
京高判平成17・2・24労判892号29頁）。

2　使用者の責任の範囲

支配介入は，不当労働行為の責任主体である使用者ではない者（例えば，管
理監督者,下級職制,一般従業員など)が行うことも多く,これが使用者の指示など
によらない場合に,使用者がどこまで不当労働行為責任を負うかが問題となる。

個人企業の事業主や法人の代表者の行為は職務上，使用者の行為となる。使
用者の利益を代表する者（労組2条ただし書1号）の行為も特段の事情のない
限り使用者が責任を負う（興人パルプ事件・東京高判昭和45・9・17労民集21巻
5号1229頁など）。

それ以外の者について，最高裁は，使用者の利益代表者ではないが，これに
「近接する職制上の地位にある者」につき，その者が「使用者の意を体して労
働組合に対する支配介入を行った場合には，使用者との間で具体的な意思の連
絡がなくとも」，その者の行為は使用者の不当労働行為となるとする（JR東海
〔新幹線・科長脱退勧奨〕事件・最二小判平成18・12・8労判929号5頁）。当該行

為は，それが自己の加入する組合の組合員としてした，あるいは相手方との個人的関係からしたことが明らかであるなど特段の事情がない限り，「意を体して」されたものと判断されている。

3 使用者の言論と支配介入

使用者にも言論の自由（憲21条）が保障されているため，使用者が労働組合について意見の表明をすることも許される。しかし，それが組合の組織や運営に重大な影響を与えうるため，どのような使用者の言論が支配介入となるかが問題となる。学説には，報復，暴力の威嚇，利益の約束が含まれない使用者の言論は支配介入に当たらないとする使用者の言論の自由を広く認める見解がある（山口103頁，このうち，組合が自主的に決定すべきその組織・運営に対する使用者の言論については報復，威嚇等がなくても支配介入となると解すべきとするものとして，西谷・労組法202頁）。他方で，学説の多くはこれらの報復，威嚇などが含まれていなくても，使用者の発言の内容，発言の時期，発言のなされた状況，発表者の地位，発言の組合活動への影響などを総合的に判断して支配介入の成否を判断するとしており，判例もこれと同様の判断枠組みを採っている（プリマハム事件・最二小判昭和57・9・10労経速1134号5頁＝百選〔第8版〕113事件）。

使用者の言論が支配介入とされた例では，まず社長が工場従業員とその父兄の出席する集会で，工場の組合が上部団体に加入した以上，人員整理もありうる旨の組合員が不利益を被る趣旨を含む発言をしたことが支配介入とされた（前掲山岡内燃機事件）。また，組合による団交決裂宣言後に出された社長声明文の中で，社長がストライキに対して「重大な決意をせざるをえません」などと表明したことは，実際にストライキの脱落者が多数出たことから，組合の内部運営に対する支配介入とされた（前掲プリマハム事件）。

他方，否定例では，郵便局長が自宅で酒食を並べて歓談中，新入職員に対して組合批判などの発言をしたことにつき，労使が対立する時期に使用者またはその利益代表者が労働者と個別的に接触して労使間の具体的な問題につき発言をすることは一般的には公正さを欠くものの，局長の発言の趣旨が先輩の一人として新入職員に忠告・激励しようとしたものと認められることなどから，右発言は支配介入とならないとされた（新宿郵便局事件・最三小判昭和58・12・20労判421号20頁）。また，安全運行確保のための社内行事での挨拶で，常務が組合による懲戒処分撤回の署名活動に触れて「覚悟を持ってやっていただきたい」，「今日はそれぐらいに留めておきますけどね」などと発言したことは適切ではなかったが，「会社がどうのこうの言う立場にない」，会社は署名活動に関

与する気がないことも表明していたことなどを総合すると，本件常務の発言は支配介入に該当しないとされたものがある（国・中労委〔JR東日本大宮支社・常務発言〕事件・東京高判平成26・9・25労判1105号5頁）。

4 複数組合の併存と支配介入

同一企業内に複数の組合が併存する場合，使用者は各組合に対し中立保持義務を負い，「各組合の性格，傾向や従来の運動路線」などによって差別してはならない（日産自動車〔残業差別〕事件・最三小判昭和60・4・23民集39巻3号730頁＝百選105事件）。もっとも，団体交渉においては取引の自由が認められるため，使用者は「各組合の組織力，交渉力に応じた合理的，合目的的な対応をすること」が許されており（前掲日産自動車〔残業差別〕事件），団交の結果，複数組合のうち一方が他方より不利益な条件で妥結するなど，組合間で異なる取扱いが生じても，それは組合の選択の結果として支配介入の問題は生じない。しかし，そこでの不利益が団交の結果を装いつつ，実は一方の組合を弱体化するために生じたと評価すべき場合には，やはり支配介入の成否が問題となる。

これは団交での使用者による併存組合に対する同一条件の提示に，多数組合は妥結したが少数組合は妥結しなかったことにより，組合間に労働条件などで，異なる取扱いが生じた場合に問題となる。最高裁は，「生産性向上に協力すること」を妥結条件とする一時金引上げ提案を多数組合は妥結したが，少数組合はこの条件が人員削減につながるなどとして拒否したところ，使用者がこの条件に固執して結局一時金が支払われなかったことの不当労働行為該当性が争われた事案で，この条件には合理性がなく，使用者は組合がこの条件を拒否することを予測しえたにもかかわらずこれに固執したことは少数組合を弱体化させる意図の下で行われたものであるとして，不当労働行為（労組7条1号・3号）に当たるとした（日本メール・オーダー事件・最三小判昭和59・5・29民集38巻7号802頁）。

また，昼夜二交代制計画残業を多数組合のみと協議して導入し，これに反対していた少数組合には何ら申入れをせず，残業を一切命じなかった事案では，使用者が多数組合と妥結した線以上の譲歩をしないことを，少数組合の弱体化を意図するものと短絡的に推断することは許されないと判断して多数組合との合意に配慮しつつ，「当該交渉事項については既に当該組合に対する団結権の否認ないし同組合に対する嫌悪の意図が決定的動機となって行われた行為があり，当該団体交渉がそのような既成事実を維持するために形式的に行われているものと認められる特段の事情がある場合には，右団体交渉の結果としてとられている使用者の行為についても」支配介入が成立するとした（前掲日産自動

車〔残業差別〕事件）。なお，本件では，「特段の事情」につき，提示条件の内容，交渉事項との関連性，条件に固執することの合理性だけでなく，交渉事項が生じた原因・背景事情，当該労使関係において交渉事項が持つ意味，交渉事項をめぐる問題発生後の労使双方の態度等の一切の事情を総合考慮して判断し，二交代制勤務体制および計画残業の導入に際して少数組合と何ら協議せず，会社による強制残業への反対行動を組合がとっていることを逆手にとって当該少数組合員に残業を一切させず，団体交渉の場においても少数組合が当該勤務体制等に同意するような努力を払った形跡がみられないこと等から，会社は当該組合員を残業させないことで長期間経済的に不利益を伴う状態に置くことにより組織の動揺や弱体化をさせる意図をもって行い，会社が残業をさせない状態を維持するために形式的に団体交渉を行ったとして，支配介入が成立するとされた。

【解答への道すじ】

設問はいずれも使用者の各行為が支配介入の不当労働行為（労組7条3号）に当たるかが問題となる（なお，ここでは不利益取扱い〔同条1号・4号〕および団交拒否〔同条2号〕は扱わない）。

1　【設問】1について──使用者の言論と支配介入

(1)　支配介入意思について

まず，支配介入が成立するには，使用者に不当労働行為意思が認められることが必要と解される。ここにいう不当労働行為意思の内容は，積極的に組合を弱体化させる意思ではなく，使用者の行為が組合弱体化ないし反組合的結果を生じさせうる認識で足りると解される。まず，A社長の発言①は積極的に組合を弱体化させることを意図したわけではないが，その発言がストライキへの参加を組合員に躊躇させうることは認識できたと考えられるから，発言①には不当労働行為意思が認められる。また，発言②について，A社長はH組合のストライキを辞さない態度に対して，「会社は重大な決意をせざるをえない」と述べており，これはストライキの決行により組合員らが何らかの不利益を受けうることを示唆するものといえる。A社長はこれにより組合員のストライキ参加が妨げられうることは認識しえたから，発言②にも不当労働行為意思が認められる。また，B工場長の発言については，その発言の中にH組合を批判する発言が明確にみられ，新入社員らがこの発言を聞きH組合への加入を躊躇しうることは認識できたと考えられるため，B工場長の発言にも不当労働

行為意思が認められると解される（なお，支配介入の成立に不当労働行為意思を不要とする立場の場合，これらの検討は不要である）。

(2) 【設問】1(1)での A 社長の各発言について——支配介入該当性

使用者にも言論の自由（憲21条）が保障されているが，それが支配介入となる場合がありうる。使用者の言論の支配介入該当性は，使用者の言論の内容，発言の時期，発言のなされた状況，発言者の地位，発言の組合活動への影響などから総合的に判断するべきである。

発言①の内容は組合員にストライキを躊躇させうるため適当ではないが，実際にストライキは予定されていなかったこと，他の発言は会社の窮状を全従業員に伝え，経営改善のための会社の考えを述べて組合に協力を求めたものと解されること，また，発言①は H 組合の要請で開催された説明会でなされたものであることなどから，発言①は支配介入とはならないと解される。

他方，発言②は，ストライキ決行により組合員らが不利益を受ける旨を示しており，これはストライキ不参加の積極的な呼びかけといえ，組合の内部運営に対する支配介入に該当すると解される。なお，別解としてストライキの予定がなくとも，それを使用者が見越しているとして支配介入該当性ありとの判断もありうる。

(3) 【設問】1(2)での B 工場長の発言について——使用者の責任の範囲

B 工場長は使用者ではないため，その行為の不当労働行為責任を使用者が負うべきかが問題となる。まず，B 工場長は A 社長の指示を受けて発言したなどの事情が不明であるため，この点から使用者が B 工場長の発言に責任を負うかは明らかでない。しかし，B 工場長は使用者の利益代表者（労組2条ただし書1号）と考えられるため，特段の事情のない限り，使用者はその発言につき不当労働行為責任を負うと解される。ここにいう特段の事情には，B 工場長の発言が発言の相手方との個人的な関係からなされたことが明らかであることなどと解されるが，B 工場長の自宅での発言とはいえ，B 工場長と新入社員との間が個人的に親しい関係であったというわけでもないから，特段の事情はなく，B 工場長の発言は使用者が責任を負うこととなる。

次に，B 工場長の発言が支配介入に該当するかが問題となる。B 工場長の言論の内容，発言の時期，発言のなされた状況，発言者の地位，発言の組合活動への影響などから総合的に判断すると，H 組合発言は，労使対立の中で使用者の利益代表者が労働者と個別的に接触して発言がなされている点で公正さを欠くし，B 工場長の組合批判発言の部分は不当ではある。しかし，B 工場長の発言は，新入社員との歓談により彼らを激励しようとする中でなされ，新入社

467

員にのみ向けられていることなどからその影響も限られるため，支配介入に当たるとまではいえないと解される。

なお使用者の言論の支配介入該当性の判断基準については，使用者の言論に威嚇，脅迫，利益の約束が含まれていない限り，それは支配介入とならないとする，使用者の言論を広く認める立場もある。この立場に立った場合，A社長の各発言およびB工場長の発言は，いずれも威嚇，脅迫，利益の約束を含まないため，支配介入に該当しないと解される。

2 【設問】2について──併存組合間の異なる取扱いと支配介入

(1) 併存組合間での異なる取扱いの支配介入該当性

【設問】2は，企業内の併存組合間で異なる取扱いがなされたことが，支配介入となるかが問題となる。企業内に組合が併存する場合，使用者は，各組合に対して中立保持義務を負うが，使用者にも取引の自由が認められるため，使用者は各組合の組織力や交渉力に応じた合理的，合目的的な対応をすることができ，その結果，組合間で異なる取扱いをすることも許される。

もっとも，このような組合間の異なる取扱いも，組合の弱体化を意図して行われた場合には支配介入に該当しうる。【設問】2は団交を通じた異なる取扱いが問題となっているが，組合弱体化の意図が決定的動機となって異なる取扱いが行われ，団体交渉がその既成事実の維持のため形式的に行われていると認められる特段の事情のある場合には，当該行為は支配介入となると解される。特段の事情については，【設問】2のように使用者のした提案条件に使用者が固執することで結果的に異なる取扱いが生じた場合には，その条件の内容，交渉事項とその条件との関係，条件に固執することの合理性だけでなく，交渉事項が生じた原因・背景，当該労使関係において交渉事項が持つ意味，交渉事項をめぐる問題発生後の労使双方の態度等の一切の事情を総合考慮して判断すべきである。

(2) 【設問】2(1)について──差違え条件と支配介入

【設問】2(1)では，M社がJ組合との一時金交渉において本件条件に固執したことが，J組合に対する支配介入に該当するかが問題となる。本件の事情をみると，本件条件が抽象的でその解釈に疑義が生じることが予想され，「生産性向上に協力すること」という条件を労働組合が労働強化や実質的賃上げ等をもたらすと評価するのも避けられず，J組合が本件条件を容易に受け入れ難いと考えたのには理由がないものではないと解される。また，M社はK組合が受諾したからといって，組織も活動方針も異なるJ組合が当然にこれを受け入れるものではないことを予測し得たといえる。そうすると，J組合が本件条件

を拒否したのは，M社が，本件条件に合理性が認められず，J組合が受け入れることのできないような条件を，J組合がこれを受け入れないことを予測し得たにもかかわらずあえて提案し，これに固執したことに原因があると解すべきである。さらに，本件では，J組合が本件条件を受入難いと評価することに理由がないものではないこと，M社が本件条件に固執する結果，K組合とJ組合員との間で一時金の支給に差異が生じ，そのことが少数派組合であるJ組合にとっては組合員らの動揺をきたし，その組織力に影響を及ぼし，ひいては弱体化をきたすであろうことは容易に予測できたと解されることを踏まえると，M社がJ組合との一時金交渉において本件条件に固執したことは，J組合を弱体化させようとの意図の下に行われたものとして，労組法7条3号の不当労働行為を構成すると解すべきである。

⑶ 【設問】2⑵について――**多数組合が合意した条件への固執，残業差別と支配介入**

【設問】2⑵では，M社が多数派組合であるK組合との合意を前提とした回答に固執し，J組合の組合員に残業を一切命じなかったことが不当労働行為を構成するかが問題となる。

本件では，本件新勤務体制には多数派組合であるK組合が同意したこと，その実施による作業運営の効率化や残業を拒否しかねない者を計画残業に組み込むことの負担等から，M社の交渉態度は不当とまではいえないと解されるが，M社がJ組合と全く協議せずに本件新勤務体制等を実施したことはJ組合を無視して企業運営を行う態度のあらわれとみられること，団交においてもJ組合の同意を得ようと努力をしなかったこと等からM社はJ組合が残業に反対していること等を逆手にとって誠実に交渉をしなかったと解すべきである。そうすると，また，M社がJ組合員に一切残業をさせない状況を継続していることは，一見,J組合との計画残業に関する合意ができないことを理由とするものであるといえるが,その主たる動機・原因は，同組合員を残業につかせないことによって長期間経済的不利益を生じさせ，J組合の組織の動揺や弱体化を生じさせようとの意図に基づくものであり，M社がJ組合員に対して一切の残業を命じないことは，支配介入に該当すると解すべきである（労組7条3号）。

【基本文献】

荒木687頁／菅野974頁／土田・概説435頁／西谷・労働法581頁／西谷・労組法196頁／野川987頁／水町428頁

（豊川義明＝山川和義）

39 不当労働行為(3)
——救済制度

【設 問】

　労働者 A は，運転手 40 名を擁する L タクシー会社で約 10 年間タクシー運転手として勤務してきた。L 社では，同業他社と比較して水揚げから運転手が受ける歩合率が 47％と低いため（同業他社は 55％ないし 60％），運転手の中には不満が強く存在していた。そこで A は，同社の親しい運転手仲間と H 労働組合を結成し，その執行委員長に選ばれた。

　H 組合は，社長に対し同業他社並みの歩合率への変更を求めて，L 社に団体交渉を要求したところ，L 社のワンマン社長は，組合や団交は会社の社風に合わないと，それを拒否した。また，同社長は，労働組合結成の中心人物が A と分かったので，A の接客態度が悪いことを口実にして懲戒解雇を行った。A には，パートタイマーをしている妻と中学と高校に通学している子供が 2 人いるので，他のタクシー会社でアルバイトしながら解雇を撤回させたいと考え，組合の上部団体に相談した。相談を受けた上部団体の役員は，こうした明白な組合活動を理由とした事件は，労働委員会に申し立てるほうがいいとアドバイスをしたため，A は県労委に対して懲戒解雇を不当労働行為として救済申立てを行った。同時に，H 組合も，団交拒否と A の解雇を支配介入として救済を求めて県労委に救済申立てを行った。

　労働委員会の審理は考えていたより長くかかり，命令まで 2 年近くが経過した。この間，A はタクシー運転手としてアルバイトを半分しながら労働委員会の審理に参加してきたが，L 社は A がアルバイトをしていることを知って，救済命令が出るにしてもバック・ペイからはアルバイトで入ったお金が控除されるべきであると主張した。

　(1)　労働委員会は，この解雇が労組法 7 条 1 号・3 号に違反するとした場合に，いかなる内容の救済命令を出すことができるか。

　(2)　また，それについて行政取消訴訟が提起された場合，裁判所はどのような視点から救済命令について判断を下すか。

【解　説】

1　不当労働行為の救済

　労組法 7 条各号に規定されている使用者の不当労働行為について，労働者あるいは労働組合は，使用者を被告として訴訟を提起できるとともに（裁判所による救済を「司法救済」という），使用者を被申立人として，都道府県労働委員会（都道府県労委。2004 年労組法改正に伴い従来の地方労働委員会〔地労委〕が改称）に対して不当労働行為の救済を申し立てることができる（労働委員会による救済を「行政救済」という）。【設問】では，後者の行政救済の可否のみが問題となっているが，前者の救済も可能である（⑩参照）。どちらかのみを利用してもよいし，両者を同時に利用することもできる。実務では，申立側とすれば両方の活用が多いようである。

　不当労働行為のうち不利益取扱い（労組 7 条 1 号）については，申立人はそれを受けた労働者個人とその者が属する労働組合である。団交拒否の事例では（同条 2 号），労働組合だけが申立人となる。支配介入の事例では（同条 3 号），通常は労働組合が申立人となるが，労働者も申立適格者となるとされている（京都地労委〔京都市交通局〕事件・最二小判平成 16・7・12 労判 875 号 5 頁）。

2　不当労働行為の行政救済制度

⑴　行政救済制度の趣旨

　労働委員会による救済方法として，1945 年に制定された旧労組法は，直罰主義を採っていた。つまり，使用者が，組合活動を理由とする不利益取扱いと黄犬契約の禁止に違反した場合に，労働委員会が請求して 6 月以下の禁錮または 500 円以下の罰金を科すという仕組みになっていた（旧労組 11 条・33 条）。この場合には，労働者個人の救済には，別途民事訴訟を提起する必要があった。これに対して現行労組法は，行政救済制度を取り入れ，不当労働行為の結果を行政命令で直接に是正できるようになっている（なお，労組法 28 条・32 条により，使用者が確定判決で支持された救済命令，あるいは緊急命令に違反した場合には，刑罰や科料の制裁を受ける）。

　こうした不当労働行為救済制度の目的をどのように考えるかについては，議論がある。かつて最高裁は，不当労働行為がなされなかった状態に戻すという原状回復主義を，この目的と解していた（在日米軍調達部東京支部事件・最三小判昭和 37・9・18 民集 16 巻 9 号 1985 頁）。しかし，現実に行われている救済命令では，将来にわたり同種の行為を行わないよう命じる不作為命令（その合法

471

性については，栃木化成事件・最三小判昭和 37・10・9 民集 16 巻 10 号 2084 頁）の
ように，原状回復にとどまらない柔軟な救済が行われている。そこで最高裁は，
後にこの見解を改め，原状回復という表現を避け，「使用者による組合活動侵
害行為によって生じた状態を……直接是正することにより，正常な集団的労使
関係秩序の迅速な回復，確保を図る」ことと説明しており（第二鳩タクシー事
件・最大判昭和 52・2・23 民集 31 巻 1 号 93 頁＝百選 106 事件），今日ではこうし
た見解が有力になっている（菅野 949 頁以下など）。

(2) 労働委員会の構成と権限

　集団的労使紛争を解決するための特別の行政委員会として，労働委員会が設
けられている（労組 19 条以下）。労働委員会には，厚生労働大臣の所轄下にあ
る中央労働委員会（中労委）と，各都道府県の機関である労働委員会（都道府
県労委）がある。労働委員会は，各同数の使用者委員，労働者委員，公益委員
によって構成されているが，これらの委員は，労使関係に関する専門的な知識
と経験を期待されている。

　労働委員会の主要な役割は，労働者の団結権の擁護と，労働関係の公正な調
整を図ることを目的とし（労組 19 条の 2 第 2 項），労働関係調整法（労調法）に
基づく労働争議の調整と，不当労働行為の審査および救済（労組 27 条以下）で
ある。これに加えて，最近では多くの労働委員会が，条例により，個別労働関
係紛争のあっせんを行うようにもなっている。

(3) 不当労働行為の救済手続

　不当労働行為を受けた労働者あるいは労働組合は，使用者を被申立人として，
都道府県労委に対して不当労働行為の救済を申し立てることができる。不当労
働行為の救済申立てを受けた都道府県労委は，審査手続を開始し，調査を行っ
た上で，申立てに理由があるかどうかの審問を行う（労組 27 条 1 項）。申立人
が労働組合である場合には，同時にその資格審査も行う（労組 5 条 1 項）。この
資格審査は，申立資格となっているので，本来は不当労働行為の審査に先行し
て行われるべきものであるが，実際には命令を発する前までに終了すればよい
との考えの下に，並行審査が行われている（東京光の家事件・最二小判昭和 62・
3・20 労判 500 号 32 頁は，こうした取扱いを合法と判断する）。審査の実際は，自
主性（労組 2 条）と民主性（労組 5 条 2 項）とも，書面による形式的な審査にな
っている。なお，申立期間は，行為の日（継続する行為はその終了した日）から
1 年間である（労組 27 条 2 項）。

　都道府県労委は，申立ての全部または一部に理由ありと認める場合にはこれ
を救済し，理由がないと認める場合には申立てを棄却する命令を発する（労組

27条の12第1項）。なお，命令を発する権限は，公益委員のみの合議によって行われ，使用者委員・労働者委員は調査・審問・和解を勧める手続に参与できるにとどまる（労組24条の2）。都道府県労委の命令（初審命令）により不利益を被る当事者は，命令交付後15日以内に中労委に対して再審査の申立てを行うことができる（労組27条の15）。

(4) 審査の実情

2014年の新規申立件数は全国で371件（2012年は354件）で，その内訳は，民間企業関係が371件，地方公務員関係が33件である（複数併存組合事件は75件）。申立人別にみると，組合申立てが319件，組合および個人連名申立てが9件，個人申立てが3件である。

同年について労組法7条該当号別にみると（重複集計による），2号関係が250件，3号関係が154件，1号関係が141件，4号関係が10件となっている。民間企業関係の審理申立件数319件を企業規模別にみると，約47％（152件）が従業員数100人未満の企業での申立てである。

終結した初審事件の平均処理日数は，命令・決定では647日，取下げ，和解では325日，総平均では417日となっている。この初審命令・決定（85件）に対する不服の状況であるが労使の一方側から，あるいは双方からの再審査申立ては50件，行政訴訟提起が7件であり，その不服率は60％である（以上については，「平成27年における労働委員会取扱事件の概況」中央労働時報1208号〔2016年〕49頁以下参照）。

こうした審査の実情を全般的にみると，審査期間は2008年の665日に比べると減少しているが，いまだ長期であること，初審命令への不服，中労委命令への不服の比率が高いこと等が特徴として指摘できる。

労働委員会の審理の迅速化，効率化，命令の実効化に向けて2004年に労組法が改正され（2005年1月施行），その主要な改正点は，①審査手続について，救済命令の交付時期の記述も含めた計画審理，証拠提出命令とその制限（正当な理由のない提出拒否は，取消訴訟で証拠の申出ができない），証人出頭命令の導入，和解の促進と金銭合意の債務名義化，②審査体制について，常勤の公益委員の配置，小委員会方式の導入（一定数の公益委員のいる地方も含む），事務局の体制の整備などである（労組27条の6等）。ただし，「事実上の5審制」の解消が見送られたこと，公益委員の常勤化と専門性（労働法研究者や法曹資格者）の確保など，とりわけて都府県労委では今後に課せられた課題も多い。

3　救済命令の内容

(1)　救済内容に関する労働委員会の裁量権

労働委員会は，申立ての全部または一部に理由ありと認める場合にはこれを救済し，申立てに理由がない場合はこれを棄却する命令を，書面により発する（労組 27 条の 12）。

救済命令の内容は，事案に応じて多様であるが，①不利益取扱いに当たる解雇については，原職復帰命令およびバック・ペイ（解雇期間中の賃金相当額の支払）命令，②支配介入については，当該行為を禁止する命令やポスト・ノーティスなどがある。

労働委員会は，いかなる救済命令を発するかについて広範な裁量権を有するが，不当労働行為救済制度の趣旨・目的に照らして一定の限界がそこには存在すると解されている（前掲第二鳩タクシー事件）。以下では，各救済内容に即してこの点をみていきたい。

(2)　バック・ペイと中間収入の控除

【設問】のＡのように，不当労働行為により解雇された労働者については，救済内容として通常，原職復帰とバック・ペイが命じられる。しかし，解雇期間中に労働者が他で就労して得た収入（中間収入）をバック・ペイの額から差し引くかどうかについては，不当労働行為救済の目的の理解とも関係し，司法判断が分かれている。

かつて最高裁は，救済命令の目的を「原状回復」と狭く捉え，中間収入を控除しないと，かえって使用者に懲罰を科すことになるとして，非控除を違法とした（前掲在日米軍調達部東京支部事件）。解雇無効の民事訴訟では，この問題は民法 536 条 2 項後段（後記事件当時はただし書）の解釈問題として処理されることになる（米軍山田部隊事件・最二小判昭和 37・7・20 民集 16 巻 8 号 1656 頁，あけぼのタクシー〔民事解雇〕事件・最一小判昭和 62・4・2 労判 506 号 20 頁＝百選 76 事件）。行政救済の場合には，当事者の権利義務の確定の問題ではなく，バック・ペイは賃金ではないので，民法 536 条 2 項は適用されないのに，私法上の場合と同じように扱っていたことになる。

しかし，最高裁は後にこれを改め，救済における労働委員会の裁量権を強調した上で，被解雇者個人に対する救済からいえば控除が原則であるが，組合活動一般に対する侵害をも考慮して控除を行わないと判断することも可能であるとした（前掲第二鳩タクシー事件）。もっとも最高裁は，組合活動一般への侵害を，組合そのものへの打撃よりは，再就職の困難など被解雇者個人の損害を媒

介にした制約的効果と考えており，最高裁の立場はかなり厳格であるといえる（あけぼのタクシー〔バック・ペイ〕事件・最一小判昭和 62・4・2 労判 500 号 14 頁は，解雇により当該労働者が受けた打撃が軽いことを重視して，非控除を違法と判断している）。

これに対して労働委員会は，非控除の立場を一貫して採っている。また学説は，不当労働行為に当たる解雇によって組合活動に与えた影響を軽視しているとして，概して最高裁の立場に批判的である（西谷・労組法 221 頁）。

(3) ポスト・ノーティスにおける陳謝

ポスト・ノーティスとは，使用者が救済命令の趣旨を表示する文書を掲示することをいう。ポスト・ノーティス命令は，例えば支配介入の不当労働行為について，使用者が掲示すべき文書の内容として，不当労働行為を「深く反省」ないし「陳謝」し，以後そのような行為を繰り返さないことを「誓約」するとの表現が用いられることがある。

このような表現は，使用者の良心の自由（憲 19 条）や表現の自由（憲 21 条）を侵害する可能性があるが，同種行為を繰り返さない旨を約束するもので，反省等の意思表明の要求を本旨とするものではなく，憲法違反の問題は生ぜず，労働委員会の裁量権の範囲内であると解されている（亮正会高津中央病院事件・最三小判平成 2・3・6 労判 584 号 38 頁，オリエンタルモーター事件・最二小判平成 3・2・22 労判 586 号 12 頁）。

(4) 昇給・昇格差別の救済

37の【設問】1(2)の事例では，昇給・昇格差別が問題となっている。この場合に，大量観察方式によって H 組合員に対する不当労働行為が認定されると，救済としては次のようなことが考えられる。

まず，昇給差別については，組合員とその他の労働者の人事考課の平均値を同じくするといった一定の基準を使用者に示して，使用者に再査定とそれに基づく差額賃金の支払を命じる（再査定命令）タイプと，労働委員会が直接組合員一人一人について差別がなければ支払われる賃金額（事実上は率による上乗せになる）を決定し，その差額の支払を命じる（直接是正命令）タイプが存在している。どちらが妥当かというのではなく，ケースによって使い分けられているといえよう。

次に，職能資格制度における昇格差別については，差別がなければ昇格したであろう資格への格付を命じることができる。例えば「同年同期入社者の昇格年に遅れないように扱うこと」といった命令が考えられる。これに対して昇進を意味する昇格差別については，その地位が職務上・人事上の重要な権限行使

を伴わない場合には，それへの昇格を命じることができるが，重要な権限行使を伴い，したがって昇格について使用者にある程度裁量権が認められているような場合には，これを無視した昇格命令は，労働委員会の裁量権の範囲を超えるとされている（中労委〔朝日火災海上保険〕事件・東京高判平成 15・9・30 労判 862 号 41 頁等）。

4　労働委員会命令と司法審査

(1)　取消訴訟の提起

労働委員会の命令に対し，一般の行政処分と同様に，行政事件訴訟法による取消訴訟を提起することができる（その場合の第 1 審は，都道府県労委を管轄する地方裁判所となる）。中労委の命令に対しても，同様の取消訴訟を提起することができる（その場合の第 1 審は，東京地裁となる）。この場合被告は，都道府県もしくは国となる（行訴 11 条 1 項）。出訴期間は，使用者は命令交付後 30 日以内（労組 27 条の 19 第 1 項），労働者側は 6 ヵ月以内である（行訴 14 条 1 項）。なお，都道府県労委の命令に対して，使用者は再審査申立てか取消訴訟のどちらかしか提起できないが（労組 27 条の 19 第 1 項），労働者・労働組合は両者を同時に行うことができ，ただ中労委の命令が先に出されると取消訴訟は却下される（同条 3 項・2 項）。また，行政訴訟において初審命令が確定した場合には，中労委に対する再審査申立ては却下される（中労委・建交労千葉県本部千葉合同支部事件・東京高判平成 15・4・23 判時 1830 号 146 頁）。

(2)　司法審査の範囲

労働委員会の救済命令に関する取消訴訟での審査は，①事実認定，②不当労働行為の成否の判断，③救済命令の妥当性について行われる。ここでの大きな問題は，対審構造により証拠調べも時間をかけて審理する準司法的な専門機関である労働委員会の判断が司法においてどのように尊重されるのかにある。

①については，2015 年 3 月末までの審判手続を持っていた準司法的な機関である公正取引委員会の事実認定に関しては，旧独禁法 80 条により，裁判所は委員会の記録に基づき，その事実認定が合理的かどうかの審理だけを行う（これを「実質的証拠法則の採用」という）としていた。

労働委員会の準司法的な性格や審理の実情からみて，司法判断では実質的証拠法則を採用するべきであるとの意見もあるが，裁判所は実質的証拠法則を採用していない。ただし，労働委員会で出せた証拠を当事者が故意に出さずに，司法審査ではじめて提出するのは信義則からみても問題があるとされる場合があるが（近畿システム管理事件・最三小判平成 7・11・21 労判 694 号 22 頁），少な

くとも証拠採用に厳格な運用は必要である。この点については，前述したように 2004 年にそうした方向での労組法改正が行われている。

②については，労組法 7 条が要件を規定せずに，「正当な」や「支配」あるいは「介入」などの不確定な概念を用いており，この場合の法律要件の充足について労働委員会が最終決定権を有する（「要件裁量」という）かが，問題となる（公益委員が労使関係の安定という事件全体をみた上で判断するものであり，事実上尊重されるべきであると判示する事例として，日産自動車事件・東京高判昭和 52・12・20 労判 288 号 56 頁）。この点について最高裁は，これを否定して裁判所が「労働委員会の判断を審査してそれが誤りであると認めるときは，当該救済命令を違法なものとして取り消すことができる」とした（寿建築研究所事件・最二小判昭和 53・11・24 労判 312 号 54 頁）。前述の第二鳩タクシー事件が救済命令の内容について労働委員会に広範な裁量権があることを認めた後に出されたこの判決によって，労働委員会が要件裁量を持つことは否定され，この後の労働委員会実務と取消訴訟にも決定的な影響を与えたといえる。

③については，前述したように，労働委員会には専門機関として裁量権が認められており，司法審査では救済内容が労働委員会の裁量権を逸脱しているかどうかが判断される。

5　不当労働行為の司法救済

労組法 7 条各号に該当する不当労働行為については，労働委員会による救済だけでなく民事裁判（司法）による救済も可能である。解雇無効・労働契約上の地位確認，人事異動の無効確認，懲戒処分の無効確認，団結権侵害の不法行為に基づく損害賠償請求などである。

司法救済の根拠規定であるが，労組法 7 条については，行政救済のための根拠規定であり，裁判規範ではないとする見解もある。同説では司法救済の根拠規定は，憲法 28 条や民法 90 条に求められる。しかし，通説・判例は，労組法 7 条各号が私法上の権利義務判断の根拠となるとし，不当労働行為が不法行為に当たるとしてきた（不当労働行為に該当する解雇が労組法 7 条 1 号に該当し無効になるとするものとして，医療法人新光会事件・最三小判昭和 43・4・9 民集 22 巻 4 号 845 頁，団交を求める地位の確認として国鉄事件・最三小判平成 3・4・23 労判 589 号 6 頁＝百選 110 事件，なお国による支配介入について組合からの損害賠償請求を認めた横浜税関事件・最一小判平成 13・10・25 労判 814 号 34 頁＝百選〔第 7 版〕130 事件，また団交拒否による損害賠償を認めた例として本四海峡バス〔本訴〕事件・神戸地判平成 13・10・1 労判 820 号 41 頁などがある）。

【解答への道すじ】

【設問】(1)では，本件解雇が不当労働行為に該当することを前提に，労働委員会が出すべき救済命令の内容について具体的に検討することが求められている。【設問】(2)では，不当労働行為救済命令の取消訴訟において，裁判所は労働委員会の判断をどのように尊重しながら司法審査を行うべきか，本件に即して説明を行うことが求められている。

1 【設問】(1)について

(1) 検討事項

労働委員会は，L社に対し，① A の原職復帰，② A へのバック・ペイ，③ ポスト・ノーティスを内容とする救済命令（労組 27 条の 12）を出すことが考えられる。以下，それぞれの内容につき具体的に検討する。

(2) 原職復帰について

A は，本件解雇がなされる前は，タクシー運転手として L 社に勤務していた。そして，本件解雇は不当労働行為に当たり是認しえないものであるから，L社は A をタクシー運転手として職場に復帰させるべきである。

(3) バック・ペイについて

(ア) A は，不当労働行為に当たる本件解雇がなされたことにより，タクシー運転手として L 社に勤務することができなくなり，それゆえ L 社から賃金の支払も受けられずにいる。したがって，L 社は A に対し，本件解雇がなされた日から A を職場に復帰させる日までの期間につき，A が従前どおりに勤務をしていたならば発生したであろう賃金（および年 6％の遅延損害金）に相当する額の金銭を支払うべきである。

(イ) ところで，上記期間において，A は他社でタクシー運転手としてアルバイトをしており，それによって一定の収入（「中間収入」という）を得ていた。そこで，民法 536 条 2 項後段の趣旨に鑑み，当該中間収入につき，上記の賃金相当額からの控除を行わなければならないかが問題となる。

労組法 7 条 1 号違反の解雇に関する救済命令の内容は，被解雇者の個人的被害の救済という観点からだけでなく，組合活動一般に対する侵害状態を除去，是正して正常な集団的労使関係秩序を回復，確保するという観点からみて，具体的に決定されなければならない。そして，組合活動一般に対する制約的効果は，当該労働者が解雇によって現実に受ける打撃の軽重と密接な関係を持ち，再就職の難易，就職先における労務の性質，内容および賃金額の多少等によっても異なりうる。バック・ペイからの中間収入の控除の要否についても，これ

らの観点からの総合的な考慮が必要となる。

　Ａは，労務遂行を従前と同様の方法で行うことのできるタクシー運転手として上記中間収入を得ていることから，Ａの個人的被害の救済という観点からは，その控除をしなければ過剰な救済になるとみることもできるかもしれない。しかし，本件解雇によってＡに生じた経済的打撃の程度を評価する上では，パートタイム労働者である妻および就学年齢にある二児を養う身であるＡが，上記アルバイトによって従前に近い水準の収入を得られていたかどうかという点もまた重視されるべきである。そのような要素も踏まえて判断されるＡの経済的打撃の程度や，本件解雇がなされた当時のタクシー業界における運転手の雇用状況等の諸事情に鑑み，Ｌ社における労働者の組合活動意思に対する制約的効果を除去し正常な労使関係秩序を回復するために必要であると認められる場合には，中間収入を控除することなくバック・ペイを命じることも，この事案が支配介入でもあることも踏まえ，労働委員会の裁量の範囲内として許容されうる。

(4)　ポスト・ノーティスについて

　本件解雇は，Ｈ組合の執行委員長であるＡに対し，同組合の結成や団体交渉の申入れ等を行ったことを実質的な理由として行われたものである。このような反組合的，見せしめ的な解雇は，Ｈ組合の活動を大いに萎縮させるとともに，非組合員を含む全従業員に対して，団結権（憲28条）等の行使を躊躇させる事実上の抑止効果を持つものである。したがって，そのような効果を消滅させるために，Ｌ社は救済命令の趣旨を表示する文書を，全従業員が視認することのできる態様で事業場に掲示すべきである。なお，当該文書の内容として，自ら不当労働行為を行ったことを認め，そのような行為を二度と繰り返さない旨のＬ社の誓約を含ませるよう命じたとしても，それは道徳的な意思表明の要求を本旨とするものではないから，憲法19条や21条に違反することとはならない。

2　【設問】(2)について

(1)　問題の所在

　不当労働行為救済命令の取消訴訟（労組27条の19）において，裁判所はどのような事項について，どのような姿勢で司法審査を行うべきか。救済命令は行政処分の一種であるが，後述のような制度的特徴から，司法審査の在り方についても通常の処分や裁決とは異なる考慮が必要となる。以下では，①事実認定，②不当労働行為の成否の判断，③救済命令の妥当性の３点について，裁判

所の司法審査の在り方を検討する。

(2) 事実認定について

救済命令にかかる労働委員会の手続は，対審構造の下で当事者主義に基づく審問を経て命令が出されるという点で，訴訟手続との類似性を持つ準司法的な手続といえる。そこで，労働委員会による事実認定が実質的な証拠に裏付けられている限り，裁判所はそれと異なる事実認定をすることができないという実質的証拠法則が適用されるかが問題となる。

これについては，労組法には実質的証拠法則に関する規定がないことから，裁判所が労働委員会と異なる事実認定を行うことは妨げられないと解する。もっとも，上記のような手続構造や労働委員会の専門性の高さ，また簡易迅速な救済を与えるという不当労働行為制度の趣旨に鑑みれば，裁判所が労働委員会の行った事実認定を一切顧慮せずに白紙の状態で事実認定を行うとすることは不適切もしくは相当でないというべきである。

(3) 不当労働行為の成否の判断について

労組法7条は，不当労働行為の要件につき，「正当な」，「支配」あるいは「介入」など，不確定概念を用いて規定している。そこで，使用者の具体的な行為が同条各号の不当労働行為に該当するか否かについての判断につき，労働委員会に裁量（「要件裁量」という）が認められるかが問題となる。

これについては，同条各号の規定は使用者の利益に重大な影響を与える行政処分の発動要件を定めるものであるから，法律の原則的な解釈適用権者である裁判所の本格的な審査を確保する必要があり，労働委員会に要件裁量は認められないと解すべきである。したがって，裁判所は，不当労働行為の成否に関する労働委員会の判断を誤りであると認めるときは，当該救済命令を違法なものとして取り消すことができる。

(4) 救済命令の妥当性について

労組法が7条の規定の実効性を担保するために労働委員会の救済命令制度を採用したのは，正常な集団的労使関係秩序の迅速な回復，確保を図るとともに，使用者の多様な不当労働行為に対してあらかじめその是正措置の内容を具体的に特定しておくことが困難かつ不適当であるため，労使関係について専門的知識経験を有する労働委員会に対し，その裁量により，適切な是正措置を決定・命令する権限を委ねる趣旨と解され，このような裁量権はおのずから広範なものとなる。このような趣旨に鑑みれば，裁判所は，労働委員会の裁量権を尊重し，その行使が上記の趣旨，目的に照らして是認される範囲を超え，または著しく不合理であって濫用にわたると認められるものでない限り，当該命令を違

法とすべきではない。

【基本文献】

荒木 694 頁／菅野 993 頁，1024 頁／土田・概説 452 頁／西谷・労働法 585 頁／西谷・労組法 206 頁／野川 1006 頁／水町 431 頁

(豊川義明)

40 個別労働紛争の解決
──個別的紛争を中心に

【設　問】

1　スーパーを経営するM社で仕入れ担当として約15年勤務してきたBは，ある日会社の人事部長に呼び出され，小さなミスが重なったことを理由に，翌日には，会社を辞めてもらうと告げられた。会社は赤字続きで，リストラ策を考えており，そのためにBが狙い撃ちされて解雇されたようである。

　M社には，従業員の約4割で組織するJ労働組合が存在しており，Bは長くその執行委員長を務めるなど，熱心に組合活動を行ってきた。Bは，そのことが今回の解雇の大きな原因ではないかと考えている。

　Bは，この紛争について，労働審判制度，労働委員会への救済申立制度，個別労働関係紛争解決システムを利用することができるか。これらの利用にはどんな特色があるのか。

　なお，M社とJ組合間の労働協約には苦情処理制度が設けられており，Bも最初はそれを利用したが，J組合は今後の労使関係の安定を考え，Bの解雇にあっさり同意してしまったとしたら，結論に違いが出てくるか。

2　女性労働者Cは，L生命保険に大学卒業と同時に勤め始めて20年になる。一緒に入社した女性のうち，かなりの者は既に退社してしまい，同期入社でまだ勤務している女性は6名になっている。一方，同期に入社した大学卒業の男性たちはほとんどが在社しており，その人数は52名である。そして52名の9割近い46名は課長職以上に昇進しているが，Cはまだ平社員のままである。Cが何人かの同期の男性から給与について聞いたところ，Cの給与は課長手当を除いて彼らの本給の7割程度であった。Cはこうした職位上と賃金上の処遇は，性別による差別の結果であると考え，何人かの聞取りに応じてくれた者の平均した賃金との差額分の支払と課長職への昇進を求めて，女性労働者Dと一緒に提訴した。

　審理の中で，L社は同期入社した者の職位や賃金については，労働者のプライバシーであるとして資料を提示しなかった。そこでC，Dは，同期入社者の賃金台帳の提示を求めて申立てを行った。この申立ては認められるか。

【解 説】

1 多様な労働紛争

(1) 個別的紛争か集団的紛争か

労働の領域で生じる紛争には，①個々の労働者と使用者の間の紛争，②労働組合と使用者の間の紛争，③労働者（労働組合員）と労働組合との間の紛争がある（そのほかには，労働組合と労働組合の間の紛争がある）。このうち③の紛争は，労働組合への加入，脱退，除名，統制処分，組合費の徴収等に関わる紛争であり，「労労紛争」と呼ばれることもあるが，ここでは取り上げない（31参照）。①と②の紛争が，労使間で生じる「労働紛争」である。

①の紛争には，2つのタイプのものがある。1つは，【設問】1のBについての紛争のように，憲法28条に保障されている団結権，団体交渉権，団体行動権の行使に関係して生じるものである（労組7条1号参照）。これは集団的労使関係の中で生じる個別的紛争といえるが，同時に，J組合とM社との間で生じる②の紛争となる場合もある（同条3号参照）。もう1つは，こうした性格を持たないもので，これは純粋な個別的紛争ということができる。両者の区別は，紛争の解決方法・救済機関の利用を考えるときに重要である。

以上のことから，労働紛争は次のように類型化できる。

Aタイプ——純粋な個別的労働紛争

Bタイプ——集団的労使関係の中で生じる個別的労働紛争

Cタイプ——集団的労使関係の紛争

なお，労働時間，賃金等の労働条件の多くは，適用対象となりうる労働者全体に対し就業規則により，統一的に適用されるので，集団的な性格を有していることから，「集団的労働条件」と呼ばれることがある。しかし，就業規則の不利益変更の効力を争うような紛争は，訴訟を提起する者が複数に及ぶとしても，結局は労働契約に関する個別の紛争として判断されることになるので，Aタイプの紛争である。

(2) 権利紛争か利益紛争か

労働紛争の中には，権利義務確定型紛争と利益調整型紛争がある。両者の区別は，紛争の解決方法の違いというよりは，紛争の性格によるものである。その区別は微妙であり，両者の性格を併せ持つ紛争もある。例えば就業規則の不利益変更の問題は，既存の権利に関係しているが，他面で変更の必要性と変更内容の合理性を様々な要素を総合的に考慮して判断することになるために，その意味で利益調整型紛争の側面をもつと位置付けることもできよう。

労働法の分野では，労働紛争の多様性に対応できるように様々な紛争解決システムが用意されている。裁判制度に限らず，そのほかに行政機関によるもの，あるいは NPO 等市民の手によるものなど多様な裁判外紛争処理（ADR：Alternative Dispute Resolution）の制度が存在している。

2 紛争類型に対応した処理システム

(1) 純粋な個別労働関係紛争＝Ａタイプ

この紛争に関する解決の機構，システムを示すと，おおむね次のようになる。

①企業内の自主的紛争解決システム（団体交渉や苦情処理制度等）の活用

　　不調に終わる⇒以下の②，③，④，⑤のいずれかの活用となる。

②労働局での紛争解決援助制度，紛争調整委員会の活用

　　助言・指導等による紛争の未解決⇒あっせん申請

　　あっせん成立の場合⇒紛争終結

　　あっせん不成立の場合⇒④の活用

③都道府県労委のあっせん制度の活用

④労働審判の申立て・労働訴訟の提起

⑤労働基準監督署・監督官への申告（労基 104 条）

(2) 集団的要素の個別紛争＝Ｂタイプ

この紛争に関する解決の機構，システムを示すと，おおむね次のようになる。

①労働協約上の人事協議条項や苦情処理制度の活用

②労働者個人による労働委員会への不当労働行為の救済申立て

③労働審判の申立て・労働訴訟の提起

【設問】1 の Ｂ の場合，不利益取扱いの不当労働行為として労働委員会に救済申立てを行うことができる。それと同時に，あるいは独自に，解雇が不当労働行為に当たるとして，裁判所に対して労働審判の申立てや労働訴訟を提起する。なお，不利益取扱いの禁止に違反する解雇等の法律行為は，労組法 7 条 1 号から私法上も無効と解されている。

(3) 集団的労使関係の紛争＝Ｃタイプ

この紛争に関する解決の機構，システムを示すと，おおむね次のようになる。

①団体交渉や労使協議の実施

②労働組合による労働委員会への不当労働行為のあっせんや救済申立て

③訴訟の提起

　　・支配介入（労組 7 条 3 号）の差止請求あるいは仮処分申請

　　・団交応諾義務確認訴訟

・労働契約上の権利の確認訴訟

・不法行為に基づく損害賠償請求

3 労基署への申告

労働基準法や労働安全衛生法などには，労働基準監督署による監督制度が用意されており（労基 97 条以下），同署が使用者に法違反の是正を命じることによって事実上労働者を救済することもできる。最近では，労働者の申告（労基 104 条）に基づいてサービス残業に対する割増賃金支払の是正勧告がなされる例がよく知られている。そのほかには，労基法 24 条に反して使用者が賃金を支払わない場合や，20 条に反して使用者が解雇予告手当を支給しない場合などがある。

しかし，Ａタイプの紛争の中心を成す，解雇，配転・出向，懲戒処分，労働条件の変更等をめぐる労働契約上の民事紛争は，労基法の枠外の問題であることも多く，こうした是正勧告の対象とはならない。

4 紛争調整委員会等

企業の組織再編や人事労務管理の個別化・多様化が進んでおり，労働契約上の紛争が急増している中で，その解決のために 1998 年から都道府県の労働基準局内に「紛争解決援助制度」が設けられ，さらに 2001 年 10 月からは，「個別労働関係紛争の解決の促進に関する法律」（個別労働関係紛争解決促進法）が施行され，各都道府県の労働局における紛争処理制度が一層拡充されている（制度の詳細は，高崎真一「個別労働関係紛争の解決の促進に関する法律の概要」自由と正義 53 巻 2 号〔2002 年〕14 頁以下参照）。

同法でいう紛争処理の対象となる「個別労働関係紛争」とは，労働者の募集や採用に関するものも含む，「労働条件その他労働関係に関する事項についての個々の労働者と事業主との間の紛争」をいう（個別労紛 1 条）。つまり，先のＡタイプの紛争が対象となる。労働局長は，紛争当事者の双方または一方からの求めに対して，必要な助言や指導ができる（個別労紛 4 条）ほかに，紛争当事者の双方または一方からのあっせん申請に基づくあっせんを紛争調整委員会に行わせることができる（個別労紛 5 条以下）。

個別労働関係紛争解決促進法の制定により，雇用機会均等法の機会均等調停委員会は紛争調整委員会に吸収されている（雇均 16 条）。その点を除いて，紛争解決の援助としては，従来どおり雇用機会均等法 17 条以下により都道府県労働局長は助言と指導のほかに勧告ができるし，紛争調整委員会の権限は，あ

っせんではなく調停となる。

以上の紛争処理のシステムについては，次頁の図1を参照されたい。

5　労働委員会の救済機能

労働委員会の主要な任務は，労働関係調整法に基づく労働争議の調整（具体的には，同法10条以下の「斡旋」，17条以下の「調停」，29条以下の「仲裁」等）と，不当労働行為の審査および救済（労組27条以下）である。労働争議の調整は，労働組合等の労働者集団が当事者となる労使関係上の紛争（先のCタイプ）に限られている。

これに加えて，先の個別労働関係紛争解決促進法20条では，地方自治体も独自に個別労働関係紛争の解決のための施策を講ずることを求めており，これを受けて多くの自治体は，あっせん事務を都道府県労委に委任するための要綱を定め，都道府県労委がその事務をスタートさせている。かくして，Aタイプの紛争の解決については，都道府県の労働局で行うものと，都道府県労委で行うものとの2つが併存することになる。

6　その他のADR等

労使紛争の解決やその援助を行っているものとして，以上のほかに，地方自治体の機関（例えば東京都では労政事務所で紛争のあっせんを行っている）や，弁護士会の仲裁センター，あるいは各地で開かれている弁護士や労働組合による労働相談がある（弁護士有志による過労死110番が有名である）。

労使紛争は，できるだけ企業内で自治的に解決・処理されるのが望ましいことはいうまでもない。企業内紛争処理システムとしては，労働組合の団体交渉，労使協議制，苦情処理制度や，労使委員会（労基38条の4）等がある。人事や賃金に関する紛争等が増加している中で，こうしたシステムの充実と活用は，不可欠である。労働組合は，そのための重要な責務を負っている。

7　裁判所における紛争解決

⑴　はじめに

ここでは，労働裁判という手続に焦点を当てて検討する。労働裁判の現状とその特質，労働裁判の手続，審理における重要なテーマである証拠の偏在を是正するための文書提出や立証責任の転換等を考察する。また，2006年4月から開始された労働審判制度の内容と特徴についても指摘する。

図1 個別労働関係紛争解決システム

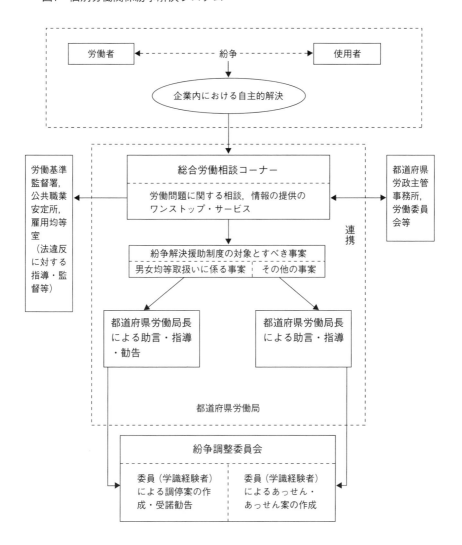

(2) **労働裁判の位置と特質**

(ア) 権利救済システムにおける労働裁判の位置

労働関係・労使関係に関する全ての法的紛争は，他の紛争と同様，終局的には裁判所において解決される。国民には裁判を受ける権利が保障されており（憲32条），権利義務の存在なり，法律関係の存否が対象となる紛争（法律上の争訟）は，全て裁判所で争われることになる（憲76条，裁3条1項）からである。

集団的労使紛争が労働委員会に持ち込まれて，命令が出された場合も，この行政処分に不服がある当事者は，その取消しを求めて裁判に訴えることができる（39参照）。そして，裁判制度における結論（3審制の下では原則として最高裁判所のそれ）が終局判断となる。ただし，このことは，裁判手続が最後に利用される手段ということではない。仮処分手続の過程で和解が成立したり，仮処分決定により紛争の結着がつく場合も多々あるし，新たに成立した労働審判手続（労働審判法。2006年4月施行）が，紛争解決の方法としてかなり優先して利用されている。

　労働裁判は，労働紛争の解決にとって終局のものであるために，法的に，あるいは事実上，他の紛争解決システム（3～6参照）の判断や内容に決定的な影響力を持つ。この点において労働裁判は，労働紛争の解決システムの中で中核的な役割を担うものである。

　(イ)　労働裁判の特質

　労働関係は，当事者の経済的・社会的諸関係における非対等性，継続性，および当事者の人格的つながりの要素が強い点に特徴がある。このことの影響を受け，労働紛争も固有の特徴を備えている。

　労働裁判で争われる内容は，労働の提供の在り方や労働者の組合活動，思想信条，成績評価など人格評価に関わることが多く，労働者側からすれば，労働裁判において自らの人格というか尊厳をかけた取組みになる。そのことから，労働裁判も，人格的性格を持たざるをえない。

　労働関係当事者の非対等性は，解雇事件で最も顕著に現れる。すなわち解雇事件では，労働者への解雇の意思表示がなされると，労働者は企業の外に排除される（法的には使用者の労務受領拒否）場合がほとんどである。そして，経済力のない労働者が給与の支給を断たれ，企業外に排除された中で裁判を起こしたとき，裁判にかかる時間が長くなるほど，苦境に追い込まれる（この点は，賃貸借や使用貸借の解除の場合に，使用・占有の収益が継続したまま意思表示の有効性が裁判で判断されるのとは異なる）。また，労働者に解雇以外の労働条件上の不利益が与えられても，立場の弱い労働者が1人で裁判を提起するには，相当の勇気と経済的・精神的負担が必要となる。

　情報へのアクセスの面でも，労働関係当事者の非対等性はみられる。労働紛争で扱われる資料の多くは，使用者の手中にあり，労働者側からは入手しにくい。つまり，証拠が偏在している。

　こうした事情とともに日本では，ヨーロッパの幾つかの国にあるような特別の労働裁判所制度が存在せず，（労働審判手続ができるまで）労働裁判が通常の

民事裁判手続の中で行われてきたことも関係し，労働裁判は，誰もが簡易，迅速に利用できる制度ではなかった。こうした労働裁判の現状に改革の方向を提示したのが，早い時期の「市民的労働裁判」という問題の立て方であり，それは労働者の誰もが無理なく裁判を利用できるように労働裁判を見直そうというものである。

そのほか，労働法規の適用のみならず労働関係そのものの専門的性格から，裁判官の専門化が本来は要求されることも，労働訴訟の本来の特徴として指摘できる。

(3) 労働裁判の現状

(ア) 統計にみる特徴

労働関係民事通常訴訟の新受件数（地裁）をみると，それまでにも年々増加傾向にあり，2009年度に3218件となり3000件を超えた。2016年度をみると，請求類型別では，賃金請求等が3348件，雇用関係上の地位確認に関するものが839件，損害賠償請求に関するものが1331件，配転先での就労義務の不存在，懲戒処分の無効等の確認に関するものが271件等であった。

労働関係仮処分については，2003年度以降減少傾向にあり，2005年度は新受件数が636件であった。申立類型別には，従業員としての地位保全が474件，賃金の仮払を求めるものが55件，配転命令や懲戒処分の無効を前提とした権利の保全を求めるものが23件，等となっていた。

事件の審理期間は1年を前後しており，民事通常訴訟の既済事件では2016年の平均で14.2ヵ月であった。

(イ) ドイツとの比較

これらを例えばドイツと比べてみると，2014年のドイツの労働裁判の新受件数は50万2272件であったから，日本はまだ圧倒的に少ない。

解決方法では，争議判例が2万8762件，その他の判決3万3436件，和解23万6689件であり，解雇も含めた存続訴訟での期間は1ヵ月未満6万2825件，1～3ヵ月9万343件，3～6ヵ月3万8729件，6～12ヵ月2万1461件，12ヵ月以上3306件となっており，訴訟手続での迅速な解決が特徴である（資料出所は連邦労働社会省HP——名古道功教授からの資料提供による）。

(ウ) 労働関係民事事件数の推移

こうした事態に対処するためにも構想されたのが，労働審判制度である。この制度の発足によって労働裁判の様相は変化した。つまり，全体として労働関係民事事件数は増加しており，とりわけ労働審判の申立件数が民事本案事件に近いものになっている。仮処分事件は若干減少している。

⑷ 迅速な審理と適正な判断の要請

⑦ 迅速な審理

労働裁判（本案）においては，先に述べた特質からみて，迅速な審理と適正な判断が要請される。労働裁判手続の運用改善に向けて東京地裁労働部裁判官と労使の代理人も含めた弁護士との協議会を持ち（この内容は，判例タイムズ1143号〔2004年〕4頁参照），この協議で次の諸点について意見の一致をみた。

①訴訟提起段階においては，原告は訴状で基本的主張を行い，被告は答弁書，遅くとも第2回期日までに原告の請求原因に対して単純な認否だけでなく，積極的認否および基本的主張を行うことを目的とする。

②タイムターゲットを設定し，期間指定は，第1回口頭弁論期日を訴訟提起後30日以内に期日指定するよう努める。おおむね1ヵ月前後を目途として指定するよう努める。

③口頭弁論（弁論準備）期日は，単に書面の交換ではなく，準備書面および提出された証拠を踏まえて，裁判所と双方代理人との間で積極的に議論をして，争点について詰めるように努める。

④人証調べは，原則として集中証拠調べを実施する。人証調べが必要な人数や尋問時間などは，争点整理の結果等を踏まえ，裁判所と当事者双方が十分協議して決定する。集中証拠調べの方法には，様々な工夫ができるので，合理的な尋問ができるよう努める。

なお，本案訴訟における審理状況は，ここ数年間ほとんど変わりがなく，既済事件についてみると，約6割が1年以内で終了している。平均審理期間は11ヵ月から12ヵ月の間にある。終局事由別では，約50％が和解，35％が判決となっている（最高裁判所事務総局行政局「平成19年度労働関係民事・行政事件の概要」）。

⑴ 対等性確保の要請

労働裁判においては，多くの場合に，労働者と使用者との間に証拠の偏在を含めて，対等性が欠如している。民事裁判においては，当事者には真実義務があるとするのが通説的な見解であり，また，手続においては実質的な対等性が要請される。この点における審理手続の主要なテーマは，文書提出命令（証拠開示）と立証責任の転換である。

⑺ 文書提出命令

解雇訴訟や人事あるいは賃金の処遇等における不利益の是正（損害賠償請求や昇格請求）を求める裁判では，使用者側から判断のための資料が提出されることが，事案の解明と迅速な審理のために重要である。性別や組合活動による

賃金等の差別事例では，労働側が自分が差別を受けていなければ本来得たであろう賃金等（多くは同期入社者の平均）がいくらであるかを正確に証明するのは，著しく困難か不可能である。こうした場合に，【設問】2でみられるように，労働者から審理の過程で，民訴法220条4号に基づき，使用者の把握している賃金等の考課情報（当該本人のみならず同期やその前後の入社者）の開示が求められる。これに対し使用者からは，これらの資料文書が他の労働者のプライバシーに関わる情報であるとされたり，民訴法220条4号ニの要件（自己利用文書）に該当するとの主張がなされる。

　文書提出をめぐる事案でそれを命じる決定が出ているのは，男女賃金差別等の事件が多い（裁判例を含めこの問題については，開本英幸「文書提出命令制度の構造と最近の決定例」労判873号〔2004年〕5頁以下参照）。例えば京ガス事件（京都地決平成11・3・1労判760号30頁）では，賃金台帳（1981年から1998年までの全従業員分）が改正前の民訴法220条4号ロおよびハに該当しないとされている（賃金台帳の提出が命じられた事例として他に，住友生命保険事件・大阪地決平成11・1・11労判760号33頁，高砂建設事件・浦和地川越支決平成11・1・19労判760号32頁等）。また，職員考課表が，民訴法220条3号後段の「法律関係文書」として提出が命じられた事例がある（商工組合中央金庫事件・大阪地決平成10・12・24労判760号35頁）。

　労基署長が作成した災害復命書に対する労働者側の申立てにつき，最高裁は，内容的にみて①事故の発生状況，原因，会社の安全管理体制等に関する部分と②災害再発防止等の行政措置についての調査者側の意見にわたる部分とが含まれており，いずれも「公務員の職務上の秘密に関する文書」（民訴220条4号ロ）に当たるが，少なくとも①の類型に属するとみられる部分については，調査者の評価が含まれているとしても，関係者に対する聴取結果そのものではなく，他の調査と一体化した分析評価であること等から，その公開によって「公務の遂行に著しい支障を生ずるおそれがある」（民訴220条4号ロ）とはいえず，この部分に関して国は申立てにより公開（提出）する義務がある，として原決定を破棄した（国〔金沢労基署長〕災害調査復命書提出命令事件・最三小決平成17・10・14民集59巻8号2265頁）。

　裁判所の判断は，おおむねこれらの文書提出に肯定的であるが，この申立ての決定と確定（抗告審の判断）に至るまでに時間がかかり，審理が中断されることになりがちであるため，今後は当事者間で現に存在する文書は任意に提出，処理される慣行が生まれることが望ましい。

㈤　立証責任の転換

　民事裁判における主張責任，立証責任は通常，法律要件，すなわち実体法上
の要件（主要）事実（権利の発生，障害，消滅，阻止という一定の法律効果を発生
させる要件に該当する具体的事実）の定め方によって決められ，当事者間（原
告・被告）での立証責任の分配は，民事訴訟における公平原則によって決定さ
れる。一般的にいえば権利を主張，請求する当事者が，権利の根拠規定の要件
事実を主張，立証し，その効果の発生を阻害する要件は，その効果を争う当事
者側に主張，立証させるのが公平であるとされている。

　解雇については労契法16条の規定があり，これは従来の解雇権濫用につい
ての判例法理を確認したものである（詳しくは⎡20⎦も参照）。同法理（労契法も）
は，権利濫用（民1条3項）を用いているが，主張，立証責任については，通
常の権利濫用の場合と逆転していると解されてきた。つまり，解雇した使用者
が解雇を正当化する解雇事由について主張立証し，これに対し，この解雇が濫
用されたものであって無効なものであること（解雇事由非該当性や社会的相当性
の欠如）の主張立証責任を，労働者が負担することになる。濫用であるとの立
証は，例えば他の解雇事例との比較などによる間接事実（主要事実の存否を推
認させる事実）の積重ねによる。さらに使用者側は，そうした間接事実の不存
在や存在するにしても事情の相異のあることなどを立証し，これを弾劾するこ
とになる。しかし，労働訴訟の実際では，労使当事者の訴訟代理人は，立証責
任の分配には依存せず，相手方の全ての立証活動への反証や弾劾に多大のエネ
ルギーを使っている（それは，既述の労働裁判の人格的性格という特質からもくる
のであるが，基本的には当事者が裁判官の専門性や事実認定に十分な信頼を寄せて
いないことにもあると思われる）。

　労働裁判における証拠の偏在の中で，労働者側の立証活動には制約や限界が
あり，これに対する使用者側の立証が不相当，不適切な場合に，裁判所が，事
実上立証責任の転換を行って判断をする事例もある。こうした裁判例として思
想・信条を理由とした賃金差別事件がある。東京電力長野事件（長野地判平成
6・3・31労判660号73頁）では，「本件においては，各原告と同学歴・同期入
社者の具体的な業績，勤務態度が一切明らかでないので，その平均的な従業員
と各原告の業績，勤務態度とを直接比較対照することは困難である。しかし，
給与，人事資料を一手に握っている被告会社が，これを明らかにしようとしな
い本件において，直接の比較ができないからといって，その作業を断念するこ
とは，公平の観点から相当とはいえない。このような場合には，前記各原告の
業績，能力の検討においてみたとおり，社会通念上平均的な従業員を想定し，

これを同学歴・同期入社者の平均的従業員とみなし，その業績，勤務態度と比較対照することをもって足るものと解するのが相当である」とされている。

また，東京電力山梨事件（甲府地判平成5・12・22労判651号33頁）では，会社が，人事について裁量権を有しているので処遇決定についての加害行為を具体的に労働者が主張，立証すべきであると主張したのに対し，「原告らが給与関係の処遇において同期入社同学歴の標準者と比較して不利益な取扱いを受けないとの利益を侵害されたと認定するためには差別意思を持った人事考課ないし査定が行われ，その結果として同期入社同学歴の標準者との間に給与関係の処遇格差が生じたとの事実が主張されれば足りる」と判断した（いずれも新民訴法制定前の事案である）。こうした裁判所の判断は，民訴法2条の趣旨を活かしたものと評価できる。

(5) 仮処分手続

労働紛争において，仮処分手続がしばしば利用されている。戦後において一番早い仮処分は，実は使用者からのものであり労働争議対策のもの（違法争議停止の仮処分）であった。その後労働者側も解雇事案等について，迅速性の要請から，本格的な証拠調べを必要とする本案裁判提訴前に仮処分手続を利用するようになった。労働仮処分の種類としては，労働者側申立てでは，①地位保全，②賃金仮払，③配転，出向の効力停止，④労働時間の変更等の効力停止，⑤組合活動妨害禁止，⑥団交応諾等であり，使用者側申立てでは，①争議行為の停止，②業務妨害の禁止，③ビラ配り，街頭宣伝の禁止，④社宅，寮明渡しの仮処分等である。

労働仮処分の審理期間は，おおむね3～4ヵ月であり，類型としては，地位保全，賃金仮払等の割合が7～8割と高い。労働仮処分に対する裁判所の姿勢の変化や民事保全法の施行により，最近では「仮処分の本案化」といわれる特徴は失われており，仮処分はむしろ活用される場が狭まっているといえる。それは，地位保全命令が出されにくくなっているとともに，賃金仮払についても，その給付内容の縮少と暫定性が強まっているからでもある。

最近では，仮処分手続において，実質的に証人調べを行うこともなくなり，書面による審尋に依存する決定内容の予測可能性の困難さもあって，当事者にとって仮処分申請は，法的判断がかなり明白な事案で裁判所の判断が予測でき，緊急性の高いケースに限られつつあるといえる。また，一部のケースでは新たな労働審判手続が仮処分に代わって利用されてきている。

(6) 労働審判手続

労働審判法が2004年に成立し，2006年4月から施行されている。個別的な

493

労働関係紛争を，簡易・迅速に，裁判官だけでなく労使から選出された労働審判員が判定者として参加し，実効的な解決を図る画期的なシステムが誕生したといえる。ヨーロッパの労働裁判所・審判所の中でもドイツの労働裁判所制度（毛塚勝利編『個別労働紛争処理システムの国際比較』〔日本労働研究機構，2002年〕129頁以下〔毛塚執筆〕参照）に比較的近い制度である。

　(ア)　労働審判の概要

　同制度の目的は，個々の労働者と事業者との間の紛争（個別労働関係民事紛争）に関し，裁判官および労働関係に関する専門的な知識経験を有する者が，事件を審理し，調停の解決の見込みがある場合はこれを試み，その解決に至らない場合は，当事者の権利関係を踏まえつつ労働審判手続を行い，迅速，適正かつ実効的な解決を図ることにある（労審1条）。

　対象事件は，労働契約の存否その他労働関係に関する事項について個々の労働者と事業主との間に生じた民事紛争である。従来，時間とコストがかかるために裁判を提起できなかった事件の受け皿になっている。

　管轄は，相手方の住所地，居所，営業所ないし事務所を管轄する地方裁判所，労働者が現に就業しもしくは最後に就業した事業所の所在地を管轄する地方裁判所，合意で定めた地方裁判所とされる（労審2条1項）。当面は，地方裁判所本庁のみで行われることになる。

　審理を行うのは労働審判委員会であるが，それは労働審判官1名，労働審判員2名で構成され（労審7条），評議は過半数の意見によるとされる（労審12条1項）。労働審判官は，地方裁判所が当該地方裁判所の裁判官の中から指名する（労審8条）。労働審判員は，労働関係に関する専門的知識・経験を有する者から任命される（労審9条2項）が，労使双方の利益代表ではなく，あくまで「中立かつ公正な立場」である（同条1項）。労働審判員は，全国で1000名前後が必要であるとこれまでは考えられており，人材としては，使用者側委員は企業の人事部長や人事担当取締役，労働者側は労働組合で賃金・解雇等の相談業務に当たった経験のある労働組合の役員などがこれに就いている。

　(イ)　労働審判手続の概要（図2参照）

　審判は一方当事者の申立てで開始され（労審5条1項），相手方の同意は不要である。申立ては，その趣旨および理由を記載した書面でしなければならないが（同条2項），当事者本人申立てを容易にするため裁判所に定型的な書式が備え付けられることが望ましい。

　労働審判手続は，特別の事情がある場合を除き，3回以内の期日において審理を終結する（労審15条2項）。労働審判委員会は，職権で事実の調査をし，

494　　40　個別労働紛争の解決

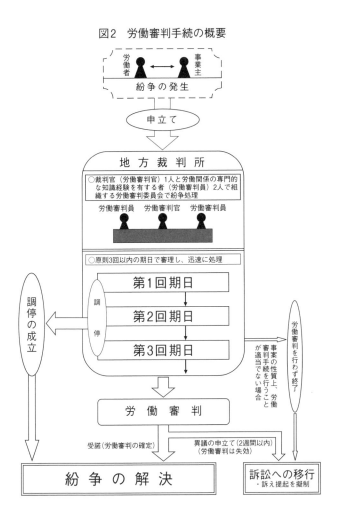

図2　労働審判手続の概要

申立てによりまたは職権で民事訴訟法の例による証拠調べをすることができる（労審17条）。手続は公開しないが，労働審判委員会は「相当と認める者の傍聴を許すことができる」（労審16条）。

　労働審判委員会は，審理の結果，認められる当事者の権利義務関係および労働審判手続の経過を踏まえて労働審判を行い（労審20条1項），「当事者間の権利関係を確認し，金銭の支払，物の引渡しその他の財産上の給付を命じ，その他個別労働関係民事紛争の解決をするために相当と認める事項を定めることができる」（同条2項）。労働審判に不服のある当事者は，2週間以内に異議の申立てができ（労審21条1項），その場合には，労働審判は効力を失う（同条3

項)。異議の申立てがないときは，労働審判は，裁判上の和解と同一の効力を有する（同条4項）。

労働審判に対して異議の申立てがあったときは，労働審判手続申立時に，労働審判がなされた地方裁判所に訴えの提起があったものとみなされる（労審22条1項）。また，労働審判委員会が，「事案の性質に照らし，労働審判手続を行うことが紛争の迅速かつ適正な解決のために適当でないと認めるときは，労働審判事件を終了させることができる」（労審24条1項）が，その場合も同様である（同条2項）。労働審判手続に提出された記録は，当然には訴訟の証拠にはならず，当事者が新たに訴訟手続で証拠として提出する必要がある。そのため，当事者および利害関係人は，労働審判事件の記録の閲覧・謄写等の請求ができる（労審26条1項）とされる。

㈦　いかなる紛争に適しているか

労働審判は，労使の専門性が活かされるし，3回の期日という迅速な審理であるという特質を有しており，中立，公正な労使審判員の参加によって事案の解明力と事実の認定の適正さだけでなく，結論の妥当性が相当程度担保されるものと期待されている。こうした審判には，解雇事件や，賃金不払などのうち簡明な事案が適しているといえる。セクシュアル・ハラスメントや職場でのいじめ事案等も，事実関係が複雑でなければ労働審判になじむ。就業規則の変更による労働条件の不利益変更事件については，複雑なものは，3回の期日にはなじまないだろうし，コース別管理等の性別による差別事件も同様であろう。こうしてみてくると，審判手続の実施，運用の中で，徐々に他の紛争救済手続（裁判や仮処分も含めて）との相互の利用関係は，整序されてきているといえる。

㈢　実態と課題

労働審判制度については，次の点で高く評価されている。①裁判官とともに，労働関係に関する専門的な知識経験を有する者が労働審判員として合議・評決して労働審判を行うため，労使の経験・知識が労使紛争の解決内容に反映される。②原則として3回とされる簡易迅速な審理が行われる。③労働審判が確定すれば裁判上の和解と同様の効力を持つ。④異議申立てがある場合には訴訟手続とも連携していることなど，行政等のADRにない実効性のある解決が図られる。

こうしたメリットがある中で労働審判手続の利用度は高まっている。この制度，そして審判員に対する労働者側・使用者側代理人の評価は高い。そして何よりも，この制度により労働訴訟件数の増加が顕著になってきていることが特色である。

このように，労働審判制度は，積極的に活用されている。しかし，その反面
で，幾つかの問題も指摘されている。例えば短時日のうちに書面や答弁書を作
成する必要があり，弁護士を含む当事者には大きな負担となっていること，口
頭主義が形骸化しつつあること，労働審判委員会が結論を早期に書面だけで持
とうとすること，などである。また，当初あまり予定されていなかったことで
あるが，事案の性格からではなく，調停・審判で解決したくないという当事者
の主観的な理由から，訴訟へ移行しているケースがある。解雇事案について，
労働審判委員会は金銭補償を内容とした調停案の作成の意向を示すことがあり，
職場復帰を望む労働者にとっては必ずしも望ましい制度ではない面も出てきて
いる。こうした課題は，今後の経験の積重ね等で解決されていくものと思われ
る。

【解答への道すじ】

1 【設問】1 について

本問では，Bが労働審判制度，労働委員会への救済申立制度，個別労働関係
紛争解決システムを利用できるか，また，それぞれの特色は何か，そして，M
社とJ組合間の苦情処理制度が機能しない場合に変化はあるかが問われている。

そこで，それぞれの制度の特徴を検討した上で，本件において，Bがそれぞ
れの制度を利用できるかを適切に判断する必要がある。

(1) **労働審判制度**について

労働審判制度とは，個別の労働者と事業者との間の紛争に関し，裁判官およ
び労働関係に関する専門的な知識経験を有する者が，事件を審理し，調停の解
決の見込みがある場合にはこれを試み，その解決に至らない場合は，当事者の
権利関係を踏まえつつ労働審判手続を行い，迅速，適正かつ実効的な解決を図
ることを目的とする制度である（労審1条）。

労働審判制度の特色としては，期日が3回だけ（労審15条2項）と極めて迅
速であり，また，中立公正な労使審判員の参加によって事案の解明力と事実の
認定の適正さだけでなく，結論の妥当性も相当程度担保されるという点にある。
しかしながら，3回という期日が少ないので，差別事件や整理解雇事件などの
複雑な事案にはなじまないといえよう。

(2) **労働委員会への救済申立制度**について

労働委員会の主要な任務は，労働関係調整法に基づく労働争議の調整（斡旋，
調停，仲裁）および，不当労働行為の審査および救済である（労組27条以下）。

労働争議の調整は，全て当事者が労働組合等の労働者集団が当事者となる労使関係上の紛争に限られている。

労働委員会による救済の特徴としては，裁判手続によるものよりも，ポストノーティスも含め救済命令の内容において柔軟妥当な解決を図ることができるという点にある。一方で，基本的に集団的労使関係に関する紛争の解決しか期待できないという欠点，その後行政訴訟になった場合には，いわば「五審制」となり，最終的な解決まで時間がかかるという欠点もある。

(3) 個別労働関係紛争解決システムについて

増加する個別紛争事案にに対応するため，個別紛争解決促進法も制定された。都道府県労働局の活用（相談コーナー，助言または指導），紛争調整委員会の利用ができる。

(4) Bはいずれの手段を利用すべきかについて

(ア) 労働審判制度について

労働審判制度は，一方当事者の申立てで開始される（労審5条1項）から，Bが利用することもできる。もっとも，BがM社に解雇された理由が，M社がBの組合活動を嫌悪したものであるのか，そうでないのかが明らかでない本件においては，たった3回の期日で解決できるとは思えない。よって，労働審判制度を利用することがよいとはいえない。

(イ) 労働委員会への救済申立制度について

労働委員会への救済申立制度をBは利用できるか。Bが解雇されたのが，M社がBの組合活動を嫌悪したことを理由にする可能性がある本件においては，Bは，M社の解雇が不当労働行為（労組7条1号）に当たるとして，労働委員会に解雇を取り消すことを目的とする救済を申し立てることができる（労組27条）。もっとも，労働委員会への救済申立制度は，上記のとおり，最終的な解決まで時間がかかるため，これを手段とすることが最も適切とまではいえない。

(ウ) 個別労働関係紛争解決システムについて

上記の個別労働関係紛争解決システムをBは利用できる。本問では，企業内の苦情処理制度がM社とJ組合間の労働協約でもって設けられている。労働協約である以上J組合員であるBに及ぶ。もっとも，その内容は明らかではないが，この苦情処理制度による解決が期待できるならば，解決の迅速性も期待できることから，利用すべきである。

(エ) 結 論

よって，苦情処理制度が機能しているならば，苦情処理制度を利用すべきで

あるが，J組合がBの解雇に同意するならば，苦情処理制度の機能は期待できないので，都道府県の労働局の活用を試み，また時間はかかるが，労働委員会への救済申立制度を利用すべきである。

なお，苦情処理委員会の結論が第三者機関の判断に影響を持つことはないと考えられる。

2 【設問】2について

本問では，裁判審理において，会社に対し，CがCと同期入社した者の賃金と職位の内容を記載した書面について開示を受けることができるかという点および会社に賃金台帳の提出を申し立てればそれが認められるかが問われている。賃金と職位の内容を記載した書面の開示も賃金台帳の提出についても，文書提出命令の申立て（民訴221条1項）を利用する方法が考えられる。会社に文書提出義務が認められれば，文書提出命令の申立ては認められるが，L生命保険としては，賃金と職位の内容も賃金台帳も自己利用文書である（民訴220条4号ニ）と主張することが考えられる。よって，本問の解答を作成するに当たっては，かかる主張が認められるかを検討し，文書提出義務の存否を適切に判断する必要がある。

(1) 自己利用文書とは

自己利用文書に当たるといえるためには，判例上①専ら内部の利用に供する目的で作成され，外部の者に開示することが予定されてない文書であること，②開示されると個人のプライバシーが侵害されたり個人ないし団体の自由な意思形成が阻害されたりするなど，開示によって所持者の側に看過し難い不利益が生ずる恐れがあること，③特段の事情がないことという3つの要件をいずれも満たしていなければならないとされている（富士銀行事件・最二小決平成11・11・12民集53巻8号1787頁）。

(2) 賃金と職位の内容を記載した書面が自己利用文書に当たるかについての検討

賃金と職位の内容は，内部で利用するものであるから，通常第三者に開示するようなものではないといえる。したがって，①の要件を満たす。また，他の者の賃金の内容も職位の内容もいずれもプライバシーとして保護されているから，これらを開示することで，L生命保険の従業員のプライバシー権が侵害される。また，裁判手続上開示されることから，その侵害の程度も著しいものといえる。しかしこれには記号化するなどにより，個人特定を回避する方法がある。よって，②は満たされない。そして，本件で特段の事情があると評価でき

る事実はないから，③も満たすといえる。よって，賃金と職位の内容は専ら自
己利用文書とはいえない。

(3) 賃金台帳が自己利用文書に当たるかについて

賃金台帳は，労働基準法108条に基づき作成が義務付けられているものであ
る。そして，賃金台帳は，労働基準監督署を含む国の監督機関が，労働者の労
働環境を随時確認できるために作成を義務付けているものであることからする
と，専ら内部の者の利用に供する目的の文書とはいえない。したがって，賃金
台帳は①を満たさない。よって，賃金台帳は自己利用文書に当たらない。

(4) 結　論

以上のことから，賃金台帳は自己利用文書といえず，また，民事訴訟法220
条4号のいずれにも該当しないから，L生命保険には賃金台帳を提出する義務
がある。よって，Cの申立ては，賃金台帳については認められる。そして他の
従業員の名前を記号化したものが賃金台帳として提出されるならば，そこから
賃金と職位は判明する。

【基本文献】

荒木541頁／菅野1001頁／土田・概説444-452頁／西谷・労働法123頁／西谷・
労組法469頁／野川1032頁／水町461頁

（豊川義明）

事 項 索 引

【あ 行】

安全配慮義務······148
　　──と因果関係······150
　　──と過失相殺······150
　　──と取締役に対する責任追及······151
　　過労死・うつ病自殺と──······149
異議申出権······226, 228
育児介護休業法 26 条······162
位置情報······191, 195
一部スト······440, 444, 445
違法争議······441
営業秘密······311, 315
ADR······486
親子会社······50, 53, 57

【か 行】

海外勤務の法的根拠······365, 371
外勤勤務者······39
解　雇······215, 249 ～, 367, 370
　　──訴訟······255
　　──の合理的理由······250
　　──の社会的相当性······251
　　──の事由······249
　　職務怠慢を理由とする──······252
　　能力不足を理由とする──······254
解雇回避努力義務······253, 263, 267
戒　告······237
解雇権濫用法理······250, 262, 335
解雇自由の原則······249
会社解散······223
会社更生手続······266, 269
会社分割······225 ～
　　──と解雇······228
　　──と労働条件······228, 232
　　──における労働契約承継······226
街宣活動······430
学生アルバイトユニオン······382
拡張適用······417, 421
家族手当······299
合　併······223
仮眠時間······105
仮処分手続······493

過労死······146
環境型ハラスメント······289
監　視······191
間接強制······398
間接差別の禁止······286
管理監督者······322 ～
管理職組合······327, 379
企画業務型裁量労働制······122
企業外の行動······239 ～
企業秩序遵守義務······3
企業秩序定立・維持権限······235
危険負担······77, 356
偽装請負······50, 55, 350
偽装解散······52, 58
起訴休職······179 ～, 243
期待可能性の原則······255
規範的効力······388, 415
規範的部分······415
義務的交渉事項······396
休　暇······130
休暇・休業取得と不利益取扱い······135
休　業······130
休業手当······77, 356, 440, 444
休　憩······104
休　日······105
休日労働······106
休　職······178
給食手当······299
競業避止義務······6, 312 ～, 316
　　──の効果······313
　　──の代償······312, 318
　　──の法的根拠······312
　　──の要件······312, 317
　　退職後の──······87, 312, 317
行政救済······471 ～
業務起因性······145
業務処理請負······49, 55
業務遂行性······146
協約自治の限界······415 ～
組合活動······427
　　──に対する刑事免責······427, 439
　　──に対する民事免責······427, 439
　　──の正当性······428

就業時間内の―― ……………428
組合の弱体化………………468
組合民主主義……………385, 390, 420
計画年休制度………………134
経過措置……………203, 207, 211
刑事免責……………………441
　組合活動に対する―― ……439
継続勤務……………………132
継続雇用後の労働条件………277
継続雇用制度………………276
芸能従事者…………………40
経費援助……………………462
契約締結上の過失…………67
経歴詐称……………………238
兼　業………………………5
兼業避止義務………………6
健康情報……………189, 192, 194
兼職許可制…………………20
原職復帰……………………478
譴　責………………………237
憲法28条……………373, 418, 427, 437
　――の法的効果…………374
憲法組合……………………331
言論の自由（憲法21条）……464, 467
合意解約……………………272
合意原則……………………201, 295
合意相殺……………………79, 85
公益通報者保護法…………240, 246
降　格………………………175 ～
抗議スト……………………438
降　級………………………175
降　給………………………175 ～
更新上限条項………………338 ～
合同労組……………………378, 396
コース制……………………285
国際裁判管轄………………366, 369
国　籍………………………295
5条協議……………………227, 231
個人請負事業者……………41
個人情報……………………187, 188
個別合意……………………213
個別労働関係紛争解決促進法……485
個別労働紛争の解決………482
雇用確保措置………………275
雇用機会均等法（均等法）……285 ～
雇用平等……………………284, 295

【さ　行】

最後の手段の原則…………251
在宅勤務者…………………41
裁判所による紛争解決……486
最密接関係地………………362, 367, 370
採　用………………………61 ～
　――拒否…………………62, 459
　――の自由………………61 ～, 455
採用専権条項………………224, 229
採用内定……………………62 ～
　――（の）取消…………64, 296
採用内々定…………………65
裁量労働制…………………121
　企画業務型―― …………122
　専門業務型―― …………122, 125 ～
差違え条件と支配介入……468
三六協定……………………106 ～
差別意思……………………296
残業差別と支配介入………469
資格審査……………………384, 472
時間外・休日労働義務……107
時間外労働…………………106
　――の上限規制…………150
時季指定権…………………131 ～
時季変更権…………………131 ～
事業場外労働のみなし制……119, 123 ～
事業譲渡……………………223 ～
　――における労働契約の承継……223 ～, 228
時限スト……………………438
自己利用文書………………499, 500
自主性不備組合……………438
自主性要件…………………326, 385
辞　職………………………272
実質的証拠法則……………480
支配介入……………………392, 462 ～
　差違え条件と―― ………468
　残業差別と―― …………469
支配介入意思………………463
司法救済……………………471
司法審査の範囲……………476
指名スト……………………438
社会的身分…………………296
自由意思……………………214
　――に基づく同意………78, 82, 207, 273
就業規則……13 ～, 27 ～, 30, 32, 34, 200 ～, 235,

367, 370
　――合理的な労働条件‥‥‥‥16, 18, 202 〜
　――の意見聴取義務‥‥‥‥‥‥‥‥14
　――の記載事項‥‥‥‥‥‥‥‥‥‥14
　――の契約内容変更効‥‥‥‥‥‥204
　――の契約内容補充効‥‥‥‥‥15 〜
　――の合理性審査‥‥‥‥‥‥‥18 〜
　――の効力‥‥‥‥‥‥‥‥‥‥‥14
　――の最低基準効‥‥‥‥‥‥14, 28
　――の周知‥‥‥‥‥‥‥16, 21, 201
　――の法的性質‥‥‥‥‥‥‥‥‥15
　――変更の手続‥‥‥‥‥‥‥‥‥204
就業規則による労働条件の変更
　‥‥‥‥‥‥‥‥‥‥‥200 〜, 422, 423
　――多数組合との合意‥‥‥‥‥‥203
　――と成果主義賃金制度の導入‥‥‥209 〜
　――内容の相当性‥‥‥‥‥‥‥‥202
　――の経過措置‥‥‥‥‥‥‥‥‥203
　――の合理性の判断基準‥‥‥‥202 〜
就業規則変更合意‥‥‥‥‥‥‥‥‥205
就業時間内の組合活動‥‥‥‥‥‥‥428
自由設立主義‥‥‥‥‥‥‥‥‥‥‥384
住宅手当‥‥‥‥‥‥‥‥‥‥‥‥‥299
集団的労働法‥‥‥‥‥‥‥‥‥‥373 〜
　――の理念‥‥‥‥‥‥‥‥‥‥‥375
出勤停止‥‥‥‥‥‥‥‥‥‥‥‥‥237
出　　向‥‥‥‥‥‥‥‥‥‥‥‥162 〜
出向命令権‥‥‥‥‥‥‥‥‥‥‥163 〜
出向命令権濫用規制‥‥‥‥‥‥‥‥19
出向労働関係‥‥‥‥‥‥‥‥‥‥‥164
守秘義務‥‥‥‥‥‥‥‥6, 310 〜, 317
　退職後の――‥‥‥‥‥‥‥‥‥‥311
準拠法（労働契約の）‥‥‥‥361 〜, 367, 370
昇　　格‥‥‥‥‥‥‥‥‥‥‥‥‥174
試用期間‥‥‥‥‥‥‥‥‥‥‥‥‥66
昇　　給‥‥‥‥‥‥‥‥‥‥‥‥‥174
昇給・昇格差別‥‥‥‥‥‥‥‥‥‥475
消極的団結権‥‥‥‥‥‥‥‥‥387, 391
承継排除の不利益‥‥‥‥‥‥‥224, 226
使用者‥‥‥‥‥‥‥‥‥‥‥‥49 〜, 467
　――の言論‥‥‥‥‥‥‥‥‥‥‥464
　――の施設管理権‥‥‥‥‥‥‥‥429
　――の争議行為‥‥‥‥‥‥‥‥‥442
　労働組合法上の――‥‥‥‥52 〜, 56, 58
　労働契約上の――‥‥‥‥‥‥49, 55
使用者概念の拡張‥‥‥‥‥‥‥‥49 〜

使用者団体‥‥‥‥‥‥‥‥‥‥‥‥395
使用従属関係‥‥‥‥‥39, 42, 49, 350, 358
昇　　進‥‥‥‥‥‥‥‥‥‥‥‥‥174
昇進・昇格差別‥‥‥‥‥‥‥‥‥‥288
傷病休職‥‥‥‥‥‥‥‥‥‥‥‥178 〜
情報提供義務‥‥‥‥‥‥‥‥‥‥‥214
賞　　与‥‥‥‥‥‥‥‥90 〜, 135, 300
　――支給日在籍要件‥‥‥‥‥‥‥92
　――の出勤率条項‥‥‥‥‥‥‥‥93
職業選択の自由‥‥‥‥‥‥‥‥310, 312
職種・勤務地限定‥‥‥‥‥‥‥160, 213
職能資格制度‥‥‥‥‥‥‥‥‥‥‥174
職場規律違反‥‥‥‥‥‥‥‥‥‥‥238
職務上の非違行為‥‥‥‥‥‥‥‥‥238
職務専念義務‥‥‥‥‥‥‥‥‥‥5, 428
職務等級制度‥‥‥‥‥‥‥‥‥‥‥174
職務発明‥‥‥‥‥‥‥‥‥‥313 〜, 319
人員削減の必要性‥‥‥‥‥‥‥‥‥262
人格権‥‥‥‥‥‥‥‥‥‥‥‥‥‥187
人事管理‥‥‥‥‥‥‥‥‥‥‥‥49, 56
人事権‥‥‥‥‥‥‥‥‥‥‥‥‥‥3
人事考課‥‥‥‥‥‥‥‥‥‥‥94, 177
　――と公正な評価‥‥‥‥‥‥‥‥95
真実解散‥‥‥‥‥‥‥‥‥‥‥‥‥51
信　　条‥‥‥‥‥‥‥‥‥‥‥‥‥296
人選の相当性‥‥‥‥‥‥‥‥‥‥‥264
ストライキ‥‥‥‥‥‥‥‥‥‥438, 443
成果主義賃金制度‥‥‥‥‥‥94 〜, 209
　――の導入‥‥‥‥‥‥‥‥‥‥209 〜
政治スト‥‥‥‥‥‥‥‥‥‥‥‥‥438
誠実義務‥‥‥‥‥‥‥‥‥‥‥‥5, 318
誠実交渉義務‥‥‥‥‥‥‥‥‥‥‥397
正当性‥‥‥‥‥‥‥‥‥437, 442, 443, 445, 446
正当な行為‥‥‥‥‥‥‥‥‥‥‥‥437
整理解雇‥‥‥‥‥‥‥‥262 〜, 337, 352
　――解雇回避努力義務‥‥‥‥263, 267
　――人員削減の必要性‥‥‥‥‥‥262
　――人選の相当性‥‥‥‥‥‥‥‥264
　――説明・協議義務‥‥‥‥‥‥‥265
セクシュアル・ハラスメント‥‥‥289 〜
積極的団結権‥‥‥‥‥‥‥‥‥387, 390
絶対的強行法規‥‥‥‥‥‥‥‥364, 369
説明・協議義務‥‥‥‥‥‥‥‥‥‥265
説明義務‥‥‥‥‥‥‥‥‥‥214, 303
専属的管轄合意‥‥‥‥‥‥‥‥‥‥366
専門業務型裁量労働制‥‥‥‥122, 125 〜

503

争議権‥‥‥‥‥‥‥‥‥‥‥437, 442
争議行為‥‥‥‥‥‥‥‥‥‥‥‥437
　使用者の──‥‥‥‥‥‥‥‥442
争議団‥‥‥‥‥‥‥‥‥‥‥‥‥438
相当の利益‥‥‥‥‥‥‥‥314, 319

【た　行】

対価型ハラスメント‥‥‥‥‥‥289
大学病院の研修医‥‥‥‥‥‥‥‥40
怠　業‥‥‥‥‥‥‥‥‥‥‥‥‥438
代償措置‥‥‥‥‥‥‥‥‥‥203, 207
退職勧奨‥‥‥‥‥‥‥‥‥‥272 ～
退職金‥‥‥‥‥‥‥‥‥‥‥80, 205
　──の不支給・減額‥‥21, 80, 85, 86
退職金請求権‥‥‥‥‥‥‥‥80, 85
　──の濫用‥‥‥‥‥‥‥‥‥‥85
大量観察方式‥‥‥‥‥‥‥‥‥454
多数労働組合との合意‥‥‥‥‥203
試し出勤‥‥‥‥‥‥‥‥‥‥‥195
団結権‥‥‥‥‥‥‥‥‥‥‥‥374
　消極的──‥‥‥‥‥‥‥387, 391
　積極的──‥‥‥‥‥‥‥387, 390
団交拒否‥‥‥‥‥‥‥‥‥‥‥397
団交を求める地位‥‥‥‥‥‥‥398
短時間労働者‥‥‥‥‥‥‥‥‥301
団体交渉‥‥‥‥‥‥‥‥‥‥395 ～
　──対象事項‥‥‥‥‥‥‥‥396
　──当事者‥‥‥‥‥‥‥‥‥395
団体交渉権‥‥‥‥‥‥‥‥374, 394
団体交渉請求権‥‥‥‥‥‥‥‥398
団体行動権‥‥‥‥‥‥‥‥‥‥374
チェック・オフ‥‥‥‥‥‥387, 391
中間収入‥‥‥‥‥‥‥‥‥‥255 ～
中途解雇‥‥‥‥‥‥‥‥‥349, 352
中途解約‥‥‥‥‥‥‥‥‥‥‥334
　有期労働契約の──‥‥‥‥‥334
中立保持義務‥‥‥‥‥‥‥‥‥465
懲　戒‥‥‥‥‥‥‥‥‥‥‥235 ～
　──処分の相当性‥‥‥240, 243, 246
　──手続‥‥‥‥‥‥‥241, 243, 246
　──の効果‥‥‥‥‥‥‥‥‥236
　──の種類‥‥‥‥‥‥‥‥‥237
　──の要件‥‥‥‥‥‥‥‥‥236
懲戒解雇‥‥‥‥‥‥‥81, 85, 237, 243
懲戒権‥‥‥‥‥‥‥‥‥‥‥3, 235
　──の法的根拠‥‥‥‥‥‥‥235

──の濫用‥‥‥‥‥‥‥‥236, 240
懲戒事由‥‥‥‥‥‥‥‥‥‥‥237
懲戒事由該当性‥‥‥‥‥‥242, 244
直接雇用申込みみなし制度‥‥351, 358
賃　金‥‥‥‥49, 56, 76, 286, 440, 443, 444, 446
　──の意義‥‥‥‥‥‥‥‥‥‥76
　──の引上げ‥‥‥‥‥‥‥‥‥78
　──の引下げ（減額）‥‥‥78 ～, 82
　──の変動‥‥‥‥‥‥‥‥‥‥78
賃金支払の 4 原則‥‥‥‥‥‥‥‥79
賃金請求権‥‥‥‥‥‥‥‥76 ～, 356
　──の発生‥‥‥‥‥‥‥‥76, 81
　──の放棄‥‥‥‥‥‥‥‥78, 84
賃金全額払の原則‥‥‥79, 84, 86, 388
賃金台帳‥‥‥‥‥‥‥‥‥‥‥500
通勤手当‥‥‥‥‥‥‥‥‥‥‥299
定年差別‥‥‥‥‥‥‥‥‥‥‥287
定年制‥‥‥‥‥‥‥‥‥‥‥‥274
適用除外‥‥‥‥‥‥‥‥‥‥‥322
手待時間‥‥‥‥‥‥‥‥‥‥‥105
転　勤‥‥‥‥‥‥‥‥‥‥‥‥158
転　籍‥‥‥‥‥‥‥‥165, 228, 232
同情スト‥‥‥‥‥‥‥‥‥‥‥438
統制権‥‥‥‥‥‥‥‥‥‥‥‥386
統制処分‥‥‥‥‥‥‥‥‥‥‥386
特定個人情報‥‥‥‥‥‥‥‥‥188
特定承継‥‥‥‥‥‥‥‥‥‥‥224
特定の強行規定‥‥‥‥‥‥‥‥364
特約優先規定‥‥‥‥‥‥17, 30, 204, 211
特許法‥‥‥‥‥‥‥‥‥‥‥‥313
取消訴訟‥‥‥‥‥‥‥‥‥‥‥476
取締役に対する責任追及‥‥‥‥151

【な　行】

内部告発‥‥‥‥‥‥‥‥‥239, 244 ～
内部通報‥‥‥‥‥‥‥‥‥‥‥239
7 条措置‥‥‥‥‥‥‥‥‥227, 231
年休権‥‥‥‥‥‥‥‥‥‥‥‥131
　──の成立要件‥‥‥‥‥‥‥131
年次有給休暇‥‥‥‥‥‥‥‥130 ～
年俸制‥‥‥‥‥‥‥‥‥‥‥‥‥95
　──における年俸額の決定‥‥‥96
能力不足を理由とする解雇‥‥‥254
ノーワーク・ノーペイの原則‥‥‥76, 440

504　　事項索引

【は 行】

パートタイム・有期雇用労働法‥‥‥‥‥302
パートタイム労働法‥‥‥‥‥‥‥‥‥‥301
配転（配置転換）‥‥‥‥‥‥‥31 〜, 158 〜
配転命令権‥‥‥‥‥31, 34, 158 〜, 264, 267
派遣労働者‥‥‥‥‥‥‥‥‥‥‥‥‥347 〜
　　——の雇止め・解雇‥‥‥‥‥‥‥348
破産手続‥‥‥‥‥‥‥‥‥‥‥‥‥‥266
バック・ペイ‥‥‥‥‥‥‥‥‥‥‥‥478
　　——と中間収入の控除‥‥‥‥‥‥474
犯罪行為‥‥‥‥‥‥‥‥‥‥‥‥‥‥239
引抜き‥‥‥‥‥‥‥‥‥‥‥‥‥‥‥318
ピケッティング‥‥‥‥‥‥‥‥438, 445
病気休職制度‥‥‥‥‥‥‥‥‥‥‥‥253
ビラ配布‥‥‥‥‥‥‥‥‥‥‥‥‥‥429
ビラ貼り‥‥‥‥‥‥‥‥‥‥‥‥‥‥429
複数組合主義‥‥‥‥‥‥‥‥‥‥‥‥418
複数組合の併存‥‥‥‥‥‥‥‥‥‥‥465
不更新条項‥‥‥‥‥‥‥‥‥338 〜, 451 〜
不合理な労働条件‥‥‥‥‥‥‥‥‥‥297
不正競争防止法‥‥‥‥‥‥‥‥310, 315
不正行為‥‥‥‥‥‥‥‥‥‥‥‥‥‥238
不当労働行為‥‥‥‥‥‥229, 439, 449 〜, 461 〜
　　——の意思‥‥‥‥‥‥‥‥452, 453
　　——の救済手続‥‥‥‥‥‥‥472 〜
不当労働行為制度‥‥‥‥‥‥‥449, 471
部分スト‥‥‥‥‥‥‥‥438, 440, 443, 444
部分的包括承継‥‥‥‥‥‥‥‥‥‥‥226
プライバシー‥‥‥‥‥‥‥‥‥‥‥‥187
不利益取扱い‥‥‥‥‥135, 136, 441, 451 〜, 459
　　——と支配介入の関係‥‥‥‥‥‥453
　　——の禁止‥‥‥‥‥‥‥‥‥‥439
　　——の事例‥‥‥‥‥‥‥‥‥‥452
　　妊娠等を理由とした女性の——‥‥288
　　不採用と——‥‥‥‥‥‥‥‥‥455
プロ野球選手‥‥‥‥‥‥‥‥‥‥‥‥44
文書提出命令‥‥‥‥‥‥‥‥‥‥‥‥490
紛争調整委員会‥‥‥‥‥‥‥‥‥‥‥485
変形労働時間制‥‥‥‥‥‥‥‥118 〜, 127
　　——所定労働時間の特定・変更‥‥119, 128
変更解約告知‥‥‥‥‥‥‥‥‥‥215 〜
ボイコット‥‥‥‥‥‥‥‥‥‥‥‥‥439
包括承継‥‥‥‥‥‥‥‥‥‥‥‥‥‥223
　　部分的——‥‥‥‥‥‥‥‥‥‥226
法人格の形骸化‥‥‥‥‥‥‥‥‥‥‥50

法人格の濫用‥‥‥‥‥‥‥‥‥‥51 〜, 57
法人格否認の法理‥‥‥‥‥‥‥‥50, 57
法適合組合‥‥‥‥‥‥‥‥‥‥‥‥‥385
法の適用に関する通則法‥‥‥‥‥‥361 〜
　　——公序規定‥‥‥‥‥‥‥‥‥368
　　——特定の強行規定‥‥‥364, 367, 371
ポジティブ・アクション‥‥‥‥‥‥‥285
ポスト・ノーティス‥‥‥‥‥‥‥‥‥475

【ま 行】

未組織労働者‥‥‥‥‥‥‥‥‥‥‥‥417
民事再生手続‥‥‥‥‥‥‥‥‥‥‥‥266
民事免責‥‥‥‥‥‥‥‥‥‥‥‥‥‥439
　　組合活動に対する——‥‥‥‥‥‥439
無期転換申込権‥‥‥‥‥‥‥‥‥‥‥339
メンタルヘルス‥‥‥‥‥‥‥‥‥‥‥193
黙示の合意‥‥‥‥‥‥‥‥‥‥‥‥‥214
黙示の労働契約‥‥‥‥‥‥49 〜, 55, 349, 357

【や 行】

役割等級制度‥‥‥‥‥‥‥‥‥‥‥‥174
雇入事業所所在地法‥‥‥‥‥‥‥‥‥362
雇止め‥‥‥‥‥‥‥‥‥‥‥‥335, 353
山猫スト‥‥‥‥‥‥‥‥‥‥‥‥‥‥438
やむを得ない事由‥‥‥‥‥‥‥‥‥‥334
唯一交渉団体条項‥‥‥‥‥‥‥395, 401
有期労働契約‥‥‥‥‥‥‥‥‥‥66, 334
　　——の中途解約‥‥‥‥‥‥‥‥334
有利原則‥‥‥‥‥‥‥‥‥‥‥‥‥‥33
諭旨解雇‥‥‥‥‥‥‥‥‥‥‥‥‥‥237
ユニオン・ショップ協定‥‥‥‥‥386, 390
要件裁量‥‥‥‥‥‥‥‥‥‥‥‥‥‥477
要配慮個人情報‥‥‥‥‥‥‥‥188, 189
予告義務（平和条項）‥‥‥‥‥‥‥‥439

【ら 行】

利益代表者‥‥‥‥‥‥‥‥‥‥326, 379
立証責任の転換‥‥‥‥‥‥‥‥490, 492
リボン闘争‥‥‥‥‥‥‥‥‥‥428, 437
理由（動機）の競合‥‥‥‥‥‥453, 457
留保付承諾‥‥‥‥‥‥‥‥‥‥‥216 〜
労災保険の特別加入制度‥‥‥‥‥‥‥42
労災保険法‥‥‥‥‥‥‥‥‥‥‥‥‥145
　　——業務上‥‥‥‥‥‥‥‥‥‥145
　　——上の労働者‥‥‥‥‥‥‥‥145
労災補償‥‥‥‥‥‥‥‥‥‥‥‥‥‥145

労使慣行‥‥‥‥‥‥‥‥‥‥‥‥30, 34
労使間合意に基づく就業規則の変更‥‥204, 208
労使協議‥‥‥‥‥‥‥‥‥‥‥‥‥378
労使協定‥‥‥‥‥‥‥‥‥‥‥‥‥29
労働委員会‥‥‥‥‥‥‥‥449, 486
　――の構成と権限‥‥‥‥‥‥‥472
　――の裁量権‥‥‥‥‥‥‥‥‥474
　――への申立て‥‥‥‥‥‥‥‥397
労働委員会救済命令に対する取消訴訟‥‥‥476
労働基準法‥‥‥‥‥‥‥‥‥‥‥25
　――上の労働時間‥‥‥‥‥104, 328
　――の域外適用‥‥‥‥‥‥‥‥370
　――の労働者‥‥‥‥‥‥‥‥‥39
労働基本権‥‥‥‥‥‥373 ～, 378, 437
労働義務‥‥‥‥‥‥‥‥‥‥‥‥5
労働協約‥‥‥‥‥‥‥‥28, 32, 404 ～
　――による労働条件の不利益変更‥‥‥‥416
　――の意義‥‥‥‥‥‥‥‥‥‥404
　――の拡張適用‥‥‥‥‥‥‥407 ～
　――の規範的効力‥‥‥33, 327, 405, 417
　――の規範的部分‥‥‥‥‥‥‥405
　――の債務的効力‥‥‥‥‥‥‥57
　――の締結権限‥‥‥‥‥‥‥‥407
　――の法的性格‥‥‥‥‥‥‥‥405
　――の要式性‥‥‥‥‥‥‥‥‥406
労働組合‥‥‥‥‥‥326, 376, 384 ～, 451 ～
　――の制度設計機能‥‥‥‥‥377, 380
　――の存在意義‥‥‥‥‥‥376, 380
　――の分裂‥‥‥‥‥‥‥‥389, 393
　――の利益代表機能・紛争処理機能
　‥‥‥‥‥‥‥‥‥‥‥‥377, 381
労働組合法‥‥‥‥‥‥‥‥375, 384 ～
　――上の労働者‥‥‥‥‥‥‥‥43
労働契約‥‥3, 25, 33, 49, 53, 61, 223 ～, 226, 334,
　362 ～, 366
　――に近似する関係‥‥‥‥‥‥53
　――に隣接する関係‥‥‥‥‥‥53
　――の成立‥‥‥‥‥‥‥‥‥‥62

――の存在意義‥‥‥‥‥‥‥‥29
――の特徴‥‥‥‥‥‥‥‥‥‥3
黙示の――‥‥‥‥‥49 ～, 55, 349, 357
有期――‥‥‥‥‥‥‥‥‥66, 334
労働契約承継法‥‥‥‥‥‥226 ～, 231 ～
労働契約法‥‥‥‥‥‥‥‥‥‥26
　――上の労働者‥‥‥‥‥‥‥‥42
労働災害‥‥‥‥‥‥‥‥‥‥‥144
　精神障害と――‥‥‥‥‥‥‥147
　脳・心臓疾患と――‥‥‥‥‥146
労働裁判‥‥‥‥‥‥‥‥‥‥486 ～
労働時間‥‥‥‥‥‥104 ～, 118 ～, 323
労働者（労基法上の）‥‥‥‥‥‥38
労働者（労契法上の）‥‥‥‥‥‥38
労働者（労災保険法上の）‥‥‥‥145
労働者（労組法上の）‥‥‥‥‥‥38
労働者に対する損害賠償‥‥‥‥‥7
労働者の責任制限‥‥‥‥‥‥‥7
労働者派遣‥‥‥‥‥‥‥‥‥‥350
　――雇用保障‥‥‥‥‥‥‥‥‥348
労働者派遣契約の中途解除‥‥349, 351, 356
労働者派遣法‥‥‥‥‥‥‥‥347 ～
　――雇用安定措置‥‥‥‥‥‥‥355
労働条件‥‥‥‥‥‥17, 25 ～, 296, 300
　――の明示義務‥‥‥‥‥‥‥‥67
　不合理な――‥‥‥‥‥‥‥‥297
労働条件の不利益変更‥‥‥‥‥200 ～
　就業規則による――‥‥‥‥‥200 ～
労働条件変更‥‥‥‥‥‥‥213 ～, 337
労働法の域外適用‥‥‥‥‥‥‥365
労働保護法‥‥‥‥‥‥‥‥‥‥25
労務指揮権‥‥‥‥‥‥‥‥‥‥3, 4
労務提供地‥‥‥‥‥‥‥362, 367, 370
ロックアウト（作業所閉鎖）‥‥‥442, 446

【わ　行】

ワーク・ライフ・バランス‥‥‥‥‥168
割増賃金‥‥‥‥‥‥‥‥‥‥‥108

判 例 索 引

【最高裁判所】

最大判昭和 25・11・15 刑集 4 巻 11 号 2257 頁〔山田鋼業事件〕‥‥‥‥‥‥‥‥‥437

最大判昭和 27・10・22 民集 6 巻 9 号 857 頁〔朝日新聞小倉支店事件〕‥‥‥‥‥‥445

最大判昭和 28・4・8 刑集 7 巻 4 号 775 頁〔国鉄弘前機関区事件〕‥‥‥‥‥‥‥‥374

最二小判昭和 29・5・28 民集 8 巻 5 号 990 頁〔山岡内燃機事件〕‥‥‥‥‥‥‥‥‥463

最一小判昭和 32・11・14 民集 11 巻 12 号 1943 頁〔品川白煉瓦事件〕‥‥‥‥‥‥‥389

最一小判昭和 35・7・14 刑集 14 巻 9 号 1139 頁〔小島撚糸事件〕‥‥‥‥‥‥‥‥‥108

最大判昭和 36・5・31 民集 15 巻 5 号 1482 頁〔日本勧業経済会事件〕‥‥‥‥‥‥‥79

最二小判昭和 37・7・20 民集 16 巻 8 号 1656 頁〔米軍山田部隊事件〕‥‥‥‥256, 474

最三小判昭和 37・9・18 民集 16 巻 9 号 1985 頁〔在日米軍調達部東京支部事件〕‥471, 474

最三小判昭和 37・10・9 民集 16 巻 10 号 2084 頁〔栃木化成事件〕‥‥‥‥‥‥‥‥472

最三小判昭和 39・8・4 民集 18 巻 7 号 1263 号〔青山信愛会事件〕‥‥‥‥‥‥‥‥438

最三小判昭和 43・4・9 民集 22 巻 4 号 845 頁〔医療法人新光会事件〕‥‥‥‥450, 477

最二小判昭和 43・8・2 民集 22 巻 8 号 1603 頁〔西日本鉄道事件〕‥‥‥‥‥‥192, 196

最大判昭和 43・12・4 刑集 22 巻 13 号 1425 号〔三井美唄労組事件〕‥‥‥‥‥‥‥386

最三小判昭和 43・12・24 民集 22 巻 13 号 3050 頁〔電電公社千代田丸事件〕‥5, 366, 371

最大判昭和 43・12・25 民集 22 巻 13 号 3459 頁〔秋北バス事件〕‥‥‥‥15, 200, 274

最三小判昭和 46・6・15 民集 25 巻 4 号 516 頁〔山恵木材事件〕‥‥‥‥‥‥‥‥‥452

最二小判昭和 48・1・19 民集 27 巻 1 号 27 頁〔シンガー・ソーイング・メシーン事件〕

‥‥‥‥‥‥‥‥‥‥‥‥‥‥‥‥‥‥‥‥‥‥‥‥86, 109, 113, 204

最二小判昭和 48・3・2 民集 27 巻 2 号 191 頁〔白石営林署事件〕‥‥‥‥131, 134, 138

最二小判昭和 48・3・2 民集 27 巻 2 号 210 頁〔国鉄郡山工場事件〕‥‥‥‥‥‥‥‥131

最大判昭和 48・4・25 刑集 27 巻 4 号 547 頁〔全農林警職法事件〕‥‥‥‥‥‥‥‥438

最二小判昭和 48・10・19 労判 189 号 53 頁〔日東タイヤ事件〕‥‥‥‥‥‥‥‥‥‥163

最大判昭和 48・12・12 民集 27 巻 11 号 1536 頁〔三菱樹脂事件〕‥‥‥62, 66, 296, 455

最三小判昭和 48・12・18〔昭和 44（オ）489〕〔東洋オーチス・エレベーター事件〕‥‥‥440

最二小判昭和 49・3・15 民集 28 巻 2 号 265 頁〔日本鋼管事件〕‥‥‥‥‥‥‥239, 242

最一小判昭和 49・7・22 民集 28 巻 5 号 927 頁〔東芝柳町工場事件〕‥‥‥‥‥335, 336

最一小判昭和 49・9・30 労判 218 号 44 頁〔名古屋ダイハツ労組事件〕‥‥‥‥389, 393

最三小判昭和 50・2・25 民集 29 巻 2 号 143 頁〔陸上自衛隊八戸車両整備工場事件〕‥148

最二小判昭和 50・4・25 民集 29 巻 4 号 456 頁〔日本食塩製造事件〕‥‥‥‥‥‥‥250

最三小判昭和 50・4・25 民集 29 巻 4 号 481 頁〔丸島水門製作所事件〕‥‥442, 443, 446

最三小判昭和 50・11・28 民集 29 巻 10 号 1698 頁〔国労広島地本事件〕‥‥‥‥386, 390

最一小判昭和 51・5・6 民集 30 巻 4 号 437 頁〔CBC 管弦楽団労組事件〕‥‥‥‥‥‥44

最一小判昭和 51・7・8 民集 30 巻 7 号 689 頁〔茨城石炭商事事件〕‥‥‥‥‥‥‥‥‥7

最二小判昭和 52・1・31 労判 268 号 17 頁〔高知放送事件〕‥‥‥‥‥‥‥‥‥251, 256

最大判昭和 52・2・23 民集 31 巻 1 号 93 頁〔第二鳩タクシー事件〕‥‥450, 472, 474, 477

最二小判昭和 52・2・28 判時 850 号 98 頁〔第一小型ハイヤー事件〕‥‥‥442, 446, 447

最大判昭和 52・5・4 刑集 31 巻 3 号 182 頁〔全逓名古屋中郵事件〕‥‥‥‥‥‥‥‥374

最三小判昭和 53・7・18 民集 32 巻 5 号 1030 頁〔全逓東北地本事件〕‥‥‥‥‥‥‥441

最二小判昭和 53・11・24 労判 312 号 54 頁〔寿建築研究所事件〕‥‥‥‥‥‥‥‥‥477

最二小判昭和 54・7・20 民集 33 巻 5 号 582 頁〔大日本印刷事件〕‥‥‥‥‥‥‥63, 64

507

最三小判昭和 54・10・30 民集 33 巻 6 号 647 頁〔国鉄札幌運転区事件〕‥‥‥‥‥‥‥‥235, 429

最二小判昭和 55・4・11 民集 34 巻 3 号 330 頁〔山口放送事件〕‥‥‥‥‥‥‥‥‥‥‥‥447

最二小判昭和 55・5・30 民集 34 巻 3 号 464 頁〔電電公社近畿電通局事件〕‥‥‥‥‥‥‥‥63

最一小判昭和 55・7・10 労判 345 号 20 頁〔下関商業高校事件〕‥‥‥‥‥‥‥‥‥189, 274

最三小判昭和 56・3・24 民集 35 巻 2 号 300 頁〔日産自動車事件〕‥‥‥‥‥‥‥‥‥‥288

最二小判昭和 56・9・18 民集 35 巻 6 号 1028 頁〔三菱重工業事件〕‥‥‥‥‥‥‥‥‥440

最一小判昭和 57・3・18 民集 36 巻 3 号 366 頁〔電電公社此花電報電話局事件〕‥‥‥132, 134

最三小判昭和 57・4・13 民集 36 巻 4 号 659 頁〔大成観光事件〕‥‥‥‥‥‥‥‥‥‥‥428

最二小判昭和 57・9・10 労経速 1134 号 5 頁〔プリマハム事件〕‥‥‥‥‥‥‥‥‥‥464

最一小判昭和 57・10・7 労判 399 号 11 頁〔大和銀行事件〕‥‥‥‥‥‥‥‥‥‥‥‥‥92

最一小判昭和 58・6・13 民集 37 巻 5 号 636 頁〔日本原子力研究所事件〕‥‥‥‥‥‥‥447

最一小判昭和 58・9・8 労判 415 号 29 頁〔関西電力事件〕‥‥‥‥‥‥‥‥‥‥235, 239

最一小判昭和 58・10・27 労判 427 号 63 頁〔あさひ保育園事件〕‥‥‥‥‥‥‥‥‥263

最一小判昭和 58・12・20 労判 421 号 20 頁〔新宿郵便局事件〕‥‥‥‥‥‥‥‥‥‥464

最三小判昭和 59・4・10 民集 38 巻 6 号 557 頁〔川義事件〕‥‥‥‥‥‥‥‥‥‥‥‥149

最三小判昭和 59・5・29 民集 38 巻 7 号 802 頁〔日本メール・オーダー事件〕‥‥‥‥465

最一小判昭和 60・3・7 労判 449 号 49 頁〔水道機工事件〕‥‥‥‥‥‥‥‥‥‥‥‥440

最二小判昭和 60・4・5 民集 39 巻 3 号 675 頁〔古河電気工業・原子燃料工業事件〕‥‥165, 170

最三小判昭和 60・4・23 民集 39 巻 3 号 730 頁〔日産自動車〔残業差別〕事件〕‥‥‥465

最三小判昭和 60・7・16 民集 39 巻 5 号 1023 頁〔エヌ・ビー・シー工業事件〕‥‥‥‥137

最一小判昭和 60・11・28 労判 469 号 6 頁〔京都新聞社事件〕‥‥‥‥‥‥‥‥‥‥‥92

最二小判昭和 61・1・24 労判 467 号 6 頁〔紅屋商事事件〕‥‥‥‥‥‥‥‥‥‥454, 458

最二小判昭和 61・3・13 労判 470 号 6 頁〔電電公社帯広局事件〕‥‥‥‥‥‥‥‥4, 15

最二小判昭和 61・7・14 労判 477 号 6 頁〔東亜ペイント事件〕‥‥‥‥34, 159, 161, 162, 167, 168

最一小判昭和 61・12・4 労判 486 号 6 頁〔日立メディコ事件〕‥‥‥‥‥‥335 ～ 337

最二小判昭和 62・3・20 労判 500 号 32 頁〔東京光の家事件〕‥‥‥‥‥‥‥‥‥‥472

最一小判昭和 62・4・2 労判 506 号 20 頁〔あけぼのタクシー〔民事解雇〕事件〕‥‥‥256, 474

最一小判昭和 62・4・2 労判 500 号 14 頁〔あけぼのタクシー〔バック・ペイ〕事件〕‥‥475

最一小判昭和 62・7・10 民集 41 巻 5 号 1229 頁〔弘前電報電話局事件〕‥‥‥‥‥‥133

最二小判昭和 62・7・17 民集 41 巻 5 号 1283 頁〔ノース・ウエスト航空〔休業手当請求〕事件〕
　　‥‥‥‥‥‥‥‥‥‥‥‥‥‥‥‥‥‥‥‥‥‥‥‥‥‥‥‥‥‥77, 441, 444, 445

最二小判昭和 62・7・17 民集 41 巻 5 号 1350 頁〔ノース・ウエスト航空〔賃金請求〕事件〕
　　‥‥‥‥‥‥‥‥‥‥‥‥‥‥‥‥‥‥‥‥‥‥‥‥‥‥‥‥‥‥‥‥‥440, 444

最三小判昭和 63・2・16 民集 42 巻 2 号 60 頁〔大曲市農業協同組合事件〕‥‥‥‥‥202, 223

最三小判昭和 63・3・15 民集 42 巻 3 号 170 頁〔宝運輸事件〕‥‥‥‥‥‥‥‥‥‥‥77

最一小判昭和 63・7・14 労判 523 号 6 頁〔小里機材事件〕‥‥‥‥‥‥‥‥‥‥‥‥109

最三小判平成 1・7・4 民集 43 巻 7 号 767 頁〔電電公社関東電気通信局事件〕‥‥‥‥133

最一小判平成 1・9・7 労判 546 号 6 頁〔香港上海銀行事件〕‥‥‥‥‥‥‥‥‥‥‥416

最一小判平成 1・12・7 労判 554 号 6 頁〔日産自動車村山工場事件〕‥‥‥‥‥‥160, 218

最一小判平成 1・12・14 民集 43 巻 12 号 1895 頁〔日本シェーリング事件〕‥‥‥‥‥137

最一小判平成 1・12・14 民集 43 巻 12 号 2051 頁〔三井倉庫港運事件〕‥‥‥‥‥387, 391

最三小判平成 2・3・6 労判 584 号 38 頁〔亮正会高津中央病院事件〕‥‥‥‥‥‥‥475

最三小判平成 2・6・5 民集 44 巻 4 号 668 頁〔神戸弘陵学園事件〕‥‥‥‥‥‥‥‥‥67

最二小判平成 2・11・26 民集 44 巻 8 号 1085 頁〔日新製鋼事件〕‥‥‥‥‥‥‥‥79, 85

最二小判平成 3・2・22 労判 586 号 12 頁〔オリエンタルモーター事件〕‥‥‥‥‥‥475

最三小判平成 3・4・23 労判 589 号 6 頁〔国鉄事件〕‥‥‥‥‥‥379, 398, 450, 477

最一小判平成 3・9・19 労判 615 号 16 頁〔炭研精工事件〕⋯⋯⋯⋯⋯⋯⋯⋯⋯⋯238

最一小判平成 3・11・28 民集 45 巻 8 号 1270 頁〔日立製作所武蔵工場事件〕⋯⋯15, 17, 108

最二小判平成 4・2・14 労判 614 号 6 頁〔池田電器事件〕⋯⋯⋯⋯⋯⋯⋯⋯⋯⋯⋯397

最三小判平成 4・2・18 労判 609 号 12 頁〔エス・ウント・エー事件〕⋯⋯⋯⋯132, 136

最三小判平成 4・6・23 民集 46 巻 4 号 306 頁〔時事通信社事件〕⋯⋯⋯⋯⋯⋯⋯134

最二小判平成 4・9・25 労判 618 号 14 頁〔三菱重工業長崎造船所事件〕⋯⋯⋯⋯438

最二小判平成 4・10・2 労判 619 号 8 頁〔御國ハイヤー事件〕⋯⋯⋯⋯⋯⋯⋯439, 445

最一小判平成 5・3・25 労判 650 号 6 頁〔エッソ石油事件〕⋯⋯⋯⋯⋯⋯⋯⋯⋯388

最二小判平成 5・6・25 民集 47 巻 6 号 4585 頁〔沼津交通事件〕⋯⋯⋯⋯⋯⋯⋯135

最二小判平成 6・6・13 労判 653 号 12 頁〔高知県観光事件〕⋯⋯⋯⋯⋯⋯⋯⋯109

最一小判平成 6・9・8 労判 657 号 12 頁〔学校法人敬愛学園事件〕⋯⋯⋯⋯⋯⋯252

最一小判平成 7・2・23 民集 49 巻 2 号 281 頁〔ネスレ日本〔東京・島田〕事件〕⋯392

最三小判平成 7・2・28 民集 49 巻 2 号 559 頁〔朝日放送事件〕⋯⋯⋯52, 53, 56, 59

最一小判平成 7・9・5 労判 680 号 28 頁〔関西電力事件〕⋯⋯⋯⋯⋯⋯⋯⋯⋯188

最三小判平成 7・11・21 労判 694 号 22 頁〔近畿システム管理事件〕⋯⋯⋯⋯476

最三小判平成 8・3・26 民集 50 巻 4 号 1008 頁〔朝日火災海上保険〔高田〕事件〕⋯⋯408, 417

最一小判平成 8・9・26 労判 708 号 31 頁〔山口観光事件〕⋯⋯⋯⋯⋯⋯⋯⋯⋯241

最一小判平成 8・11・28 労判 714 号 14 頁〔横浜南労基署長〔旭紙業〕事件〕⋯41, 42, 45, 145

最二小判平成 9・2・28 民集 51 巻 2 号 705 頁〔第四銀行事件〕⋯⋯⋯200, 202, 203

最一小判平成 9・3・27 労判 713 号 27 頁〔朝日火災海上保険〔石堂〕事件〕⋯⋯416

最一小判平成 10・4・9 労判 736 頁 15 頁〔片山組事件〕⋯⋯⋯⋯⋯⋯77, 81, 178

最一小判平成 10・9・10 労判 757 号 20 頁〔九州朝日放送事件〕⋯⋯⋯⋯⋯160, 218

最二小判平成 11・9・17 労判 768 号 16 頁〔帝国臓器製薬事件〕⋯⋯⋯⋯⋯162, 168

最二小決平成 11・11・12 民集 53 巻 8 号 1787 頁〔富士銀行事件〕⋯⋯⋯⋯⋯499

最一小判平成 12・3・9 民集 54 巻 3 号 801 頁〔三菱重工長崎造船所事件〕⋯⋯⋯104

最一小判平成 12・3・9 労判 778 号 8 頁〔三菱重工長崎造船所〔一次訴訟・組合側上告〕事件〕⋯⋯105

最二小判平成 12・3・24 民集 54 巻 3 号 1155 頁〔電通事件〕⋯⋯⋯⋯⋯⋯149, 151

最一小判平成 12・3・31 民集 54 巻 3 号 1255 頁〔日本電信電話事件〕⋯⋯⋯⋯134

最一小判平成 12・9・7 民集 54 巻 7 号 2075 頁〔みちのく銀行事件〕⋯⋯202 〜 204, 207, 208

最三小判平成 13・3・13 民集 55 巻 2 号 395 頁〔都南自動車教習所事件〕⋯⋯406, 410

最一小決平成 13・6・14 労判 807 号 5 頁〔中労委〔セメダイン〕事件〕⋯⋯⋯333

最二小判平成 13・6・22 労判 808 号 11 頁〔トーコロ事件〕⋯⋯⋯⋯⋯⋯⋯⋯107

最一小判平成 13・10・25 労判 814 号 34 頁〔横浜税関事件〕⋯⋯⋯⋯⋯⋯⋯477

最三小判平成 14・1・22 労判 823 号 12 頁〔崇徳学園事件〕⋯⋯⋯⋯⋯⋯⋯⋯238

最一小判平成 14・2・28 民集 56 巻 2 号 361 頁〔大星ビル管理事件〕⋯⋯⋯⋯105

最二小判平成 15・3・14 民集 57 巻 3 号 229 頁⋯⋯⋯⋯⋯⋯⋯⋯⋯⋯⋯192, 194

最二小判平成 15・4・18 労判 847 号 14 頁〔新日本製鐵〔日鐵運輸第 2〕事件〕⋯17, 163, 381

最三小判平成 15・4・22 民集 57 巻 4 号 477 頁〔オリンパス光学工業事件〕⋯⋯313

最二小判平成 15・9・12 民集 57 巻 8 号 973 頁⋯⋯⋯⋯⋯⋯⋯⋯⋯⋯⋯⋯⋯196

最二小判平成 15・10・10 労判 861 号 5 頁〔フジ興産事件〕⋯⋯⋯⋯16, 201, 236

最一小判平成 15・12・4 労判 862 号 14 頁〔東朋学園事件〕⋯⋯⋯⋯93, 137, 142

最一小判平成 15・12・18 労判 866 号 14 頁〔北海道国際航空事件〕⋯⋯⋯⋯79, 84

最一小判平成 15・12・22 民集 57 巻 11 号 2335 頁〔JR 北海道・JR 貨物事件〕⋯⋯456

最一小判平成 15・12・22 判時 1847 号 15 頁〔JR 北海道等事件〕⋯⋯⋯⋯⋯456

最一小判平成 16・7・12 労判 875 号 5 頁〔京都地労委〔京都市交通局〕事件〕⋯⋯453, 471

最大判平成 17・1・26 民集 59 巻 1 号 128 頁〔外国人公務員東京都管理職選考受験訴訟事件〕⋯⋯296

509

最二小判平成 17・6・3 民集 59 巻 5 号 938 頁〔関西医科大学第 2 事件〕············40
最三小決平成 17・10・14 民集 59 巻 8 号 2265 頁〔国〔金沢労基署長〕災害調査復命書提出
命令事件〕············491
最三小判平成 18・3・28 判時 1950 号 167 頁〔社会福祉法人いずみ福祉会事件〕············256
最三小判平成 18・4・18 民集 60 巻 4 号 1548 頁〔安威川生コンクリート工業事件〕············447
最一小判平成 18・10・6 労判 925 号 11 頁〔ネスレ日本事件〕············236, 240
最一小判平成 18・12・8 労判 929 号 5 頁〔JR 東海〔新幹線・科長脱退勧奨〕事件〕············463
最一小判平成 19・2・2 民集 61 巻 1 号 86 頁〔東芝労働組合小向支部・東芝事件〕············385
最二小判平成 21・12・18 民集 63 巻 10 号 2754 頁〔パナソニックプラズマディスプレイ
〔パスコ〕事件〕············50, 55, 350
最一小判平成 21・12・18 労判 1000 号 5 頁〔ことぶき事件〕············330
最一小判平成 22・3・25 民集 64 巻 2 号 562 頁〔サクセスほか〔三佳テック〕事件〕············313
最三小判平成 22・5・25 労判 1018 号 5 頁〔小野リース事件〕············252
最三小判平成 22・7・12 民集 64 巻 5 号 1333 頁〔日本アイ・ビー・エム事件〕············227, 231
最三小判平成 23・4・12 民集 65 巻 3 号 943 頁〔新国立劇場運営財団事件〕············44
最三小判平成 23・4・12 労判 1026 号 27 頁〔INAX メンテナンス事件〕············44
最三小判平成 24・2・21 労判 1043 号 5 頁〔ビクターサービスエンジニアリング事件〕············45
最一小判平成 24・3・8 労判 1060 号 5 頁〔テックジャパン事件〕············109, 113, 115
最二小判平成 24・4・27 労判 1055 号 5 頁〔日本ヒューレット・パッカード事件〕············238
最一小判平成 24・11・29 労判 1064 号 13 頁〔津田電気計器事件〕············276, 277, 281
最一小判平成 25・6・6 民集 67 巻 5 号 1187 頁〔八千代交通事件〕············132
最二小判平成 26・1・24 労判 1088 号 5 頁〔阪急トラベルサポート〔第 2〕事件〕············120, 121, 124
最二小判平成 26・3・24 労判 1094 号 22 頁〔東芝〔うつ病・解雇〕事件〕············155
最一小判平成 26・10・23 民集 68 巻 8 号 1270 頁〔広島中央保健生協〔C 生協病院〕事件〕
············136, 141, 175, 289, 291
最一小判平成 27・2・26 労判 1109 号 5 頁〔L 館事件〕············238
最大判平成 27・3・4 民集 69 巻 2 号 178 頁〔フォーカスシステムズ事件〕············150
最一小判平成 27・6・8 民集 67 巻 4 号 1047 頁〔専修大学事件〕············254
最一小判平成 28・2・19 民集 70 巻 2 号 123 頁〔山梨県民信用組合事件〕············78, 83, 205, 208, 209, 214
最一小判平成 28・12・1 労判 1156 号 5 頁〔福原学園〔九州女子短期大学〕事件〕············67, 338
最一小決平成 28・12・21 判例集未登載〔日産自動車ほか事件〕············358
最三小判平成 29・2・28 労判 1152 号 5 頁〔国際自動車事件〕············109
最二小判平成 29・7・7 労判 1168 号 49 頁〔医療法人康心会事件〕············109
最一小判平成 30・2・15 労判 1181 号 5 頁〔イビデン事件〕············239
最二小判平成 30・6・1 民集 72 巻 2 号 88 頁〔ハマキョウレックス事件〕············297, 299, 300, 306
最二小判平成 30・6・1 民集 72 巻 2 号 202 頁〔長澤運輸事件〕············298, 299, 306
最二小判平成 30・6・1 労判 1179 号 34 頁〔長澤運輸事件〕············278
最二小判平成 30・9・14 労経速 2361 号 3 頁〔日本郵便事件〕············17

【高等裁判所】

東京高判昭和 30・10・28 労民集 6 巻 6 号 843 頁〔三井造船事件〕············442
東京高判昭和 45・9・17 労民集 21 巻 5 号 1229 頁〔興人パルプ事件〕············463
東京高判昭和 47・4・26 判時 670 号 94 頁〔日東タイヤ事件〕············163
東京高決昭和 50・9・25 判時 797 号 143 頁〔新聞之新聞社事件〕············398
東京高判昭和 52・12・20 労判 288 号 56 頁〔日産自動車事件〕············477
東京高判昭和 54・10・29 労判 330 号 71 頁〔東洋酸素事件〕············263

東京高判昭和 56・7・16 労経速 1111 号 10 頁〔日野自動車工業事件〕……………………408

大阪高判昭和 58・4・26 労判 411 号 64 頁〔川崎重工業事件〕……………………161

福岡高判昭和 58・6・7 労判 410 号 29 頁〔サガテレビ事件〕……………………50

東京高判昭和 58・12・19 労民集 34 巻 5・6 号 924 頁〔八州事件〕……………………68

東京高判昭和 61・10・14 金判 767 号 21 頁〔かなざわ総本舗事件〕……………………67, 68

東京高判昭和 62・1・27 労判 489 号 13 頁〔国鉄事件〕……………………398, 450

名古屋高判昭和 62・4・27 労判 498 号 36 頁〔栃木合同輸送事件〕……………………164

東京高判昭和 62・12・24 労判 512 号 66 頁〔日産自動車村山工場事件〕……………………160

東京高判昭和 63・3・31 労判 516 号 5 頁〔ミツミ電機事件〕……………………442

大阪高判平成 2・7・26 労判 572 号 114 頁〔ゴールド・マリタイム事件〕……………………164

名古屋高判平成 2・8・31 労判 569 号 37 頁〔中部日本広告社事件〕……………………81

東京高判平成 2・11・29 労判 584 号 78 頁〔文英堂事件〕……………………447

大阪高判平成 3・1・16 労判 581 号 36 頁〔龍神タクシー事件〕……………………336

仙台高判平成 4・1・10 労判 605 号 98 頁〔岩手銀行事件〕……………………287

仙台高秋田支判平成 5・2・24 労判 657 号 15 頁〔学校法人敬愛学園事件〕……………………252

福岡高判平成 6・3・24 労民集 45 巻 1・2 号 123 頁〔三菱重工業長崎造船所事件〕……………………134

東京高判平成 6・11・24 労判 714 号 16 頁〔横浜南労基署長〔旭紙業〕事件〕……………………41, 145

東京高判平成 8・5・29 労判 694 号 29 頁〔帝国臓器製薬事件〕……………………162

東京高判平成 8・8・26 労判 701 号 12 頁〔アール・エフ・ラジオ日本事件〕……………………275

東京高判平成 9・10・30 高民集 50 巻 3 号 391 頁〔JR 東海〔新幹線支部〕事件〕……………………5

東京高判平成 9・11・20 労判 728 号 12 頁〔横浜セクシュアル・ハラスメント事件〕……………………290, 292

大阪高判平成 9・11・25 労判 729 号 39 頁〔光洋精工事件〕……………………94, 177

名古屋高金沢支判平成 10・3・16 労判 738 号 32 頁〔西日本 JR バス事件〕……………………134

大阪高判平成 10・7・7 労判 742 号 17 頁〔大阪市交通局協力会事件〕……………………288

大阪高判平成 10・7・22 労判 748 号 98 頁〔駸々堂事件〕……………………215

札幌高判平成 11・7・9 労判 764 号 17 頁〔北海道龍谷学園事件〕……………………254

東京高判平成 11・9・30 労判 780 号 80 頁〔日本中央競馬会事件〕……………………132

東京高判平成 12・4・19 労判 787 号 35 頁〔日新火災海上保険事件〕……………………68, 72, 73

東京高判平成 12・7・26 労判 789 号 6 頁〔中根製作所事件〕……………………407, 417

福岡高判平成 12・11・28 労判 806 号 58 頁〔新日本製鐵〔日鐵運輸〕事件〕……………………163

東京高判平成 12・11・28 労判 815 号 77 頁〔ユナイテッド航空事件〕……………………366

東京高判平成 12・12・22 労判 796 号 5 頁〔芝信用金庫事件〕……………………288, 291

東京高判平成 12・12・27 労判 809 号 82 頁〔更生会社三井埠頭事件〕……………………214

大阪高判平成 13・3・6 労判 818 号 73 頁〔わいわいランド事件〕……………………68

東京高判平成 13・9・11 労判 817 号 57 頁〔国鉄千葉動労事件〕……………………439

東京高判平成 14・2・27 労判 824 号 17 頁〔青山会事件〕……………………225, 229, 455

大阪高判平成 14・5・9 民集 59 巻 5 号 967 頁〔関西医科大学第 1 事件〕……………………40

大阪高判平成 14・6・19 労判 839 号 47 頁〔カントラ事件〕……………………82

広島高判平成 14・6・25 労判 835 号 43 頁〔JR 西日本事件〕……………………119, 128

東京高判平成 14・7・2 労判 836 号 114 頁〔コンチネンタル・ミクロネシア・インク事件〕……………………338

東京高判平成 14・7・11 労判 832 号 13 頁〔新宿労基署長事件〕……………………40

福岡高決平成 14・9・18 労判 840 号 52 頁〔安川電機〔パート解雇・本訴〕事件〕……………………335

東京高判平成 14・11・26 労判 843 号 20 頁〔日本ヒルトンホテル事件〕……………………217

大阪高判平成 15・1・30 労判 845 号 5 頁〔大阪空港事業事件〕……………………50

東京高判平成 15・4・23 判時 1830 号 146 頁〔中労委・建交労千葉県本部千葉合同支部事件〕……………………476

大阪高判平成 15・6・26 労判 858 号 69 頁〔大阪証券取引所事件〕……………………51

東京高判平成 15・9・30 労判 862 号 41 頁〔中労委〔朝日火災海上保険〕事件〕…………………476

東京高判平成 15・12・11 労判 867 号 5 頁〔小田急電鉄事件〕………………17, 21, 81, 86, 239, 242, 243

東京高判平成 15・12・17 労判 868 号 20 頁〔中労委（オリエンタルモーター）事件〕…………454

東京高判平成 16・1・22 労経速 1876 号 24 頁〔新日本製鐵事件〕………………………………65

東京高判平成 16・6・16 労判 886 号 93 頁〔千代田学園事件〕………………………………241

広島高岡山支判平成 16・10・28 労判 884 号 13 頁〔内山工業事件〕………………………286, 287

東京高判平成 16・11・16 労判 909 号 77 頁〔エーシーニールセン・コーポレーション事件〕……177

大阪高判平成 17・1・25 労判 890 号 27 頁〔日本レストランシステム事件〕………………161, 162

大阪高判平成 17・2・24 労判 892 号 29 頁〔日本アイ・ビー・エム事件〕………………380, 463

東京高判平成 17・3・23 労判 893 号 42 頁〔労働政策研究・研修機構事件〕………………192, 197

大阪高決平成 17・3・30 労判 896 号 64 頁〔第一交通産業事件〕………………………………52

福岡高判平成 17・4・13 労判 891 号 89 頁〔九州日誠電氣〔本訴〕事件〕……………………265

東京高判平成 17・7・13 労判 899 号 19 頁〔東京日新学園〔控訴〕事件〕………………224, 225, 229

東京高判平成 17・7・20 労判 899 号 13 頁〔ビル代行管理事件〕……………………………105

名古屋高判平成 18・1・17 労判 909 号 5 頁〔山田紡績事件〕………………………………266

大阪高判平成 18・4・14 労判 915 号 60 頁〔ネスレ日本事件〕……………………………162

高松高判平成 18・5・18 労判 921 号 33 頁〔伊予銀行・いよぎんスタッフサービス事件〕………349

東京高判平成 18・6・22 労判 920 号 5 頁〔ノイズ研究所事件〕………………………210, 211

大阪高判平成 19・1・18 労判 940 号 58 頁〔おかざき事件〕………………………………151

東京高判平成 19・5・16 労判 944 号 52 頁〔新国立劇場運営財団事件〕……………………41

大阪高判平成 19・5・17 労判 943 号 5 頁〔関西金属工業事件〕……………………………215

大阪高判平成 19・10・26 労判 896 号 64 頁〔第一交通産業事件〕…………………………58

大阪高判平成 19・10・26 労判 975 号 50 頁〔第一交通産業事件〕…………………………52

東京高判平成 19・10・30 労判 963 号 54 頁〔協和出版販売事件〕…………………………277

東京高判平成 19・10・30 労判 964 号 72 頁〔中部カラー事件〕…………………………16, 22

東京高判平成 20・3・25 労判 959 号 61 頁〔東武スポーツ事件〕………………………214

東京高判平成 20・3・27 労判 959 号 18 頁〔ノース・ウエスト航空事件〕…………………382

東京高判平成 20・4・9 労判 959 号 6 頁〔日本システム開発研究所事件〕…………96, 99, 101

大阪高判平成 20・4・25 労判 960 号 5 頁〔パナソニックプラズマディスプレイ事件〕………350

広島高判平成 20・11・28 労判 994 号 69 頁〔鞆鉄道〔第 2〕事件〕……………………203

東京高判平成 20・12・25 労判 975 号 5 頁〔ショウ・コーポレーション事件〕………………225

大阪高判平成 21・7・16 労判 1001 号 77 頁〔京都市女性協会事件〕……………………296

大阪高判平成 21・11・27 労判 1004 号 112 頁〔NTT 西日本事件〕………………………275

大阪高判平成 22・3・18 労判 1015 号 83 頁〔協愛〔控訴〕事件〕………………………205

札幌高判平成 22・8・10 労判 1012 号 5 頁〔旭川労基署長〔NTT 東日本北海道支店〕事件〕……147

札幌高判平成 22・9・30 労判 1013 号 160 頁〔日本ニューホランド事件〕…………………277

大阪高判平成 22・10・28 労判 1020 号 87 頁〔郵便事業事件〕……………………………19

福岡高判平成 23・2・16 労判 1023 号 82 頁〔コーセーアールイー〔第一〕事件〕………………67

福岡高判平成 23・3・10 労判 1020 号 82 頁〔コーセーアールイー〔第二〕事件〕…………66 ～ 69

大阪高判平成 23・5・25 労判 1033 号 24 頁〔大庄ほか事件〕……………………………151, 155

東京高判平成 23・12・27 労判 1042 号 15 頁〔コナミデジタルエンタテインメント事件〕

………………………………………………………………136, 141, 176, 183

東京高判平成 24・1・31 労経速 2137 号 3 頁〔川口労基署長事件〕………………………147

大阪高判平成 24・7・27 労判 1062 号 63 頁〔エーディーディー事件〕……………………122

東京高判平成 24・8・29 労判 1060 号 22 頁〔M 社〔セクハラ〕事件〕……………………189

東京高判平成 24・9・20 労経速 2162 号 3 頁〔本田技研工業事件〕………………………338

512　判例索引

東京高判平成 24・10・31 労経速 2172 号 3 頁〔日本アイ・ビー・エム事件〕……………189, 273
東京高判平成 25・1・23 労判 1070 号 87 頁〔ビクターサービスエンジニアリング事件〕…………46
仙台高判平成 25・2・13 労判 1113 号 57 頁〔ビソー工業事件〕……………………………105
名古屋高判平成 25・3・15 判時 2189 号 129 頁……………………………………………151
東京高判平成 25・4・24 労判 1038 号 39 頁〔ブルームバーグ・エル・ピー事件〕…………254, 258
東京高判平成 25・8・29 労判 1136 号 15 頁〔山梨県民信用組合事件〕……………………78, 206
大阪高判平成 25・10・9 労判 1083 号 24 頁〔アークレイファクトリー事件〕……………………189
東京高判平成 25・10・24 労判 1116 号 76 頁〔日本精工事件〕……………………………55, 351
札幌高判平成 26・3・13 労判 1093 号 5 頁〔日本郵便〔苫小牧支店・時給制契約社員 B 雇止め〕
　事件〕………………………………………………………………………………………337
東京高判平成 26・6・3 労経速 2221 号 3 頁〔日本航空〔客室乗務員解雇〕事件〕………265, 266, 270
東京高判平成 26・6・5 労経速 2223 号 3 頁〔日本航空〔運航乗務員解雇〕事件〕……………269
東京高判平成 26・6・12 労判 1127 号 43 頁〔石川タクシー富士宮ほか事件〕……………………223
仙台高判平成 26・6・27 労判 1100 号 26 頁〔岡山県貨物運送事件〕……………………………150
大阪高判平成 26・7・18 労判 1104 号 71 頁〔医療法人稲門会〔いわくら病院〕事件〕……174, 183
東京高判平成 26・9・25 労判 1105 号 5 頁〔国・中労委〔JR 東日本大宮支社・常務発言〕事件〕…465
福岡高判平成 27・1・29 労判 1112 号 5 頁〔社会医療法人 A 会事件〕……………………………190
知財高判平成 27・7・30LEX/DB25447416〔野村證券事件〕…………………………………314
東京高判平成 27・9・10 労判 1135 号 68 頁〔日産自動車ほか事件〕……………………56, 351, 357
広島高判平成 27・11・17 労判 1127 号 5 頁〔広島中央保健生協病院事件〕………………………289
名古屋高判平成 28・9・28 労判 1146 号 22 頁〔トヨタ自動車事件〕……………………………277
東京高判平成 28・11・24 労判 1158 号 140 頁〔ネギシ事件〕………………………………362
福岡高判平成 29・9・7 労判 1167 号 49 頁〔九州惣菜事件〕………………………………277
東京高判平成 30・12・13 労判 1198 号 45 頁〔日本郵便〔時給制契約社員ら〕事件〕……299, 300, 306

【地方裁判所】

大阪地決昭和 23・6・24 労裁 1 号 80 頁〔京阪神急行電鉄事件〕……………………………439
福岡地小倉支判昭和 25・5・16 労民集 1 巻 3 号 301 頁〔日本製鉄事件〕……………………438
福岡地判昭和 36・5・19 労民集 12 巻 3 号 347 頁〔岩田屋事件〕………………………………439
前橋地判昭和 38・11・14 判時 355 号 71 頁〔明星電気事件〕……………………………441, 445
横浜地判昭和 40・11・15 判タ 185 号 128 頁〔西区タクシー事件〕……………………………440
長野地判昭和 42・3・28 判時 480 号 11 頁〔みすず豆腐事件〕…………………………………441
東京地判昭和 42・4・24 判時 483 号 71 頁〔全日本空輸事件〕…………………………………439
東京地決昭和 43・8・29 判時 528 号 84 頁〔住友海上火災保険事件〕………………………396, 398
東京地判昭和 43・10・25 判タ 228 号 214 頁〔東京 12 チャンネル事件〕……………………………41
東京地判昭和 44・2・28 判時 564 号 76 頁〔新星タクシー事件〕………………………………396
東京地判昭和 44・10・28 労民集 20 巻 5 号 1415 頁〔明治乳業事件〕……………………………438
奈良地判昭和 45・10・23 判時 624 号 78 頁〔フォセコ・ジャパン事件〕………………………312
東京地判昭和 48・2・6 労判 179 号 74 頁〔大塚印刷事件〕………………………………………42
福岡地久留米支判昭和 49・2・12 労判 199 号 42 頁〔久留米井筒屋事件〕………………………451
横浜地判昭和 49・6・19 労民集 25 巻 3 号 277 頁〔日立製作所事件〕……………………………296
大阪地決昭和 49・11・14 判時 762 号 107 頁〔葦原運輸機工事件〕……………………………398
東京地決昭和 49・12・9 判時 763 号 22 頁〔寿建築研究所事件〕………………………………398
福岡地小倉支判昭和 50・2・25 判時 777 号 93 頁〔九州電力事件〕………………………………40
秋田地判昭和 50・4・10 労判 226 号 10 頁〔秋田相互銀行事件〕………………………………286
長崎地大村支判昭和 50・12・24 労判 242 号 14 頁〔大村野上事件〕……………………………262

513

山口地判昭和 51・2・9 労判 252 号 62 頁〔徳山曹達事件〕‥‥‥‥‥‥‥‥‥‥‥161

東京地決昭和 53・2・15 労判 292 号 20 頁〔吉野石膏事件〕‥‥‥‥‥‥‥‥‥‥161

大阪地決昭和 53・3・1 労判 298 号 73 頁〔大阪白急タクシー事件〕‥‥‥‥‥‥416

静岡地判昭和 53・3・28 労判 297 号 39 頁〔静岡銀行事件〕‥‥‥‥‥‥‥330, 332

神戸地判昭和 54・9・21 労判 328 号 47 頁〔中本商事件〕‥‥‥‥‥‥‥‥‥‥‥51

大阪地判昭和 54・9・27 労判 328 号 37 頁〔フジテック事件〕‥‥‥‥‥‥‥‥429

水戸地龍ケ崎支判昭和 55・1・18 労民集 31 巻 1 号 14 頁〔東洋特殊土木事件〕‥‥249

名古屋地判昭和 55・3・26 労民集 31 巻 2 号 372 頁〔興和事件〕‥‥‥‥‥‥‥163

横浜地判昭和 55・3・28 労判 339 号 20 頁〔三菱重工横浜造船所事件〕‥‥‥‥106

東京地決昭和 55・4・7 労経速 1052 号 3 頁〔ロードスター工業事件〕‥‥‥‥438

大阪地判昭和 55・12・19 労判 356 号 9 頁〔北港タクシー事件〕‥‥‥‥‥‥‥416

大阪地判昭和 55・12・24 労判 357 号 31 頁〔大阪特殊精密工業事件〕‥‥‥‥397

大阪地判昭和 56・3・24 労経速 1091 号 3 頁〔すし処「杉」事件〕‥‥‥‥‥‥105

千葉地判昭和 56・5・25 労判 372 号 49 頁〔日立精機事件〕‥‥‥‥‥‥‥‥‥166

千葉地佐倉支決昭和 56・9・1 労経速 1106 号 26 頁〔ノース・ウエスト航空事件〕‥‥407

静岡地判昭和 57・7・16 労判 392 号 25 頁〔赤坂鉄工所事件〕‥‥‥‥‥‥‥‥265

大阪地判昭和 57・10・25 労判 399 号 43 頁〔東亜ペイント事件〕‥‥‥‥‥‥161

大阪地判昭和 58・7・12 労判 414 号 63 頁〔サンド事件〕‥‥‥‥‥‥‥331, 332

東京地判昭和 59・1・27 労判 423 号 23 頁〔エール・フランス事件〕‥‥‥253, 257

津地四日市支判昭和 61・6・10 労判 479 号 71 頁〔三重ホーロー事件〕‥‥‥‥447

大阪地判昭和 61・7・30 労判 481 号 51 頁〔レストラン・ビュッフェ事件〕‥‥331

徳島地決昭和 61・11・17 労判 488 号 46 頁〔広沢自動車学校事件〕‥‥‥192, 196

東京地判昭和 61・12・4 労判 486 号 28 頁〔日本鉄鋼連盟事件〕‥‥‥‥‥‥286

静岡地富士支決昭和 62・12・9 労判 511 号 65 頁〔ニュートランスポート事件〕‥‥253

鹿児島地判昭和 63・6・27 労民集 39 巻 2・3 号 216 頁〔国鉄鹿児島自動車営業所事件〕‥‥‥5

東京地判平成 1・1・26 労判 533 号 45 頁〔日産自動車事件〕‥‥‥‥‥‥‥‥287

長野地松本支判平成 1・2・3 労判 538 号 69 頁〔新日本ハイパック事件〕‥‥‥163

大阪地判平成 1・5・15 労判 556 号 62 頁〔高槻交通事件〕‥‥‥‥‥‥‥440, 444

東京地判平成 1・9・22 労判 548 号 64 頁〔カール・ツアイス事件〕‥‥‥‥‥397

福島地いわき支判平成 1・11・15 判タ 734 号 169 頁〔清和電器産業事件〕‥‥399

大分地決平成 1・12・1 労判 556 号 58 頁〔杉乃井ホテル事件〕‥‥‥‥‥‥‥447

東京地決平成 2・4・27 労判 565 号 79 頁〔エクイタブル生命保険事件〕‥‥‥175

東京地判平成 2・7・4 労民集 41 巻 4 号 513 頁〔社会保険診療報酬支払基金事件〕‥‥288

東京地判平成 3・2・25 労判 588 号 74 頁〔ラクソン事件〕‥‥‥‥‥‥‥‥‥318

東京地判平成 3・12・15LEX/DB25480081〔丸紅情報システムズ事件〕‥‥‥‥177

京都地判平成 4・2・4 労判 606 号 24 頁〔弥栄自動車事件〕‥‥‥‥‥‥‥‥330

福岡地判平成 4・4・16 労判 607 号 6 頁〔福岡セクシュアル・ハラスメント事件〕‥‥290

東京地判平成 4・5・6 労判 625 号 44 頁〔書泉事件〕‥‥‥‥‥‥‥‥‥‥‥441

東京地判平成 4・8・27 労判 611 号 10 頁〔日ソ図書事件〕‥‥‥‥‥‥‥‥‥287

東京地判平成 4・12・25 労判 650 号 87 頁〔勧業不動産販売・勧業不動産事件〕‥‥165

横浜地判平成 5・6・17 労判 643 号 71 頁〔横浜南労基署長〔旭紙業〕事件〕‥‥38, 41

甲府地判平成 5・12・22 労判 651 号 33 頁〔東京電力山梨事件〕‥‥‥‥‥‥493

長野地判平成 6・3・31 労判 660 号 73 頁〔東京電力長野事件〕‥‥‥‥‥‥492

旭川地決平成 6・5・10 労判 675 号 72 頁〔損害保険リサーチ事件〕‥‥‥161, 167

千葉地判平成 6・5・23 労判 661 号 22 頁〔東京電力〔千葉〕事件〕‥‥‥‥‥296

東京地決平成 6・11・10 労経速 1550 号 23 頁〔三井リース事業事件〕‥‥‥‥255

514　判例索引

東京地判平成 6・11・15 労判 666 号 32 頁〔小暮鈑製作所事件〕‥‥‥‥‥‥‥‥91

東京地判平成 7・3・30 労判 667 号 14 頁〔HIV 感染者解雇事件〕‥‥‥‥‥‥‥190

東京地決平成 7・4・13 労民集 46 巻 2 号 720 頁〔スカンジナビア航空事件〕‥‥‥‥‥216, 218

東京地八王子支判平成 7・7・26 労判 684 号 42 頁〔富国生命保険（第 3 回休職命令）事件〕‥‥178

大阪地決平成 7・9・4 労判 682 号 42 頁〔大阪相互タクシー事件〕‥‥‥‥‥‥‥333

東京地決平成 7・10・16 労判 690 号 75 頁〔東京リーガルマインド事件〕‥‥‥‥‥313

東京地判平成 7・12・4 労判 685 号 17 頁〔バンク・オブ・アメリカ・イリノイ事件〕‥‥‥‥175

東京地判平成 7・12・25 労判 689 号 31 頁〔三和機材事件〕‥‥‥‥‥‥‥‥‥166

長野地上田支判平成 8・3・15 労判 690 号 32 頁〔丸子警報器〕‥‥‥‥‥‥‥‥297

盛岡地一関支判平成 8・4・17 労判 703 号 71 頁〔岩手県交通事件〕‥‥‥‥‥‥237

東京地決平成 8・12・11 労判 711 号 57 頁〔アーク証券事件〕‥‥‥‥‥‥‥‥176

東京地判平成 9・3・27 労判 720 号 85 頁〔シムラ事件〕‥‥‥‥‥‥‥‥‥‥397

京都地判平成 9・4・17 労判 716 号 49 頁〔京都セクシュアル・ハラスメント事件〕‥‥‥‥291, 292

大阪地判平成 9・5・26 労判 720 号 74 頁〔医療法人南労会事件〕‥‥‥‥‥‥‥407

札幌地決平成 9・7・23 労判 723 号 62 頁〔北海道コカ・コーラボトリング事件〕‥‥‥‥161, 167

東京地判平成 9・7・28 労判 724 号 30 頁〔日本アイティーアイ事件〕‥‥‥‥‥109

大阪地判平成 9・8・29 労判 725 号 40 頁〔学校法人白頭学院事件〕‥‥‥‥‥‥273

東京地判平成 9・10・1 労判 726 号 70 頁〔ルフトハンザ事件〕‥‥‥‥‥‥‥‥362

東京地判平成 9・10・29 労判 725 号 15 頁〔エス・ウント・エー事件〕‥‥‥‥‥397

東京地決平成 9・10・31 労判 726 号 37 頁〔インフォミックス事件〕‥‥‥‥63, 64, 70

津地判平成 9・11・5 労判 729 号 54 頁〔三重セクシュアル・ハラスメント事件〕‥‥‥‥290

東京地判平成 9・12・1 労判 729 号 26 頁〔国際協力事業団事件〕‥‥‥‥‥‥‥132

福岡地小倉支決平成 9・12・25 労判 732 号 53 頁〔東谷山家事件〕‥‥‥‥‥‥‥18

大阪地判平成 10・1・28 労判 733 号 72 頁〔ダイエー事件〕‥‥‥‥‥‥‥‥‥165

大阪地判平成 10・3・9 労判 742 号 86 頁〔佐川急便事件〕‥‥‥‥‥‥‥‥‥399

大阪地判平成 10・7・17 労判 750 号 79 頁〔大通事件〕‥‥‥‥‥‥‥‥‥‥252

大阪地判平成 10・8・27 知的裁集 30 巻 4 号 1000 頁〔岩城硝子ほか事件〕‥‥‥311, 312, 316 ～ 318

大阪地判平成 10・8・31 労判 751 号 38 頁〔大阪労働衛生センター第一病院事件〕‥‥‥‥216, 217

東京地判平成 10・11・16 労判 758 号 63 頁〔高栄建設事件〕‥‥‥‥‥‥‥‥‥133

福岡地久留米支判平成 10・12・24 労判 758 号 11 頁〔北原ウェルテック事件〕‥‥‥‥‥‥265

大阪地決平成 10・12・24 労判 760 号 35 頁〔商工組合中央金庫事件〕‥‥‥‥‥287, 491

大阪地決平成 11・1・11 労判 760 号 33 頁〔住友生命保険事件〕‥‥‥‥‥‥‥491

浦和地川越支決平成 11・1・19 労判 760 号 32 頁〔高砂建設事件〕‥‥‥‥‥‥491

東京地判平成 11・2・15 労判 760 号 46 頁〔全日本空輸事件〕‥‥‥‥‥‥‥‥179

京都地決平成 11・3・1 労判 760 号 30 頁〔京ガス事件〕‥‥‥‥‥‥‥‥287, 491

東京地判平成 11・3・26 労経速 1723 号 3 頁〔全日本海員組合事件〕‥‥‥‥‥‥264

札幌地判平成 11・8・30 労判 779 号 69 頁〔鈴蘭交通事件〕‥‥‥‥‥‥‥‥‥419

大阪地判平成 11・10・4 労判 771 号 25 頁〔JR 東海事件〕‥‥‥‥‥‥‥‥‥179

東京地決平成 11・10・15 労判 770 号 34 頁〔セガ・エンタープライゼス事件〕‥‥‥‥‥254

大阪地判平成 11・10・18 労判 772 号 9 頁〔全日本空輸事件〕‥‥‥‥‥‥‥‥253

東京地決平成 11・10・29 労判 774 号 12 頁〔上州屋事件〕‥‥‥‥‥‥‥‥‥175

東京地決平成 11・11・29 労判 780 号 67 頁〔角川文化振興財団事件〕‥‥‥‥‥264

大阪地判平成 11・12・8 労判 777 号 25 頁〔タジマヤ事件〕‥‥‥‥‥‥‥‥‥224

熊本地決平成 11・12・28 労判 781 号 55 頁〔濱田重工事件〕‥‥‥‥‥‥‥‥‥160

東京地決平成 12・1・21 労判 782 号 23 頁〔ナショナル・ウエストミンスター〔三次仮処分〕
事件〕‥‥‥‥‥‥‥‥‥‥‥‥‥‥‥‥‥‥‥‥‥‥‥‥‥‥‥249, 267

神戸地決平成 12・3・14 労判 781 号 31 頁〔本四海峡バス事件〕……………………399

大阪地判平成 12・4・28 労判 787 号 30 頁〔キャスコ事件〕……………………………335

大阪地判平成 12・5・8 労判 787 号 18 頁〔マルマン事件〕……………………………264

千葉地判平成 12・6・12 労判 785 号 10 頁〔T 工業〔HIV 解雇〕事件〕………………190

大阪地判平成 12・6・23 労判 786 号 16 頁〔シンガポール・デベロップメント銀行〔本訴〕事件〕

……………………………264

大阪地判平成 12・8・28 労判 793 号 13 頁〔フジシール〔配転・降格〕事件〕……………176

東京地判平成 13・1・25 労判 802 号 10 頁〔新宿労基署長事件〕………………………40

東京地判平成 13・3・15 労判 818 号 55 頁〔東京国際学園事件〕…………………296, 304

岡山地判平成 13・5・16 労判 821 号 54 頁〔チボリ・ジャパン事件〕……………………40

名古屋地判平成 13・6・18 労判 814 号 64 頁〔豊田労基署長〔トヨタ自動車〕事件〕…………148

東京地判平成 13・7・25 労判 813 号 15 頁〔黒川建設事件〕………………………39, 166

大阪地判平成 13・7・27 労判 815 号 84 頁〔オクト事件〕……………………………263

神戸地判平成 13・10・1 労判 820 号 41 頁〔本四海峡バス〔本訴〕事件〕………………477

東京地判平成 13・12・3 労判 826 号 76 頁〔F 社 Z 事業部〔電子メール〕事件〕……192, 196

東京地判平成 13・12・19 労判 817 号 5 頁〔ヴァリグ日本支社事件〕……………………265

東京地判平成 14・2・26 労判 825 号 50 頁〔日経クイック情報〔電子メール〕事件〕……192, 196, 238

大阪地判平成 14・3・22 労判 832 号 76 頁〔森下仁丹事件〕…………………………254

東京地判平成 14・3・28 労判 827 号 74 頁〔東建ジオテック事件〕…………………331, 332

東京地判平成 14・4・22 労判 830 号〔日経ビーピー事件〕……………………………238

東京地判平成 14・4・24 労判 831 号 43 頁〔中労委〔オリエンタルモーター〕事件〕…………454

岡山地判平成 14・5・15 労判 832 号 54 頁〔岡山セクハラ事件〕………………………274

東京地判平成 14・5・31 労判 834 号 34 頁〔日本工業新聞社事件〕……………………333

東京地判平成 14・8・30 労判 838 号 32 頁〔ダイオーズサービシーズ事件〕…………312, 313

千葉地決平成 14・11・19 労判 841 号 15 頁〔ノース・ウエスト航空事件〕………………91

東京地判平成 14・12・17 労判 846 号 49 頁〔労働大学〔本訴〕事件〕…………………264

東京地決平成 14・12・27 労判 861 号 69 頁〔明治図書出版事件〕……………………162

東京地判平成 15・2・12 労判 848 号 27 頁〔三田労基署長〔ローレルバンクマシン〕事件〕……148

神戸地判平成 15・2・12 労判 853 号 80 頁〔コープこうべ事件〕……………………91, 92

東京地判平成 15・5・9 労判 858 号 117 頁〔金融経済新聞社事件〕……………………95

東京地判平成 15・5・28 労判 852 号 11 頁〔東京都〔警察学校・警察病院 HIV 検査〕事件〕

……………………………62, 189, 190, 195

大阪地堺支判平成 15・6・18 労判 855 号 22 頁〔大阪いずみ市民生協事件〕………………239

東京地判平成 15・6・20 労判 854 号 5 頁〔B 金融公庫〔B 型肝炎ウイルス感染検査〕事件〕

……………………………62, 189, 190, 195

東京地判平成 15・8・27 労判 865 号 47 頁〔ゼネラル・セミコンダクター・ジャパン事件〕……263

東京地判平成 15・9・22 労判 870 号 83 頁〔グレイワールドワイド事件〕……………………5

東京地判平成 15・9・25 労判 863 号 19 頁〔PwC フィナンシャル・アドバイザリー・サービス

事件〕……………………………265, 267

名古屋地判平成 15・9・30 労判 871 号 168 頁〔トヨタ車体事件〕……………………85

東京地判平成 15・10・28 労経速 1856 号 19 頁〔ジャパンフィルムセンター・ウィズワークス

事件〕……………………………318

東京地八王子支判平成 15・10・30 労判 866 号 20 頁〔日本ドナルドソン青梅工場事件〕…………176

東京地判平成 15・12・22 労判 871 号 91 頁〔日水コン事件〕…………………………255

東京地判平成 16・6・25 労経速 1882 号 3 頁〔ユニコン・エンジニアリング事件〕……………332

さいたま地判平成 16・12・22 労判 888 号 13 頁〔東京日新学園事件〕…………………225, 230

東京地判平成 17・1・28 労判 890 号 5 頁〔宣伝会議事件〕……………………64

東京高判平成 17・2・24 労判 892 号 29 頁〔日本アイ・ビー・エム事件〕………………333, 336

神戸地判平成 17・3・25〔平成 15（ワ）2892〕……………………190

大阪地判平成 17・9・9 労判 906 号 60 頁〔ユタカ精工事件〕………………67, 68

東京地判平成 17・9・15 労判 903 号 36 頁〔鉄道建設・運輸施設整備支援機構事件〕…………456

東京地判平成 17・11・22 労判 910 号 46 頁〔伊藤忠テクノサイエンス事件〕………………241

東京地判平成 17・12・7 労経速 1929 号 3 頁〔ブライト証券ほか事件〕……………54, 59

仙台地決平成 17・12・15 労判 915 号 152 頁〔三陸ハーネス事件〕………………223

東京地判平成 18・1・25 労判 912 号 63 頁〔日音事件〕……………81, 86

東京地判平成 18・3・27 労判 917 号 67 頁〔シマダヤ事件〕………………54

京都地判平成 18・4・13 労判 917 号 59 頁〔近畿建設協会〔雇止め〕事件〕………………337

東京地判平成 18・11・29 労判 935 号 35 頁〔東京自転車健康保険組合事件〕………………262

大阪地判平成 19・1・31 労判 942 号 67 頁〔全日本建設運輸連帯労組近畿地本事件〕…………386

福岡地判平成 19・4・26 労判 948 号 41 頁〔姪浜タクシー事件〕………………331

横浜地判平成 19・5・17 労判 945 号 59 頁〔横浜商銀信用組合事件〕………………265

東京地判平成 19・5・17 労判 949 号 66 頁〔国際観光振興機構事件〕………………177

大阪地判平成 19・5・24 判時 1999 号 129 頁〔アールエスイー事件〕………………10

福岡地判平成 19・10・5 労判 956 号 91 頁〔アサヒプリテック事件〕………………317

東京地判平成 20・1・25 労判 961 号 56 頁〔日本構造技術事件〕………………83

東京地判平成 20・1・28 労判 953 号 10 頁〔日本マクドナルド事件〕………………330, 331, 334

大阪地判平成 20・2・8 労判 959 号 168 頁〔日本ファースト証券事件〕………………330, 331

東京地判平成 20・4・22 労判 965 号 5 頁〔東芝事件〕………………254

東京地判平成 20・9・30 労判 977 号 74 頁〔ゲートウェイ 21 事件〕………………330, 331, 335

東京地判平成 20・11・18 労判 980 号 56 頁〔トータルサービス事件〕………………313

東京地判平成 21・3・9 労判 981 号 21 頁〔東和システム事件〕………………331

大阪地判平成 21・3・30 労判 987 号 60 頁〔ピアス事件〕………………85

福井地判平成 21・4・22 労判 985 号 23 頁〔A 病院事件〕………………252

宇都宮地栃木支決平成 21・4・28 労判 982 号 5 頁〔プレミアライン事件〕…………349, 352, 353

福岡地小倉支判平成 21・6・11 労判 989 号 20 頁〔ワイケーサービス事件〕………………51, 52

広島地判平成 21・11・20 労判 998 号 35 頁〔キャリアセンター中国事件〕…………349, 352

東京地判平成 22・2・8 労経速 2067 号 21 頁〔X 社事件〕………………162

東京地判平成 22・3・24 労判 1008 号 35 頁〔J 学園〔うつ病・解雇〕事件〕………………253

東京地判平成 22・3・30 労判 1010 号 51 頁〔ドコモ・サービス事件〕………………337

東京地判平成 22・4・7 判時 2118 号 142 頁〔日本レストランシステム事件〕………………119

大阪地堺支判平成 22・5・14 労判 1013 号 127 頁〔日光産業ほか事件〕………………447

東京地判平成 22・6・29 労判 1012 号 13 頁〔通販新聞社事件〕………………236

東京地決平成 22・7・30 労判 1014 号 83 頁〔明石書店事件〕………………339

東京地判平成 22・9・7 労判 1020 号 66 頁〔デンタルリサーチ社事件〕………………332

東京地判平成 22・9・10 労判 1018 号 64 頁〔学校法人 B 事件〕………………236

東京地判平成 23・1・28 労判 1029 号 59 頁〔田中千代学園事件〕………………239

東京地判平成 23・5・12 労判 1032 号 5 頁〔ソフトウエア興業事件〕………………318

東京地判平成 23・5・17 労判 1033 号 42 頁〔技術翻訳事件〕………………83

東京地判平成 23・7・15 労判 1035 号 105 頁〔育成会事件〕………………17

大阪地判平成 23・9・29 労判 1038 号 27 頁〔エヌ・ティ・ティ・コムチェオ事件〕………………337

東京地判平成 23・11・18 労判 1044 号 55 頁〔テイケイ事件〕………………255

東京地判平成 24・2・27 労判 1048 号 72 頁〔NEXX 事件〕………………83, 214

517

東京地判平成 24・3・13 労経速 2144 号 23 頁〔関東工業事件〕･････････････････････312
東京地判平成 24・4・16 労判 1054 号 5 頁〔いすゞ自動車事件〕･･･････････････････356, 357
東京地判平成 24・5・31 労判 1056 号 19 頁〔東起業事件〕･･････････････････････････192
京都地判平成 24・7・13 労判 1058 号 21 頁〔マンナ運輸事件〕･･･････････････････････5
東京地判平成 24・7・27 労判 1059 号 26 頁〔ロア・アドバタイジング事件〕･･･････････330
名古屋地判平成 24・8・21 労経速 2159 号 27 頁〔名古屋商工会議所事件〕･･････････････40
東京地判平成 25・2・6 労判 1073 号 65 頁〔ニュートンプレスほか事件〕･････････････430
横浜地判平成 25・4・25 労判 1075 号 14 頁〔東芝ライテック事件〕･････････････････338, 339
東京地判平成 25・5・23 労判 1077 号 18 頁〔旭ダイヤモンド工業事件〕･････････････430
東京地判平成 25・11・12 労判 1085 号 19 頁〔リコー事件〕･･････････････････････････164
札幌地判平成 25・12・2 労判 1100 号 70 頁〔学校法人専修大学〔専大北海道短大〕事件〕･･･････262
大分地判平成 25・12・10 労判 1090 号 44 頁〔ニヤクコーポレーション事件〕････････････302
東京地判平成 25・12・18 ジャーナル 24 号 6 頁〔TulettPrebon〔HongKong〕Limited
　〔TulettPrebonEuropeLimited〕事件〕
　･･362
東京地判平成 26・3・7 労経速 2207 号 17 頁〔甲社事件〕････････････････････････････190
神戸地尼崎支判平成 26・4・22 労判 1096 号 44 頁〔阪神バス事件〕････････････････228, 232
札幌地判平成 26・5・16 労判 1096 号 5 頁〔北海道・北海道労働委員会〔渡島信用金庫〕事件〕･･･174
鳥取地米子支判平成 26・5・26 労判 1099 号 5 頁〔公立八鹿病院組合ほか事件〕･･････････151
大阪地判平成 26・7・18LEX/DB25504582〔帝人ファーマ事件〕････････････････････････179
東京地判平成 27・1・16 労経速 2237 号 11 頁〔リバース東京事件〕･･･････････････････････40
東京地判平成 27・1・23 労判 1117 号 50 頁〔日本ボクシングコミッション事件〕･･････････91
札幌地判平成 27・3・18LEX/DB25540068〔東京海上日動火災保険事件〕･･･････････175, 177, 182
東京地判平成 27・3・27 労経速 2246 号 3 頁〔レガシィ事件〕････････････････････････10, 312
東京地判平成 27・10・2 労判 1138 号 57 頁〔全国重症心身障害児〔者〕を守る会事件〕･･･････137
大阪地判平成 27・11・30 労判 1137 号 61 頁〔NHK 堺営業センター事件〕･･･････････43, 352
東京地判平成 28・3・28 労判 1142 号 40 頁〔日本・アイ・ビー・エム〔第 1〕事件〕･･････254
東京地判平成 28・5・13 労判 1135 号 11 頁〔長澤運輸事件地裁判決〕･･････････････････298
大阪地判平成 28・7・14 労判 1157 号 85 頁〔リンクスタッフ事件〕･････････････････313, 317
東京地判平成 28・9・26LEX/DB25543877〔BGC キャピタルマーケッツジャパン LLC ほか事件〕
　･･･362 〜 364, 368
東京地判平成 29・2・21 労判 1170 号 77 頁〔代々木自動車事件〕･･････････････････････409
甲府地判平成 29・3・14 ジャーナル 65 号 47 頁〔河口湖チーズケーキガーデン事件〕････16, 235
東京地判平成 29・3・28 ジャーナル 65 号 2 頁〔エイボン・プロダクツ事件〕･･･････････227
仙台地判平成 29・3・30 労判 1158 号 18 頁〔ヤマト運輸〔賞与〕事件〕･･･････････････300
東京地判平成 29・5・8 労判 1187 号 70 頁〔東京商工会議所事件〕････････････････････210
東京地判平成 29・6・29 労判 1164 号 36 頁〔JR 東日本事件〕･････････････････････････92
東京地判平成 29・9・14 労判 1164 号 5 頁〔日本郵便〔時給制契約社員ら〕事件〕･･････････299
東京地判平成 29・10・10 労経速 2330 号 3 頁〔JR 東日本事件〕･････････････････････17, 19
東京地判平成 30・1・5 労経速 2345 号 3 頁〔ナック事件〕･････････････････････････121, 125
福岡地小倉支判平成 30・2・1 労判 1178 号 5 頁〔九水運輸商事事件〕･････････････････306
東京地判平成 30・2・22 労経速 2349 号 24 頁〔トライグループ事件〕･･････････････204, 210

【中央労働委員会命令】

中労委命令平成 20・11・20 別冊中労時 1376 号 1 頁〔高見澤電機製作所事件〕･･････････････54

ウォッチング労働法〔第4版〕
Watching Labor and Employment Law : Overviewing the Essence through Case Studies, 4th ed.

2005年 6 月15日	初　版第1刷発行
2007年 3 月20日	第2版第1刷発行
2009年10月30日	第3版第1刷発行
2019年 9 月30日	第4版第1刷発行

法学教室 LIBRARY

編著者　　土田　道夫
　　　　　豊川　義明
　　　　　和田　　肇

発行者　　江草　貞治

発行所　　株式会社　有斐閣
　　　　　東京都千代田区神田神保町2-17
　　　　　電話　(03)3264-1314〔編集〕
　　　　　　　　(03)3265-6811〔営業〕
　　　　　郵便番号 101-0051
　　　　　http://www.yuhikaku.co.jp/

印刷・萩原印刷株式会社／製本・牧製本印刷株式会社
© 2019, Michio Tsuchida, Yoshiaki Toyokawa, Hajime Wada.
Printed in Japan
落丁・乱丁本はお取替えいたします。

★定価はカバーに表示してあります。

ISBN978-4-641-24310-1

JCOPY　本書の無断複写(コピー)は、著作権法上での例外を除き、禁じられています。複写される場合は、そのつど事前に(一社)出版者著作権管理機構(電話03-5244-5088, FAX03-5244-5089, e-mail:info@jcopy.or.jp)の許諾を得てください。